ANNE DE BRETAGNE

Georges Minois

ANNE DE BRETAGNE

LE GRAND LIVRE DU MOIS

Les cartes ont été réalisées par Études et cartographie, Lille.

Pour Eugénie

« La reyne Anne estoit une fine Bretonne,
et qui estoit fort superbe et altière à l'endroit
de ses esgaux. »

Brantôme, *Vies des dames illustres.*

INTRODUCTION

La biographie est pour l'historien un exercice très particulier. Comment prétendre restituer la richesse intime d'une existence individuelle ? En mesurer l'impact sur son temps ne relève-t-il pas d'une illusion de type romantique ?

Plusieurs ouvrages récents ont réouvert le débat, depuis *Biographie und Geschichtswissenschaft*, sous la direction de G. Klingenstein[1], jusqu'à l'introduction du *Saint Louis* de Jacques Le Goff, en 1996, en passant par des articles tels que celui d'E. Engelberg et H. Schleser, « Zu Geschichte und Theorie der historischen Biographie[2] », « Comment écrire une biographie historique aujourd'hui[3] ? », et des colloques, comme celui de la Sorbonne en mai 1989, sur le thème des *Problèmes et méthodes de la biographie*. La plupart de ces réflexions aboutissent à un grand scepticisme à l'égard du genre biographique. Pierre Bourdieu dénonce « l'illusion biographique[4] », tandis que Jean-Claude Passeron parle de « l'utopie biographique », qui consiste à croire que l'on peut reconstituer authentiquement un destin ; le risque, écrit-il, est

1. Vienne, 1979.
2. *Zeitschrift für Geschichtswissenschaft*, 1990.
3. Jacques Le Goff, *Le Débat*, mars-avril 1989.
4. *Actes de la recherche en sciences sociales*, janvier 1986.

de croire que « rien n'est insignifiant », et il fustige l'« excès de sens et de cohérence inhérent à toute approche biographique[1] ».

Jacques Le Goff, dans sa grande biographie de *Saint Louis*, a nuancé ce scepticisme. Il reconnaît que la biographie donne souvent lieu à des « ouvrages anachroniquement psychologiques – ou usant trop facilement de la notion de mentalité pour jouer, sans vraie explication ni esprit critique de l'exotisme du passé –, rhétoriques, superficiels, trop souvent anecdotiques ». C'est bien là ce qui a discrédité le genre pendant trop longtemps, et le cas d'Anne de Bretagne en est une illustration frappante. Ses biographies confinent au panégyrique, voire à l'hagiographie.

Faut-il rappeler qu'il n'est pas nécessaire d'admirer un personnage pour en faire la biographie ? Nous ajoutons même que cela n'est pas recommandé. La grande règle, qui est évidemment le respect de la documentation, impose de sérieuses limites à la biographie médiévale, pour laquelle les sources sont souvent maigres, surtout lorsqu'il s'agit d'un personnage de second plan, et qui n'a pas été canonisé. C'est le cas pour Anne de Bretagne, qui, de son vivant, n'a été l'héroïne d'aucune chronique : la duchesse n'a eu ni son Joinville, ni son Cuvelier, ni son Commynes, ni même un clerc anonyme, comme celui qui a permis à Georges Duby de retracer la vie de *Guillaume le Maréchal*. Pas d'enquête, pas de procès de canonisation, donc seulement quelques dizaines de lettres, et des apparitions fugaces dans les documents officiels ou dans des histoires et chroniques des affaires du temps. Soyons honnête : à s'en tenir aux seules sources authentiques, la stricte biographie d'Anne de Bretagne ne dépasserait pas cinquante pages.

Cette pénurie a son avantage : l'image d'Anne n'a pas été façonnée de son vivant par un admirateur qui nous aurait légué un portrait officiel ineffaçable, comme le Saint Louis que Joinville a imposé à des générations d'historiens. Mais il y a le revers : dans la vie d'Anne de Bretagne on a trop souvent comblé les vides avec des anecdotes attendrissantes ou

1. *Le Raisonnement sociologique*, Paris, 1991.

larmoyantes, indéfiniment ressassées, comme si une phrase célèbre, apocryphe ou non, suffisait à définir un personnage. Les biographies d'Anne se sont nourries de ces anecdotes qui ont abouti à construire l'image déplorable de la « bonne duchesse » en sabots, qui passe son temps à s'occuper de ses demoiselles d'honneur et à visiter « ses » Bretons.

L'une des difficultés majeures de la biographie médiévale est l'absence de renseignements sur la jeunesse du personnage. Or Anne a été duchesse à onze ans, épouse et reine à quatorze ans. Son enfance, particulièrement agitée, a marqué son caractère. Il faut donc lui accorder une place considérable.

L'un des problèmes de la biographie est celui des rapports entre l'individu et le monde de son temps, la société qui l'entoure, lequel individu est un carrefour de relations qui s'entrecroisent en lui et qui le font exister ; il « cristallise autour de lui l'ensemble de son environnement et l'ensemble des domaines que découpe l'historien dans le champ du savoir historique », écrit Jacques Le Goff.

Pour notre part, nous insisterons sur l'environnement, politique, social, économique, culturel, au milieu duquel grandit et évolue Anne, dans la mesure où la connaissance de ce milieu peut nous aider à mieux comprendre ce que fut la duchesse. Ce milieu, c'est la Bretagne de la fin du XVe siècle, les troubles engendrés par la fin de l'âge féodal, les tensions entre un pouvoir royal ascendant et envahissant, et les derniers grands vassaux qui s'accrochent à une illusoire indépendance, à contre-courant du « sens de l'histoire ». Nous tenterons de concilier « biographie structurale » et « récit linéaire », car la vie d'Anne de Bretagne se compose de périodes très différentes.

Cette princesse a traversé la vie comme un météore. Orpheline et duchesse souveraine de Bretagne à onze ans, en pleine guerre, entourée de grands fauves qui convoitent sa main et son duché, elle se débat comme elle peut et doit accepter le mariage et la couronne à l'approche de ses quinze ans. Mère à seize ans, veuve à vingt et un ans, remariée à vingt-deux, elle disparaît à trente-sept ans après avoir vu mourir ses huit ou neuf enfants –

imprécision révélatrice –, sauf deux filles, elle a eu un destin plutôt tragique. Pendant presque toute sa vie, elle a subi la loi des hommes : celle de son père jusqu'à onze ans, celle de ses conseillers de onze à quatorze, celle de ses maris ensuite. Elle a accumulé les échecs : mariage forcé, perte de l'indépendance de son duché, mort de ses garçons, mariage de sa fille contre sa volonté. Elle n'a été ni une Aliénor ni une Catherine de Médicis, mais si elle n'a pas changé le cours de l'histoire, elle l'a subi. Elle a acquis une renommée un peu ambiguë ; accusée par les uns d'avoir trahi les intérêts bretons, par les autres d'avoir été une mauvaise Française, elle a pourtant une image assez sympathique dans l'opinion du plus grand nombre. Le foisonnement des lieux publics qui portent son nom en Bretagne témoignent de ce consensus.

Anne a été bien autre chose que la « bonne duchesse », et son portrait a sérieusement besoin de dépoussiérage. Certes, nous ne prétendons pas faire revivre la « vraie » Anne ; celle-ci est morte le 9 janvier 1514, un an avant Marignan, la grande victoire de son gendre détesté. Mais nous voudrions relire sa vie hors des *a priori* qui entourent trop souvent sa figure. Anne, la femme, la mère, la duchesse, la reine, une personne qui a vécu avant tout pour elle-même, une individualité forte, qui a su, au-delà des contraintes sociales et politiques, garder une indépendance intérieure, et qui récuserait certainement toutes les étiquettes que ses biographes ont pu lui attribuer. Égocentrisme : c'est là son trait dominant, qui transcende les catégories étroites de Bretons et de Français.

Plutôt que de chercher à lire l'histoire de la Bretagne et de la perte de son indépendance à travers sa vie, c'est plutôt son personnage qu'il faut essayer de comprendre à travers l'histoire de la Bretagne. La réalité ultime, c'est chaque homme et chaque femme, et non pas telle ou telle entité nationale, pure abstraction qui ne tient compte que du grand nombre.

Anne n'est pas un génie. Elle n'en reflète que davantage les réalités courantes de son époque. « Il est toujours exaltant de raconter les médiocres, ces médiocres qui, ne l'oublions pas, représentent une bonne part de l'humanité », écrit Bernard

Quilliet dans la biographie de cet autre médiocre que fut le second mari d'Anne, Louis XII. La tâche du biographe n'est pas de canoniser, mais d'essayer simplement de comprendre comment son héros, ou son héroïne, a passé son temps.

Un dernier mot. Anne est femme, et être femme à la fin du Moyen Âge, pense-t-on généralement, est un lourd handicap. Cela n'est vrai que si on suppose que l'homme et la femme sont en compétition pour atteindre les mêmes objectifs. Le XVe siècle n'avait pas cette conception, et Anne de Bretagne a su tirer parti de sa condition féminine avec assez de bonheur.

CHAPITRE PREMIER

Nantes, 1477
Une fille pour un duché en péril

« Le XXVe jour de janvier, qui est le jour de la conversion de saint Paul, l'an dessusdit soixante et seize la duchesse de Bretaigne, Dame Marguerite de Foix, acoucha au chasteau de Nantes d'une fille qui fut nommée Anne, laquelle fut royne de France. »

C'est ainsi qu'Alain Bouchart rapporte la venue au monde d'Anne de Bretagne, dans ses *Grandes Chroniques de Bretaigne*. L'événement se déroule en réalité en janvier 1477, car le chroniqueur utilise bien sûr l'ancien style qui fixe le début de l'année à Pâques. Quant au château ducal de Nantes, il est en plein travaux. Résidence préférée du duc François II, datant du XIIIe et du XIVe siècle, c'était encore une sombre forteresse longée par la Loire quand celui-ci s'y était installé. Les appartements ducaux, composant la Tour Neuve, remontaient à Jean IV, vers 1370. Ce « vieux logis », comme on l'appelait, n'était plus digne de servir de cadre à un grand seigneur fastueux qui se voulait l'égal du duc de Bourgogne. « Le chastel est si indigent de réparacion, écrivait François II, que souventes fois advient, quand aucuns princes et seigneurs viennent devers nous que ne povons, en iceli chastel, les recevoir et loger ainsi honorablement et bien que faire le vouldrions. » Le 12 octobre 1466 il en avait ordonné la reconstruction. Le plan du nouvel ouvrage est dessiné par l'architecte tourangeau Mathurin Rodier, et les travaux sont confiés aux maîtres d'œuvre Jacques Bodard, Jehan Pasquier, Jehan Rousseau et Pierre Champeigne.

Le duc veut se mettre au goût du jour, c'est-à-dire concilier les exigences militaires de défense, adaptées aux progrès de l'artillerie, avec le goût relativement nouveau du confort, de l'esthétique et de la lumière. La tâche n'est pas simple, d'autant que la cour continue à résider sur place ; le chantier durera plus de trente ans et aura pour résultat le château actuel. Au moment où Anne vient au monde, seul le front occidental est en cours, avec les tours de la Boulangerie, du Pied de Biche, des Jacobins ; une partie du Grand Logis est également commencée, mais Anne est née dans une chambre du Vieux Logis.

Un père fragile, François II

Le père, c'est le duc de Bretagne François II, et la mère, la duchesse, Marguerite de Foix. François II, né en 1435, a donc quarante-deux ans. Même à cette époque ce n'est pas encore l'âge de la décrépitude. Mais le duc a vieilli prématurément au cours d'une existence largement adonnée aux plaisirs. Fils de Richard de Bretagne, qui lui-même était le plus jeune frère du duc Jean V, il n'était pas destiné à régner. Son accession au trône ducal est la conséquence d'une cascade de hasards heureux et d'événements fortuits. Lorsqu'en 1442 était mort le duc Jean V, son fils aîné François Ier lui avait succédé sans problème. Marié deux fois, ce dernier avait eu deux filles, Marguerite et Marie. Selon le droit successoral breton, l'aînée, Marguerite, aurait dû lui succéder. Mais un traité datant de 1365, le traité de Guérande, signé à la suite de la guerre de Succession de Bretagne, avait modifié cette règle, stipulant : « Ainsi sera ordonné pour le temps à venir, que la succession dudit duché ne viendra point à femme tant qu'il y ait hoir masle descendant de la lignée de Bretagne. » C'est donc Pierre II, deuxième fils de Jean V, qui devint duc, de 1450 à 1457. Étant lui-même mort sans enfant, il fallut remonter à la génération précédente, et la couronne ducale passa à Arthur III, frère cadet de Jean V, qui succéda ainsi à ses deux neveux, de 1457 à 1458. Marié trois fois, Arthur, connétable de France, ne laissait à son tour aucun enfant. Si bien que le plus proche parent mâle fut alors François, fils du quatrième frère de Jean V, Richard, comte d'Étampes, et de son épouse Marguerite d'Orléans, fille du duc Louis d'Orléans.

Remarquons déjà l'origine très peu bretonne du nouveau duc, qui a le titre de comte d'Étampes et qui, à son avènement, à vingt-trois ans, a surtout vécu à la cour de France, dans le milieu dissolu et décadent de l'entourage de Charles VII. Lorsqu'en 1459 il vient prendre possession du duché de Bretagne, qui lui revient ainsi de façon inattendue, il ramène d'ailleurs avec lui l'ex-favorite du roi, devenue sa maîtresse, Antoinette de Maignelais, dame de Villequier. Cette cousine germaine d'Agnès Sorel, courtisane alors âgée de quarante ans, toujours belle, exerçait une grande fascination sur le jeune homme, qui était son cadet de dix-sept ans : il « en estoit coiffé de telle sorte qu'elle faisoit ce qu'elle vouloit des faveurs de ce prince et disposoit à son plaisir de lui », écrit au XVIe siècle l'historien breton d'Argentré. Passée des bras du valétudinaire Charles VII à la couche du jeune comte d'Étampes, désormais duc de Bretagne, Antoinette a ce pouvoir de séduction sur un très jeune homme qui fera plus tard la force de Diane de Poitiers à l'égard d'Henri II.

Son rôle politique est toutefois incertain. Pensionnée par le dauphin Louis, futur Louis XI, qui entretient avec elle une correspondance secrète, elle le renseigne, sans doute involontairement, sur ce qui se passe à la cour de Bretagne. Cela ne l'empêche pas de soutenir financièrement le duc en 1465 et 1468, lors de ses démêlés avec la France. François II lui a attribué la seigneurie de Cholet, où elle réside le plus souvent et où il vient la voir. Il aura d'elle quatre enfants : François, baron d'Avaugour, seigneur de Hédé, qu'Anne considérera comme son grand frère, Antoine de Bretagne, surnommé Dolus, et deux filles, dont l'une s'appelle Françoise. Tous sont élevés à la

Anne, entre la Bretagne et la France

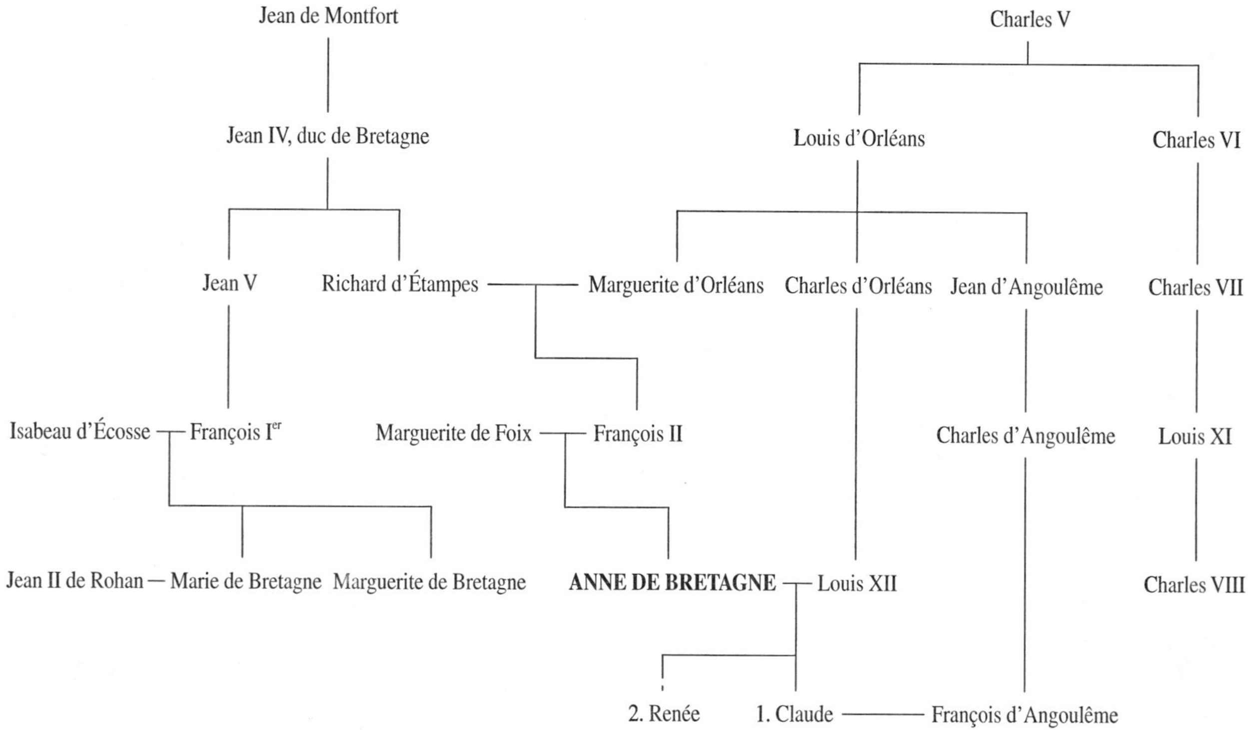

cour de Nantes, ce qui est plutôt mal vu par l'entourage, car cette progéniture a droit à une suite nombreuse et donc a un coût élevé.

Pendant longtemps, François II n'a que des enfants illégitimes. Il a pourtant épousé en 1455 Marguerite de Bretagne, fille du duc François Ier, sa cousine. Ce mariage permettait de faire taire d'éventuels partisans de l'ancien droit successoral – Marguerite aurait été l'héritière du duché s'il n'y avait eu le traité de Guérande. C'est pourquoi on n'avait pas fait traîner les choses : François avait vingt ans, et Marguerite, douze. Mariage essentiellement politique, qui ne fut pas heureux. Marguerite dut supporter la présence dominatrice d'Antoinette de Maignelais, qui détournait d'elle le duc « et l'empeschoit d'avoir des enfants de la duchesse, ce qui pouvait être la ruine du pays », écrit un chroniqueur. François n'eut effectivement qu'un enfant légitime avec la duchesse, un garçon, né le 29 juin 1463, et mort le 25 août suivant. Le duc offrit aux Carmes de Nantes 2,9 kilos d'or fin, poids du défunt bébé et marque d'un certain remords qui ne dura pas. Il délaissa la pauvre Marguerite au profit de sa maîtresse qu'il « chérissoit outre mesure, la tenant en grand estat et plus que sa femme mesme », selon d'Argentré. Un compte annuel du trésorier Pierre Landais pour 1468 montre que la dame de Villequier recevait plus du double des sommes attribuées à Marguerite : 18 391 livres pour la première, et 7 000 livres pour la seconde.

Accablée, la duchesse finit sa triste vie le 25 septembre 1469, laissant le duc à ses débauches. « Il n'est trésor que de liesse » : cette devise, que François II avait fait graver sur un bijou, un petit cœur d'or garni d'un diamant et d'une émeraude, caractérise bien le père d'Anne de Bretagne. Il n'est pas dénué d'intelligence, ni de générosité. Le chroniqueur Alain Bouchart, qui le connaît, le décrit « plain de toutes bonnes grâces, le plus libéral, d'une prudente et discrète libéralité, autant humain et piteux [pitoyable] qui jamais fut prince ». Mais ce ne sont pas là les qualités requises pour un grand féodal placé dans une situation délicate face à la froide volonté du roi Louis XI. François II a du courage, une certaine persévérance ; il est assez clairvoyant, mais il manque de la volonté, de la discipline de vie et de l'ardeur au travail requises par sa tâche. Les affaires publiques et politiques le rebutent et il cesse rapidement d'assister aux séances du Conseil ducal, qui, dit-il, lui cause « grans ennuys » : on ne l'y voit que trois fois entre 1459 et 1463. Il préfère, ajoute-t-il, participer à « plusieurs autres grans occupacions », comme la chasse, les bals, les repas et les travaux de Vénus. Il y laisse une partie de ses forces et de sa popularité. Assez séduisant dans sa jeunesse, il s'adonne aux plaisirs ; raffiné, il a le goût du luxe et des belles choses. Toujours parfumé de poudre de violette, « il voulait que tout ce qu'il mettait à l'entour de lui sentît bon et odourat bien fort », au dire d'un chroniqueur. Dès le début des années 1480, alors qu'il n'a pas encore la cinquantaine, il devient le jouet de ses favoris, et la direction du duché lui échappe.

La mère : Marguerite de Foix

Un an et demi après le décès de la duchesse Marguerite, François II se remarie avec celle qui allait être la mère d'Anne, Marguerite de Foix, troisième fille du comte de Foix Gaston IV. Autre mariage politique qu'il faut replacer dans le cadre des ligues féodales contre Louis XI.

L'artisan de cette alliance gasconne est sans doute un intrigant dont les troubles manœuvres vont longtemps perturber le règne d'Anne : Odet d'Aydie, sire de Lescun, futur comte de Comminges. Obscur gentilhomme gascon, beau parleur, plein de faconde, « fort adextre, bon homme d'armée et fort adroit à cheval, très entrant, bien parlant et hardi avec les princes et seigneurs », écrit Jaligny, historien de Charles VIII. Bailli du Cotentin avant d'être renvoyé par Louis XI qui avait chassé les dépendants du comte de Foix, il était passé au service de François II, séduit par la verve de ce gouailleur. Dès lors, il ne cesse de multiplier les intrigues contre le roi, qui disait de lui en 1471 qu'« il fut le premier inventeur et principal auteur des troubles, guerres, maulx et divisions qui depuis sept ans ont esté en notre royaulme ». En fait, il est fortement soupçonné de mener double jeu, d'être un « double espion », dit d'Argentré, entre le roi et son frère Charles, toujours en rébellion. Commynes affirme qu'il aurait promis son aide à Louis XI en 1468. Lescun est flanqué de quelques rusés Normands, tels que son secrétaire Guillaume de Soupplainville et le vice-chancelier Gougeul de Rouville.

Lescun semble donc bien être à l'origine de l'idée du mariage entre François II et Marguerite de Foix, mariage qui permet d'entraîner le comte de Foix, père de Marguerite, dans la coalition féodale contre le roi. La cérémonie est célébrée le 26 juin 1471. La nouvelle duchesse, à qui François II accorde en douaire le comté de Nantes, la terre de Guérande et le produit d'une taxe de 80 sols par pipe de vin d'Anjou entrant dans le comté nantais, est, selon Alain Bouchart, une « belle dame, prudente et moult discrette », parfois surnommée « sein de lait ». Elle arrive à Nantes avec une nombreuse suite gasconne, qui accentue le caractère cosmopolite de la cour ducale, où vont retentir les accents chantants du Sud-Ouest. Plusieurs de ses compatriotes feront souche en Bretagne et y occuperont des fonctions importantes. Son propre frère, Pierre de Foix, un franciscain né à Pau en 1449, qui a fait ses études à Paris, avant d'obtenir l'évêché d'Aire, devient en 1472 évêque de Vannes, dont il reste titulaire jusqu'à sa mort, à Rome, le 8 août 1490. Promu cardinal en 1476, il réside peu dans sa ville épiscopale.

Une ascendance peu bretonne

Marguerite de Foix paraît avoir été une personne assez effacée, même après la retraite et la mort d'Antoinette de Maignelais, en 1475. Son mariage ne porte ses fruits que cinq ans et demi plus tard, avec la naissance d'Anne. Cette dernière a donc une ascendance très cosmopolite. Du côté de son père vient le peu de sang breton qui coule dans ses veines, avec son grand-père, Richard, fils du duc Jean IV. Mais, même de ce côté, elle hérite de traits espagnols, par son arrière-grand-mère, Jeanne de Navarre, fille de Charles le Mauvais, et français, par sa grand-mère, Marguerite d'Orléans. Du côté maternel, la lignée est purement méridionale : un grand-père béarnais, Gaston, comte de Foix et de Bigorre, une grand-mère espagnole, Éléonore, reine de Navarre. Par l'hérédité, Anne « de Bretagne » est pour moitié hispano-béarnaise, pour un quart française, et pour un quart bretonne. Son parrain est d'ailleurs le Gascon Odet d'Aydie, qui la tient sur les fonts baptismaux.

Quant au prénom choisi, Anne, il n'a rien de spécialement breton à cette époque. Le culte de sainte Anne, mère de la Vierge, est très répandu dans le royaume de France, mais quasiment inexistant dans le duché au XVᵉ siècle : la première paroisse bretonne sous l'invocation de sainte Anne date du XVIᵉ siècle. Parmi les contemporains de la future duchesse, on compte cependant plusieurs homonymes qui montrent la popularité croissante de ce prénom : Anne de Graville, Anne de Foix, Anne de Beaujeu, fille de Louis XI, Anne d'Orléans, abbesse de Fontevrault, sœur de Louis XII, Anne Sforza, fille du duc de Milan, et, en Bretagne, les deux Anne de Rohan, respectivement sœur et fille du vicomte Jean II.

Du moins la petite fille va-t-elle être nourrie au lait breton. Lors de toute naissance princière, la recherche d'une nourrice est une affaire importante, car le lait humain est censé transmettre des dispositions morales. Dès avant la naissance, le trésorier Pierre Landais avait fait venir de Vitré une demoiselle de La Vire, que les médecins récusèrent parce que pas assez « corporée ». C'est finalement une Rennaise, l'épouse de Jean Éon, qui aura l'honneur de donner le sein à la petite Anne.

L'état du monde en 1477

Dans quel monde naît Anne en ce 25 janvier 1477 ? Un monde incertain qui compte entre 300 et 400 millions d'habitants, dont 60 à 80 millions pour l'Europe. Un monde encore très cloisonné, où quelques grandes civilisations, repliées sur elles-mêmes, suivent leur cours, indépendamment les unes des autres. La Chine des Ming, enfin venue à bout de la menace des Mongols, travaille encore à la construction de la Muraille. Le Japon connaît des guerres civiles, mais le bouddhisme zen est à son apogée. En Inde du Nord, morcelée en sultanats, Babur va bientôt poser les bases de l'Empire moghol. En Amérique, encore inconnue du reste du monde, les Aztèques et les Incas constituent des empires puissants. En Russie, Ivan III le Grand prend Novgorod, écrase les Mongols, fonde un État unitaire autour de Moscou et prend le titre de Tsar de toutes les Russies en épousant Sophie Paléologue. En Afrique noire, les royaumes du Monomotapa et du Bénin atteignent leur apogée, tandis que sur les côtes du golfe de Guinée apparaissent les navires portugais. Le monde musulman continue à s'étendre. En 1453, l'Empire ottoman a mis fin à l'existence de l'Empire byzantin. La prise de Constantinople a traumatisé l'Europe chrétienne, qui assiste avec inquiétude aux péripéties de la guerre en Méditerranée et dans les Balkans. Venise a de plus en plus de mal à contenir la poussée turque en Albanie et en Morée, et même si le voïvode Étienne de Moldavie a repoussé les troupes du sultan Mehmed II, l'homme qui a fait tomber Byzance, contrôle toute l'Afrique du Nord, la Méditerranée orientale, et est aux portes de la Hongrie.

Dans l'Europe chrétienne, on reparle donc de croisade. Mais en dépit de la crainte des Turcs, personne n'est décidé à passer à l'action. La croisade semble remisée au rang des épopées héroïques d'un autre âge. La dernière tentative sérieuse, qui remontait à 1396, s'était soldée par un désastre à Nicopolis. Pourtant, l'idée est dans l'air. En 1454, le duc de Bourgogne avait fait vœu de se croiser. Des écrivains comme Philippe de Mézières faisaient campagne pour le « passage », et le pape Pie II appelait, vainement, les chrétiens aux armes. En 1477, le souverain pontife est Francesco della Rovere, Sixte IV, un des premiers papes de la Renaissance. Rome connaît une période de raffinement culturel, de népotisme et de dérèglement moral. En dépit des spéculations prophétiques qui circulent sur l'approche de l'Antéchrist et la prochaine conversion des musulmans et des juifs, le déclenchement d'une nouvelle croisade paraît peu probable.

L'Italie est tout entière à ses querelles et à l'essor artistique. À Florence, Laurent de Médicis renforce les pouvoirs de sa famille, tandis que les Sforza s'installent à Milan. Léonard de Vinci, qui a vingt-cinq ans, commence sa carrière d'ingénieur, tandis que le Génois Christophe Colomb médite sur les cartes de Toscanelli. L'Espagne, elle, est sur la voie de l'unification, depuis le mariage en 1469 de l'infant Ferdinand d'Aragon avec l'infante Isabelle de Castille, alors qu'au Portugal Alphonse V « l'Africain » prend Tanger et continue les expéditions d'exploration de la côte de Guinée. Son fils Jean II reprendra son œuvre à partir de 1481. Dans le monde germanique, le « roi des Romains », Frédéric III, a toutes les peines du monde à maintenir son autorité face au Danemark, à la Hongrie et aux Turcs, mais sa politique dynastique est efficace. En Angleterre, la guerre des Deux-Roses connaît un répit sous Édouard IV d'York, monté sur le trône en 1461.

C'est la même année qu'a débuté le règne de Louis XI. Le roi de France développe inexorablement le pouvoir royal face aux derniers grands féodaux, qui multiplient en vain les intrigues et rébellions. Les ducs de Bretagne, de Bourgogne, d'Anjou, de Bourbon, le comte d'Armagnac, sentant leur position menacée, se regroupent d'abord derrière Charles de Guyenne, frère du roi, pour former une ligue du Bien public s'opposant aux empiétements de l'administration royale. La coalition est facilement disloquée par un souverain habile à exploiter les rivalités féodales, et la mort de Charles de Guyenne, en 1472, lui enlève son chef naturel.

Charles le Téméraire, duc de Bourgogne, dont les possessions disparates s'étendent de la Hollande au Charolais, devient alors l'adversaire de Louis XI. Dans ce grand duel, le duc de Bretagne François II est pour le « grand duc d'Occident » un allié précieux à l'ouest du royaume. Mais les ambitions de Charles le Téméraire provoquent sa ruine. Rêvant de reconstituer le royaume de Lotharingie, il est tué par les Suisses devant

Nancy, le 5 janvier 1477, vingt jours avant la naissance d'Anne de Bretagne.

La mort du Téméraire annonce des temps difficiles pour François II. En effet, la cause bourguignonne échoit à Marie de Bourgogne, âgée de vingt ans, qui épouse par procuration Maximilien de Habsbourg, le 27 avril de la même année, ce qui n'empêche pas Louis XI de s'emparer de la Bourgogne, et bientôt Maximilien fera la paix avec le roi de France. Louis XI peut donc se retourner contre le dernier grand féodal dont l'indépendance défie encore l'unité française : le duc de Bretagne.

Un duché en situation précaire

Depuis longtemps déjà, la couronne de France tente de rattacher le grand fief breton au domaine royal. Par sa position géographique, la péninsule armoricaine est comme une épine dans le flanc occidental de la France. Grâce à la rivalité multiséculaire entre la dynastie capétienne et les rois d'Angleterre, la Bretagne a réussi à maintenir une indépendance de fait.

Dès le XIIe siècle, à l'époque du grand Henri II, le duché avait failli tomber dans le domaine anglais des Plantagenêt. Mais en 1200, Philippe Auguste, profitant d'une minorité, se fait confier la tutelle du jeune duc Arthur, puis, après la mort de celui-ci, oblige en 1213 l'héritière du duché, la petite Alix, âgée de treize ans, à épouser un prince capétien, Pierre de Dreux. À près de trois siècles d'intervalle, c'est une opération à peu près identique qui se répétera avec Anne de Bretagne.

En 1236 Pierre de Dreux, dit Pierre Mauclerc, cède la place à son fils Jean Ier, qui prête hommage au roi de France. La Bretagne reste un fief de la couronne. Les Capétiens font une nouvelle tentative pour la réunir au domaine royal en 1341 lorsque s'ouvre la guerre de Succession de Bretagne. Deux familles s'affrontent : celle de Montfort, représentée par Jean de Montfort et sa femme Jeanne de Flandre, puis leur fils Jean IV, et celle de Blois-Penthièvre, dirigée par Jeanne de Penthièvre et son mari capétien Charles de Blois. La guerre se greffe sur la guerre de Cent Ans : Jean de Montfort est soutenu par Édouard III Plantagenêt ; Philippe VI de Valois aide Charles de Blois, dont la mort à la bataille d'Auray, en 1364, aboutit à la signature du traité de Guérande, le 12 avril 1365. Ce traité aura des conséquences jusqu'à l'époque d'Anne : Jean IV de Montfort est reconnu duc de Bretagne, mais la maison de Penthièvre garde l'espoir de récupérer un jour le duché, car si les garçons viennent à manquer dans la lignée de Montfort, il est prévu que la couronne pourra passer aux Blois-Penthièvre. Voilà qui prépare de futurs problèmes.

Dans l'immédiat, l'anglophile Jean IV l'emporte. Le roi de France Charles V a du mal à l'accepter. En 1373, invoquant une alliance entre le duc et Édouard III d'Angleterre, il décide de mettre le duché sous séquestre et le fait administrer par le duc d'Anjou, Olivier de Clisson et le vicomte de Rohan. Le 18 décembre 1378, Jean IV ayant refusé de se présenter pour répondre des accusations de félonie et de lèse-majesté, la couronne de France confisque la Bretagne, par décision du Parlement et de la cour des Pairs. Le connétable Du Guesclin est chargé d'appliquer la décision, mais l'opération échoue à nouveau. Du Guesclin se récuse et Charles V meurt en 1380. Jean IV en profite pour rétablir son pouvoir : le gouvernement royal, affaibli par la minorité de Charles VI, accepte de restituer le duché ; par le deuxième traité de Guérande, du 4 août 1381, Jean IV recouvre la Bretagne en échange d'une indemnité, du renvoi de ses conseillers anglais et de la prestation d'hommage au roi.

Le duché échappe donc une nouvelle fois, de justesse, à l'étreinte des Capétiens. Dès lors, les rois de France guettent une nouvelle occasion, qui ne peut manquer de se présenter. Les années d'indépendance semblent comptées. Du côté breton, la méfiance règne. Le pouvoir ducal se renforce et encourage la naissance d'un sentiment national breton, reposant sur les origines mythiques de la nation, attribuées au Troyen Brutus, et sur une relecture de l'histoire locale. Vers 1400, Guillaume de Saint-André, conseiller du duc, accentue les traits originaux de la population bretonne, qu'il oppose aux

Français, dans le *Libvre du bon Jehan, duc de Bretaigne*. À la même époque, un autre secrétaire de Jean IV, Hervé le Grant, montre, dans la *Chronique de Saint-Brieuc*, que la Bretagne n'est pas membre du royaume de France. Vers 1470, Jean de Saint-Paul, chambellan du duc François II, dans la *Chronique de Bretagne*, fustige la « convoitise », la « malice » du roi et l'« orgueil et avarice démesurés » des Français. Ces œuvres de propagande ne touchent que les milieux nobles et bourgeois. Le peuple ne se sent guère concerné ; et beaucoup de nobles, possessionnés à la fois en Bretagne et en France, sont plutôt portés à la prudence.

En fait, les ducs cherchent à bâtir une armature idéologique justifiant leur indépendance à l'égard de la couronne. Leur dépendance était matérialisée par le geste symbolique de la cérémonie de l'hommage, qui devait être renouvelé à chaque changement de duc et de roi. Cet hommage peut prendre deux formes : hommage simple, dans lequel le vassal est debout et armé, et qui lui laisse une plus grande liberté d'action envers son seigneur, surtout en cas de conflit militaire ; et hommage lige, qui se prête à genoux, tête nue, sans armes, formule plus humiliante et qui surtout engage le vassal à servir en priorité et sans partage ce seigneur, contre tous les autres. Depuis Jean IV, les juristes du roi et ceux du duc s'opposent quant à la formule à utiliser, et à chaque cérémonie les incidents se renouvellent. Tant que les deux parties ont intérêt à éviter la rupture, chacun se contente d'une solution floue et pragmatique, c'est-à-dire que le duc prête l'hommage lige pour les fiefs qu'il a en France, comme la terre de Montfort-l'Amaury, et l'hommage simple pour la Bretagne, les greffiers donnant l'interprétation la plus favorable à leur maître respectif.

C'est grâce à cette politique de bascule que Jean V (1399-1442), François Ier (1442-1450), Pierre II (1450-1457), Arthur III (1457-1458) sont parvenus à maintenir une indépendance de fait à l'égard du royaume. Mais, à l'intérieur du duché, la famille de Blois-Penthièvre est à l'affût. À la tête d'énormes territoires au nord de la péninsule, autour de Lamballe et Guingamp, elle guette l'extinction des mâles dans la famille de Montfort. En 1420, elle tente même un coup de force : l'impétueuse Marguerite de Clisson, qui a épousé Jean de Penthièvre, fils de Jeanne de Penthièvre, fait enlever le duc Jean V dans le but de le remplacer par son fils Olivier de Penthièvre. Le coup échoue : les biens des Penthièvre sont confisqués ; ils seront restitués en 1448. À partir de 1454, tous les droits des Penthièvre sont réunis en la personne de Nicole de Blois, petite-fille de Jean de Penthièvre, qui a épousé en 1437 Jean de Brosse. Louis XI ne manquera pas d'exploiter cette menace latente contre le duc François II.

L'étau se resserre sous le règne de ce dernier, qui succède en 1458 à Arthur III. Élevé en Touraine et dans l'Orléanais, formé par l'écrivain normand Robert Blondel, ce jeune homme, comte d'Étampes, est de « bel et de grand apparence », selon Olivier de La Marche ; c'est « un des beaux princes des chrétiens, [...] l'un des fiers du monde en son droit deffendant », renchérit Chastellain, mais il paraît peu apte à incarner une quelconque identité bretonne. Sa mère Marguerite d'Orléans l'accompagne à la cérémonie du sacre, à Rennes, le 3 février 1459, puis il repart aussitôt et retrouve à Montbazon le roi Charles VII et ses compagnons de la cour de France. L'hommage se déroule dans une atmosphère bon enfant.

Le jeu complexe entre Louis XI et François II

Tout est à recommencer deux ans plus tard après la mort de Charles VII. Cette fois, le nouveau roi est Louis XI, qui connaît bien François : l'un et l'autre ont été compagnons à la cour de Bourgogne. Louis maintient une façade cordiale : pas d'hommage lige entre nous, vieilles connaissances. La cérémonie se déroule le mieux du monde, chez un bourgeois de Tours, le 18 décembre 1461. Au début de 1462, le roi vient même faire un pèlerinage à Redon, et le duc le reçoit à Nantes.

Puis le climat se dégrade. Dès le mois de décembre 1462, un désaccord surgit à propos du diocèse de Nantes, dont le nouveau titulaire, Amaury d'Acigné, neveu du précédent évêque, soutenu par le roi, se voit refuser l'investiture par le duc, qui confisque le temporel de l'évêché ; l'évêque refuse de prêter le serment de fidélité et jette l'interdit sur le diocèse. La question est portée devant une assemblée de commissaires royaux et ducaux à Tours en novembre 1463. Louis XI saisit l'occasion pour jeter le masque. Ses représentants énumèrent une longue liste d'accusations contre les prérogatives jugées illicites du duc de Bretagne : il n'a aucun droit sur les revenus des diocèses vacants (droit de régale), « droit qui appartient au roi seul » ; il usurpe des titres tels que « duc par la grâce de Dieu », « souverain seigneur », et des formules telles que « de nos puissances et auctorité royaulx et ducaulx » ; il devrait prêter l'hommage lige ; les justiciables bretons devraient avoir droit d'appel au parlement de Paris ; le duc n'est pas autorisé à frapper des monnaies d'or et d'argent et à lever des impôts ; il usurpe le droit de faire représenter une couronne fermée, au lieu d'un simple chapeau ducal, sur ses monnaies. Selon le chroniqueur Chastellain, François II, surpris par ces propos, aurait déclaré « que si le roi vouloit lever fouages en son pays, ce que oncques ses pères n'avoient souffert, il les venroit quérir donc à la pointe de l'espée, car autrement jamais n'en venroit à chief [n'en viendrait à bout] ».

Louis XI a donc choisi l'hostilité déclarée. Dès lors, François II est amené à faire cause commune avec tous les grands vassaux du royaume en lutte contre un pouvoir royal qui menace les derniers représentants de la féodalité, et affiche son intention de mettre fin à l'indépendance des grands fiefs. En 1465, il participe à la ligue du Bien public et obtient, par le traité de Saint-Maur-des-Fossés, la renonciation du roi à la suzeraineté sur les évêchés bretons. En 1466, il accueille Charles de Valois, en pleine révolte contre son frère Louis XI, et l'aide ensuite à reconquérir son apanage de Normandie, ce qui provoque des combats dans les marches de Bretagne. Dès 1468, le duché sert ainsi d'asile à tous les nobles mécontents du royaume, qui viennent s'y réfugier périodiquement ; et parfois même s'y installent à demeure.

Face à cette situation la noblesse bretonne est divisée. Dans l'entourage immédiat du duc, deux camps se dessinent, que l'on peut définir schématiquement comme les camps anti-français et pro-français. À la tête du premier, Pierre Landais, représentant de la jeune bourgeoisie d'affaires qui commence à émerger dans les villes orientales du duché. Fils d'un négociant en drap de Vitré, il entre en relation avec François avant que celui-ci ne devienne duc, et se rend vite indispensable en lui prêtant de l'argent et en lui vendant à crédit des étoffes de luxe. Aussi a-t-il été chargé de la garde-robe ducale dès 1460. Il devient le pourvoyeur officiel du prince, puis accumule les postes lucratifs : direction de la Trésorerie, de la Recette générale de Bretagne, de la recette ordinaire de Rennes, de la caisse de la trésorerie des guerres. Dès lors, il ne fait plus de différence entre les recettes publiques et ses revenus personnels. Chaque année, la chambre des Comptes relève la disparition de sommes énormes, dépensées secrètement et sans contrôle.

Landais dépouille l'amiral de Bretagne de l'administration des deniers provenant du convoi de la mer. Sa cupidité ne connaît plus de bornes. Il place ses parents et amis aux postes importants, dispose des évêchés ; à partir de 1466, il est le maître absolu. Ayant tout à redouter d'une mainmise de la monarchie sur le duché, il cherche à ouvrir la Bretagne à un vaste réseau d'alliances extérieures, favorables aux affaires, en particulier avec la Flandre bourguignonne et l'Angleterre, lui permettant d'augmenter ses profits et de rester l'homme indispensable. Champion de la cause bretonne, il semble surtout champion de son intérêt personnel. Détesté par la noblesse bretonne, il étale son luxe, ses fondations pieuses, ses constructions : il possède des manoirs à Izé, à Port-Saint-Père, à Doulon ; des hôtels urbains à Nantes, à Vitré.

Mais en cette fin de Moyen Âge, son statut de parvenu est une tare impardonnable aux yeux d'une aristocratie qui, sentant ses pouvoirs menacés, multiplie les barrières et les préjugés pour mieux marquer ses distances à l'égard de la masse roturière. Elle juge intolérable, en particulier, sa façon de placer ses neveux, les Guibé : Michel sera fait évêque de Léon en 1476, puis de Dol en 1478, puis de Rennes en 1482 ; Robert sera fait cardinal à dix-huit ans, évêque de Tréguier en 1492, de Nantes en 1506, de Vannes en 1511 ; Jacques sera amiral de Bretagne ; Jean, capitaine de Fougères.

Le trésorier Pierre Landais, qui ne néglige ni la nécromancie ni la sorcellerie, doit son pouvoir à sa capacité de fournir de l'argent au duc. Mais comme son homologue français Jacques Cœur quelques années auparavant, l'accumulation des richesses le rendra vulnérable aux attaques pour malversation. Il peut cependant compter sur son ascendant personnel sur le duc, qui le soutient envers et contre tous.

En face, le camp pro-français est dirigé par le chancelier Guillaume Chauvin, que tout oppose à Landais. De vieille noblesse, allié au grands féodaux bretons, de tempérament modéré et prudent, « homme droit et juste », selon Alain Bouchart, il pense qu'un accommodement avec Louis XI est possible. Socialement et personnellement ennemi de Landais, il est cependant plus effacé, et sa position est plus fragile. L'existence de ces deux camps opposés à la cour de François II est un facteur d'instabilité et d'intrigues, qui ne peut que faire le jeu du roi, habile à gagner les fidélités et à débaucher les hommes utiles.

La plupart des nobles bretons passent allégrement d'un bord à l'autre au gré des rapports de force, des pensions, des ambitions, des espoirs et des craintes. S'il y a bien deux camps, pro- et anti-français, leur composition est des plus mouvantes. Rien ne serait plus faux que de se représenter une noblesse bretonne faisant bloc derrière son duc, face au pouvoir royal. Chacun raisonne en fonction de ses propres intérêts, qui souvent sont de l'autre côté de la frontière. Depuis des siècles, une multitude de Bretons sont d'ailleurs au service du roi de France, auquel ils ont déjà fourni trois connétables – Du Guesclin, Clisson, Richemont – et une multitude de grands officiers. Ils y ont gagné des seigneuries et des pensions en France, qu'ils ne tiennent pas à perdre pour défendre une indépendance bretonne qui n'est pas vraiment leur souci majeur. Mais ils ont aussi des biens à défendre en Bretagne, alors, partagés, hésitants, ils vont d'un camp à l'autre, suivant leurs intérêts.

Source de confusion supplémentaire : le duc abrite à sa cour les ennemis français du roi, tandis que le roi accueille à la sienne les ennemis bretons du duc, et dans tout ce beau monde la moitié sont des agents doubles et l'autre moitié change de camp comme d'armure. Il faut la patience et la minutie des érudits locaux pour s'y retrouver. Même les personnages connus sont incertains. Tanguy du Chastel, ex-grand écuyer de Charles VII, devenu conseiller de François II, brouillé avec ce dernier à cause du rôle joué par Antoinette de Maignelais, finit par céder aux avances de Louis XI, qui, d'après Bouchart, souhaitait le « recouvrer pour le grant sens et les grandes vertus qu'il avoit ouy estre en lui ». En 1468, il s'enfuit donc et rejoint le roi, qui en fait un chevalier de Saint-Michel. Beaucoup prennent le même chemin : Pierre de Rohan, seigneur de Gié, Olivier de Coëtivy, François de Laval, Yvon du Fou, Rolland de Lescouët, François de Pontbriand, Guillaume de Tiercent, André de Laval, maréchal de Lohéac, et bien d'autres.

Un État dans l'État : la galaxie des Rohan

Dans l'hémorragie de seigneurs bretons qui passent du côté du roi, un jeune homme de dix-huit ans, qui, le 3 avril 1470, s'enfuit du château de Nantes où il était tenu en tutelle, et passe à Thouars, où Louis XI envoie à sa rencontre Tanguy du Chastel, son ancien tuteur, avec une escorte de 200 gentilshommes. Il l'installe fastueusement à la cour, avec 6 000 livres de pension plus 1 000 livres pour les meubles. Ce personnage, qu'Anne de Bretagne trouvera souvent sur sa route, est le vicomte Jean II de Rohan, sans doute le plus puissant seigneur breton après le duc. Le rôle capital joué par cette famille dans les péripéties de la fin de l'indépendance du duché impose que nous nous y arrêtions un moment.

La renommée de la branche principale de la famille, celle des vicomtes de Rohan, s'illustre au milieu du XVe siècle par un personnage hors du commun, le vicomte Alain IX. Fils d'Alain VIII et de Béatrice de Clisson, il est au centre d'une extraordinaire nébuleuse qui l'apparente à plusieurs familles princières et royales. Ses liens avec les Montfort en font un proche parent du duc, car il a épousé en premières noces Marguerite de Bretagne, fille de Jean IV. Il en a eu sept enfants, dont Jeanne, qui sera la mère du maréchal de Bretagne Jean de Rieux et de l'évêque de Quimper Thibaud de Rieux ; Marguerite, qui a épousé en 1449 le comte d'Angoulême, et qui sera ainsi la grand-mère du roi François Ier ; Catherine, qui après son premier mariage avec Jacques de Dinan donnera naissance à Françoise de Dinan, gouvernante d'Anne de Bretagne, puis après son second mariage avec Jean d'Albret sera mère du futur cardinal Louis d'Albret et d'Alain d'Albret, futur prétendant à la main d'Anne ; sa petite-fille Charlotte aura même l'honneur douteux d'épouser le fils du pape, César Borgia en personne ; enfin Béatrix et Alain.

Mais le vicomte Alain IX, devenu veuf, se remarie en 1450, à soixante-huit ans, avec Marie de Lorraine, fille d'Antoine de Lorraine, comte de Vaudémont. Il en a deux enfants : Jean II de Rohan, né en 1452, et Catherine. Devenu veuf une deuxième fois, Alain IX épouse en troisièmes noces, à soixante-quatorze ans, Péronnelle de Maillé, fille d'Hardouin VIII de Maillé. Péronnelle lui donnera à son tour sept enfants, dont l'aîné, Pierre, épousera la comtesse de Quintin, le second, Louis, sera pronotaire apostolique en Bretagne, deux filles, Madeleine et Anne, seront religieuses à Fontevrault. À ces quatorze enfants légitimes, il faudrait ajouter un nombre incalculable de bâtards. La différence d'âge entre les premiers et les derniers enfants d'Alain IX est telle que l'ordre des générations suivantes en est perturbé : son petit-fils le maréchal Jean de Rieux, par exemple, a cinq ans de plus que son oncle, le vicomte Jean II de Rohan, qui est lui-même de seize ans le cadet de sa nièce Françoise de Dinan. Il a quarante ans de moins que sa sœur Jeanne !

Alain IX meurt en 1462, âgé de quatre-vingt-un ans. C'est alors Jean II qui devient le chef de la lignée. Le jeune vicomte, orphelin de mère à deux ans et demi, a neuf ans et demi et vient

Les Rohan et leurs alliances

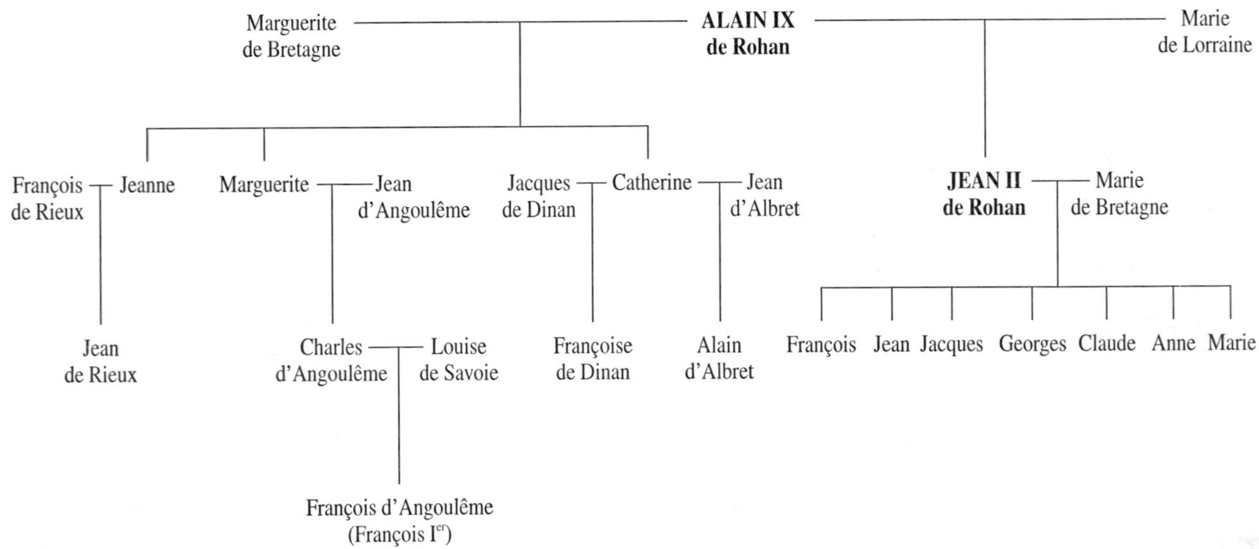

tout juste d'épouser Marie de Bretagne, sœur cadette de la duchesse Marguerite, fille du duc François Ier. Il est donc beau-frère du duc François II. Son épouse, qui a cinq ans de plus que lui, lui donnera sept enfants. En 1477, l'année où naît Anne de Bretagne, deux de ces enfants sont nés : François (1469) et Jean (1473). Puis viendront en 1478 Jacques, un simple d'esprit auquel on donnera en mariage en 1509 la petite Françoise de Rohan-Guéméné ; en 1479, Georges ; en 1480, Claude, un fou que l'on placera comme évêque de Cornouaille à vingt et un ans, en 1501 ; puis Anne, qui épousera Pierre de Rohan-Gié, et Marie, donnée en mariage à Louis de Rohan-Guéméné.

Car il y a les autres branches, dont la principale est celle des Rohan-Guéméné. Louis Ier de Rohan-Guéméné, cousin germain d'Alain IX, possède la seigneurie de Gié, en Champagne, mais le centre de ses possessions se trouve à la limite entre Bretagne et Mayenne, au château de Mortiercrolles, près de Craon. Il renforce sa position dans cette région en épousant l'héritière de la seigneurie de Montauban, au sud-est de Rennes. Un de ses deux fils, Louis II de Rohan-Guéméné (1448-1508), marié à sept ans avec Louise de Rieux, engendrera Louis III, amiral de Bretagne. L'autre fils, Pierre de Rohan-Guéméné, né en 1451, maréchal de France à vingt-cinq ans en 1476, et connu dès lors sous le nom de maréchal de Gié, sera l'une des bêtes noires d'Anne de Bretagne. Il épouse Françoise de Porhoët, et leur fils François sera fait évêque d'Angers à dix-neuf ans, en 1499, évêque de Lyon à vingt-quatre ans, en 1504, puis cardinal.

Mentionnons encore pour terminer cette liste déjà fastidieuse – mais loin d'être exhaustive – la lointaine branche cadette des Rohan du Gué-de-l'Isle, représentée à l'époque d'Anne par les six enfants d'Olivier II, décédé en 1463 : Olivier III, Jean, Catherine, Marie, Yolande et Jeanne.

La plupart de ces personnages croisent à un moment ou à un autre le chemin d'Anne de Bretagne. Les exemples que nous venons de citer montrent à quel point la politique matrimoniale des grandes familles nobles ne s'embarrasse d'aucun préjugé. Nous en verrons bien d'autres. Il faut se souvenir de ce contexte pour relativiser les mésaventures matrimoniales d'Anne, dont la vie tourne autour de questions de mariage. La femme est avant tout un pion permettant d'échafauder des alliances. Et si par hasard elle est héritière, elle devient un enjeu de première importance.

Le caractère très prolifique des Rohan leur permet de tisser des liens avec une multitude de grandes familles bretonnes, françaises, européennes. Ainsi, le chef du lignage à l'époque d'Anne, Jean II de Rohan (1452-1516). Sa puissance tient d'une part à ses alliances : neveu du duc de Lorraine, beau-frère du duc de Bretagne, il est allié aux Angoulême, aux Orléans, aux Rieux, aux Albret et à une multitude de seigneurs bretons ; quand il bouge, le tiers de la Bretagne est concerné. C'est pourquoi le duc se méfie tant de lui : sans le traité de Guérande, Jean de Rohan serait duc de Bretagne. En effet, la couronne serait alors passée de François Ier à sa fille aînée Marguerite, et au décès de celle-ci en 1469 à sa sœur cadette Marie, épouse de Jean de Rohan. Le traité de Guérande, en imposant la succession par les mâles, rend cette prétention caduque. Mais sait-on jamais ? Le droit ne l'emporte que tant que la force est derrière lui.

Or Jean II est en même temps le plus puissant seigneur de Bretagne. Ses domaines couvrent le cinquième du duché et s'étendent sur plus de 300 paroisses, réparties en quelques grosses masses : au nord-ouest, 63 paroisses du Léon, 33 en Cornouaille, 20 dans le Quemenet ; au centre, le cœur de la vicomté, avec 75 paroisses dans le pays de Rohan et 60 dans le Porhoët, autour des châteaux de Josselin, La Chèze, Rohan, Corlay, et bientôt Pontivy ; au sud-est, près de Nantes, 29 paroisses des châtellenies de Blain et de Pontchâteau ; il faut y ajouter des terres dans le Goëlo, près de Paimpol, et des possessions hors de Bretagne : 18 paroisses de la baronnie de La Garnache, dans le Poitou, les seigneuries de Beauvoir-sur-Mer, La Trosnière en Anjou, de Villemonble et Joigny, près de Paris, plus divers héritages normands.

De ses terres le vicomte tire, bon an, mal an, 12 000 livres de revenus nets, comme le montre l'« État de la maison du vicomte de Rohan » de 1480, ce qui ne représente que 15 % environ du revenu brut. De plus, le vicomte recevra à partir de 1484 une pension ducale de 4 000 livres, et, à partir de 1487, une pension royale. Si on y ajoute des versements pour la dot de Marie de Bretagne, on arrive à 20 000 livres de revenus nets annuels, soit cinquante à cent fois ce que peut espérer un noble breton moyen. L'administration de ces biens nécessite une chambre des Comptes, qui se trouve à La Chèze jusqu'en 1481, puis transférée à Josselin. Les receveurs centralisent les revenus à Pontivy, La Chèze, Corlay, Landerneau, Daoulas, Crozon, l'ensemble étant divisé en bailliages et prévôtés.

Le vicomte a aussi sa propre organisation judiciaire, avec cinq sièges de juridiction dans le Rohan (Corlay, Gouarec, Baud, Pontivy, Loudéac), trois dans le Porhoët (Josselin, La Chèze, La Trinité-Porthoët), cinq dans le Léon (Coëtmeal, Landivisiau, Landerneau, La Roche-Maurice, Peuprat). On y exerce la haute justice, avec droit d'exécution capitale et entretien d'un bourreau. Mieux : les terres du vicomte ont leur propre droit coutumier, avec l'usement de Rohan et l'usement de Porhoët.

Véritable petit souverain, Jean II de Rohan entretient des forteresses qui lui servent de résidences et où s'étale sur les façades de granit l'orgueilleuse devise *À plus* : La Roche-Maurice, La Joyeuse-Garde, Corlay, La Chèze, Rohan, Josselin, Blain, Fresnay, La Garnache. En 1479, il entreprend la construction d'un nouveau château adapté aux besoins de l'artillerie, à Pontivy. Puis il fera transformer à grands frais la façade intérieure de Josselin, au début du XVIe siècle, pour en faire le splendide joyau actuel.

Le vicomte mène grand train, avec une maison qui lui coûte 1 458 livres en 1486, 1 556 livres en 1493, 1 440 livres en 1496 en gages d'officiers, chapelains, cuisiniers et autres. En 1486, la maison de sa femme, de ses enfants, de ses belles-sœurs coûte 3 740 livres. Il entretient un fou, un héraut, « Rohan ». Bref, c'est un très grand vassal, dont le duc craint la puissance.

Des années confuses : 1470-1477

On comprend que François II garde en tutelle étroite le jeune Jean II lorsque celui-ci succède à son père Alain IX à l'âge de dix ans, en 1462. Il est élevé au château ducal de Nantes avec sa jeune femme Marie, et c'est là que naît son premier fils, François, en 1469. L'année suivante, Jean II s'enfuit en France. Il n'accepte pas d'être tenu à l'écart des affaires et reproche en particulier au duc de s'entourer de parvenus comme Landais, alors que lui-même, premier baron du duché, n'est pas consulté.

Pendant deux ans et demi, Jean II vit à la cour de Louis XI, tandis que François II saisit ses terres et garde en otages sa femme et son fils, ce qui lui vaut une menace d'excommunication du pape. À la fin de l'année 1472, las de l'exil, Jean II négocie son retour en Bretagne et s'installe dans son château de Josselin, où naît en octobre 1473 son deuxième fils, Jean, baptisé par son cousin Thibaud de Rieux, évêque de Quimper.

Le retour de Rohan en Bretagne, à la fin de 1472, coïncide avec une accalmie dans les relations entre François II et Louis XI. Grâce aux bons offices intéressés du sire de Lescun, une trêve a été signée à Poitiers le 8 décembre. Le roi fait une nouvelle tentative pour gagner l'habile Gascon, « et de tant luy donner, rapporte Commynes, qu'il le retireroit son serviteur et luy osteroit l'envie de luy pourchasser mal, d'autant qu'il n'y avoit ne sens ne vertu en Bretaigne, que ce qui procédoit de luy ; mais que ung si puissant duc soit manyé par ung tel homme, il estoit à craindre ; et que, faict acecques luy, les Bretons tacheroient à vivre en paix ».

En cette année 1472, François II a aussi perdu un allié de poids, Charles de Valois, frère du roi. Avec la mort du comte d'Armagnac (mars 1473) et celle du duc d'Alençon (juin 1474), la coalition féodale s'affaiblit. Aussi le duc de Bretagne se tourne-t-il alors vers l'allié traditionnel : l'Anglais. Édouard IV est justement en train de préparer une descente en France, officiellement pour reprendre les provinces perdues à la fin de la guerre de Cent Ans, mais en réalité pour obtenir de

Louis XI, par une sorte de chantage, le maximum d'avantages. L'« invasion » de 1475 n'est qu'une « gesticulation militaire» », qui aboutit à l'entrevue de Picquigny, sur la Somme, le 29 août. Là, entre autres choses, « le roy d'Angleterre dit à Louis XI qu'il lui prioit qu'il ne voulsist point faire de guerre au duc de Bretaigne et que, en sa nécessité, il n'avoit jamais trouvé si bon amy », écrit Commynes. Louis XI tente bien de biaiser, mais « quand le roy d'Angleterre s'en veist pressé, il dist que qui feroit guerre en Bretaigne, il repasseroit une aultre fois pour la deffendre ». Si bien que le roi de France, devant la fermeté anglaise, doit se résoudre à signer un traité de paix avec François II, le traité de Senlis, que le duc ratifie le 5 novembre 1475.

Dans l'esprit de Louis XI, il ne s'agit bien entendu que d'une pause. Or, le 5 janvier 1477, le destin lui tire une belle épine du pied : Charles le Téméraire, centre de toutes les coalitions féodales contre lui, est tué devant Nancy. François II peut s'attendre désormais à subir tout le poids des ambitions royales. Sa vulnérabilité est d'autant plus grande qu'il n'a pas d'enfant pour assurer sa succession. Par chance, la duchesse est sur le point d'accoucher. Et le 25 janvier naît Anne.

Le duc aurait évidemment souhaité un garçon. Pour plusieurs raisons. Une raison générale : l'époque est, comme presque toutes les sociétés traditionnelles, favorable aux hommes, privilégiés dans tous les domaines ; la continuité du nom familial requiert un mâle, chef du lignage et gage de force. Une raison dynastique : depuis le traité de Guérande, la loi salique s'applique à la Bretagne ; s'il n'y a plus de mâle dans la lignée Montfort, le duché risque de passer aux Penthièvre. Une raison de circonstance enfin : devant les menaces pesant sur la Bretagne, un bras masculin serait souhaitable. Il n'est certes pas trop tard. La duchesse est encore féconde, et un an plus tard elle accouchera encore... mais de nouveau d'une fille, Isabeau. Le temps presse.

Une fille : atout ou handicap ?

La petite Anne n'est donc pas exactement bienvenue. Il faut toutefois nuancer les jugements hâtifs concernant la place des femmes au XVᵉ siècle, et en particulier dans la haute société. Certes, les documents ecclésiastiques voient dans la femme l'instrument privilégié du diable, elle est la tentatrice, responsable par sa faiblesse du péché originel, et par son pouvoir de séduction du péché de la chair, péché par excellence dans une Église vouée à un frustrant célibat et qui ne peut admettre la grandeur de la jouissance physique. Mais les autres milieux se montrent beaucoup plus indulgents, et si la femme sait utiliser ses atouts, elle peut jouer un rôle dans un monde masculin.

En réalité, le Moyen Âge est moins antiféministe que les époques qui ont suivi. Des femmes s'y sont illustrées dans tous les domaines, y compris à la guerre, avec la cohorte des Jeanne – Jeanne de Montfort, Jeanne de Penthièvre, Jeanne d'Arc, Jeanne des Armoises, Jeanne Hachette. Femmes écrivains, de Marie de France à Christine de Pisan, saintes, religieuses, prostituées et ribaudes, elles comblent les besoins spirituels et physiques. Souveraines, elles peuvent être aussi redoutables que les hommes : pensons à Aliénor d'Aquitaine, aux comtesses Marie et Blanche de Navarre, qui dirigent la Champagne de 1181 à 1222, à Blanche de Castille, redoutée par son mari et par son fils, à la reine Jeanne de Bourgogne, épouse de Philippe VI, qualifiée par un chroniqueur de « mâle reine boiteuse... qui estoit comme roy et faisoit destruire ceulx qui contre son plaisir alloient », à Ysabeau de Bavière, à Yolande d'Aragon, belle-mère de Charles VII, si influente auprès de ce dernier, et aux redoutables reines d'Angleterre, venues de France : Isabelle, femme d'Édouard II, Marguerite d'Anjou, et tant d'autres.

Il est vrai que les femmes, dans les milieux aristocratiques surtout, étaient avant tout considérées pour leur fonction de reproductrices. Leur principale force est leur beauté, qui peut être fatale lorsqu'on leur fait épouser un vieux souverain : en 1349, Philippe VI de Valois, veuf de cinquante-huit ans, se remarie avec Blanche de Navarre, dix-huit ans ; il meurt six mois plus tard. Ce sera également le sort du second mari d'Anne de Bretagne : Louis XII, veuf à cinquante-deux ans, épouse en octobre 1514 l'une des plus belles et des plus ardentes femmes de l'époque, Marie, sœur d'Henri VIII, âgée de dix-huit ans ; d'une grande voracité sexuelle, Marie a tôt fait d'épuiser son mari, qui se vante de « faire merveille » plusieurs fois par nuit. À ce régime, il meurt au bout de trois mois : le roi d'Angleterre, raconte-t-on alors à Paris, a, en la personne de Marie, envoyé « une haquenée [jument] pour le porter plus vite et plus doucement en enfer ou au paradis ».

Les romans courtois du Moyen Âge sont susceptibles d'interprétations diverses, mais sont malgré tout essentiellement un hommage rendu à la féminité, et si les traités religieux sont extrêmement sévères à l'égard des femmes, il existe une certaine complicité entre les prédicateurs et l'auditoire féminin, comme l'a judicieusement remarqué Hervé Martin dans son étude sur les *Mentalités médiévales*. Une évolution semble d'ailleurs se dessiner à la fin du Moyen Âge vers une réhabilitation de la féminité, qui se marque par la parution d'ouvrages consacrés à la femme. Christine de Pisan est l'une des initiatrices de ce mouvement, avec son *Trésor de la cité des dames*, au début du XVe siècle, mais par la suite les religieux eux-mêmes prennent le relais : le titre d'un traité de Jean le Chartreux, *Gloire des femmes*, composé vers 1470, est parlant. Anne de Bretagne se situe au cœur de ce mouvement, auquel elle donnera une impulsion nouvelle, commandant par exemple à son confesseur Antoine Dufour une *Histoire des dames illustres*, préfiguration des traités de Brantôme.

Tout cela est bien sûr à relativiser. Le discours ecclésiastique reste marqué par une misogynie et une méfiance profondes à l'égard de la sexualité, au point que le franciscain Jean Vitrier, contemporain d'Anne, va jusqu'à proclamer : « J'aimerais mieux être cause de mort d'homme, ou homicide, que de coucher avec une femme », ce qui pourrait d'ailleurs être interprété dans un sens homosexuel. Cette répulsion affichée cache le plus souvent la peur ou l'hypocrisie ; la conduite du clergé en ce domaine, à commencer par celle du pape, est en effet loin d'être exemplaire.

La place de la femme dans la société de cette époque est donc très ambiguë, en particulier dans les milieux nobles. Une fille, c'est avant tout, pour sa famille, un élément d'échange, de marchandage, d'alliances, que l'on donne en mariage au plus offrant, sans considération d'âge ou de sentiment. Dès sa naissance, elle devient un instrument, un objet de troc dans la diplomatie européenne, et, une fois mariée, une machine à produire des héritiers. Mais indispensable en tant que mère, et irremplaçable en tant que fille de tel ou tel lignage, à plus forte raison si elle est héritière. Et si elle sait combiner le caractère, l'intelligence et le charme, une princesse exerce une influence décisive. L'époque d'Anne de Bretagne ne manque pas d'exemples de femmes qui ont marqué l'histoire européenne : Isabelle de Castille, Anne de Beaujeu, Lucrèce Borgia, Marie de Bourgogne, Marguerite d'Autriche, Isabelle d'Este et d'autres encore. Pour celles qui ne sont pas bien nées, la beauté peut être une arme décisive. Le XVe siècle voit le début du règne des maîtresses officielles, avec Agnès Sorel, « Dame de Beauté », puis Antoinette de Maignelais.

C'est dans ce contexte, alors que le sort de la Bretagne est en jeu, que naît la petite Anne. Pendant plusieurs années, son sort est suspendu à l'éventuelle naissance d'un frère qui la reléguerait au second plan. Elle n'est d'abord que la fille aînée du duc François II, ce qui ne la destine pas nécessairement à devenir duchesse, puisque le traité de Guérande exige une succession mâle chez les Montfort, et qu'à défaut de celle-ci, le duché doit passer aux Penthièvre. Mais dès son plus jeune âge, prise dans la tourmente de la lutte franco-bretonne, elle devient un enjeu politique.

CHAPITRE II

Une éducation perturbée

Les premières traces d'un sentiment de l'enfance remonteraient au XVIe siècle, avec le culte de l'Enfant Jésus. Les scènes de la Vierge à l'Enfant, représentées des milliers de fois, sont des occasions renouvelées de se pencher sur ces petits êtres étranges que sont les bébés. Adultes en réduction au départ, ils prennent au XVe siècle un aspect plus conforme à la réalité dans les représentations, qui témoignent d'un regard plus attentif.

L'enfant, élevé au milieu des adultes, passablement négligé et bousculé, dans la chaumière comme au château, attire sans doute l'attention un peu plus que le chien ou le chat, mais il est difficile d'en affirmer beaucoup plus. En dehors de l'art religieux qui représente abondamment l'Enfant Jésus, le thème de l'enfance est quasiment ignoré par les artistes. Ce n'est qu'au début du XVIe siècle que l'on commence à se donner la peine de les représenter en gisants, encore sont-ils toujours au côté de leurs parents, sortes de petits clones indifférenciés, à partir de 1503 suivant les relevés de Guignières. Les portraits peints n'apparaissent que dans les années 1490, celui de la petite Suzanne de Bourbon, âgée de deux ans, par le Maître de Moulins, vers 1493.

Petite enfance et éducation : Anne et sa gouvernante

La vie d'Anne de Bretagne permet d'apporter des compléments à l'histoire de l'enfance. À la fois par la façon dont elle fut elle-même élevée et par son attitude de mère. La duchesse de Bretagne a certainement contribué à améliorer la place de la femme dans la haute société, mais elle a aussi aidé à promouvoir l'image de l'enfant. L'effigie funéraire de ses deux garçons morts en bas âge, dans la cathédrale de Tours, réalisée du vivant de leurs parents, est un des premiers exemples du genre, tout comme le portrait du dauphin Charles-Orland, par le Maître de Moulins, contemporain de celui de Suzanne de Bourbon.

Toute petite, Anne est donc allaitée par la dame Éon, de Rennes. On trouve même trace de l'achat de ses langes dans les comptes du garde-robier du duc, Pierre Landais. Sa mère, la duchesse Marguerite de Foix, est douce et assez effacée, tandis que François II est, selon Alain Bouchart, « faible de sa personne et encore plus de son entendement, tellement qu'il n'y avoit propos quelzconques en son parler ».

Plus ou moins séquestré par Landais, le duc n'est plus maître de la situation : « Il le faisoit tenir en chambre sans ce que personne parlast à luy, fors ceulx qui servoient autour de sa personne. Et Landois disposoit des affaires de Bretaigne au nom du duc à son plaisir. » La petite Anne semble avoir été très attachée à son père, dont elle sent peut-être la détresse morale, et qui lui raconte des histoires. Sans être inculte, François II n'a jamais été un grand lettré, et il n'est guère en mesure d'instruire sa fille. Son indolence s'accroît avec l'âge. En mai 1483, dans une lettre à son chancelier, il se plaint du temps passé à signer les documents administratifs : « À quoy le temps passé avons porté et eu de grans ennuyz, pour la grant multitude et habundance desdites lettres [...] et pour cette cause ayons naguères fait faire engraver et imprimer nestre signet le plus conforme que possible a esté. » Grâce à ce cachet gravé, il peut rapidement signer les lettres que lui préparent Guyon Richart et Guillaume Guéguen.

Pour prendre en main la formation de la petite Anne, le duc et Pierre Landais ont choisi une femme remarquable dotée d'une forte personnalité, Françoise de Dinan, comtesse de Laval. Née vers 1436 au château de La Roche-Suhart, c'est l'unique héritière de la maison de Dinan-Montafilant. Fille de Jacques de Dinan et de Catherine de Rohan, elle est la nièce du vicomte Jean II de Rohan. Lorsque son père meurt, en 1444, elle réunit sur sa tête tous ses biens, plus ceux de son oncle Bertrand de Dinan, maréchal de Bretagne. Une telle héritière ne pouvait que déclencher la convoitise : à l'âge de huit ans, elle avait été enlevée par Gilles de Bretagne, troisième fils de Jean V qui voulait l'épouser dès qu'elle serait nubile, mais qui mourut assassiné en 1450. La petite Françoise a alors treize ans et est amoureuse du sire de Gavre, à qui elle a été promise dès sa naissance. Mais c'est le père de son « fiancé », Guy XIII, comte de Laval et baron de Vitré, qui l'épouse, contre sa volonté. Elle en aura trois fils. Devenue veuve en 1486, elle aurait souhaité épouser son beau-fils, le sire de Gavre, mais Louis XI avait entre-temps marié celui-ci à Françoise d'Alençon. Donc elle épouse secrètement Jean de Proisy, gentilhomme de Picardie, chambellan du roi. Elle mourra le 3 janvier 1499.

Les contrariétés et frustrations de sa vie sentimentale ont fait d'elle une femme autoritaire, énergique, ambitieuse. Sans doute reporte-t-elle sur la politique la passion qui lui a été refusée dans le domaine amoureux. Belle, cultivée, riche, elle possède la châtellenie des Huguetières, au sud de la Loire, celles du Guildo, de Montafilant, de La Hardouinaie, de Beaumanoir, de Bodister, et surtout la baronnie de Châteaubriant, qui est l'une des plus puissantes de Bretagne, entre Nantes et Rennes, où elle réside le plus souvent et tient une cour quasi princière.

Pieuse et austère, cette femme de quarante-cinq ans est chargée vers 1480 de l'éducation d'Anne de Bretagne. Ayant une culture assez vaste, en français, latin, grec, littérature, mathématiques, histoire, droit et même sciences, son choix semble *a priori* judicieux. Cependant Françoise a des idées et des ambitions politiques personnelles et ne tardera pas à prendre la tête de l'opposition de la noblesse bretonne mécontente. De plus, elle favorise les intérêts de son cousin Alain d'Albret, issu du deuxième mariage de sa mère, et lui aussi neveu du vicomte de Rohan, qu'elle verrait bien épouser son élève, la petite Anne.

Quelle fut sa véritable influence ? Anne est encore très jeune. Elle semble avoir été une petite fille sérieuse, appliquée, réfléchie, lisant précocement et beaucoup, surtout des livres de piété et quelques romans édifiants, comme *La Somme des pleurs*. D'intelligence moyenne, elle assimile les rudiments du latin et du grec, mais ne parle pas breton. Qui dans son entourage aurait pu lui apprendre cette langue, à laquelle les milieux nantais où elle évolue sont étrangers ? Sa nourrice elle-même vient de haute Bretagne.

La culture d'Anne de Bretagne, sans être négligeable, ne sera pas très profonde. Son éducation intellectuelle est interrompue à l'âge de onze ans par les troubles politiques, qui la jettent dans les remous et les intrigues. De 1487 à 1492, la fillette est occupée à défendre son duché et à faire le tri parmi ses prétendants. Ce n'est qu'une fois devenue reine de France, à quatorze ans, qu'elle pourra à nouveau s'occuper des choses de l'esprit. Certains biographes, ou hagiographes, pourrions-nous dire, lui ont attribué « des dons de divination difficiles à admettre intégralement, en dépit de sa précocité », écrit Paul Jeulin.

L'entourage : culture et intrigues

Ce n'est pas dans la bibliothèque de son père qu'Anne a trouvé beaucoup de nourriture intellectuelle : l'inventaire de 1469 ne mentionne que quinze livres, il n'y a pas de quoi devenir un érudit. En 1491, on recense trente et un livres au château de Nantes, dont plus de la moitié sont des missels. Rien de comparable avec les collections des ducs de Bourgogne, d'Anjou, d'Orléans ou de Berry. Si l'imprimerie pénètre assez tôt en Bretagne, ce n'est pas grâce au duc. C'est chez les Rohan du Gué-de-l'Isle que Robin Foucquet et Jean Crès installent leur presse en 1484, et les commandes de François II, comme celle dc 1486 à l'enlumineur nantais Pierre de La Chasse, sont rares.

La bibliothèque du château contient des livres de piété classiques, des livres d'heures, qui s'ajoutent à ceux du duc Pierre II, de la duchesse Isabelle Stuart, femme du duc François Ier, d'Isabeau, femme de Guy XIV de Laval. L'historien Michaël Jones a retrouvé un certain nombre de ces manuscrits dans les bibliothèques anglaises et jusque dans l'ancienne bibliothèque impériale de Saint-Pétersbourg. Il a reconstitué un inventaire des livres possédés par François II et auxquels Anne pouvait avoir accès. On y trouve, à côté des livres d'heures, d'autres volumes de piété tels que le *Somme le Roy*, des frères Laurence, écrit pour Isabelle Stuart en 1464, un *Recueil* des vies de saints, datant du XIIIe siècle, un évangéliaire, un lectionnaire et de somptueux missels. C'est très probablement dans ces livres de dévotion qu'Anne apprend les rudiments du latin. La littérature profane est peu représentée. Quelques rares romans de chevalerie, comme *Troylus, Paris et Vienne, Le Livre de Ponthus, La Belle Dame sans mercy*, ayant appartenu à Marguerite de Bretagne ; le *Livre de chasse* de Gaston Phébus ; l'*Arbre des batailles* d'Honoré Bonnet ; le *De Regimine principum* de Gilles de Rome, exemplaire datant de 1439.

Les hommes de lettres ne sont pas bien nombreux à la cour de François II. Le plus fameux, Jean Meschinot, écuyer du duc, est mentionné comme maître d'hôtel d'Anne de Bretagne en 1489. Son œuvre principale est un long poème allégorique très maniéré, dans le goût de l'époque, les *Lunettes des Princes*. Ce traité moralisateur, sorte d'anti-Machiavel avant la lettre, est destiné à conseiller les souverains dans la voie de la vertu. La forme nous paraît très artificielle : l'auteur demande l'aide de Dieu, qui lui envoie la Raison, porteur d'un livre intitulé *Conscience*, et des lunettes pour en comprendre le sens. Les verres de ces merveilleuses lunettes sont Prudence et Justice, enchâssées dans de l'ivoire, Force, et joints par une pièce métallique, Tempérance. La jeune Anne connaît bien Meschinot, mais il a eu sans doute peu d'influence sur elle : la jeune duchesse n'a pas quinze ans lorsqu'il meurt.

Beaucoup plus important certainement est le rôle des chroniqueurs de la cour ducale, qui, à l'époque où Anne est adolescente, rédigent des traités exaltant la Bretagne : Alain Bouchart et Pierre Le Baud sont en train d'élaborer le passé breton et travailleront tous deux pour la duchesse reine. La bibliothèque universitaire de Genève conserve un manuscrit de Pierre Le Baud, œuvre de circonstance et de propagande, dédié à Marguerite de Foix, la mère d'Anne, justifiant l'accession des femmes au trône ducal de Bretagne. Cet opuscule a probablement été écrit en vue de l'avènement d'Anne. Selon Michaël Jones, c'est une copie de cet ouvrage, contenant aussi une ode de Meschinot souhaitant la bienvenue à Marguerite de Foix, en 1471, qui se trouve à la bibliothèque impériale de Russie.

Il y a donc dans l'entourage immédiat de la petite Anne des personnages qui ont contribué à éveiller ses sentiments bretons et à lui faire prendre conscience des dangers que représentaient les ambitions royales. Mais ce sont surtout les événements eux-mêmes qui se chargent de l'éduquer. Dans les années 1480, la cour de François II, comme toutes les cours princières, est un foyer d'intrigues, où s'entrecroisent intérêts, calculs et passions. Le duc aime les plaisirs et le confort et s'entoure de tout ce qui fait le prestige d'une maison princière, y compris un fou, Denis d'Espinel, qui fut chassé dès 1459, tandis que la duchesse Marguerite avait une folle, Madame de Toutes Couleurs. Réceptions, bals, chasses dans les forêts autour de Nantes sont les principales distractions. Mais l'atmosphère est empoisonnée par la rivalité entre les clans de Landais et de Chauvin, la présence de nombreux seigneurs français exilés, mais aussi d'Anglais, de Gascons, d'Espagnols, chacun travaillant pour une cause différente et nouant de fluctuantes intrigues. Surtout pèse la menace permanente de l'assassinat, car on sait Louis XI capable de tout.

Une anecdote, rapportée par Alain Bouchart, illustre le climat qui régnait alors à la cour. Le duc, qui a des manières raffinées, est coiffé d'un bonnet parfumé, rouge la nuit, noir le jour. Il fait une grosse consommation de ces couvre-chefs, et son fournisseur est un marchand parisien, Le Tonnelier. En 1481, on trouve que la poudre utilisée pour parfumer les bonnets a une odeur bizarre ; on pense à une tentative d'empoisonnement à l'instigation du roi, et l'on s'empare du marchand ; on lui rase les cheveux, on l'oblige à porter chacun de ses bonnets vissé sur la tête pendant vingt-quatre heures et à respirer la poudre. Le pauvre homme en est quitte pour un bon mal de tête.

Après une relative accalmie au cours du Moyen Âge classique, l'assassinat politique fait un grand retour en force au XVe siècle. Rappelons que l'assassinat est quasiment légalisé par la théorie du tyrannicide, d'abord mise au point par Jean Petit en 1408, tandis que Machiavel, admirateur de César Borgia, analyse le meurtre politique comme un moyen parmi d'autres mis à la disposition du Prince.

Louis XI est obsédé par la peur de l'assassinat. Soupçonné lui-même d'avoir empoisonné son père, il s'entoure d'un luxe de précautions, qui ne sont pas toujours injustifiées : en 1473, il a failli être empoisonné par un certain Ythier Marchant, aventurier au service du duc de Bourgogne qui, par l'intermédiaire d'un ancien conseiller du duc de Guyenne, avait livré une dose de poison au cuisinier du roi, avec promesse de vingt mille livres de récompense. Le cuisinier révèle le complot, et le conseiller est décapité. Mais le roi renforce la protection autour de sa personne. Dans les années 1480, barricadé au château du Plessis, il ordonne d'autopsier les cadavres des personnes mortes de façon suspecte, et fait procéder à une expérience : des poisons sont intégrés dans une omelette et du mouton frit, que l'on donne à manger à un chien, en présence du maire de Tours et de ses conseillers, qui signent le certificat de décès de l'animal. Le lendemain, sept chirurgiens pratiquent l'autopsie, dont on envoie le rapport au roi. La menace de l'attentat, par le couteau ou par le poison, est omniprésente dans toutes les cours de l'époque, comme le rappelle Commynes : « Quant à estre souspesonneux, tous grands princes le sont, et par espécial les sages, et ceux qui ont eu beaucoup d'ennemys et offensé plusieurs. »

Élevée depuis son plus jeune âge dans ce climat, au milieu de graves crises politiques, Anne en sera marquée par une certaine gravité, une tendance au secret, à la méditation sérieuse. L'atmosphère tendue dans laquelle se déroule son enfance ne favorise guère l'épanouissement d'un tempérament heureux et souriant.

Une piété traditionnelle

La piété austère dans laquelle on entretient la petite fille n'améliore pas les choses. Françoise de Dinan, sa gouvernante, mariée depuis plus de trente ans à un homme qu'elle n'aime pas, pratique une dévotion rigoureuse, volontiers doloriste. Cultivant les idées de souffrance, de peine, de mort, elle multiplie les offrandes et chaque jour mène Anne assister à la messe.

De temps en temps, elles vont rendre visite à la duchesse douairière Françoise d'Amboise, veuve de Pierre II, devenue carmélite et supérieure du couvent des Couëts, près de Nantes. Cette sainte femme, future bienheureuse, a toute sa vie été marquée par l'influence des ordres mendiants, franciscains, dominicains, carmes, qu'elle favorise de ses dons. Son mariage avec Pierre II ne semble pas avoir été des plus heureux ; sa chasteté excessive, exaltant la virginité à travers le culte des onze mille vierges, semble être responsable de sérieux heurts avec son époux, qu'elle réussit malgré tout à convertir à la pratique de l'oraison mentale. Se confessant tous les quinze jours, communiant à chaque fête, visitant les pauvres, distribuant des aumônes, collectionnant les reliques, travaillant à la canonisation de Vincent Ferrier, elle cherche à se retirer chez les Clarisses de Nantes à la mort de son mari. Elle doit y renoncer. Comme la liaison de François II et d'Antoinette de Maignelais la scandalise, sa présence à la cour dissipée du jeune duc pèse comme une censure vivante. Elle finit par entrer chez les Carmélites, et en 1477, à cinquante ans, est nommée prieure du couvent des Couëts, sur la Loire. Elle s'y dévoue, soigne les malades. Son prestige gagne la cour, qui retentit de ses louanges. Anne, jusqu'à l'âge de neuf ans, eut droit à des visites régulières chez la sainte femme. Devenue reine de France, elle reviendra au monastère des Couëts, sur la tombe de Françoise.

La piété d'Anne, nourrie de lectures dévotes, entretenue par une gouvernante bigote et une parente carmélite, est encore renforcée par un oncle franciscain, Pierre de Foix, frère de la duchesse Marguerite. Elle eut cependant peu d'occasions de voir ce dernier, dont la carrière, autant politique que religieuse, se déroule en partie hors du duché. D'abord évêque d'Aire, il est chargé en 1475 de négocier la paix de Senlis avec Louis XI. Nommé évêque de Vannes, puis cardinal en 1476, il quittera le duché en 1488, et mourra à Rome en 1490.

L'influence des ordres mendiants

Les ordres mendiants ont certainement marqué de façon indélébile la piété de la petite fille. Ils occupent une place privilégiée auprès de tous les personnages importants de la cour au XVe siècle, au point de monopoliser les places de directeurs de conscience. Hervé Martin, dans son étude sur *Les Ordres mendiants en Bretagne*, a recensé trente confesseurs appartenant à ces ordres au service des ducs, duchesses et grands seigneurs bretons. La moitié sont des dominicains. Ce n'est pas un hasard si Anne aura elle-même, dès l'âge de quatorze ans, un directeur de conscience de l'ordre des Prêcheurs, Yves Mahyeuc. Le chanoine séculier Raoul Tual, qui s'intitule en 1488 confesseur du duc, est une exception. François II a, semble-t-il, une préférence pour les Carmes, auxquels il accorde des faveurs. Le pape Sixte IV, dans un document du 15 mars 1480, y fait allusion, et c'est dans l'église des Carmes de Nantes que le duc sera inhumé.

Anne a souvent l'occasion d'entendre des prédicateurs mendiants qui contribuent à répandre certains cultes. Le dominicain Alain de La Roche parcourt la Bretagne sous le règne de François II et y diffuse la pratique du rosaire, de même que son confrère Payen Dollo, protégé du duc, et dont la présence est attestée en 1468, 1474, et à partir de 1482. Ils propagent aussi le culte de la Vierge, de sainte Marguerite, protectrice des femmes enceintes, à qui Anne aura souvent recours. Le choix du prénom d'Anne est peut-être dû à l'influence des Carmes, qui l'invoquaient comme protectrice contre la mort sans confession et sans communion, au même titre que sainte Barbe et sainte Catherine d'Alexandrie, qui se retrouveront dans les livres d'heures de la duchesse.

Les prédicateurs jacobins sont les plus nombreux : ils monopolisent la chaire à Morlaix entre 1418 et 1516. À Vannes, sur 12 prédicateurs de carême entre 1476 et 1502, on compte 7 dominicains et 1 franciscain ; à Tréguier, 4 jacobins, 1 cordelier, 1 carme. À Nantes, d'après les comptes d'Hervé Martin, la répartition est plus équilibrée : 16 jacobins, 14 carmes, 13 franciscains entre 1472 et 1530. À Rennes, les franciscains l'emportent, avec 32 prédicateurs, pour 25 carmes et 17 dominicains. On s'arrache les plus qualifiés, comme ce carme docteur en théologie que les Rennais retiennent par la force en 1490 alors qu'il devait aller à Saint-Malo.

Quelle fut l'influence de leurs prêches sur l'esprit de la petite Anne de Bretagne ? Si l'on en croit les récits hagiographiques sur la jeunesse de Françoise d'Amboise, les « âmes bien nées » sont réceptives très tôt aux exigences de la piété. D'après le père Albert le Grand, à l'âge de cinq ans « elle récitoit tous les jours ses heures, et les jours de prédication (desquelles elle ne perdoit pas une seule), tout son entretien n'estoit que de ce que le prédicateur avait dit ». Il ajoute que Françoise avait elle aussi été élevée par « Madame Jeanne de France, l'une des pieuses princesses de son temps, fille spirituelle de l'apostolique saint Vincent Ferrier, laquelle prit un soin particulier d'élever cette jeune plante et la dresser au ply de la vertu, et, dès qu'elle sceut parler, elle lui apprit ses créances et catéchisme, mesme à faire oraison mentale, selon la méthode que saint Vincent luy avoit apris ». Ayant entendu « prescher un fameux docteur de

Vannes à Saint-Pierre de Vannes contre le luxe et la superfluité d'habits », elle décida de ne plus porter que de « modestes accoustrements ».

À l'époque d'Anne, l'un des plus fameux prédicateurs est le franciscain Olivier Maillard, qui prêche à Nantes dans les années 1470, à Rennes en 1480. D'une rigoureuse austérité, il fustige les toilettes féminines, le luxe, l'adultère. Il n'est pas interdit de penser que la stricte vertu de la future duchesse ait été influencée par le souvenir de ces sermons. D'ailleurs, François II puis sa fille prennent parti dans le grand débat qui divise les Mendiants entre les conventuels, favorables à des accommodements avec la règle, et les observants, partisans d'un retour à l'esprit rigoureux de pauvreté.

L'année même de la naissance d'Anne, le 30 novembre, le duc ordonne au sénéchal de Rennes de chasser les dominicains qui refusent la réforme de leur ordre et le rattachement de leur couvent à la Congrégation de Hollande, d'obédience stricte. Le document signale qu'en effet « plusieurs d'iceulx qui dudit couvent s'en estoient ainsi allés, inobediens à la dite reformacion, accompagnés de grand nombre d'autres gens tant réguliers que séculiers, se sont transportez audit couvent et clandestinement et par viollence y ont fait entrée » ; ils mènent « vie et gouvernement dissolus et aultrement que ceux de ladite observance, en tres grand escande, murmur et mal exemple, mespris et illusion de ladite reformacion ». Mis en demeure de partir, les dominicains résistent et font appel à l'opinion publique par voie d'affiches, ayant « mis et fait mettre et aseoir escripteaux et ataches es portes des eglises et aultres lieux publiques de leur ville de Rennes, contenant que, de l'autorité desdits juges et commissaires, le prieur du couvent estoit excommunié, ce qui est abus manifeste ». Le 29 janvier 1478, le sénéchal reçoit l'ordre de faire « abattre lesdits escripteaux et attaches ». Sous la pression ducale, les couvents dominicains sont progressivement rattachés à l'Observance : Morlaix en 1483, Guingamp en 1484. À la mort de François II, plusieurs maisons y échappent encore.

Les formes de piété de la famille ducale doivent beaucoup aux ordres mendiants dont l'action explique en partie l'absence de contestation au sein de l'Église bretonne à cette époque. L'implantation des Mendiants, plus tardive qu'ailleurs, y est aussi plus intense à la fin du XVe siècle : on trouve dans le duché 47 couvents, dont 23 franciscains, 8 carmes, 7 dominicains, 4 augustins, 5 trinitaires, répartis de façon à peu près égale entre la haute et la basse Bretagne. Le réseau reproduit, à quelques exceptions près, le réseau urbain, avec 3 couvents à Nantes, Rennes et Dinan, 2 à Guingamp, Morlaix, Vannes, et un seul dans les petites villes. La domination franciscaine est moins accentuée en termes d'effectifs, puisqu'on dénombre environ 420 frères mineurs pour 235 prêcheurs, sur un total de 900 mendiants. Les plus fortes concentrations sont à Rennes (110), Nantes (84), Morlaix (68), Dinan (53), Vannes (48).

Le rôle primordial des ducs dans l'implantation des couvents se lit à la fois dans le fait que 41 % des créations datent du XVe siècle, à l'apogée ducale (contre 18 % dans le reste de la France), et dans la prédominance des diocèses de Nantes et de Vannes, qui comptent chacun respectivement 12 et 11 couvents. Or, la cour ducale circule essentiellement entre ces deux villes. Avec un moine mendiant pour 150 habitants, la population nantaise par exemple est bien encadrée, et l'influence mendiante se renforce à la cour avec les chapelains et confesseurs souvent issus de leurs rangs.

La prédication des Mendiants, si révolutionnaire qu'elle ait pu apparaître dans les premiers temps de leur création, c'est-à-dire dans la première moitié du XIIIe siècle, est, au temps de François II et d'Anne, très conformiste. Même le mouvement de l'Observance, qui prône un retour à l'esprit de pauvreté, colporte des formes de dévotion traditionnelles, une foi extériorisée en gestes rituels et en pratiques souvent formelles. Pardons, pèlerinages, messes anniversaires, prières des quarante heures, comptabilité pieuse des indulgences, culte des reliques structurent une foi qui accorde une grande importance au spectaculaire et semble peu concernée par le besoin d'intériorisation que l'on remarque en d'autres lieux de la Chrétienté. Le culte des reliques, qui est en plus très rémunérateur, est très développé, et les collections des couvents ont de quoi attirer les dévots et les curieux : n'y a-t-il pas, chez les Jacobins de Quimperlé, à la fin du xve siècle, un morceau de la robe que portait le Christ dans son enfance, des fragments de la Vraie Croix, de la couronne d'épines, d'un soulier de la Vierge ? Chez les Carmes de Saint-Pol-de-Léon, on peut voir un morceau de la robe de sainte Anne, et chez les Cordeliers de Nantes une épine de la sainte couronne et un doigt de saint Bonaventure. Les Franciscains de Quimper ont comme tout le monde un morceau de la Vraie Croix, mais pas n'importe lequel : on y voit un peu de sang du Christ. Les Franciscains ont des reliques de saint Pierre, de saint Paul, de Marie-Madeleine, de saint Pierre d'Alexandrie, de saint Zacharie, de saint Matthieu, de saint Barthélemy, une dent de saint Vincent et un morceau de la tunique de sainte Claire. Les Carmes d'Hennebont ont même une goutte du lait de la Vierge. Beaucoup de ces reliques sont des dons de la famille ducale, qui a sa propre collection : Pierre II, par exemple, avait tenu à recevoir des morceaux de saint Vincent Ferrier, pour lui-même et aussi pour en faire des cadeaux et pratiquer des échanges.

La petite Anne est élevée au milieu de ces dévotions méticuleuses. Entourée d'austères religieux et dirigée par une gouvernante portée à la superstition, elle va développer une piété assez étroite, rigoriste et traditionnelle, soumise aux autorités spirituelles et en particulier au pape. Or les pontifes de son règne, ce sont, entre autres, Alexandre VI Borgia et Jules II.

Le besoin de réforme de l'Église est un sentiment qui lui est étranger, et dont elle n'a jamais entendu parler dans son enfance. Une seule fois, alors qu'elle avait six ans, en 1482, un incident révèle la présence de quelques contestataires, mais elle n'en a probablement jamais entendu parler : le recteur de Pontivy, Guillaume Le Febvre, s'élève violemment contre la vente des indulgences et contre le droit du pape de se livrer à ce commerce ; il les déclare « frivoles et trompeuses », et déchire les placards apposés aux portes des églises de la ville par des carmes de Rennes venus faire une vente promotionnelle d'indulgences. Il est évidemment excommunié.

Entend-elle davantage parler, en 1485, d'un certain frère Pierre Morin, qui prédit l'union de la Bretagne à la France ? Ce n'est pas sûr, mais il est certain qu'elle subit la poussée de la piété mariale, favorisée par les Carmes, et entend parler des controverses sur l'Immaculée Conception. Dans ses livres d'heures se retrouvent les scènes pieuses des vies de saints dont son enfance est abreuvée et dont elle ne contestera jamais le merveilleux : saint Pierre Martyr, saint Antoine de Padoue, les onze mille vierges.

Petite fille et future duchesse

Le 15 mars 1486, Anne, qui vient d'avoir neuf ans, perd sa mère. La duchesse Marguerite de Foix s'en va discrètement, comme elle a vécu. De cette femme, qui fut belle, on ne sait presque rien. Marguerite s'éteint cinq mois après Françoise d'Amboise. L'hécatombe commence, lot habituel des générations médiévales. Anne aura sa part : orpheline de mère à neuf ans, de père à onze ans et demi, elle verra mourir un de ses maris, six de ses enfants, de nombreux amis. La mort n'est jamais très loin. Elle entretient la foi d'Anne, mais en creusant les rangs autour d'elle, elle l'isole à chaque fois davantage, augmentant ses responsabilités.

Car cette fois, la situation est claire : si elle vit, elle sera duchesse, ou en tout cas principale prétendante. En effet, son père François II a maintenant cinquante et un ans. Veuf pour la seconde fois, il fait inhumer sa femme chez les Carmes de Nantes ; il pourrait certes se remarier, mais il y a longtemps qu'il n'en a plus la force. Il laissera en mourant deux filles : Anne et sa petite sœur Isabeau, née en 1478.

Tout tourne donc autour d'Anne, petite fille sérieuse, encore bien frêle, pas très grande et d'un physique plutôt ingrat. Elle boite, comme boitera sa fille, comme boitait Jeanne de Penthièvre, mais son infirmité n'est pas très accentuée. Son portrait, réalisé par Jean Bourdichon en 1491, montre un visage sans grâce, rond, avec une grande bouche et un nez court, un front haut. Mais le regard est vif, et les manières déjà autoritaires. La demoiselle sait ce qu'elle veut, et ce qu'elle vaut. Depuis sa naissance, elle est un enjeu politique et a déjà été promise en mariage une demi-douzaine de fois.

À neuf ans, Anne a reçu une touche de culture générale très superficielle, ne serait-ce qu'en raison de son âge. Certains biographes perdent ici tout sens de la mesure : Yann Brekilien allant jusqu'à écrire qu'à quatorze ans elle « parlait le breton aussi couramment que le français, le latin, le grec, l'anglais et l'allemand... et avait même une teinte d'hébreu ». Ce serait faire de cette gamine un cerveau supérieur à celui d'Érasme, qui, lui, ne parlait pas breton ! Sérieusement, disons qu'Anne parlait et écrivait parfaitement le français, avait sans doute une teinte de latin, et de très vagues connaissances de grec, encore que nous n'en ayons aucune preuve ; bien des humanistes de cette époque n'en possédaient d'ailleurs que des rudiments. Quant à l'anglais et à l'allemand, rien ne permet d'affirmer qu'elle comprenait ces langues ; et la langue bretonne, on l'a dit, est pour elle comme de l'hébreu.

Plus tard, devenue reine de France, elle aimera apprendre quelques compliments en langue étrangère pour la réception des ambassadeurs, mais il ne s'agira à chaque fois que de réciter une ou deux phrases. Toute la correspondance en latin entre Anne et Louis XII pendant les guerres d'Italie n'est qu'un exercice de style auquel s'est livré l'humaniste Faustus Andrelinus. Anne de Bretagne n'a jamais été une femme savante. Sa culture, bien que réelle, est modeste. Elle semble apprécier le théâtre. En novembre 1485, à presque neuf ans, elle assiste à des farces données par la troupe des « Gallands sans soucy », distraction sans doute bienvenue pour la petite fille, qui plus tard fera à nouveau appel à ces comédiens.

Toute sa prime jeunesse, ses dix premières années, se déroule entre Nantes et Vannes. À Nantes, où le duc réside le plus souvent, elle est parfois au château, mais comme celui-ci est en chantier, elle loge le plus souvent dans la maison du doyen Duplessis. C'est là que Françoise de Dinan, qui habite dans l'hôtel de Châteaubriant, rue de Briord, vient la chercher chaque matin. Parfois, la cour réside à Vannes, dans le vieux château urbain de l'Hermine, qui jouxte les remparts, ou alors la famille ducale séjourne au manoir de Plaisance, dans les environs de la ville, ou au château de la Motte, *intra muros*, demeure du cardinal de Foix, frère de la duchesse. L'été, on s'installe parfois au château de Suscinio, avec ses grands espaces entre la mer et le golfe du Morbihan, et puis aussi au sud de la Loire, dans la forteresse de Clisson.

C'est à peu près tout ce qu'Anne connaît de la Bretagne quand elle devient duchesse : la zone côtière entre Nantes et Vannes, pays surtout francophone, largement ouvert sur la France, par la Loire, et sur l'océan. À Rennes elle ne va que très rarement et pour peu de temps. Ses déplacements, avec un train relativement modeste, la mettent en contact avec le peuple ; sa popularité devra beaucoup à la facilité avec laquelle elle se laisse approcher. Nantes est une ville cosmopolite, avec des colonies étrangères, espagnole en particulier, et l'on y trouve aussi des Anglais, des Écossais, des Flamands, des Italiens. Anne a l'occasion de les côtoyer ; elle grandit dans une société où parviennent les nouvelles de l'Europe, et dans une cour où arrivent fréquemment des grands seigneurs français, mais aussi espagnols et anglais. Par son environnement, Anne est ouverte aux grands problèmes de son époque.

Anne est élevée en compagnie de sa sœur Isabeau et des bâtards de son père, mais au milieu de ces enfants elle est le personnage principal, en tant qu'héritière potentielle du duché. Consciente de son importance, elle développe un tempérament volontaire et autoritaire. Françoise de Dinan l'éduque dans la perspective d'un trône futur. Outre celle de la Bretagne, elle semble en effet destinée à une autre couronne, car les prétendants à sa main ne manquent pas, au gré des besoins politiques de son père. Hommes de tous âges et de tous horizons, depuis le prince de Galles encore dans l'enfance, jusqu'au vicomte d'Albret, qui a dépassé la cinquantaine, la fillette est susceptible d'épouser le duc d'Orléans, l'infant Juan d'Aragon, le duc de Gueldre, le comte de Dunois, un fils de Jean de Rohan, voire Henri Tudor ou Maximilien d'Autriche. Ce genre d'arrangement matrimonial est alors banal.

Rappelons quelques cas contemporains qui permettent de relativiser la situation d'Anne. En Angleterre, le mariage du fils aîné d'Henri VII, Arthur, âgé de trois ans, est prévu avec la petite Catherine d'Aragon, quatre ans, par le traité de Medina del Campo de 1489. Le mariage est célébré en 1501. L'année suivante, après la mort d'Arthur, Catherine est tout simplement promise à son beau-frère de treize ans, Henri, futur Henri VIII, qui pourtant était engagé auprès de sa nièce Éléonore, fille de Jeanne d'Aragon, sœur de Catherine, et de Philippe d'Autriche, fils de Maximilien. Mais en 1503 meurt Élisabeth d'York, femme d'Henri VII, et ce dernier, âgé de quarante-six ans, se propose d'épouser lui-même sa belle-fille Catherine, veuve de son fils Arthur. Catherine, dix-huit ans, a le choix entre épouser son beau-frère de treize ans ou son beau-père de quarante-six ans. La première solution sera retenue, avec les suites que l'on sait.

Les Habsbourg ne le cèdent en rien aux Tudor pour ce qui est de l'inventivité dans la politique matrimoniale, ce qu'illustre la devise autrichienne : *Alii bella gerant, Tu, felix Austria, nube* (Que d'autres fassent la guerre, Toi, heureuse Autriche, conclus des mariages). Limitons-nous à Maximilien, dont il sera souvent question. Fils de l'empereur Frédéric III et spécialiste du sauvetage des jeunes duchesses héritières orphelines, il a d'abord épousé par procuration Marie de Bourgogne, fille de Charles le Téméraire ; puis, toujours par procuration, il se marie avec Anne de Bretagne. Ensuite, sa fille Marguerite d'Autriche, issue de son premier mariage, est promise au roi de France Charles VIII, qui finit par épouser la belle-mère de sa fiancée, Anne de Bretagne. Plus tard, Maximilien arrange le mariage entre son petit-fils, Charles de Gand, et la fille de son ex-épouse Anne, Claude de France, tandis que la fille du Habsbourg, Marguerite d'Autriche, épouse l'infant d'Espagne, don Juan, qu'elle épuise en un an, avant de se remarier avec Philippe de Savoie. Philippe, autre enfant de Maximilien, épouse quant à lui sa belle-sœur Juanita ; ils ont six enfants : deux empereurs et quatre reines. Quant à Maximilien, il se remarie une troisième fois, avec Bianca Maria Sforza, qui meurt d'indigestion à trente-huit ans. Tout est possible sur le marché du mariage européen, à condition d'avoir un peu d'imagination et un pape assez complaisant pour accorder les dispenses et les annulations...

L'enfance d'Anne se déroule donc au rythme des promesses de mariage, qui elles-mêmes varient au gré des intrigues franco-bretonnes tournant autour de la succession du duché et du jeu complexe et fluctuant des luttes de coteries. Retournements de situation, coups de théâtre, changements d'alliances : à peine la petite fille sait-elle parler qu'elle est prise dans le tourbillon politique. Très tôt, elle doit apprendre à discerner qui sont ses amis et ses ennemis, et à se méfier des uns et des autres. Très vite elle est amenée à comprendre que l'univers médiéval est en train de faire naufrage. La fidélité vassalique, les liens d'homme à homme, le droit féodal et ses particularismes, la foi jurée, tous ces repères traditionnels ne sont plus que des formalités creuses, manipulées par des politiciens réalistes. À l'ère de la monarchie féodale succède l'ère du Prince machiavélien. Dans ce nouveau monde, les attardés des idéaux chevaleresques sont emportés par le flot montant de l'affirmation des nouveaux impératifs : la gloire personnelle et l'autorité du Prince. François II, le père d'Anne, appartient à un âge révolu.

Un milieu social en désarroi : la noblesse

Le duc illustre le désarroi de la noblesse en cette époque de déclin du Moyen Âge dont Hervé Martin a analysé les grands axes dans ses *Mentalités médiévales*. Une noblesse prise entre la baisse des revenus seigneuriaux et le coût exorbitant d'un genre de vie dont l'extravagance est jugée nécessaire pour affirmer la primauté d'une catégorie sociale menacée par la montée des concurrents bourgeois : énormes châteaux, fabuleuses armures, banquets pantagruéliques, cour luxueuse, vêtements recherchés, hospitalité royale, joutes spectaculaires, recours à des mercenaires, obsèques ruineuses, comme celles de François II par exemple. Ce train de vie tapageur est la réaction d'un groupe qui se sent en déclin et qui cherche à se particulariser. Mais il ne fait qu'aggraver le problème.

Confrontée à des difficultés financières considérables, la noblesse cherche à améliorer la gestion de ses domaines, par une meilleure tenue de ses livres de comptes et une pression plus étroite sur ses paysans. Trois siècles avant la Révolution se produit une sorte de première réaction féodale. Les enfants sont massivement dirigés, munis de toutes les dispenses nécessaires, vers les bénéfices ecclésiastiques les plus lucratifs, qu'ils cumulent de façon éhontée. D'autres s'engagent dans des carrières administratives au service des souverains et des grands vassaux, complétant leurs revenus avec les pensions généreuses et les possibilités de détournement que leur confère leur fonction. Enfin, ils cherchent à monnayer leur soutien, n'hésitant pas à changer de camp suivant les offres qui leur sont faites. Louis XI, qui a bien compris ce besoin, ne lésine pas sur les moyens pour attirer à lui les meilleurs serviteurs du duc de Bretagne par exemple. Le besoin d'argent tend à devenir la principale motivation de la noblesse : les multiples revirements que nous constaterons chez les seigneurs bretons à l'époque d'Anne ne s'expliquent pas autrement.

Le comportement archaïque des nobles de la fin du XVe siècle n'est pas dû uniquement à la naïveté ou à la vanité. Confrontés à la vague montante de la bourgeoisie, des anoblis, ils éprouvent le besoin de maintenir les distances en élaborant des codes et des rituels stricts capables de les distinguer, matériellement et physiquement, de ces nouveaux venus. Les extravagances vestimentaires d'une mode décadente sont bien connues : pourpoints rembourrés, manches fendues, habits mi-partis, turbans et houppelandes, robes longues et chaussures à la poulaine, couleurs savamment hiérarchisées ; chez les femmes, lourdes traînes et ridicules hennins. Le code des couleurs a été longuement analysé par Huizinga : le vert est à la fois la couleur de l'amour naissant et du chevalier errant, le bleu est signe de fidélité, avant de devenir la couleur des sots et des dupes : évolution significative ! Le jaune est couleur d'hostilité ; le noir est très apprécié, surtout en velours, et le blanc pour les enfants de moins de sept ans. Les combinaisons les plus osées sont employées : Olivier de La Marche décrit une jeune fille qui arrive à un banquet en robe violette sur une haquenée caparaçonnée de bleu, menée par des pages en rouge avec chaperons verts. Anne de Bretagne apportera une sobriété élégante et un peu austère.

Dans le même temps, les ordres de chevalerie se multiplient, prétextes à banquets et à étalage de rites archaïques censés perpétuer des traditions mortes : Toison d'Or, Étoile, Jarretière, Saint-Michel, Hermine, chaque principauté a le sien, ce qui est aussi un moyen de s'attacher une clientèle en créant un substitut aux liens féodaux défaillants. C'est pour cette raison que François II avait refusé en 1470 l'offre que lui faisait Louis XI d'entrer dans l'ordre de Saint-Michel. Le duc, écrit d'Argentré, qui « aimoyt parfaitement le royaulme et les Françoys », voyait bien « que c'estoit un hameçon que le roi lui tendoit ». Faire partie de l'ordre de Saint-Michel l'aurait obligé à le suivre dans ses campagnes et à n'entreprendre des guerres qu'avec son assentiment, ce qui eût été contraire à l'autorité d'un duc.

Les actes publics s'accompagnent d'un faste ostentatoire dans un décor où s'accumulent les excès du gothique flamboyant. Le rituel des joutes, par exemple, est une occasion de faire étalage de largesses, de bravoure, de générosité, dans un cadre codifié dont seuls les initiés peuvent comprendre le sens. L'art des armes et des armures atteint un sommet. La carapace de fer, désormais complète, ciselée, étincelante, transforme l'homme de chair qui la porte. Elle efface ses défauts et faiblesses physiques et même morales, faisant de lui un être invulnérable, impassible, que l'on ne reconnaît qu'à ses armoiries ; nul ne peut déceler la détresse sur un visage de fer. Il y aurait toute une sociologie, une psychologie et même une psychanalyse de l'armure à effectuer ; rêve de l'homme-machine, sans âge et sans faiblesse, intemporel, sorte de *Terminator* du XVe siècle, l'armure, protection et œuvre d'art, est aussi un instrument de différenciation sociale, qui distingue une élite d'hommes de fer. Anne de Bretagne participe à ces conventions ; on la voit assister à des joutes, spectacle qu'elle semble fort goûter.

La volonté de marquer les hiérarchies sociales se lit encore dans les armoiries. L'héraldique devient une science hermétique ; son langage abscons, voire ésotérique, recouvre son inutilité d'un voile de mystère.

La symbolique joue un rôle essentiel. On la retrouve partout dans les gestes, les couleurs, les blasons, les devises, les décors. Se retrancher derrière les symboles est à la fois une réaction d'impuissance et de refus devant une réalité que l'on condamne mais contre laquelle on ne peut lutter. La noblesse, en voie de perdre sa domination physique sur le monde, élabore un univers de symboles qui enveloppe ses actes publics et leur redonne une illusoire grandeur. Ne s'agit-il pas de cacher sa détresse derrière une façade en faisant croire qu'elle est l'image d'une réalité profonde et forte ? Les sociétés à forte dose de symboles sont des sociétés qui, ne trouvant plus leur satisfaction dans le monde matériel et concret, se réfugient dans le rêve.

La société noble de la fin du XVe siècle se construit un nouveau décor, dont l'ornementation flamboyante lui fournit tous les éléments. Les châteaux de contes de fées qui ornent les livres d'heures et dont ne subsistent plus aujourd'hui que quelques traces, de Saumur à Josselin, de Pierrefonds à Windsor, ces ouvrages à la valeur défensive douteuse devant le très prosaïque, très redoutable et très bourgeois canon, bien concret et bien réel, sont l'image du culte rendu à la beauté du geste, la révérence magnifique que tire une noblesse face au monde nouveau qui pousse l'ancien à l'abîme. Les chevaliers chamarrés renversés par les démocratiques piquiers suisses, et les châteaux de rêve réduits en ruine par les canons du roi, voilà bien le signe d'un monde qui change. Même l'idéal de la croisade devient prétexte à ramasser de l'argent.

On ne se bat plus pour les mêmes raisons. Derrière les causes dynastiques se discerne déjà, confusément, la montée des causes nationales. On commence à distinguer les originalités locales, non pour en apprécier la diversité, mais plutôt pour fustiger les étrangetés et les défauts des autres. Les crises de la fin du Moyen Âge ont avivé la concurrence et les rivalités ; les stéréotypes xénophobes apparaissent, attribuant à chacun un lot de défauts héréditaires : Allemands braillards, Anglais ivrognes, Français efféminés, Espagnols vantards. Certaines maladies « honteuses » sont même attribuées à tel ou tel peuple, comme le « mal italien », la syphilis, que les Français rapportent de la Péninsule, et que les Transalpins appellent le « mal français ». Les Bretons, comme les autres, se voient attribuer des caractéristiques peu flatteuses. « Bretonner » n'est-il pas un synonyme de « piller » ? Cette renommée remonte au moins au début de la guerre de Cent Ans. Déjà Froissart rapportait ce dialogue : « Lors il entendi les nouvelles que leur ville estoit prise. – Et de quels gens ? demanda-t-il. Respondirent ceulx qui à luy parloient : – Ce sont Bretons ! – Ha, dist-il, Bretons sont mal gent, ils pilleront et ardront la ville et puis partiront. » La réputation du Breton bagarreur et pillard est entretenue par une constante émigration de cadets pauvres de la noblesse armoricaine, qui peuple les troupes de mercenaires dans toute l'Europe. Du Guesclin en avait eu un bon groupe avec lui, et Sylvestre Budes s'était illustré en Italie avec 400 compatriotes entre 1376 et 1379. Les guerres d'Italie de la fin du XVe siècle seront pour eux une nouvelle aubaine.

Cette noblesse ne peut se réformer sans se renier. Alors, elle emprunte, elle s'endette, et c'est la fuite en avant, le recours aux financiers, aux banquiers, aux prêteurs sur gages. La duchesse Anne en fera l'amère expérience, mais tous les seigneurs sont concernés. Or, en même temps, leur indépendance politique est menacée par les progrès impitoyables de l'autorité royale, qui s'appuie sur des légistes, sur des commissaires, des gens d'affaires, des « parvenus » que Du Guesclin méprisait déjà sous le terme de « chaperons fourrés ». La machine administrative de l'État royal est un ennemi autrement redoutable que les Sarrasins, les dragons crachant le feu, ou même les piquiers et les canons. Contre elle, le noble est désarmé, impuissant. Son seul recours est la formation de coalitions féodales, groupements hétéroclites aussi vite désintégrés qu'apparus.

Être noble en Bretagne vers 1480

La noblesse bretonne des années 1480 illustre cette situation. En haut de la pyramide, quelques puissants vassaux du duc, dont les fiefs se massent sur la frontière orientale : Retz, Clisson (24 paroisses), Ancenis, Châteaubriant, La Guerche, Vitré, Fougères (50 paroisses), ou encore Rieux. Les usages, depuis l'« Assise au comte Geoffroy », à la fin du XIIe siècle, favorisent l'aîné, contribuant ainsi à la conservation du patrimoine.

Par le jeu des mariages et héritages, des regroupements considérables se constituent. Nous avons vu l'ascension des Rohan. De même, après 1470, Jean de Rieux se retrouve à la tête d'un ensemble remarquable, qu'il dirige depuis son château d'Ancenis, sur la Loire. Né le 27 juin 1447, il est fils de François de Rieux et de Jeanne de Rohan, fille d'Alain IX. Maréchal de Bretagne depuis 1470, lieutenant général des armées du duc depuis 1472, c'est un fidèle de François II et un ennemi de Landais. Dans les troubles qui suivent l'avènement d'Anne, il joue un rôle douteux mais essentiel, car il met dans la balance le poids de ses seigneuries de Rochefort et Largouët, c'est-à-dire plus de 55 000 hectares, de Rieux (15 paroisses), Ranrouët, Assérac, La Bellière, Châteauneuf, Châteaugiron, Malestroit, Rougé, Derval, Ancenis. Son influence est prédominante dans le sud-est du duché.

Autre poids lourd, le sire de Quintin, qui n'est autre que Pierre de Rohan, demi-frère du vicomte Jean II de Rohan, et oncle de Jean de Rieux. Il a en effet épousé en 1484 Jeanne du Perrier, héritière du comté, veuve de Jean de Laval. Cette puissante seigneurie, dont Monique Langlois a étudié les comptes, rapporte 2 000 à 3 000 livres par an, c'est-à-dire beaucoup moins tout de même que les 20 000 livres de Rieux. En 1504, à la mort de Pierre de Rohan, la seigneurie de Quintin va rejoindre les biens de la puissante famille de Laval, dont le chef est Guy XVI, comte de Laval depuis 1501.

À l'exception de ces grands personnages, très affectés par les troubles de la fin du règne de François II, l'immense majorité de la noblesse bretonne a des moyens modestes. Nombreux, surtout sur la côte nord, dans le Penthièvre et le Léon, les nobles représentent 4,8 % de la population ; cette proportion monte même à 7,5 % dans le diocèse de Saint-Brieuc, 7,4 % dans celui de Léon, 6,6 % dans celui de Dol, 5,8 % dans celui de Tréguier, mais n'atteint que 3,4 % dans celui de Vannes, 3,1 % dans celui de Rennes, 2 % dans celui de Nantes. Certaines paroisses de la côte nord-ouest atteignent des chiffres surprenants : 57 familles nobles à Maroué, 59 à Taulé, 61 à Planguenoual.

Inutile de préciser que nous avons là affaire à une plèbe nobiliaire, qui se contente souvent de 100 livres par an, voire de 50 livres, comme ces 22 familles vivant autour de Ploërmel. Beaucoup d'entre eux cultivent eux-mêmes leurs terres, ou pratiquent une activité marchande ou artisanale, ce que permet la coutume bretonne de la noblesse dormante : ils reprennent leur statut de nobles lorsqu'ils vivent à nouveau noblement.

Exemple typique de ces petits nobles besogneux à l'époque de la reine Anne : Guillaume de La Motte, seigneur de Vauvert, résidant à Saint-Maudez, à l'ouest de Dinan, mort en 1517. Il est tavernier à ses heures, comme beaucoup d'autres de ses collègues, mais aussi fermier des dîmes du prieuré de Saint-Maudez en 1508, du prieuré Saint-Sauveur de Dinan en 1508, 1509, 1514, et cultive des lopins de terre, à Saint-Maudez et à Plouvara. Son inventaire après décès, étudié par M. Nassiet, indique un cadre de vie bien médiocre, équivalant à peu près à celui de son contemporain Guillaume le Croaser, écuyer, seigneur de Kerennès, en Ploumagoar, près de Guingamp, qui laisse en mourant, en 1516, 112 livres de biens mobiliers : un banc, une table, deux huches, un petit coffre et deux ou trois poêles dans la cuisine, un lit, un coffre, un banc, dix-huit draps dans la chambre, plus quelques bricoles dans le cellier.

Ajoutons cinq chevaux et juments, deux bœufs, quatre vaches, six génisses, un taureau, cinq porcs, dix-huit brebis, trois charrues et une charrette. Précisons qu'avec son manoir de trois pièces et son patrimoine sur pied, Guillaume Le Croaser fait figure de petit *gentleman farmer.*

Souvent à la tête de familles nombreuses, ces petits nobles, pour ne pas livrer les cadets à la misère complète, ne respectent pas le droit d'aînesse strict prévu par l'Assise au comte Geoffroy. Ils amputent l'héritage d'un tiers, attribué aux puînés, en plus d'une rente et d'une pension alimentaire. Le résultat est évidemment un morcellement extrême des seigneuries. Dans ces conditions, pour vivre, il faut travailler, ou devenir clerc, ou mercenaire, ou brigand, ou pirate. On trouve des nobles dans tous les secteurs, en particulier dans l'administration ducale et dans les cours de justice : alloués, procureurs, commissaires, capitaines, sergents, baillis ; beaucoup sont armateurs et marchands, mais la piraterie est souvent plus lucrative, comme le montre l'exemple des Coëtanlem de Morlaix, qui recevront la bénédiction d'Anne de Bretagne.

Au-dessus d'un certain niveau, toutefois, le noble vit des revenus de ses terres. Mais le train de vie exigé pour tenir son rang excède de loin les possibilités financières même des plus grands : repas, chasses, jeux, joutes, déplacements, dons et aumônes, entretien des hôtels et châteaux engloutissent des fortunes. Le sire de Quintin débourse 295 livres simplement pour le pain et la farine en 1482, plus 158 livres de viande de boucherie, 140 livres de poisson ; il fait restaurer son château de Quintin à partir de 1468, et entretenir ses manoirs de l'Hermitage, de Toulmen, de Folinvise. Il ne se refuse rien : en 1468, on estime à 10 000 écus la valeur des meubles du seul manoir de l'Hermitage, comprenant entre autres deux cents tapisseries venues de Flandre, de Normandie ou d'Espagne. Jean-Pierre Leguay décrit son train de vie : « À Quintin, "Monseigneur" achète d'énormes quantités de pain blanc pour lui et les siens, du pain "grison" pour ses domestiques, des tourtes de seigle pour les lévriers de madame ou du grand veneur. Le vin servi est toujours d'excellente qualité, au pire des bords de la Rance, plutôt du “Chigne” (Chinon) et de Beaune... 13 000 litres en 1477. Le vin breton et le cidre sont pour la piétaille. Question viande, la venaison tient une grande place dans ce pays de forêts, mais la cour fait aussi des “cures” de mouton, d’agneau, de veau, de bœuf, de volaille. On consomme aussi couramment à l’Hermitage des pains de sucre, des épices rares et chères, des fruits méditerranéens. » À cette allure, les 2 000 ou 3 000 livres de revenus annuels sont rapidement insuffisantes.

D’autant plus que, tenir son rang, c’est aussi, à cette époque, jouer le mécène, chacun à son niveau : construire une chapelle, offrir un vitrail, un enfeu, un retable, tous éléments qui agrémentent aujourd’hui encore les monuments religieux bretons. Une proportion non négligeable de ces nobles possède une culture d’un bon niveau, lit et écrit parfaitement le français, voire le latin, patronne les écoles, commande des livres d’heures. Certains vivent en ville où ils possèdent des hôtels ou châteaux : les Rieux à Ancenis, les Laval à Châteaubriant ou à Vitré. Ils pratiquent aussi les jeux d’argent, les cartes, ou alors les échecs.

Les questions de préséance jouent un rôle essentiel dans cette noblesse, en particulier lors de la tenue des états de Bretagne. Parfois, les susceptibilités blessées engendrent de graves conflits politiques. Qui est le premier de ces 9 336 nobles en état de combattre recensés lors des montres de 1477, année de la naissance d’Anne ? Pour le vicomte Jean II de Rohan, il n’y a pas de doute : c’est lui. En 1460, son père Alain IX avait déjà fait rédiger un *Mémoire* de 315 articles affirmant sa place de premier baron de Bretagne contre le comte de Laval, baron de Vitré, qui lui contestait ce rôle : « En ce pays et duché et ailleurs, quand on a parlé qui est le plus grand seigneur anciennement d’icelui pays, on a dit et dit-on tout communément comme chose notoire et manifeste au pays, que c’était le vicomte de Rohan », dit l’article 271.

En 1479, Jean II fait compléter le *Mémoire* par une *Enquête* à Pontivy. Les dépositions de personnes âgées sont enregistrées, confirmant la prééminence des Rohan comme « chose notoire, voix publique et commun renom au pays et en la partie ». Mais l'*Enquête* va plus loin. Les témoignages, guidés, suggérés ou interprétés par les légistes du vicomte, maîtres Pierre Mehaut et Maurice de Lesmeleuc, et son procureur général Pierre Guillaume, affirment prudemment mais nettement les droits de Jean II de Rohan à la succession du duché de Bretagne. Ainsi Jean de Rostrenen, seigneur de La Chesnaie, âgé de soixante-douze ans, rapporte-t-il avoir entendu dire à l'entourage du vicomte Alain IX, avant 1442, « que ceux vicomte Alain et son fils étaient issus de la ligne masculine de la Maison de Bretagne et les proches à y succéder, au cas que le duc Jean alors vivant qui était le duc dernier décédé et Messieurs ses enfants et frères fussent décédés ou décédassent sans enfants mâles ». De même, Benoît de Belouan, seigneur de La Minière, âgé de soixante-dix ans, déclare que le vicomte de Rohan « était proche de la maison royale de Bretagne et celui qui, premier et par avant tous autres alors vivant, succéderait à la seigneurie et principauté de Bretagne, si le cas advenait que le dit duc décédait sans hoirs mâles et pareillement l'ouï dire durant les ducs François, Pierre et Arthur [...] et tout notoirement au temps du duc notre souverain seigneur de présent ».

D'autres encore prétendent avoir entendu dire « que le vicomte de Rohan succéderait à ladite principauté comme proche en ligne masculine si le duc notre souverain seigneur de présent décédait sans hoirs mâles ». Un article affirme clairement que Jean II « est à présent plus proche de la maison royale de Bretagne, et celui qui le premier et par avant tous autres à présent vivant succéderait à la seigneurie et principauté de Bretagne, si le cas advenait, que Dieu ne veuille permettre, que le duc notre souverain seigneur de présent n'aurait lignée masculine ; et est ainsi notoirement et publiquement tenu et réputé en ce dit pays et principauté ».

Les deux documents rappellent aussi l'ascendance mythique des Rohan, qui se rattachent à Conan Mériadec, et établissent que Jean II est « le plus proche de la Maison royale de Bretagne », « l'héritier présomptif de la couronne » par la « filiation masculine royale de Bretagne ». Ces textes, présentés aux états de Bretagne en avril-mai 1479, constituent une propagande audacieuse qui inquiète François II. À ce moment, il n'a toujours que deux filles, dont l'aînée, Anne, n'a que deux ans. Jean II, lui, a déjà quatre fils, et il n'a que vingt-sept ans.

Quelques mois plus tard, le hasard fournit au duc une occasion d'écarter provisoirement la menace que les Rohan font peser sur sa fille Anne. Jean II a une sœur, Catherine. Belle et passionnée, elle devient amoureuse de René de Keradreux, gentilhomme de la suite du vicomte, et l'épouse clandestinement. Jean II, qui s'oppose à cette mésalliance, enferme sa sœur dans une tour du château de Josselin. Son mari tente de la délivrer et se fait tuer par les gardes du vicomte. François II ordonne alors d'arrêter Jean de Rohan pour meurtre, le 3 novembre 1479, et le fait enfermer au château du Bouffay à Nantes. Ses biens sont confisqués. La vicomtesse Marie, qui accouche en 1480 d'un cinquième fils, va résider à Vannes, chez sa mère, la duchesse douairière Isabeau, avec une suite comprenant tout de même dix-huit personnes, dont son confesseur Bernard Le Gouidec, et le maître d'école de son fils aîné, Jean Auchier.

Anne, qui n'a pas encore trois ans, n'est pas consciente des drames qui se jouent autour d'elle. Mais à peine une menace est-elle écartée qu'une autre se précise en 1480. Et la petite fille ne tarde pas à comprendre la précarité de son sort et les appétits qu'elle suscite.

CHAPITRE III

Une petite princesse contestée et convoitée (1480-1486)

L'atmosphère à la cour de Nantes est empoisonnée. Pro- et anti-Français s'affrontent sourdement sur fond de querelle successorale et sous les yeux d'un François II de plus en plus dépassé par les événements. Depuis 1477, le duc est sous la dépendance exclusive de son trésorier Pierre Landais, qui l'a persuadé que son chancelier Guillaume Chauvin le trahissait. Le 5 octobre, il a fait arrêter ce dernier, et depuis le tient enfermé au château d'Auray. En 1481, tous les biens du chancelier sont confisqués et il est transféré au château de l'Hermine à Vannes, où il est soumis à un traitement odieux, dans un cachot sans lit, sans feu, sans linge et presque sans nourriture. Landais exécutait sa sinistre menace : « Je vous réduirai à telle nécessité que je vous ferai manger aux poux. »

1480 : Louis XI achète les droits à la succession de Bretagne

L'élimination de Guillaume Chauvin ne fait qu'exacerber les haines. Les ennemis de Landais, membres de la grande noblesse, regardent de plus en plus du côté du roi pour obtenir de l'aide. Or, en 1480, Louis XI fait un geste qui menace directement les droits d'Anne à la succession du duché : il rachète pour 50 000 écus les droits de la famille de Blois-Penthièvre au duché de Bretagne.

Les droits d'Anne, en eux-mêmes peu importants, avaient suivi bien des vicissitudes depuis le traité de Guérande. Le traité, signé en 1365, prévoyait l'ordre de succession suivant : en priorité, tous les mâles de la lignée de Montfort, même s'il y avait des filles mieux placées ; en cas d'extinction des mâles de Montfort, le duché passerait aux Penthièvre. Mais il n'envisageait pas qu'il pût n'y avoir que des filles des deux côtés. Or c'est précisément la situation qui se présente. Du côté Montfort, deux filles, Anne et Isabeau. Du côté Blois-Penthièvre, une fille, Nicole, arrière-petite-fille de Charles de Blois et de Jeanne la Boiteuse. Nicole a épousé Jean de Brosse, seigneur de Boussac, maréchal de France, que Louis XI avait autorisé en 1468 à faire valoir ses droits devant le Parlement de Paris.

Le roi fait donc comme si les filles de Blois-Penthièvre pouvaient être appelées à régner en cas d'absence de mâle du côté Montfort. Un examen attentif du traité de Guérande exclut pourtant cette interprétation. Il y est dit en effet : « En défaut d'hoirs masles ou postume procréé dudit Jehan [de Montfort] en mariage, ou en descendant, comme dit est, viendra ledit duché aux prochains hoirs masles dudit Jean de Bretagne [de Penthièvre], mais qu'ils soient de la ligne de Bretagne ; et ainsi sera ordonné pour le temps à venir... et appartiendra estre faict, en tel cas que la succession dudit duché ne viendra point à femme tant qu'il y aura hoir masle descendant de la ligne de Bretagne. » Sous-entendu : s'il n'y a plus d'héritier mâle, les femmes peuvent régner, et alors on reprend la lignée Montfort. Mais Louis XI ne veut pas voir les sous-entendus qui le contrarient.

Un deuxième élément affaiblit cependant la cause des Blois-Penthièvre. En 1420, à la suite d'un acte de trahison, les Blois-Penthièvre ont été déclarés par les états de Bretagne « traîtres et forbannis, selon la coutume du pays, privés à perpétuité de tout honneur et des noms et armes de Bretagne ». Ils ont été déchus de leurs droits et leurs biens confisqués. Mais en 1448 le duc François Ier avait restitué le comté de Penthièvre à Jean de

Penthièvre, à condition que ce dernier renonçât pour lui et ses héritiers à la succession de Bretagne. Nicole de Blois avait ratifié cet accord. Pour ne pas trop humilier Jean, le duc avait, dans une lettre séparée, renoncé à la clause d'abandon par les Penthièvre, et en échange, Jean, dans une contre-lettre, s'était engagé à ne jamais se prévaloir de la lettre du duc. Peut-on rêver plus bel imbroglio ? Surtout si l'on sait que la lettre du duc finit par aboutir entre les mains de Louis XI. Et pour couronner le tout, François II avait à nouveau confisqué le Penthièvre en 1465, sans que l'on sût si cela annulait aussi les actes précédents concernant les droits des Penthièvre au duché. Il y avait là de quoi nourrir des générations de gens de loi...

Dans les querelles de princes, les fumées juridiques ne sont là que pour camoufler le droit du plus fort. Le plus puissant arrive presque toujours à faire prévaloir son point de vue. Pour François II, la question n'est pas de savoir si les droits de Nicole sont justifiés ou non, mais si la monarchie a les moyens de les imposer. Et de ce point de vue le duc peut se faire du souci à propos de sa petite Anne. Car la monarchie ne lâchera pas. Quand Jean de Brosse, le mari de Nicole, meurt, en 1485, la régente Anne de Beaujeu demande à sa veuve de renouveler l'abandon de ses droits à la couronne ducale en faveur de la monarchie. Et lorsque François II réclame la restitution de sa lettre, déclarant que son contenu est annulé par la contre-lettre de Jean de Penthièvre, en sa possession, il se heurte à un refus. C'est en vertu des droits des Penthièvre que, plus tard, Charles VIII se présentera aux portes de la Bretagne pour revendiquer son héritage.

La menace est d'autant plus sérieuse qu'elle est soutenue par les canons du roi, qui constituent le plus efficace argument juridique. Ajoutons que les grands nobles bretons ne sont pas insensibles aux arguments royaux. Par haine à l'égard de Landais, mais surtout en raison de leurs intérêts personnels. Tous ont des alliances et des biens dans le royaume ; en s'opposant au roi, ils s'exposent à des confiscations. Ils sont également pensionnés par la monarchie, qui ne lésine pas sur les moyens : parmi les « pensionnaires de Bretagne », on trouve

Jean de Rieux, qui reçoit 12 000 livres, Pierre du Pont, François du Plessix-Anger, 1 000 livres chacun, Jean d'Acigné, les sires du Perrier, de Villeblanche, Le Bouteiller, 600 livres, Jean de La Chapelle, sire de Beuvres, Jacques Le Moyne, Louis de Rohan-Guéméné, François de Laval, seigneur de Montafilant, Jean de Coëtmen, 1 000 livres. Or François II ne peut guère compter sur tous ces grands seigneurs pour soutenir les droits de sa fille Anne.

L'autre menace, celle qui vient des Rohan, n'est que momentanément écartée. Le vicomte Jean II est en prison. Ses droits sont encore plus contestables que ceux de Nicole de Blois-Penthièvre, puisqu'ils reposent sur l'ancien ordre de succession, celui qui existait avant le traité de Guérande. Mais cela n'empêche pas le vicomte de faire appel à l'opinion publique en sa faveur, par l'enquête dont nous avons parlé. Avec ses cinq fils, il représente une menace d'autant plus réelle que ses alliances débordent largement le cadre breton. Du côté français, il a des parents fort bien placés, avec la branche de Rohan-Guéméné : Louis II est pensionné du roi, et surtout son frère Pierre de Rohan-Guéméné, seigneur de Gié, né en 1451, maréchal de France depuis 1476, est l'un des hommes de confiance de Louis XI, puis de son fils Charles VIII. C'est l'un des personnages clés des conflits de la fin du règne de François II. Son splendide château du Verger, aux confins de l'Anjou, sera la base de l'état-major royal. Lui-même n'a plus guère d'attaches avec la Bretagne.

De toute évidence, François II ne peut donc s'en remettre à la seule justice pour faire valoir les droits de sa fille Anne. Il lui faut des alliés puissants. La meilleure façon de les attirer, n'est-ce pas de leur promettre Anne elle-même et le duché qui va avec ? Ainsi commence la recherche d'un mari pour la petite fille de quatre ans.

Les rêves anglais de la petite Anne (1481-1483)

Le duc se tourne d'abord, logiquement, vers l'allié traditionnel : l'Angleterre. Entre lui et Édouard IV, l'entente avait toujours été cordiale. Des traités de commerce, une coopération contre les pirates, une méfiance commune à l'égard de Louis XI les rapprochaient. En février 1481, des négociations s'engagent. Les envoyés anglais, Robert Morton, maître des rôles du roi d'Angleterre, et Thomas Eulbacant discutent à Nantes avec Pierre Landais. On aboutit rapidement à un accord, qui attribue à Anne un rôle très avantageux : elle sera reine d'Angleterre.

En effet, il est prévu de la marier avec Édouard, prince de Galles, âgé de onze ans. Le mariage sera célébré quand Anne aura douze ans et, selon une clause habituelle dans ces traités où les enfants ne sont que des pions, si elle meurt avant, sa sœur Isabeau prendra sa place. De même, si le jeune Édouard meurt le premier, son frère cadet le remplacera. La dot d'Anne sera de 100 000 écus, et son douaire en Angleterre sera de 20 000 écus. La Bretagne ne sera pas pour autant rattachée à l'Angleterre : elle ira à leur deuxième fils, le premier étant destiné à devenir roi. Au cas où François II aurait un fils, qui serait donc duc de Bretagne, la dot d'Anne serait portée à 200 000 écus en compensation. Si ce fils naissait après le mariage d'Anne et d'Édouard, il épouserait une fille du roi d'Angleterre, et le roi lui donnerait 100 000 écus. Si le prince Édouard vient en Bretagne, le duc le traitera comme son propre fils. Pour le mariage, il fera conduire Anne à ses frais à Salisbury ou à Londres. Édouard IV promet en outre l'envoi de 3 000 archers si François II est attaqué par le roi de France.

Fort satisfait de cet accord, le duc récompense généreusement les ambassadeurs anglais par un cadeau de 3 000 livres en vaisselle d'argent. Le traité, ratifié le 10 mai par Édouard IV et le 21 juin par François, semble donc sceller le sort d'Anne, que Françoise de Dinan va maintenant élever comme une future reine d'Angleterre. Ce ne serait pas la première fois que les dynasties anglaise et bretonne seraient unies par des mariages. Depuis la conquête normande, à laquelle ont participé de nombreux Bretons, les liens sont étroits entre les deux pays. Le duc de Bretagne a même été longtemps comte de Richmond, une puissante seigneurie dans le Yorkshire, qui a été confisquée à la fin du XIVe siècle. Entre les deux rives de la Manche, les échanges sont multiples : vin, sel, toiles dans un sens, étain, laine, reliefs d'albâtre dans l'autre ; des mineurs bretons vont travailler en Cornouaille, des marchands anglais sont établis dans les ports bretons. Le roi d'Angleterre offre des chevaux anglais à François, grand amateur de montures. Le traité de 1481 est donc dans l'ordre des choses.

Les événements vont vite faire s'évanouir ce premier rêve. Événements de politique intérieure anglaise. Depuis 1470 vit dans le duché un exilé gallois, Henri Tudor, qui a quelques droits à la couronne d'Angleterre. Il est en résidence surveillée à Vannes, sous le contrôle de Jean Guillemet et Louis de Kermené puis Jean de Robien, qui reçoivent 2 000 livres pour payer ses frais. Assez libre de ses mouvements, il vient parfois à Nantes, où la petite Anne a pu le voir.

Le 9 avril 1483, Édouard IV meurt. Son frère, Richard, duc de Gloucester, s'empare du gouvernement, fait enfermer ses neveux, le prince de Galles Édouard, « fiancé » d'Anne, et son frère Richard, duc d'York, à la tour de Londres, où ils sont assassinés. Le duc de Gloucester devient le roi Richard III. Ce coup de force ruine évidemment le traité de 1481 avec François II. C'est une sorte de premier veuvage pour Anne, âgée de six ans et demi, à qui on apprend que son futur mari, un garçon de seize ans, vient d'être assassiné.

François II, dépité, décide alors d'aider Henri Tudor à conquérir la couronne anglaise. Si l'entreprise réussit, on pourra compter sur la reconnaissance du jeune homme, et un traité de mariage avec Anne ne serait pas impossible. Rien n'est impossible à l'époque dans ce domaine ! Le duc met donc à sa disposition 13 000 livres, 324 hommes, 5 navires, qui quittent Paimpol le 30 octobre 1483. C'est un peu maigre pour conquérir un royaume, d'autant que la petite escadre est vite dispersée par la tempête. Henri Tudor se retrouve à Vannes, où il est rejoint par un groupe de grands seigneurs anglais qui fuient le régime de Richard III. Il y a là le marquis de Dorset et son fils Thomas, William Brandon et son fils, un autre Thomas, l'évêque de Salisbury Lionel Woodville, l'évêque d'Exeter Piers Courtney et son frère Édouard Courtney, John Cheyney et ses deux frères, William Berckley, John Haliwell, Richard Guilford, Thomas Arundel, Giles Daubeney, Robert Willougby, Édouard Woodville, John Bourchier, Lord Wells. Tout ce beau monde, pensionné par le duc de Bretagne, se rend à la cathédrale de Rennes où, le jour de Noël, Henri Tudor jure d'épouser Élisabeth, la fille d'Édouard IV, afin de réconcilier les maisons d'York et de Lancastre. Ses compagnons lui prêtent hommage comme roi d'Angleterre.

On ne peut donc plus compter sur Henri Tudor pour épouser Anne. Le duc continue pourtant à l'héberger à Vannes, avec une colonie britannique comptant plus de 400 personnes. Richard III tente alors de se rapprocher de François II, par l'intermédiaire de Pierre Landais qui cherche toujours à contrer l'influence française. Le 24 avril 1484, le duc et le roi d'Angleterre concluent une trêve, et à la mi-septembre une ambassade anglaise, conduite par le grand écuyer, promet à François II de lui redonner le comté de Richmond s'il livre Henri Tudor. Mais ce dernier, prévenu par ses agents, s'enfuit à Angers, et c'est la monarchie française qui va maintenant l'aider à débarquer en Angleterre. Henri Tudor gardera malgé tout de bons rapports avec le duc de Bretagne et avec la duchesse Anne, qui a sept ans et demi lorsqu'il quitte le duché.

Le rêve anglais est donc terminé, mais l'alliance anglaise reste une nécessité, au-delà des changements de souverains et de dynasties. François II s'efforce d'être agréable à Richard III, réprimandant Coëtanlem qui en 1484 s'était emparé de Bristol par un audacieux coup de main, et avait ramené un énorme butin près de La Rochelle. Coëtanlem passe alors au service du Portugal, puis du duc de Lorraine, avait de revenir en Bretagne. En même temps, François II aide financièrement les compagnons d'Henri Tudor à sortir du duché. Les trêves anglo-bretonnes sont prorogées le 24 avril 1485 ; en juin, une ambassade anglaise arrive à Nantes. Le 22 août, Richard III est battu et tué à Bosworth par Henri Tudor, qui devient le roi Henri VII. Il garde des relations amicales avec la Bretagne.

Le nouveau contexte français (1483)

Le 30 août 1483, le pouvoir a aussi changé de main en France. À la mort de Louis XI, la couronne est passée à son fils, un adolescent de treize ans, Charles VIII. De fait, même s'il n'y a pas de régence officielle, la réalité du pouvoir est exercée par sa sœur aînée, Anne de France, épouse de Pierre de Beaujeu. En dépit de certaines déclarations, il n'y a pas de règle fixe concernant l'âge de la majorité dans la monarchie française, pas plus que dans les grands fiefs, où la question va bientôt se poser à propos d'Anne, qui aura onze ans et demi à la mort de son père. Une ordonnance de Charles V, datant d'août 1374, avait bien fixé l'âge de la majorité à quatorze ans pour les rois de France, mais elle n'avait pas été appliquée à sa mort, puisque Charles VI avait été déclaré majeur et sacré avant même d'avoir atteint douze ans. De plus, des ordonnances du Parlement de 1403 et 1407 avaient aboli les notions de régence et de minorité, stipulant que la majorité n'avait pas à être déclarée solennellement, puisque le roi était, dès sa naissance, « majeur quant à la justice ».

Le problème se pose tout de même en cette fin août 1483. Ce qui se passe autour de la dépouille de Louis XI va affecter directement le sort d'Anne. En effet, le couple Anne et Pierre de Beaujeu réussit rapidement à imposer son autorité au Conseil royal, « noyant » la reine mère, Dunois, les ducs d'Orléans et de Bourbon, conseillers « naturels », au milieu de leurs créatures dévouées.

Anne de Beaujeu, vingt-deux ans, « vraye image en tout du roy Loys son père », selon Brantôme, est une jeune femme intelligente. Réaliste, maîtresse d'elle-même, volontaire et au besoin hypocrite, elle domine de loin son mari, Pierre, quarante-trois ans, frère cadet du duc de Bourbon. Presque naturellement – et cela relativise les discours sur la situation féminine à la fin du XVe siècle –, elle exerce un ascendant sur tous les grands seigneurs de la cour, à commencer par son frère, le chétif Charles VIII. Le plus remuant est certainement le jeune duc Louis d'Orléans, âgé comme elle de vingt-deux ans, fils de Charles d'Orléans, petit-fils de Charles V, et héritier de la couronne tant que Charles VIII n'aura pas de descendance mâle. Louis arrive à Amboise, où séjourne la cour en septembre 1483. Il y retrouve des compères : le duc d'Alençon, le duc de Bourbon, et son cousin François d'Orléans, comte de Dunois, et entend bien jouer un rôle essentiel.

Dans un premier temps, Anne le comble de largesses, destinées à calmer ses appétits : revenus des gabelles dans ses domaines, des amendes et confiscations dans le duché d'Orléans, pension de 24 000 livres, gouvernement militaire de Paris et de l'Île-de-France, une compagnie de cent lances et l'ordre de Saint-Michel. Pour le reste, c'est-à-dire l'essentiel, la participation au gouvernement, on s'en remet à la décision des états généraux, convoqués à Tours pour le mois de janvier 1484. Et là, habilement travaillés par les agents des Beaujeu, les députés décident de faire confiance « à la sagesse du roi », c'est-à-dire de sa sœur. Le duc d'Orléans, trop sûr de lui et de sa position, insouciant et dissipé, a passé la session à s'amuser avec ses compagnons de débauche et les ribaudes de Tours. La régence, qu'il avait un moment espérée, lui échappe. Anne consent tout juste à s'adjoindre de nouveaux conseillers, pris parmi ses partisans.

Dépité et furieux, Louis d'Orléans tombe malade, assez gravement, puis décide de préparer sa revanche. Il se tourne alors naturellement vers le duc de Bretagne, avec qui il avait déjà eu quelques contacts. C'est pendant les états de Tours qu'il rencontre Pierre Landais, venu avec quelques observateurs bretons, pour se rendre compte de la nouvelle situation à la tête du royaume. Des entrevues secrètes ont lieu, et Landais est trop heureux d'attiser les ressentiments de Louis contre Anne de Beaujeu. Un petit groupe de grands seigneurs français mécontents se forme autour du duc, parmi lesquels le jeune Charles de Valois, vingt-cinq ans, le subtil Dunois, le duc de Lorraine

René de Vaudemont, Jean de Foix, Charles d'Armagnac, le duc d'Alençon, et le vieux duc de Bourbon, jaloux de son frère cadet Pierre de Beaujeu. Tous ont des sujets de plainte contre le nouveau gouvernement.

La nouvelle de ces réunions suspectes étant parvenue aux oreilles d'Anne de Beaujeu, Landais s'empresse de retourner en Bretagne, ne laissant à Tours que quelques plénipotentiaires bretons. La situation qu'il trouve à son retour à Nantes n'est pas brillante. Le duc est devenu sénile ; la petite Anne, qui a maintenant un peu plus de sept ans, se rend compte de la déchéance de son père, et cela la rapproche de lui. Toujours elle manifestera à son égard une déférence qu'on pourrait presque qualifier de pieuse.

Le 7 avril 1484

Pour l'heure, en ce printemps 1484, les événements se précipitent. Les grands nobles bretons ne supportent plus la tutelle de Landais. Le 5 janvier, il a fallu libérer Jean de Rohan, contre qui on n'a pu réunir de preuves d'homicide, et lui restituer ses biens. Mais à peine libre il s'enfuit, d'abord dans le royaume, puis chez son cousin René, duc de Lorraine. Pour la troisième fois, ses biens sont confisqués, et François II nomme des capitaines dans ses places : Guillaume de Rosminiven à La Roche-Maurice, Louis de Belouan à Rohan, Jean de Rohan du Gué-de-l'Isle à Josselin.

Mais à Nantes, les grands seigneurs s'agitent contre Landais, dont la position devient fragile : le maréchal Jean de Rieux, Louis de Rohan, prince de Guéméné, son beau-frère, et un prince étranger appelé à jouer un rôle décisif dans les affaires bretonnes : Jean de Chalon, prince d'Orange, âgé alors de quarante-cinq ans. En fait, en dépit de ce titre exotique, cet homme est à moitié breton : son père était Guillaume VII, prince d'Orange, et sa mère Catherine de Bretagne, sœur puînée de François II ; il était donc l'héritier du duché – un de plus –, juste après Anne et sa sœur Isabeau, tout au moins dans l'interprétation montfortaine du traité de Guérande.

Que Jean de Chalon se soit montré un ardent défenseur des droits d'Anne n'est pas surprenant. Par pur intérêt personnel, car sa carrière politique est des plus sinueuses, et révèle un personnage plutôt trouble, qui n'est resté vraiment fidèle qu'à une seule cause, la sienne. C'est d'ailleurs par un pur accident qu'il se trouve mêlé aux affaires bretonnes : né en Franche-Comté, il est d'abord au service de Charles le Téméraire, puis passe à celui de Louis XI, avant de se convertir à la cause de Marie de Bourgogne, dont il favorise le mariage avec Maximilien. Louis XI le fait pendre en effigie et bannir de France en 1477. En 1481, il est envoyé par Maximilien en mission diplomatique en Bretagne, et c'est là qu'il sympathise avec les adversaires de Landais. Barthélemy Pocquet-du-Haut-Jussé le décrit ainsi : « Sa valeur morale était d'ailleurs sujette à caution et la duplicité ne lui répugnait nullement. Prince séduisant et inquiétant, qui tenait du grand homme et de l'aventurier. »

C'est avec ce genre de patriote que se forme la coalition de grands seigneurs « bretons » contre Landais. Un événement dramatique lui fournit une raison d'agir : le 5 avril 1484, l'ex-chancelier Guillaume Chauvin meurt des mauvais traitements qu'on lui a infligés à la prison de Vannes. Deux jours plus tard, Rieux et Orange rassemblent une quarantaine d'hommes armés, certains déguisés, et pénètrent dans le château ducal pour s'emparer de Landais « fust-il entre les bras du duc ».

La scène se déroule à la tombée de la nuit. Les conjurés forcent les portes, enferment les serviteurs qui résistent et fouillent le château de fond en comble. Ils pénètrent sans crier gare dans la chambre du duc et dans celle de la petite Anne, qui a la frayeur de sa vie. Car ils procèdent sans ménagement, selon le récit qu'en fait Bouchart : « Entrèrent en la chambre du duc par force et violence et en sa présence cherchèrent en la chambre, en la garde-robe et autres lieux pour savoir si le trésorier Landoys y estoit, mais ils ne l'y trouvèrent pas. Le duc fut de ceste violente entreprinse si tresemeu que merveilles, car ceulx qui dedans sa chambre cerchoient son tresorier parloient à luy autrement que n'avoient acoustumé et que on ne devoit parler à son prince et seigneur naturel. » Les conjurés apostrophent le duc, lui demandent où se cache Landais. Stupéfait, le duc reste sans réaction, pendant que les seigneurs mettent tout sens dessus dessous, vident les coffres et armoires des princesses. Il y a là, entre autres, Jean de Chalon, Jean de Rieux, Louis de Rohan-Guéméné, Jean de Coëtmen, Jean du Perrier, François de Tournemine, Guillaume de Bogrès, Pregent Prevost, Raoul de Landugen. Anne assiste à l'humiliation de son père.

Mais Pierre Landais n'est pas là. Il est dans son manoir de la Pabotière, à la campagne, à une lieue de Nantes. Et le commando finit par se retrouver en mauvaise posture. La foule s'attroupe devant le château ; des marins mettent des serpentines en batterie, car le peuple croit que le duc est en danger. Alors les conjurés le poussent sur les remparts, afin que tous le voient. Puis on parlemente. Les nobles, qui se sont barricadés dans le château, laissent entrer Philippe de Montauban, chef de la garde ducale, avec deux hommes.

C'est la première apparition de ce personnage, qui jouera un rôle important pendant tout le règne d'Anne et qui mourra la même année qu'elle. Les débuts de sa carrière, jusqu'à l'âge de quarante ans, en 1484, sont mystérieux. On sait qu'il est fils du vicomte du Bois de la Roche, Guillaume de Montauban, mais, curieusement, il apparaît à la fois comme un militaire et comme un jurisconsulte, deux fonctions rarement associées. Le voici chef des gardes ; il sera ensuite capitaine de Rennes, puis, à partir de 1487, chancelier, et lieutenant général en 1488. Il défendra la petite duchesse Anne, les armes à la main, et lui évitera le mariage avec d'Albret. Elle lui en sera reconnaissante jusqu'à sa mort. On devine derrière les brèves allusions qui le concernent un homme droit, franc, loyal, courageux, fidèle, c'est-à-dire un spécimen assez rare en ce siècle troublé.

François II et Anne lui doivent en tout cas d'avoir su persuader les conjurés du château de Nantes de quitter la place au plus vite. Dès le lendemain, ceux-ci remontent la Loire vers Ancenis, la ville de Rieux, et bientôt cherchent refuge chez Anne de Beaujeu. Quant à Landais, qui s'est lui aussi enfui de son manoir de la Pabotière, il se réfugie au château de Pouancé, et deux jours plus tard, avec une solide escorte, rejoint le duc à Nantes, après avoir informé le duc d'Orléans de sa mésaventure.

Une semaine plus tard, le 19 avril, Louis d'Orléans arrive à son tour à Nantes, avec Dunois, Alençon et un groupe de nobles français. Échange de bons procédés, à la limite du comique ; les deux groupes se croisent presque : les rebelles du duc vont chercher refuge chez le roi, et les rebelles du roi viennent chercher refuge chez le duc. Difficile de dire qui gagne au change. En tout cas, François II accueille chaleureusement son cousin germain, le duc d'Orléans, en qui il voit un possible futur mari pour sa fille Anne.

Un nouveau prétendant : Louis d'Orléans

La fillette est donc concernée au premier chef par l'arrivée de Louis.

Qui est ce duc d'Orléans, né vingt-deux ans plus tôt, le 27 juin 1462 ? Ses origines sont à la fois illustres et douteuses. Au moment de sa conception, en effet, son père, le duc Charles d'Orléans, était un vieillard de soixante-quinze ans, perclus de rhumatismes, se déplaçant difficilement, portant lunettes, souvent cloué au lit. Avait-il encore assez d'énergie pour engrosser son épouse, Marie de Clèves, une femme de mœurs assez libres, qui n'était guère effarouchée par les hommes, et qui était suivie, de très près, par son vigoureux palefrenier Bayonne ? La grossesse de la duchesse fit jaser la cour et l'on ne manqua pas plus tard de relever les traits grossiers de Louis d'Orléans comme indices du caractère suspect de son ascendance. Il n'en reste pas moins officiellement le fils du duc Charles d'Orléans, frère de Charles VI, et l'héritier de la couronne de France tant que Louis XI n'a pas de fils. Or en 1462 ce dernier, qui déteste les Orléans, n'a toujours pas de descendant mâle.

En 1464, cependant, le 23 avril, la reine de France Charlotte accouche, mais c'est encore d'une fille, une fille, qui plus est, difforme, bossue, avec un pied-bot, une épaule plus basse que l'autre, une hanche resserrée, la taille contournée, le corps rachitique, et une autre bosse proéminente au thorax. Si la pauvre Jeanne de France est un monstre physique, son père est un monstre moral. Avant que la nouvelle des difformités de sa fille soit connue, il s'empresse de la donner en mariage à son cousin : moyen infaillible d'éteindre la lignée des Orléans, car une créature telle que Jeanne ne pourra jamais concevoir. C'est ce qu'il écrit plus tard cyniquement à Antoine de Chabannes, dans une lettre devenue célèbre : « Je me suis dellibéré de faire le mariage de ma petite fille Jehanne et du petit duc d'Orléans, pour ce qu'il me semble que les enffans qu'ilz auront ensemble ne leur cousteront guère à nourrir, vous advertissant que j'espère faire ledict mariage, ou aultrement ceulx qui yroient au contraire ne seroient jamais esseurez de leur vie en mon Royaulme ; par quoy, il me semble que j'en feroy le tout en mon intencion. » Le contrat de mariage entre Louis d'Orléans, âgé de deux ans, et Jeanne de France, vingt-quatre jours, est signé le 19 mai 1464.

L'année suivante, Charles d'Orléans meurt. Louis sera élevé par sa mère, Marie de Clèves, devenue extrêmement pieuse, et que son fils déteste très vite car elle a fini par céder au plan du roi et donner son approbation au futur mariage. Si le terme de traumatisme de l'enfance est justifié, c'est bien dans le cas du petit Louis d'Orléans. Très tôt mis au courant de ce qui l'attend, il en conçoit une haine féroce à l'encontre de sa mère et de sa future femme : « Qu'on ne m'en parle pas, je voudrais être mort », répond-il brusquement à la première, qui tente de lui parler de Jeanne.

Comment s'étonner que dès l'adolescence Louis d'Orléans se jette à corps perdu dans la débauche ? Avec quelques compagnons, il s'encanaille sans vergogne dans les tripots, gaspille des sommes énormes au jeu, s'habille avec le plus grand luxe, et se livre avec frénésie aux plaisirs du sexe, avec des femmes de tous âges et de toutes conditions, des prostituées aux religieuses, des vierges aux mères de famille. Même son futur panégyriste Claude de Seyssel admet que Louis fut « en son jeune et florissant aage... plutost nourry en lubricité et lasciveté qu'en vertus et choses requises pour régner ». Avec d'autres contemporains, Seyssel affirme qu'il s'agissait là d'un plan délibéré de Louis XI, destiné à détruire le jeune homme, en le laissant satisfaire tous ses penchants : devenu une loque, impie, analphabète, il serait pour toujours incapable de régner. Le gouverneur qu'il lui assigne, Guyot Pot, satisfait tous ses caprices et le laisse vagabonder en compagnie de garnements du même acabit, dont beaucoup de rejetons illégitimes : le bâtard de Pons, le bâtard de La Trémoille, le bâtard de Ravenstein.

Sa culture n'est donc pas des plus relevées, même si on compte parmi ses maîtres des personnages non négligeables tels que Jean Thomas et Robert Gaguin, qui sera général de l'ordre des Mathurins. On peut être sceptique lorsque celui-ci nous dit que l'adolescent « commença moult en voulentiers à lire les livres escripts en françoys, et si voulut encore prouver et faire expériment pour savoir la langue latine ». Louis ne saura pas plus de latin que sa future femme Anne de Bretagne. Ce n'est que bien plus tard, et notamment en prison, qu'il acquerra une culture plus solide.

Le jeune duc d'Orléans a de bonnes dispositions. Douceur, amabilité, patience, gaieté en font un compagnon facile et agréable et plus tard, pour sa seconde femme, un mari attentionné. Enjoué, il a le rire facile ; il ne se fâche pas volontiers et ne cherche pas à blesser. Tout ce qu'il peut avoir de méchanceté se reporte sur deux personnes : sa mère et sa première femme, la malheureuse Jeanne de France. Sa mère, il l'exilera à Chauny, la laissera mourir seule en 1486, et n'assistera même pas à ses obsèques. Quant à Jeanne, il ne dissimulera jamais la répulsion qu'elle lui inspire et ne lui épargnera aucune humiliation.

Il faut dire à sa décharge que son mariage et ce qui le suivit fut un cauchemar capable de déstabiliser la tête la plus solide. En effet, Louis XI avait décidé en 1476 de faire exécuter le contrat de 1462. Car le hasard des naissances et décès venait à nouveau de rapprocher Louis d'Orléans de la couronne. À la mort de son père, en 1465, il se trouvait au deuxième rang, juste derrière le frère du roi, Charles de Berry. En 1470, la naissance du dauphin, futur Charles VIII, l'avait relégué au troisième rang ; puis la mort de Charles de Berry, en 1472, l'avait replacé au deuxième. Un accident pouvait le faire accéder à la première.

Le 8 septembre 1476, au château de Montrichard, on va donc unir devant Dieu et pour la vie Louis d'Orléans, quatorze ans, et la difforme Jeanne de France, douze ans. L'évêque d'Orléans officie. Il racontera plus tard, au procès en annulation, le déroulement de la journée, rapportant les paroles de Louis, interrogé rituellement sur sa liberté de choix : « Hélas, mon amy, que ferai-je ? Je ne saurois résister, il me vauldroit autant estre mort que de faillir à le faire, car vous cognoissez à qui j'ay affaire. » Un de ses fidèles l'aurait alors rappelé à la prudence : « Taisez-vous, Monseigneur, de par le diable ! Vous en pourriez trop parler ! » L'acceptation de Louis est l'expression de sa résignation : « Il m'est fait violence et n'y a remède. »

Le mariage est expédié. Mais le roi exige que les deux époux vivent ensemble : « Le Roy, rapporte une chronique, menasse Monseigneur d'Orléans que, s'il ne va pas veoir sa femme qui est à Lignères, il le fera jecter dedans la rivière et qu'il n'en sera aussi peu de nouvelles que du moindre homme de son royaume. » Alors, Louis vient quelquefois cohabiter avec sa femme, et ne lui épargne aucune humiliation : il ne lui dit pas un mot, lui tourne ostensiblement le dos, lui montre le dégoût qu'elle lui inspire et se vante devant elle de ses conquêtes amoureuses.

Pour le roi cependant, ce qui importe, c'est que le mariage soit consommé, et pour cela tous les subterfuges sont employés. Louis XI envoie le médecin Gérard Cochet auprès du jeune couple et le charge de s'assurer de leur union physique. Aussi difforme que soit Jeanne, il doit bien y avoir une position possible pour la « chevaucher » et éveiller la virilité de son mari. C'est ainsi qu'on lui amène sa femme lorsqu'il revient du jeu de paume, encore tout excité et le cœur battant. Peine perdue, comme le rapporte un témoin au procès en annulation : « Après que le roi Notre Sire [devenu à l'époque Louis XII] avait joué à la paume et revenait dans sa chambre pour s'y essuyer, Dame Jehanne était introduite et l'on s'efforçait de persuader le Roy Notre Sire de coucher avec elle entre les draps ; ce que le Roy Notre Sire refusait de faire, et il appelait d'autres dames pour s'ébattre en leur compagnie. » Même les chroniqueurs de l'époque, peu portés à la pruderie, se refusent de décrire les procédés auxquels on a recours : « C'est grand merveille de ce qu'on faisoit au duc d'Orléans et les menaces qu'on lui adressoit, écrit Jean de Saint-Gelais. J'aurois grant'honte de réciter comme on en usoit autour de luy, tant hommes que femmes. » Pour la forme, Louis couche avec sa femme, mais l'union physique n'a sans doute jamais eu lieu.

Louis atteint ses vingt ans en 1482. C'est alors, écrit son plus récent biographe, Bernard Quilliet, « un robuste jeune homme, de bonne prestance malgré une stature seulement moyenne, un dos un peu voûté et des jambes plutôt grêles. Avec son long nez qui lui descendait sur la bouche, avec son front trop étroit, il n'était point beau de visage et, plus tard, ses portraits le montreront bien. Mais, inexplicablement, sa physionomie avait quelque chose de séduisant, et un ambassadeur vénitien lui trouvait même une certaine grâce féminine ».

En avril 1483, Louis est atteint de la petite vérole. L'alarme est sérieuse, et le duc, jusque-là d'une santé éclatante, voit son état physique se dégrader rapidement. Son corps, affaibli par la débauche, va s'user prématurément. Les alertes se multiplient. Infatigable il y a peu encore, excellant dans tous les exercices physiques, au tir à l'arc et à l'arbalète, au maniement de l'épée, très bon cavalier, remarquable chef et homme de guerre, il commence à faiblir. Par certains côtés, c'est un étrange destin que celui de cet homme, un destin tissé par des femmes, à qui il doit la vie, la souffrance, le plaisir et la mort : né d'une mère qu'il déteste, Marie de Clèves, marié à quatorze ans à une épouse qui le dégoûte, Jeanne de France, il ruine sa santé avec des dizaines d'autres, a comme principale ennemie sa cousine germaine Anne de Beaujeu, fait un second mariage heureux avec Anne de Bretagne, avant de mourir victime des ardeurs amoureuses de sa troisième femme, Marie d'Angleterre. Marié de force à un être difforme, il trépassera dans les bras d'une des plus belles princesses du temps.

Si nous avons présenté le second mari d'Anne de Bretagne avant le premier, c'est que Louis d'Orléans, d'ailleurs plus âgé que Charles VIII, a posé le premier sa candidature à la main de la future duchesse. Cherchant des alliés contre le roi, il se tourne vers le dernier grand vassal en état de résister, le duc de Bretagne. Dès le mois d'août 1483 il lui envoie le moine Guillaume Chaumart, son agent secret, pour demander la main de la petite Anne, qui a sept ans et qu'il ne connaît pas. Il fait valoir son intention de faire annuler son mariage avec Jeanne, et peu de temps après la mort de Louis XI, fait porter par le même Chaumart un anneau de fiançailles à Anne.

Quelques mois plus tard, le 19 avril 1484, après son échec aux états généraux, Louis arrive en personne à Nantes. C'est un allié politique qu'il vient chercher, et dans cette affaire Anne n'est toujours qu'un gage. Mais les négociations sont poussées assez loin, semble-t-il. François II et surtout Pierre Landais savent l'avantage que constitue pour la Bretagne un accord avec celui qui est maintenant au premier rang pour la succession au trône, face à un gouvernement royal toujours menaçant. Rien de tel qu'une promesse de mariage pour sceller l'alliance. Un contrat secret est donc rédigé en vue des futures épousailles entre Anne et Louis, qui envoie à Rome un premier paquet de documents en vue de préparer l'annulation de son mariage.

Pour Anne, Louis d'Orléans n'est encore qu'une lointaine perspective. Pour Louis, la fillette n'est que le moyen de s'assurer une alliance et sans doute un duché. A-t-il, comme le prétendent certains, demandé à assister, caché, au déshabillé d'Anne, afin de vérifier que la petite boiteuse n'avait pas d'autres malformations ? Rien ne l'atteste formellement, mais cela n'est pas invraisemblable.

Le traité de Montargis : Anne déshéritée par les Bretons

Dans l'entourage royal, des rumeurs commencent à circuler au sujet de ce possible mariage. Anne de Beaujeu s'inquiète des conciliabules nantais, et pour faire revenir Louis d'Orléans, elle décide d'avancer la date du sacre de son petit frère Charles VIII au 15 mai 1484 : il faudra bien qu'Orléans soit présent. Effectivement, il revient, mais en retard.

Le sacre de Charles a donc lieu le 30 mai, à Reims. Curieusement, il favorise le rapprochement entre les deux futurs maris d'Anne. Le roi, qui a quatorze ans, est impatient de la tutelle qu'exerce sa grande sœur. Il trouve en Louis d'Orléans un aîné complice et complaisant, qui joue d'ailleurs le premier rôle lors de la cérémonie : premier pair du royaume, il porte la couronne et se trouve tout près de l'autel. Au banquet qui suit, il est assis à la gauche du roi. Fier d'être indépendant et de jouir d'un peu de liberté entre hommes, le petit Charles fraternise avec Louis. Anne de Beaujeu, inquiète, vient pendant le repas pour voir comment se passent les choses. L'amour-propre de Charles est blessé ; humilié d'avoir été traité devant tout le monde comme un enfant, il interrompt le repas : tout le monde se passera de dessert. La scène est rapportée par le chroniqueur Jehan Foulquart : « Durant le disner, vint par l'huis de la chapelle Madame de Beaujeu sœur du roy, vestue de drap d'or, et entra en ladite salle pour veoir le roy et regarder son maintien ; et depuis qu'elle fut entrée le roy ne fut mais guerre à table, à cause de quoy le service du four [les gâteaux] et les entremets de confitures et dragées ne furent pas servy, ne mis sur la table. »

Dans les mois qui suivent, le duc d'Orléans et ses fidèles, Dunois, Alençon, Georges d'Amboise, bientôt évêque de Montauban, tentent de détacher Charles VIII de sa sœur. Mais en septembre, Anne de Beaujeu, qui a flairé la conspiration, emmène le roi et la cour à Montargis, se rapprochant ainsi des terres bourbonnaises. C'est là qu'en octobre elle rencontre les rebelles bretons.

Après l'échec du coup contre Landais, ces derniers s'étaient d'abord réfugiés à Ancenis, puis à Angers, en terre française où les avaient rejoints tous les ennemis du trésorier, dont Françoise de Dinan, la gouvernante d'Anne. Le 21 mai, François II avait condamné les conjurés du 7 avril comme rebelles et traîtres, coupables « d'infidélité, félonie, rébellion, désobéissance, et déloyauté », et confisqué leurs biens. Pour eux, la seule chance était l'appui d'Anne de Beaujeu, qui, après quelques hésitations, reçoit à Montargis cinq de leurs représentants : le prince d'Orange, le maréchal de Rieux, Jean du Perrier, sire de Sourdéac, Pierre de Villeblanche, sire de Broons, et Jean Le Bouteiller, sire de Maupertuis. Le 28 octobre, elle signe avec eux le traité dit de Montargis.

Anne de Bretagne est directement concernée puisque ce document la déshérite purement et simplement. Quel que soit le cas de figure, elle ne sera pas duchesse : si François II meurt sans fils, le roi sera reconnu comme son successeur, en vertu du rachat des droits de Nicole de Brosse par Louis XI, droits transmis à son fils. On procurera à Anne et à sa sœur « un bon et grand mariage, comme il appartient à filles de telles maisons ». Pour le reste, le traité spécifie que si le roi devient duc de Bretagne, il respectera les libertés et privilèges des Bretons ; la justice sera rendue comme auparavant, par des juges bretons, les impôts seront levés par les états, les nobles ne serviront le roi à la guerre que dans quelques cas, les forteresses seront gardées par des Bretons, et la province dirigée par un gouverneur agréé par les états. Si le roi a plusieurs fils, la Bretagne ira à l'un d'eux.

Les signataires du traité reconnaissent que le gouvernement royal est souhaitable pour la Bretagne, et s'engagent à soutenir Charles VIII : « Nous jurons et promettons par la foi et serment de nos corps, léauté, obéissance et service au roy ; [...] nous mettrons nos corps et nos biens et emploierons tous nos alliés, amis et sujets et toute notre puissance au service du roy, mesmement à l'ensaisiner et faire jouir comme vrai duc et seigneur de la duché et pays de Bretagne [...]. Et s'il advenait que quelque prince ou seigneur voulût prendre ce titre, nous lui résisterons de tout nostre pouvoir et par tous moyens à nous possibles. »

Le traité de Montargis, qui unit les rebelles bretons à Anne de Beaujeu, a son pendant un mois plus tard, le 23 novembre 1484, avec un traité unissant les rebelles français à François II. L'artisan principal en est le comte de Dunois, qu'Anne de Beaujeu avait envoyé en Bretagne pour négocier, mais qui en réalité travaille pour le duc d'Orléans à créer une coalition contre elle. Par ce traité, Dunois s'engage d'une part à « soutenir et défendre la personne du duc, ses états, son honneur et ses biens comme les siens propres », et d'autre part à « mettre le roy hors des mains de ceux par lesquels il est de présent détenu comme prisonnier, en subjection et hors de sa liberté ».

Jean II de Rohan est curieusement absent de ces tractations. En fait, continuant sa valse-hésitation, il se réconcilie de nouveau avec le duc de Bretagne en septembre 1484. Cette fois, il doit prêter serment de fidélité sur les reliques de la Vraie Croix, de saint Hervé, de saint Sébastien et de quelques autres, promettant d'être « féal sujet et serviteur » du duc, et « de le servir comme son souverain seigneur de corps, de biens et de toute sa puissance ». Surtout, il doit jurer de reconnaître Anne et Isabeau comme « vraies héritières en icelui duché [...]. Si le cas advenait, que Dieu ne veuille, que nous en allassions de vie à décès sans héritier mâle procréé en notre dite compagne [...], [le vicomte] servira nos très chères et très aimées filles et ceux à qui elles seront mariées, soit durant notre vie soit après, comme ses souverains seigneurs et dames respectivement et successivement ».

La position de Jean II reste pourtant suspecte. Pierre Landais cherche à le faire arrêter car il se méfie toujours de lui. Le vicomte se réfugie sur ses terres de La Garnache, hors de Bretagne, mais il n'est pas partie au traité de Montargis, ce qui lui évite une nouvelle confiscation de ses biens.

Le chassé-croisé se poursuit en 1485, où se bousculent les épisodes confus. Anne, qui va vers ses neuf ans, suit ces péripéties où se décide son avenir, sans pouvoir y jouer le moindre rôle. Le roi et sa sœur, alliés aux nobles bretons rebelles, sont décidés à la déshériter ; son père, allié aux rebelles français, tente désespérément de défendre ses droits et n'a rien trouvé de mieux pour cela que de la promettre en mariage à ce débauché de duc d'Orléans.

Louis d'Orléans est d'ailleurs dans une situation peu glorieuse. Le 3 février, à Paris, dont il est gouverneur, il apprend qu'Anne de Beaujeu, inquiète des négociations menées contre elle à Nantes, a envoyé deux cents archers pour l'arrêter, et des troupes sur la frontière bretonne. Immédiatement, le duc décide de s'enfuir sur les terres du duc d'Alençon. Avec deux complices, il arrive à rejoindre Verneuil-sur-Avre, après avoir galopé pendant quarante heures. Au mois de mars, la confusion atteint son comble. Aux confins de la Normandie et de la Bretagne, la « folle guerre » se solde par quelques marches et contremarches des troupes ducales et royales. Le 12 mars, le duc d'Orléans préfère se réconcilier avec le roi, de passage à Évreux. En dépit des murmures de la cour, il rentre en grâce, retrouve tous ses postes et sa place au Conseil, le 23 mars.

Cela ne fait pas l'affaire de François II, qui, à la fin de ce même mois, réussit tout de même à reprendre Ancenis, la ville du maréchal de Rieux, qui tenait toujours pour les rebelles. Devant les menaces pesant sur sa succession, il envoie dans tout le duché un formulaire par lequel les ecclésiastiques, les nobles et les bourgeois prêtent serment de reconnaître Anne, puis sa sœur, comme héritière du duché. Il fait en même temps parvenir une lettre explicative aux souverains.

C'est alors que Jean de Rohan, poussé, semble-t-il, par son neveu le maréchal de Rieux, recourt à une parade. Qu'Anne devienne duchesse, soit ; mais alors, qu'elle épouse son fils aîné, François, et qu'Isabeau épouse son second fils, Jean. Par ce double mariage, les droits des Montfort et ceux des Rohan seront unis. Le maréchal de Rieux s'engage, le 20 mai, à faire son possible pour « conjoindre par mariage François, Monsieur de Léon, notre cousin germain, fils aîné de haut et puissant seigneur, monsieur le vicomte de Rohan avec haute et puissante dame Anne de Bretagne, fille aînée de très haut et puissant prince monsieur le duc de Bretagne et aussi conjoindre pareillement par mariage Jean de Rohan notre cousin germain, fils puîné de mon dit seigneur de Rohan avec haute et puissante dame Isabeau de Bretagne, fille puînée de mon dit seigneur de Bretagne ».

Le projet est approuvé par Odet d'Aydie et par de nombreux nobles bretons, dont les sires de La Hunaudaye, de Maure, du Chastel, de Kermavan, de Plusquellec, du Faouët, de Plouec, de Tivarlen, de Molac, de Kerouzéré, et tous ceux qui, d'une façon générale, s'opposent à Pierre Landais et aux étrangers qui entourent le duc, « cet amas d'étrangers tant anglais que autres », que fustige Jean de Rohan. Le mari d'Anne sera donc François de Rohan si les rebelles l'emportent, ou Louis d'Orléans s'ils sont battus.

La fin de Landais (1485). Qu'est-ce que la « cause bretonne » ?

Le moment décisif se prépare. Soutenus par des troupes mises à leur disposition par Anne de Beaujeu, les rebelles bretons sont à Angers. Vers le 20 juin, ils descendent la Loire en direction de Nantes. François II, de son côté, a rassemblé une armée à Châteaubriant, sous la direction de son fils naturel, François d'Avaugour, et de Jean de Coëtquen, qui avance vers le sud. Les deux groupes se rencontrent le 24 juin près d'Ancenis. Mais au lieu de se battre, ils tombent d'accord pour en finir avec Landais, promu bouc émissaire de tous les problèmes bretons. L'entente est d'autant plus facile que des deux côtés se trouvent des parents, amis et alliés.

À Nantes, Pierre Landais est abandonné de tous. Le chancelier François Chrestien refuse de sceller les lettres patentes qu'il vient de faire rédiger pour confisquer les biens de tous ces nouveaux « criminels de lèse-majesté » : autant déclarer traîtresse toute la noblesse bretonne ! Arrive alors un petit groupe envoyé en avant par Rieux et les rebelles. Il est conduit par

Pierre de Rohan, baron de Pontchâteau – encore un demi-frère de Jean II –, qui exige un décret de prise de corps contre Landais. La foule envahit la cour du château et réclame la tête du trésorier.

Un nouvel épisode dramatique commence en ce 25 juin 1485. On ne sait si Anne y assiste directement. Pierre Landais s'est réfugié dans la chambre du duc, où se trouvent également le comte de Foix et le cardinal de Foix. Arrivent le chancelier Chrestien, Pierre de Rohan, le sire de Kermarquer et deux ou trois autres exigeant qu'on leur livre le trésorier. François II, à demi hébété, demande et obtient que l'on traite Landais avec justice, puis il va chercher ce dernier par la main, et déclare au chancelier, selon Alain Bouchart : « Je vous le baille, et vous commande sur vostre vie que vous luy administrez justice et que ne souffrey aucun grief ou desplaisir luy estre faict hors justice. Il a esté cause de vous faire chancelier, et pour ce, soiez luy amy en justice. »

Là-dessus, on enferme Landais dans la tour Saint-Nicolas, et on nomme une commission chargée de le juger. Le procès dure vingt jours, dirigé par le chancelier lui-même, et se termine le 19 juillet par une condamnation à mort pour cinq motifs : violences et excès de pouvoir, népotisme, concussion, péculat et manœuvres politiques. Le mépris à l'égard du roturier qu'il est pèse très lourd dans la sentence. On lui reproche d'avoir accaparé la confiance du duc et écarté de lui les conseillers naturels « par la hayne qu'il portait aux barons ». L'épisode s'inscrit dans le contexte de la réaction nobiliaire face à la montée de la bourgeoisie et du pouvoir central. La mort du chancelier Chauvin est également un argument décisif contre Landais, dont on décide de confisquer tous les biens.

L'exécution, par pendaison, le jour même de la sentence, 19 juillet dans l'après-midi, montre à quel point François II a perdu tout contrôle sur le gouvernement. Personne ne se soucie plus de son avis, mais comme on se méfie encore de son attachement pour Landais, on décide d'exécuter ce dernier sans même prévenir le duc. Des gardes sont postés à l'entrée du château et de sa chambre pour filtrer les visiteurs et éviter qu'il soit mis au courant « iusque à ce que le tout fust parachevé », raconte Bouchart. Le chroniqueur ajoute que le bavard et distrayant comte de Comminges, Lescun, est chargé d'aller « amuser le duc par quelques propos à ce qu'il ne pensast aucunement en l'affaire dudit procès ». Pendant qu'il amuse François II, qui lui répète qu'il ne veut pas la mort de Landais et qu'il lui accorde sa grâce d'avance, ce dernier est pendu.

Mis devant le fait accompli, le duc s'effrondre ; il « en fust si tresdollant que on ne le pouvoit appaiser ». Il se lamente, fait des reproches à Lescun, mais se résigne très vite, « car il n'avoit pas les cogitations fort longues », commente Bouchart. Dès le 12 août, il pardonne à tous les rebelles, leur restitue leurs biens et reconnaît avoir été trompé par Landais. Désormais, ce « fossile politique », suivant le mot d'un historien, laisse tout le pouvoir de fait en Bretagne au triumvirat Orange-Comminges-Rieux, un Bourguignon, un Gascon et un Breton, en liaison à l'extérieur avec deux Français pur sang, Louis d'Orléans et le comte de Dunois. Le sort de la Bretagne est évidemment le cadet des soucis de ces personnages. François II et sa fille Anne ne sont pour eux que des pions. Si l'on ajoute que ce sont des troupes allemandes, anglaises, espagnoles et françaises qui vont bientôt s'affronter dans la péninsule, au nom de Maximilien, d'Henri, de Ferdinand et de Charles, on comprend l'ironie de certains historiens à l'égard des déclarations sur la défense de la « patrie bretonne », et des distributions de brevets de « traîtres » et de « patriotes » par des érudits de ce siècle.

Dans cette confuse mêlée d'intérêts strictement personnels, chacun ne représente que lui-même. Où est la cause bretonne dans cet imbroglio ? Qui en est l'« authentique » défenseur parmi ces nobles qui ne cessent de changer de camp ? Est-ce que « trahir la Bretagne » a un sens dans le contexte du XVe siècle ? « Est-ce que les contemporains de Rohan auraient pu comprendre ce concept ? », s'interroge l'historien Michaël Jones, grand spécialiste de l'histoire ducale au Moyen Âge. À cet égard, il est révélateur qu'à la bataille de Saint-Aubin-du-Cormier, en 1488, Jean II de Rohan et son fils Pierre combattent avec les troupes françaises de La Trémoille, alors que son fils aîné, François, se trouve dans l'armée d'en face, l'armée germano-anglo-bretonne du duc d'Orléans et de Dunois.

Qu'en est-il des roturiers, et en particulier des masses paysannes ? Jean-Pierre Leguay rappelle avec raison qu'il est « vain de réclamer aux humbles davantage, de leur demander de participer avec enthousiasme et "patriotisme" à la défense de leur pays. [...] Les ruraux, accablés par leurs problèmes matériels quotidiens, ne se soucient guère de l'enjeu politique en cours. Le Breton de la fin du XVe siècle a le même état d'esprit que le Français au moment de la grande jacquerie de 1358 : "il lui importait peu, écrit M. Dommanget, que le Français ou l'Anglais l'emportât dans cette lutte. Abruti par le malheur, il souhaitait un avenir meilleur, sans savoir au juste de quel côté il viendrait... À qui voulez-vous qu'il s'attache ? La patrie a-t-elle un sens aux yeux des déshérités sur lesquels retombent toutes les charges d'une victoire, toutes les calamités d'une défaite ?" »

Bien malin qui pourrait dire si la chute de Landais favorise ou non la « cause bretonne ». Ce qui est sûr, c'est que dans un premier temps elle favorise le rapprochement avec Anne de Beaujeu, qui avait soutenu les rebelles bretons. Par le traité de Bourges, ratifié par le roi le 2 novembre, ce dernier et François II se jurent « paix perpétuelle, bonne et vraie union, respect des droits et libertés, alliance réciproque contre leurs ennemis ». Reste à savoir qui est l'ennemi de qui. Pour le moment, le duc d'Orléans accepte de se soumettre, de même que ses alliés, Angoulême, Bourbon, Albret. Dunois, lui, est envoyé en mission à Asti.

Arrive l'année 1486. Anne, qui célèbre ses neuf ans en janvier, est toujours dans l'incertitude concernant son avenir : sera-t-elle duchesse ? qui sera son mari ? Ces deux questions vont donner lieu à de nouvelles intrigues et à des manifestations publiques qui font prendre conscience à la fillette de l'enjeu qu'elle représente, et qui certainement contribuent à développer chez elle une précoce maturité politique. Arrachée très tôt aux jeux de l'enfance et plongée dans les affaires de la succession du duché, tendue par la volonté de soutenir de toutes ses forces un père chancelant, elle développe déjà un tempérament austère et autoritaire.

Les états de Rennes se rallient à Anne (1486)

François II, qui sent ses forces l'abandonner, décide d'assurer définitivement les droits de sa fille en lui attachant la fidélité indéfectible de tous les Bretons par un acte solennel. L'occasion choisie est la réunion des états de Bretagne, la grande assemblée « représentative », suivant les critères de l'époque, de la province. Convoqués le 8 février dans la grande salle de l'évêché de Rennes, ils se voient gratifiés d'un discours-fleuve du chancelier Chrestien de Pommorio, qui leur rappelle l'œuvre bénéfique des ducs, et en particulier du dernier, et la nécessité d'assurer une succession légitime et pacifique. Cette succession, dit en substance le chancelier, revient de droit à Anne et, ensuite, à sa sœur Isabeau, mais en raison des contestations récentes, François II a décidé de demander aux députés de prêter un serment les engageant à reconnaître ses filles comme héritières et à défendre leurs droits.

Ce serment contredit-il le traité de Guérande ? Le problème est insoluble depuis que Louis XI a racheté les droits de la maison de Penthièvre. Mais peut-on acheter un droit qui repose sur un phénomène biologique, sur le fait d'avoir un garçon ou une fille dans une certaine famille ? Les états de 1486 ne considèrent pas la réponse comme évidente, car ils demandent un délai de réflexion et se réunissent pour délibérer le lendemain, 9 février. L'assemblée se rallie finalement au serment et l'intervention d'un personnage qui aurait pu constituer un obstacle n'y est sans doute pas étrangère : François d'Avaugour, le fils bâtard de François II et d'Antoinette de Maignelais. Ne serait-il pas tenté de jouer sa carte, à vingt-quatre ans, et de réclamer le duché ? Bien au contraire, il fait déclaration de loyalisme, comme le rapporte dom Charles Taillandier : « Le baron d'Avaugour fils naturel du duc et de la dame de Villequier se leva, et déclara à l'assemblée qu'il n'avoit aucune prétention au duché ; que ceux qui lui attribuoient ces vues ambitieuses connoissoient mal ses sentiments ; qu'il reconnoissoit les deux princesses Anne et Isabeau comme les seules héritières du duché, qu'il avoit toujours désiré qu'elles succédassent à leur père, qu'il promettoit de leur obéir, après la mort de ce prince, comme à ses souveraines, et que pour les assurer de sa soumission, il promettoit de ne jamais sortir de Bretagne, afin qu'elles eussent toujours en sa personne un gage de sa fidélité. »

Le 10 février, on procède donc à la prestation solennelle du serment, dans la cathédrale de Rennes, devant l'autel de Notre-Dame-de-Pitié, où l'on a exposé le saint sacrement, un morceau de la Vraie Croix et plusieurs reliques. Le texte est lu à voix haute :

« Vous jurez et promettez par les foys et serments de votre corps, que après le déceix du duc nostre souverain seigneur, ou cas qu'il décède sans hoir masle procréé de sa chair en loyal mariage, ou que icelle lignée masle défauldroit, vous servirez justement et loyaument et contre tous ceux qui peuvent vivre et mourir la duchesse nostre souveraine dame, mes très redoubtées dames, dame Anne fille aisnée du duc et sa lignée en premier lieu, et en second lieu madame Isabeau et sa lignée, et ceux à qui elles seront mariées, et les advourez et tendrez tout le temps de voz vies pour voz souverains seigneurs et dames successivement et respectivement ; leur aiderez à vostre pouvoir à tenir, posséder et jouir paisiblement et entièrement de cette principauté de Bretaigne, tant en chief, que en membres, et à en garder les droitz, prééminences et libertez ; et durant la minorité de mesdites dames [par avant qu'elles soient mariées] obéirez et servirez la duchesse comme leur tutrice et garde ; et ainsi le promettez et jurez au précieux corps de nostre benoilt saulveur et rédempteur Jésus-Christ icy présent sacramentellement sur la vroye Croix, et sur les saintes Évangiles de Dieu, et aultres saintes reliques cy-estantes ; dites *Amen.* »

Enfin, le lendemain, François II et ses filles reviennent devant l'assemblée, au nom de laquelle l'abbé de Saint-

Melaine réitère l'approbation des états à la succession d'Anne et d'Isabeau, puis remercie le duc d'avoir promis de ne pas les marier sans l'accord des représentants du duché. Pour donner une idée de la valeur de ce serment solennel, précisons que la plupart des nobles qui siègent aux états ont prêté à Montargis, quatre mois plus tôt, le serment inverse, celui de reconnaître Charles VIII comme successeur de François II.

Malgré tout, Anne se sent peut-être réconfortée par cet acte solennel qui lui assure théoriquement la fidélité des Bretons. Mais son entourage le sait bien, tous ces serments sont fragiles. Ils n'ont de valeur que s'ils sont soutenus par la force. Et face au roi de France, il est urgent de trouver un solide allié. Or quel allié plus solide et plus motivé qu'un mari ? La quête d'un époux reprend donc, plus active que jamais. Parmi les candidats sérieux qui se sont présentés jusque-là, un est mort (Édouard V), un autre inacceptable (François de Rohan), et le dernier indisponible (Louis d'Orléans). Le duc en effet est toujours marié à Jeanne de France et, pour le moment, il est soumis à la cour, devant laquelle il a même affirmé, le 27 janvier, que « le voyage qu'il avoit faict naguères en Bretaigne vers la personne du duc [...] étoit seulement pour le visiter et le conseiller en aulcuns points pour la défense de son duché, et non poinct pour luy tenir propos de mariage avecques les princesses ses filles ».

Deux nouveaux prétendants : Maximilien et Charles VIII

C'est à ce moment qu'une autre piste s'ouvre, la piste allemande, celle de Maximilien. Des négociations avaient déjà eu lieu et des accords avaient été conclus depuis 1484, mais ils ne portaient que sur une aide militaire éventuelle.

La situation de Maximilien est complexe, comme le personnage lui-même. L'archiduc, alors âgé de vingt-six ans, fils unique de l'empereur Frédéric III, reste dans une étroite dépendance à l'égard de son père, qui se méfie de ses initiatives aventureuses et coûteuses. La première chance de sa vie a été d'épouser à dix-huit ans Marie de Bourgogne, fille de Charles le Téméraire. À la mort de ce dernier, en 1477, il a joué un rôle qu'il affectionne, celui de défenseur de l'orpheline contre l'ogre français qui voulait lui enlever son héritage. Grâce à sa victoire à Guinagate, en 1481, il a contraint Louis XI, au traité d'Arras en 1482, à se contenter de l'Artois et de la Bourgogne, et à laisser à Marie tout le reste, en particulier les très riches Pays-Bas et la Flandre. La réconciliation avec le roi de France a de plus été scellée par les fiançailles entre la petite Marguerite d'Autriche, fille de Maximilien et de Marie, âgée de deux ans, et le dauphin Charles, âgé alors de douze ans. La dot de Marguerite sera l'Artois et la Franche-Comté ; en attendant le mariage, la petite princesse sera élevée à la cour de France.

En 1482, Maximilien perd sa jeune épouse Marie, victime d'un accident de cheval. Dès lors, il n'est plus que l'administrateur des territoires de sa défunte épouse, au nom de son fils mineur, Philippe le Beau. Il se tourne alors vers des aventures brouillonnes en Europe centrale, tandis que du côté français, sa position est ambiguë : beau-père potentiel du nouveau roi de France, il est en même temps l'adversaire de ce dernier, dont il craint la puissance montante. Il est donc bien disposé à écouter les offres d'alliance qui lui sont adressées contre le Valois, que celles-ci viennent d'Angleterre, d'Espagne ou de Bretagne. Vue de Bruxelles, celle-ci est l'épine idéale plantée dans le flanc occidental de son rival et futur gendre. À plusieurs reprises, il a déjà promis de l'aide à François II. Dans les premiers mois de 1486, de nouvelles négociations débouchent sur la signature d'un traité, le 15 mars. Maximilien s'engage à soutenir le duc. C'est au cours des discussions qui ont précédé que l'on a envisagé la possibilité d'un mariage entre Maximilien et Anne. La différence d'âge, dix-sept ans, n'a rien de scandaleux, et des deux côtés on peut espérer de grands avantages politiques de cette union.

Quel genre d'homme est Maximilien ? Physiquement, c'est à cette époque un jeune homme robuste, fier de ses exploits physiques, mais au faciès lourd et aux lèvres épaisses. Bon organisateur, bon chef de guerre, *der letzte Ritter* est la figure emblématique de la chevalerie décadente de cette fin de Moyen Âge, portant l'amour du faste et des symboles à un excès presque caricatural, rêvant de croisade et d'amour courtois tout en se conduisant en politicien réaliste. Jean Bérenger a cerné en quelques mots, dans son *Histoire de l'Empire des Habsbourg*, cette personnalité fascinante et déroutante : « Il était à la fois optimiste et utilitariste, d'une amoralité totale en matière politique, sans scrupules et machiavélique. D'un naturel sensuel, il était très réceptif à toutes les manifestations de la beauté, surtout dans le domaine des arts plastiques ; il s'intéressait à tous les aspects de la vie intellectuelle de son temps et adoptait volontiers les idées à la mode, comme le nationalisme en politique, l'humanisme en littérature et en philosophie, le "capitalisme" dans le domaine économique. Il était, comme un vrai prince de la Renaissance, avide de gloire personnelle et manifestait un individualisme forcené. »

Ce « merveilleux touche-à-tout », comme l'appelle encore Jean Bérenger, avait de quoi séduire la cour de Nantes, qui pour la première fois regardait vers l'est plus que vers la monarchie d'outre-Manche, encore mal assurée sous le règne d'Henri VII. Cette *Ostpolitik* est bien une nouveauté pour la Bretagne. Sur le plan commercial, les liens sont déjà très importants avec la Rhénanie, les Flandres et les Pays-Bas, fréquentés par de nombreux navires bretons. Mais politiquement, c'est une première, qui, si elle avait été poussée plus activement, aurait pu ouvrir des perspectives intéressantes. Pour Anne de Bretagne, l'idée ne peut qu'être séduisante : en 1486, Maximilien est élu roi des Romains, donc empereur potentiel. Avec lui, c'est le monde germanique et sa culture qui s'ouvrent à la Bretagne.

L'idée, on s'en doute, n'est pas du goût d'Anne de Beaujeu, bien renseignée sur ces tractations. Or, c'est à peu près à cette époque que commence à germer à la cour de France une autre idée : marier Anne de Bretagne avec le roi, tout simplement. On s'occupe décidément beaucoup de trouver un mari pour la future petite duchesse, qui, cela va de soi, n'est à aucun moment consultée. C'est en 1486 qu'un mémoire anonyme, que les historiens attribuent en général à un conseiller d'Anne de Beaujeu, Adam Fumée, suggère plusieurs moyens pour unir définitivement la Bretagne à la France. Le mariage d'Anne et de Charles VIII n'est qu'un de ces moyens, et pas le plus efficace de l'avis de l'auteur. D'autant que le roi est fiancé avec la fille de Maximilien, Marguerite. Il faudrait donc rompre ces fiançailles, pour que Charles VIII puisse épouser sa belle-mère potentielle âgée de neuf ans, puisqu'il est maintenant question d'un mariage Maximilien-Anne. Cette situation nous fait sourire, mais tout cela est alors envisageable. En tout cas l'idée est lancée. Elle va rapidement faire son chemin.

Pour le moment, l'auteur du mémoire accorde sa préférence à des moyens qu'il estime plus sûrs, en particulier la coopération des « barons de Bretagne ». Bien sûr, ils viennent de prêter serment de soutenir Anne ; mais auparavant, ils avaient prêté le même serment au profit de Charles, alors il faudra leur demander « s'ilz sont délibérez de tenir leur sermens ou non ; ... si, tout incontinent que le duc sera mort, leur intencion n'est pas de mectre leurs personnes, leurs places et leurs biens entre les mains du roy ». Mais alors, le petit peuple suivrait-il ? « Peult estre que ceulx du païs, mesmement leurs subjects et serviteurs, ne les vouldroient pas suivre, ne servir en leur voulenté en la querelle du roy, ne faire tout ce qu'ilz vouldroient bien qu'ilz feissent. » Dans ce cas, les barons devront expliquer leur politique aux états, montrer que le pays sera plus heureux sous la domination du roi, et qu'un refus entraînerait une guerre catastrophique, avec son cortège de « pilleries » et les impôts écrasants pour « payer et souldoyer les gens d'armes ».

Cette prise en compte de l'opinion publique est assez remarquable. Certes, le fait n'est pas absolument nouveau. Pendant la guerre de Cent Ans, Édouard III et Charles V ont déjà organisé des campagnes de propagande pour justifier leur politique auprès des habitants, mais la pratique devient plus courante à l'approche de la Renaissance. Il n'est évidemment pas question ici de demander l'avis des Bretons. Mais, de toute évidence, on commence à se rendre compte de l'importance de l'opinion publique, non pour la suivre, mais pour la manipuler. Nous en verrons d'autres exemples, et Anne de Bretagne en comprendra très vite l'intérêt.

L'auteur du mémoire a d'autres tours dans son sac. On combinera l'usage de la négociation et de la menace pour démontrer aux états de Bretagne que le roi est « le vray héritier de la duché de Bretaigne, leur droicturier et naturel seigneur ». On leur prouvera que la fameuse lettre par laquelle le duc François Ier avait reconnu les droits des Penthièvre, et qui était tombée entre les mains du roi, était authentique, alors que la contre-lettre était un faux. On pourra ainsi, plus concrètement, s'emparer par surprise de Nantes.

Anne va vers ses dix ans. Elle vient de perdre sa mère, son père est sénile ; elle a trois maris potentiels, incarnant trois politiques différentes : un roi de France de seize ans, fiancé à la petite Marguerite d'Autriche ; un duc d'Orléans de vingt-cinq ans, marié à la sœur du roi de France, Jeanne ; un roi des Romains de vingt-sept ans, veuf. Elle va les essayer tous les trois. Ils poursuivent des buts personnels différents et s'intéressent à la Bretagne plus qu'à la duchesse. Dans les trois cas, l'indépendance de la péninsule est menacée.

Tous guettent la mort de François II pour prendre sa fille, c'est-à-dire le duché. Or, en septembre 1486, la santé du duc se dégrade sérieusement. Désormais, « l'entendement et la disposition corporelle du duc étoient si affaiblis que plus il ne scavoit entendre aux publiques affaires de sa duché », note Alain Bouchart. Anne est consciente de cette dégradation. Les affaires sont maintenant aux mains de Jean de Chalon, prince d'Orange, et d'Odet d'Aydie, sire de Lescun, comte de Comminges. Deux étrangers dirigent la Bretagne et défendent son indépendance dans ces moments critiques. Le premier est beau-frère d'Anne de Beaujeu, ayant épousé la sœur du sire de Beaujeu, et le second est pensionné par la même Anne de Beaujeu. Les dés seraient-ils pipés ? En tout cas, dès qu'elle apprend l'affaiblissement de François II, Anne de Beaujeu esquisse un discret mouvement vers l'ouest. La cour s'installe à Tours, tandis que des troupes glissent vers la frontière bretonne.

C'est alors que le duc d'Orléans se réveille, lui aussi. Inquiet de voir le roi se rapprocher de celle qu'il convoite déjà comme sa proie – en dépit de son mariage avec Jeanne –, il conçoit le projet fou de galoper vers Nantes, d'y enlever Anne, et de l'épouser immédiatement. Il faut toute la persuasion de son ami et confesseur Georges d'Amboise pour l'en dissuader. Mais chacun reste aux aguets. En novembre, on apprend que le comte de Dunois est revenu par surprise d'Italie et se trouve à Parthenay avec des troupes. Tous les regards convergent désormais vers Nantes.

CHAPITRE IV

La catastrophe
(1486-1488)

Au mois de novembre 1486, les messagers sont très occupés entre Orléans, Parthenay, Nantes et Châteaubriant, d'où partent de nombreuses lettres échangées entre les adversaires des Beaujeu. Une véritable conspiration se noue entre Louis d'Orléans, le comte de Dunois, le comte de Comminges, le prince d'Orange, le comte et le cardinal de Foix, le duc de Bourbon, le duc de Lorraine, le comte de Nevers, le comte d'Aumale, le comte d'Angoulême, le sire d'Albret, le roi de Navarre son fils. En un mot, tous les puissants vassaux sont mécontents. Ils obtiennent l'appui du roi des Romains Maximilien. Ils ont besoin d'une base territoriale sûre : la Bretagne, où le maréchal de Rieux, la comtesse de Laval, son fils François de Laval, sire de Châteaubriant, le vicomte de Rohan et son frère le sire de Quintin adhèrent à la coalition, concrétisée par un pacte signé le 3 décembre.

On a rarement vu ensemble plus hétéroclite. Un seul point commun : l'hostilité à l'égard d'Anne de Beaujeu, qui cristallise sur elle tous les ressentiments et les inquiétudes du monde féodal chancelant. Un thème de ralliement : défendre les droits d'Anne de Bretagne injustement menacés par les ambitions royales. Mais au-delà, une poussière d'intérêts particuliers. Pour nous en tenir au sort de la fille de François II, les coalisés travaillent pour des prétendants différents à sa main : Jean de Rohan et le maréchal de Rieux soutiennent le fils aîné du vicomte, François de Rohan ; le duc d'Orléans, aidé par Dunois, œuvre pour lui-même ; le prince d'Orange est pour Maximilien ; enfin, Odet d'Aydie, comte de Comminges, appuyé par Françoise de Dinan, comtesse de Laval, avance un nouveau nom, celui de son compatriote Alain d'Albret.

Un nouveau prince charmant : Alain d'Albret

Voilà encore un personnage bien embarrassant pour ceux qui voudraient voir dans ces luttes de la fin du Moyen Âge des affrontements entre identités culturelles parfaitement définies. Alain d'Albret est-il breton, gascon, périgourdin, normand, flamand ? Ce petit-fils de Charles II d'Albret a pour père Jean, vicomte de Tartas, et pour mère Catherine de Rohan, fille d'Alain IX de Rohan. Il est donc neveu du vicomte Jean II de Rohan et demi-frère de Françoise de Dinan, comtesse de Laval. En dépit de son nom, Alain d'Albret, qui est né vers 1440 dans le diocèse de Saint-Brieuc, est donc plus breton qu'Anne de Bretagne. Ajoutons qu'en 1456 il a épousé Françoise de Blois-Penthièvre, fille de Guillaume de Blois-Penthièvre, petite-fille de Charles de Blois et de Jeanne la Boiteuse. D'ailleurs, lui aussi est boiteux. De plus, il est cousin du maréchal de Rieux, dont la mère, Jeanne de Rohan, est la sœur de Catherine, mère de Rieux.

Alain d'Albret a donc des liens familiaux étroits avec deux familles proches de la couronne ducale, les Rohan et les Penthièvre. Mais ses possessions en font aussi un grand seigneur périgourdin. Comte de Périgord, vicomte de Limoges, seigneur de Rians, près de Bordeaux, il réside d'abord au château de Montignac, sur la Vézère ; il a encore des terres en Normandie (Aumenèche et Écouches), dans le Hainaut (Avesnes et Landrecies). En 1467, il a hérité des biens de son père, le vicomte de Tartas, en 1471 de ceux de son grand-père, le vicomte d'Albret, en 1473 de ceux de son oncle, exécuté par ordre du roi.

Dénué de tout scrupule, Alain d'Albret a servi Louis XI, qui appréciait son habileté : « Je suis et serai toujours votre bon compère », a-t-il dit au roi, qui l'a employé dans des missions en Biscaye et dans le Nord, avec un autre compère que nous connaissons déjà, Odet d'Aydie, sire de Lescun. En 1483, c'est lui qui a été chercher la petite princesse Marguerite, fille de Maximilien, destinée à Charles VIII, et qui devait être élevée à la cour de France. En 1484, il siège aux états de Tours, et il achète pour 15 000 écus d'or le comté d'Armagnac à Charles d'Armagnac, vieux et malade, qu'il laisse ensuite dépérir en prison.

Il sait aussi utiliser les alliances matrimoniales : il fait épouser à son fils Jean d'Albret l'héritière du comté de Foix, Catherine, ce qui lui permet de contrôler l'essentiel des territoires entre la Garonne et l'Èbre. Un autre de ses fils, Louis, est cardinal depuis 1473 ; il sera élu en 1504 évêque de Vannes. Une de ses filles, Charlotte, épousera même le fils du pape, César Borgia, contre son gré.

En 1481, Alain d'Albret, père de huit enfants, est devenu veuf. Insatiable, il cherche une autre héritière. En 1487, il a quarante-sept ans. Anne de Bretagne en a dix. Et alors ? Sa première épouse n'avait-elle pas cinq ans au moment du contrat de mariage ? L'âge ne fait rien à l'affaire. Bien sûr, il est laid, a des manières de soudard, mais qui se soucie de ces détails ? Achille Luchaire, qui lui a consacré une importante étude, décrit cet homme à l'« avidité sans scrupule » : « Il était dépourvu de la vivacité et des dehors brillants qui caractérisent les Méridionaux, sans posséder les qualités solides des gens du Nord. Son extérieur lourd et grossier, son regard farouche et dur, sa figure toute couperosée lui donnaient plutôt l'aspect d'un chef de soudards que du représentant d'une grande famille féodale. De plus, comme son bisaïeul le connétable, il était boiteux et de petite taille, défauts physiques qui paraissent héréditaires dans la maison d'Albret. »

Sur la bonne douzaine de prétendants à la main d'Anne, Alain d'Albret est le seul vis-à-vis duquel elle se soit permis de manifester un refus catégorique, dû, selon toute vraisemblance, à une répugnance physique insurmontable, et ce dès leur première rencontre, alors qu'elle n'est encore qu'une fillette impubère. C'est même la seule fois, semble-t-il, où elle a osé s'opposer à la volonté d'un père qu'elle vénère, et qui fut fort marri de son refus, au dire d'Alain Bouchart. Lorsque d'Albret arrive d'Espagne par mer avec 4 000 hommes pour aider le duc, « ses gens tirèrent à Rennes et il se retira à Nantes par devers le duc et les seigneurs qui moult chèrement le recueillirent, puis cuida conclure son mariage, mais la jeune dame ne se y voulut accorder et respondit au duc son père que jamais elle ne se y consentiroit, dont le duc fut mal content d'elle. Toutesfois, pource que encores estoit enfant, l'on ne se arresta guère à sa responce pour celle fois ».

Qu'une fillette de dix ans refuse d'épouser un veuf presque quinquagénaire est un caprice d'enfant. Cela lui passera ! Anne semble effectivement avoir ensuite donné son accord purement formel, pour ne pas faire de peine à son vieux père, mais sans aucune intention de s'exécuter.

Anne n'était-elle qu'un appât pour attirer le loup britanno-gascon dans la coalition ? C'est le calcul que faisait Dunois, selon Alain Bouchart : « Et pour mieulx le gaigner dist qu'il convenoit envoier par devers luy en diligence luy promectre bailler à femme ma dame Anne de Bretaigne, fille ainsnée du duc, affin que par ce moyen fust duc de Bretaigne. Et attendoit lors le comte de Dunois, comme je luy ai ouy réciter depuis, quelque promesse que l'on fist audit seigneur d'Albret de perfaire ledict mariaige, que on ne luy en tiendroit riens. »

C'est aussi ce que pense Bertrand d'Argentré, qui déclare qu'Anne « fust conseillée que pendant qu'elle estoit en aage d'impuberté, de protester qu'elle ne consentoit audict mariage ». Il rapporte aussi son opposition farouche, mais ne sait s'il faut l'attribuer à une répulsion personnelle ou à l'influence d'une partie de son entourage. De nombreuses déclarations ultérieures d'Anne ne laissent aucun doute : son aversion pour d'Albret est personnelle, authentique, et, ajouterons-nous, compréhensible !

François II ou des membres de son entourage cherchent encore d'autres princes charmants pour la petite princesse. On parle du duc de Buckingham ou d'un prince espagnol : une ambassade bretonne, reçue à Burgos en février 1488, a des entrevues avec Francisco de Rojas, représentant des rois catholiques, en vue d'un éventuel mariage d'Anne de Bretagne avec un infant, en échange d'une aide bretonne pour reconquérir le Roussillon et la Cerdagne.

Le traité de Châteaubriant (mars 1487)

Peu de temps après la formation de la ligue contre Anne de Beaujeu, le duc d'Orléans décide de rallier Nantes. Il se sent en effet menacé par la sœur du roi, qui vient de lui intimer l'ordre de quitter Orléans et de rejoindre la cour à Amboise. Il gagne d'abord sa ville de Blois, et, le 11 janvier 1487, sous prétexte d'aller chasser, il se dirige vers l'ouest, faisant étape à l'abbaye de Fontevrault, où sa sœur l'abbesse Anne lui avance de grosses sommes. Échappant à la poursuite des soldats du roi, il parcourt plus d'une centaine de kilomètres en une journée et arrive à Clisson, en territoire breton, le 12 au soir. Le lendemain, il est à Nantes.

Là, il bénéficie du soutien du prince d'Orange, et bientôt de celui de Dunois, qui a quitté Parthenay pour le rejoindre. Avec Comminges, le comte et le cardinal de Foix, il forme un petit groupe d'étrangers dominant l'esprit du duc, qui lui a une nouvelle fois promis la main d'Anne. Mais cette fois, il n'a plus l'appui des chefs bretons de la coalition féodale. Rieux et sa cousine Françoise de Dinan s'élèvent contre la présence et l'influence de ces étrangers. Le 27 janvier, Louis d'Orléans doit, devant eux, dans l'église des Cordeliers de Nantes, déclarer solennellement qu'il « n'étoit point venu en Bretagne pour traicter dudict mariaige (avec Anne)... ne en espérance d'en parler ».

Frustré de ce côté, le duc d'Orléans est obligé de faire contre mauvaise fortune bon cœur. De toute façon, il ne peut plus rentrer en France. La Bretagne est sa dernière chance. À partir de la fin janvier il déploie une activité extraordinaire pour la mettre en état de défense face aux troupes royales qui approchent. À Nantes, Auray, Saint-Malo, il pousse les municipalités à faire réparer les murailles, à remettre en état l'artillerie ; il tente d'améliorer la rentrée d'impôts, envoie des émissaires à Morlaix, Saint-Pol-de-Léon, Cancale, fait verser les soldes des mercenaires. Bref, il se substitue à l'inerte François II pour organiser et fortifier le duché. Il monte une escadre dans le golfe du Morbihan, fait venir des renforts de basse Bretagne, emprunte de l'argent aux négociants, obtient le paiement d'une avance de fouages dans le pays de Guérande.

Du coup, les grands vassaux du duc, choqués d'être éclipsés dans leur rôle de défenseurs du duché par cet étranger, accomplissent une nouvelle volte-face. Ils n'oublient pas qu'Orléans a été l'allié de Landais, et que beaucoup des créatures de ce dernier sont encore en poste, qui pourraient à terme menacer leur position. Cette fois, c'est l'énergique Françoise de Dinan qui prend l'initiative. Vers la mi-mars, elle réunit chez elle, au château de Châteaubriant, une soixantaine de grands nobles bretons. Parmi eux, tous les noms familiers, toutes les girouettes de la politique franco-bretonne, qui ont déjà changé de camp une demi-douzaine de fois : le vicomte de Rohan, son frère Pierre, le maréchal de Rieux, le comte de Laval et son demi-frère le baron de Châteaubriant, le baron de Rostrenen, celui de Pont-l'Abbé, les seigneurs de Talhouët, de Kerguezec, du Gourvinec, et bien d'autres. Rieux leur explique que les étrangers monopolisent la direction du duché et que leur activité risque d'attirer les foudres du pouvoir royal. La seule solution est de faire appel à Anne de Beaujeu.

Or justement, celle-ci, informée de la réunion de Châteaubriant, envoie deux émissaires : le sire du Bouchage et André d'Espinay, archevêque de Bordeaux. On ne pouvait mieux choisir. Ce dernier, « Breton » passé au service du roi, appartient à la grande famille qui a eu à souffrir de Pierre Landais.

Son oncle, Jacques d'Espinay, avait été l'adversaire du duc Pierre II, et l'un des principaux agents du parti français en Bretagne. Nommé évêque de Rennes par le pape en 1450, il n'avait jamais été accepté par le duc. Landais l'avait fait arrêter en 1480 et l'avait laissé mourir en prison. La famille d'Espinay, véritable dynastie épiscopale, comprenait, à l'époque d'André, ses frères Jean d'Espinay, évêque de Mirepoix puis de Nantes, un autre Jean d'Espinay, évêque de Valence en Dauphiné, Guillaume d'Espinay, évêque de Laon, Robert d'Espinay, prédécesseur de son frère Jean à Nantes ; André sera lui-même successivement archevêque d'Arles, puis de Bordeaux, puis de Lyon, puis cardinal. Leur sœur, Françoise d'Espinay, vient d'être nommée abbesse de l'abbaye Saint-Georges de Rennes en 1486 ; elle le restera jusqu'en 1520.

André d'Espinay est porteur d'un message d'Anne de Beaujeu aux barons. Elle leur offre « des gens d'armes en tel nombre qu'ilz vouldroient ». La nouvelle les rend « bien joyeulx », dit Bouchart, qui ajoute que pourtant « aucun d'eulx advisèrent que s'ilz prestoient l'oreille à ce parti, ce seroit ou pourroit estre la totalle destruction du pays et aussi du duc leur souverain seigneur, car par ce moyen le roi pourroit conquérir par armes la duché de Bretaigne, qui seroit en tel dommaige que à iamais eulx et leur postérité en deviendroient scandalisez et subgetz à reproche ».

Voilà bien des scrupules inattendus qu'André d'Espinay apaise tout de suite en rassurant les Bretons sur les intentions du roi : il ne fera pénétrer en Bretagne que 6 000 hommes, n'attaquera pas les villes où résidera le duc, ne fera valoir aucun droit sur la couronne ducale tant que François II vivra, n'assiégera villes et châteaux qu'avec l'accord de Rieux, ne laissera pas ses troupes piller le pays, et les retirera dès qu'Orléans, Dunois, Comminges et Orange seront partis. En échange, les barons s'engagent à « se mettre en armes » pour aider l'armée royale.

L'accord de Châteaubriant est catastrophique pour François II et pour sa fille car, bien qu'il ne parle pas des droits respectifs à la succession ducale, il reconnaît implicitement la légitimité de la position royale, tout en reportant la décision après la mort du duc. Ce dernier tente d'ailleurs une démarche auprès des barons, en leur envoyant à Châteaubriant l'évêque de Nantes, Pierre du Chaffaut, et les sires de Coëtquen et de Sourdéac. Peine perdue. Le dernier passe même du côté des rebelles, de même que le propre fils illégitime de François II, le baron d'Avaugour. Psychologiquement, cela fait très mauvais effet, et en plus, stratégiquement, le résultat est des plus contrariants : l'apanage de François d'Avaugour comprend la place forte de Clisson, une des défenses avancées de Nantes, qu'il ouvrira aux troupes royales.

Ce sera donc la guerre. L'armée royale, qui a été soumettre la Guyenne en février-mars, remonte vers le nord. Le 30 mars, elle s'empare de Parthenay, d'où le comte de Dunois s'est enfui pour aller rejoindre son cousin le duc d'Orléans à Nantes. Le roi Charles VIII, sa sœur et leurs troupes sont aux portes du duché. Avant de passer aux épisodes militaires, il faut rappeler le caractère confus et paradoxal de ce conflit : un roi de France allié aux nobles bretons vient faire la guerre à un duc de Bretagne défendu par des princes français ; ce roi de France se prétend successeur légitime du duc, tandis que ce dernier défend les droits de sa fille, qu'il a promise en mariage à l'héritier du trône de France... et à quelques autres qui ne sont guère plus bretons. Où sont les intérêts bretons dans cette affaire ?

La guerre à la fin du Moyen Âge

Les opérations commencent à la fin mai. Comment fait-on la guerre en cette fin du XVe siècle ? Dans ce domaine comme dans bien d'autres, nous sommes en pleine transition. L'armée féodale subit la crise de la société qui l'a vu naître et a du mal à intégrer les progrès techniques et tactiques du nouvel âge.

La cavalerie, corps par excellence des chevaliers, est en recul. Plus aristocratique que jamais, elle repose sur une petite unité, la « lance fournie » ou « lance garnie », composée de six hommes et au moins six chevaux. Son chef est l'homme d'armes bardé de fer. L'armure, dont il existe une grande variété de formes, atteint à cette époque sa perfection. Parfois véritable œuvre d'art sortant des ateliers de Milan, d'Augsbourg, de Nuremberg, de Tolède, de Greenwich, elle coûte à elle seule une fortune. L'homme d'armes est accompagné par deux auxiliaires, deux archers à cheval, et un valet monté, qui ne participe pas à la bataille. Le cheval de bataille, appelé destrier, haquenée, ronçin ou coursier, est robuste et coûteux. C'est un article important d'exportation pour l'Italie, l'Espagne, l'Angleterre, l'Allemagne. La cavalerie, en grosse formation peu ordonnée, opère par charges massives dont l'efficacité dépend de la nature du terrain et de l'angle d'attaque.

L'infanterie se développe beaucoup : moins coûteuse, plus maniable, équipée d'arcs, d'arbalètes, de vougiers et déjà de couleuvrines à main, arme à feu individuelle, elle est capable de tenir tête, par sa masse et sa cohésion, à la cavalerie. Encore faut-il qu'elle soit bien entraînée et encadrée. C'est pour cette raison que Charles VII avait créé en 1448 la milice des francs archers : chaque groupe de 50 ou 80 feux, ou foyers fiscaux, devait fournir un archer ou arbalétrier équipé et entraîné. Mais ce système ne sera jamais performant. Les armées ont nécessairement recours à des fantassins mercenaires dont les plus prisés sont à l'époque les piquiers suisses, qui ont anéanti les forces aristocratiques du Téméraire, et les *Landsknechte* ou lansquenets allemands, c'est-à-dire les « compagnons du pays », originaires surtout de Haute-Allemagne, du Sundgau à la Bavière. Maximilien en fait un large usage, mais on les trouve dans toutes les grandes armées d'Europe, parfois jusqu'à vingt mille en même temps. Rudes gaillards, aussi redoutables pour les pays traversés que sur les champs de bataille, ils peuvent être aussi dangereux pour leurs employeurs que pour les ennemis si la solde est mal assurée.

Les fameux archers anglais, qui avaient fait la gloire des campagnes d'Édouard III, du Prince Noir, d'Henri V pendant la guerre de Cent Ans, à Crécy, Poitiers et Azincourt, vivent sur leur réputation : dans la guerre qui s'ouvre, les chefs de l'armée ducale feront porter la cotte à croix de Saint-André (rouge sur fond blanc) à de nombreux soldats bretons pour faire croire qu'il s'agit d'Anglais. Mais leur efficacité n'est plus ce qu'elle était. D'ailleurs, les Bretons eux-mêmes fournissent des mercenaires réputés. De plus en plus, ces troupes deviennent permanentes : le roi de France entretient 20 000 à 25 000 hommes à partir des années 1460-1470. Et il faut trouver de l'emploi à tous ces jeunes mâles turbulents.

L'artillerie n'est déjà plus une nouveauté mais son efficacité s'accroît rapidement. Il y a plus d'un siècle que ces engins à poudre projeteurs de boulets ont fait leur apparition. Ils sont maintenant indispensables. Le terme générique de « canon » recouvre une grande variété d'ustensiles, de la vieille bombarde de vingt pieds de long aux projectiles de pierre de 300 livres, au basilique de 25 pieds qui lance des boules de fer de 20 livres, en passant par le mortier, le courtaut, le passe-volant, la cerbatane, l'espingarde, l'arquebuse, l'escopette et bien d'autres, d'après le traité de l'Italien Francesco di Georgio Martini, datant justement de 1487.

Si l'on fabrique quelques pièces géantes, comme les trois gros serpentins de 7 000 livres du château d'Angers en 1490, elles sont rares et uniquement destinées à la défense des places fortes. Pour l'artillerie de campagne, on préfère des pièces plus petites, plus faciles à déplacer, grâce au système des tourillons, reposant sur affût, lui-même monté sur un essieu de deux roues. Chaque pièce est en moyenne capable de tirer 100 à 200 coups par jour et d'envoyer ses boulets à 500 ou 600 mètres en tir tendu, davantage en tir plongeant.

Différents types de poudre sont utilisés, et la manipulation de ces engins requiert la formation d'un corps de spécialistes. Depuis le règne de Charles VII l'artillerie française est déjà réputée comme la meilleure et la plus puissante d'Europe, représentant déjà 6 % des dépenses militaires en 1482. D'après un compte de 1489, elle comprend 150 pièces de tout calibre, réparties en cinq « bandes », avec plusieurs milliers de chevaux pour la seule armée de campagne.

Le rôle de cette artillerie dans les batailles rangées n'est pourtant pas encore décisif. Sa faible cadence de tir, les difficultés de la manipulation la réduisent à être une simple entrée en matière. On échange quelques salves avant d'engager la bataille proprement dite : à Fornoue, d'après Commynes, elles ne tuent même pas dix hommes, et l'infanterie a largement le temps d'avancer et de s'emparer des canons avant que l'on ait pu les recharger. Ainsi à Grandson et à Morat, en 1476, Charles le Téméraire a été vaincu par les piquiers alors qu'il avait une grosse supériorité en artillerie.

Le déroulement d'une bataille type à la fin du Moyen Âge peut être reconstitué dans ses grandes lignes, même s'il n'y a sans doute pas eu de « bataille type » : « Tout récit d'une bataille rangée doit éviter deux écueils, écrit Philippe Contamine : la dramatisation et aussi la rationalisation, c'est-à-dire la reconstruction *a posteriori* d'une tactique, d'un schéma directeur qui n'a peut-être jamais été appliqué ni même imaginé. »

La cavalerie est disposée sur trois ou quatre rangs de profondeur, en groupes compacts, serrés autour d'une bannière familiale, avec un chef et un cri de guerre. La lance dressée, ces groupes de la ligne de front sont lancés en avant au signal, mais graduellement, en commençant par la droite ; l'allure, d'abord modeste, s'accélère à l'approche de l'objectif, qu'il faut désintégrer sous le choc, découper en petits groupes ; si l'adversaire est à pied, il s'agit de l'exterminer à coups d'épée ; s'il est à cheval, il faut tuer les montures, désarçonner les cavaliers, qui sont ensuite la proie des valets d'armes et écuyers arrivés par-derrière à pied, prêts à introduire leurs dagues sous les plaques de métal de l'armure, comme on ouvre une huître. Les plus belles prises sont évidemment capturées à rançon, mais de plus en plus, le mot d'ordre est « la victoire ou la mort ».

La guerre est donc de moins en moins un jeu aristocratique de chasse aux prisonniers, et de plus en plus un choc mortel sans merci, où beaucoup de grands seigneurs perdent la vie. Le code d'honneur est en pleine évolution : la capture est désormais vécue comme une honte. Les pertes de la noblesse ne cessent d'augmenter, mettant en danger les lignages, et contribuant à un certain désarroi de ce groupe social qui ne maîtrise plus ce domaine autrefois réservé : la guerre. Souvent, les cavaliers combattent démontés, à l'épée. Le chef, même s'il s'agit du roi, participe encore à la bataille, mais il est de plus en plus protégé et isolé, afin d'éviter les conséquences catastrophiques de sa prise ou de sa mort. Quant aux fantassins, ils sont disposés soit en mur, soit en blocs compacts, munis de piques et escortés d'archers et arbalétriers. Leur force repose essentiellement sur la cohésion de la formation, d'où l'accent mis sur la discipline : combien de batailles ont été perdues par la débandade des mercenaires se jetant sur le camp ennemi pour piller et ramener le butin !

L'armée coûte très cher. Aussi les batailles sont-elles rares. Une campagne militaire est surtout marquée par le siège de places fortes, châteaux et villes. C'est dans ce cadre que l'artillerie démontre son utilité. Dans un premier temps, elle a facilité l'attaque. Au début du siècle, on pouvait penser que les jours du château fort étaient comptés. Les hautes murailles étaient renversées sous les coups répétés des bombardes, tandis que les veuglaires et la petite artillerie tenaient les défenseurs éloignés, ce qui facilitait l'approche et le creusement des tranchées. Mais la riposte n'avait pas tardé : murs plus bas, plus épais, percés à la base de meurtrières et portant sur les terrasses des tours de grosses pièces d'artillerie capables de tenir l'assaillant à distance, avaient rétabli l'équilibre. Mais l'adaptation coûte très cher, car des travaux énormes de remaniement des défenses sont nécessaires, et désormais seules les municipalités capables de lever des impôts importants sont en mesure d'entretenir leurs remparts et de se payer les canons en nombre suffisant. Quant aux châteaux, seuls ceux de la grande noblesse peuvent encore étoffer leurs défenses. Qu'en est-il en Bretagne en 1487 ?

L'armée et la marine bretonnes

L'organisation militaire du duché dépend d'abord de la Trésorerie des guerres, qui engloutit des sommes considérables : 106 903 livres pour l'exercice 1484-1485, soit 20 %

des dépenses totales, ce qui n'empêche par les soldes d'être incomplètement versées. La caisse est alimentée par des assignations sur les impôts, des prélèvements sur les finances urbaines et des emprunts, ainsi que des taxes diverses.

La charge de trésorier des guerres, qui a été occupée par Pierre Landais, est aux mains de Pierre Becdelièvre en 1487. Il doit payer les achats de matériel – brigandines, haubergeons, harnais, chevaux, piques, arcs, flèches, etc. –, régler les soldes et les dépenses d'artillerie. Cette dernière relève d'une administration à part, placée sous la direction d'un « grand maître de l'artillerie et capitaine général des francs archers et esleus des paroisses », qui nomme un « clerc de l'artillerie », assisté d'un contrôleur s'occupant des questions financières. De 1465 à 1487 la fonction de clerc est occupée par le même homme, Jean Gourdel.

Le trésorier des guerres doit aussi faire face aux dépenses administratives : 300 livres pour ses gages personnels, 100 livres pour le lieutenant du prévôt des maréchaux, et ainsi de suite. Ces derniers étaient des auxiliaires directs du chef suprême des armées, le maréchal de Bretagne, qui depuis 1470 était Jean de Rieux. Après être passé dans le camp d'en face, il a été remplacé en 1484 par François de Bretagne, baron d'Avaugour, fils illégitime du duc, qui vient à son tour de se rallier à l'adversaire. Ces défections sont du plus mauvais effet, d'autant plus qu'il n'y a aucun chef capable de les remplacer. Pis : certains chefs de garnison sont à la solde de l'ennemi, comme Maurice du Méné, ancien officier de Louis XI.

Au moment où s'engagent les hostilités, le moral des troupes n'est pas au beau fixe. Le noyau de l'armée, ce sont les contingents féodaux traditionnels, que tous les vassaux doivent fournir à leur seigneur le duc en fonction de l'importance de leur fief. Cela devrait représenter au moins 1 800 hommes. En fait, une partie des principaux vassaux, avec tous leurs dépendants, combat du côté français. Le reste, en dépit des « montres », c'est-à-dire ces revues destinées à s'assurer de la qualité et de la quantité des effectifs, est mal équipé, mal entraîné, hétéroclite.

Depuis le milieu du siècle, ces contingents sont organisés en compagnies d'ordonnance, suivant la richesse des vassaux. Mais au lieu de la répartition en sept classes d'abord prévue, on en est venu à deux : ceux qui dépassent les 80 livres de rentes annuelles, et ceux qui sont en dessous. Périodiquement, tous les détenteurs de fief doivent présenter un nombre d'hommes équipés lors des montres. Ils sont convoqués par des mandements tels que celui-ci, du 23 mars 1480, faisant « injonction et expres commandement à touz les nobles, anobliz, tenans fiez nobles et autres subgiz aux armes [...] sans aucun en excepter, soyent mineurs, femmes veufves ou autres personnes de quelque qualité ou condicion que ils soient, sauff les anciens barons de nostre duché et ceulx qui depuis ont esté creez barons, et aussi leurs serviteurs domestiques résidans continuellement en leurs maisons, que ils se rendent et comparaissent personnellement aux d. revues et monstres généralles [...] ou y faire présenter icelx nobles tenanz richesses au dessus de quatre vingtz livres de rente aultres suffisans gens nobles, o pouvoir expres de servir en leurs lieux, ou cas qu'ilz seroient indisposez par maladie ou autrement impuissans, et non autrement. Et les d. veufves mineures et gens d'Eglise subgez aux d. armes, de pareille richesse, en pareille forme. Et lesd. nobles soubz quatre vingt livres de rentes telles gens suffisans qu'ils pourront finer, etc. ». Ces troupes de l'ordonnance regroupent environ 200 lances garnies, plus 320 à 400 archers.

La garde ducale, vêtue d'un uniforme, est de meilleure qualité, mais elle totalise à peine 250 hommes : une cinquantaine d'hommes d'armes, 7 à 17 coutilliers, 50 archers de la première garde, 100 archers de la seconde garde, avec 3 capitaines, 10 autres archers, 32 hallebardiers allemands et 14 suisses. Ce corps privilégié est très bien payé : 1 100 livres pour les capitaines, 300 livres pour les hommes d'armes, 137 livres 10 sols pour les archers, 120 livres pour les coutilliers.

L'essentiel de l'armée se compose donc des fantassins venus des paroisses, dont on a essayé d'organiser le recrutement et l'entraînement par différentes réformes au cours du XVe siècle.

En 1425, Jean V avait créé le corps des francs archers : trois à six hommes par paroisse, équipés par les contribuables de pièces de cuir et de métal, de casques, de piques, d'arcs, et déchargés de tout impôt, d'où leur nom. Ils devaient s'entraîner le dimanche au tir à l'arc. L'idée était d'imiter le système des archers anglais. En réalité, cela ne fournit qu'un ramassis de tire-au-flanc, rebus des campagnes, sans motivation ni valeur militaire. En 1466, François II avait fixé le recrutement à un archer pour vingt feux, âgé de vingt-cinq à cinquante-cinq ans ; il recevrait deux sols un denier par jour et devrait s'entraîner sous surveillance. Mais les résultats n'avaient pas été concluants, et en 1480, le duc avait créé les « bons corps » : on envoyait des commissaires dans les neuf évêchés, pour recenser les hommes robustes volontaires. S'il faut en croire les registres de la chancellerie, on se bousculait pour entrer dans la nouvelle milice, ce qui permettait de choisir les meilleurs.

Les chiffres sont impressionnants sur le parchemin : 1 200 hommes dans le diocèse de Saint-Brieuc, le même nombre dans celui de Léon, 1 600 pour Tréguier, 2 000 pour Vannes, 4 000 pour la Cornouaille, et ainsi de suite, soit environ 20 000 hommes pour toute la Bretagne. En fait, les bons corps ne représentent que 5 000 à 6 000 hommes, de qualité très médiocre. Les membres doivent prêter serment, et sont groupés en compagnies de 200 hommes, dirigées par des capitaines nobles. Mais en cas de guerre majeure, comme celle qui s'ouvre en 1487, l'armée ducale ne peut se passer du recours aux mercenaires : Allemands, Anglais, Espagnols en particulier.

L'artillerie de campagne n'est pas négligeable : environ 150 pièces de tous calibres, servies par une centaine d'officiers d'artillerie. Les canons, presque tous montés sur affûts à roues, vont des couleuvrines de presque 1 000 livres-poids aux petits faucons et harquebuces à crocs, de 15 à 40 livres, maniés par deux combattants, en passant par les serpentines, les faucons de 500 livres, les veuglaires, crapaudeaux et autres mortiers, mais ne sont pas toujours en bon état.

Au total, François II dispose d'une armée d'environ 12 000 hommes, dont une moitié de mauvaise qualité et l'autre moitié composée d'étrangers ; ses canons sont disparates, et certains même cassés. En face, le roi aligne 15 000 hommes, plus aguerris, mieux équipés et mieux commandés. La disproportion des forces est évidente.

D'autant plus que tout va se jouer sur terre. Étant donné la position de la Bretagne, on pourrait s'attendre à ce que les combats se déroulent aussi sur mer. Il n'en est rien. Le Moyen Âge fait peu de place à la guerre maritime. En cent ans de conflit franco-anglais par exemple, on ne signale qu'une seule bataille navale de quelque ampleur, celle de l'Écluse, en 1340. Depuis ce Trafalgar médiéval, rien. Ou plutôt des escarmouches, des affaires de pirates. Il n'y a d'ailleurs pas de navires de guerre à proprement parler. En cas de besoin, on se contente de réquisitionner des bateaux de commerce à bord desquels on place quelques soldats.

C'est encore le cas à la fin du XVe siècle, où apparaissent les premières unités adaptées au combat. Parler de forces navales bretonnes en 1487 serait un peu excessif. Il y a pourtant un amiral, c'est Jean de Quellenec, qui touche 1 200 livres de pension et le dixième des prises. Quant aux navires, on en construit quelques-uns dans les chantiers de Morlaix, Brest, Saint-Malo. En 1482 est en chantier à Brest une grosse nef de 1 200 tonneaux, ce qui en fait une des plus grosses unités de l'époque, et des plus coûteuses pour le duc : au moins 9 100 livres, versées au maître d'œuvre Derien Le Du.

Autre navire célèbre du règne d'Anne de Bretagne, *La Cordelière*. Ce nom a été porté par plusieurs bateaux au XVe siècle : on signale une *Cordelière* en chantier à Saint-Malo en 1480 ; une autre sera commandée par la reine Anne à Nicolas Coëtanlem, de Morlaix, et coûtera plus de 10 000 livres. C'est ce navire, d'environ 700 tonneaux, qui participera à l'expédition de 1501 à Mytilène, qu'Anne de Bretagne visitera à Brest en 1505, et qui coulera au cours d'un combat naval en 1513. Le navire le plus coûteux de l'époque est sans doute *La Maréchale*, construite entre 1496 et 1498 à Morlaix pour 27 418 livres.

Les quelques navires équipés en guerre dont dispose le duc sont employés, même en temps de paix, pour escorter les marchands groupés en convoi sur la route du vin. Le prétexte est d'assurer leur protection contre les pirates, anglais, bretons, normands, entre la pointe Saint-Mathieu et La Rochelle. Ainsi, en 1483, le « convoi de la mer » se compose de sept navires montés par 513 soldats. En réalité, le but est d'obliger les marchands à payer une taxe supplémentaire. D'ailleurs, à partir de 1482, le « convoi » est affermé à des fermiers connus, comme Vincent Goesbriant en 1486, Jean Goesbriant et Raoul Le Moutonier en 1502. Le roi maintiendra le système jusqu'en 1555.

Un bon réseau de forteresses

Le sort de la Bretagne ne se jouera pas sur mer. Pour arrêter l'envahisseur, le duc compte surtout sur ses places fortes, qui forment un rideau impressionnant. Il ressort de la belle étude de Jean-Pierre Leguay sur les villes bretonnes à la fin du Moyen Âge que 53 d'entre elles sont dotées d'un château et 33 d'une enceinte fortifiée, ce qui est remarquable au regard des 12 villes fortifiées du Lyonnais, des 11 du Beaujolais et du Bourbonnais, des 13 du Forez. Toutes les villes de quelque importance ont leurs remparts ; les rares exceptions sont Tréguier et Saint-Brieuc, dont la cathédrale tient lieu de forteresse. Des bourgades comme Derval, Bécherel, Saint-Philbert-de-Grandlieu ou Saint-Aubin-du-Cormier sont équipées de murailles.

Ensemble remarquable, formant un maillage serré, auquel il faudrait ajouter d'impressionnants châteaux, comme La Hunaudaye, Suscinio, Elven, Tonquédec et bien d'autres. À y regarder de plus près toutefois, la situation est beaucoup moins brillante. D'abord, quatorze châteaux urbains ne sont plus en 1487 qu'un tas de ruine informe. Ensuite, les travaux des enceintes n'ont pas toujours suivi les progrès de l'artillerie et de ce fait, de nombreuses tours et de larges fragments de courtines sont extrêmement vulnérables. Les problèmes financiers sont responsables d'un défaut d'entretien ; des murs se lézardent ; des constructions civiles viennent s'adosser dessus.

Un effort considérable a pourtant été accompli. Ainsi, Clisson a vu la superficie de son château tripler entre 1466 et 1477 ; Saint-Aubin-du-Cormier s'est doté de remparts au milieu du siècle ; François II a fait construire la grosse tour du sud-ouest à Saint-Malo, la « générale », et reconstruire partiellement les enceintes de Quimper, Concarneau, Redon, Dol ; à Dinan, une commission d'enquête dirigée par le maréchal de Rieux en 1476 a montré les insuffisances de la défense, et a été suivie par la construction de plusieurs tours d'artillerie en fer à cheval et l'élaboration de fausses braies, avec galeries et créneaux, au pied des remparts ; 2 648 mètres de remparts enferment 30 hectares urbanisés.

On s'est efforcé d'améliorer la qualité des murs, en renforçant l'épaisseur et en réduisant les angles morts ; on a aménagé des plates-formes d'artillerie au sommet des tours, et surtout des canonnières à la base, afin de pratiquer des tirs rasants. On a aussi construit des défenses avancées, les « boulevards », c'est-à-dire des barbacanes aux murs bas et épais, souvent en fer à cheval, qui protègent les portes principales. Celui de la porte Saint-Georges à Rennes en est l'exemple le plus achevé, avec ceux de Vitré et de Fougères. Ces constructions sont récentes, datant des années 1460-1470, tout comme les « moineaux », sortes de fortins aux murs renforcés, établis au pied des courtines, et dotés d'une puissante artillerie qui bat les fossés en enfilade. On en signale deux construits à Rennes vers 1470, entre le portail aux foulons et la tour Le Bart, et entre la porte de Toussaints et la tour des Carmes ; d'autres existent à Dol, Hédé, Clisson, Nantes. Sur le même principe sont construites les « faulses brayes ». On élargit les fossés, qui atteignent parfois 14 mètres, sur 4 mètres de profondeur.

Lorsque les finances le permettent, on édifie de nouvelles tours adaptées à l'artillerie. Les deux plus beaux exemples sont les tours Raoul et Surienne à Fougères, construites vers 1480.

Leurs dimensions impressionnent encore : ce sont deux énormes fers à cheval, donc inutilisables par les assaillants si ceux-ci venaient à s'en emparer, de 20 mètres de haut, avec 7 mètres d'épaisseur de maçonnerie à la base, et qui saillent de 15 mètres en avant des courtines, qu'elles peuvent donc défendre efficacement par des tirs rasants.

Un peu partout, les comptes des miseurs urbains signalent d'importantes campagnes de travaux, de remise en état des murs. Ainsi à Quimper une première tranche est réalisée entre 1468 et 1477 ; puis, de 1477 à 1487, on élargit les douves, on reconstruit 161 mètres de murs entre la tour Bizien et la tour Bihan, en le portant à 10 mètres de hauteur, et on aménage des canonnières. À Morlaix, on fait dégager les 1 140 mètres de remparts. À Clisson, une vaste campagne de travaux à partir de 1466 permet de tripler la superficie du château : logements pour les soldats, salles voûtées, magasins à poudre, tours nouvelles. François II ne se contente pas de faire travailler sur ses forteresses, il veille aussi à ce que celles de ses vassaux soient en bon état, ce qui peut évidemment être une arme à double tranchant en cas de rébellion. Il envoie ses officiers « pour veoir et visiter les indigences et nécessaires réparacions et provisions convenables et requises tant en édifices de tours, murailles, artillerie de pouldre... et y fere toutes les chascunes de choses qu'ils adviseront en icelles places estre à fere ». Des travaux importants sont entrepris à Ancenis, Bécherel, Montfort ; en 1485, le duc autorise le vicomte de Rohan à édifier un nouveau château à Pontivy.

Les travaux les plus spectaculaires sont réalisés, logiquement, dans les deux plus grandes villes du duché, Rennes et Nantes. À Rennes, on restaure la porte Mordelaise (1442-1452), les tours Duchesne et Saint-Moran (1447-1449), on construit des boulevards et fortins, et surtout on édifie une troisième enceinte, qui englobe tous les faubourgs sud et qui porte la superficie ainsi protégée de 9 à 62 hectares. Travail de longue haleine, avec trois portes, onze tours, des courtines de 3,20 mètres d'épaisseur à la base, et de 6,40 à 9,60 mètres de hauteur. Le gros œuvre est achevé en 1460 et est fonctionnel dès 1476. À Nantes, on fortifie l'île de la Saulzaie, on refait les portes et les tours les plus défectueuses : la tour Chevigné à partir de 1459, la tour Feillée (1465-1467), la tour Saint-Léonard, la tour de la Barbacane. De 1478 à 1483, la porte Saint-Pierre est reconstruite ; des pans de courtines sont équipés de machicoulis et de hourds. La porte Sauvetout est remise en état de 1482 à 1485. Un point délicat de la défense de Nantes est le « rateau d'Erdre », là où l'Erdre, passant sous la muraille, se jette dans la Loire, par une ouverture de dix mètres de large, qui pourrait constituer un passage d'entrée. À partir de 1482, on l'encadre par deux tourelles, reliées par une galerie crénelée, et on l'équipe d'une lourde herse de bois et de fer. À proximité, la porte Poissonnière, qui commande l'accès au pont de la Loire, est reconstruite de 1484 à 1487, au milieu de difficultés techniques considérables en raison du sol sablonneux et humide. Enfin, le château est en pleins travaux, comme nous l'avons vu.

Le bilan est plus positif qu'on a bien voulu le dire. Les forteresses bretonnes sont dans un état correct en 1487 ; tout ce qu'il était possible de faire avec les moyens financiers et techniques de l'époque a été fait. Défenses urbaines et châteaux sont certainement plus sûrs que l'armée de campagne. Ce qui manque, ce ne sont pas les ouvrages fortifiés, mais la volonté de les tenir face à l'adversaire. Les capitulations en chaîne sont le résultat de calculs politiques et du manque de conviction des gouverneurs plus que des boulets français. La preuve en est fournie par les résistances victorieuses de Nantes et de Rennes, les deux seules places où existe une véritable motivation.

Une solide artillerie

La même impression de solidité ressort de l'examen de l'artillerie urbaine. Le parc est considérable : 707 pièces de tous calibres d'après l'« Inventoyre de l'artillerie de Bretaigne fait en l'an 1495 par G. de Billy, par commission du Roy ». Cet inventaire, qui date du règne d'Anne de Bretagne, donne une bonne idée de la situation, qui a peu évolué depuis 1487. Les 707 pièces se décomposent en 172 canons, 170 faucons, 90 couleuvrines, 90 haquebutes, 74 serpentines, 50 petits faucons, 37 petits canons et menues couleuvrines, 10 ribaudequins, 5 courtauts, 5 mortiers, 3 bombardelles et 1 pétard.

Les plus gros canons sont de véritables célébrités, portant un nom individuel, comme *Guingamp*, monstre de 7 500 livres-poids, fondu dans cette ville en 1487, qui servira au siège de Brest et se retrouvera sur les murs de Rennes, *Le Maréchal*, de 7 000 livres, baptisé en l'honneur de Rieux, qui se trouve à Nantes, *Orange*, du nom du prince, de 5 899 livres, à Rennes, *Le Cousin*, de 3 500 livres, à Nantes, *Le Renard*, de 3 000 livres, à Saint-Malo. Certaines couleuvrines atteignent cinq à six mètres de long, comme les deux qui se trouvent à Rennes et qui pèsent 3 000 livres, ou *La Hideuse*, qui est à Redon.

La qualité de ces pièces est très inégale. Les plus anciennes sont en fonte, formées de petites douves serties de cercles de fer ; fragiles, elles causent souvent des accidents ; or 19 % des canons de Nantes sont de ce type en 1487. Les plus récentes sont en bronze, coulées d'un seul tenant pour former un « baston », par une technique semblable à celle de la fabrication des cloches, comme le précise un contrat de 1488 entre la ville de Rennes et un canonnier et ouvrier de fonte. On lui commande des faucons, une cloche, et deux boîtes pour servir de chambre à la volée de serpentines, qui « gesteront boullés de fer ». Cette technique des chambres mobiles, chargées d'avance, prototype du « chargeur », accélère la cadence du tir mais provoque souvent des accidents par projection en arrière de la culasse.

Tout ce matériel n'est pas en parfait état. Certains canons sont fêlés, cassés, rouillés. « Les bastons tant de forge que de fonte sont très mal à point pour servir », se plaint en 1490 Vincent Le Vallays, un des responsables rennais. Les pièces sont entreposées un peu n'importe où, sur les murs, mais aussi dans des caves, des cimetières ou des églises. Les boulets, presque toujours en fer désormais, sont produits en grande quantité dans des moules. Quant à la poudre, son stockage est délicat et sa composition variable ; à titre d'exemple, à Rennes, en 1487, on fabrique une poudre à 78,5 % de nitrate, 12,5 % de soufre et 8,75 % de charbon de saule.

Fabrication, entretien, maniement nécessitent une main-d'œuvre qualifiée. Dans chaque ville importante, il existe un ou plusieurs forgerons spécialisés dans la fonderie des canons. Peu nombreux et indispensables, ils sont honorés et respectés. Citons les Évain à Rennes, les de La Lande à Nantes, les Le Febvre, Le Fort, Even à Vitré, Le Faucheur à Guingamp, Lespine à Fougères. À Rennes, le corps des artilleurs comprend 43 personnes, dirigées par le fondeur Guillaume Évain, qui a sous ses ordres l'Allemand Haquin Renaire, le Breton Pierre Lefebvre, Mathurin Dupont, spécialiste de la poudre, 25 canonniers, 3 « artilliers », 11 charpentiers, 1 ouvrier d'arbalètes, 1 ouvrier du fer.

Les villes les mieux équipées sont Saint-Malo (43 pièces de fonte et 23 de bronze), Brest (106 de fonte et 92 de bronze), Guérande (12 de fonte et 15 de bronze). L'équipement de Fougères est plus moderne, avec 16 pièces de fonte et 68 de bronze. Nantes et Rennes sont les mieux loties. À Nantes, les 292 pièces d'artillerie se composent de 56 engins de fonte et 236 de bronze, dont 59 canons, 5 crapaudins, deux serpentines, un mortier, un veuglaire, 41 couleuvrines, 126 harquebuces. Mais 40 % de ce matériel a plus de vingt ans d'âge. À Rennes, l'arsenal est de 299 pièces, dont 21 % a plus de vingt ans. Un effort conséquent a été fourni, puisque entre 1464 et 1487 la ville a acheté ou fait fabriquer 36 canons, 23 faucons, 20 serpentines, 49 couleuvrines, 3 veuglaires, 137 harquebuces. Les canons peuvent d'ailleurs circuler d'une ville à l'autre au gré des sièges. Ainsi, en 1495, on trouvera dans l'inventaire de Rennes « une petite coulleuvrine de fonte nommée *Une des déesses de Nantes*, qui fut prinse par ceulx de Rennes, lors faisans la guerre à ceulx de Nantes oudit an 1489, devant Guerrande ».

Mais une population peu motivée pour défendre le duché

La maçonnerie et l'artillerie ne sont rien sans les hommes qui les utilisent pour la défense, et c'est là le point faible des places fortes bretonnes. Le service de garde des remparts est à la charge des milices bourgeoises, réparties en « cinquantaines », sous les ordres d'un cinquantenier, qui est responsable d'une tour ou d'un fragment de courtine.

Ainsi, à Rennes, on compte vingt cinquantaines *intra-muros* et sept dans les faubourgs, regroupées en deux ensembles, de part et d'autre de la Vilaine, chacun sous les ordres d'un connétable. En théorie, Rennes peut mobiliser 1 350 personnes, allant des riches propriétaires aux valets, à l'exclusion des mendiants et sans domicile fixe. À Nantes, l'effectif mobilisable est d'un millier d'hommes, répartis ici en sept quartiers, sous les ordres d'un quartenier, qui dresse l'état des effectifs et des vivres.

Ces hommes, auxquels la municipalité fournit un casque, une brigandine de fer, une pique, vouge ou jusarme, sont requis pour faire le service de guet aux portes, jusqu'à la tombée de la nuit ; ils doivent aussi former les patrouilles de nuit sur les remparts, et d'autres patrouilles dans les rues pour veiller à la sécurité ; d'autres doivent veiller au sommet d'une tour ou dans un clocher. Les tours de rôle reviennent assez fréquemment, et tous les prétextes sont bons pour se faire excuser, d'autant plus que le guet n'est pas sans risques pour ces bourgeois parfois pris à partie par de robustes brigands. La multiplication des injonctions, des actes rappelant que chacun doit faire son devoir « en personne, se y ny a excussacion raisonnable », est bien le signe que ces corvées sont le plus souvent mal accomplies. On s'éclipse dès que possible, on se fait remplacer par des gamins de quinze ans. Le plus souvent, il y a une petite garnison professionnelle, mais les effectifs en sont très réduits : 50 hommes à Fougères, 40 à Machecoul, 40 à Ancenis, 80 à Châteaubriant en 1487.

En période de guerre, comme c'est le cas à partir de cette date, la ville menacée fait appel aux paysans de l'extérieur. Ils peuvent venir se réfugier dans l'espace protégé, mais sont priés en contrepartie de participer à la défense. On imagine la pagaille et l'encombrement provoqués dans les rues étroites par les charrettes et les animaux. Et pour ce qui est de la défense, il ne faut pas trop y compter : les uns se disent exempts, les autres prétendent avoir payé une taxe de remplacement. Qu'on n'attende pas beaucoup d'enthousiasme de la part des paysans pour participer à la défense du duché. Le mécontentement est grand dans les campagnes. Les ruraux sont victimes du passage des gens de guerre et pressurés de tous les bords. Le montant des fouages, dont l'injustice apparaît à tous, a atteint des sommets dans les années récentes : d'environ 50 sols par feu vers le milieu du siècle, il est passé à plus de 100 sols depuis 1470, et a même atteint 150 sols en 1484.

La Bretagne a beau être hérissée de forteresses en état de défense, elle manque d'une volonté combattante. Les plus grands nobles sont ralliés à la cause ennemie ; les paysans n'ont que faire de ces querelles dont ils sont toujours les victimes ; les bourgeois ne sont guère plus satisfaits, car le commerce ne marche pas fort dans les années 1480. Rennes est touchée par l'absence des marchands normands, qui n'osent plus fréquenter le marché breton à cause des intimidations royales ; la mévente des draps, qui se fait sentir à partir de 1482 et gagne aussi Châteaubriant, Châteaugiron, Fougères, Vitré. Des gelées tardives et des pluies catastrophiques ont gâté les routes et les récoltes en 1480-1481 ; les prix des denrées montent, les ouvriers protestent. Nantes, qui a été touchée par des épidémies de peste en 1481-1484, a vu sa population se contracter, ses revenus fiscaux décliner par des dégrèvements et une fuite de ses habitants. La communauté espagnole, qui faisait la prospérité du port, a été prise à partie, avec des confiscations de biens et des emprisonnements. Les luttes entre le duc et l'évêque Amaury d'Acigné ont même entraîné une période d'interdits religieux sur la ville.

La plupart des Bretons de 1487 n'ont donc aucun motif de participer activement à la défense d'un gouvernement dont ils n'ont qu'à se plaindre. Les nobles qui ne sont pas passés à l'ennemi continuent à bouder. Alors que les ordonnances leur enjoignent de rallier les villes ou l'armée ducale « en habillement de guerre », on n'en voit arriver qu'une poignée : une vingtaine à Dol ou à Châteaubriant, et qui ne sont guère en humeur de se battre ; il faut les contraindre à mettre en vente leurs réserves de blé, de farine, de viande, « à des prix raisonnables ». Il faut opérer des réquisitions dans les campagnes pour nourrir les villes surpeuplées, où les conditions de stockage, dans des tours humides, sont désastreuses. Dans certaines cités, des troupes de mercenaires étrangers rançonnent la population.

Plus que par l'armée du roi de France, la Bretagne va donc être battue de l'intérieur, par l'incurie d'un gouvernement ducal sans tête, avec un François II dépassé et entouré par des étrangers divisés. Les Bretons n'ont pas envie de se battre ; beaucoup même appellent les Français de leurs vœux. Résignés ou indifférents, ils ne souhaitent qu'une chose : qu'on en finisse vite.

Le siège de Nantes (19 juin-6 août 1487)

Leur vœu va être exaucé. En un peu plus d'un an, le sort de la Bretagne est scellé. À la fin mai 1487, 15 000 Français pénètrent dans le diocèse de Nantes, divisés en trois corps principaux, commandés par le comte de Montpensier, d'Albon de Saint-André et Louis de La Trémoille. Ancenis et Châteaubriant leur ouvrent leurs portes : leurs seigneurs sont en effet dans l'armée française. Mais cela ne fait guère de différence : La Guerche et Redon, en dépit de leurs murailles, capitulent sans combat. Ploërmel fait mine de résister trois jours devant les canons du roi, puis capitule le 1er juin. Elle est livrée au pillage.

En une semaine, l'armée française est au cœur de la Bretagne. Où est l'armée ducale ? François II l'avait convoquée à Malestroit, à la limite entre les pays de Vannes et de Nantes. Une cohue de 3 000 cavaliers et 16 000 paysans s'était tant bien que mal rassemblée, mal équipée, sans chefs. Les partisans de la désertion n'ont eu aucun mal à persuader ces gens de rentrer chez eux. C'est ainsi que Maurice du Méné aurait déclaré, d'après Bouchart : « Enfants, advisez que vous ferez, vous voiez que nostre duc est mené par les Françoys, mieulx vous seroit estre en voz maisons que de vous exposer au danger de la bataille. » Le résultat est immédiat ; les effectifs fondent, et François II doit courir s'enfermer dans Vannes. Comprenant que la place est intenable, il s'embarque dans le golfe du Morbihan, et rejoint Nantes par la Loire. Les Français arrivent devant Vannes, où les bourgeois exigent du gouverneur, Jacques Le Moine, qu'il capitule sans résistance, le 5 juin. Le ton est donné : les Bretons ne se battront pas pour leur indépendance.

Jusque-là, le seul homme vraiment actif pour la défense du duché a été le duc d'Orléans. Traînant derrière lui François II comme un boulet, il a vainement tenté de ralentir la progression des Français vers Vannes. C'est grâce à lui que les 2 500 hommes restant au duc de Bretagne ont pu quitter *in extremis* la capitale morbihannaise sur quelques navires rassemblés en diligence, et rallier Nantes à la marée montante, le 9 juin, au moment où les premières batteries françaises commençaient à tirer sur les remparts. C'est également lui qui va être l'âme de la défense nantaise pendant le siège de la ville, du 19 juin au 6 août. Payant de sa personne, il organise les défenseurs, participe aux combats et stimule le moral des hommes.

La ville est matériellement prête. Les murailles ont récemment été remises en état ; certaines maisons des faubourgs ont été abattues pour dégager les lignes de tir. Protégée sur tout le flanc sud par la Loire et sur le flanc nord par l'Erdre, la ville est d'un accès difficile pour les assiégeants, qui sont obligés d'allonger démesurément leurs lignes. En dépit d'effectifs importants, environ 10 000 hommes, les Français ne peuvent bloquer efficacement que l'est de la cité, en installant de puissantes batteries sur quelques collines, et le sud, en plaçant des garnisons sur les îles de la Loire. Mais le nord et l'ouest restent pratiquement libres d'accès. De plus, des dissensions apparaissent vite entre les chefs, quelques barons bretons, inquiets des progrès trop rapides du roi, s'étant retirés, comme Rieux. Quant à Charles VIII et à sa sœur, ils se sont installés à quelques kilomètres de là, à Ancenis.

Les défenseurs sont estimés à 4 000 hommes. Les milices bourgeoises ont bien répondu aux appels du duc d'Orléans, semble-t-il, et chaque cinquantenier s'occupe de son secteur. La partie la plus technique, l'artillerie, est cependant confiée à des spécialistes étrangers, comme en témoignent les noms des chefs de batteries : Pietre d'Allemaigne dirige 80 couleuvriniers ; Bastien de Quercy défend un secteur très exposé : la porte Saint-Pierre, à l'est ; Bernard Herst de Hollande est à l'autre extrémité, à la porte Saint-Nicolas ; Jehan de Brucelles, Villequin de Lespine, Barnabé Derich se partagent le reste ; Olivier Calapart dirige les arbalétriers. Pour les travaux de déblaiement ou de comblement, on dispose d'une escouade de Lamballais, qui se sont fait une spécialité de terrassiers depuis plus d'un siècle.

Le ravitaillement est bien assuré, par l'ouest. Si l'on en croit les cahiers de distribution, les défenseurs ne manquent de rien, ce qui contribue à maintenir le moral : les canonniers sont les mieux soignés, avec pain blanc, viande, poisson, vin, beurre le dimanche ; les autres ont de bonnes rations de pain de seigle, et des suppléments pour les officiers. On réquisitionne les réserves des taverniers, tandis que les barbiers-chirurgiens sont priés de soigner les blessés « sans aucuns refus ne difficulté y faire ». Les seuls problèmes sérieux semblent avoir été ceux des soldes ; les canonniers exigent des augmentations, et quelques mercenaires mal contrôlés se livrent parfois au pillage dans des boutiques. Au total, la situation des défenseurs ne semble cependant pas trop mauvaise.

La principale menace vient de l'artillerie, rapporte Alain Bouchart : « En ce siège, y avoit dix mil hommes françois (au moins) et ung bon nombre d'artillerie dont la ville fut fort batue, tant le chasteau que les tours et avant-murs. Mais jamais, devant place, gens ne furent mieux serviz que ceulx du siège furent par ceulx de la ville, tant de traict de poudre et d'arbalestres que saillies de gens où il y eut de moult belles armes faictes. » Les batteries françaises établies dans les îles de la Magdeleine, de Biesse, de la Sauzaie, et dans les faubourgs Saint-Clément, Saint-André, Richebourg, sont terriblement efficaces, au point que le duc et sa famille doivent abandonner le château, dont le haut logis constitue une cible de choix : un boulet vient même éclater dans la chambre de François II, d'après le chroniqueur : « Le second coup d'artillerie qu'ils tirèrent fust d'une serpentine à la fenestre de la chambre où le duc avait accoustumé de coucher, cuidant qu'il y fust. » Cela suppose tout de même que les canonniers français sont bien renseignés sur les appartements ducaux et qu'ils sont des tireurs d'élite. De toute façon, il n'y a personne dans le château : « Le duc se deslogea de son chasteau et se logea en la grant rue chez Guiolle, et furent les dames logées chez Bouvardière. Pource que pendant ce siège l'on eust quelque suspeczon sur ladicte dame de Laval, laquelle avoit esté de l'alience des barons. »

Anne est donc à Nantes pendant tout le siège. Elle fait pour la première fois, à dix ans, l'expérience directe de la guerre. L'hôtel de la Bouvardière, où elle loge, avait été construit par Landais, et se trouvait hors de portée des canons français. La princesse est là en pleine ville, au contact direct avec la population. Les paroles d'Alain Bouchart laissent entendre que l'on craignait une trahison de la part de Françoise de Dinan et de ses gens.

Les combats sont assez vifs. Assauts et sorties se succèdent. Les positions françaises sur la Loire sont à plusieurs reprises menacées de l'extérieur par des actions des marins du Croisic, ou par l'arrivée d'un bateau muni d'artillerie, armé et commandé par un marchand de Quimper, Michel Marion. L'embarcation est coulée et son équipage noyé, mais l'épisode a suffisamment marqué Anne pour que deux ans plus tard elle décide de dédommager la fille de Marion.

Les assiégés recherchent également d'autres secours extérieurs, et c'est encore un Français qui prend ici l'initiative : Dunois, « hardy, vaillant, homme de haut vouloir, de grande entreprise et exécution », selon d'Argentré. Pour attirer des renforts, il se sert d'Anne comme d'un appât : si chacun de ses prétendants envoie des troupes, il y aura largement de quoi déloger celles de Charles VIII. Alors, il envoie des messagers à Alain d'Albret, lui promettant la main de la future duchesse ; il adresse des appels à Maximilien, qui dépêche 1 500 lansquenets. Débarqués à Saint-Malo, ils arrivent à Rennes le 31 juillet, mais s'y attardent et ne parviennent pas à Nantes avant la fin du siège. Dunois s'adresse aussi à Henri VII d'Angleterre, qui fait mine de rassembler des troupes, sous les ordres du duc de Buckingham, autre mari possible pour Anne. Dunois décide d'aller les chercher lui-même. Il s'embarque à Saint-Malo, mais la tempête jette son bateau sur la côte, près du cap Fréhel. Il se réfugie au fort La Latte, près de Saint-Cast, spectaculaire forteresse côtière, et là, change ses plans, profitant de la confusion qui règne dans le nord du duché.

Pendant que le gros de l'armée royale assiège Nantes, quelques barons du parti de Charles VIII tentent de se rendre maîtres du Penthièvre et du Goëlo, où les Rohan ont des bases. Ce sont le vicomte Jean II et Pierre de Rohan-Guéméné, sire de Quintin, qui mènent les opérations, avec les sires de Pont-l'Abbé et de Plusquellec. En juin, ils s'emparent de Moncontour, puis assiègent Guingamp, qui résiste, tandis que des seigneurs du parti opposé saccagent le château de Quintin, surprennent, tuent ou font prisonniers des nobles du parti de Rohan à l'abbaye de Bégard.

C'est à ce moment que, pour des raisons mal élucidées, des groupes assez considérables de paysans du Léon et de Cornouaille se rassemblent à Guingamp. Est-ce parce que, comme l'écrit La Borderie, cette ville avait été désignée comme point de rassemblement des francs archers, bons corps et milices paroissiales ? Mais ne s'étaient-ils pas déjà rassemblés à Malestroit ? Pour l'historien breton, qui admet tout de même que le chroniqueur Bouchart affabule un peu en parlant de 60 000 hommes, et en déclarant qu'ils auraient asséché une rivière en buvant, il s'agit d'« une explosion du sentiment national. Il fallait une idée bien forte, une passion bien profonde pour soulever ainsi ces masses populaires : cette idée, c'était l'affection du peuple pour le duc, la haine, la répulsion pour l'étranger et cet amour inconscient et jaloux de l'indépendance qui est au fond du caractère breton ». Au vu de ce que nous savons déjà et de ce qui va se passer, on peut être sceptique. Nous préférons l'explication prudente de Jean-Pierre Leguay : « Nous nous demandons s'il ne s'agit pas plutôt d'une jacquerie provoquée par la misère, un avant-goût de ce qui va se produire quelques mois plus tard. »

En tout cas, Dunois saisit l'occasion. Il rejoint cette masse inorganisée, dont il laisse une partie à Rennes, et se dirige vers Nantes avec le reste. Il pénètre sans difficulté dans la place par le quartier de La Fosse, le long de la Loire. L'arrivée de ces soldats de fortune, dont l'effectif est sans doute loin d'atteindre les 10 000 hommes signalés par le chroniqueur, ne renforce guère le potentiel des assiégés, mais elle contribue à saper le moral des assiégeants, qui piétinent depuis cinq semaines. Le 3 août, leurs positions des îles de la Loire sont mises à mal par une sortie massive des Nantais, renforcés par des détachements de Guérande et du Croisic. La décision est alors prise de lever le siège, dont l'inefficacité est patente. Le 9, c'est chose faite. Anne assiste dans la cathédrale à des offices d'actions de grâce dans lesquels François II promet à Notre-Dame de l'Annonciade de Florence de lui faire don d'un modèle réduit de la ville.

Confusion et réorganisation

L'armée royale vient de subir un échec, mais le parti du duc est bien incapable de l'exploiter, n'ayant quasiment plus d'armée de campagne. Charles VIII passe d'Ancenis à Clisson, puis à Châteaubriant, chez la comtesse de Laval, où on discute de la situation avec Anne de Beaujeu, Rieux, le vicomte de Rohan. Tout ce qu'il reste à faire, c'est de s'emparer du plus grand nombre de places possible. Le 20 août, Jean de Rohan tente un coup de main contre Guingamp ; c'est un échec. Vitré tombe sans résistance, en raison de l'indécision de son chef, le comte Guy de Laval, fils de Françoise de Dinan, qui, écrit le chroniqueur Jaligny, « eût bien voulu estre neutre et estre bien d'un côté et d'autre sans déclarer guerre à l'un ou à l'autre party ». Attitude typique ! Le 1er septembre, Guy de Laval ouvre les portes de la ville au roi, qui y séjourne jusqu'au 17, avant de se rendre à Laval.

Au cours du mois d'octobre, un détachement français s'empare de Saint-Aubin-du-Cormier, où les défenseurs contraignent le gouverneur Guillaume de Rosnyvinen à déposer les armes, de Dol, où le capitaine Esprit de Montauban ne fait même pas mine de résister, et d'Auray. Avec Ploërmel, Vannes, Ancenis, Clisson, Châteaubriant, Quintin, La Chèze, Moncontour, Vitré, cela fait une douzaine de villes aux mains des Français, et si l'hiver n'avait interrompu la promenade, beaucoup d'autres promettaient de tomber comme des fruits mûrs. Comble du paradoxe, à la fin novembre, les Nantais se soulèvent maintenant eux-mêmes contre ceux qui ont organisé la défense de leur ville : le duc d'Orléans, Dunois, Comminges, Orange, tous ces étrangers « qu'ils regardaient comme l'unique cause de la ruine du pays », ces étrangers qui avaient été seuls à défendre la Bretagne contre des Bretons alliés à d'autres étrangers.

La situation risque de sombrer dans la confusion la plus totale, personne ne sachant plus vraiment qui combat qui. À la fin décembre, quand le prince d'Orange, à la tête de seigneurs bretons, tente de reprendre Quintin et La Chèze, défendues par des Français, il est abandonné par ses troupes. Les plus habiles tentent alors de se retirer. Odet d'Aydie va trouver le roi à Pont-de-l'Arche. Charles VIII, après avoir été en pèlerinage au Mont-Saint-Michel le 26 octobre, s'était retiré à Rouen le 14 novembre, puis revenait vers Paris. Sûr d'avoir la situation en main, il éconduit le comte de Comminges.

Le maréchal de Rieux lui aussi fait ses comptes. Jusque là, le soutien apporté au parti du roi ne lui a rien rapporté ; au contraire, il lui a valu la confiscation de ses biens en Bretagne. La tournure indécise que prennent les événements l'amène à reconsidérer sa position. Surtout, il commence à se rendre compte qu'il s'est mis au service d'un maître qui risque d'être plus intransigeant que François II, un maître capable d'envoyer

15 000 hommes quand il en promettait 6 000, et qui n'en fait qu'à sa guise. Alors, il envoie François du Boys, un de ses amis, pour sonder les intentions du roi. Il le charge aussi d'une lettre dans laquelle il suggère de considérer l'accord de Châteaubriant comme caduc. L'émissaire rejoint la cour à Pont-de-l'Arche, le 15 décembre, et obtient difficilement une entrevue avec Anne de Beaujeu, qui lui fait comprendre qu'on ne marchande pas avec le roi de France : « Mon amy, dites à notre cousin de Rieux, votre maître, que le roi n'a point de compagnon et que, puisque l'on s'est mis si avant, il faut qu'il continue. »

Cette réponse, rapportée par Alain Bouchart, inquiète à tel point Rieux qu'il décide de réintégrer le camp du duc, sans douter un instant d'être le bienvenu. Avec une audace déconcertante, il se rend à Nantes, arrive au château, et annonce tout simplement qu'il change de camp. Le roi ne veut pas m'écouter, alors je reviens vers vous : telle est la substance de son discours devant l'entourage ducal, d'après Bouchart : « Le roy ny veult entendre... A ceste cause je vous déclaire qu'il fault que nous soyons tous bretons. » Cet accès de fièvre « patriotique » paraît bien suspect à certains, mais François II, qui a trop besoin de tous les soutiens, restitue au maréchal tous ses biens et ses titres dès le 28 décembre.

Il semble bien toutefois qu'Anne de Bretagne ait éprouvé dès ce moment une méfiance à l'égard de Rieux, dont l'arrogance humiliante pour son père la choque. Témoin de ces intrigues et revirements, elle complète rapidement son éducation politique, et acquiert une connaissance assez remarquable des hommes, connaissance basée sur le sentiment et l'intuition, qui seront ses guides les plus sûrs. Elle apprend aussi à se méfier, à n'accorder sa confiance que très rarement, tandis que ses animosités seront durables. Anne, qui va vers ses onze ans, sait déjà qu'en politique tout est calcul.

L'année 1488 s'annonce à la fois comme incertaine et décisive. Des deux côtés, on rassemble ses forces. En repassant dans le camp du duc, Rieux avait entraîné sa ville d'Ancenis et aussi celle de son gendre Guy de Laval, Châteaubriant.

Conjointement avec le duc d'Orléans, il réorganise l'armée ducale et vient assiéger Vannes dès le 25 février. En une semaine, la place, commandée par Gilbert de Grassay, est reprise. Les places du vicomte de Rohan, Josselin, La Chèze et Rohan, sont à leur tour investies.

Du côté du roi, les préparatifs vont également bon train. D'abord, on fait condamner les ducs d'Orléans et de Bretagne pour « lèse majesté, apertes rebellion, désobéissance, guerre ouverte et aultres grands crimes » par la cour des pairs, ce qui permet de donner une base légale à la guerre. Ensuite, pour mener celle-ci, Charles VIII vient d'abord s'installer à Tours le 8 mars, et, le connétable de Bourbon étant trop âgé – il mourra le 1er avril –, il nomme à la tête de l'armée française, sur le conseil de sa sœur, le jeune Louis de La Trémoille, qui a vingt-sept ans. Le roi, qui a lui-même dix-huit ans, l'a préféré à Gilbert de Montpensier, quarante-cinq ans. En cette fin du XVe siècle, les jeunes poussent les aînés à la retraite, et cela contribue à accélérer le passage de la mentalité féodale à la mentalité moderne. La France est dirigée par un roi de dix-huit ans et par sa sœur de vingt-sept ans, le duc d'Orléans a vingt-six ans, Charles d'Angoulême vingt-neuf, comme Maximilien d'Autriche ; Ferdinand d'Aragon fait figure de vieux avec ses trente-six ans, comme Dunois. En Bretagne, on aura bientôt une duchesse de onze ans et demi, tandis que le roi d'Angleterre Henri VII a trente et un ans.

Entre Charles VIII et La Trémoille existe une sorte de complicité, que révèle l'abondante correspondance qu'ils vont échanger pendant la campagne de Bretagne. Yvonne Labande-Mailfert, qui a étudié ces 120 lettres, écrit dans une récente biographie de Charles VIII que « par la fraîcheur et la spontanéité du ton que l'on ne retrouvera plus avec la même liberté dans les lettres royales qui suivront, ces missives nous ouvrent une fenêtre sur la personnalité du roi, sur son heureux caractère, aussi bien que sur son aptitude à conduire une campagne militaire alors qu'il vient à peine d'atteindre dix-huit ans. [...] Primesautières, concrètes, jamais péremptoires, elles nous font connaître un souverain qui sait prendre des décisions après avoir écouté l'avis de son conseil et qui sait aussi contrôler les informations qu'on lui transmet : "Contrairement à ce que vous avez écrit, répond-il ainsi à La Trémoille, il y a un gué sur la Vilaine..." Il a le souci de l'exactitude parce qu'il a celui de l'efficacité. »

Ces lettres révèlent aussi un roi qui a de l'humour, qui taquine gentiment La Trémoille sur son embonpoint précoce, écrivant par exemple le 16 avril qu'il a tardé à lui faire part d'une mauvaise nouvelle, « de peur qu'en mégrissés ». Il est capable de plaisanter sur le retard du courrier, écrivant : « Nous vous mercions de vostre dit paquet, car il nous est invisible et n'a point esté trouvé dans la boîte, et croyons qu'il soit demouré soubz le chevet de vostre clerc en reposant son vin de disner ; et, pour ce, renvoiez-le nous par la première poste se vous voullés que nous saichions ce qu'il contient. » Les deux maris successifs d'Anne de Bretagne ont un tempérament heureux et porté à la plaisanterie, qui contraste avec le sérieux un peu compassé de la duchesse reine, dont l'un des grands défauts sera son absence totale d'humour.

Revenons aux préparatifs de la campagne. Le 11 mars, Louis de La Trémoille est nommé « lieutenant général en nostre armée es marches de Bretagne ». Une armée de 12 000 hommes, dont 5 000 Suisses, « les plus beaulx hommes qu'il est possible de veoir », assure La Trémoille, qui a avec lui des capitaines de valeur : Geoffroy de Chabannes, Robert de Balsac, Claude de Montfaucon, Guichard d'Albon, Claude de La Châtre, Jacques de Silly. Le roi, qui fait confiance à ses dons de tacticien, lui laisse une large initiative, lui écrivant le 26 mars : « Vous estes beaucoup de gens de bien ensemble et qui congnoissez le fait de la guerre, par quoy vous povez mieulx veoir les choses faisables que ne les vous saurions deviser de si loing. Nous vous escripvons sur le tout ce qu'il nous en semble affin que de nostre advis vous en prenez ce que vous y trouverez bon. » La Trémoille ignorera les ordres du roi lorsqu'il sera d'un avis contraire.

Charles VIII suit la campagne à distance, mais de suffisamment près cependant pour pouvoir intervenir directement en cas de décès de François II. De Tours, il est passé à Angers ; à partir de juillet, il s'établira au château du Verger, magnifique et puissante construction de Pierre de Rohan, maréchal de Gié, situé à la frontière entre l'Anjou et la Bretagne. Cette somptueuse demeure, reconstruite à partir de 1482, entourée d'un mur d'enceinte de quatre kilomètres, est un des premiers exemples de la Renaissance française, encore mal dégagée des préoccupations de défense.

La grande misère de François II

Les opérations commencent en mars. La Trémoille, dont l'armée pénètre en Bretagne par Pouancé, ignore délibérément l'ordre royal qui lui demandait d'aller secourir les places du vicomte de Rohan, en plein cœur du duché, assiégées par Rieux et Orléans. Josselin, La Chèze, Rohan, Pontivy tombent donc aux mains des forces ducales. François II autorise cependant le vicomte Jean à se rendre en mission près du roi, en laissant un de ses fils en otage. Mais une fois près de Charles VIII, Jean de Rohan, qui manœuvre pour obtenir le mariage de son fils François et d'Anne de Bretagne, décide de rester dans le camp français, tandis que le duc commence à faire démanteler son château de Josselin.

La Trémoille, lui, entreprend la conquête systématique des places fortes de l'est du duché. Du 15 au 23 avril, il assiège et prend Châteaubriant, pourtant défendue par 2 000 hommes sous les ordres du frère du comte de Comminges. Du 14 au 19 mai, c'est le tour d'Ancenis, dont les remparts sont rasés. L'artillerie française, dirigée par le Suisse Seckendorf et l'Italien Jacopo Galeotta, semble irrésistible.

D'autant plus qu'en face, c'est le vide. Le 18 mars, François II a convoqué son armée, à la fois les éléments féodaux traditionnels et les milices paroissiales. Optimiste, Olivier de Coëtmen écrivait : je « croy que vous verrez de breff la plus belle armée qui fut, long temps a, en Bretagne ». Armée fantôme, car pas un Breton ne répond à l'appel. Nouvel essai un mois plus tard : les contingents féodaux reçoivent l'ordre « de se préparer et mettre sus en armes et se rendre montez et armez le 14 avril en nostre ville de Rennes, où faisons présentement assembler notre ost et armée, prests à véaiger et nous servir en armes, à l'expulsion et résistance de nos ennemis ». Mais l'on ne se bouscule pas pour arrêter l'envahisseur. Avec réticence, quelques nobles arrivent en traînant les pieds. Quinze jours après la date prévue, un semblant d'armée sort de Rennes... et s'immobilise pendant trois semaines à quelques kilomètres de là, à Bain.

Dans ces conditions, mieux vaut négocier, en attendant l'arrivée d'éventuels renforts étrangers. Justement, 700 Anglais, dirigés par lord Scales, débarquent à la fin mai à Saint-Malo. Le roi et sa sœur, qui voudraient obtenir la neutralité d'Henri VII, acceptent donc de recevoir Guillaume Guéguen, puis Dunois, à Angers, et envoient à Nantes André d'Espinay et Raoul de Launay. Les points de vue sont évidemment trop éloignés, mais on accepte, parce que c'est l'intérêt commun, de conclure une trêve, le 1er juin. Prolongée jusqu'au 6 juillet, elle n'est « que ung amusement », comme l'écrit l'amiral de Graville à La Trémoille.

Amusement qui profite surtout à l'armée française. Mieux payée, mieux commandée, elle garde sa cohésion et reçoit des renforts lui permettant d'atteindre 15 000 hommes, que La Trémoille dirige sur Fougères, dans le but de s'assurer les entrées septentrionales du duché, isolant ainsi Rennes, que l'on n'ose pas encore attaquer directement. Les défenses de Fougères sont impressionnantes. Il suffit pour s'en convaincre de voir ce qu'il reste à l'heure actuelle du château. Les nouvelles tours d'artillerie sont achevées, et 2 000 hommes sous Jean de Romillé tiennent la place. Cela n'empêche pas le sire d'Urfé, grand écuyer de France, de parier 1 000 écus au sire de Graville que la place ne tiendra pas six jours, « pour la fureur de l'artillerie qui est si merveilleuse qu'i n'est homme qui ne soit estonné ». C'est dire à quel point l'armée royale est confiante. Il faudra en fait sept jours pour faire capituler la ville, réputée imprenable (12-19 juillet) : le Couësnon détourné par les terrassiers, et le tir dévastateur de deux batteries bien placées ont vite fait de décourager les défenseurs.

Le duc, lui, a d'autres problèmes. Il met péniblement à profit la trêve pour rassembler une armée digne de ce nom. D'abord, il le sait, inutile de compter sur les Bretons pour défendre la Bretagne. Dès la fin avril, l'inaction a conduit la plupart des francs archers à se disperser : « Nous croyons que la plus part d'eulx ont esté très joieulx d'avoir occasion d'eulx en retourner, leurs personnes saulves, dire des nouvelles à leurs femmes », écrit ironiquement Charles VIII le 28 avril. Un nouveau rendez-vous est fixé à Rennes début juillet : 6 000 à 7 000 hommes, peu motivés et mal armés, s'y retrouvent. L'apport des étrangers est donc nécessaire. Mais, c'est bien connu, pas d'argent, pas de Suisses, pas plus que d'Allemands ou d'Anglais d'ailleurs.

Or les caisses sont obstinément vides. Pour faire face aux dépenses énormes provoquées par la guerre, il a fallu depuis 1487 avoir recours à des mesures draconiennes qui handicapent lourdement le futur budget. D'abord, pour garder la confiance des créanciers et l'alliance des grands nobles, il a fallu amputer le domaine ducal : en 1487, François II a cédé la seigneurie de l'Isle, à l'embouchure de la Vilaine, aux moines de Prières, contre de l'argent comptant ; en novembre, la châtellenie de Minibriac a été donnée au vicomte de Coëtmen pour les 20 000 écus qu'il avait dépensés au service de la cause bretonne et en récompense de sa fidélité face aux sollicitations des Français, alors que ceux-ci, « par pluseurs persuasions, terreurs, espoventemens et menaces ilz se soient efforcez de le tirer à eulx ». En 1488, c'est la châtellenie du Gâvre qui passe au capitaine général des Allemands, Louis de Lornay, pour les 7 000 écus avancés en paiement de la solde de ses hommes ; les châtellenies de Saint-Père-en-Retz, du Pellerin, de Couëron et la seigneurie de Loyaux passent au vice-chancelier de La Rivière et aux héritiers du chancelier de La Villéon, cautions d'un paiement de 10 000 écus ; au mois de mai 1488, Philippe de Montauban, qui a été nommé lieutenant général du comté de Rennes, et qui a avancé 20 000 écus, reçoit les châtellenies de

Bazouges, Marcillé-Raoul, Rimoux, Saint-Aubin-du-Cormier. Les seigneurs qui repassent du côté du roi à celui du duc monnaient aussi leur patriotisme retrouvé : Tanguy du Chastel reçoit la châtellenie de Nostang, Maurice du Méné celle de Duault ; le prince d'Orange n'est pas le dernier servi, avec les châtellenies de Lamballe, Moncontour, Rhuys, Lespine-Gaudin. C'est évidemment là que se trouve l'explication des « fidélités ».

L'insuffisance des revenus a entraîné une dévaluation, comme l'explique le préambule de l'ordonnance de juin 1488 : « Pour le soulday et entretenement des gens de guerre soit requis trouver et recouvrer grans sommes de chevance, ce que ne pouvons faire ne fournir de nous-même, pour le présent, des deniers et revenus ordinaires et extraordinaires de nostre païs, que avons acoustumé à faire lever et recevoir, par cause de la dépopulation et gast qui, à l'occasion desdites guerres a esté fait de grant partie de nostre païs ; et à ceste cause ayons ordonné faire batre et ouvrer, en nosdites Monnoies, certain nombre de soulz de loy... » On commence par dévaluer la monnaie d'argent, avec un gros dont le titre passe en 1488 du pied 72e au pied 216e, d'où une flambée de la valeur de l'or, l'écu passant de 29 sols 2 deniers en octobre 1487 à 50 sols en mars 1490, tandis que son cours commercial dépasse même les 8 livres à Nantes.

Le taux de l'impôt direct, le fouage, s'envole. Les états de juillet 1488 votent une taxe de 73 sols par feu, mais le rendement est beaucoup plus faible que prévu : en raison des troubles, la perception est désorganisée, de nombreux paysans sont insolvables, d'autres sont en fuite, tandis que Rohan et Rieux détournent à leur profit le fouage des régions qu'ils contrôlent. Alors, le 14 juillet, on y ajoute un emprunt forcé, qui devait théoriquement s'appliquer à tous ; mais dès le 5 août un « mandement d'interprétation » en exempte les paysans, déjà surchargés de fouages. Le clergé devra à lui seul acquitter le quart de la somme.

Si encore les résultats avaient été à la hauteur des sacrifices demandés ! Mais les revers catastrophiques, qui culminent à la bataille de Saint-Aubin-du-Cormier, le 28 juillet, donnent au contribuable l'impression que le gouvernement est incapable de gérer la situation, et que l'argent demandé est gaspillé en pure perte. Aussi François II tente-t-il de rassurer le clergé, à la fin juillet, en camouflant le caractère désespéré de la situation : l'ennemi s'essouffle, il faut continuer l'effort, dit en substance la proclamation, prototype de propagande et du « bourrage de crâne » de la guerre moderne : par ce trait aussi, on entre dans une nouvelle époque : « Et pour ce que nous avons aussi entendu que vous avez différez et encore différez de faire payer lesdits emprunts, obstant la prinse et rendue de Foulgères et aussi du désemparement de nostre ost et armée naguères près ladite place de Foulgères avenu, vous ne devez aucunement à ceste cause y delayer ny reffuser. Car tenez pour vray que ledit désemparement de nostredit ost n'a esté et n'est tant à l'avantage ainsi que on a peu ou pourroit-on dire, pour tant que, la mercy Dieu, la pluspart et principaulx chefz, capitaines et gens de bien de nostre dit ost se sont saulvez, et la pluspart des gens de bien et chefz de guerre de nosdits ennemys y ont esté tuez et desconfiz. » Cela à quelques jours de la capitulation.

Enfin, dernier recours d'un duc aux abois pour trouver de l'argent, la mise en gage des joyaux de la couronne. Gilbert Bertrand, conseiller du duc d'Orléans, avance 6 000 livres à 10 % d'intérêt au trésorier des guerres et reçoit pour sûreté des bijoux ducaux, de même que Jean Boudet, contrôleur général des finances du duc d'Orléans, qui a avancé 22 569 écus en 1487 et 1488, et qui reçoit une couronne ducale à huit fleurons. Anne de Bretagne lui devra encore 1 325 livres en 1500. De la même façon, des banquiers italiens, flamands, angevins, bretons obtiennent des joyaux en dessous de leur valeur et les réengagent pour une valeur supérieure.

Le duc, puis la duchesse, ne peuvent même plus payer leurs officiers : en 1500, Anne devra toujours 91 819 livres à l'héritier du garde-robier Michel Le Doulx, 27 334 livres à l'argentier de l'écurie Thomas de Riou, 60 009 livres au trésorier et receveur général Jean de Lespinay, 53 200 livres au trésorier de l'Épargne Gilles Thomas, pour une dette publique totale de 486 000 livres.

Le désastre de Saint-Aubin-du-Cormier (28 juillet 1488)

La grande misère des finances ducales explique pour beaucoup la difficulté de réunir une armée. Et finalement on peut presque dire sans exagérer que François II utilise sa fille Anne comme ultime moyen de paiement, en la promettant à droite et à gauche en échange d'une assurance militaire. Si le duc d'Orléans se démène tant pour le servir, c'est qu'on entretient ses espoirs. Si Maximilien n'a pas rappelé ses 1 500 lansquenets, dont les effectifs ont d'ailleurs fondu à 800, basés à Rennes depuis 1487, c'est que lui aussi nourrit des espérances. Et puis voici Alain d'Albret en personne, auquel François II a fait parvenir une promesse écrite de lui donner Anne en mariage. Le Gascon a débarqué près de Quimper avec 3 500 hommes environ, dont un millier prêtés par Ferdinand d'Aragon. Il les a envoyés vers Rennes et est venu en personne à Nantes, où Anne lui a témoigné la plus vive répulsion.

Il reste enfin quelques centaines d'Anglais de lord Scales, dont la troupe a été décimée par des combats sporadiques près de Dinan. Au total, ce sont environ 11 500 hommes qui sont rassemblés à Rennes vers la mi-juillet. Cette cohue d'Anglais, d'Allemands, d'Espagnols, de Gascons et de Bretons n'a pas de chef attitré. Les grands seigneurs qui la dirigent ont des vues tactiques et des ambitions politiques antagonistes, ce qui fait écrire à Charles VIII le 15 juillet : « L'on nous a escript de plusieurs lieux que les Bretons ne peuvent faire assemblée de gens et qu'ilz sont en grant division et très mal prez d'assiéger ne de combatre. »

Autre preuve de l'inorganisation de cette troupe : alors qu'elle n'est qu'à trente-cinq kilomètres de Fougères, elle apprend la prise de cette ville le 26 juillet seulement, sept jours après l'événement, alors que Paris est au courant dès le 24 ! C'est pourquoi la plupart des chefs, ignorant la nouvelle, décident d'aller secourir la place, risquant ainsi une rencontre générale avec les Français. Rieux, plus conscient des faiblesses de l'armée ducale, aurait au contraire souhaité mener des actions de harcèlement. Son avis étant minoritaire, l'armée remonte vers Fougères, tandis que La Trémoille, lui, se dirige vers Dinan. Apprenant la chute de Fougères, Orange, Rieux et les autres décident d'aller assiéger Saint-Aubin-du-Cormier. Le 27, ils entrent en contact avec l'armée française à proximité de cette localité, sur un terrain de landes et de bois.

Rarement bataille s'est engagée dans des conditions aussi inégales pour les deux armées. Aux 15 000 Franco-Suisses de La Trémoille, professionnels confiants et bien commandés, regardant vers le nord, sont opposés les 11 000 hommes d'une troupe internationale qui a le soleil dans les yeux et où règnent mésentente, incompétence et défiance des chefs. La rivalité entre Orléans et Orange d'un côté, Rieux et d'Albret de l'autre avait déjà failli dégénérer en affrontement direct deux jours avant ; on avait sonné l'alarme pendant la nuit, par crainte de trahison, et au conseil suivant on avait passé son temps à s'injurier. Le dimanche 27, alors que tout le monde se prépare, des rumeurs circulent dans l'armée, d'après lesquelles « les princes françoys qui en l'armée de Bretaigne estoient avoient entendement aux chefs de l'armée de France et que Bretons estoient venduz ». Pour désarmer les soupçons, Louis d'Orléans et le prince d'Orange décident de combattre à pied, au milieu des fantassins bretons pour le premier, allemands pour le second.

Finalement, on se répartit de la façon suivante : Rieux est à l'avant-garde, avec lord Scales ; les Anglais ne sont plus que 300, mais on a déguisé 1 200 Bretons avec la croix rouge de Saint-George, tant la réputation des troupes anglaises reste grande. Au centre, d'Albret dirige des Espagnols, Gascons, Allemands et Bretons ; l'arrière-garde est dirigée par le baron de Châteaubriant. Dans cette mêlée internationale, les Bretons sont partagés ; on en trouve des deux côtés, à l'image de la famille de Rohan : le vicomte Jean et son frère Pierre sont dans l'armée royale, alors que François, fils aîné du vicomte, est dans l'armée ducale.

Tout est réglé en quatre heures, de deux heures à six heures de l'après-midi, le lundi 28 juillet. Après le rituel duel d'artillerie, c'est la mêlée, confuse. La troupe de Rieux fait d'abord reculer son vis-à-vis, puis c'est l'erreur fatale des mercenaires allemands, qui rompent la ligne de bataille pour échapper aux tirs de l'artillerie française, erreur exploitée par l'Italien Galeotta, qui, avec ses 400 cavaliers, bouscule les Allemands, sans que la cavalerie bretonne intervienne : « Elle fist très mal son devoir et ne soutinst point, en sorte qu'elle découvrit les gens de pied », écrit Bouchart. Galeotta en profite pour percer le front adverse, s'emparer de l'artillerie et prendre à revers les troupes de Rieux et d'Albret. C'est alors la débandade et le massacre. La moitié de l'armée ducale, soit 5 000 à 6 000 hommes, reste sur le terrain, dont tous les Anglais et les Bretons déguisés en Anglais, systématiquement massacrés, alors qu'en face les pertes sont de l'ordre de quelques centaines.

Les chefs sont décimés. Si Rieux et d'Albret arrivent à s'enfuir, grâce à leurs chevaux, lord Scales, François de Rohan, les sires de La Roche-Jagu, de Pont-l'Abbé, de Kermarquer sont tués. Le prince d'Orange et le duc d'Orléans sont faits prisonniers. Le premier, ayant combattu jusqu'au bout, tente de se faire passer pour mort, gisant à côté d'autres cadavres, mais reconnu par un archer, il doit se rendre. Quant à Louis d'Orléans, il est pris les armes à la main par un groupe de Suisses, qui en général ne font pas de quartier. Quelques hommes de La Trémoille le reconnaissent à son armure particulière, dite « écrevisse », et lui sauvent la vie.

Orange et Orléans sont emmenés. La Trémoille leur offre à souper, ainsi qu'à quelques autres nobles moins importants. Repas dramatique, au cours duquel La Trémoille aurait fait exécuter sommairement deux prisonniers, sur ces mots : « Vous avez trahi la foy jurée, vous avez esté cause de ceste fatale guerre ; vous devez en porter la peine. Confessez-vous et préparez-vous à mourir. » L'épisode a été contesté. La Borderie estimait qu'il s'agissait d'« une pure légende », mais les historiens actuels semblent l'accepter. Yvonne Labande-Mailfert, biographe de Charles VIII, écrit qu'« il reste fort vraisemblable que La Trémoille, après avoir fait planer la peur sur tous, ait conformément aux ordres qu'il avait autrefois reçus livré au prévôt des maréchaux – c'est-à-dire à la potence – les quelques traîtres de bas étage qui avaient été pris sur le fait en pleine bataille ». Et Bernard Quilliet, biographe de Louis XII, estime qu'il s'agit d'une « initiative tout à fait contraire aux traditions féodales, mais qui correspond bien, semble-t-il, aux ordres du roi et traduit l'exaspération des Beaujeu à l'égard de gens considérés non pas comme d'honorables belligérants classiques, mais comme des rebelles et des traîtres ».

Sur ordre d'Anne de Beaujeu, les deux prisonniers de marque sont ensuite enfermés dans des lieux différents : le prince d'Orange, exposé aux huées publiques à Angers, est gardé en prison aux Ponts-de-Cé, tandis que Louis d'Orléans, après un bref séjour à Sablé, se retrouve dans un cachot de Lusignan, mal nourri, mal traité et, tourment supplémentaire, obligé de voir sa femme, Jeanne de France. Transféré ensuite à Poitiers, puis à Mehun-sur-Yèvre, il reste deux ans dans la grosse tour de Bourges. Ces trois ans de détention lui permettent de mûrir en complétant sa culture. Il lit beaucoup, et la *Consolation philosophique* de Boèce, autrefois traduite par son père, lui est d'un grand secours. Mais ce long emprisonnement achève aussi de ruiner la santé du futur mari d'Anne de Bretagne. Plus de débauches, certes, mais plus d'exercices physiques non plus. À sa sortie de prison, d'après Bernard Quilliet, « à vingt-neuf ans, maigre, voûté, l'œil terne et le visage ridé, il en paraîtra quarante ou quarante-cinq, sa nature primesautière, ses gestes vifs, son allure impatiente et nerveuse feront place à plus de sérénité apparente, une sérénité qui, avec les années, prendra les dehors d'une sénile lenteur, avec, de temps en temps, les brefs retours d'une vitalité estompée ».

La Trémoille exploite immédiatement son succès. Une tentative d'intimidation sur Rennes ayant échoué, il préfère achever la conquête des places du nord-est. D'abord inquiet des réactions possibles du vicomte de Rohan, dont le fils aîné François a été tué à Saint-Aubin-du-Cormier, il est bientôt rassuré : Jean II en effet s'empare pour lui de Dinan, et La Trémoille écrit au roi : « Il vaut beaucoup mieux qu'il soit ainsi que autrement pour plusieurs raisons que vous entendez bien. »

Puis l'armée française se dirige vers Saint-Malo. Cette place a souvent servi de point de débarquement aux Anglais, mais son siège est malaisé. L'approche de l'îlot rocheux n'est en effet possible que par un cordon sableux, en partie recouvert à marée haute. « Vous dites que c'est une place forte, écrit Graville à La Trémoille, c'est chose véritable que c'est vrayment une des plus belles places du monde. Et au regard de la prendre par force, s'il y a des gens dedans pour la défendre, seroit une chose très mal aisée à faire ; mais si n'y avoit que ceux de la ville on les pourroit bien prendre par peur, non pas par autre manière. »

Crainte inconsidérée. Les Malouins ne sont pas prêts à risquer leur vie, ni leurs biens, pour un duc et pour un duché auxquels ils sont peu attachés. L'installation d'une batterie de canons suffit à les décider de se rendre, en dépit de la présence de 1 200 soldats, dirigés par Jacques Le Moyne. Ils évitent le pillage, mais doivent payer une forte indemnité.

La reddition de Saint-Malo, le 14 août, est le coup de grâce pour François II. Après Saint-Aubin-du-Cormier, il avait envoyé des messages à Maximilien et à Henri VII pour demander des secours ; il avait engagé d'autres joyaux de sa couronne ; il avait donné l'ordre d'« assembler en la plus grande diligence les nobles, ennobliz, francs-archiers et bons corps, en leur faisant injonction de se mettre incontinent sus en armes ». Le tout en pure perte évidemment.

Traité du Verger (19 août) et mort de François II (9 septembre 1488)

Il faut maintenant se rendre à l'évidence. La partie est perdue. Il n'y a plus d'armée. Quant aux villes, elles tombent sans résistance. Les populations urbaines, traumatisées, craignant le pillage, sont largement hostiles à cette guerre. Les seuls préparatifs entraînent pour elles des maux considérables :

impôts supplémentaires, corvées, destructions de maisons, surtout celles qui jouxtent les remparts. À Rennes, d'après Jean-Pierre Leguay, « ce sont 506 familles, soit 2 000 à 2 500 personnes, qui sont jetées sur le pavé. Il s'agit, pour la plupart, de petites gens, des artisans pauvres, échappant aux loyers chers du centre, et dont les humbles masures sont la proie des flammes ». À Nantes, pour refaire la tour de Richebourg, on abat 19 maisons ; pour la porte Saint-Pierre, 40. À Dinan, on n'hésite pas à détruire l'église paroissiale Saint-Malo. Les villes assiégées subissent évidemment des dommages considérables : trente ans après, les ruines sont encore visibles à Fougères, qui a subi un siège de sept jours ! À Nantes, les faubourgs sont ravagés et les hôpitaux regorgent de blessés ; l'afflux des réfugiés provoque des épidémies, et le duc lui-même va être obligé de fuir la ville. À Ancenis, une partie de la population s'enfuit à l'approche des troupes royales. Dans les campagnes, l'exaspération est à son comble.

François II, dont l'incurie a réduit le duché à cette situation catastrophique, ne peut qu'implorer la paix. Il envoie donc des négociateurs au château du Verger, où le roi est revenu : les représentants « bretons » sont le comte de Comminges, Dunois, Guillaume Guéguen et le sire de Coëtmen, lesquels adoptent un profil bas. Dans la lettre que leur a confiée François II, le duc se dit « sujet » du roi, qu'il appelle son « souverain seigneur ». Dunois, qui parle en son nom, fait appel à la générosité du monarque, à sa pitié pour le sort des deux petites princesses et de leur province dévastée.

Le roi a toutes les cartes en main : sur le plan juridique, il peut faire valoir ses droits à la couronne ducale, achetés à Nicole de Brosse ; et, si cela ne suffit pas, il peut les soutenir par une conquête militaire que rien ne semble en mesure d'arrêter. Au conseil qui a précédé, il s'en est fallu de peu que la solution militaire ne soit adoptée. La majorité des conseillers y étaient favorables, de même qu'Anne de Beaujeu qui, alitée, avait fait connaître sa position. C'est le chancelier Guillaume de Rochefort, homme d'expérience – il avait servi Charles le Téméraire et Louis XI –, qui avait fait prévaloir une attitude modérée : une conquête brutale face à un duc moribond et à deux petites orphelines risquait d'aliéner durablement l'opinion publique bretonne, pour le moment bien disposée envers le roi. Le duc, dit-il, avait peut-être des excuses, à commencer par sa sénilité ; et puis, il était parent du duc d'Orléans, envers lequel il avait un devoir d'hospitalité. Pour ce qui était des droits de sa fille Anne, le mieux était de les faire examiner par des commissaires, qui décideraient. « Et disoit, rapporte Alain Bouchart, que s'il estoit ainsi que le roy n'y eust aucun droit, ce seroit chose trop damnable, et ouvrage de tyran et non pas de preux de conquérir ainsy le pays par force de guerre, ce seroit contrefaire Alexandre de Macédoine, Julius César et aultres chevetains payens qui, sans foy et sans loy vivoient et triomphoient. » Pour terminer, le chancelier avait déclaré que si l'on choisissait la force, il démissionnerait.

Charles VIII se rallie à ses vues, ce qui explique la réponse à la fois moralisatrice et clémente qu'il adresse aux envoyés du duc : « Leur dit combien il luy déplaisait de la guerre qui estoit encommencée, et qu'il n'en estoit pas la cause, qu'il n'avait pas tenu à luy que dès il y avoit longtemps la paix ne fût faite, mais que le duc et ceulx qui s'estoient retirés devers luy luy avoient commencé la guerre, sans aucune cause raisonnable. Et, combien que le tort fust tout de leur costé, il n'avoit point jusques à présent trouvé le duc ny ceulx de son party, en vouloir de venir à aucun bon et seur appointement que, de sa part, il avoit tousjours esté défenseur. [...] En leur adjoutant que, bien qu'il paru assez qu'il estoit alors en son pouvoir de les achever de perdre, il ne vouloit toutefois point user de vengeance en leur endroit, mais la laisser toute à Dieu, à qui seule elle doit estre réservée.

« Ces remontrantes ainsi faites, il leur dit que très volontiers il commettroit des principaux de son conseil pour ouïr amplement de leur ambassade et la manière avec laquelle ils souhaitoient parvenir à une bonne paix, les assurant que, de sa part, il se mettroit en toute raison bonne et équitable. »

Le texte d'un traité est alors élaboré en quelques heures, ce qui laisse supposer qu'on y avait amplement réfléchi auparavant. Ce traité du Verger, du 19 août 1488, consacre la défaite totale du duc de Bretagne, dont le sort est en suspens.

François II s'engage à faire sortir toutes les troupes étrangères du duché et à ne plus y faire appel contre le roi. Il ne mariera ses filles qu'avec l'accord du roi. Les états de Bretagne devront ratifier ces clauses. Le roi retirera ses troupes de Bretagne mais gardera le contrôle de Saint-Malo, Fougères, Dinan, Saint-Aubin-du-Cormier, qu'il conservera à perpétuité si les princesses se marient sans son accord. Pour Saint-Malo et Fougères, on examinera si le roi a des droits sur elles ; auquel cas, elle lui reviendront sans possible restitution au duché. S'il prend d'autres villes bretonnes, il s'engage à les restituer. Vitré et Dinan seront rendues aux seigneurs qui les possédaient au moment de leur prise ; il laissera des otages comme garantie d'application du traité. Tous les sujets du duc rentreront en possession de leurs biens confisqués.

François II et ses filles, avec une maigre suite, se sont installés dans le manoir ducal de Couëron, sur l'estuaire de la Loire, à quelques kilomètres de Nantes, où une épidémie s'est déclarée. C'est là qu'il prend connaissance du traité, peu avant la fin du mois d'août. Il ne peut que le signer. Accablé, il se traîne encore quelques jours ; une chute de cheval l'achève. Il a tout juste le temps de faire rédiger un testament, par lequel il demande à être inhumé chez les Carmes de Nantes, au côté de sa première femme. L'approche de la mort ne le rend pas plus clairvoyant : il nomme en effet le maréchal de Rieux « tuteur et garde testamentaire de mes très redoutées dames Anne et Isabeau ses filles et héritières [...] et pour traicter, régir et gouverner les personnes de sesdites filles, a voulu et ordonné que ma très honoré dame Françoise de Dinan comtesse de Laval en ait totalement la charge et garde ». On peut s'étonner du jugement de La Borderie, qui écrit : « Ces choix étaient bons : le maréchal était habile et brave, attaché à la patrie bretonne, [...] Françoise de Dinan était une femme distinguée, instruite et lettrée. » Étant donné le rôle plus que trouble joué par ces deux personnages qui ont pris la tête du soulèvement nobiliaire contre le duc, on comprend mal. D'autant plus que, par le même document, François II leur adjoint Odet d'Aydie, Dunois et Alain d'Albret, auquel il ordonne qu'on restitue le comté de Penthièvre et qu'on le dédommage pour ses frais.

Là-dessus, François II meurt, le 9 septembre, à Couëron. Il laisse un duché ruiné, en partie occupé par les Français, dont il confie la direction à deux Gascons, un Français et deux Bretons à la fidélité douteuse, chargés de gouverner au nom de sa fille âgée de onze ans et huit mois, avec un titre de duchesse bien incertain, la petite Anne de Bretagne. Lourd héritage.

CHAPITRE V

L'héritage : le grand fief breton

Cet héritage incertain ne manque pas de grandeur. La Bretagne est le dernier grand fief du royaume. C'est, en 1488, après plusieurs siècles d'indépendance de fait, un véritable État, doté de tous les organes administratifs, politiques, judiciaires d'une entité autonome. Jean Kerhervé en a décrit les rouages dans sa remarquable thèse sur *L'État breton aux* XIVe *et* XVe *siècles*, montrant en particulier que celui-ci n'a rien à envier aux pays les plus avancés de l'époque.

Le pouvoir ducal et ses officiers

De quels pouvoirs dispose la petite duchesse Anne lors de son avènement ? Elle est une véritable souveraine dans le cadre de la monarchie féodale. Son seul supérieur théorique est le roi de France, mais le caractère incertain de l'hommage qu'elle devrait lui rendre lui confère une autonomie de fait. En Bretagne, le pouvoir ducal est incontesté, en dépit de l'existence de quelques grands barons, auxquels on ne demande plus leur avis comme cela était la coutume autrefois pour les grandes décisions.

Certes, un duc de Bretagne n'est pas sacré. Mais la cérémonie du couronnement, qui n'est pas sans rappeler le rituel de Reims, lui confère un prestige indéniable. Elle a lieu à Rennes, « ville capital », selon un texte de 1485. Cette qualification est certainement exagérée, car le duc et la cour résident presque toujours au château de Nantes, alors qu'à Rennes il n'a qu'un hôtel urbain, appelé « la Garde Robe », rue Saint-Yves, où il vient assez rarement. La veille du couronnement, le duc se présente devant la porte Mordelaise, où il prête serment, devant l'évêque, le chapitre et les bourgeois, de maintenir les libertés et franchises du duché. Puis il passe la nuit en prière à la cathédrale Saint-Pierre, où le lendemain a lieu la cérémonie solennelle : on le revêt des habits des anciens rois de Bretagne, « à savoir une soustane de pourpre fourrée d'ermines et par dessus icelle un manteau royal de mesme », broché de fils d'or. L'officiant lui remet les insignes de sa fonction : l'épée nue, symbole d'autorité, la bannière du duché, et la couronne, ou « chapel d'or ». Celle-ci est devenue au XVe siècle un cercle fermé, orné de huit hauts fleurons, ce qui est considéré par le roi comme une usurpation de droits régaliens. Après les cérémonies viennent la procession et le banquet. En temps ordinaires, des princes français et étrangers, dont la présence rehausse le faste des fêtes, sont conviés. Le couronnement d'Anne, dans des circonstances dramatiques, sera beaucoup plus discret.

Le duc gouverne avec son conseil, qui comprend de vingt à quarante membres suivant les affaires. On y trouve des techniciens, des officiers de finances, des hauts fonctionnaires, comme le chancelier, qui préside en l'absence du duc, le grand maître de l'Hôtel, le président des Comptes, les maîtres des requêtes. Le Conseil décide de toutes sortes d'affaires, et la formulation des ordonnances souligne l'autorité personnelle du duc : « Ordonnons que généralement en toute barre et juridiction... » ; « Mandons à nos officiers... » ; « Par le duc de son commandement et au conseil de ses finances... ». Les réunions sont irrégulières. D'après le registre des procès-verbaux, conservé pour la période 1459-1463, le Conseil s'est tenu 80 fois en 1460, 75 fois en 1461, 64 fois en 1462.

François II y assiste très rarement. Comme on l'a dit, en 1483, il fait « engraver et imprimer » un tampon portant le chiffre secret qu'il utilise pour signer les lettres de finances, et qu'il confie à Jean de Cerisy, contrôleur général de Bretagne, et à deux secrétaires de finances : Guyon Richart et Guillaume Guéguen. Les affaires financières sont en effet traitées de plus en plus par une section spécialisée, avec des « conseillers commis ».

Le duc n'a pas de Premier Ministre, mais l'un de ses hauts fonctionnaires joue ce rôle. Le chancelier est évidemment bien placé. Chef du Conseil et des secrétaires, il préside les séances d'enregistrement des lettres ducales et, en cas d'abus, peut faire des remontrances au duc. Le sceau ducal est confié à un garde particulier, mais le scellement se fait toujours en présence du chancelier. La chancellerie expédie quatre sortes de documents : les actes solennels à valeur perpétuelle, scellés avec le grand sceau équestre sur lacs de soie vert et rouge ; les actes semi-solennels, scellés avec le sceau de majesté sur double queue de parchemin ; les mandements, scellés sur queue de parchemin avec le sceau de majesté ; les missives, avec petit sceau plaqué directement sur le contenu. Depuis 1418, les documents financiers portent la formule « duc par la grâce de Dieu », qui manifeste la volonté d'indépendance du duc et provoque la colère royale. Ces documents sont signés par trois ou quatre secrétaires de finances.

Autre ministre essentiel, le trésorier général, véritable ministre des Finances, qui a aussi des charges administratives. Il brasse des sommes énormes en espèces et possède un pouvoir politique considérable. C'est ce poste qui a fait la puissance de Pierre Landais, au demeurant très bon administrateur. La séparation entre finances privées et finances publiques étant des plus floues, cela facilite des enrichissements personnels rapides. Les origines de Pierre Landais ne sont pas aussi obscures que ses adversaires l'ont prétendu. Son père est marchand de drap à Vitré et propriétaire d'une métairie près de La Guerche. Dès 1459, Pierre Landais vend pour 1 521 écus de drap à François II et lui avance des fonds. Anobli vers 1460, il épouse en 1469 Jeanne de Moussy, d'une famille marchande également. Devenu trésorier, il n'abandonne pas la pratique du commerce ; on connaît au moins deux de ses bateaux : *La Grande Nef* et *La Marguerite*. Mais ce sont les revenus, licites et illicites, de la Trésorerie qui lui permettent de bâtir une fortune colossale : en 1489, sa veuve est encore la plus riche contribuable de Nantes. Possesseur de seigneuries rurales, d'hôtels urbains à Nantes et à Vitré, il a su tisser un réseau efficace de fidélités, grâce auxquelles il contrôle l'administration. Ses hommes sont partout : Raoulet Le Peigne à la chambre des Comptes, Guillaume Dyonis et Michel Le Doulx à la garde-robe, Henri Milet au paiement des gages, Yves Millon à la trésorerie des guerres et à la recette ordinaire de Rennes, Julien Thierry à l'argenterie, Gilles Thomas à la trésorerie de l'Épargne, François Chrétien à la chancellerie. Après lui, aucun trésorier ne retrouvera une situation aussi prépondérante.

Son successeur en 1485-1486 est Gilles Thomas, qui est en même temps trésorier de l'Épargne, poste qu'il conserve jusqu'en 1491, et qu'il reprendra de 1498 à 1506. Cette fonction consiste à gérer les fonds privés du duc, ainsi que les joyaux de la couronne. Lourde tâche dans les années troublées 1487-1491. Ces joyaux viennent de cadeaux et d'achats, et sont conservés dans des sacs de cuir et des coffres capitonnés ; ils peuvent être engagés en cas de besoin. L'Épargne, qui touche des prélèvements sur les impôts directs et indirects, doit pourvoir à l'entretien privé du duc, qui donne sans aucun contrôle des ordres de versement ; sortes de fonds secrets, ces sommes servent aussi bien à la diplomatie qu'aux menus plaisirs, cadeaux, frais de voyage et d'ambassade. Gilles Thomas, s'il renonce à la Trésorerie générale dès 1486, prétextant une « longue maladie », conserve la trésorerie de l'Épargne pendant dix-sept ans.

L'Hôtel ducal

Le service privé du duc est assuré par le personnel de l'Hôtel, qui atteint à la fin du XVe siècle des proportions extravagantes, avec presque autant d'officiers et de « métiers » que l'Hôtel du roi, ce qui en fait un gouffre financier. D'autant plus que les méthodes de gestion, qualifiées d'« aberrantes » par Jean Kerhervé, aboutissent à des gaspillages et détournements de toutes sortes. Les officiers, payés très irrégulièrement, se rattrapent par des gratifications et des cadeaux exigés des solliciteurs. Ces excès du train de vie ducal, dus à des raisons de prestige, ne sont pas particuliers à la Bretagne : tous les princes et souverains de l'époque pratiquent cette fuite en avant dans le paraître.

L'Hôtel du duc de Bretagne se compose de six « métiers » – la cuisine, la fruiterie, l'échansonnerie, la paneterie, l'écurie, la fourrière –, auxquels il faut ajouter la vénerie, la fauconnerie et l'argenterie. En 1488, le personnel comprend plus de 650 personnes, si l'on se base sur les distributions faites au titre de l'Hôtel lors des funérailles du duc : 226 membres des métiers, 164 coutilleurs et archers de la garde, 112 gentilshommes, 37 conseillers, 24 secrétaires, etc. Le service de la duchesse comprend pour sa part plus de 100 personnes en 1486 au décès de Marguerite de Foix : 73 titulaires d'offices et 31 dames de compagnie, le tout dirigé par l'argentier Guillaume Moulnier et le contrôleur Alexis Baron. Anne de Bretagne, qui hérite de ce service, a un entourage de 120 personnes en 1488.

Parmi les métiers, la vénerie, dirigée par le grand veneur Amaury de La Moussaye en 1484-1485, coûte 3 000 livres par an, et la fauconnerie, sous le grand fauconnier Michel Ferron (1481-1485), 2 000 livres. L'écurie est sous les ordres du grand écuyer, qui se décharge des tâches sur le clerc de l'écurie (Jean de Rennes de 1477 à 1487, Jean Le Floch de 1487 à 1489, Thomas de Riou de 1489 à 1491). Les services de l'aumônerie et de la chapelle comprennent douze chapelains et un confesseur. L'un des familiers du duc est son garde-robier, qui en 1488 est Michel Le Doulx. C'est lui qui veille au trousseau, aux tapisseries, parements de lit, à l'éclairage. Il a la charge de la garde-robe, logée dans une chambre attenante à celle du duc. Il peut être amené à faire de grosses avances de fonds, comme en 1488 ; en 1500, Anne de Bretagne lui doit encore 55 379 livres avancées pour les obsèques du duc.

Le chef de l'Hôtel est le grand maître, qui pendant vingt-cinq ans est le fidèle Jean de Coëtquen (1466-1491). Cet homme de confiance, à qui échoient des missions variées, financières, diplomatiques, militaires, a sous ses ordres deux maîtres d'hôtel servant par quartier, et un contrôleur de l'Hôtel, chargé des comptes, sous la surveillance du trésorier.

Les revenus de l'Hôtel sont du domaine de l'argentier, qui alimente la caisse avec des assignations sur le Domaine et sur les recettes extraordinaires. Il reçoit aussi des dons des communautés bourgeoises en échange de transactions fiscales. De 1477 à 1490, le poste est tenu par Julien Thierry, qui apparaît pour la première fois comme receveur et miseur de la ville de Rennes en 1467, poste qu'il cumulera avec la maîtrise des Monnaies de Nantes. En tant qu'argentier du duc, il perçoit 300 livres de gages, mais surtout il touche de nombreuses gratifications. Il assure des transferts de fonds en Flandre, importe des chevaux pour François II. Dès 1475 il a acheté la seigneurie de Boisorcant, à Noyal-sur-Vilaine, et il se fait bâtir un splendide hôtel à Rennes, rue Saint-Yves. De 1487 à 1489, il fournit à l'armée ducale du cuivre, du salpêtre, du soufre, de la mitraille pour 2 495 livres. La duchesse Anne lui empruntera, en 1489 et 1490, la somme considérable de 38 280 livres. Il épouse la fille d'un financier, et son fils Michel, receveur des fouages de Rennes, argentier d'Anne de Bretagne, seigneur de La Prévalaye, sera anobli en 1500.

Les dépenses de l'Hôtel sont considérables. Pour l'année 1480, elles se montent à presque 20 000 livres, plus 12 000 livres pour l'hôtel de la duchesse, 3 500 livres pour la duchesse douairière Isabeau d'Écosse, 1 200 livres pour Anne et Isabeau, qui n'ont alors que trois et deux ans, 2 000 livres pour les bâtards, soit presque 40 000 livres, 8 à 10 % du budget général du duché. En 1481-1482, les dépenses dépassent les recettes de 38 %, de 42 % pour les comptes de la duchesse, de 34 % pour ceux des deux filles, de 69,5 % pour la garde-robe. Cette incapacité ou plutôt ce refus de juguler les dépenses est l'une des grandes faiblesses du duché.

La volonté de mener un train de vie princier se retrouve dans les largesses ruineuses faites aux seigneurs français en exil, et dans l'entretien d'une cour nombreuse au château de Nantes. Cette dernière paraît modeste au regard de celle de Bourgogne, mais on y trouve tous les attributs d'une cour royale, jusqu'à la présence d'un astrologue et d'un fou. Tout prince qui se respecte à cette époque a un astrologue attitré. La mode s'est établie en Italie, où chaque potentat consulte une prophétesse. Les papes, en dépit des condamnations officielles contre l'astrologie, ont tous un astrologue à leur disposition : Alexandre VI consulte le juif provençal Bonet de Lattes, Sixte IV, Jules II, Léon X, Paul III ne prennent aucune décision importante sans l'avis de leur « mathématicien ». Laurent le Magnifique célèbre la gloire de l'astrologie. Louis XI et Henri VII consultent fréquemment les astrologues. On connaît au moins les noms de deux astrologues de François II : maître Arnoul des Mares, mentionné en 1461, et maître Nicolas de Poulaine, venu de Paris en 1462, et que le duc enverra chercher ses livres. Il ne semble pas cependant qu'Anne ait eu un astrologue attitré, mais elle eut une folle, comme le prouve une lettre du 18 janvier 1492, demandant que l'on remette 17 livres 10 sols « à Sinocte, pauvre femme, mère de sa folle ».

Les revenus ordinaires

Le duché de Bretagne partage avec les autres états de l'époque une faiblesse endémique : le problème financier. Depuis bien longtemps déjà, le duc ne peut plus se contenter des revenus de son Domaine, qui lui fournissent les recettes ordinaires.

Pourtant, le Domaine est vaste. Il est divisé administrativement en huit baillies – Broérech (ou Vannes), Cornouaille,

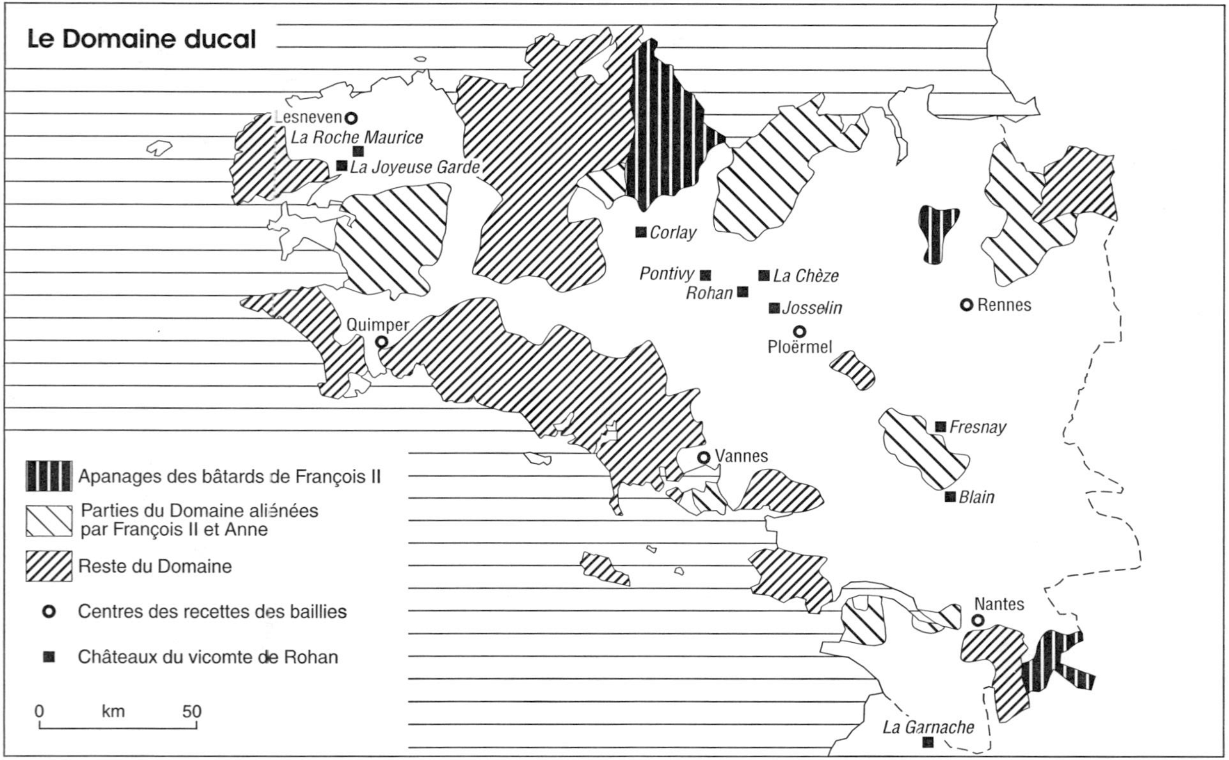
Le Domaine ducal
Lesneven
La Roche Maurice
La Joyeuse Garde
Quimper
Corlay
Pontivy
Rohan
La Chèze
Josselin
Ploërmel
Rennes
Vannes
Fresnay
Blain
Nantes
La Garnache
Apanages des bâtards de François II
Parties du Domaine aliénées
par François II et Anne
Reste du Domaine
Centres des recettes des baillies
Châteaux du vicomte de Rohan
0
km
50

Léon, Nantes, Penthièvre, Ploërmel, Rennes et Tréguier –, chacune étant dirigée par des officiers locaux dépendant de la chambre des Comptes. Les revenus ordinaires sont perçus dans le cadre de la châtellenie, centrée sur un château ou sur une ville forte, appelée terre ou recette, ou juridiction, au nombre de dix-sept. Les rentes domaniales, elles, sont levées par bailliages, qui sont des découpages des châtellenies, avec à leur tête un prévôt ou sergent.

Au total, le Domaine du duc s'étend sur plus de la moitié des paroisses bretonnes, dont une grande majorité dans la partie bretonnante. Cela explique, d'une certaine façon, que dans les conflits avec la France le duc soit surtout soutenu par la petite noblesse de l'ouest, tandis que les grands barons, à l'est, jouent sur les deux tableaux. Ainsi le duc, qui réside presque toujours à Nantes, capitale politique de fait, au sud-est du duché, a l'essentiel de ses biens patrimoniaux à l'autre extrémité de la péninsule, ce qui n'est pas sans inconvénient.

De plus, le Domaine est très morcelé. Rural avant tout, il ne comprend que vingt-cinq villes, alors que trente se trouvent dans les domaines des grands vassaux, et cinq sont en seigneurie conjointe entre le duc et un évêque. Il est fréquemment amputé pour rembourser des dettes, comme nous l'avons vu, mais aussi pour constituer des apanages et des douaires. François II y a découpé des apanages pour ses fils illégitimes François d'Avaugour et Antoine de Bretagne, et les veuves de ses trois prédécesseurs y ont un douaire : Isabeau d'Écosse, veuve de François Ier, Françoise d'Amboise, veuve de Pierre II, et Catherine de Luxembourg, veuve d'Arthur III.

Avec tous ses handicaps, le Domaine ducal ne représente plus que 4 à 5 % des recettes du duché. Son principal intérêt est de constituer une réserve financière et foncière, et d'affirmer politiquement la présence du duc. Les recettes sont d'ailleurs irrégulières, à cause de l'insuffisance de l'encadrement, des exonérations nombreuses, des empiétements de la propriété privée et des difficultés économiques.

Ces revenus sont extrêmement variés et complexes, poussière de rentes, chefrentes, tailles, rentes-cens, rentes-taillées, coustumes ou taxes affermées sur les marchés et halles, moulins, droits d'usage. Immuables, les taxes sont évidemment érodées par la hausse des prix : dans la recette de Saint-Renan, 54 % sont inférieures à deux sols par an, ce qui entraîne des frais de perception disproportionnés. Le montant des fermes, qui a décliné jusque dans les années 1470-1480, reprend ensuite timidement. En 1486 on procède à de nouvelles baillées et on encourage la mise en culture des friches.

Dans le Domaine, les forêts ont une place à part. Placées sous la direction du grand maître des eaux et forêts de Bretagne, elles sont surveillées par les subgardes, les vendeurs, les forestiers, agents subalternes tyranniques à la conduite souvent assez douteuse. Quant aux parcs, ce sont des réserves de gibier, entourés de murs. Celui de Rhuys, près du château de Suscinio, où le duc va fréquemment chasser, est une belle futaie de 2 600 hectares.

Le plus ancien compte détaillé des revenus du Domaine ducal remonte à 1548. On y constate que les revenus viennent essentiellement des fermes et de la partie orientale, moins étendue mais plus riche : les baillies de Rennes et de Nantes apportent 61 % de la richesse. Sur un total de 60 047 livres, il ne reste que 10 975 livres après déduction des charges, c'est-à-dire le paiement des « fiefs et aumônes », rentes résultant de fondations anciennes au profit d'établissements ecclésiastiques, gages, paiements divers, frais des exécutions publiques.

Les revenus ordinaires du Domaine sont perçus par des receveurs nommés par le duc ou des trésoriers, selon le système de la régie. En fait, ces receveurs sont plus des comptables que des percepteurs, et le régime de la ferme, plus pratique, s'impose peu à peu, d'abord pour les droits de four, moulin, taxes de foires, droits de circulation et d'usage, puis pour l'ensemble des revenus après la mort de Pierre Landais : le 26 novembre 1485, son successeur Gilles Thomas procède à une baillée générale des droits du Domaine. C'est un énorme succès. Les candidats, flairant la bonne affaire, se bousculent ; certains cumulent les châtellenies : Amaury Briczon, futur trésorier des guerres, Jean et François Le Hen, les financiers quimpérois Jean Tymadec et Michel Marion en emportent chacun quatre ; Yvon Pinart, d'une nouvelle famille de financiers, six.

Les revenus extraordinaires et le budget

Les revenus du Domaine sont notoirement insuffisants : 95 % des recettes viennent de l'« extraordinaire », à commencer par l'impôt direct sur le revenu, le fouage. Cette taxe, naguère exceptionnelle, a été levée pour la première fois sur l'ensemble de la Bretagne en 1365. Depuis, comme bien des taxes exceptionnelles, elle est devenue régulière et annuelle.

La population du duché est donc répartie en unités de paiement – les feux fiscaux – qui regroupent en moyenne 4,3 familles ou feux réels. Cette moyenne est elle-même bien sûr très variable puisque les feux fiscaux sont censés représenter des revenus équivalents : un feu fiscal de familles pauvres comprend évidemment beaucoup plus de contribuables qu'un feu de familles riches. En outre, beaucoup sont exempts : les nobles, leurs métayers, les clercs, leurs serviteurs et officiers, les commensaux du duc, les « praticiens » tels que procureurs, gens de loi, avocats, les pauvres, les exemptés par lettres, qui bénéficient de protections spéciales. 60 % de cette dernière catégorie se trouvent dans les diocèses orientaux de Rennes, Nantes, Saint-Malo. L'injustice et les abus sont donc la règle.

L'état de finance de 1481 dénombre 39 547 feux. Le taux d'imposition varie beaucoup d'une année sur l'autre, mais le règne de François II a été marqué par une énorme augmentation en raison des problèmes extérieurs : le fouage est passé de 44 sols 6 deniers par feu fiscal en 1460 à 89 sols 7 deniers en 1470, et à 7 livres 17 sols 6 deniers en 1485 ; il atteindra 15 livres en 1490, soit une hausse d'environ 600 % : on comprend mieux le manque d'enthousiasme des Bretons en faveur de la cause ducale.

Il est vrai que le revenu réel était grignoté par l'affaiblissement monétaire. Cette lacune sera comblée en 1490, quand le gouvernement d'Anne fera libeller l'impôt en espèces d'or, à quatre livres l'écu, au lieu de le libeller en monnaie de compte.

La perception est une lourde tâche, qui repose sur les esgailleurs. Ils sont deux ou trois par paroisse, chargés du délicat travail de la répartition de l'impôt sur leurs voisins, parents, amis et ennemis, en utilisant les archives de la fabrique. Ils ont en général six semaines pour faire leur travail. La charge d'esgailleur n'est évidemment pas très appréciée. Elle est imposée arbitrairement par les commis des receveurs particuliers, aux méthodes souvent assez brutales, chargés chacun d'une soixantaine de paroisses, où ils perçoivent de 8 000 à 15 000 livres en espèces, sommes ensuite centralisées par les receveurs particuliers vers le receveur général. Les receveurs ne sont tenus de verser que la somme inscrite sur leur rôle, et on les laisse libres d'encaisser les droits et frais supplémentaires. Le système est donc à mi-chemin entre la régie et la ferme.

Les villes ont un régime particulier. Elles ne paient pas les fouages, mais l'aide des villes, dont le taux est beaucoup plus avantageux. Ainsi, Rennes, avec 13 000 habitants environ, est soumise à 2 000 livres d'aide sous François II, soit l'équivalent de 300 feux fiscaux, alors qu'elle a une potentialité de 700 feux : proportionnellement, les Rennais paient 60 % d'impôt de moins que les ruraux. Nantes est encore plus favorisée, avec 1 600 livres pour 14 000 habitants, alors qu'il y a dans ces villes de très riches bourgeois. Le pouvoir ducal cherche à ménager les populations urbaines, qui jouent un rôle politique, militaire, administratif essentiel. C'est une évidence lorsqu'on regarde la localisation des villes exemptées de fouage : 21 sont à l'est, en haute Bretagne, contre 11 à l'ouest. Il est vrai que les urbains doivent faire face aux dépenses de fortification, de garnison, d'artillerie, de festivités.

La fiscalité indirecte est lourde et complexe. Elle comprend toute la gamme des « traites », c'est-à-dire des taxes intérieures sur la circulation et la vente des biens : traites des « blez », des « bestes vives », des « choses mortes », « impost ou debvoir d'impost » sur les vins, « debvoirs d'entrées et yssues », c'est-à-dire les taxes portuaires, perçues par les receveurs ordinaires dans les ports du Domaine, ou par d'autres receveurs dans les ports dépendant des fiefs. Le montant est en général élevé : 18,75 % sur le vin breton par exemple, et 15 % sur le vin étranger.

Le système de la ferme l'emporte pour tous ces revenus indirects à partir des années 1470. Les fermiers sont des hommes d'affaires, bourgeois mais aussi petits nobles. On compte parmi eux des Nantais et Rennais bien sûr, comme Pierre Blanchet, mais aussi des Quimpérois comme Alain de Tréanna, Olivier de Cornouaille, Alain Le Sandevez, et des Morlaisiens, comme les Goesbriant, qui ont réputation de noblesse : en 1486-1489, Hervé de Goesbriant est fermier des douanes portuaires des évêchés de Tréguier et de Saint-Brieuc ; Jean de Goesbriant est en 1485 fermier des recettes ordinaires de Brest, Lesneven, Carhaix, Le Huelgoat, Quimperlé ; Vincent de Goesbriant est en 1486 fermier des ports des diocèses de Cornouaille, Tréguier, Saint-Brieuc, Vannes, des traites des blés de l'évêché de Vannes, des vins du Léon, en 1487 fermier du devoir de convoi, en 1488 des sécheries de Cornouaille.

L'une des fermes les plus intéressantes est celle de la « comté et prévosté de Nantes », dont les revenus sont comptabilisés à part, et qui comprend notamment les droits de péage en amont et en aval des ponts. La ferme est adjugée 74 000 livres pour trois ans le 1er août 1490, ce qui représente une hausse de 66 % en un demi-siècle. Ajoutons dans ces revenus indirects les « brefs », c'est-à-dire les brevets en forme de quittance, assurant les navires qui longent la côte bretonne contre le droit de bris.

La situation globale du budget du duché à l'époque de l'avènement d'Anne de Bretagne permet de mieux comprendre les limites, les contraintes et les possibilités du pouvoir breton. D'après l'« estat général des finances », ou « estat de la finance », sorte de budget prévisionnel établi chaque année, le fouage représente à lui seul 65 % des recettes ducales, très loin devant l'impôt sur les vins (13 à 16 %) et les douanes portuaires (9 à 10 %). En chiffres absolus, l'« estat » de 1484-1485 donne une recette de 432 288 livres, dont 282 500 pour le fouage,

71 325 pour l'impôt du vin, 39 963 pour les ports et havres, 15 000 de reliquat de l'exercice précédent, 12 000 pour le Domaine, 6 500 pour l'aide des villes, 5 000 pour les brefs.

À titre de comparaison, la livre bretonne étant supérieure d'un cinquième à la livre tournois, le revenu du duché est d'environ 500 000 livres tournois. Celui de l'autre grand fief de l'époque, la Bourgogne, est de 773 000 livres tournois ; celui du royaume de France oscille entre 3 millions et 3,5 millions. Or, le royaume sans la Bretagne, c'est neuf millions d'habitants, dix fois plus que le duché. Deux remarques s'imposent à propos de l'affrontement franco-breton : le roi dispose de six à sept fois plus d'argent que le duc, mais la pression fiscale est beaucoup plus forte en Bretagne qu'en France : six à sept fois moins d'impôt pour dix fois moins de population. Financièrement, les contribuables semblent avoir tout à gagner au rattachement à la France.

Les dépenses du duché excèdent toujours les recettes. Pour l'exercice 1484-1485, elles se montent à 448 101 livres bretonnes, dont 163 978 pour l'Hôtel et ses annexes, qui pèsent donc beaucoup trop lourd : 106 500 pour les guerres, 53 000 pour les mises extraordinaires, 38 920 pour les « autres mises », 31 070 pour les pensions, autre secteur d'importance exagérée, 20 000 pour l'Épargne, 11 000 pour les forteresses, 6 910 pour les gages, 16 723 pour les découverts précédents. Déficit total : 15 813 livres. Ce déficit, qui varie de 1,5 à 3,9 % des recettes annuelles, peut sembler modeste au regard des finances modernes. En réalité, si l'on tient compte des impayés et des retards, il représente 3,7 à 8,1 % des recettes, et le service de la dette, beaucoup plus important que ne le laissent prévoir les estats, constitue de 16 à 20 % des dépenses. Il est clair que, financièrement, la Bretagne n'est pas en état de soutenir une guerre de grande envergure contre le voisin français. En 1489-1491, la duchesse Anne va être confrontée à un colossal problème de paiement et à un taux d'endettement hors de raison. Sa détresse financière sera l'un des motifs principaux de son acceptation du mariage avec Charles VIII.

Une bonne partie des recettes n'arrive jamais dans les caisses centrales. Par la pratique des « assignations », de nombreux créanciers sont renvoyés à la source d'une recette particulière pour y être payés. Pour les paiements internationaux, le recours à la lettre de change est courant. Le duc utilise l'intermédiaire des marchands italiens installés à Nantes, comme Pierre Thebaldi, un Florentin de Bruges qui s'établit en 1487 dans la capitale ducale. Les Florentins Thomas Bartholy et Bartholome Frescobaldi, à Bruges, ont comme agent à Nantes Pierre Anthoine. Des Bretons pratiquent aussi les transferts, qui leur rapportent jusqu'à 5 % des sommes virées : Julien Thierry assure des virements vers la Flandre et l'Italie.

Monnaie et chambre des Comptes

Le duc frappe sa propre monnaie, qui jusqu'en 1487 était de bon aloi. Le général maître des monnaies dirige les ateliers monétaires de Rennes, Nantes, Vannes, Morlaix, Dinan. De 1486 à 1491, ce poste est tenu, de façon surprenante, par un poète, Jean Meschinot. Le droit de frappe est pour le duc une source de revenus et un moyen d'affirmer son indépendance financière et politique. Depuis le milieu du XIVe siècle, les ordonnances monétaires du roi ne sont plus appliquées en Bretagne, et le duc frappe des pièces d'or, l'écu de Bretagne, des pièces d'argent, les gros, demi-gros et blancs, ainsi que de petites unités. Au début du règne d'Anne, 28 monnaies d'or étrangères circulent dans le duché, les plus fortes étant deux espèces anglaises, le noble à la rose, qui vaut 72 sols 6 deniers, et le noble de Henry, de 62 sols 6 deniers, alors que l'écu couronne français ne vaut que 29 sols 2 deniers.

Le système financier du duché est supervisé par la chambre des Comptes, organe essentiel qu'Anne considère comme « un des principaux membres de notre duché, l'une des principales choses requises en notre pays ». Composée de vingt membres, elle siège à Vannes. En 1488, elle est dirigée par l'évêque de Cornouaille Alain Le Maoult, qui perçoit à ce titre 360 livres de gages. C'est là plus ou moins une tradition, puisque sur treize présidents connus à la fin du Moyen Âge, neuf ont été des ecclésiastiques. Après le premier président vient le président, lui aussi du clergé ; il s'agit de Guillaume Guéguen, archidiacre de Penthièvre, qui touche 240 livres de gages. Puis on trouve huit auditeurs, six clercs et greffiers.

Anne de Bretagne va beaucoup s'intéresser à sa chambre des Comptes, qui lui rappelle en 1498 qu'elle doit y faire défendre ses intérêts par un de ses membres, pour veiller notamment à l'intégrité du Domaine. « Il est de nécessité, dit le document, d'avoir un procureur vertueux et diligent, car en défaut de diligence beaucoup de choses sont perdues et mises en arrière, comme Carné, Maydo, Bonamy, Bodéan et plusieurs autres qui doivent des restes. » Dans le même document, la chambre rappelle à la duchesse certaines règles relatives à l'avancement, comme le fait que « de tout temps y a stille et usement en la chambre des Comptes, que, lorsque l'un des anciens receuz décebde, qui a plus grans gaiges que les subséquens, le premier receu après ledit decebdé est pourvu ou lieu et estat dudit décebdé, et l'office d'icelui subséquent vacquant partant en la disposition du prince, qui est chose bien raisonnable ». Anne répond favorablement et accorde un avancement de carrière à quatre conseillers-clercs qui avaient été désavantagés.

C'est également à une ordonnance d'Anne de Bretagne, datant de 1513, que nous devons de connaître la procédure suivie pour la réception d'un nouveau membre. Après enquête, celui-ci reçoit ses lettres du premier président, on lui lit le règlement intérieur, et alors il prête serment « de bien et loyaument servir audit office, de garder et observer les statuts et ordonnances d'icelle Chambre, et de non en révéler les secrets et opinions, sinon par le congé et licence du corps d'icelle, sur peine de privation de (son) office ; aussi de prêter et procurer l'honneur et profit de ladite Chambre et des y précédents receus ». Il doit aussi jurer d'être présent aux sessions, de ne pas s'absenter sans motif valable. Comme le note Jean Kerhervé, le texte de ce serment est visiblement influencé par les usages parisiens. Alors reine de France depuis vingt et un ans, Anne contribuera à franciser les pratiques du droit breton.

Dès 1505, elle précise que « la fin pour laquelle nostredite chambre des Comptes est instituée, est pour y rendre la raison de tous nos deniers, finances, revenus ordinaires et extraordinaires, tant pour obvier aux recellement et distraction d'iceulx, que maintenir en ordre et administration leur gouvernement ».

Le rôle principal de la chambre des Comptes est de vérifier les comptes des officiers. Le comptable se présente en personne et doit répondre à toutes les questions. Les notes marginales des comptes qui subsistent témoignent de la rigueur de l'examen. Reste à savoir quelle en était l'efficacité réelle. D'après Jean Kerhervé, « le laxisme prévalait souvent », les sommes dues étant reportées de compte en compte. D'autre part, les auditeurs de la chambre ne sont pas insensibles aux dîners, épices et cadeaux. Le cahier des dépenses de bouche de 1495, par exemple, montre qu'au moins vingt-cinq officiers étaient venus rendre leurs comptes avec du vin, du gibier et des cadeaux divers. De plus, les retards s'accumulent : ils sont de deux à quatre ans en moyenne à la fin du XVe siècle.

La chambre des Comptes a aussi un droit de regard sur la monnaie et peut juger toutes les causes financières, ce que confirmera Louis XII en 1501. Beaucoup d'officiers font appel de ses décisions au Parlement de Paris, qui renvoie systématiquement les causes en Bretagne.

Le système judiciaire du duché est l'un de ses points faibles, que la monarchie s'efforcera d'améliorer. Outre la prolifération anarchique des tribunaux seigneuriaux privés, laïques et ecclésiastiques, qui sont près de quatre mille, avec droits de basse, moyenne ou haute justice, la longueur des procès est proverbiale, certaines causes pouvant être plaidées pendant plus d'un siècle. Le système des appels est des plus incohérents. Pendant longtemps, ce sont les états de Bretagne qui servent de cour suprême. Mais les sessions sont trop courtes pour traiter toutes les affaires, d'où la création, en 1424, d'une « cour des interlocutoires », rapidement saturée. La tentation est donc grande pour les particuliers bretons de se pourvoir devant le Parlement de Paris, qui en profite pour multiplier les ingérences.

Pour remédier à cette situation, François II a créé par ordonnance du 22 septembre 1485 un parlement sédentaire, siégeant à Vannes, qui tiendra une session annuelle de deux mois, du 15 juillet au 15 septembre, « sans ce que jamais, après la promulgation de ces présentes, soit requis ou nécessaire en faire autre assignation par bannies ne autrement ». Ce parlement est dirigé par un président, et comprend douze conseillers, dont cinq ecclésiastiques et les deux sénéchaux de Rennes et de Nantes. Ils sont nommés à vie, en titre d'office. À chaque décès, le président et les conseillers présentent une liste de trois noms au duc, qui choisit le remplaçant parmi eux. Ce pas supplémentaire vers l'autonomie judiciaire ne met pas fin au désordre provoqué par la multiplicité des privilèges, dérogations, immunités et abus.

L'autonomie judiciaire n'est d'ailleurs pas complète, le duc relevant du Parlement de Paris, où il entretient en permanence des procureurs pour défendre ses intérêts. En 1463, il a près de cette cour cinq conseillers, des avocats, deux procureurs et solliciteurs de ses causes, qui lui coûtent 228 livres 6 sols 8 deniers. En 1479, il a cinq procès pendants devant le Parlement de Paris, dont s'occupent Robert Jean, Pierre Le Voyer et Jean de La Motte.

Les états de Bretagne

Ils sont l'un des organes essentiels de la vie politique du duché, et l'expression la plus achevée de son identité. Cette grande assemblée solennelle n'a pourtant aucun caractère représentatif au sens moderne du terme. Composée d'environ deux cents personnes, elle regroupe les agents du duc (principaux officiers de justice et de finances, conseillers), une soixantaine d'ecclésiastiques (les neuf évêques, les délégués du chapitre, les abbés et prieurs des principaux monastères, un député de la collégiale de Guérande, mais aucun membre du bas clergé), une centaine de nobles (les neuf barons et les principaux vassaux), et les députés bourgeois de vingt-cinq villes, surtout de la haute Bretagne. Les principales localités sont représentées, mais on note tout de même l'absence de Châteaubriant, Ancenis, Brest. Ce genre d'anomalie est la règle dans toutes les assemblées d'états au Moyen Âge. Les paysans n'ont évidemment aucun représentant.

Les états, parfois appelés « général parlement de Bretaigne », sont convoqués à l'initiative exclusive du duc, qui envoie à chaque fois des lettres impératives nominales ou demandant l'élection de délégués. L'assistance est en effet obligatoire, et les absents s'exposent à des amendes. Les états de Bretagne se tiennent beaucoup plus régulièrement que ceux des autres grands fiefs. Dans la seconde moitié du XVe siècle, ils sont annuels, et si la situation le demande, ils peuvent être convoqués deux fois par an. La salle de réunion, qui doit être vaste, est souvent dans un monastère, parfois une halle ou la dépendance d'un château, le plus souvent à Vannes, Nantes, Rennes ou, plus rarement, à Dinan, Redon, Ploërmel. L'époque de la convocation dépend des circonstances. Depuis la naissance d'Anne de Bretagne, les réunions se sont tenues en 1477, 1478, 1479, 1480, 1484 à Vannes, en 1479 (deuxième session), 1482, 1484 (deuxième tenue), avril 1488 à Redon, en 1481, 1485, 1486, 1487 (deux fois) à Nantes, en 1485 et 1486 encore à Rennes. Les premiers états de la duchesse Anne, destinés à approuver le traité du Verger, se réunissent le 29 septembre 1488 à Vannes. Mais en 1489, pour la première fois depuis des décennies, la réunion ne put avoir lieu, à cause des troubles provoqués par la guerre, comme le déclare la duchesse : « Pour les dangiers qui estoient sur chemin et les empeschements qui leur furent faiz, le tout des genz de nosd. Estats ne se rendirent ne comparurent à l'assignacion qui en estoit faicte. » En 1490 et 1491, les deux dernières sessions de la Bretagne indépendante ont lieu à Vannes. Les lieux de réunion confirment que le centre de gravité politique du duché est le triangle Nantes-Vannes-Rennes.

L'ouverture des états donne lieu à une cérémonie très solennelle. Le cortège traverse la ville, mené par les archers du duc, « en bel arroy, en huque d'or faverge, tenant chacun son voulge », suivis par trompettes, tambours, hérauts et officiers d'armes des grands nobles participants et du duc ; puis viennent les chevaliers et écuyers du duc, les évêques et abbés ; ensuite arrive le groupe ducal lui-même, composé de sergents d'armes, avec masses d'argent, et d'huissiers ; les insignes ducaux sont portés par les plus hauts barons : la couronne, sur un coussin, le bonnet fourré d'hermine, sur un bâton, le chapeau et l'épée. Le duc lui-même, à pied, porte un lourd manteau dont deux barons soutiennent les pans et le grand chambellan la queue. Puis viennent les grands officiers, le chancelier, le maréchal, l'amiral, le grand maître d'Hôtel, les conseillers ; enfin, les nobles et les délégués des villes ferment la marche.

Le faste, destiné à impressionner les spectateurs, doit aussi donner une image de la cohésion du duché et de la puissance du duc, qui paraît « en sa majesté et habits royaux ». C'est pour lui un bon instrument de propagande politique, et c'est pourquoi il tient à la fréquence des réunions, quand bien même il y a peu de matière à débattre. Dans la salle de réunion, décorée de tapisseries, il est assis sur un siège surélevé, avec à sa droite le chancelier, qui parle en son nom, devant lui et plus bas, le président de Bretagne, chef du parlement, entouré des officiers de cérémonie portant l'épée, la couronne et le chapeau du duc. Encore devant sont assis les conseillers du duc, en chaperons fourrés, et les gens des Comptes. Sur le côté droit de la salle, les évêques et abbés, avec derrière les députés des villes ; sur le côté gauche, la noblesse. Le placement et l'ordre d'appel donnent lieu à chaque session à des querelles de préséance dont le ridicule frise l'absurde et qui témoignent à la fois de la vanité de ces personnages conscients de leur importance supposée, et de leur domestication à l'intérieur d'un cadre qui les intègre à l'ordre quasi monarchique du duché.

Les séances semblent publiques, l'assistance se tenant respectueusement debout au fond de la salle. Curieusement, on ignore comment se déroule le vote : au XVIe siècle, il se déroulera par ordres, mais il est probable qu'au XVe on procédait par têtes. La question est de toute façon très secondaire, puisqu'il n'y a pas la moindre discussion : les états sont une simple chambre d'enregistrement, et aucune opposition ne s'y manifeste. Les députés écoutent le discours du chancelier et approuvent systématiquement, y compris pour le vote des fouages, qui est le but essentiel des réunions : « Si l'on s'en tient au rôle financier des états avant la chute du duché, écrit Jean Kerhervé, la réalité apparaît moins glorieuse et leur action peu originale. »

L'enregistrement par les états est nécessaire chaque année pour décider du montant de l'impôt direct, et, de temps en temps, lorsqu'une décision importante vient modifier les usages ou la situation du duché : contrat de mariage, traité avec l'étranger, règles de succession par exemple. Mais l'intervention des états n'est nullement nécessaire pour une foule de questions qu'on leur demande pourtant d'enregistrer afin de donner plus de solennité à l'acte et de manifester l'accord entre le duc et ses sujets : fondations pieuses, concessions de privilèges, créations nobiliaires, érection de terres en baronnies, et ainsi de suite.

Une ordonnance enregistrée par les états prend une forme solennelle, c'est une Constitution, censée être l'œuvre de l'ensemble de la nation bretonne, sous la conduite du duc. On le constate par exemple dans la formulation de la Constitution de 1485 qui crée un parlement sédentaire régulier : « Du commandement du duc nostre souverain seigneur, séant en ses Estatz, accompagné des sieurs de son sang et des prelatz, barons et aultres suppostz des susdits Estatz et grand conseil, a esté la chartre et mandement de l'autre part contenu leu de mot à mot et publié, et a le duc commandé et fait dire par Monsieur son chancelier qu'il le commandoit et bailloit pour publié, voullant et ordonnant qu'il y soit pour tout temps avenir obey et gardé estat sans enfraindre. »

La place des états dans l'activité législative bretonne n'est donc pas négligeable, contrairement au cas français. Certes, leur rôle est passif, mais il apparaît néanmoins indispensable aux yeux de la population comme du pouvoir ducal. Aussi la duchesse Anne, en 1499, en se remariant avec Louis XII, obtient-elle de celui-ci que « en tant que touche de garder et de conduire le pays de Bretagne et les subgetz d'iceluy en leurs droits, libertez, franchises, usages, coustumes et stilles, tant au fait de l'Eglise que de la justice, que aucune nouvelle loi ou constitution n'y soit faite, fors en la manière accoustumée par les roys et ducs predecesseurs de nostredite cousine ». En d'autres termes, aucune loi nouvelle ne pourra être appliquée en Bretagne sans l'accord des états : « S'il advenoit que de bonne raison il y eût quelque cause de faire mutacions es diz droiz, coustumes, constitucions et establissements, que ce soit par Parlement et Assemblée desd. Estats dud. pays, ainsi que de tout temps est accoustumé, appelé toutes voies les gens des trois Estats dud. pays de Bretagne. »

Outre leur importance politique, les états de Bretagne ont un rôle économique non négligeable, surtout pour la ville où se tient la session, toujours accompagnée de festivités, banquets et réceptions. Les retombées financières sont une aubaine pour les commerçants et artisans locaux, mais d'un autre côté les dépenses sont lourdes pour la collectivité, qui doit organiser les fêtes, la décoration et les distributions.

L'organisation politique et l'administration du duché de Bretagne au moment de l'accession d'Anne sont à un niveau comparable à celui des autres grands fiefs, comme la Bourgogne, et même du royaume de France, dont l'influence est d'ailleurs très nette au niveau des méthodes avant même l'incorporation du duché. Les faiblesses et les archaïsmes ne sont nullement spécifiques à la Bretagne. L'efficacité du système est à peu près satisfaisante, mais la politique d'indépendance coûte très cher et pèse lourdement sur les ressources du duché.

Le personnel administratif

Les mêmes remarques peuvent être faites à propos du personnel administratif, pour lequel on constate les mêmes qualités et les mêmes défauts qu'en France. Dans l'administration des finances par exemple, les compétences sont indéniables. Beaucoup de titulaires de hauts postes sont gradués en droit. Ce sont, pour moitié, des nobles, cadets de familles, et qui presque toujours entrent dans l'administration grâce à un protecteur. Certains appartiennent à un réseau de fidélités à un grand vassal, ce qui pose plusieurs problèmes pendant la période des guerres de 1487-1491. Le receveur de Dinan, René Avalleuc, nommé en 1485, passe du côté du vicomte de Rohan lorsque celui-ci prend la ville en 1488. Il détourne alors le produit des impôts au profit de son maître. Même chose pour les fidèles du maréchal de Rieux.

S'il n'y a que 1,7 % d'étrangers dans l'administration des finances, quelques personnages très en vue contribuent à gonfler leur influence dans l'esprit du public, surtout avec l'arrivée des princes français à la fin du règne de François II. C'est ainsi que l'on trouve un banquier de Bourges, Martin Anjorrant, à l'argenterie, tout comme le Parisien Henri Milet, et un certain Ythier Marchant, qui avait trempé en 1473 dans une sombre histoire de tentative d'empoisonnement contre Louis XI, à la chambre des Comptes. Plusieurs personnages de l'entourage de Jean de Chalon, prince d'Orange, obtiennent des postes importants : son officier domestique Pierre Francheville devient receveur de Rhuys et du fouage de l'évêché de Vannes ; son secrétaire Enguerrand de Brégilles, receveur de Touffou ; ses commis de finances Thomas de Riou et Colinet de Marchy, receveur des fouages pour le premier et argentier de la duchesse pour le second. Quant à son receveur général de Bretagne, Jean de Boull, sa correspondance le montre fort actif à favoriser les intérêts de son maître et à tirer tout l'argent possible des biens et des sources de revenus donnés par François II et par Anne au prince d' Orange : que ce soit les questions d'emprunts, de ventes de poisson, de bois ou de vin, il témoigne d'un zèle étonnant à faire sortir les richesses de Bretagne, écrivant en 1493 ou 1494 : « Car je vous prometz, sur la foy que je doy à Dieu, que je vous cuyde avoir bien et loyaulment servy ; et sy aultrement l'ay fait, ce a esté par ignorance.

Et pleust à Dieu que je l'eusse aussy bien servy comme je cuyde l'avoir fait vous. »

À l'inverse, plusieurs Bretons ont fait carrière dans l'administration française, comme Olivier Le Roux, qui s'est enfui en France dès 1459 parce qu'il était poursuivi pour malversations, et qui a été secrétaire et maître-clerc à la chambre des Comptes de Paris à partir de 1464, pendant trente-six ans. Il plaît beaucoup à Louis XI pour son absence de scrupules, et il est même accusé de tentative d'empoisonnement sur la duchesse d'Armagnac aux états de 1484. En 1492, il sera chargé par Charles VIII de diriger la commission pour réformer les finances du duché.

Sauf à la chambre des Comptes, il y a peu d'ecclésiastiques dans l'administration financière, largement dominée par des nobles de la partie francophone du duché : 64 % du total, contre 22 % seulement issus de la partie bretonnante, le reste étant d'origine étrangère ou inconnue. À l'époque d'Anne de Bretagne, les bretonnants ont même complètement disparu, et les trois diocèses de Nantes, Vannes et Rennes fournissent 69,4 % du personnel.

Certains, par faveur, intrigue, népotisme, et parfois capacité, cumulent les postes. Nous ne reviendrons pas sur la carrière de Guillaume Chauvin, clerc à dix-sept ans en 1439, puis auditeur, trésorier des gages, chancelier pendant vingt et un ans. Moins spectaculaire mais plus représentative est celle de Guillaume Juzel, un noble qui commence par spéculer sur les fermes municipales d'Hennebont, de la prévôté de Nantes et sur l'impôt des vins en 1464-1480 ; devenu argentier de la duchesse de 1477 à 1486, il gère ses fonds ainsi que ceux de ses filles Anne et Isabeau, prend à ferme les châtellenies de Guingamp et de Rhuys, siège à la chambre des Comptes en 1486, est trésorier général en 1487 et 1488.

Jean Hagomar, lui, est un mercier rennais, receveur des fouages en 1479, fermier des domaines de Rennes et de Fougères ; secrétaire ducal en 1480, il lève le fouage à Rennes et assure le paiement des gages des officiers de l'Hôtel en 1481-1485. Il spécule aussi sur la ferme des impôts de Rennes et sur la monnaie. Devenu général maître de la monnaie en 1491, il est conseiller des finances d'Anne de Bretagne jusqu'à sa mort en 1498. Maniant de grosses sommes, il n'hésite pas à en détourner une partie à son profit : Charles VIII l'ayant chargé de lever 120 000 livres pour rembourser les créanciers du duc, il en garde une partie, sur laquelle ses héritiers doivent encore 3 236 livres en 1537.

La gestion de Jean de Lespinay, trésorier général d'Anne de Bretagne, est encore plus malhonnête, mais le scandale n'éclatera qu'après sa mort. Issu d'une lignée de receveurs du Gâvre, il est lui-même gestionnaire de cette châtellenie pendant treize ans ; il y ajoute bientôt les domaines de Champtocé, les fermes de la traite des bêtes vives, ports et havres entre le Couesnon et l'Arguenon en 1485, la perception des fouages du diocèse de Nantes en 1487, la direction des finances en 1489, un poste à la chambre des Comptes en 1492, la Trésorerie générale de 1498 à 1524. Sa gestion est dénoncée après sa mort, et laisse apparaître un déficit de 83 465 livres.

Les redressements effectués à partir de 1525 montrent d'ailleurs des malversations dans les comptes de Michel Thierry, receveur de Rennes de 1491 à 1515, d'Alain de Quédillac, receveur de Moncontour de 1488 à 1491, de Laurent Pares, trésorier des guerres de 1488 à 1490, de R. de Moutonnier, receveur des ports et havres de Cornouaille en 1489-1492, de Vannes en 1492-1495, du billot de Cornouaille en 1490, du convoi en 1503, et de Vincent Le Blanc, receveur des fouages du diocèse de Saint-Brieuc en 1490.

La méfiance est de règle à l'égard du personnel des finances : en 1499, lorsque Louis XII ordonne de faire des prélèvements sur les finances de Bretagne pour régler les sommes nécessaires aux « marchands et pourvoyeurs », il désigne pour surveiller les opérations le maître d'Hôtel Loppe Dicastillo et le président de la chambre des Comptes Guillaume Guégen. En fait, les administrateurs des finances n'ont pas grand-chose à craindre avant leur mort. Le pouvoir ducal fait preuve à leur égard d'une grande mansuétude, car il a besoin d'eux : ils sont compétents, prêtent de l'argent au duc et en plus bénéficient de protections.

Ce qui amène Jean Kerhervé à se poser la question : « Virtuosité et efficacité n'appelaient-elles pas quelques "compensations", même illicites ? Tout porte à croire qu'en Bretagne comme partout on appréciait tout autant les versements que la régularité des écritures, et qu'on portait plus d'attention au talent qu'à la valeur morale. »

Tout s'achète, dans l'administration de la duchesse Anne. Pour obtenir un office, il faut payer son « pouvoir », c'est-à-dire sa lettre de nomination, et souvent consentir des prêts au gouvernement : c'est ainsi que Julien Thierry obtient la ferme des domaines de Rennes en 1489, et Guillaume Locquemeren celle des domaines de Vannes en 1491. À partir de 1495 apparaît même la transmission héréditaire d'un office. La Bretagne n'a décidément aucun retard sur le royaume de France dans les pratiques licites comme illicites.

Comme en France, les gens de finances profitent de leur situation pour spéculer sur les produits des domaines, pour faire du commerce, du prêt à intérêt. Ils reçoivent des cadeaux du pouvoir : vaisselle et bijoux pour les étrennes du jour de l'an, « dons de restats », c'est-à-dire remise de leurs reliquats de comptes, qui viennent compléter leurs gages, qui en 1480 sont de 500 livres pour le trésorier général, 300 livres pour le trésorier de l'Épargne, celui des guerres, l'argentier, le contrôleur général, 200 livres pour le garde-robier. La duchesse Anne, qui soigne sa chambre des Comptes, augmente en 1490-1491 les gages de ses membres : en comprenant les « robes », ou compléments de salaire, le premier président touche 400 livres, le deuxième, 320 livres, les trois auditeurs 266 livres 13 sols 4 deniers chacun, les sept clercs-auditeurs 193 livres 6 sols 8 deniers.

Les gens de finances arrivent ainsi à se constituer de beaux patrimoines, avec des investissements immobiliers tels que terres, bois, manoirs, hôtels urbains. À Nantes, ils se concentrent dans le quartier du bord de l'Erdre, où, par exemple, se trouve l'un des trois hôtels urbains de Pierre Landais, qui s'ajoutent à ses douze domaines, trois seigneuries et deux châtellenies avec forteresses.

L'Église bretonne : les évêques

En Bretagne comme dans le reste de la Chrétienté, l'Église constitue une administration parallèle à l'administration civile, avec laquelle elle entretient des rapports étroits et complexes. Le clergé, qui dépend à la fois du souverain et du pape, est habile à jouer de cette double allégeance pour obtenir des avantages et accroître son autonomie. Abbés et surtout évêques sont à la tête de domaines et de fiefs qui font d'eux d'importants seigneurs, et leurs compétences leur permettent de jouer un rôle politique non négligeable, à la cour ducale, aux états, dans la diplomatie, sans oublier leur rôle spirituel bien entendu.

Pour Anne de Bretagne comme pour ses prédécesseurs, le pape est un partenaire essentiel, qui, en cas de besoin, peut faire contrepoids au roi de France, avec ses propres armes spirituelles. Il est aussi l'interlocuteur obligé pour l'obtention des dispenses et annulations en matière matrimoniale, indispensables dans le contexte de l'époque. Il est prêt à accorder quasiment n'importe quoi si la contrepartie est intéressante ; tous les marchandages sont possibles, mais ils sont beaucoup plus faciles si on a le pape de son côté. C'est ce qu'Anne de Bretagne a compris dès le début de son règne. L'une des constantes de sa politique sera la fidélité à Rome, qui lui permettra d'atteindre un de ses buts. Dans cet attachement au souverain pontife, sa piété personnelle joue sans doute un rôle, mais qu'il faut relativiser quand les papes s'appellent Alexandre VI Borgia et Jules II.

L'Église bretonne est administrativement composée de neuf évêchés, dont les titulaires sont théoriquement, comme partout, élus par les chapitres cathédraux. En réalité, l'importance de ces personnages fait que le roi, le duc et le pape cherchent chacun à imposer l'homme de leur choix, ce qui provoque une multitude de contestations. François II avait insisté à plusieurs reprises pour que les diocèses bretons ne soient attribués qu'à des Bretons. Il avait obtenu à cet effet des bulles de Nicolas V en 1452 et 1459, de Sixte IV en 1478 et 1487, ce qui n'avait pas empêché les conflits. En 1454, Jacques d'Espinay est nommé évêque de Rennes, alors que le chapitre a élu Jean de Coëtquis, soutenu aussi par le duc. On ne s'en sort qu'en nommant Coëtquis à Tréguier, devenu vacant. Mais Jacques d'Espinay est mal vu par le duc, et plus encore par Pierre Landais, qui le fait arrêter et fait désigner son propre neveu, Michel Guibé. À Nantes, François II en vient à saisir le temporel de l'évêque Amaury d'Acigné, qui, de son côté, jette l'interdit sur les domaines du duc en 1463 et 1471-1472.

François II se résout alors à user de la force contre l'évêque et son prédécesseur, accusés de rébellion : « Pour les félonies, ingratitudes, desloyaux et damnables conspirations et traïsons notoirement et manifestement commises et perpétrées par Maistre Guillaume de Malestroit, autrefois evesque de Nantes, et Maistre Amaury d'Acigné, soy disant à présent evesque dudis evesché de Nantes, leurs complices et adhérez, ainsi qu'il est notoire à l'encontre de nous et de la chose publicque de nostre pays, nous réputons lesdits de Malestroit et d'Acigné et tous les fauteurs et adhérans, confortans et aidans, faulx, desloyaux, rebelles et désobéissans, traitres et ennemis à nous et à la chose publicque de nostre pays et duché. »

La vie religieuse dans le diocèse de Nantes est à cette époque si perturbée que Jean Meschinot fait dire à la ville épiscopale :

« On m'a interdite nommée
Chacun me fui et m'abandonne...
Tant qu'il n'est prestre ne curé
Qui ne veuille plus messe dire...
Hélas ce rigoureux procès
Endommage fort mes oueilles !
Que peut mais le peuple commun
De ceste malédiction ?
Ayt le mal qui a fait l'offense !
Non pas les pauvres innocens...
Ha ! Madame Université,
Desployés ci votre science ! »

À Tréguier en 1479, Pierre Landais a obtenu du pape qu'il nomme son neveu Robert Guibé, qui est mineur ; le souverain pontife peut ainsi faire administrer le diocèse par un Italien, le cardinal de Saint-Georges, Raphaël Riario. Robert Guibé devient titulaire en 1483. Il est déjà chanoine et chantre de Dol, prieur de Sainte-Croix de Vitré, archidiacre de Dinan et de La Mée, chapelain du pape à vingt-quatre ans. Il ne fera son entrée à Tréguier qu'en 1492, treize ans après sa nomination ; on ne le verra guère dans sa cité épiscopale et il n'y vient plus à partir de 1495 ; il est transféré à Rennes en 1502.

En 1478, un autre conflit a surgi à propos de l'évêché de Saint-Brieuc, revendiqué par Pierre de Laval, qui en appelle au Parlement de Paris et au Saint-Siège, en s'intitulant « Pierre de Laval, issu de race royale, archevêque et duc de Reims, légat-né du Saint-Siège, premier pair ecclésiastique, évêque et commendataire perpétuel de Saint-Brieuc, étudiant en l'université de Paris ». Sixte IV lui interdit de se pourvoir devant le Parlement de Paris, et à la suite de cette affaire il accorde au duc, par la bulle du 29 août 1478, le droit de nommer aux sièges de Rennes, Dol, Vannes, Saint-Malo, Nantes, puis aux quatre autres par une bulle du 26 avril 1481.

Au cours des années 1480, les manœuvres se multiplient à l'occasion desquelles des prélats d'origine étrangère, surtout des Français, obtiennent des diocèses bretons. En 1485, Saint-Pol-de-Léon est confié à Antoine de Longueil, du diocèse de Paris, fils d'un président au Parlement. François II l'emploie comme ambassadeur auprès de Charles VIII puis du roi d'Angleterre. Pierre de Foix, oncle d'Anne de Bretagne, est quant à lui évêque de Vannes. En 1487, le pape le nomme à Nantes, alors que le chapitre avait élu Guillaume Guéguen, second président de la chambre des Comptes, et que Louis de Rohan, protonotaire apostolique, était aussi candidat. Pour ajouter à la confusion, Charles VIII, à la mort de François II, agissant en fonction de ses prétentions au duché de Bretagne, nomme Robert d'Espinay évêque de Lescar, à qui le pape envoie ses bulles d'investiture le 1er octobre 1488. Anne de Bretagne, toute nouvelle duchesse de onze ans, qui n'aime pas les d'Espinay, refuse cette nomination, fait saisir la bulle et interdit aux

Nantais de reconnaître un autre évêque que Guillaume Guéguen.

C'est son premier acte d'autorité dans ce domaine. Lors de son avènement, en septembre 1488, elle se trouve donc en présence du corps épiscopal suivant : à Nantes, la situation est des plus confuses, entre Guillaume Guéguen et Robert d'Espinay ; à Rennes, on trouve Michel Guibé, neveu de Landais ; à Vannes, son oncle le cardinal Pierre de Foix ; à Quimper, Pierre Le Maout, conseiller ducal ; à Saint-Brieuc, Christophe de Penmarch ; à Saint-Malo, Pierre de Laval, duc et pair, petit-fils de Jean V ; à Saint-Pol-de-Léon, Antoine de Longueil, chancelier et grand aumônier de la duchesse ; à Tréguier, Christophe du Chastel ; à Dol, Thomas James.

Ce dernier brille par son absence. Il réside à Rome, où il est familier du pape et appartient à la maison de Jérôme Riario, vicomte de Forli et d'Imola, vicaire et capitaine des gens d'armes à la solde du pape. Depuis novembre 1478, il est gouverneur du château Saint-Ange, et le pape l'a fait nommer évêque de Dol le 29 mars 1482. Il est également qualifié d'ambassadeur du duc. Son ascension a été rapide. Après avoir été curé de La Varenne, au diocèse de Nantes, en 1472, de Brech, au diocèse de Vannes, en 1473, doyen rural de Montaut, au diocèse de Rennes, en 1472-1474, doyen rural de Clisson et curé de son annexe de Saint-Sébastien, en 1474, prieur de Saint-Nazaire la même année, chanoine de Nantes en 1475, archidiacre de Penthièvre et évêque de Léon en 1478, curé de Rezay en 1480, il a donc accédé à l'évêché de Dol, auquel il ajoute le prieuré de Léhon en 1483, et celui de Primil en 1484. Il est un des trente secrétaires pontificaux de 1488 à 1491. Mécène, protecteur des lettres et des arts, il se fait décorer un magnifique missel par Attavante en 1483-1484, et Pomponius Laetus lui dédicace plusieurs volumes de grammaire latine. Il sera l'un des agents de pénétration de la Renaissance italienne en Bretagne, son tombeau dans la cathédrale de Dol étant un des plus précoces monuments de ce style. Exemple du grand prélat politique, absentéiste, cumulant les bénéfices, il incarne les défauts courants de l'épiscopat de la pré-Réforme.

La duchesse Anne, insensible à ces abus et au besoin de réforme, continuera à choisir les prélats en fonction de leur fidélité politique. Elle réussira à imposer plusieurs de ses candidats : son confesseur Yves Mahyeuc, son secrétaire Guillaume Guéguen, Michel et Robert Guibé, François Hamon, Jacques de Beaune. Elle obtiendra également la pourpre pour Robert Guibé. Mais elle devra aussi accepter les choix de ses maris, comme Guillaume Briçonnet, transféré de Toulon à Saint-Malo en 1493, cardinal en 1495, archevêque de Narbonne en 1507. Quelles que soient les qualités du personnage, l'ampleur du népotisme pratiqué au sein de sa famille illustre encore les abus du système. C'est en effet son propre fils, Denis Briçonnet, qui lui succède à Saint-Malo en 1507, comme il lui avait succédé à Toulon, et qu'il cumule d'ailleurs avec Lodève. Les deux suivants à Saint-Malo, François Bohier et Guillaume Dupé, sont de la même famille, qui monopolise le siège pendant quatre-vingts ans. Guillaume Briçonnet, qui avait été marié et père de cinq enfants avant d'entrer dans les ordres, avait encore deux frères évêques : Robert, à Reims, et Michel, à Nîmes puis à Lodève, et un autre frère, Jean, abbé de Blanche-Couronne ; deux de ses fils sont évêques, de Saint-Malo et de Meaux. Soutenu par Louis XII, Guillaume Briçonnet a des démêlés avec Jules II, qui lui retire la pourpre en 1511, mais cette dernière lui est restituée en 1513 par Léon X.

Anne doit aussi accepter Robert d'Espinay puis son frère Jean, imposés par Charles VIII à Nantes, avant de pouvoir y placer Guillaume Guéguen. Parmi les nominations épiscopales scandaleuses auxquelles elle ne cherche pas, pour des raisons politiques, à s'opposer, il faut mentionner celle de Claude de Rohan, cinquième fils du vicomte Jean II. La fiction de l'élection capitulaire est ici patente, comme si les chanoines de Quimper avaient pu librement élire évêque, le 25 juin 1501, ce jeune homme de vingt et un ans, déjà doyen rural du Porhoët, titulaire de plusieurs autres bénéfices, et, apparemment, fou ! « Il était si simple qu'il était facile de le tromper », écrit gentiment dom Taillandier. En fait, d'après la déposition de Jacques de Sesmaisons, ancien page du vicomte de Rohan, Claude est

« en carence de sens » ; il faut le surveiller sans cesse, « de crainte qu'il ne fist quelque sotte ou folle contenance », ou « qu'il ne fist quelque folie ». Déjà, quand il était petit, les pages se moquaient de lui, et on le cachait quand quelqu'un d'important venait visiter la famille. Élu en 1501, il n'arrive à Quimper qu'en 1518, et le diocèse est administré par l'abbé de Daoulas, autre dépendant des Rohan.

Le corps épiscopal breton est donc largement atteint par les mêmes tares que le reste de l'Église, tares dont Anne ne se soucie guère, c'est une de ses limites. L'aspect spirituel de la fonction épiscopale est largement éclipsé par le côté politique et administratif. L'évêque est en même temps un seigneur féodal, à la tête d'une seigneurie appelée « régaires », qui s'étend parfois sur l'ensemble de la ville épiscopale, comme à Dol, Saint-Brieuc, Saint-Pol-de-Léon, Tréguier, Quimper. Ailleurs, la seigneurie de la ville est partagée avec un autre seigneur, comme le chapitre. Les régaires comprennent en outre des paroisses aux alentours de la cité : cinq pour Saint-Brieuc, onze pour Tréguier, et des droits dispersés dans la région, complexe accumulation formée au cours des siècles.

Une hiérarchie des sièges épiscopaux s'est ainsi établie en fonction de leurs revenus. Le plus prisé est celui de Dol, qui est morcelé et peu peuplé, mais qui a été autrefois métropole ecclésiastique de la Bretagne, avant de perdre cette place au profit de Tours, et surtout qui rapporte beaucoup : les taxes levées par le Saint-Siège, proportionnelles aux revenus, se montent à 4 000 florins, alors que Nantes n'en paie que 1 500, Rennes et Saint-Malo, 1 000, Vannes, 350. Les diocèses peu prisés, comme Tréguier, Quimper, Saint-Pol, Vannes, sont attribués en début de carrière, et la lutte est dure pour obtenir une promotion vers un siège plus lucratif. Les titulaires des petits évêchés changent donc souvent : Tréguier a connu douze évêques au cours du XVe siècle, mais Rennes n'en a eu que cinq.

Clergé régulier et clergé séculier : un besoin de réforme non ressenti

Pour la duchesse Anne, un évêché, c'est d'abord un moyen peu coûteux de récompenser un bon serviteur et de placer des fidèles à des postes importants. C'est pourquoi elle veille jalousement sur les nominations. Plus encore que les évêchés, les monastères ont perdu à la fin du XVe siècle leur rayonnement spirituel. Leur histoire appartient désormais davantage à celle de la propriété foncière et du régime seigneurial qu'à celle des courants religieux.

La Bretagne compte une quarantaine d'abbayes, dont 19 de chanoines de Saint-Augustin, 15 cisterciennes, 14 bénédictines, largement dotées en terres et en droits divers, par les donations accumulées au cours des siècles, sources de profits et de conflits inépuisables. La nomination des abbés et prieurs est gangrenée dès 1455 par la pratique de la commende, qui consiste à traiter l'abbaye comme une simple source de revenus, que l'on donne en récompense à un personnage, qui peut être un laïc, qui ne viendra jamais dans son bénéfice, et qui se décharge des tâches spirituelles sur un auxiliaire religieux. En 1474, Odet de La Rivière, déjà abbé de Redon, obtient en commende l'abbaye de Buzai ; en 1476, le duc fait cadeau à son beau-frère Pierre de Foix, évêque de Vannes, de l'abbaye de Saint-Melaine ; Saint-Aubin-des-Bois est en commende à partir de 1484 ; Robert Guibé est abbé commendataire de Saint-Méen en 1493.

La situation se détériore encore sous le règne d'Anne, où les cardinaux italiens obtiennent un nombre croissant d'abbayes en commende, dont ils laissent dépérir les bâtiments. Là encore, la duchesse ne semble pas consciente du besoin de réforme dans le clergé régulier, besoin qui se fait sentir un peu partout dans la Chrétienté. Elle est plus favorable aux moines mendiants, comme nous l'avons vu, et ceux-ci constituent la seule partie vraiment vivante du clergé régulier à cette époque, avec leurs 900 frères, répartis entre leurs 47 couvents.

À une échelle moindre, les mêmes défauts se retrouvent dans les bénéfices mineurs, canonicats, cures paroissiales, chapellenies. Les règles d'attribution sont assez floues et entraînent de nombreux conflits. D'abord, un certain nombre de bénéfices dépendent de patrons laïcs ou ecclésiastiques, qui nomment les titulaires : ce sont par exemple les barons de Retz qui choisissent l'abbé de La Chaume, les vicomtes de Rohan celui de Bon Repos, et les ducs ceux de sept autres abbayes. Pour les autres bénéfices, la règle qui prévaut est celle de l'alternative, réaffirmée en 1484 par Innocent VIII, d'après laquelle le pape nomme aux bénéfices vacants pendant six mois, en alternance avec l'évêque. De plus, il est théoriquement interdit de pourvoir un étranger d'un bénéfice breton : c'est le « privilège des originaires », que le duc est le premier à enfreindre, en accordant largement des dispenses. Enfin, toujours théoriquement, il est interdit de publier des bulles pontificales attribuant un bénéfice en Bretagne sans l'autorisation du duc. C'est ce qu'Anne fera réaffirmer en octobre 1490. En fait, ces règles ne tiennent que dans la mesure où il y a une volonté politique de les faire respecter.

Les canonicats sont les plus intéressants de ces bénéfices secondaires, rapportant une centaine de livres à Tréguier ou Vannes, et plus de 600 livres à Rennes. Les titulaires cherchent à les cumuler, ce qui permet à certains d'atteindre des revenus très confortables. Leur genre de vie est relativement peu édifiant, si l'on en croit les plaintes des évêques.

Les mêmes irrégularités et inégalités sont constatées au niveau des paroisses, dont certaines, réservées aux candidats pontificaux, peuvent rapporter jusqu'à 100 livres, alors que beaucoup d'autres sont en dessous de 20 livres, en comprenant le casuel perçu lors de l'administration des sacrements. Les prêtres, dont les effectifs sont pléthoriques, se disputent avec âpreté les bénéfices vacants, comme les chapellenies par exemple, c'est-à-dire ces services de fondations qui rapportent quelques livres par an en échange de la célébration d'offices pour le salut de l'âme du fondateur. Ces services, qui rapportent rarement plus de cinq livres, peuvent être très astreignants. Le nombre de chapellenies – 110 dans le diocèse de Saint-Malo par exemple, 106 dans celui de Vannes – est notoirement insuffisant pour entretenir le bas clergé, d'autant plus que certains prêtres pratiquent le cumul et que le favoritisme et les protections aboutissent à monopoliser de nombreux bénéfices pour certains privilégiés.

Il y a donc un véritable prolétariat ecclésiastique, vivant en dessous du seuil des 20 à 25 livres par an, c'est-à-dire à un niveau inférieur à celui des ouvriers artisans. On estime à environ 10 000 le nombre des clercs en Bretagne à l'époque d'Anne, certaines petites paroisses rurales en comptant jusqu'à une dizaine. Il est vrai que l'accès à la cléricature est aisé et comporte quelques avantages, sinon financiers, du moins dans le statut social, comme le fait de relever des tribunaux ecclésiastiques. Pour obtenir la tonsure, il suffit d'avoir plus de sept ans, de ne pas être de naissance illégitime, de savoir bredouiller quelques mots de latin. Ainsi dans le diocèse de Vannes en 1476, 36 lettres de tonsure sont-elles accordées en quatre mois, et 86 autorisations de recevoir les ordres dans un diocèse extérieur. L'accès à la prêtrise n'est guère plus difficile.

La qualité de ce clergé est évidemment très médiocre. Les statuts synodaux de l'époque de la duchesse Anne sont pleins de récriminations contre ces prêtres buveurs, violents, concubinaires, absentéistes, incapables de faire un sermon et, surtout, rapaces. Ainsi, du haut en bas de la hiérarchie, le clergé breton est-il atteint des mêmes maux que dans le reste de la Chrétienté. Et pourtant les demandes de réforme sont quasiment inexistantes, sauf chez les moines mendiants. Faut-il y voir la conséquence d'une relative faiblesse de l'élite spirituelle et intellectuelle urbaine, de ce milieu humaniste où s'implantera peu après le protestantisme en France et dans l'Europe du Nord-Ouest ? Il nous faudra examiner cette question au chapitre suivant. Mais il est d'ores et déjà certain que la réforme de l'Église n'est pas une des préoccupations de la duchesse Anne.

Cette dernière est plus occupée à réduire les pouvoirs des justices ecclésiastiques qui restent assez importantes : en 1509 encore, on voit l'officialité de Nantes juger plusieurs cas d'adultères, incestes, blasphèmes, violences contre des clercs, et prononcer des peines d'amendes et d'emprisonnement. Anne continue la lutte menée par son père en faveur des tribunaux ducaux, notamment en matière d'héritage, source de profit pour la couronne. Par exemple, nous trouvons en 1490 un « Mandement de justice pour Maistre Alain Le Preslier s'adressant au premier sergent général de la duchesse de faire prohibicion et deffense de par la duchesse à Reverand Père en Dieu l'évesque de Triguer, ses vicaires et l'official de non trexté et à Yvon de La Salle de non cognoestre de fait réel ne de héritage d'icelui... et oultre adjourner led. official et chapitre à comparoir devant la duchesse et son conseil respondre au procureur général ». En 1498, la duchesse envoie des instructions précises à ses officiers pour qu'ils limitent les empiétements des juridictions ecclésiastiques.

Anne, en septembre 1488, hérite à moins de douze ans d'un grand fief qui a presque toutes les prérogatives d'un État indépendant, mais qui est en train de passer de la féodalité à la monarchie centralisée. Crise qui touche tous les secteurs de la vie de ses sujets. Cette crise, Anne ne peut la comprendre, et encore moins la maîtriser. Elle va la subir et l'assumer avec résignation et un certain fatalisme. C'est probablement là un des traits dominants de sa personnalité et, paradoxalement, une des causes de sa popularité auprès des 900 000 Bretons de 1500 et de leurs descendants.

CHAPITRE VI

900 000 sujets

Le duché de Bretagne en 1488 est une région riche et peuplée, à l'issue d'un siècle de relative paix intérieure. L'intérêt n'est pas que stratégique, il est aussi économique, ce qui contribue largement à expliquer la convoitise des prétendants à la main de la petite duchesse.

Combien de Bretons ?

Combien sont-ils, les sujets d'Anne de Bretagne ? Pour le savoir avec précision, nous manquons de documents. C'est par un recoupement hasardeux des sources indirectes[1] que l'on peut avancer des chiffres démographiques approximatifs. La

---

1. Seuls 29 registres paroissiaux subsistent pour la période antérieure à 1500, et 149 de 1501 à 1539. Les seuls documents complets sont les registres fiscaux, c'est-à-dire les listes de contribuables résultant des enquêtes de réformation des feux. Mais la dernière enquête générale date de 1427, et a par la suite été complétée par des enquêtes partielles. D'autre part, ces enquêtes ne recensent que des « feux » de contribuables, ce ne sont pas des listes exhaustives d'individus. Quant à l'état de finance de 1481, le plus proche de notre époque, il comptabilise 39 547 feux fiscaux, qui sont des groupements de familles constituant des cellules de base pour établir les taux du fouage ; on estime qu'ils représentent chacun en moyenne 4,3 feux réels.

plupart des historiens se rallient autour d'une estimation de 900 000 à 1 million d'habitants au début du règne d'Anne, soit une densité de 30 à 35 habitants au kilomètre carré, chiffre important pour l'époque. Cette population est moins nombreuse qu'au début du XVe siècle, où la Bretagne comptait 1 250 000 personnes environ. Car les années 1400-1460 ont été marquées par des séries de mortalités épidémiques, toutes baptisées « pestes », frappant des régions entières de la péninsule et provoquant des effondrements dramatiques de la population : en 1447, vingt-six familles du hameau de Crach, près de Vannes, ont été réduites à une personne ; seize ont perdu tous leurs enfants, et onze ont perdu trois enfants.

Cependant, ces grandes mortalités sont terminées. La reprise démographique a commencé dès 1460 dans le Vannetais et dans le Pays malouin, plus tard ailleurs. Depuis 1480, la progression est générale ; elle se situe autour de 1,3 % à 1,4 % à partir de 1500. Le règne d'Anne correspond ainsi à une nette reprise démographique après un creux marqué, ce qui est une situation vécue positivement par les contemporains : il y a besoin de combler les creux de la période précédente. Le temps de la duchesse Anne sera donc une « belle époque », à laquelle on pensera plus tard avec nostalgie, une époque propice à l'élaboration d'un mythe d'« âge d'or ».

Certes, les épidémies n'ont pas disparu. Elles sont le lot commun de toutes les populations médiévales, mais elles sont beaucoup plus localisées et plus courtes. Pour nous en tenir aux trente-sept années de la vie d'Anne, on a pu y recenser une peste à Dol en 1479-1480, une à Nantes en 1481, à Guingamp en 1482, pendant onze mois. Celle de 1483 semble avoir été générale, car elle est signalée à Quimper aussi bien qu'à Rennes et Nantes, et se poursuit en 1484. Nantes est à nouveau frappée en 1487, 1488, 1489, ce qui oblige le duc à fuir à Couëron. Il y a aussi des morts à Rennes en 1488, 1489, 1492. En 1498, Rennes est touchée par une « grosse vérole » et désertée pendant plusieurs semaines. En 1500, nouvelle alerte à la peste dans les régions de Nantes, Rennes, Moncontour, Vitré, en 1502 à Vannes, en 1505 à Rennes, en 1509 à

Ploërmel, en 1510 dans quelques paroisses des environs de Rennes, en 1513 à Fougères.

La menace reste présente, mais elle n'a rien de comparable avec les grandes épidémies précédentes ou avec celle de 1521. Pas de pénurie alimentaire non plus. La Bretagne ne connaît qu'une « cherté » en 1481, avant la famine de 1531. La nature de ces mortalités est mal définie. La présence de la peste est certaine, et suffisamment explicable par le manque d'hygiène, la prolifération des rats et des puces, le passage des contaminés, la promiscuité et la saleté des villes. Le « mal des ardents », qui en est proche par ses symptômes, est provoqué par l'ergot du seigle : il se traduit par des vomissements, diarrhées, tumeurs noirâtres, pourrissement de la peau et atteintes nerveuses. Tuberculose et dysenterie sont endémiques ; le « mal de Saint-Méen », sorte de psoriasis, touche fréquemment les campagnes. La lèpre régresse. À Vitré, le dernier cas est signalé en 1497 ; à Nantes, la léproserie reçoit encore une aide de la ville en 1487, mais fermera en 1537 ; à Rennes, un nouvel établissement est construit en 1489, qui fermera en 1570. Les maladies vénériennes, peut-être rapportées des campagnes d'Italie, font leur apparition vers 1500, suivant des témoignages nantais.

Bref, même en période favorable, la santé est le bien le plus aléatoire. Anne de Bretagne en fait cruellement l'expérience avec ses enfants, qui meurent les uns après les autres en dépit des mesures de protection exceptionnelles qui les entourent. La duchesse reine, qui n'a guère confiance dans les médecins, s'en remet à Dieu et à ses saints.

En cela, elle est bien à l'image de ses contemporains, impuissants face à la maladie. Les hôpitaux sont nombreux, mais minuscules, sous-équipés et insalubres : 100 lits à Rennes, 20 à Vitré, 12 à Landerneau, relayés par quelques maisons de charité. Chirurgiens et médecins font ce qu'ils peuvent ; des recettes à base de plantes ne sont pas sans effet sur les maladies bénignes, mais le remède le plus utilisé reste la prière. Une centaine de chapelles bretonnes sont consacrées à saint Sébastien, quatre-vingts à saint Roch, les protecteurs contre la peste.

Saint Vincent Ferrier, dont le tombeau est à Vannes, est souvent invoqué.

Mais l'attitude la plus courante, et la plus logique, est la fuite, du moins pour ceux qui en ont la possibilité, la cour et les notables urbains : « la pluspart des gens de puissance s'en fuyssoient de nuyt et lessoient les cleffs sous luys », lit-on dans les archives de Nantes pour 1500 ; et dans celles de Rennes pour 1505 : « La plus grant part des gens notables de la ville et autre furent aux champs fuitifs. » À Moncontour, en 1500, la cour de justice va d'abord siéger à cinq kilomètres, à Bréhand, puis à Yffiniac, au bord de la mer, et les foires se tiennent sur une lande isolée.

En raison de ces sursauts de mortalité, il est difficile d'évaluer l'évolution naturelle. La natalité est forte, bien entendu – on l'estime à presque cinq enfants par famille. La mortalité infantile est également très forte, mais les individus les plus résistants peuvent atteindre un âge avancé : dans le Trégor, à Plougonver, sur 336 causes de décès connues, 38 sont attribuées à la vieillesse, dont 9 concernant des personnes de plus de quatre-vingts ans.

La population est nettement plus dense sur les côtes, dépassant 45 habitants au kilomètre carré sur une bande de dix à quinze kilomètres de largeur dans le Trégor par exemple : le Pays nantais est très peuplé avec ses gros bourgs le long des axes de circulation. Plus de 90 % de la population vit à la campagne, où la dispersion est la règle. Hameaux et fermes isolées, séparés par quelques centaines de mètres, forment un semis très dense : soixante-dix hameaux de deux à douze maisons chacun pour Carnac par exemple. À l'intérieur, les hameaux sont tout aussi nombreux, mais moins peuplés. L'un d'entre eux, autour de l'église, forme le bourg, centre de la paroisse, unité à la fois religieuse et administrative. Le découpage, qui n'a pas évolué depuis le XIIIe siècle, n'a pas suivi le développement économique, en particulier sur les côtes, où des ports se sont formés dans des lieux jusque-là déserts ou peu habités, et n'ont pas été dotés du statut paroissial. Concarneau dépend ainsi de la paroisse de Beuzec-Conq, et Penmarc'h,

Pont-Croix, Audierne, Camaret, Le Conquet, Roscoff, Saint-Servan n'ont pas le statut paroissial. Une des particularités bretonnes est l'existence de paroisses succursales, dépendant d'une paroisse mère, où l'on ne célèbre que certains offices. Tout cela rend le décompte des paroisses très incertain. On peut se rallier au chiffrc d'cnviron 1255 avancé par Guillotin de Corson pour l'époque d'Anne de Bretagne (173 pour le diocèse de Quimper, 222 chacun pour les diocèses de Rennes et de Nantes, 159 pour celui de Saint-Malo, 169 pour celui de Vannes, 113 pour celui de Saint-Brieuc, 104 pour celui de Tréguier, 93 pour celui de Léon, 90 pour celui de Dol).

Ces paroisses, dont la taille est beaucoup plus considérable à l'intérieur de la péninsule, sont le cadre de toute la vie religieuse et civile, pour la collecte des impôts et des redevances seigneuriales, le rassemblement des milices de francs-archers et des contingents féodaux, le contrôle de la vie spirituelle. C'est au temps d'Anne qu'apparaissent les premiers registres de baptêmes, témoins d'une exigence nouvelle de précision chiffrée. Les plus anciens sont ceux de Roz-Landrieux (1451), Paramé (1454), Savenay (1464), Saint-Nicolas-de-Nantes (1467), Trains (1479), Saint-Clément-de-Nantes (1484), Louvigné-de-Bais (1491) : tous à la limite orientale du duché. Dès 1459 il y a aussi un registre de sépultures à Saint-Malo, et à partir de 1464 un registre de mariages. Dans ce domaine, la Bretagne semble en avance sur le reste de la France.

L'administration paroissiale est bien rodée. La gestion des biens est assurée par deux trésoriers ou fabricques, élus chaque année par le « général » de la paroisse, assemblée dont la composition est fluctuante et qui comprend surtout les notables et les plus riches. Les trésoriers tiennent un registre de recettes et de dépenses, contrôlé à la fin de leur mandat, sous la direction d'un représentant de l'évêque. Les revenus proviennent de quelques rentes, offrandes, dons, legs, et du produit d'une taxe locale, décidée par le général : la taillée de paroisse. Les grosses dépenses concernent l'entretien, la réparation, l'agrandissement de l'église, l'achat de mobilier et de livres de culte, tandis que d'autres, moins importantes proviennent des frais liés à la célébration du culte : luminaire, vin, paille. À l'époque de la duchesse Anne, les chantiers d'églises et de chapelles se multiplient, grâce à l'augmentation des recettes. La basse Bretagne est beaucoup plus productive que la partie francophone : on a compté 26 chantiers importants dans le Finistère actuel, 27 dans les Côtes-d'Armor, 12 dans le Morbihan, et seulement 10 en Loire-Atlantique et 6 en Ille-et-Vilaine. Dans le seul diocèse de Tréguier, 16 églises et 36 chapelles sont reconstruites au cours du siècle, tandis que 30 autres églises et 19 chapelles sont l'objet de travaux importants. Les générosités du duc et des grands seigneurs, qui en échange font figurer leurs armoiries sur les vitraux et dans la pierre, stimulent le mouvement : François de Laval et Pierre Landais aident à la reconstruction de Notre-Dame de Vitré, Alain de Rohan fonde Kernascléden, Nicolas Coëtanlem fait des dons à Saint-Melaine et aux Jacobins de Morlaix.

Un monde de paysans

La vanité de clocher n'est pas absente de la vague de constructions, qui pèse lourdement sur les budgets paroissiaux. Cette fièvre de la pierre témoigne en tout cas d'une relative prospérité économique dans la Bretagne de la fin du XVe siècle, où se font sentir les premiers frémissements de la longue hausse des prix et des salaires du XVIe siècle. L'agriculture, base de la subsistance, est relativement saine, ce qui permet au duché d'être moins touché par les disettes.

Alain Bouchart s'en fait l'écho lors du rude hiver 1480-1481, pendant lequel les régions voisines viennent s'approvisionner en Bretagne : « Toutefoiz, Dieu préserva le païs de Bretaigne de cette hostilité, car il y avait lors en Bretaigne force fromens, seigles, avoines et autres blés, plus qu'il n'en fallait pour le peuple du païs, tellement qu'aux marchés d'Antrain, Combourg et autres extrémités de Bretaigne, les habitants de Normandie, Anjou et le Maine venaient à grant foulle et multitude de chevaulx acheter et enlever les blés que l'on exposait en vente aux jours de marché. À cette cause fut le blé moult cher. » Mais ordinairement l'exportation est interdite par des « mandements et prohibitions de non tirer les blés hors de ce duché », comme en 1477, 1486, 1488. Les années 1502, 1510, 1512 sont un peu difficiles, et on doit importer des porcs du Limousin.

Les cultures sont variées, du seigle au chanvre et du froment à la vigne, qui remonte encore jusqu'à la vallée de la Rance, mais qui domine surtout dans le Pays nantais. Les pratiques culturales sont classiques, avec assolement triennal ou quadriennal. Les rendements atteignent dix à douze quintaux à l'hectare sur les côtes grâce à l'utilisation de goëmons, de boues marines et de fumier animal, mais décroissent rapidement vers l'intérieur, où la lande occupe une large place. De très mauvaises conditions de stockage expliquent la fréquence de l'ergot du seigle.

Le bocage progresse, lié à l'augmentation de l'élevage bovin, dont témoignent aussi bien l'activité croissante des foires aux bestiaux de Lamballe, Montauban, Quintin, Machecoul, que l'augmentation du nombre des bouchers : à Quintin, on en compte dix-neuf en 1496, contre sept en 1434. De plus en plus, les contrats de location spécifient l'obligation de clore la terre, et de vastes régions sont déjà bocagères dans le centre-est, autour de Ploërmel, Redon, Saint-Aubin, Rennes, Châteaubriant, et aussi dans le Léon. Mais de vastes étendues de champs ouverts subsistent encore.

Vers 1500, en plein cœur du règne de la duchesse Anne, un *Éloge anonyme de la Bretagne* célèbre l'opulence des campagnes du Léon : « Un peu plus loin vers l'occident est le pays de Léon produisant avec une abondance incroyable tout ce qui peut être utile aux mortels. Nous y trouvons de vastes champs de la plus grande fertilité, des bois remplis de fauves procurent aux troupeaux de bœufs et de brebis une pâture excellente et produisent des fleurs de toutes espèces pour les abeilles [...] en sorte que nous possédons des miels qui ne le cèdent en rien, par leur douceur et leur goût délicat, aux miels de l'Hymette et de l'Attique. Les prairies sont toujours vertes [...] ; les chevaux sont de taille médiocre et je ne parle que pour mémoire de leur vigueur invincible et éprouvée, bien connue de tous. Je passe à dessein sous silence l'abondance des bestiaux. »

Est-il besoin de préciser que cette vision idyllique est très éloignée de la réalité ? Il suffit pour s'en convaincre de considérer l'importance des pauvres dans ces campagnes bretonnes. Les enquêtes de réformation des feux sont éloquentes à ce sujet : le Léon est le diocèse qui compte le plus d'exemptés du fouage pour cause de pauvreté : 12 % de la population. Ailleurs, les taux vont de 5 % dans le Trégor à 11,9 % dans le diocèse de Dol. Ces pauvres ruraux, ce sont d'abord des veuves, des personnes âgées seules, des ouvriers agricoles, des infirmes démunis, vivant dans des cabanes ou des ruines.

En voici quelques exemples pris dans les registres de réformation des feux du Trégor : à Hengoat, trois vagabonds habitent dans des ruines ; à Plougonven, un pauvre « tout chargé de debtes et [qui] n'a riens fors ce que les bonnes gens lui donnent » loge dans le poulailler, et deux autres sont dans une cabane ; l'un d'eux, Olivier Le Lagadec, « est si pauvre qu'il n'a rien et est presque tout nu et ne trouve que vestir ne que manger » ; à Pommerit-le-Vicomte, Guillaume Le Roux est un « pouvre mechant et combien qu'il soit maczon est logé en une caverne sobz terre », et à Bourbriac un autre « pouvre mechant » vit avec sa femme malade dans une petite loge de fougères ; à Goudelin, Eon Le Vacon, « pouvre, [a] perdu une main du mal Saint Antoyne et sa femme et luy chargiez de petiz enfants » ; à Pédernec, « Ernault Clech, pouvre meulnier chargé de debtes et d'enfans et va ça et là gaigner sa vie à grant misère et pouvrement vit lui et ses enfans », « Alain Quiéner, pouvre ancien maladif langoureux qui vit a grant pouvreté et misere », « Eon Le Duyou, pouvre meschant furieux et n'arreste nulle part et va par paīs » ; à Pluzunet, « Jehan Daniel pouvre cousturier boseu contrefait malade d'une jambe et n'a riens qui soit » ; « Rolland Bellec, plein d'idropisie, qui n'a de quoy vivre si non de ce que sa femme quiert entre les bonnes gens pour avoir soustenance » ; à Tréglamus, « Alain Todic, pouvre ancien de Cans et est malade au lit et sa femme lui quiert le pain » ; au Merzer, « Jehan Leguen, de quatre vingt ans et pouvre perclus et va o eschasses et sa femme est autant vieille et vivent de aumosnes » ; à Plouguiel, Guillaume Jolsou « perclus du mal Saint Maudez et sa femme ydiote » ; à Pleudaniel, la veuve Jean Madec, « pouvre agee de LXX ans et tremble par maladie et foiblesse de corps et vit de l'aumosne » ; près de là, « Jehan Pratezen ancien et misérable personne non marié et a presque perdu la veue et est devenu mendicant ».

Ces pauvres ont tendance à se réfugier dans les villes, qui offrent davantage de possibilités de mendier. Leur nombre s'accroît considérablement dans les faubourgs : en 1475, 74 des 291 chefs de famille de Saint-Michel de Guingamp, soit 25,5 %, sont totalement démunis ; 200 maisons sont abandonnées, dont 105 sont irrécupérables. En 1479, 15 % des Nantais sont dans le dénuement, et un rôle rennais recense 549 mendiants. Les calamités naturelles, les épidémies, mais aussi la pression fiscale sont responsables de cette paupérisation. Certains fuient leur lieu de résidence pour échapper à l'impôt, et la guerre de 1487-1491 va évidemment aggraver la situation. La duchesse Anne semble au début de son règne consciente du problème, et manifeste sa compassion, mais elle en prend assez rapidement son parti. Devenue reine, elle est de plus en plus coupée du contact direct avec la misère. Quelques gestes de charité rituels, qui ne pèsent pas très lourd, il faut bien le dire, à côté de ses achats de bijoux, sont à peu près tout ce qu'elle peut faire.

Dans les campagnes de son duché, la condition des paysans est dure. Le servage n'a disparu que deux ans avant son avènement. Car c'est bien une condition servile que celle des « mottiers », que l'on trouve en Léon, Cornouaille, dans la presqu'île de Crozon, sur les terres des Rohan : le paysan, attaché à la « motte », ne peut la quitter, sous peine de punition corporelle ; il ne peut transmettre ses biens qu'à ses enfants mâles légitimes, et paie pour cela un droit de mainmorte, le « gualoir ». Les désertions étant de plus en plus nombreuses, François II supprime ce statut en octobre 1486.

D'autres types de tenures sont particuliers à certaines régions et subsisteront jusqu'à la fin de l'Ancien Régime. La quévaise, par exemple, que l'on trouve dans les monts d'Arrée, sur les terres des Hospitaliers de Pont-Melvez et de La Feuillée, et sur celles des abbayes cisterciennes du Relec et de Bégard. Sa particularité réside dans le mode de transmission : la tenure, d'un journal de terre, va au plus jeune fils du tenancier, afin d'inciter les aînés à partir et à continuer le défrichement de cette contrée sauvage ; le seigneur récupère la tenure en cas d'absence d'héritiers en ligne directe, ou en remboursant la valeur du bien et des améliorations qui y ont été apportées. Ce type de contrat, destiné à l'origine à stimuler les défrichements, a perdu au XVe siècle sa rigueur. On voit alors les quévaisiers cumuler les tenures, les enclore, et devenir des propriétaires moyens et inexpugnables.

Les féagers sont beaucoup plus nombreux. Leur tenure, le « féage », ou « tenue », ou « place », comporte à la fois des terres chaudes en culture, des terres froides en prés ou landes, et des droits d'usage dans les bois et les landes. La tenure féagère se trouve dans toute la Bretagne. Les exploitations sont très petites (88 % des féages de Carnac à l'époque d'Anne ont moins de six hectares cultivés) et doivent des redevances en argent et en nature, assez modiques et fixes. Le bail à féage comprend l'obéissance féodale au seigneur et l'obligation d'utiliser son four et son moulin. Les paysans féagers sont toujours à la limite de la misère ; logés dans de misérables « mazières » de torchis, ils doivent compléter leurs revenus par un petit artisanat, la pêche, l'exploitation de landes.

Typiquement bretonne est la tenure convenancière ou domaine congéable, qui unit dans un contrat de six ou neuf ans, renouvelable, un « foncier », propriétaire de la terre, et un « domanier », propriétaire de tout ce qui en dépasse, les « édifices » ou « superfices » (bâtiments, haies, talus, arbres). Le foncier ne peut congédier son domanier qu'en lui remboursant la valeur des édifices. Des variations existent entre différents « usemens », comme ceux du Broërech et de Rohan. Là encore, il s'agit d'un type de tenure destiné à l'origine à stimuler le défrichement.

Plus à l'aise sont en général les fermiers, qui louent des surfaces souvent plus considérables, pour une longue durée, fréquemment aux alentours immédiats des villes, des châteaux et des abbayes. Formule plus simple, plus pratique et plus rentable pour le seigneur, le fermage progresse beaucoup au XVe siècle, dans toute la Bretagne. En 1540, 256 des 634 tenures de la seigneurie de Kerouzéré, dans le Léon, sont affermées, soit 40 % des exploitations, qui fournissent 75 % des revenus seigneuriaux. À la fin du XVe siècle, les fermes du domaine proche du seigneur de Quintin lui rapportent 18 à 28 livres par an chacune. Enfin, les métayers, qui exploitent des terres nobles de la seigneurie, contre une redevance en nature, et qui sont exemptés du fouage, font figure de privilégiés. Ils cèdent en général le tiers ou le quart de la récolte et des animaux, mais le pouvoir ducal veille à limiter l'extension de ces riches métairies qui échappent au paiement de l'impôt direct.

L'étude précise de la paroisse de Carnac en 1475, réalisée par J. Gallet, donne une image globale du niveau de vie des paysans bretons à l'époque d'Anne. Sur 171 familles connues, 19 sont trop pauvres pour payer un quelconque impôt ; journaliers, malades, vieillards, handicapés, gardiens de vaches, victimes des accidents du temps, ils sont souvent réduits à la mendicité. Soixante-cinq sont à la limite de l'indigence, et ne contribuent que pour un quart à un vingtième de feu ; certains, avec cinq hectares de terre pour entretenir une famille nombreuse, sont à la merci du moindre accident pour tomber dans la catégorie des miséreux. C'est-à-dire que la moitié des paysans sont dans une grande pauvreté. Pour le reste, 82 familles cotisent pour un quart, un demi ou un tiers de feu, et sont qualifiées de « bon ou assez bon petit ménage », vivant correctement. Enfin, cinq foyers représentent à eux seuls 9 % du fouage de la paroisse ; ils vivent dans une relative aisance, avec « une tenue très bien logée ». Le tableau n'est pas sensiblement différent de ce qu'on trouve alors dans les campagnes françaises. Mais lorsque Alain Bouchart, à la fin du règne d'Anne de Bretagne, parle de ces années comme d'un temps béni où « l'on n'eût trouvé si petit village où il n'y eut vaisselle d'argent à foison », il est victime de ses propres rêves sur l'âge d'or. Il est regrettable qu'une certaine historiographie romantique ait pris cette expression à la lettre. La Bretagne de la duchesse Anne est loin d'être le paradis terrestre, même si elle est relativement épargnée par les grandes catastrophes.

Ces paysans vivent dans le cadre des seigneuries, dont le fonctionnement est bien connu grâce à la multiplication des monographies universitaires. Celle des Huguetières, située près du lac de Grandlieu, au sud de Nantes, relève du sire de Châteaubriant, qui en confie la gestion à un receveur, personnage compétent, responsable de l'organisation des travaux et de la perception des droits ; il est secondé par un sénéchal, responsable de la justice, par un procureur, qui représente le Domaine devant les tribunaux, par des agents forestiers et par des sergents. Les comptes, qui subsistent pour la plus grande partie du règne d'Anne, montrent que le quart des recettes, soit environ 220 livres, proviennent des droits domaniaux, tels que le cens féager, dont le taux est faible, perçu en argent. Il faut ajouter le produit des métairies, vendu au marché, et la taxe de cornage sur les troupeaux qui paissent dans les landes de Machecoul et de Paux. Les droits de ban, qui viennent du pouvoir seigneurial de commander et punir, comprennent les taxes d'usage des fours et moulins, les droits de sel sur chaque contrat, les amendes et confiscations pour menus délits. Les « coutumes » recouvrent tous les droits de péage, d'étalage à l'intérieur des halles. Les droits féodaux comprennent les aveux et rachats à chaque succession. Ajoutons-y encore des tailles et corvées, relativement modérées, mais très mal vécues par les paysans.

Au total, les revenus de cette châtellenie se décomposent de la façon suivante : 26 % proviennent des ventes de bois, 24 % des rentes en argent, 11,6 % des amendes, 9,5 % des rentes en nature, 9 % des cornages, 6,2 % des droits de mutation, 2,5 % des fours et moulins, 2 % des coutumes, 1 % des métairies. Les dépenses sont d'abord le paiement des gages (25 %), les dons et rentes aux églises (17 %), l'entretien du matériel (11 %), puis les achats de vivres (10 %). À l'époque d'Anne, le rapport recettes-dépenses a plutôt tendance à s'éroder. C'est l'une des préoccupations de la noblesse bretonne, qui contribue à expliquer son attitude turbulente et ses hésitations entre la couronne ducale et la couronne royale. Le caractère fluctuant des fidélités doit beaucoup aux incertitudes du revenu seigneurial, pour des personnages qui sont souvent possessionnés des deux côtés de la frontière.

Cela est patent dans la région dite des « marches », cette zone floue entre France et Bretagne, à l'est du duché, où l'on distingue théoriquement trois cas. Dans les paroisses en régime de « marches communes », les droits de juridiction et de fief sont partagés entre le roi et le duc ; dans les « marches avantagères », le droit de fief appartient soit à l'un, soit à l'autre ; les marches « contr'hostées », enclavées dans les précédentes, ne relèvent également que d'un seul seigneur au point de vue du fief. Cette situation concerne surtout les zones limitrophes de l'Anjou et du Poitou. Au nord, à la limite du Maine et de la Normandie, on a les « marches de guerre », jalonnées de bornes. Ces territoires sont évidemment les premiers exposés en cas de conflit avec la France, comme en 1487-1491. Les dégâts y sont alors considérables. Les forêts de Saint-Aubin-du-Cormier et de Liffré, par exemple, sont qualifiées en 1500 de « ruynées et dépopulées », et le procureur du roi, Guy Satin, tente d'en interdire l'usage pour cinquante ans.

Un peu partout, d'ailleurs, la forêt bretonne est surexploitée et fait place à la lande. Exploitation du bois, droits de passage et de glandée, activités des sabotiers, tonneliers, armuriers, charbonniers, chasse intensive, légale ou braconnière, cueillette contribuent à épuiser les derniers grands massifs forestiers de Paimpont, Loudéac, Quénécan, La Guerche, Touffou et autres, et les quelques mesures de réglementation prises pendant le règne d'Anne montrent que l'on est conscient du problème.

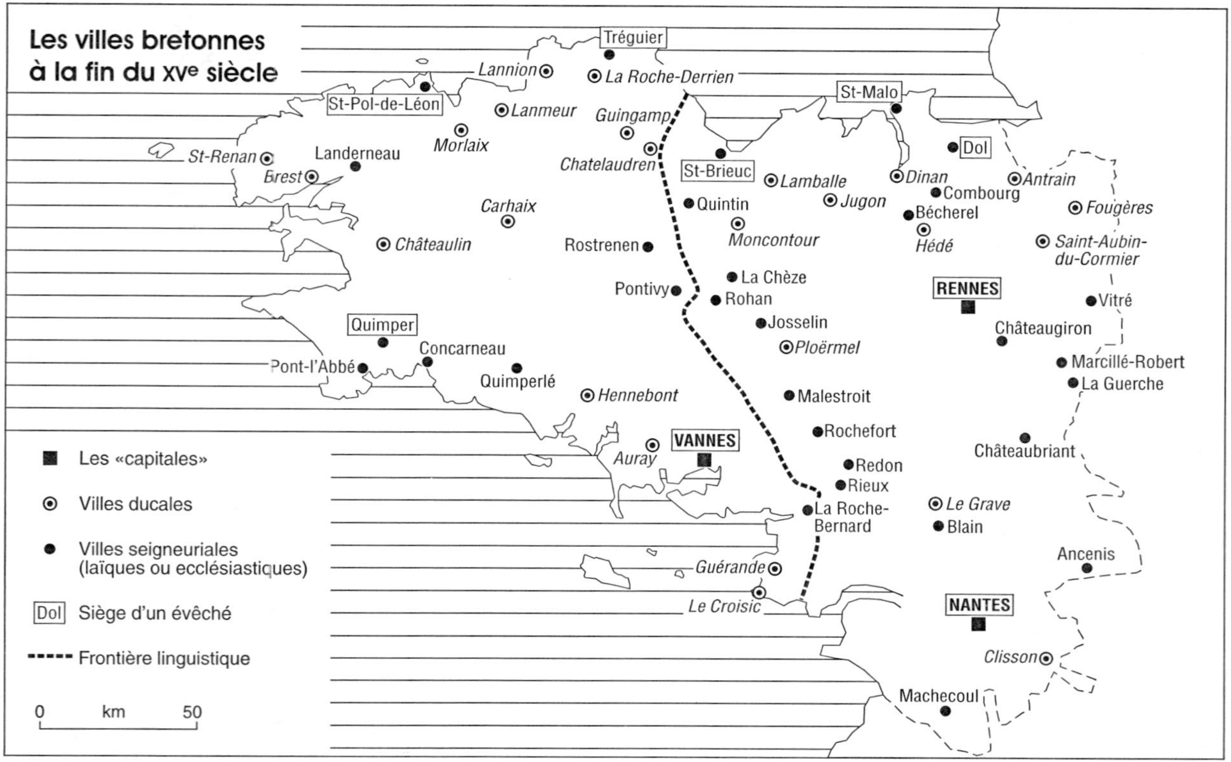
Les villes bretonnes
à la fin du XVe siècle
Tréguier
Lannion
La Roche-Derrien
St-Malo
St-Pol-de-Léon
Lanmeur
Guingamp
Morlaix
St-Renan
Landerneau
Brest
Chatelaudren
St-Brieuc
Lamballe
Dinan
Dol
Antrain
Combourg
Jugon
Quintin
Bécherel
Fougères
Carhaix
Châteaulin
Rostrenen
Moncontour
Hédé
Saint-Aubin-
du-Cormier
La Chèze
Pontivy
Rohan
RENNES
Vitré
Josselin
Châteaugiron
Quimper
Ploërmel
Concarneau
Marcillé-Robert
Pont-l'Abbé
Quimperlé
La Guerche
Hennebont
Malestroit
Rochefort
VANNES
Auray
Châteaubriant
Redon
Rieux
Le Grave
La Roche-
Bernard
Blain
Ancenis
Guérande
Le Croisic
NANTES
Clisson
Machecoul
Les «capitales»
Villes ducales
Villes seigneuriales
(laïques ou ecclésiastiques)
Dol
Siège d'un évêché
Frontière linguistique
0
km
50

100 000 urbains

Seulement 7 % des sujets de la duchesse Anne habitent dans des localités que l'on peut qualifier d'urbaines. Encore celles-ci sont-elles d'une taille réduite, puisque deux seulement dépassent 10 000 habitants : Nantes (14 000), et Rennes (13 000). Vannes atteint tout juste 5 000 habitants, tandis que Fougères, Morlaix et Guérande sont à 4 000, Guingamp à 3 500, Lamballe à 1 700, Brest à 1 200, Châteaubriant à 1 100, et Auray à 1 000. Les chiffres manquent pour Dinan, Saint-Malo, Dol, Vitré, Quimper et autres, qui doivent également se situer entre 1 500 et 5 000 habitants. Toutes les autres sont en dessous du millier, chiffres dérisoires en comparaison de nos mégapoles, évidemment (songeons que tous les Bretons de la péninsule en 1500 ne représentent même pas la population actuelle de Lyon par exemple !), mais également bien faibles à côté des grandes villes françaises de l'époque, Paris et ses 300 000 habitants, Rouen, Lyon et Bordeaux avec environ 30 000. De plus, la densité de population urbaine est relativement modeste. À Rennes, où sont recensées environ 1 500 maisons sur les 62 hectares enclos, la moyenne est de 24 maisons à l'hectare, alors qu'à la même époque on en compte 51 à Gênes et 90 à Danzig. Le tissu urbain est relativement lâche, avec encore beaucoup de jardins.

Ces villes, presque toutes fortifiées, sont fort sales. Les témoignages reviennent avec insistance sur la puanteur et la saleté qui y règnent. Contentons-nous d'un exemple nauséabond parmi bien d'autres. À Rennes, les registres municipaux de 1508 mentionnent que les enfants et les adultes font leurs besoins sur les remparts, en particulier près de la chapelle Saint-Denis, lieu favori de promenade des notables, « a raison du bel grant hair et hault lieu » ; les enfants des écoles en particulier utilisent cet endroit sans retenue : « En lendroit de partie desdites murailles y ait assiepte de creneaulx esquelz chaincun jour les petiz enffans de lescolle de ladite ville vont faire leurs immondicités aussi autres personnaiges de ladite ville. Quelles choses redondent en obprobre et font chacun jour ennuy et empeschement aux passans et repassans environ lesdits lieux qui serait causse à continuer les choses en lestat de grant dommaige, perte et prejudice, aussi que lesdits enffans descolles au moyen de la distance des où se tient ladite escolle et où se font lesdites immondicitez perdent le temps que ils devraint emploier à lestude en allant et venant de l'un desdits lieux à lautre. »

L'état des rues ne vaut guère mieux, et ce ne sont pas les rares mesures de nettoyage prises à l'époque qui changent grand-chose : à Rennes toujours, quatorze manœuvres sont employés en 1473 pour « oster les ordures et infections » le long des murs, tandis qu'en 1478 on interdit, vainement, d'élever les porcs dans les rues. Les quelques canaux collecteurs sont souvent bouchés. À Nantes, à partir de 1488, un charretier est supposé enlever les ordures deux fois par semaine, mais cela est très insuffisant. À l'extérieur des remparts, dans les faubourgs et l'espace péri-urbain, la situation n'est pas meilleure. S'il reste des prés et jardins, on y trouve aussi les léproseries, hôpitaux, ateliers polluants, cabanes misérables, voisinant avec les moulins et les chapelles des saints guérisseurs.

Les villes bretonnes n'ont obtenu leur autonomie administrative que très tardivement, au cours des XIVe et XVe siècles. Il n'y a pas eu ici de mouvement communal arrachant de force des chartes de franchises, mais ces dernières ont été progressivement octroyées pendant les conflits dynastiques de la guerre de Succession et les périodes de tension avec la France qui ont suivi, afin d'assurer la fidélité des centres urbains au pouvoir ducal. Le mouvement vient tout juste de s'achever, sous François II, et l'on comprend que sa fille, la duchesse Anne, jouisse d'une grande popularité auprès de la bourgeoisie, qui sera son plus ferme soutien contre la France. C'est dans les villes que se développera la légende de la bonne duchesse. Toujours elle y sera accueillie avec enthousiasme ; il n'en sera pas nécessairement de même dans la noblese et chez les paysans.

Les communautés urbaines savent qu'elles tiennent toutes leurs libertés collectives et leurs privilèges, comme l'exemption du fouage, du pouvoir ducal ; elles sont attachées à ce dernier, et veillent avec un malthusianisme certain à réserver leurs avantages aux seuls résidents. Tout nouveau venu doit être cautionné, prêter serment, s'engager à résider.

Les villes sont dirigées par le conseil des bourgeois. Sa composition est variable, mais il comprend toujours, bien entendu, les plus riches, « la maire et principale partie des citadins », se réunissant dans une chapelle ou, de plus en plus, dans une « maison commune ». Un procureur des bourgeois défend les intérêts collectifs devant les tribunaux et représente la ville aux états. Les miseurs tiennent les comptes et dirigent les travaux, pour 20 à 60 livres par an. La municipalité emploie également des greffiers, des gardes, des maîtres d'œuvre, des médecins. Enfin, le pouvoir ducal est représenté par un capitaine, souvent noble, qui siège au conseil et s'occupe surtout des questions de défense et de sécurité.

Le budget urbain repose sur la perception de taxes sur l'entrée des boissons, du textile, du sel, des métaux, des produits manufacturés ; à ces droits d'octroi ordinaires s'ajoutent le droit de billot sur les vins, et des revenus variés tels que tailles occasionnelles, ventes de matériaux, emprunts. Ces recettes augmentent partout : celles de Rennes passent de 5 000 à 10 000 livres entre 1450 et le début du règne d'Anne, dont plus de la moitié provient des taxes sur les vins. À Quimper, les rentrées se situent aux alentours de 2 000 livres. Il est vrai que les dépenses augmentent énormément sous François II et Anne, l'entretien et la remise en état des fortifications représentant plus de 50 % du total, plus 5 % pour l'armement, 3 % pour l'entretien des ponts, 10 % pour les gages des officiers.

Deux capitales : Nantes...

À la tête de la hiérarchie urbaine, Rennes et Nantes, dont la rivalité s'accentue sous le règne d'Anne. D'importance démographique à peu près égale, aucune des deux n'est véritablement la capitale du duché, on l'a dit, même si un texte décore Rennes du titre de « ville capital ». Elles se partagent en effet les fonctions : à Rennes le couronnement ducal ; à Nantes la résidence favorite de la cour et le siège de l'université à partir de 1460, tandis que les états se réunissent tantôt dans l'une, tantôt dans l'autre.

Il est révélateur que ces deux villes, les plus grosses du duché, très décentrées vers l'est, tournent le dos économiquement à la Bretagne. Pour les affaires, c'est vers la France qu'elles regardent. Ce n'est pas un hasard si Rennes consacre 75 % des dépenses en pavés aux routes qui conduisent vers les provinces voisines, contre 12 % à celles qui mènent vers l'intérieur breton. Aux sept grandes foires annuelles, on rencontre essentiellement des marchands normands, angevins, tourangeaux, auvergnats et lyonnais. De son côté, Nantes regarde vers le large et vers la Loire, où les bateaux remontent vers Angers, Tours, Orléans. La duchesse Anne, élevée surtout à Nantes, ne sera pas dépaysée dans ses résidences royales de Blois et d'Amboise. Par son éducation et son entourage, elle est certainement plus proche d'Orléans que de Brest.

À Nantes, Anne est aussi en contact avec des communautés de marchands et de banquiers étrangers, espagnols en particulier. Ces derniers sont établis dans les quartiers proches de La Fosse et du port Briand-Maillard. L'immigration espagnole a été très importante dans la seconde moitié du XVe siècle, venant du Pays basque, mais aussi de Castille et de Valence. Bien organisés, les Espagnols de Nantes ont un consul, un procureur et un boursier pour organiser la redistribution de leurs produits. Leur rôle économique est essentiel, comme le signalent déjà en 1468 les fermiers de l'octroi Yvonet Gareau et Jehan Toublanc, dont la déclaration est en même temps un bon tableau des activités commerçantes de Nantes :

« Il est ainsi que le plus grand part et presque toute la marchandise qui se fait en ceste ville et forsbourgs est par ceulx de ladite nacion d'Espagne et par ceulx qui à l'occasion viennent en ceste ville. La plus grande et saine partie de la ville et forsbourgs de Foulgière, se condduit et gouverne au fait de drapperie, les quelx draps et queque soit la pluspart d'iceulx ils amainent en ceste ville et là y vendent et distribuent... et de l'argent qui en est extrait en achètent des balles de layne, qui sont dudit païs d'Espaigne... et maintes fois recedent leurs draps à marchans estrangers comme de Poictou et d'autres gens d'autres nacions... Semblablement les marchans des parties de Vitré, La Guerche, Lohéac, Saint Meen et autres lieux où se font les canevaz... Pareillement les marchans de l'evesché de Saint-Brieuc faisant toiles... Pareillement de Basse Bretaigne vient grant nombre de toilles que on appelle craez, que lesdits Espaigneuls achetent des marchans de Bretagne... Aussi les marchans de Rennes, Dinan, Chasteaugiron, Bayn, où l'on a acoustumé de draper... les marchans de Normandie... Aussi les Espaigneuls ont accoustumé de amener par chascun an, en ceste ville de 5 à 6 000 balles de layne, dont la pluspart se vend en ceste ville... Aussi pareillement vient dudit pays d'Espagne grant nombre de fer, acier, cires, cuirs, amènent des figues et aultres grans marchandies... Et généralement presque toute la marchandie que les estrangers font en ceste ville à l'occasion de ladite nacion d'Espaigne et ne sauroient guères que venir quérir en cest ville les estrangers si ce n'estoient lesdits Espaigneuls. »

La colonie espagnole de Nantes est bien intégrée, et plusieurs de ses membres pénètrent même jusque dans les milieux de la cour ducale, comme François de Pamplicque, secrétaire de François II, qui est le parrain en 1475 de François d'Avaugour. Anne de Bretagne, dont la mère Marguerite de Foix a des liens avec l'Espagne, a aussi dans son entourage plusieurs Ibériques, comme son maître d'Hôtel Loppe Discatillo, son écuyer tranchant Juan, sa garde-robière Aliénor. À plusieurs reprises, elle témoigne son attachement pour ce peuple et ses coutumes. D'autres noms d'Espagnols reviennent au cours de son règne dans la cité nantaise : Jean Houys devient procureur de la paroisse Saint-Nicolas en 1480, et c'est Alonso de Mirande qui lui succède en 1498, tandis que Bernardin de Médine est naturalisé en 1492 et que Martin d'Arande est membre du conseil des bourgeois de 1496 à 1503. Plusieurs Espagnols sont mentionnés comme parrains dans les baptêmes : Pierre de Valence, Martin de Bétane. Certains se marient avec des bourgeoises nantaises : Gonzalo de Compludo (1503), Francisco de Heredia (1502), Bernardin d'Espinoze (vers 1503), et bien d'autres.

La communauté espagnole est l'élément le plus actif du port de Nantes, sans que cela provoque des mouvements xénophobes, sauf peut-être pendant de courts moments en période de guerre. Il est vrai que les marchands locaux sont plutôt passifs. Nantes est une ville de transit, de redistribution, d'entrepôt, surtout pour le sel, le vin, le fer. La création par Anne d'une deuxième foire franche en 1493 contribuera à accroître les volumes échangés : en 1495, on reçoit 10 000 muids de sel et on en redistribue 6 500, tandis que les importations de vin montent à 4 752 tonneaux, puis à 7 071 en 1505. « Il n'en reste pas moins, écrit H. Touchard dans son étude sur *Le Commerce maritime breton à la fin du Moyen Âge*, que les navires nantais ont une place négligeable dans la marine bretonne. Leur rôle est passif : Jean Spinolle ou Pierre Rouillé trafiquent indifféremment des vins, des toiles ou des merceries amenées par d'autres d'amont en aval ; les marchands de fer et les casseurs d'acier dépendent des importations espagnoles. D'autres stockent le sel et participent avec les "marchands fréquentant la rivière de Loire" à son transport vers l'intérieur. En fait, les familles les plus riches s'intéressent plus aux profits des fermes de l'impôt qu'au commerce. [...] Dès qu'elles le peuvent, ces familles abandonnent toute activité commerciale au profit des professions libérales, de l'administration, ou après achat de seigneuries pour vivre noblement. » Régulièrement, on retrouve les noms d'anciens marchands parmi les miseurs, procureurs, fermiers des taxes et acheteurs de seigneuries : les Delaunay, Thomas, Chauvin, Gerraud, Blanchet, Spadine.

En fait, Nantes vit beaucoup de la présence de la cour ducale, grosse dépensière, qui attire les ambassadeurs et princes étrangers. Le mariage d'Anne et son départ vers la cour de France sera un rude coup pour la cité, dont la clientèle se réduit dès lors au personnel administratif, religieux, universitaire.

... et Rennes

À l'inverse d'aujourd'hui, Rennes paraît économiquement plus active. C'est un carrefour fréquenté par les Espagnols mais aussi par les Anglais, les Écossais, les Irlandais, les Normands, les Angevins. Dans ses sept foires, on achète des draps (60 % des échanges), des merceries (16 %), de la quincaillerie.

Les métiers sont très actifs. La confrérie des merciers et des épiciers, qui regroupe en 1498 plus de 300 membres, dont 164 femmes, illustre cette vitalité, avec les Thierry, les Dumesnil, les Gay et autres Bernardais, qui font commerce des produits les plus variés à travers l'Europe. Draperie, teinturerie, artisanat du cuir, marchands de vin et de bestiaux procurent également des revenus très importants. Là encore, le passage de la cour, qui réside parfois à l'hôtel de la Garde Robe, rue Saint-Yves, est l'occasion d'importants profits. En 1492, un négociant en vin se plaint de ce que la reine Anne ne se soit pas arrêtée un mois dans la ville comme prévu, car cela a fait perdre 2 400 litres de vin à sa confrérie. Parmi les riches, signalons aussi des monnayeurs, des notaires, des tapissiers, comme ces cinq familles d'Arras qui s'établissent à Rennes en 1477, et même quelques médecins, comme ce Jehan de La Roche, capable d'acheter quatre maisons pour 2 000 écus.

Ces bourgeois aisés habitent dans le quartier de la cathédrale, près de la Cohue, du Marché-à-l'Avoir, ou dans la Ville Neuve, rues de la Baudrairie, de la Parcheminerie, aux Foulons, ou près des portes Saint-Georges et Saint-Germain. Là, ils se font construire des hôtels ou manoirs urbains, avec porche, cour intérieure, galeries boisées, puits, jardin et verger. Le manoir de la Vayrie, près de la Porte Blanche, appartenant à la famille

Uguet, a 11 mètres de haut, cinq cheminées, une immense salle de réception de 60 pieds sur 27. Ceux de Maître Pierre, de Jehan de La Rivière, du seigneur de Fontenay sont également grandioses. Les propriétaires ont un train de vie somptueux et donnent des réceptions presque princières : ainsi, en 1491, un notable, François de Sorie, reçoit l'évêque d'Albi et sa suite ; il lui offre un banquet pour lequel on prépare 35 perdrix, 32 pigeons, 86 poulets, 20 chapons, 7 oies, 18 lapins, 5 moutons et demi, 8 quartiers de veau, 8 cochons, 7 langues et 2 « ventres » de bœuf, 60 boudins, pour ne parler que des viandes. Le reste à l'avenant, arrosé par 400 litres de vin blanc d'Anjou, 400 litres de vin de Gascogne, 20 pots de vin clair, 3 pots de vin aigre, 6 pots de verjus, et 11 pots de vin rouge pour les sauces...

Les grands notables de Rennes ont des disponibilités financières étonnantes : 224 bourgeois souscrivent à l'emprunt municipal de 1487, pour 3 124 livres, et 368 à l'emprunt de la duchesse Anne en 1491. À cette occasion, les Thierry avancent à eux seuls 4 000 livres, et ont au total un crédit de 38 280 livres auprès de la souveraine. C'est à la fois la preuve et la garantie de leur attachement à la duchesse reine. Leur mobilier est d'un tel luxe que le pouvoir s'adresse à eux pour se procurer des pièces précieuses que l'on offre en cadeaux aux visiteurs de marque : en 1487, la ville achète pour 1 220 livres de vaisselle d'argent à Julien Thierry et Guillaume Baud pour offrir au duc d'Orléans.

Les notables monopolisent évidemment la direction de la ville, au sein de la « communauté » ou « congrégation », qui se réunit dans la Halle, à la chapelle Saint-Yves, au couvent Saint-François et surtout, à partir de 1492, dans de nouveaux locaux à l'emplacement de la Vieille Monnaie. Dans ce conseil d'une trentaine de personnes le procureur des bourgeois prend rapidement un ascendant décisif. Lors des événements dramatiques du début du règne d'Anne, en 1488, la bourgeoisie rennaise va témoigner son attachement à la jeune duchesse, bonne occasion de manifester à nouveau sa rivalité avec Nantes, alors tenue par Rieux.

Le paysage urbain rennais est en pleine transformation dans la seconde moitié du XVe siècle. L'achèvement en 1476 de la troisième enceinte, qui porte à 62 hectares la superficie protégée, est évidemment capital. Les nouveaux quartiers, à l'habitat plus lâche, comprennent plusieurs établissements religieux à l'est, et des quartiers artisanaux malsains, où serpentent les eaux paresseuses de la Vilaine au sud. Dans la vieille ville, autour de la cathédrale gothique achevée en 1359, les constructions se pressent. Les hôtels sont exigus et inconfortables. Dans l'un d'entre eux, rue Saint-Denis, résideront les dames d'honneur de la duchesse Anne pendant le siège de 1491 ; ce serait l'origine du nom actuel de la rue des Dames, bien que certains pensent que l'appellation soit due à la présence des prostituées, dont c'était un des quartiers favoris.

Les monuments civils d'importance sont peu nombreux. Le plus récent et le plus spectaculaire est la tour de l'Horloge, au nord de la ville, près de la vieille enceinte : achevée en 1471, agrémentée de gargouilles en têtes de dragons, elle n'a pas moins de cinquante mètres de haut, et est surmontée par une statue dorée de saint Michel, grandeur nature, qui frappe le diable de son épée à chaque heure, tandis qu'un carillon joue le *Regina Coeli laetare*, et l'*Alleluia* à chaque demi-heure. La grosse cloche, « Madame Françoise », de 29 000 livres-poids, a été mise en place en 1484. C'est une des célébrités de l'époque, comme en témoigne ce passage de *Pantagruel* : « Pleust à Dieu que chascun de vous eust deux paires de sonnettes de sacre au menton, et que je eusse au mien les grosses horloges de Renes, de Poictiers, de Tour et de Cambray pour veoir l'aubade que nous donnerions au remuement de nos badigouinces. » Sous François II, trois nouvelles cohues ont également été construites. Ce sont, avec les trois hôpitaux, la vieille halle, les cinq chapelles, la cathédrale, les couvents, les églises Saint-Germain et de Toussaints, les seuls monuments notables.

L'enceinte, avec ses fossés et ses boulevards, est déjà insuffisante. En 1485, François II a même envisagé une quatrième extension, à laquelle il renonce, faute de crédits. L'entretien des murs pose problème, mais comme pour Nantes, le siège de

1491 prouvera malgré tout que la ville est encore capable de résister à une attaque de grande envergure.

Comme ailleurs, l'essentiel des travaux est financé par les buveurs de vin, puisque 75 % des revenus proviennent du droit de billot. L'ensemble des recettes dépasse régulièrement les 6 000 livres à partir de 1482, et atteint même les 10 000 livres au début du règne d'Anne.

Sur le plan féodal, la composition de la ville de Rennes est complexe, puisque certains quartiers aux alentours de la vieille muraille dépendent du domaine ducal, d'autres, dans le secteur du Bourg-l'Évêque, du régaire épiscopal, d'autres encore du fief du chapitre, des seigneuries ecclésiastiques de Saint-Melaine, des Hospitaliers, des hôpitaux, d'autres enfin des seigneurs de Fougères.

Le site rend la ville vulnérable aux inondations, qui sont catastrophiques en 1480 dans le quartier de Toussaints. De plus, la ville manque cruellement d'eau potable et l'hygiène y est déplorable. Puits et fontaines sont contaminés par les fosses d'aisance et les égouts ; la Vilaine sert de dépotoir, et il n'est pas surprenant que les maladies de type dysenterie soient endémiques. C'est sous le règne d'Anne, en 1493, qu'une canalisation amènera de l'eau à peu près propre de la paroisse proche de Saint-Grégoire.

Parfois, la ville s'anime, lors des fêtes religieuses par exemple, où l'on représente des mystères, et lors de célébrations exceptionnelles liées aux événements politiques : mariages, naissances, victoires, paix. Le mariage d'Anne et de Charles VIII, les 23 et 24 décembre 1491, sera l'occasion de réjouissances mémorables, avec feux de joie, vin gratuit, musique, ambiance assurée par deux fous publics.

En temps ordinaire, la vie est difficile. Le monde des ouvriers, apprentis, petits artisans est toujours à la limite de la subsistance. Il comprend une trentaine de métiers, dont dix-sept sont organisés en jurandes, avec des règlements dûment enregistrés. Ces « privilèges et statuz concédés par les ducs et duchesses de Bretaigne » favorisent une élite de patrons, qui contrôlent le conseil, choisissent les jurés, « abbés » ou

« prévôts ». Ces organisations fixent la durée de l'apprentissage, les conditions d'accès à la maîtrise, les règles de fabrication. Les procès entre elles sont nombreux : drapiers et teinturiers rennais sont constamment devant les tribunaux au XVe siècle. En dehors de ce système corporatif, les grands chantiers, tels que la construction des remparts, peuvent mobiliser 300 à 400 ouvriers, sous la direction d'un maître d'œuvre. Parmi eux, une élite ouvrière, composée de sculpteurs, verriers, peintres-décorateurs, facteurs d'orgue, horlogers, fondeurs de cloches et de canons. Les étrangers ne sont pas rares parmi eux : Allemands, Anglais, Flamands, Hollandais, Espagnols. Ce sont surtout les chantiers de monuments religieux qui font appel à ces spécialistes. S'il n'y en a pas à Rennes à cette époque, on voit travailler à la cathédrale de Tréguier le sculpteur hollandais Jean de Diest, les peintres rhénans Gérard Dru et Albert de Horst en 1484-1486.

Le niveau de vie de l'ouvrier ordinaire est très précaire. En période normale, un maître perçoit en moyenne 3 sous 4 deniers par jour, soit 42 livres par an, en tenant compte des 115 dimanches et jours chômés ; l'ouvrier peut gagner une trentaine de livres, mais il y a de fortes différences suivant les métiers ; quant au manœuvre, il peut escompter 20 deniers par jour, soit une vingtaine de livres par an. Or un repas ordinaire coûte précisément 20 deniers, un pot de vin, 10 deniers, et une chambre dans les bas quartiers du sud de la Vilaine se loue 5 livres par an. La marge qui sépare la subsistance de la pauvreté pour une famille ouvrière est donc étroite. Lorsque la guerre s'en mêle, c'est la flambée des prix et des salaires : entre février 1487 et décembre 1489, les salaires des manœuvres rennais augmentent de 300 %, ceux des maçons et charpentiers de 400 %, mais les prix des vivres grimpent encore plus vite.

Dans les bas-fonds de la population rennaise, outre les 549 mendiants recensés vers 1490, on trouve de nombreuses prostituées, dont les tarifs sont assez élevés : 20 sous pour la nuit en 1490, soit sept fois le salaire quotidien d'un maître. Mais on peut trouver meilleur marché pour une passade dans les fosses, les jardins ou les chapelles. Le chapelain de Saint-James, excédé, parle des « chambrières et femmes de mauvais gouvernement ayant parolles et faisant marchez impudiques pour plus et facilement accomplir leurs impudicitez et villaynies [qui] se retirent en ladite chapelle qui est faire grant opprobre et scandal à l'église et terre saincte et immunité ». Le fait n'est évidemment pas spécifique à Rennes. À Nantes, les prostituées hantent le quartier Saint-Léonard, où se trouve le couvent des Carmes, et l'on dit même que ces derniers sont de bons clients et qu'ils tirent bénéfice de certains lupanars. Ce qui est sûr, c'est qu'un texte de 1494 parle de « pluseurs estuffes et aultres maisons denvyron les caves et ailleurs en ladite ville... esquelles y habandonnent et se tiennent résidemment pouvres filles abandonnez de leurs corps et y vont et viennent grand nombre de gens tant estrangiers que aultres à eulx estuffez et passez temps o lesdites pouvres filles ».

Dans la bourgade de Quimperlé il y a en 1494-1495 une prostituée officielle qui sert d'hôtesse aux officiers ducaux de passage, et à Guingamp le porche de la basilique Notre-Dame est le lieu de racolage le plus fréquenté.

Les autres villes

Loin derrière Nantes et Rennes, Vannes et ses 5 000 habitants bénéficie de la présence de la chambre des Comptes, qui oblige les receveurs et officiers de finances du duché à des séjours plus ou moins longs, et des passages assez fréquents de la cour. Anne connaît bien cette ville, la plus occidentale de celles qu'elle fréquente en Bretagne. La seigneurie en est partagée entre le fief ducal, celui de l'évêque, celui des chanoines et celui de Loyon. L'extension des faubourgs témoigne de la progression de l'agglomération à la fin du XVe siècle : on y compte 575 maisons et 278 jardins, alors que la cité close n'en comporte respectivement que 274 et 38.

On retrouve l'importance des faubourgs à Guingamp, où le tracé des remparts n'a pas changé depuis des siècles. On trouve ici une particularité unique en Bretagne : les bourgeois possèdent collectivement un fief territorial, qui leur a été donné au XIVe siècle par Charles de Blois, et qui fait d'eux les coseigneurs de la ville, avec les Penthièvre, l'abbaye de Sainte-Croix, et des prieurés. L'artisanat du cuir et des toiles est ici très actif. Fidèle à François II et à Anne, la ville souffre beaucoup des sièges répétés des années 1487-1491.

Parmi les autres villes, mentionnons Vitré, grand centre textile, exportant les toiles vers l'Espagne, le Portugal, la Flandre, et les deux ports les plus actifs de la péninsule : Morlaix et Saint-Malo. Morlaix est la seule ville de la basse Bretagne à pouvoir rivaliser sur le plan des affaires avec les centres de la haute Bretagne. Au milieu d'un riche pays agricole, elle produit les fameuses toiles de crées, et dispose d'un port abrité de fond de ria, presque à la pointe de l'Europe. On y voit prospérer une classe marchande issue de la petite noblesse et de la bourgeoisie, combinant des activités diverses, marchandise, ferme des impôts, offices, course et piraterie. Ce milieu opulent, où se distinguent les Quintin, Forget, Guyngan, Le Bigot, Le Lagadec, Coëtanlem, se fait construire de grandes maisons à lanterne, c'est-à-dire avec cour intérieure longée de galeries de bois ouvragé, inspirée des *patio* espagnols.

Les marchands morlaisiens sont très présents à Bordeaux, La Rochelle, Madère, en Espagne et surtout en Angleterre, à Exeter. Là, en 1492-1493, leurs bateaux représentent plus de la moitié des 88 navires bretons, et surtout 88 % du chiffre d'affaires commercial de ces derniers. Ils vendent dans ce port toiles de crées et canevas, achètent draps et étains, et leurs affaires sont de taille nettement supérieure à celles des autres Bretons : le marchand est ici distinct du marin, et sur les 38 qui fréquentent Exeter, 9 concentrent 45 % du total. Les plus célèbres sont les Coëtanlem, d'origine noble, dont plusieurs membres se distinguent à l'époque d'Anne : Mathieu, fermier du devoir de billot en 1488, et surtout Nicolas, armateur, marchand, corsaire, fermier de l'impôt sur les vins en 1473, 1493, 1494, importateur d'étains et de draps, exportateur de vins et de toiles, prêteur sur gages, banquier à l'occasion, en relation avec les marchands espagnols, bordelais, angevins, limougeauds, nantais, propriétaire des seigneuries de Keraudry, Triénin, Kérantour, Pénanrou. La duchesse Anne apprécie visiblement l'audace du personnage, dont les descendants pourtant renieront les activités marchandes, affirmant en 1539 avec aplomb que jamais Nicolas ne s'est « esmellé de nul traficque de marchandise » !

Saint-Malo, qualifié par Charles VIII de « plus beau port de mer qui soit en nostre royaume », occupe une place très particulière dans le duché. Point de débarquement privilégié des Anglais, cette ville, sur laquelle la monarchie prétend avoir des droits, ne se sent pas vraiment bretonne. On y trouve de nombreux immigrants normands, et la population, très indépendante, fréquemment en conflit avec les seigneurs que sont l'évêque et le chapitre, est rétive à toute autorité. C'est autant pour tenir en respect la ville que pour la protéger que François II et Anne font construire les tours massives du château qui sépare le rocher de la terre ferme : tour « Générale », tour des « Moulins », tour des « Dames », et la fameuse tour « Qui qu'en Groigne », qui manifeste la volonté de la duchesse d'imposer son autorité à la cité récalcitrante. Les Malouins, nous l'avons vu lors des événements de 1488, ne manifestent pas un attachement extraordinaire au pouvoir ducal.

Importance et limites du commerce maritime

À l'avènement d'Anne, le commerce maritime breton semble mal préparé pour affronter les mutations de l'ère nouvelle qui s'ouvre en 1492. Bien adapté à l'économie traditionnelle, il occupe une place non négligeable dans l'ensemble européen. Mais à l'heure où les Italiens, les Espagnols, les Flamands, les Anglais commencent à développer de véritables sociétés capitalistes, les activités du commerce breton sont divisées en une poussière de petits havres et restent marquées par la micro-entreprise, regardant vers le passé.

La duchesse reine, qui garde elle aussi une mentalité médiévale, n'est pas à même de prendre les mesures qui s'imposeraient. Prise dans la tourmente politique, c'est exclusivement sous l'angle politique qu'elle voit les choses, et ses interventions dans le domaine économique consistent à protéger les marchands bretons contre la piraterie ou contre la concurrence, à assurer des privilèges et des dédommagements, à prendre des mesures à but fiscal, dans un esprit ultra-protectionniste. Comme ses sujets, la duchesse Anne cherche, regarde vers un mythique âge d'or perdu. Ses illusions, entretenues par les œuvres nostalgiques de ses chroniqueurs, Pierre Le Baud, Alain Bouchart, sont partagées par la bourgeoisie marchande du duché ; sa popularité n'en est que plus grande. Anne n'a rien du novateur clairvoyant, incompris, autoritaire et impopulaire, elle partage les préjugés de son temps. L'amour de ses sujets, Anne le doit beaucoup à son manque de génie.

À de rares exceptions près, le marchand breton est un gagne-petit, et qui en est satisfait. Ses méthodes commerciales sont plutôt archaïques. La forme la plus courante de société est la « parsonnerie », une association conclue pour un seul voyage. Même la propriété du bateau est le plus souvent partagée. Quant à la valeur moyenne des cargaisons, elle est très faible : 8 livres 9 sols à l'entrée et 4 livres 10 sols à la sortie pour les bateaux fréquentant Dartmouth en 1492 !

Dans un mémoire de 1499, les marchands bretons affirment que parler de 2 000 navires pour le duché, c'est « parler bien au large ». Le chiffre paraît cependant vraisemblable. Mais sur ce total, à peine 5 % dépassent les 160 tonneaux, et la grande majorité se compose d'embarcations d'une vingtaine de tonneaux, batels, escaffes, barges, barques, gabarres, fleuins ; un peu plus gros sont les vessels, nefs, pinasses, crayers. À la fin du siècle, la grande vogue est celle de la caravelle, de 80 à 120 tonneaux. Jacques Cartier, né en 1491 à Saint-Malo, dira au début du XVIe siècle qu'il n'y a pas un seul bateau de plus de 300 tonneaux en Bretagne, ce qui est inexact, mais il est vrai qu'ils sont fort rares, car les marchands préfèrent les petites et moyennes unités, plus maniables et moins coûteuses.

Ces petits navires prennent environ une journée pour rallier la côte sud de l'Angleterre. Pour les voyages plus longs, par exemple entre octobre 1502 et avril 1504, *La Marguerite*, de Penmarc'h, a fait six fois l'aller-retour entre Bordeaux et la Zélande, tandis qu'en 1507, Erne Garsi, de Saint-Pol-de-Léon, parti fin mai de Madère, est arrivé à Arnemuiden le 15 août. L'équipage est commandé par le maître, qui est souvent un des parsonniers, copropriétaire du navire et de la cargaison ; il est assisté de quartiers-maîtres, ou carsonniers, et de matelots.

Les équipages sont internationaux, et les marins passent sans difficulté d'un bateau anglais à un breton ou à un espagnol. Le marin breton a des qualités professionnelles reconnues, sa bonne connaissance des côtes en particulier ; l'école de cartographie du Conquet deviendra célèbre dès les années 1520. En 1511, l'expédition espagnole vers Terre-Neuve choisit pour cette raison des pilotes bretons. À part cela, il a le même comportement que ses confrères : bagarreur, amateur de vin et de filles, tel que le décrit Cervantes dans le *Coloquio de los Perros*.

L'équipement portuaire reste des plus rudimentaires. Dans la multitude des petits havres, on se contente d'échouer les navires à marée basse, ce qui ne pose pas de problème en raison de leur petite taille et de leur faible tirant d'eau. À l'amont des rias, comme à La Roche-Derrien, seuls les bateaux de 20 tonneaux peuvent remonter. Mais même à Saint-Malo, on s'échoue à marée basse dans l'anse de Mer Bonne ; le premier quai ne sera construit qu'en 1581. À Morlaix, où il y a des quais, la remontée de la rivière est dangereuse.

Même à Nantes, il n'y a qu'une estacade au port Briand-Maillard, où l'on ne commence à construire un quai qu'en juillet 1492. Les entrepôts, en aval de La Fosse, n'auront un quai qu'en 1517. Le trafic est pourtant considérable : 54 000 livres en recettes de taxes portuaires en 1501-1502, alors que celles de tous les ports réunis des diocèses de Vannes, Cornouaille, Léon, Tréguier, Saint-Brieuc, ne rapportent que 49 600 livres. La liaison entre la navigation maritime et la navigation fluviale est également très mal commode : les ponts sur la Loire empêchent de remonter le fleuve, et il faut tout transborder dans des chalands, les sentines. Aucune voix cependant ne s'élève pour en demander l'amélioration.

Les techniques commerciales et financières sont tout aussi archaïques. Quelques marchands ont un commis à l'étranger, payé ou associé, mais, contrairement aux officiers ducaux, ils ne pratiquent pas la lettre de change : les fonds sont transférés en espèces, même de Séville. La comptabilité est très simple : dépenses et recettes sont indiquées à la suite, sans bilan global. Lorsqu'ils pratiquent le crédit, c'est à petite échelle, avec parcimonie et méfiance, avec dépôt de gages et délais de remboursement très courts : les quatorze prêts consentis par Pierre de Gennes, riche marchand de Vitré, entre 1490 et 1499, se montent à 265 livres, et ceux de Nicolas Coëtanlem se chiffrent à quelques dizaines de livres. Parfois, ils constituent des rentes viagères, mais à un taux faible : 5 %, comme celle que fonde en 1491 Julien Thierry : 75 sols pour un capital de 75 livres. On compte sou à sou, comme ce marchand de Vitré, qui a chez lui en stage un jeune Bruxellois : le 17 février 1511, il note une dépense de 6 deniers pour faire ressemeler ses souliers, une autre fois, 17 sols 2 deniers pour l'avoir fait « conduyre à un moyne parce qu'il n'estoit pas guary et pour avoir de longuen ». Les dynasties marchandes sont de faible durée : deux ou trois générations au maximum.

La noblesse peut participer aux affaires, grâce à la pratique de la « dormition », que la Coutume de Bretagne définit ainsi : « Les nobles qui font trafic de marchandises et usent de bourse commune contribueront pendant le temps du trafic et usage de bourse commune aux tailles, aides et subventions roturières. Et seront les acquêts faits pendant le tems, ou qui proviendront dudit trafic ou bourse commune partagés également pour la première fois encore que soient d'héritages et fiefs nobles. Et leur sera libre de reprendre leur dite qualité de noblesse et privilège d'icelle, toutefois et quantes que bon leur semblera, laissant lesdits trafics et usage de bourse commune et faisant de ce déclaration devant le prochain juge royal de leur domicile. Laquelle déclaration ils seront tenus de faire insinuer au registre du grefe et intimer aux marguilliers de la paroisse du domicile, pourveu qu'après ladite déclaration ils se gouvernent et vivent comme appartient à gens nobles. » Une fois sa fortune reconstituée, le noble reprend son genre de vie noble. Pour lui comme pour le bourgeois, le commerce n'est visiblement pas une fin en soi.

Dans la plupart des secteurs traditionnels, les marchands bretons sont sur la défensive. L'Angleterre, leur marché naturel, peut-on dire, est d'un accès de plus en plus difficile ; devant la concurrence normande et hollandaise, la mer du Nord est presque fermée, le recul est net dans le Kent et le Sussex, et également avec le sud de l'Irlande et Bristol, où on ne compte plus qu'une douzaine de navires bretons par an. Les positions ne se maintiennent qu'à Exeter et Poole, mais uniquement pour des transports à courte distance de produits bretons. De plus, Henri VII tente d'instaurer une sorte de monopole du pavillon au profit des *merchant adventurers*, ce qui provoque une protestation des Bretons dans un mémorandum de 1507. Henri Touchard est formel : « En 1500-1510, la situation est inquiétante et sombre sur le traditionnel, le fidèle marché anglais. »

Avec l'Europe du Nord, de la Normandie à la Zélande, le trafic se limite de plus en plus à des exportations de produits du duché, de faible rapport : sel, toiles de crées, blé, vin, et réexportation de harengs, de quincaillerie, de draps, de produits de luxe. Ce ne sont que de petites affaires, et le rôle d'intermédiaire recule au profit de l'étranger. La marchandise essentielle reste le sel. En 1492, 9 000 muids sont transportés de Nantes à Rouen ; les marins de la Saintonge protestent d'ailleurs en 1499 contre la protection jugée excessive dont bénéficient les Bretons. Guérande, centre traditionnel d'expédition, est maintenant remplacé par Le Croisic, en raison de l'envasement du port.

Dans le secteur atlantique, le trafic porte avant tout sur le vin. Les bateaux bretons sont actifs à Bordeaux, La Rochelle, Bayonne, au Pays basque espagnol, au Portugal, à Madère, en Andalousie. À Bordeaux, 60 % des navires fréquentant le port en 1482-1483, soit 185 sur 309, sont bretons, mais ils sont tous de petite taille : 80 % ont moins de 50 tonneaux, et seulement 3 % plus de 100 tonneaux. Les Bretons font du cabotage le long des côtes atlantiques, mais ils sont de simples transporteurs. Un exemple : en 1507, Jean Le Fégu, de Loctudy, décharge à Lisbonne du blé chargé à Anvers pour le compte d'un Normand ; les marins d'Audierne, de Penmarc'h, transportent du pastel et du vin vers le nord, ceux de Saint-Malo, Saint-Pol, Morlaix, des ports du Goëlo, des toiles vers le Portugal, réexportées vers les colonies.

Les liens commerciaux avec l'Espagne sont privilégiés. Des accords sont conclus contre la piraterie, comme celui de 1483 avec la Castille, prévoyant un système de cautions et de garants pour chaque navire. Mais l'Espagne, en pleine ascension, prend conscience de sa force et multiplie les mesures restrictives : en 1483, les représentants de François II demandent timidement l'autorisation pour les marchands bretons d'exporter en métaux précieux ou en numéraire les bénéfices de leur commerce ; en 1498 et 1499, le Portugal et la Castille édictent des ordonnances sur le monopole du pavillon. À Nantes, la colonie espagnole est maltraitée pendant la guerre de 1487-1491, ce qui a des effets néfastes sur le commerce de la basse Loire : en 1487, des maisons espagnoles sont pillées, comme celle de Pero de Alava ; d'autres sont abattues dans le secteur de La Fosse pour faciliter la défense ; 42 balles de laine sont confisquées aux marchands espagnols pour matelasser les murailles ; Pero Martinez et Ochoa de Riaga recevront pour cela 700 livres d'indemnité de 1489 à 1494. Le résultat de ces troubles est le transfert de l'étape espagnole à La Rochelle, et la colonie ne se reconstitue à Nantes qu'à partir de 1493. Le 29 décembre de cette année-là, Charles VIII, nouveau maître de la Bretagne, rétablit la « bourse et estappe d'Espagne », et une nouvelle vague d'immigrants arrive à Nantes à partir de 1497 avec les d'Espinoze, Harrouys, Heredia, Astudillo, Compludo. Mais le marché espagnol, lui, se ferme de plus en plus : en 1499, les Bretons protestent contre l'accord entre Bilbao et Burgos, qui vise à réduire la part des étrangers dans leurs affaires.

Les Bretons cherchent simplement à maintenir leurs positions traditionnelles et hésitent à s'aventurer dans les nouvelles zones : on ne les voit en Méditerranée qu'après 1550, sauf quelques cas isolés, et les relations avec Marseille se font par terre. Très peu fréquentent le Maroc et les Açores ; ils ne pénètrent dans la Baltique qu'à partir des années 1530.

Leur présence est toutefois plus précoce en Amérique, puisque dix ans après la découverte de ce continent, en 1503, le Normand Paulmier de Gonneville, premier Français connu à avoir atteint le Brésil, écrit que déjà, d'« empuis d'aucunes années en ça, les Dieppois et les Malouinois et autres Normands et Bretons vont quérir du bois à teindre rouge, cotons, guenons et perroquets ». Ils sont les premiers à atteindre Terre-Neuve, et auraient découvert l'île du Cap-Breton en 1504 : en 1510, la pêche à la morue dans ce secteur est déjà une routine pour les Bréhatins, au point que les moines de Beauport, à l'affût de nouvelles ressources, lèvent la dîme sur ce produit dès 1514. Les sujets d'Anne de Bretagne connaissent donc bien l'Amérique ; la duchesse, familière des Espagnols, a aussi entendu parler de ces terres. Mais rien n'est fait pendant son règne pour en tirer profit de façon systématique, alors que dès 1506 des compagnies se créent par exemple au Portugal pour prospecter méthodiquement les bancs de Terre-Neuve.

Si la situation globale n'est pas catastrophique, le volume encore important du transport masque des problèmes dont l'ampleur structurelle échappe aux marchands bretons. Se contentant des affaires de petite envergure, ils se concentrent sur le transport, sans chercher à exploiter la diffusion des produits dans l'arrière-pays et vivent la montée de la concurrence étrangère comme un problème épisodique que des mesures de protection politiques peuvent résoudre. Inconscients de la montée du nationalisme économique espagnol et anglais, ils se tournent vers le pouvoir ducal dans l'espoir que quelques actions législatives pourront restaurer la tranquille routine d'autrefois. Anne, qui partage leurs illusions, ne voit pas plus loin. Les quelques mesures ponctuelles de son règne allant dans ce sens vont contribuer à élaborer l'image de la « bonne duchesse ».

Échanges intérieurs et notables urbains

À l'intérieur du duché, les échanges sont également actifs, mais pulvérisés en une multitude de foires et marchés d'intérêt local. Les plus importantes sont les foires franches, surtout établies dans le Domaine ducal, et qui bénéficient d'avantages fiscaux considérables, afin d'y attirer marchands bretons et étrangers. Là se vendent les céréales, viandes, poissons, bestiaux, vins, sel, papier, articles de cuir, parchemins, draps, toiles, et s'achètent les produits métalliques, la laine, l'alun, le vin, les fruits et produits divers.

Les principaux centres de commerce sont soit des villes spécialisées, comme Bourneuf, Guérande, Le Croisic pour le sel, Ancenis pour le vin, soit des centres diversifiés, comme Redon (sel, vins, colorants, cuirs, laine, produits alimentaires), Vannes, Morlaix, Saint-Malo, Nantes, bien sûr, et surtout Rennes, qu'un texte de 1514 qualifie de « principalle et plus grant ville de ce nostre païs et duché... et qui plus ès temps passez estoit populée et habitée de marchans et de pluseurs gens de mestier et artisans dont à celle cause estoit grandement marchande et frequante de marchans, tant estrangiers que autres en manière que elle estoit renommée ville marchande riche et puissante autant ou plus que autre ville de ce païs ».

Ces activités très variées – commerce, ferme des impôts, travaux publics, prêts à intérêt, placements immobiliers, achats d'objets d'art – entretiennent une classe de notables urbains aux effectifs limités : 50 à 100 familles en général pour les principaux centres, d'après les registres fiscaux. Vivant dans des intérieurs cossus, ils sont très au fait des modes françaises, qui pénètrent étonnamment vite jusqu'au fond de la Bretagne. Les plus importants d'entre eux connaissent bien l'Europe et ne sont nullement obnubilés par une quelconque « identité bretonne ». Jean de Gennes, grand bourgeois de Vitré, qui rédige son journal à partir de 1495, est un homme qui voyage beaucoup, vendant des « canevas de Vendeloys », qui s'exportent en Flandre, Espagne, Allemagne. Avec ses frères Pierre et Guillaume, son neveu Lesnart de Challet, qui le représente en Flandre, ses commissionnaires Robin Cailler et Paydenier, il forme une société informelle. Plus cosmopolite que la noblesse, le milieu des notables bourgeois raisonne en termes de profit et non de fidélité politique. Son attachement à la duchesse Anne repose sur l'intérêt mutuel bien compris : une duchesse qui est en même temps reine de France, c'est l'espoir d'une paix profitable et d'affaires avantageuses dans le cadre du royaume de France.

Bien intégrée dans les circuits internationaux, la Bretagne à l'époque d'Anne n'est donc pas à l'écart des grands courants économiques. À l'intérieur, les voies de communication sont nombreuses. Les routes, cependant, pavées à la sortie des principales villes, sont dans un état assez lamentable. De plus, en 1488, François II a fait « rompre », ou détruire, les principaux axes pour gêner la progression de l'armée française. Les ponts de pierre se multiplient au XVe siècle. Celui de Pirmil, qui franchit la Loire à Nantes en cinq parties s'appuyant sur des îles, fait l'admiration du grand juge de Bohême, de passage en 1466 : « Ce fleuve y est traversé par un pont en pierre, le plus long de tous ceux que nous avons vus jusqu'à présent [...]. Il y a à Nantes une ligne de ponts d'un demi-mille de longueur, à cause de la diffusion des eaux du fleuve. » Le pont de Rieux, sur la ria de la Vilaine, avec ses pilotis et son tablier mobile, est également remarquable. À Rennes, l'entretien des 22 ponts représente 3 % des dépenses municipales. Les rivières sont très utilisées, et la navigation maritime remonte loin en amont des rias, à Dinan, Guingamp, La Roche-Derrien par exemple.

L'insécurité

Deux obstacles freinent les échanges : les péages et les brigands. Sur la Loire, par exemple, on compte onze points de péage entre Nantes et les Ponts-de-Cé, près d'Angers. Quant au brigandage, il prend toutes les formes, depuis la criminalité urbaine jusqu'aux troupes organisées et à la piraterie. L'insécurité est partout. À Rennes, en 1487, les autorités déconseillent aux bourgeois de sortir sans armes et sans éclairage après neuf heures du soir, mais interdisent aux « gens mécanicques et manouvriers » de porter des épées, dagues et objets tranchants. À l'extérieur des villes, dans les bois et les landes, des troupes organisées sévissent, qui viennent parfois d'autres régions de France : la bande de Robin Quengon, dit le Bastard, près de Moncontour en 1463 ; celle de Marc Le Bret, dans la même région, en 1494 ; celle des frères de La Lande, près de Matignon. La répression est sauvage mais impuissante à faire reculer le fléau : des exécutions avec mise en scène, destinées à impressionner le public, et qui lui coûtent cher, font partie des spectacles rituels : mutilations, pendaisons, décapitations, ébouillantements (pour les faux-monnayeurs).

Les brigands savaient parfois jouer de la rivalité entre justice ecclésiastique et justice ducale. D'abord en utilisant cette particularité bretonne qu'était le « minihy », lieu d'asile correspondant au territoire d'anciens ermites, et où les hommes du duc n'avaient pas le droit de pénétrer. Ils étaient nombreux et parfois très étendus : celui de Tréguier couvrait onze paroisses. En théorie, le criminel arrivant au minihy devait sonner une cloche, confesser publiquement ses fautes et se soumettre à la justice de l'évêque, beaucoup plus indulgente que la justice civile. En fait, il se contentait d'y résider, narguant les sergents ducaux. En 1445, les archives signalent un certain Yvon Bras, « ledit Yvon demoure au Minihy de Tréguier pour ce qu'il tua un homme » ; en 1446, Alain Bihan est « veuff et pouvre homme qui a franchise ou minihy pour cas de meurtre » ; en 1449, un autre cas est signalé. La justice ducale ne pouvait rester insensible devant ces repaires de criminels. Des plaintes furent adressées au pape, et en 1452 une enquête, menée par le légat, le cardinal d'Estouteville, aboutit à réduire considérablement le privilège de minihy : l'immunité dans ces asiles ne s'appliquerait plus aux bandits de grands chemins ni à ceux qui auraient commis des crimes. Pour les délits de moindre importance, les peines corporelles seraient évitées par les délinquants qui s'y réfugieraient, mais ils devraient réparer les préjudices civils commis. Enfin, le 29 octobre 1453, le pape décida de restreindre l'étendue du minihy de Tréguier à l'église et à son enceinte, donnant ainsi satisfaction au duc. À l'époque d'Anne, même ce dernier reste de droit d'asile n'était plus vraiment respecté, comme le montre une protestation de l'évêque de Tréguier en 1493.

Le criminel a une autre possibilité : revendiquer la cléricature. C'est ce que fait en 1494 Marc Le Bret, ce brigand de Moncontour. Il est donc jugé par le tribunal de l'évêque de Saint-Brieuc, qui le condamne simplement à aller en pèlerinage à Saint-Jacques-de-Compostelle. Les bourgeois de Moncontour, furieux, s'emparent de lui, l'enferment : il tente de s'enfuir, se casse une jambe, se traîne jusqu'à l'église, où il se réfugie et meurt de ses blessures.

L'insécurité est également très grande sur mer, où les affaires de piraterie sont monnaie courante. D'autant plus qu'ici on peut parler d'une semi-complicité des autorités ducales. D'abord, il y a le fameux droit de bris, qui permet au seigneur de s'emparer de la cargaison de tout navire échoué sur ses côtes, dans certaines conditions. Le respect de ces dernières est assez fluctuant. Sans même parler des cas, qui ne relèvent pas de la légende, des naufrageurs qui attirent les navires sur les récifs, il est certain, écrit Marc Russon, que « les populations locales ne se privaient pas du pillage [....]. Pour des navires naufragés criminellement, un événement déjà relevé par plusieurs historiens mérite une étude approfondie pour ses multiples significations : en 1477 encore, un navire anglais s'échoue près de Blavet. Malgré la vélocité du receveur ducal d'Hennebont arrivé sur place moins de vingt-quatre heures après le drame (il se doutait sans doute du sort réservé aux victimes) 24 ou 25 navires de toutes nationalités stationnés près de Blavet pillaient déjà joyeusement la cargaison de l'anglais. Une enquête eut lieu pour connaître les circonstances de l'accident ». Elle révèle qu'il s'agit bien là d'un cas de naufrage provoqué par la population côtière.

Le brigandage semi-légal peut rapporter gros. Le seigneur local, ou le duc s'il s'agit des côtes du Domaine, en profite pour vendre des *brefs de Bretagne*, c'est-à-dire des certificats d'assurance contre le pillage. En 1501, le procès ayant suivi l'échouage d'un navire anglais près de Morlaix est l'occasion de rappeler les limites du droit de bris : « Touchant le fait des bris..., lors et à la fois que un navire et les gens d'icelui touchent la côte, et qu'ils se peuvent sauver et recouvrer d'eux-mêmes avant trois marées, il ne doit pas être réputé bris... Les biens et marchandises qu'auparavant la submersion d'iceluy navire l'on fait décharger et recouvrer ne doivent pas être compris audit bris... Un navire brisé ou percoyé en la mer [ne peut être réputé bris] s'il y peut demeurer un seul page et qui plus est le chien, chat ou coq du navire en vie. »

Pour ce qui est de la véritable piraterie en mer, l'attitude des ducs varie suivant les circonstances. Lorsqu'il s'agit d'actes commis par des étrangers sur des Bretons, le duc réclame énergiquement réparation, avec des succès mitigés : en 1470, quand François II envoie à Louis XI une liste des forfaits commis par des pirates normands sur des bateaux bretons, il reçoit en réponse une liste encore plus longue de forfaits commis par des pirates bretons sur des bateaux français. Plus efficace : l'autorisation donnée aux victimes de se venger elles-mêmes en leur accordant des « lettres de marque » leur permettant de pratiquer le brigandage maritime jusqu'à dédommagement de leurs pertes, comme en témoigne cet étonnant document du 23 novembre 1486 :

« À l'occasion desquelles prinses est des mises poursuiltes et dommages dessurditz, lesdiz supplians ont esté perdans et endommaigez à la valleur de plus de ouict mil livres, et à ceste cause sont consternez et renduz à totalle pouvreté. Nous... avons aujourduy, de grace espécialle, donne et octroye, donnons et octroyons par ces presentes ausditz supplians congie et licence de se revancher et rescompenser de leurdites pertes et dommaiges qu'ilz ont eu par les moyens surditz, sur les gens et navires dudit royaulme de Danmarche... et de prendre et se ensaesiner des gens, biens et marchandises dudit royaulme de Dannemarche, si faire le pevent... quelque part que trouver les pourront, jucques à entière rescompense et satisfacion de leurdite perte. »

Lorsqu'il s'agit d'actes de piraterie commis par des Bretons contre des étrangers, tout dépend de la situation diplomatique. S'il s'agit d'une nation amie, la justice intervient : en 1486 par exemple, Rolland Le Faucheur et Yvon Le Chevy se retrouvent en prison au château du Bouffay à Nantes pour pillage en mer. Sinon, le duc ferme les yeux. Anne de Bretagne adoptera la même attitude de duplicité, et ses rapports avec les marchands-pirates du duché préfigurent un peu ceux qu'entretiendra Élisabeth avec Drake et ses confrères.

Deux cultures : francophone et bretonnante

Culturellement, la Bretagne de 1488 est tout aussi ouverte sur l'extérieur. Comment en serait-il autrement, alors qu'elle est au cœur des relations anglo-franco-hispaniques depuis des siècles ? Nous y avons déjà signalé la présence de nombreux artistes étrangers, qui font pénétrer les modes nouvelles dans la péninsule. Les retables d'albâtre anglais font partie des cargaisons importées régulièrement et beaucoup ornent encore les églises bretonnes ; en 1473, les marchands de Vitré achètent un vitrail flamand ; le tombeau de Thomas James, à Dol, est l'œuvre des Florentins Antoine et Jean Juste ; les relations avec la culture flamande, rhénane, allemande en général, s'accentuent avec le mariage d'Anne et de Maximilien, surtout dans le domaine de l'imprimerie.

Celle-ci pénètre en Bretagne dès 1484, sur l'initiative de Jean de Rohan du Gué-de-l'Isle, qui installe dans son village de Bréhand-Loudéac deux typographes, Robin Fouquet et Jean Crès, avec leur petite presse. Dès avant 1480, un courtier, Guillaume de Lespine, vendait des livres imprimés dans la basse Bretagne, et Jean de Rohan en a peut-être conçu l'idée d'avoir ce petit atelier qui, en huit mois, de décembre 1484 à juillet 1485, produit dix petits volumes, dont cinq religieux, trois traités de morale, un de droit, la *Coutume de Bretagne*, suivie des *Constitutions, établissements et ordonnances des ducs*, et un traité de physiognomonie, le *Secret des secrets d'Aristote.* Les livres religieux et moraux illustrent une piété traditionnelle, accordant une importance particulière à la mort avec *Les Lois des trépassés* et le *Trespassement Nostre Dame.*

En 1485, c'est à une autre initiative individuelle, celle d'un bourgeois de Rennes, Jean Hux, que l'on doit l'installation dans cette ville de Pierre Bellesculée, qui travaillait à Poitiers en 1484. Là encore, les commandes concernent le droit et la morale, avec la *Coutume de Bretagne* et le *Floret en franczoys.* Ces premiers ateliers de typographes ambulants sont éphémères. Pierre Bellesculée repasse rapidement à Poitiers.

La même année, une presse est installée à Tréguier, à la demande de l'évêque et du chapitre. Il en sort l'inévitable *Coutume de Bretagne* (1485), mais aussi un glossaire de mots latins provenant du grec, le *Grécisme*, et, en 1499, un ouvrage destiné aux clercs bretonnants, le *Catholicon.* Il s'agit en fait du premier dictionnaire trilingue réalisé en France : breton-français-latin, composé dès 1464 par un clerc trégorrois, Jean Lagadeuc. Son introduction illustre l'importance de la langue bretonne à cette époque : « Aussi, puisque de nombreux écoliers, encore au seuil du collège..., donnent aux mots latins une interprétation erronée et arbitraire, mettant des écailles aux oiseaux et des plumes aux poissons, parce qu'ils font les uns des néologismes, les autres des barbarismes, et parce que beaucoup de Bretons ont une connaissance très imparfaite du français, pour toutes ces raisons, moi, Jean Lagadeuc, de la paroisse de Plougonven au dioèce du Tréguier, bachelier en arts et en décrets, tout indigne que je sois, j'ai composé cet ouvrage pour rendre service aux pauvres clercs de Bretagne et à tous ceux qui n'ont que des rudiments de latin. J'ai d'abord placé et ordonné le breton, suivant l'ordre adopté par frère J. de Gênes dans son *Catholicon*, ajoutant ensuite, comme lui, le sens en français, puis en latin, afin qu'ils puissent en partant du breton parvenir à connaître le français et le latin. »

À Tréguier, Jean Calvez imprime également les mandements de l'évêque. Un autre atelier apparaît à la même époque à l'abbaye bénédictine de Lantenac, près de La Chèze, sur les domaines des Rohan. Il s'agit en fait de celui de Jean Crès, qui a quitté Bréhand-Loudéac. En mars 1488, il publie la *Mandeville*, relation d'un voyage en Terre sainte, puis des livres de morale.

Curieusement, Nantes, où réside la cour de Bretagne, n'a pas d'imprimerie avant les années 1490. Manque d'intérêt de François II et d'Anne de Bretagne pour la nouvelle technique ? Probablement. Il est vrai que les conflits de cette période ne s'y prêtent guère. De plus, les facilités commerciales qu'offre la ville permettent d'importer des livres imprimés venant de centres réputés : par la Loire arrivent dès 1492 les livres d'heures imprimés à Caen par Pierre Regnault, dès 1493 la *Coutume de Bretagne* sortie des presses rouennaises de Martin Morin, puis des missels et autres livres religieux des ateliers de Robert Macé, également de Rouen, et dont le frère, Jean, travaille à Rennes. C'est d'ailleurs chez lui qu'est formé le Normand Richard Rogerie, qui imprime à Morlaix en 1505. D'autres livres viennent des presses de Jean Alexandre à Angers, ou de Paris, comme le bréviaire de Saint-Malo (1489), le premier missel de l'église de Rennes (1493), celui de Dol (1502). C'est en 1493 que le Parisien Étienne Larcher s'installe rue des Carmes à Nantes, et publie les *Lunettes des princes*, de Jean Meschinot, suivi par une *Ordonnance de Charles VIII* et par des livres religieux.

En dépit de sa relative précocité, l'imprimerie ne représente pas un élément révolutionnaire en Bretagne à l'époque d'Anne. Produisant avant tout des textes professionnels, religieux et juridiques, et des traités de morale, elle ne stimule pas la production culturelle locale. Anne de Bretagne n'a jamais manifesté d'intérêt pour cette technique. Là encore, elle témoigne d'un esprit médiéval ; ses commandes, nous le verrons, concernent des exemplaires uniques de somptueux manuscrits enluminés.

Sa culture reste exclusivement francophone. À son époque, la limite avec le pays bretonnant part du sud de Paimpol, prend en écharpe la péninsule pour arriver sur l'estuaire de la Loire vers Batz. C'est là qu'est né Alain Bouchart, le chroniqueur, qui s'excuse de son mauvais français en expliquant que sa langue maternelle est le breton : « S'ilz y treuvent quelque langage mal aorné par deffaulte d'elegance ou plaisant stille, qu'ilz l'aient pour excuse, attendu qu'il est natif de Bretaigne, et que françoys et breton sont deux langaiges moult difficiles à disertement pronuncer par une mesme bouche. »

Paroles révélatrices du mépris dans lequel l'aristocratie bretonne, et le milieu ducal en particulier, tient la langue bretonne. La cour et la haute noblesse ne parlent et ne comprennent que le français. Sans doute les séjours à Vannes ont-ils permis à Anne de se familiariser avec quelques mots de breton, mais cela ne lui permet pas de se rapprocher d'une bonne moitié de ses sujets, qui ne parlent que cette langue. La règle d'idiome, datant du XIVe siècle, interdit d'ailleurs de nommer des prêtres non bretonnants à l'ouest de la péninsule, où les prônes et la confession se font en breton. C'est pour ces clercs que Jean Lagadeuc a composé son *Catholicon*, et à la fin du siècle, en 1499, le voyageur allemand Arnold von Harff a lui aussi rédigé un petit lexique, précédé de cette remarque : « Les Bretons ont en Bretagne leur propre langue, dont j'ai retenu quelques mots, ainsi qu'il est écrit ci-après. »

Culture essentiellement populaire, la culture bretonne est surtout orale. Les textes écrits retrouvés ne sont que des bribes insignifiantes. Les seules compositions importantes datant du XVe siècle sont *Le Dialogue entre Arthur et Guinclaff*, qui se rattache aux cycles légendaires celtiques ici basés sur les prophéties de Guinclaff, ou encore la *Vie de sainte Nonne* et la *Destruction de Jérusalem*. Il faut ensuite attendre 1519, avec le *Mirouer de la Mort*, ouvrage dans l'esprit des *Ars Moriendi* si fréquents à l'époque. Tous les textes législatifs et administratifs sont évidemment en français.

De l'école à l'université

Le niveau d'accès à la culture écrite des sujets de la duchesse Anne est difficile à évaluer. L'existence d'un réseau relativement dense de petites écoles de paroisse est avérée au XVe siècle, puisque l'évêque de Tréguier donne en 1459 des conseils sur la façon de recruter les maîtres, et en 1498, un document prouve qu'au moins quarante écoles de ce type fonctionnent dans les diocèses de Cornouaille et de Léon, chiffre sans doute très inférieur à la réalité. Des bourgades insignifiantes perdues dans les monts d'Arrée, comme Brasparts, ou Huelgoat, ont leur école. On y apprend les rudiments de l'écriture, de l'arithmétique, du latin et du chant. Elles sont fréquentées par les fils de la petite noblesse que l'on destine à la cléricature et, en ville, par quelques enfants de notables. En 1492, le conseil de Rennes décide de réunir toutes les écoles dans un seul local, construit en un an pour 1 070 livres.

Un enseignement plus soigné est donné dans les écoles conventuelles et dans quelques collèges épiscopaux comme celui de Tréguier. Chez les Dominicains de Rennes, Nantes, Dinan, Morlaix, les études de philosophie, théologie, droit canon, Écriture sainte sont assez poussées. Un enseignement professionnel concernant le commerce, le droit, le notariat existe à Rennes et à Nantes, et en 1512 le bourgeois de Vitré Jean de Gennes mentionne le professeur de grammaire de la ville. Plusieurs ordonnances de la fin du XVe siècle visent à améliorer la formation des notaires et tabellions, nombreux mais souvent peu compétents.

C'est le besoin croissant d'un personnel qualifié pour l'administration ducale qui est à l'origine de la création de la première université bretonne, par François II, à Nantes. Le projet est ancien, puisqu'il y a déjà eu deux tentatives, en 1414 et 1424. Ce n'est que le 4 avril 1460 que la bulle de fondation est accordée par le pape Pie II, alors en opposition avec le roi de France à propos de la Pragmatique Sanction. Dès le début, l'université de Nantes compte les cinq facultés traditionnelles : arts, médecine, théologie, droit civil, droit canon, et un corps enseignant de 77 gradués (dont un docteur en théologie, 41 canonistes, 27 légistes, 4 médecins et 4 maîtres ès arts).

On ne recule pas devant les sacrifices pour attirer des professeurs prestigieux : en 1494, on réussit à faire venir le juriste Jacques Clate, régent de l'université d'Angers, « grant et solempnel docteur, fort laborieux, soingneux, curieux et très expert ou fait de régence en université pour la doctrine des escoliers y affluans », auquel on attribue un salaire de 240 livres et un logement pour lui, ses serviteurs et ses disciples, fardeau considérable pour la ville, qu'on essaiera plus tard de remplacer par des bénéfices ecclésiastiques : des cures, un canonicat à Guérande, des offices, qui lui assurent 1 170 livres de revenus.

La faculté de droit est en effet privilégiée, car on a surtout besoin de juristes. Elle se tient à l'hôtel de la Musse. Les autres facultés sont un peu négligées, même si celle de médecine a le droit de disséquer les cadavres dès 1461, et reçoit en 1493 l'autorisation d'utiliser les corps des criminels suppliciés et des noyés. La faculté de théologie est éclatée entre les couvents des Mendiants et les chambres des maîtres. Les Carmes y jouent le rôle principal.

Professeurs et étudiants bénéficient de la « sûreté spéciale et perpétuelle sauvegarde » garantie par le duc, ainsi que de privilèges fiscaux : ils sont exonérés d'impôts personnels, de taxes sur les produits importés pour leur usage, et de service de guet. L'université a deux têtes : l'évêque de Nantes, qui en est chancelier, et le prévôt de la ville, qui assure la sécurité au nom du duc.

L'attitude des bourgeois est mitigée à l'égard de cet établissement qui leur coûte cher – en 1462 on lui a voté une subvention de 377 livres 18 sols – et dont les étudiants sont turbulents. Ils semblent d'ailleurs assez réticents à envoyer leurs enfants à l'université. Jean de Gennes n'y envoie son fils qu'à regret, sur les insistances de l'avocat Antoine Fumé. Encore préférerait-il le voir partir pour Paris. Pourtant, certains fondent des collèges, comme Guillaume de Launay, qui donne deux maisons, rue Saint-Léonard, en 1471.

En fait, pendant le règne d'Anne, l'université de Nantes semble avoir du mal à s'imposer. Une solide tradition drainait depuis le XIIIe siècle les étudiants bretons vers Orléans, Angers, Poitiers, Bourges, Paris, où ils ont quatre collèges. D'autres vont jusqu'à Toulouse, Avignon, Montpellier et en Italie. L'université de Nantes vers 1500, où enseignent presque exclusivement des maîtres français, compte à peine un millier d'étudiants. L'attrait d'Angers et de la Loire, qui reste le plus fort, accentue la francisation des élites, en particulier bourgeoises. Significatif peut-être est le fait que le secrétaire du roi d'Angleterre pour la langue française à cette époque soit un marchand d'Hennebont, en pleine zone bretonnante : il s'appelle François Dupont !

Une foi syncrétiste

Il est un autre domaine dans lequel la duchesse Anne est en plein accord avec ses sujets, c'est celui de la religion. Sa piété traditionnelle et volontiers superstitieuse rejoint les pratiques bretonnes de l'époque.

Une piété indissociable du culte des saints, des plus universellement reconnus, comme Vincent, Sébastien, Marguerite ou Jacques, jusqu'aux plus obscurs et douteux, comme Conogan, Jaoua, Theneneuc, Envel ou Gonery. Des saints dotés de pouvoirs miraculeux, contre les maladies, contre les cataclysmes naturels, contre la guerre, et auxquels on fait des offrandes de demande ou d'ex-voto : en 1499 et 1501, les Nantais offrent à saint Sébastien une ceinture de cire entourant les remparts de la ville pour qu'il éloigne la peste, et en 1493 la duchesse Anne fait porter à Notre-Dame des Carmes de Rennes un « vœu en argent à façon d'une jambe ».

Ces saints, on les honore par une multitude de pardons et de pèlerinages. Anne n'est pas la dernière à les fréquenter. En 1505, on la voit accomplir un tour de Bretagne qui est avant tout une reprise du fameux *Tro Breiz*, pérégrination de plus de cinq cents kilomètres consistant à aller visiter les sanctuaires traditionnels, c'est-à-dire, dans les cathédrales de Dol, Saint-Malo, Saint-Brieuc, Tréguier, Saint-Pol-de-Léon, Quimper et Vannes, les reliques des saints fondateurs : Samson, Malo, Brieuc, Tugdual, Paul-Aurélien, Corentin, Patern. Ce pèlerinage, né au Xe siècle, est encore accompli au XVe par une vingtaine de milliers de fidèles chaque année, d'après les comptes d'offrandes. La duchesse ne se contente pas de ces grands centres ; elle fait des détours pour visiter les sanctuaires célèbres de Saint-Jean-du-Doigt, du Folgoët, de Locronan, où on implore saint Ronan, pour « obtenir hoir de son corps » ; hors de Bretagne, elle visite également une multitude de lieux où l'on honore des saints qui favorisent la fécondité, la grande affaire de son règne.

La pratique des pèlerinages lointains reste très vivace, dans toutes les catégories sociales : de simples paysans trégorrois n'hésitent pas à vendre leurs biens pour se rendre à Rome ou à Saint-Jacques ; en 1486, François de Tournemine, René de Châteaubriant et Robert de Coëtlogon font le voyage de Terre sainte. Les plus tièdes sont les notables urbains, dont les fondations pieuses sont assez parcimonieuses. Jean Kerhervé a remarqué que les officiers de finances ont tendance à offrir aux couvents les rentes les plus difficiles à percevoir, et que leurs dons ne risquent pas de mettre leur fortune en péril : Pierre Champion, maître de la monnaie de Rennes pendant au moins dix ans, de 1486 à 1495, et qui manie de grosses quantités de métaux précieux, offre royalement à son église paroissiale un chandelier... de cuivre.

Nicolas Coëtanlem est plus généreux. En 1498, en compagnie de Jean Le Borgne, il passe contrat pour la construction d'une chapelle dans l'église Saint-Melaine de Morlaix : « Le vingtième jour de febvrier l'an 1498, Thomas le Malion fist feur et marché avec Nicolas Coetanlem et Jehan le Borgne, présentz et acceptans, de leur faire construire leur chapelle, en l'église de Sainct-Melaine, sellon le devis qui ensuilt. [...] Et pour ce faire, ledit Malion doit avoir et aura desditz Nicolas et le Borgne la somme de cent dix livres monaie et vingt quartiers de froment. En oultre aura, lorsque l'oeupvre sera achevée, dix quatiers froment, à esgard dudit Nicolas, si on voit qu'il n'y gagnerait audit feur... »

Le règne d'Anne correspond à l'apogée du style gothique flamboyant qui, appliqué au granit, donne des réalisations admirables dans les chapelles, enclos paroissiaux et calvaires. Parmi la multitude de chantiers de cette époque, retenons celui de la chapelle Sainte-Barbe du Faouët, qui coïncide avec le règne d'Anne de Bretagne, de 1489 à 1512. Typique de la piété et de l'art bretons de cette époque, « elle fut édifiée, écrit Hervé Martin, en exécution d'un vœu fait à celle qui protégeait de la mort subite, par Jehan de Toulbodou, menacé de périr au cours d'un orage. Cette chapelle séduit et surprend à la fois par ses deux grands portails en anse de panier et surtout par sa tourelle polygonale qui rappelle la prison de sainte Barbe. Ce sanctuaire de périphérie de terroir se prêtait à merveille à la floraison de cultes populaires, qu'il s'agît de la cloche dont le son éloigne la foudre ou de la fontaine qu'interrogent les jeunes filles à marier ». Au même moment se construit l'église du Folgoët, achevée en 1500, et qui est donc toute neuve lorsque Anne vient la visiter en 1505.

Le décor architectural breton est en pleine évolution à l'époque d'Anne, mais pas en révolution. Il s'agit plutôt d'un aboutissement, celui de l'art traditionnel, qui clôt le Moyen Âge, et qui s'épanouit en écoles locales, comme celle de l'atelier de Beaumanoir dans le Trégor.

Autre signe de spécialisation régionale, l'invocation des saints. Pour les prénoms, la préférence va toujours largement à Jean et Marie, suivis de loin par Yves, Guillaume, Catherine, mais les marins de Penmarc'h préfèrent nettement baptiser leurs bateaux *Saint Guénolé* ou *Sainte Nonna*, et 4 % seulement des bateaux bretons ont des noms profanes.

Autre trait caractéristique de la foi bretonne en cette fin de XVe siècle : la fréquence du thème de la mort. Le macabre est présent dans toute la Chrétienté de cette époque, mais il prend ici une teinte particulière. Certes, les danses macabres réalisées au cours des années 1460 dans les chapelles de Kermaria-an-Isquit, à Plouha et à Kernascléden sont des copies conformes des danses macabres françaises, en particulier celle du cimetière des Innocents, avec leur leçon d'égalitarisme social. À Kermaria, la morale est tirée dans un commentaire en lettres gothiques :

« Que vault orgueil, force, lignage,
Mort destruit tout, c'est son usage.
Aussitôt le grand que le moindre
Si moins se prise plus sage
A la fin faut devenir cendre. »

Mais le macabre a en Bretagne une dimension plus individualiste. La mort, c'est l'Ankou, ce squelette décharné qui parcourt le pays avec sa faux et sa pelle, et c'est en termes de destin personnel qu'on le redoute :

« C'est une chose qui me espouvante
Que mourir fault et rendre compte
Et après cest monde qui pou dure
Vient joye ou paine qui jamais dure »

écrit un clerc trégorrois anonyme. La mort est toujours liée à l'enfer et au diable, eux aussi représentés à Kernascléden. Les livres de piété imprimés à cette époque illustrent abondamment cette idée, tel ce livre d'*Heures à l'usage de Nantes*, de 1502, dans lequel l'office des morts s'ouvre sur une planche du Jugement dernier ; les *Loys des trespassez*, le *Miroir d'or de l'âme pécheresse* reprennent le thème. Dans un autre livre d'*Heures à l'usage de Nantes*, de 1498, le diable tente d'éteindre le cierge de sainte Geneviève. Les sermons utilisent largement la peur du diable ; des gravures le montrent tapi dans la venelle du lit des mourants. Françoise de Dinan, qui a formé la piété d'Anne dans son enfance, est marquée par la peur du démon. Dans son testament de 1498, elle demande l'aide d'intercesseurs pour « la défendre du faulx ennemy de nature, le deable d'enfer », et demande les sacrements « pour mieux me défendre dudict faulx traistre ennemy de nature, le deable d'enfer, auquel et sa puissance je renuncze par ces présentes ». La petite Anne a certainement été marquée par ces peurs, tandis que le poète de la cour Jean Meschinot, dans les *Lunettes des princes*, demandait aux souverains d'étudier leurs propres fautes et d'utiliser Force, Prudence, Justice, Tempérance, les quatre vertus dont Michel Colombe place les statues, de 1502 à 1507, autour du tombeau de François II commandé par Anne de Bretagne.

Cette dernière est également très sensible aux sermons, comme ses sujets qui se pressent dans les églises pour écouter dominicains et franciscains, et pour lesquels il faut même construire des chaires extérieures, comme celle d'Orvault en 1492. Rien qu'à Rennes on a compté soixante-dix-huit prédicateurs itinérants de 1458 à 1517. Prédication imagée, souvent concrète, abordant aussi bien les problèmes de vie quotidienne que ceux de la politique, comme ce frère Pierre Morin qui, vers 1480, prédit l'union de la Bretagne et de la France. Les prédicateurs tonnent aussi, mais en pure perte, contre les superstitions, dont « la liste serait interminable », écrit Jean Meyer.

Les prédicateurs abordent volontiers des thèmes sociaux, condamnent la cupidité et l'injustice des riches, esquissent parfois une critique sociale assez vigoureuse. Les histoires qu'ils utilisent permettent de mieux connaître certaines pratiques locales, parfois confirmées par des textes plus officiels, par exemple la fréquence des cas d'inceste que favorise la coutume dans le petit peuple de coucher ensemble les enfants de tous âges. On lit dans un mandement épiscopal de Tréguier en 1496 : « Nous interdisons que les frères et sœurs et autres parents de plus de sept ans couchent ensemble, cette coutume les amenant à commettre des péchés innombrables, infinis, horribles et d'une gravité exceptionnelle ainsi que nous l'ont rapporté de nombreux confesseurs. »

La prédication est complétée par le théâtre religieux, très populaire, allant de la simple représentation des mystères de la foi, dont on trouve des traces jusque dans les plus petites paroisses rurales, comme à Pleubian, jusqu'aux pièces à grand spectacle et à coûteuse machinerie, comme le *Jeu de la Passion*, plusieurs fois représenté à Rennes dans les années 1490, ou les mystères en breton, comme celui de sainte Nonne ou de saint Guénolé. Anne de Bretagne apprécie ces pièces ; on en représentera certaines devant elle lors de sa visite de 1505. Sa piété simple et sans question est très proche de celle du petit peuple.

Les formes les plus modernes de la piété, on les trouve finalement dans les confréries urbaines, ces groupements volontaires, souvent professionnels, qui atteignent leur apogée à l'époque d'Anne : la confrérie des merciers de Rennes, par exemple, compte plus de 300 adhérents en 1493, celle des boursiers et gantiers plus de 600 en 1516. Ces associations sont les voies de propagation des nouvelles formes de dévotion. Placées sous l'invocation des grands saints « universels », la Vierge surtout, mais aussi Sébastien, Crespin, Nicolas, ou encore du Saint Sacrement, elles délaissent les saints locaux. La fête patronale y est évidemment célébrée avec éclat, mais tout au long de l'année on y favorise une piété plus profonde et un rigorisme moral qui déjà s'éloigne de la piété populaire.

Pour autant, les critiques à l'égard des abus de l'Église officielle y sont extrêmement rares : quelques protestations contre la vente des indulgences, c'est à peu près tout. Aucune trace de déviation connue dans l'Église bretonne à l'époque d'Anne. Seule la mention de l'exécution à Moncontour en 1480 de Thomas Daniel, « prêtre hérétique, déchu de tout privilège clérical par l'évêque de Saint-Brieuc », condamné à être « bruslé, ars et vanté », laisse penser qu'il existe des cas individuels de contestation, mais aucun courant organisé. La Réforme, Anne n'en éprouve pas plus le besoin que ses sujets.

Ces derniers sont massivement immergés dans une foi médiévale qui ne sépare pas le profane du sacré, le naturel du surnaturel, où l'au-delà se mêle aux affaires de ce monde, où le culte est avant tout occasion de spectacle et de fête, dans les églises aussi bien que dans les cimetières, où le pèlerinage est en même temps une foire et la procession, un carnaval.

Anne et la Bretagne : un rapprochement de circonstance

Anne de Bretagne est à l'image de ses sujets, dont elle ne se distingue que par un vernis de culture de cour. Reflet plutôt que modèle, elle se sent à l'aise dans ce peuple, et l'amour que celui-ci lui porte est largement dû à cette façon commune d'envisager l'existence. Anne ne s'élève pas au-dessus des préoccupations de ses sujets, elle les partage.

Cela explique en grande partie le paradoxe de la popularité d'une duchesse de Bretagne si peu bretonne. À son avènement, en septembre 1488, que connaît-elle de ce duché et de sa population ? Nantes, Rennes, Vannes et quelques châteaux avoisinants. Née de parents aux trois quarts franco-espagnols, tournée vers la France, dont les influences et les armées arrivent par la Loire, elle est entourée de Français et n'entend parler que la langue française. La cour de Bretagne est le plus souvent à Nantes ; celle du roi fréquemment à Tours ; la Loire fait le trait d'union. Paysages, climat et mentalités rapprochent sans doute plus les Nantais, des Angevins et des Tourangeaux que des Cornouaillais, des Léonards ou des Trégorrois. En 1488, Anne est nantaise. Les luttes de 1488 à 1491 vont en faire une Bretonne. Menacée par le roi de France, la petite duchesse va bâtir sa personnalité pendant ces trois années en s'identifiant à cette Bretagne qu'elle ne connaît pas vraiment et à ces Bretons qui, pour la plupart, ne l'ont encore jamais vue. Et en 1491 ils vont d'autant plus facilement se reconnaître en elle qu'elle leur apporte par son mariage la reconnaissance du roi et la paix.

CHAPITRE VII

Une succession difficile

(1488-1490)

Le 9 septembre 1488, à Couëron, lorsque meurt son père, Anne de Bretagne se trouve brutalement promue duchesse. Elle a onze ans et huit mois. Petite et frêle, à un âge où les enfants d'aujourd'hui terminent tout juste l'école primaire, clle est confrontée à l'une des situations les plus complexes qu'ait connue la Bretagne depuis ses origines. Le roi de France, Charles VIII, dix-huit ans, est aux portes du duché, que ses troupes occupent en partie : Saint-Malo, Fougères, Saint-Aubin-du-Cormier sont entre leurs mains ; leurs alliés bretons sont maîtres de Vitré, Châteaubriant, Bécherel, Montfort, Malestroit, La Guerche, Marcillé-Robert, Clisson ; Jean de Rohan, dont l'attitude est incertaine, tient le cœur de la péninsule, avec Blain, Josselin, Pontivy, La Chèze, Rohan. Des mercenaires anglais, allemands, espagnols, désœuvrés, sont dispersés un peu partout. Le récent traité du Verger a mis fin provisoirement à la guerre, mais place Anne dans la dépendance du roi, qui lui interdit de prendre le titre de duchesse en attendant qu'une commission d'experts examine ses droits. Enfin, la petite Anne apparaît comme une proie sur laquelle s'apprêtent à fondre des prétendants à sa main et à son duché : le roi des Romains Maximilien, Alain d'Albret, Jean de Rohan, fils du vicomte, Louis d'Orléans, pour le moment en prison, sans compter Charles VIII lui-même, dont l'entourage commence à échafauder des plans matrimoniaux.

Anne, duchesse sans duché

Même si Anne a acquis une maturité politique précoce, même si elle a déjà un caractère bien affirmé, et une conscience assez nette de son rôle, elle n'est qu'une enfant de onze ans et n'est donc certainement pas capable d'imposer des décisions à l'entourage de conseillers d'âge mur, habiles et retors, qui lui sert alors de guide. Les décisions sont prises en son nom, certes, mais il est ridicule de lui attribuer l'initiative des événements dramatiques qui suivent. Anne n'est pas un enfant prodige, comme des biographes un peu trop romantiques l'ont prétendu. Sur un seul point, en cette année 1488, elle sait ce qu'elle veut, ou plutôt ce qu'elle ne veut pas : le mariage avec d'Albret, qui lui inspire une répugnance physique insurmontable.

Nous touchons ici un point central dans la vie d'Anne de Bretagne : jamais cette femme n'a été maîtresse de son destin. Toujours d'autres ont décidé pour elle : son père, ses conseillers, ses maris. Situation banale pour une femme du Moyen Âge, sans doute, mais qui atteint dans l'existence de la duchesse reine une dimension pathétique. Sa biographie, c'est l'histoire de ses soumissions, de ses échecs et de ses volontés contrariées.

Pour l'heure, en ce milieu de septembre 1488, cinq hommes l'entourent : le maréchal de Rieux, qui peut se prévaloir du testament de François II pour exercer une tutelle sur Anne ; Alain d'Albret, dont il favorise les intérêts ; le comte de Dunois, le comte de Comminges et le chancelier Philippe de Montauban. Ce dernier semble avoir pris rapidement l'ascendant, soutenu par Dunois, en raison de son opposition au mariage avec d'Albret. Anne exprimera sa reconnaissance, dix ans plus tard, lorsqu'elle précisera, en lui redonnant son titre de chancelier, qu'elle le fait par « reconnaissance des grands et importants services que Philippe de Montauban lui avait rendus, surtout en empêchant son mariage avec le sire d'Albret ».

Deux camps se dessinent donc, et ne vont pas tarder à s'affronter : d'un côté, Rieux, Françoise de Dinan et d'Albret, qui ont des intérêts familiaux communs : d'Albret est demi-frère de Françoise de Dinan, dont le fils a épousé la fille de Rieux ; ils sont alliés au comte de Comminges, Lescun ; de l'autre, Montauban et Dunois, plutôt favorables à un mariage avec Louis d'Orléans, ou avec Maximilien. Ce groupe sera renforcé en février 1489 par le retour de Jean de Chalon, prince d'Orange, qui pour le moment est toujours en résidence forcée à Riom, chez Pierre de Beaujeu, à la suite de sa capture à Saint-Aubin-du-Cormier. Par inclination naturelle, Anne suit le parti de Montauban, qui peut être considéré comme l'instigateur des principales décisions.

La première fait l'unanimité : il faut assurer les obsèques de François II. Elles sont célébrées suivant les vœux testamentaires du duc, avec un faste qui ne convient guère aux circonstances : 430 livres 16 sols 10 deniers sont dilapidés pour les frais de « béguin », c'est-à-dire de deuil, dont le détail nous a été conservé. Suivant la coutume, on fait de somptueuses distributions à tous les membres de la maison ducale, aux quatre chapelains, à l'aumônier Dicastillo, au maître d'hôtel du même nom. D'Albret, Dunois, le comte de Laval reçoivent des présents. Pour la cérémonie d'inhumation aux Carmes de Nantes, le 13 septembre, Anne porte une cotte de satin noir doublée, un corset noir à queue, un manteau noir fourré, un « habillement de tête » noir ; son cheval porte une couverture de velours de même couleur, ainsi qu'une garniture de selle ; elle reçoit une robe de nuit noire, avec des peaux d'agneaux noires et blanches. Sa petite sœur Isabeau est revêtue de la même tenue.

Mais on ne peut s'attarder à Nantes, où sévit une épidémie de « peste », et l'on décide de se replier à Guérande. C'est là qu'Anne signe son premier document officiel de duchesse, d'une écriture encore enfantine : la convocation des états de Bretagne qui devront se réunir à Vannes pour aviser des mesures à prendre. Dans une lettre du 16 septembre, elle demande même aux députés de la ville de Rennes de venir la trouver directement pour la conseiller au sujet de l'attitude à adopter à l'égard du traité du Verger :

« Pour ce que en iceluy traicté y a aucuns pouains et promesses qui restent estre accomplies, tant de la part du roy que de nous, en actendant les Estaz de nostred. païs, lesquelz avons mandez, vous prions et neantmoyns mandons que promptement et en toute diligence vous chouaisissez, tant de gens d'Église, gens de conseil que bourgeois, jucques au nombre de six bons personnaiges des plus notables de nostre ville de Rennes pour venir devers nous, car en deliberacion de ce que sommes tenus faire touchant led. traicté et aultres nos affaires, désirons avoir vos conseils et avis, comme de ceulx en qui avons seurté et qui toujours ont esté à noz predecesseurs et au bien de leur païs bons et loyaulx subgectz et que esperons que soyez envers nous. »

Outre l'importance accordée à l'avis des Rennais, ce document montre que le traité du Verger est déjà remis en cause par l'entourage d'Anne. Charles VIII s'en inquiète d'ailleurs, et dès le 18 septembre, ses envoyés présentent à Anne une lettre lui rappelant qu'elle ne doit pas se marier sans son avis, et qu'elle devrait renvoyer les soldats étrangers à son service. Le roi ajoute que, comme suzerain, il exige la tutelle et la garde de la princesse, le contrôle du duché jusqu'à ce qu'une commission d'experts statue sur les droits respectifs du roi et d'Anne. En attendant, il lui interdit de porter le titre de duchesse : « Pour ce qu'il y a question entre le roi et elle touchant cette principauté, que les droits d'une part et d'autre soient montrés et apparus devant les arbitres qui ad ce seront choisis dedans le premier jour de janvier prochain afin de les éclairci et cependant que ladite dame ne prenne nom ne autorité de duchesse. »

Anne, Rieux et d'Albret

Le roi entend donc bien exploiter la situation : pourquoi ne pas absorber le duché en faisant valoir les droits des Blois-Penthièvre rachetés par son père ? La réponse préparée par les conseillers d'Anne est une fin de non-recevoir : portée à Charles VIII par le grand maître d'hôtel Coëtquen, Olivier de Coëtlogon, Soupplainville, Jacques Rabaud et Gougeon, elle déclare qu'elle respectera le traité du Verger tel qu'il a été signé.

En fait, chacun s'apprête à tirer les marrons du feu pour son propre compte. Et dans ce panier de crabes, que pèse l'opinion d'Anne ? En a-t-elle seulement une ? Oui, une seule : elle refuse d'épouser d'Albret, alors que Rieux, Comminges et Françoise de Dinan veulent l'y forcer. C'est ce qui provoque la rupture. Il semble qu'à plusieurs reprises Anne ait opposé un farouche refus aux tentatives d'intimidation. Elle approche de ses douze ans et vient d'avoir ses premières règles. Désormais bonne à marier, elle se sent menacée et, peut-être sur la suggestion de Philippe de Montauban, le 8 décembre, déclare solennellement devant notaire que le consentement qu'elle avait autrefois donné à son père d'épouser d'Albret était nul. C'est ce qu'affirme d'Argentré : « La duchesse déclaroit appertement ne se vouloir condescendre audict d'Albret : et venue en puberté fist une protestation solennelle devant notaires apostoliques, qu'elle ne vouloit, ny ne s'accorderoit jamais à ce mariage, que ce qu'elle en avoit faict durant le vivant du feu duc son père, estoit de craincte, et révérence de luy, pour ne le vouloir contrister ny desobeir. »

Le maréchal de Rieux et Françoise de Dinan décident de passer outre et de forcer la main d'Anne en produisant une grossière falsification : ils font rédiger une fausse procuration par laquelle la duchesse demande au pape une dispense de consanguinité pour pouvoir épouser d'Albret, dont la mère était petite-fille de Jean IV. Encore faut-il que le document soit scellé par le chancelier, qui est Montauban. Celui-ci rappellera plus tard qu'il dut faire face à des tentatives d'intimidation :

« Plusieurs personnaiges se trouvèrent au Conseil, armés, les épées au côté, pour me devoir faire outrage, pour le déplaisir qu'ils avaient de certaines intimations dont m'aviez donné charge. »

Devant le refus obstiné du chancelier, Rieux choisit la rébellion, ou la sécession, comme on voudra. La cour s'était transportée de Guérande à Redon. Là, constatant qu'Anne échappe à son contrôle, le maréchal, fort du testament de François II qui lui en attribuait la tutelle, décide de constituer un gouvernement parallèle. Vers la mi-janvier 1489, il retourne à Nantes, avec Lescun et Françoise de Dinan, et le 24 il destitue Montauban, le remplaçant au poste de chancelier par Gilles de La Rivière.

La confusion est à son comble. Face aux deux pouvoirs bretons ennemis, Charles VIII, qui a recommencé la guerre, doit aussi surveiller le vicomte de Rohan. Celui-ci, en effet, n'a-t-il pas eu l'audace de s'intituler « duc de Bretagne » après la mort de François II ? Le 31 octobre 1488, Pierre d'Aux, bailli de la Montagne, écrit de Fougères à La Trémoille : « Mgr le sénéchal de Carcassonne passa lundi par icy, et s'en va vers monseigneur de Roan et me bailla une lectres du Roy lesquelles je vous envoye. La créance est que le Roy envoye ledit sénéchal pour dire à Mgr de Roan qu'il ne se die plus duc de Bretagne, mès que s'il y a droit, il lui sera gardé. Et m'a dit que le Roy prétend droit en la duché. »

De plus, Rohan projette toujours de marier son fils – Jean, puisque François a été tué à Saint-Aubin-du-Cormier – avec Anne, ce qui serait un autre moyen de récupérer le duché. Si l'on en croit les notes manuscrites de dom Morice, des négociations auraient été poussées assez loin dans ce sens entre septembre 1488 et mars 1489. D'après lui, les conseillers d'Anne auraient même envisagé favorablement cette solution, sous forme d'un échange : mariage d'Anne et d'Isabeau à deux fils de Rohan, Jean et Jacques, contre l'abandon par le vicomte de ses droits à la Bretagne, et le retrait des troupes royales.

Mais Charles VIII ne l'entend pas de cette oreille ; son entourage est hostile au vicomte, dont l'attitude reste trouble ; Gilbert de Grassay l'accuse de poursuivre sa seule ambition, et le 26 mars 1489 Jean II de Rohan doit écrire au roi une lettre où il cherche à se disculper. Il explique que l'initiative est venue en fait de l'entourage d'Anne : Mlle de Pont-l'Abbé lui a envoyé Olivier de Secq et Kerouant « pour [lui] dire que M. de Rainefort [Louis de Rohan-Guéméné] était venu de vers elle de par Madame Anne, de par Messieurs de Rieux, de Dunois et le chancelier de Bretagne pour [lui] dire qu'ils désiraient que le mariage de Madame et de [son] fils se fist... moiennant [qu'il] voulut quitter à la dite Dame Anne et à [son] fils aîné le droit [qu'il a] en la duché ». Rohan ajoute : « Si je voulais entendre à ce mariage, il fallait que je fisse retarder votre armée qui était en Bretagne [...] et qu'il vous eut plu avoir lesdits mariages agréables. » Et il termine sa lettre en rappelant les propres paroles du roi : « Sire, vous ne me devez savoir mauvais gré d'avoir pourchassé le mariage de Madame Anne de Bretagne et de mon fils, attendu qu'il vous plust me promettre à Ancenis et faire dire à Monsieur de Bourbon que, si vous ne la preniez pas pour vous, que vous vouliez que mon fils l'eust et non autre. Et à ce me suis attendu et fais encore, en ensuivant les bonnes paroles en quoi m'aviez toujours depuis entretenu. »

Il est toujours maladroit de rapeller à un puissant ses promesses non tenues. Charles VIII ne répond pas, mais visiblement il ne destine pas Anne au fils de Rohan, et s'il laisse encore planer un doute, c'est qu'à ce moment il a besoin militairement de l'appoint des forces du vicomte.

C'est que la guerre a en effet repris dès la fin de septembre 1488. Le roi, mécontent de la réponse négative des conseillers d'Anne à ses exigences, pousse alors Jean II de Rohan, bien implanté au centre de la péninsule, à s'emparer de la basse Bretagne. Le vicomte assiège Guingamp, qui refuse d'ouvrir ses portes. À Rohan, qui leur écrit que le roi est d'accord pour le mariage de ses fils avec Anne et Isabeau, les bourgeois guingampais répondent : « Au regard de mettre cette belle ville en vos mains, vous scavez qu'elle est à la duchesse, à laquelle, dès le vivant du duc que Dieu absolve, avions, et depuis son décès avons fait serment, de laquelle aussi et de Monsieur le Maréchal qui en a la garde, avons eu lettres et mandemens qu'en avons eu. Aussi avons esté adverti que le roy veut entretenir la paix ô la duchesse, ainsi qu'il avoit ô le duc, que Dieu absolve. »

Rohan va alors chercher des renforts royaux à Dinan : 1 200 Suisses et 2 000 francs archers français, avec lesquels il revient dans le Trégor, s'empare de Pontrieux, Châteaulin-sur-Trieux, puis se présente à nouveau devant Guingamp début janvier 1489. Des coteaux de Montbareil, il bombarde la ville pardessus les remparts ; en dépit d'une bonne défense par les capitaines Gouicquet, Chéro, Boisgelin, la reddition est obtenue au bout de quelques jours, et suivie d'un pillage systématique et de la remise de six otages. C'est la seconde fois en moins d'un an que la malheureuse ville est mise à sac.

À ce moment, Rohan est plus utile que jamais au roi, qui le nomme lieutenant général pour la basse Bretagne et en fait un membre de son conseil militaire, avec le sénéchal de Toulouse, Gaston du Lion, le sénéchal de Carcassonne, Claude de Montfaucon, et le sire de Champerroux, Gilbert de Grassay. Encouragé par son succès, le vicomte poursuit vers l'ouest, s'emparant dans la foulée de Morlaix, Carhaix, Concarneau et Brest, en février. Dans l'entourage de Charles VIII, certains commencent à le trouver gênant et répugnent à lui faire parvenir des renforts. Les troupes royales sont d'ailleurs repassées directement à l'action. Une déclaration du 11 décembre, publiée à Paris le 7 janvier, annonçait la reprise de la guerre en raison de la non-application du traité du Verger. De Saint-Aubin-du-Cormier et de Fougères, 12 000 hommes s'avancent vers l'ouest, rejoints par de l'artillerie partie de Saint-Malo. La Trémoille, victime de jalousies dans l'entourage royal, n'est plus à leur tête. L'amiral de Graville semble jouer le rôle essentiel, et les forces françaises se joignent à celles de Rohan. Après la prise de Brest et de Concarneau, elles redescendent par la côte sud et occupent Vannes le 19 février.

Un triste couronnement (10 février 1489)

En face, la situation paraît désespérée. La rupture est consommée entre les conseillers d'Anne. Il s'en est fallu de peu qu'on en vienne aux mains.

En janvier, Montauban et Dunois tentent d'intimider le maréchal de Rieux, qui est maître de Nantes, en compagnie d'Alain d'Albret qu'il a nommé capitaine du château. Avec quelques mercenaires allemands dirigés par Raoul de Lornay, ils quittent Redon, emmenant avec eux Anne et Isabeau ; ils comptent sur la présence de la petite duchesse, populaire à Nantes, pour se faire ouvrir les portes de la ville. Arrivés à La Paquelaie, à une douzaine de kilomètres de la cité, ils envoient un officier intimer à Rieux l'ordre de laisser entrer Anne. D'accord, répond Rieux, mais par une simple poterne, et avec une garde de dix archers seulement. La manœuvre est claire : s'emparer d'Anne et la marier à d'Albret : « Je crois bien que s'ils eussent tenu les filles, écrit le chroniqueur Jaligny, qu'ils eussent fait, bon gré ou malgré, le dit mariage de mondit seigneur d'Albret avec icelle fille aînée. » Pas question d'accepter : Anne doit entrer par la grande porte, et solennellement, ce qui la mettrait à l'abri d'un coup de main.

La petite troupe s'approche alors jusque dans les faubourgs de Nantes. Dunois vient négocier avec Rieux, qui persiste dans ses exigences. La tension monte. Des deux côtés, la situation est inconfortable : Montauban et Dunois ont la fille, mais sont à la merci d'une action armée de Rieux ; ce dernier convoite la fille, mais n'ose pas risquer l'emploi de la force, qui pourrait le déconsidérer. Montauban suggère à Anne de convoquer les représentants des bourgeois, sachant qu'on pourrait facilement les attendrir pour forcer Rieux à ouvrir les portes. Mais le maréchal n'est pas dupe, lui non plus : il bloque les délégués, Anne ne peut que réitérer devant notaire son refus d'épouser d'Albret. Rieux déploie ses forces devant la ville, très supérieures à celles de Montauban, mais sans intention de s'en servir. Des deux côtés, on tente l'intimidation : osera ? n'osera pas ? Finalement, Montauban et Dunois décident le repli ; on reprend le chemin de Redon, dignement d'abord, puis dans la précipitation lorsqu'on s'aperçoit que les soldats de Rieux suivent le petit groupe. Montauban aurait alors pris Anne en croupe sur son cheval pour accélérer l'allure. La tentative se solde par un échec humiliant. Anne, qui atteint exactement sa douzième année, n'a connu jusque-là que des déboires.

De retour à Redon cependant, on entrevoit une consolation : une délégation de Rennais vient demander à la duchesse de faire son entrée solennelle dans la ville et de s'y faire couronner, suivant la coutume. Sans doute les Rennais ne sont-ils pas mécontents de pouvoir manifester une fois de plus leur opposition à l'égard de leurs grands rivaux nantais. Ils font tout leur possible pour exprimer leur loyauté à l'égard d'Anne, qui arrive le 7 février 1489, au faubourg de la Magdeleine, avec sa maigre escorte. Quelques décorations, un pont de bateaux pour traverser la Vilaine – qui n'est tout de même pas la Loire – et ce qu'il faut d'acclamations. Anne passe deux jours à l'abbaye de Saint-Melaine, et le soir du 9 février elle fait son entrée solennelle par la porte Mordelaise, pour aller passer une veillée en prière dans la cathédrale Saint-Pierre. La cérémonie du couronnement a lieu le lendemain avec la prestation habituelle du serment des ducs de Bretagne. C'est la première occasion pour Anne de mesurer concrètement qu'elle détient un pouvoir.

Pouvoir illusoire, certes : duchesse dont le titre est contesté par le roi, qui occupe militairement les deux tiers du duché ; duchesse dont une bonne partie des sujets nobles sont en rébellion ouverte : soit derrière Rohan, plus ou moins soumis au roi, soit derrière Rieux, dont la position est des plus étranges : il « répandoit partout le bruit que le comte de Dunois et le chancelier étaient des traîtres vendus à la France, écrit dom Taillandier ; que leur but étoit de livrer au roi la duchesse et la Bretagne », alors que lui veut la marier à d'Albret pour renforcer ses intérêts familiaux ; duchesse, enfin, dont l'entourage est bien maigre et bien peu breton : à part Philippe de Montauban, ses plus fermes soutiens sont Dunois, Lornay et ses mercenaires allemands, et aussi Jean de Chalon, prince d'Orange, qui arrive à Rennes comme par miracle en ce mois de février 1489.

Ce maître intrigant vient tout juste d'être libéré par ordre du roi, qui l'a fait venir à la cour, où il a été traité avec de grands égards. Anne de Beaujeu et son frère Charles VIII l'ont envoyé à la cour de Bretagne en compagnie du maître d'hôtel du roi, Turquet, avec un but précis : empêcher le mariage entre Anne et d'Albret, et favoriser les intérêts royaux. Il est chargé de proposer au conseil d'Anne une négociation sur les bases suivantes : Anne laisserait au roi les places qu'il contrôle ; on mettrait sous séquestre celles qu'elle détient, en attendant que des experts décident des droits royaux sur la Bretagne.

Cette solution ne fait pas l'affaire d'Anne, qui demande qu'on arrête d'abord les hostilités. Elle va jusqu'à nommer Orange capitaine de Rennes et lieutenant général, lui confie la seigneurie de Touffou et tous les biens confisqués à l'ex-trésorier Becdelièvre, qui s'est rallié à Charles VIII. Elle va aussi lui confier des missions diplomatiques auprès de Maximilien et du roi de France. Confiance sans doute exagérée pour un homme trop habile, capable de servir plusieurs maîtres à la fois. Inexpérimentée, Anne se laisse facilement diriger par des beaux parleurs du type du prince d'Orange.

Le 14 avril, elle se laisse également persuader de nommer comme trésorier général Jean de Lespinay. Cet arrière-vassal du vicomte de Rohan a choisi par calcul le camp d'Anne, et plus particulièrement celui de Philippe de Montauban, à qui il doit sans doute sa promotion. Âgé de quarante-neuf ans, il a derrière lui une longue carrière d'administrateur dans le domaine ducal, au cours de laquelle il s'est bâti une solide fortune par des pratiques malhonnêtes qu'il va perpétuer dans son nouveau poste, et dont l'ampleur sera révélée par les enquêtes qui suivront son décès. Dans le choix de ses conseillers, Anne semble avant tout guidée par une considération : l'hostilité à d'Albret. Aveuglée par son aversion d'adolescente, elle se laisse imposer un entourage dont la fidélité et les capacités sont sujettes à caution.

Le couronnement du 10 février marque pourtant le début d'une embellie. L'étau que représentait l'armée française, et qui menaçait de la broyer, se desserre. D'abord, étrangement, par une action du maréchal de Rieux, qui, vers le 25 février, vient se poster sur la Vilaine pour s'opposer au passage des troupes françaises ; ces dernières, qui venaient de prendre Vannes, marchaient sur Redon et Rieux : voyant ses biens patrimoniaux menacés, le maréchal s'interpose, obligeant les Français à se replier sur Vannes.

L'aide étrangère et ses limites

Et puis, au même moment, les souverains étrangers, inquiets de voir la péninsule bretonne tomber aussi facilement aux mains de leur confrère et ennemi Charles VIII, décident d'intervenir. Trois sont concernés directement : Henri VII d'Angleterre, Ferdinand d'Aragon, Maximilien d'Autriche. Depuis la mort de François II, les trois compères observent attentivement ce qui se passe en Bretagne. Dès le 7 octobre, le gouvernement d'Anne avait envoyé Jean de Plouer et Rolland Scliczon solliciter l'aide de Maximilien, et d'autres ambassadeurs vers Ferdinand, le pressant d'envahir la Cerdagne et le Roussillon. Quelques mouvements de troupe obligent Charles VIII à envoyer des renforts vers Saint-Omer et vers Perpignan.

Mais c'est surtout sur Henri VII Tudor, l'ex-exilé hôte de François II, que la Bretagne compte, la politique traditionnelle de l'Angleterre ayant toujours été de défendre l'indépendance du duché face au roi de France. Quatre ambassadeurs sont envoyés à Londres en novembre 1488 : Du Pou, Coëtmen, Coëtlogon, Le Prestre. Henri VII est d'accord sur le principe d'une aide à la duchesse Anne. Mais le prince, qui est prudent et avare de ses deniers, fait traîner les choses : tant que les troupes de Charles VIII ne bougent pas, on peut toujours espérer une paix négociée, moins coûteuse ; par ailleurs, il envoie des ambassadeurs consulter Maximilien et Ferdinand : les trois renards se méfient les uns des autres, et personne ne veut faire les frais d'une intervention dont profiteraient les autres. En janvier, devant la détérioration de la situation, il envoie tout de même Edgecomb et Aynesworth qui, le 10 février 1489, concluent à Rennes un traité avec Anne de Bretagne, qui doit accepter des termes très rigoureux : Henri VII promet d'envoyer 6 000 hommes, dont le transport et l'entretien seront à la charge de la duchesse. Celle-ci cédera comme garantie deux villes avec tous leurs revenus, au choix du roi, parmi les suivantes : Hennebont, Auray, Vannes, Guérande, Concarneau ; les villes seront restituées lorsque tous les frais auront été remboursés. En outre, pour garantir la livraison des places, Anne fournira au moins quatre otages, à prendre dans une liste de grands nobles bretons ; la duchesse ne contractera pas de mariage sans le consentement du roi d'Angleterre, et s'engage à obtenir la même garantie de Rieux ; elle ne conclura aucune alliance sans l'accord d'Henri VII et laissera la monnaie anglaise avoir cours dans le duché.

Le gouvernement d'Anne, aux abois, doit accepter ces conditions sévères. De son côté, le roi de France s'inquiète de cet accord et envoie l'archevêque de Sens à Londres pour sonder les intentions exactes d'Henri. Ce dernier confirme ses intentions belliqueuses, mais il a comme interlocuteurs deux gouvernements bretons rivaux, qui tiennent un langage différent : d'un côté, Anne, qui lui envoie encore en février Jean Le Bouteiller pour le presser d'envoyer les troupes, et de l'autre, Rieux, qui lui fait dire que l'entourage d'Anne est vendu aux Français, que l'unique solution est de marier Anne à Alain d'Albret, seul véritable défenseur des intérêts bretons, qui pourrait ensuite lui être très utile en Guyenne.

Dans un premier temps, Henri VII envoie 1 000 hommes, qui débarquent près de Guérande, début mars. L'impact est d'abord plus psychologique que militaire : le parti anti-français reprend courage dans le Trégor et chasse les garnisons françaises de Tréguier, Lannion, Morlaix, dès le 9 mars. Quelques jours plus tard arrive le gros de la troupe : 6 000 Anglais débarquent à Morlaix. Rohan demande des secours ; le roi envoie 2 400 hommes et ceux du parti français se retirent dans les principales places fortes, d'où ils sont assez rapidement délogés. Les combats sont parfois difficiles, comme autour de Guingamp : la garnison française de la ville remporte un succès sanglant à Pontrieux, où sont tués entre autres Guillaume de Rostrenen, Yvon de Plusquellec, Olivier de Poulglou, Alain de Kernechriou, Rolland de Botloi, avant de refluer sur Guingamp ; là, elle est attaquée par 1 500 Anglais, qui l'obligent à s'enfuir, non sans avoir déclenché un incendie : dévastée pour la troisième fois, la ville doit encore entretenir les vainqueurs pendant quinze jours, avant qu'ils se retirent à Lamballe. Partout, le parti français recule. Le mouvement s'accélère lorsqu'au début du mois de mai arrivent les 2 000 piquiers, arbalétriers et arquebusiers envoyés par Ferdinand, sous les ordres de don Diego Perez Sarmiento, comte de Salinas, et don Pedro Carillo d'Albornoz. Anne, qui se sent plus en sécurité avec les Espagnols, fait venir ceux-ci à Rennes, où elle réside. De plus, 1 500 piquiers allemands agissent entre Dinan et Saint-Malo. La Bretagne est regagnée aussi vite qu'elle avait été perdue. Dès le début de l'été, les Français ne tiennent plus que Fougères, Dinan, Saint-Aubin-du-Cormier, Saint-Malo et Brest. Le maréchal de Rieux tente de reprendre cette dernière, mais il doit lever le siège à l'arrivée d'un renfort français de 5 000 hommes conduits par Rohan, tandis que l'amiral de Bretagne, Jean du Quelennec, passé du côté de Charles VIII, tient la mer.

Une lettre envoyée par le roi au seigneur du Châtel montre à quel point Charles VIII tient à conserver Brest. Il ne lésine pas sur les moyens : « Nous avons reçu la lettre que par ce porteur vous nous avez envoyée écrite au Châtel le 14e jour de ce mois de juin, par laquelle vous nous mandez que Brest est assiégé par mer de 22 navires et que encore en devait venir 18 ou 20 de renfort, aussi que le Maréchal de Bretagne y devait aller mettre le siège par terre dedans trois jours... Et pour vous avertir du secours que nous avons délibéré vous donner par terre, avons envoyé le s^{r} de Saint-André avec 6 000 hommes de pied et 400 hommes d'armes se joindre avec notre cousin le s^{r} de Rohan et les sénéchaux et les autres à Dinan, et faisons encore lever 8 à 10 000 hommes de pied et 400 hommes d'armes en

Normandie, Anjou, le Maine, et tous les nobles du pays pour vous secourir. Et quant au secours de mer, nous faisons mettre sus tous les navires que pouvons recouvrer en notre royaume et avons envoyé devers le roi de Danemark, notre allié, qui s'est envoyé offrir à nous présenter 25 ou 30 gros navires... Et tenez sûr que serez secourus, tant par mer que par terre, en façon que ne demeurerez pas en danger. »

La situation d'Anne reste donc difficile. D'abord, beaucoup de nobles sont encore contre elle, en particulier toute la clientèle des Rohan, et les défections se poursuivent : du Chastel, Coëtmen, Maurice du Méné, son propre capitaine des gardes ; il faut nommer un nouvel amiral, c'est Louis de Rohan, seigneur de Rainefort. Puis il y a Rieux, toujours irréconciliable, et sa clique : il a été jusqu'à assiéger dans Guérande le chancelier Philippe de Montauban et le trésorier de L'Espinay, qui n'ont été sauvés que par l'arrivée de Dunois, envoyé par Anne. Au cours de cette affaire, trois partisans importants de Rieux ont été pris : Pierre de Kerguezec, Jean Perceval et Jean l'Evesque, à qui l'on tranche la tête comme rebelles. Il est difficile de savoir quelle est la part de responsabilité personnelle d'Anne dans cette décision, qui montre que son gouvernement considère Rieux, d'Albret et leurs partisans comme de véritables traîtres.

Autre problème pour Anne, qui se combine avec le précédent : elle est à la merci de ses protecteurs étrangers, fort encombrants et exigeants. Henri VII, en particulier, outre ses pressions financières, écoute de plus en plus les arguments de Rieux. Or celui-ci lui a envoyé Sourdéac, qui démontre à Henri que la solution du problème breton est de se rendre maître de la personne d'Anne et de lui faire épouser d'Albret, lequel ferait un duc de Bretagne très reconnaissant. Entre Henri VII et Anne, la méfiance s'installe. La duchesse envoie ambassade sur ambassade pour faire part de ses récriminations : une première fois, elle se plaint de ce que les chefs anglais tentent de négocier directement avec les Français, et rappelle que Rieux n'est qu'un rebelle, qui se conduit en souverain et capte une partie des revenus du duché. Henri VII répond à « sa bonne fille » qu'elle ne doit pas s'inquiéter, et qu'elle doit laisser une troupe anglaise s'établir à Rennes, ou alors aller elle-même passer cette troupe en revue. L'entourage d'Anne flaire le piège : circonvenus par Rieux, les Anglais voudraient s'emparer d'elle.

Puis Henri VII envoie Aysnesworth, qui rencontre successivement Anne et Rieux, écoute leurs doléances respectives et tente en vain une conciliation. Là-dessus, Anne envoie à son tour une nouvelle ambassade : Rolland Scliczon, Alain de Coëtgoureden et Olivier Estienne vont se plaindre en son nom de l'attitude de Rieux et des troupes anglaises. Henri s'impatiente, répond aigrement qu'on lui fait injure, qu'on traite indignement ses troupes alors qu'il ne souhaite que protéger la duchesse. Les ambassadeurs tentent de lui expliquer la situation : le duché a mis à la disposition des Anglais la place de Moncontour, où ils sont bien traités ; Dunois, Montauban, le sire de La Roche ont essayé d'entrer en contact avec les chefs, sans succès, parce qu'ils ont été prévenus par les gens de Rieux ; certes, Dunois est parti négocier avec Charles VIII, mais on lui a adjoint le prévôt d'Angleterre, et tout cela se fait sur le conseil du roi d'Aragon et du roi des Romains. Henri, dans l'embarras, ne voit d'autre solution qu'une réconciliation entre Rieux et Anne. C'est à cela que ses envoyés vont désormais travailler.

Enfin, dernier souci de la duchesse, les problèmes financiers, car les impôts ne rentrent plus. Les contribuables paient, mais l'argent va dans les caisses de Rohan ou de Rieux, dans toutes les régions qu'ils contrôlent ; les agents du Trésor ducal sont rançonnés : d'Albret, par exemple, s'empare de 2 000 écus qui étaient en route vers Rennes. Les villes, mises à sac, ne peuvent plus payer. Nous avons vu le sort de Guingamp ; d'autres villes, prises et reprises, voient s'enfuir une partie de la population ; le brigandage sévit dans les campagnes. Rieux s'est aussi emparé du Trésor ducal qui était à Nantes et des joyaux de la couronne, et s'en sert pour ses propres besoins. Anne en est réduite à fabriquer de la mauvaise monnaie, fortement dévaluée, à vendre ce qui lui reste de bijoux, à emprunter à des marchands et financiers rennais, et à engager ce qui lui reste du Domaine ducal : le château de Jugon est cédé à son chambellan Jean Le Bouhier, la châtellenie du Gâvre au chef des lansquenets allemands, et ainsi de suite. Le gouvernement n'hésite pas non plus à pressurer les contribuables. Les considérations attendries des biographes d'Anne sur les douleurs de la bonne duchesse qui plaint de tout son cœur son pauvre peuple sont ici déplacées. Si les mandements pour la perception des fouages portent la mention « le fort aydant le faible », cela n'a rien d'« affectueux » : la formule était traditionnelle, et signifiait plutôt que les membres des feux fiscaux devaient, coûte que coûte, se débrouiller entre eux pour payer.

Le traité de Francfort (22 juillet 1489)

Ainsi, en dépit du reflux des Français, qui ne contrôlent plus que cinq villes bretonnes en juillet, la situation d'Anne est des plus précaires. Dans l'immédiat, tout le monde a donc intérêt à faire une pause. Le contexte général s'y prête. Charles VIII, qui commence à rêver à de grandes aventures méditerranéennes et orientales, souhaite sortir de ces conflits mesquins entre princes chrétiens. Il y est encouragé par le pape, qui réveille l'esprit de croisade, et qui a besoin pour cela de la paix dans la Chrétienté. À la cour de France, des hommes influents conseillent la négociation, comme le sire de Graville, dont le rôle semble déterminant. Le légat pontifical Chieregato écrit de lui : « Il est de toute notoriété que le sire de Graville gouverne pacifiquement ce royaume, et sans aucun rival. Et quoi qu'on en dise de Madame Anne, dame de Beaujeu, elle ne fait rien qui ne lui ait été conseillé par le sire de Graville. »

Au même moment, Maximilien se trouve paralysé par de gros ennuis en Hongrie, en Autriche, où Mathias Corvin se révèle dangereux, et en Flandre. Il tient une diète à Francfort pour demander l'aide des princes allemands, mais souhaiterait une accalmie du côté français. Il n'a pas renoncé à épouser Anne de Bretagne, et entre eux circule un habile entremetteur, le prince d'Orange. Cet homme, dont Yvonne Labande-Mailfert écrit qu'« il demeure à nos yeux l'un des personnages les plus troubles de l'histoire de France », est l'agent de liaison entre Maximilien, Charles VIII et Anne de Bretagne. Poursuivant on ne sait trop quels buts personnels, il est le principal agent des accords qui vont suivre. Et comme en même temps Henri VII souhaite limiter les frais dans cette affaire bretonne déconcertante, et que Ferdinand voudrait se concentrer sur les affaires de Grenade, rien ne s'oppose plus à la conclusion d'un accord.

Anne de Bretagne n'y joue pas un rôle essentiel. Elle n'en est qu'un appendice. Comme d'habitude, sa destinée est d'être le jouet de décisions qui la dépassent. En l'occurrence, elle est incluse dans les articles du traité de Francfort, conclu le 22 juillet 1489 entre Maximilien et Charles VIII, qui prévoient, sans lui demander son avis, que le problème breton sera ainsi réglé : le roi de France retirera toutes ses troupes du duché, et Anne renverra toutes les troupes étrangères ; les villes de Dinan, Fougères, Saint-Aubin-du-Cormier et Saint-Malo seront neutralisées, sous la direction du duc de Bourbon (Pierre de Beaujeu) au nom du roi et du prince d'Orange, jusqu'au règlement du litige à propos du titre ducal. Pour ce dernier, Anne et Charles enverront à Avignon leurs arguments devant une commission pontificale d'arbitrage, dirigée par le cardinal Julien de La Rovère.

Anne, mise devant le fait accompli, présente le texte du traité devant les états de Bretagne, réunis à Redon. Ces derniers l'approuvent, et le grand maître d'hôtel est envoyé en ambassade vers Charles VIII pour lui transmettre la nouvelle. Le traité est officiellement ratifié par Anne le 3 décembre 1489. Mais loin de résoudre les problèmes, il ne fait que les repousser.

Son application est d'ailleurs très élastique. Anne conserve une partie des mercenaires étrangers ; de son côté, Charles VIII garde le contrôle des quatre places qui devaient être neutralisées, et invoque la menace anglaise pour maintenir une garnison à Brest. Ses troupes continuent à dévaster le plat pays. Les Anglais restent à Morlaix et à Concarneau, en application de l'accord avec Henri VII, mais en contradiction avec celui de Francfort. Quant au fond du problème, c'est-à-dire la question du titre ducal, les tentatives d'arbitrage se soldent par un échec complet.

Dès octobre 1489, Anne avait secrètement écrit au pape. En témoigne une lettre du cardinal Balue, datée de Rome le 17 de ce mois : la duchesse, écrit-il, a « fit supplier le pape, secrètement, qu'il lui voulist écrire et aussi à son conseil en l'exhortant à prendre la paix envers le roi... et aussi qu'il en écrivit au roi ». Il avait été prévu d'organiser le 15 avril 1490 à Avignon une « journée... pour veoir les droits ». Le roi y envoie donc ses délégués, munis des pièces officielles justifiant ses droits : Jean Matharon, conseiller, chambellan et grand président de Provence, Accurse Maynier, juge de Provence, Thibaut Baillet, président au Parlement de Paris. Mais c'est un rendez-vous manqué : Anne, pour protester contre la non-application du traité de Francfort, n'a envoyé personne. Elle s'en explique dans une lettre du 10 juillet, précisant que si elle n'a « point envoyé en Avignon à la journée assignée pour faire voir les titres, elle en avait auparavant fait excuse au roi qui l'avait trouvée raisonnable et comme telle reçue, pour ce qu'il n'avait encore voulu mettre les places en neutralité ».

Une deuxième tentative est faite l'année suivante, mais cette fois c'est Charles VIII qui fait faux bond. Le traité de Francfort a été renouvelé à Ulm en juillet 1490, et grâce à l'action du légat pontifical Raymond Péraud, on a prévu de se rencontrer à Tournai en avril 1491. Mais entre-temps la situation s'est tendue : les Anglais s'incrustent à Concarneau et à Morlaix, parce que la duchesse est incapable de régler les frais de leur intervention ; les nonces apostoliques ont proposé en vain à Henri VII d'accepter le paiement global de 200 000 livres que Charles VIII proposait de faire pour régler la pension de 50 000 couronnes, promise jadis par Louis XI, et qui solderait en même temps les dettes d'Anne ; là-dessus, Charles VIII a appris que Maximilien, Ferdinand, Henri VII et l'archiduc d'Autriche Philippe étaient en train de s'entendre pour défendre Anne ; et enfin, pour couronner le tout, il a appris que la duchesse a épousé Maximilien par procuration. Il n'est donc guère surprenant que les délégués bretons, Nicolas Dallier, Olivier Ferré, Alain Le Forestier et Maure de Queniquevilly, qui arrivent candidement à Tournai à la fin mars 1491, soient renvoyés chez eux. Seule la force peut désormais régler le problème de la succession de Bretagne.

Un duché délabré

Anne et son entourage en sont eux-mêmes persuadés. Toute l'année 1490, année de répit grâce au traité de Francfort, a été employée à refaire les forces du duché. Des Lamballais réparent les fossés et bastions ; les enceintes de Ploërmel et de Rennes sont consolidées ; on forge de nouveaux canons et on lève de nouveaux impôts. Le 4 juin, Anne fait armer des navires en guerre ; le 22 septembre, elle organise trois flottes, qui se relaieront sous la direction de l'amiral Louis de Rohan.

En mars-avril, elle entreprend une tournée du duché, contre l'avis de ses conseillers, semble-t-il. La demoiselle veut prendre un premier contact avec ses sujets et se rendre compte par elle-même de la situation. Les circonstances de ce voyage sont très mal connues ; on ne sait rien de l'itinéraire, qui de toute façon dut éviter les régions contrôlées par Rieux, soit tout le sud-est, le Pays nantais, celles du vicomte de Rohan, soit tout le centre, et les villes encore aux mains des Français. Pour le reste, les biographes ont comblé les lacunes avec leur imagination, la montrant traversant les hameaux où les pauvres se pressent avec dévotion pour embrasser le bas de sa robe ; partout, accueil émouvant, effusions, larmes d'un peuple touché par les malheurs de la « bonne duchesse », à qui on aurait même prêté des sabots pour traverser les ruelles boueuses. Rien de tout cela n'est confirmé par les documents.

Ce qui est bien attesté, en revanche, c'est que peu de temps après ce voyage, en juillet, des jacqueries éclatent, sur lesquelles les biographes sont étrangement silencieux. La plus grave a lieu en Cornouaille, où dès 1488 la chancellerie signalait « une certaine rebellion en quoy ont esté les bourgeois de Kempercorentin ». Cette fois, seize paroisses sont touchées, autour de Plomodiern, Plonevez-du-Faou, Plouvé ; des bandes se forment ; l'une d'elles pénètre à Quimper et commet des dégâts. Un embryon d'organisation est mis sur pied, qui n'est pas sans préfigurer de loin la grande révolte de 1675 dans la même région : certains textes parlent d'une « commune », avec un chef, Jean l'Ancien. La misère, les réquisitions, les impôts sont à la racine de ces troubles, au cours desquels on acclame les Français : la guerre avec Charles VIII est considérée comme la source de tous les maux, et une union avec le royaume en serait la solution. La « bonne duchesse » de treize ans et demi n'hésite pas : elle envoie le comte de Salinas et ses troupes espagnoles contre ses « bons Bretons » ; Quimper est reprise, les manants sont écrasés au lieu-dit Pratanros, des meneurs sont arrêtés et condamnés. Il n'est plus question d'acclamer la bonne souveraine.

Comptes, textes fiscaux et judiciaires sont remplis de témoignages sur la grande misère et l'insécurité qui règnent partout dans le duché en 1490. En ville, les salaires bondissent, de 2 sous 6 deniers à 7 sous 6 deniers pour un manœuvre nantais, de 3 sous 4 deniers à 10 sous pour un perréeur de la même ville ; à Vannes, les gages d'un serviteur passent de 20 à 30 deniers ; ils atteindront 40 deniers en 1492 ; maçons et charpentiers touchent 30 deniers, puis 36, 48 en 1491, et jusqu'à 54 en mars 1492. Et pourtant ces hausses spectaculaires restent inférieures à celles des prix. Le pouvoir d'achat se dégrade, et le mécontentement grandit. Certains émigrent. D'autres rejoignent des bandes de brigands, qui s'en prennent aux marchands, pèlerins, messagers, ecclésiastiques. Les mercenaires, désœuvrés et sans paie pendant la trêve, pillent des manoirs et des fermes.

Privé de moyens, le gouvernement d'Anne ne peut pas faire grand-chose. Il réprimande la garnison de La Hardouinaye, qui rançonne les paysans de Merdrignac ; il interdit aux troupes de Rennes et de Vannes d'obliger la population à creuser des fossés. Mais le plus souvent Anne doit se contenter de faire le tri : les brigands qui la soutiennent obtiennent des lettres de rémission, tandis que les biens de ses adversaires sont confisqués, comme ceux de Pierre Becdelièvre, trésorier général et capitaine de Rennes. Ceux qui la servent sont récompensés, comme Jean Dupont, sire de Pont-l'Abbé, qui a subi des dommages en soutenant sa cause. Par une lettre du 8 décembre, la duchesse décide de dédommager les descendants du Quimpérois Michel Marion, qui avait armé un navire pour soutenir François II assiégé à Nantes en 1487.

L'épisode l'avait alors marquée, ce qui explique le caractère très circonstancié de la lettre, dans laquelle Anne rappelle que Marion était venu « laissant et cessant pour le bien de mondit seigneur... toutes ses autres affaires particulières, [ayant] fait amas de gens, mis sus et avitaillé un sien navire de guerre, garni de tous vivres, canons, harnais et autres choses nécessaires et équipé de 100 à 120 compagnons... disposés de servir. Et, iceux assemblés audit lieu de Kempercorentin à son de trompe et bannière déployée, les avait conduits... jusques au lieu de Nantes... Après avoir servi continuellement et s'être aventuré en plusieurs saillies, escarmouches, rencontres et assauts... finalement lui et plusieurs de sesdits compagnons moururent en notre service. Et de paravant y avait été ledit navire brisé ». Anne sait se souvenir de ceux qui l'ont aidée dans les moments difficiles ; c'est une de ses qualités, pendant de la rancune tenace qu'elle voue à ceux qui l'ont desservie.

L'année 1490 est aussi employée à la recherche de nouveaux moyens financiers. Le taux de fouage atteint cette année-là le record de 178 sous par feu. Des villes doivent consentir des emprunts forcés, et des fermiers des impôts, des avances sur recettes ; les officiers et grands personnages sont priés de contribuer, car ils reçoivent en échange de gros avantages, comme Louis de Lornay, capitaine des Allemands, déjà mentionné, qui avance 35 000 livres et touchera jusqu'au remboursement les revenus de la châtellenie du Gâvre ; Philippe de Montauban avance 74 250 livres, le financier Julien Thierry 38 280 livres, Jean Boudet, contrôleur général des finances du duc d'Orléans, 45 000 livres, Jean de Chalon, prince d'Orange, 200 000 livres ! Ce qui donne une idée de leur fortune. Les collectivités peuvent se libérer des rentes annuelles qu'elles devaient en déboursant une grosse somme : les confréries rennaises, par exemple, en profitent pour racheter 2 670 sous de rentes en donnant 13 200 livres. À l'inverse, on vend des rentes sur les revenus ordinaires, qui se trouvent ainsi hypothéqués : des bourgeois de Rennes comme Julien Thierry, Laurent Pares, Robert Millon, et bien d'autres, achètent aussi des rentes sur la coutume des draps, la ferme de la traite, les droits de boulangerie, de tabellionnage, le tout rapportant 63 137 livres au Trésor, somme immédiatement employée pour payer les mercenaires et rembourser des créances. Mais ce procédé grève sérieusement les recettes à venir.

Anne est également obligée de faire fondre sa vaisselle précieuse, de même d'ailleurs que celle de Rieux, qui est tombée entre ses mains. Elle fait faire une liste des bijoux qui lui restent pour les engager : les Rennais lui prêtent ainsi 2 000 écus pour une coupe d'or. Les manipulations monétaires s'accentuent : l'écu breton, qui valait 22 sous 11 deniers en 1472, circule à 50 sous en mars 1490, et le gros d'argent passe de 2 sous 6 deniers à 4 sous 6 deniers à la même date. Une réévaluation est tentée sans succès le 21 mars. Les impôts rentrant mal, le trésorier Jean de Lespinay a recours à des subterfuges : le 25 juin 1491, il fait avancer par les dix plus riches familles de chaque paroisse le montant des fouages, à charge pour elles de se rattraper ensuite sur les autres contribuables. On imagine les disputes que cela peut engendrer. En raison de la chute du revenu des fermes fiscales, des dégrèvements sont accordés aux fermiers : ils se montent à 12,5 % en 1490, et 26,5 % en 1491.

Une duchesse sans pouvoirs

Anne s'efforce pourtant en cette année 1490 d'affirmer ses droits de duchesse souveraine, en particulier dans le domaine des nominations épiscopales, qui lui tient à cœur. Elle essuie deux échecs cinglants qui augmentent son amertume et lui font découvrir une fois de plus combien elle est peu maîtresse de son destin face aux grands de ce monde.

Son oncle le cardinal Pierre de Foix, évêque de Vannes et abbé de Saint-Melaine de Rennes, étant décédé, le pape Innocent VIII, ne tenant aucun compte de l'élection respective de Robert Le Borgne et d'Olivier de Broons à ces deux bénéfices, nomme son neveu, Laurent Cibo, cardinal de Bénévent, à Vannes, le 29 août, et le cardinal Antoniotto Pallavicini à Saint-Melaine, le 18 octobre. Il les recommande tous deux à Anne, qui, outrée par le procédé, refuse. Elle proteste contre ces nominations d'« étrangers et non originaires », qui ont été faites avant même qu'elle apprenne la mort du cardinal, qui résidait à la Curie. La jeune duchesse est scandalisée de voir que l'on décide ainsi des bénéfices bretons à Rome, au profit de personnages qui ne viendront jamais en Bretagne. Pourtant, il lui faut céder ; avec la reprise de l'invasion française, elle a trop besoin de l'aide du pape : Cibo sera évêque de Vannes ; à Saint-Melaine, on transige : son aumônier, Olivier de Broons, sera abbé, mais versera en dédommagement une pension de 250 ducats à Pallavicini.

La même année se pose la question du siège épiscopal de Nantes, qui traîne depuis 1488. Anne veut imposer comme évêque son secrétaire, Guillaume Guéguen, alors que le pape, en accord avec Charles VIII, a nommé Robert d'Espinay. Le 23 octobre, la duchesse publie une ordonnance solennelle déclarant que ses prédécesseurs, rois et ducs, étaient les fondateurs des évêchés et abbayes de Bretagne, qu'ils y possédaient des droits souverains et qu'en conséquence elle seule pouvait proposer au pape des titulaires ; elle rappelle qu'à chaque fois que cette procédure n'a pas été respectée, la nomination a été cassée, et que dans le cas présent d'Espinay n'a été choisi par le pape qu'« à l'instigation et pourchas du roi », alors que le personnage lui est suspect et qu'elle souhaite la nomination de Guéguen. Peine perdue. La ville de Nantes, aux mains de Rieux, puis des Français, lui échappe, et elle ne peut empêcher d'Espinay de prendre possession de l'évêché.

L'amertume de la duchesse est vive. Ces affaires lui rappellent combien son pouvoir est fragile, et combien elle est peu maîtresse de son propre duché, où de nombreux seigneurs continuent à défier son autorité. Le vicomte de Rohan incarne toujours le parti du roi. Il a même l'audace de faire citer Anne devant le Parlement de Paris à propos des terres de Montfort-l'Amaury et de Neaufle-le-Chastel, qu'il revendique, au nom de son épouse Marie de Bretagne, héritière, dit-il, du duc François Ier qui en était le possesseur. Le 26 septembre 1489, il a même rendu hommage au roi pour ces fiefs. Dans une lettre du 8 mars 1490, Charles VIII fait allusion à ce procès, et le document indique par la même occasion que Rohan vient de tomber aux mains des Anglais :

« Nos amez et féaulx, pour ce que nous avons les affaires de nostre très cher et très amé cousin le sire de Rohan en singulière recommandation et que voulons iceulx être favorablement traictez, actendu mesmement l'inconvénient à luy advenu à cause de la prinse de sa personne faict par nos ennemys et adversaires et que savons que toujours il a esté et est bon et loyal envers nous, vous mandons que, en procédant à l'expédition des causes et matières que nostre dict cousin a par devant vous en nostre court de parlement, vous veuillez avoir luy et son bon droit en bonne et briefve justice pour especialement recommandez. »

Captivité de courte durée, puisqu'on retrouve le vicomte à la tête de troupes françaises en 1491. Défiant l'autorité de la duchesse, il poursuit en pleine guerre une politique de mécénat religieux qui entretient son prestige : travaux de l'église Saint-Malo à Dinan, de la chapelle Saint-Roch à Blain, de Notre-Dame-du-Roncier à Josselin. Il veille aussi à l'entretien de ses forteresses, véritables enclaves ennemies en plein cœur du duché. Le roi l'autorise à « réparer, fortifier et mettre en convalescence pour le bien, seureté, protection et deffense du pays » ses châteaux de Pontivy et Corlay.

Le ralliement de Rieux (août 1490)

Un autre personnage rappelle à Anne combien son titre de duchesse est vide de sens à l'intérieur même du duché : le maréchal de Rieux qui, avec ses associés Alain d'Albret et Lescun, comte de Comminges, continue à défier toute autorité, ducale comme royale. Ses partisans commettent des dégâts en Anjou et dans le Maine. En janvier 1490, Lescun investit La Chèze ; en mars, Rieux lui-même attaque à Machecoul le sire de Retz, partisan d'Anne. Et toujours il entend imposer un mariage entre d'Albret et la duchesse, alors même que celle-ci a affirmé à de multiples reprises son opposition, et vient encore d'écrire à Henri VII que « pour rien elle ne vouloit entendre au mariage avec d'Albret et plutost se rendroit religieuse ». Au début du mois de mai, on manque même d'en venir à l'affrontement direct : près de Pontivy, un corps de troupe, dirigé par le prince d'Orange, envoyé par Anne, arrive à une lieue de l'armée du maréchal. La bataille n'est évitée, le 6 mai, que par l'intervention d'officiers espagnols qui font valoir la volonté d'arbitrage de Ferdinand et d'Henri VII.

Les deux souverains en effet sont las de cette situation. Ils ont des troupes en Bretagne qui sont là pour empêcher Charles VIII de s'emparer du duché, mais dont l'action est paralysée par l'hostilité entre Anne et Rieux, l'une gouvernant de Rennes, l'autre de Nantes. Depuis des mois ils font pression sur les deux adversaires pour arriver à une réconciliation. Des négociations ont eu lieu depuis octobre 1489, sans cesse rompues, sans cesse reprises, par l'intermédiaire en particulier de Dunois et de Jean de Chalon. Rieux commence à comprendre l'impossibilité d'un mariage entre Anne et d'Albret. Sa position se fragilise et les défections se multiplient. La plus grave est celle de Lescun, qui, se souvenant qu'il est parrain d'Anne, négocie en sous-main et, contre la promesse de la seigneurie de Touffou, passe à Rennes, où il meurt quelques mois plus tard, âgé de soixante-dix ans.

Rieux décide donc avec réalisme de se réconcilier avec Anne, tant qu'il peut encore le faire avec profit. Son ralliement, il le fera payer très cher, dictant ses conditions avec arrogance. Le 4 juillet 1490, à Vannes, devant les états de Bretagne assemblés, il se présente avec aplomb, déclarant qu'il vient volontairement se décharger de la tutelle d'Anne, qui lui avait été confiée par le testament de François II. J'ai loyalement rempli ma mission de lieutenant général du duché, et je n'ai rien à me reprocher, explique-t-il ; je réclame simplement d'être dédommagé pour les pertes matérielles que m'a values ma fidélité à la Bretagne : les Français ont brûlé et rasé mes places d'Ancenis, Rieux, Rochefort, mon château d'Elven ; ils ont coupé mes bois, rompu mes moulins, desséché mes étangs, pillé mes meubles, rasé les maisons que je louais, soit une perte de 10 000 livres par an ; le roi a confisqué mes seigneuries en France, qui valaient 300 000 écus ; pour faire la guerre, j'ai emprunté, livré ma vaisselle, monnayé pour plus de 100 000 écus de métaux précieux et de bijoux ; alors, voilà la note : il me faut une pension annuelle de 12 000 livres, et une somme globale de 100 000 écus d'or, et il faut aussi dédommager mes fidèles.

Se présente alors la comtesse de Laval, qui lit à son tour les litanies de ses doléances : les Français ont brûlé et rasé sa ville et son château de Châteaubriant, ses châteaux du Guildo et de Montafilant, rompu ses bois, moulins et chaussées, occupé ses terres de Bécherel, Beaumanoir, Planguenoual, Sévigné, Plancoüet, Montafilant, Le Guildo, ses seigneuries des diocèses de Dol, Saint-Malo, celles de Normandie, d'Anjou et du Poitou, ce qui lui a fait perdre 20 000 écus par an, 200 000 écus au total ; on lui doit encore 10 000 écus sur la vaisselle précieuse qu'elle avait prêtée à François II, et quatre ans d'une rente de 500 livres sur la recette de Dinan qui faisait partie de son douaire à la suite du décès de son premier époux, Gilles de Bretagne ; depuis deux ans, elle n'a rien touché d'une pension de 11 000 livres qui lui avait été accordée par François II ; alors, pour elle ce sera aussi une somme globale de 100 000 écus d'or, une pension à vie de 11 000 livres, et les arrérages de la rente de 500 livres.

Ces demandes exorbitantes sont acceptées sur-le-champ par les états, en dépit de la détresse financière du duché. Le bon peuple paiera ! Un fouage extraordinaire de 8 livres 10 sous par feu est voté, que paieront les contribuables pour dédommager ces grands seigneurs des frais occasionnés par les opérations de pillage des biens de ces mêmes contribuables ! On fera comprendre à ces derniers que le salut de la Bretagne vaut bien ce sacrifice supplémentaire.

Il y a un troisième larron à indemniser : Alain d'Albret, qui perd dans l'affaire tout espoir d'épouser Anne de Bretagne. En guise de compensation, cette dernière lui donne tout simplement... sa sœur cadette, la petite Isabeau, que l'on mariera à Gabriel, fils du sire d'Albret. Ces marchandages stupéfiants, voire sordides, montrent qu'Anne de Bretagne entre dans le jeu des arrangements matrimoniaux courants à l'époque : la duchesse de treize ans et demi utilise sa sœur de douze ans comme monnaie d'échange pour se débarrasser de l'encombrant prétendant. Pour faire bonne mesure, on y ajoute 100 000 écus d'or, pour dédommager Alain d'Albret de ses frais, une pension de 12 000 livres, le commandement d'une compagnie, et la garde du château de Nantes, qu'il avait déjà. La lettre par laquelle Anne accorde la main de sa sœur au fils de son « très cher et très aimé cousin le sire d'Albret », qu'elle exècre, le 13 juillet 1490, tout en déplorant les « très grans maulx et inconvéniens sur le pauvre peuple », qui là encore paiera les frais, illustre l'écart entre le langage diplomatique et la réalité des faits :

« Comme aucuns différens se soient paravent ces heures trouvez en cestuy nostre pays et duché, qui aient esté cause de très grans maulx et inconvéniens sur le pauvre peuple, préjudice et dommaige de toute la chose publique de nostre dit pays, et en besongant sur le fait de l'unyon desdiz differens pour ycelle unyon faire et acomplir, ait esté, entre aultres points principaulx, parlé et de fait ayons voullu et consenty le mariage estre fait de nostre très chère et très amée seur germaine Isabeau de Bretaigne avec nostre bien amé Gabriel, seigneur de Avesnes, filz de nostre très cher et très amé cousin le sire d'Albret, moyennant le consentement de très haulx, très excellans et très puissans nos très honnourez seigneurs et frères les rois des Romains, d'Espaigne et d'Angleterre... »

Il est en outre prévu 100 000 écus supplémentaires pour d'Albret si le mariage ne se réalise pas, ce qui sera le cas puisqu'Isabeau meurt moins de deux mois plus tard, le 24 août 1490.

Rieux est finalement le grand bénéficiaire de cette réconciliation, qui est imposée à Anne par ses conseillers et par les états. Il est en effet étonnant de constater qu'il s'en tire non seulement avec d'énormes compensations financières, mais qu'en plus les documents officiels d'août 1490 qui détaillent les mesures ne tarissent pas d'éloges sur sa conduite. Ces lettres du 9 août, signées d'Anne, rappellent que « puix quatre ans derrain, les François, lors nos ennemys et adversaires, à port et puissance d'armes feussent entrez en nostre païs et duché, auquel eussent occis et mis à mort pluseurs noz bons et loiaulx subjectz, pillé et robé les eglizes, prins de noz villes et places fortes, et y fait pluseurs autres énormes et execrables maulx, tendans à conquerir nostre païs si faire l'eussent peu... ». Elles poursuivent en félicitant Rieux de sa conduite loyale, y compris lorsqu'il a attaqué Montauban à Guérande et investi Machecoul, actes de traîtrise caractérisée. De plus, des articles secrets lui pardonnent d'avoir fait battre monnaie et enlevé plus de cinq cents marcs d'argent.

On peut à bon droit supposer que seules les nécessités politiques mises en valeur par Dunois, Orange et Montauban ont obligé Anne à avaler ces couleuvres. La froideur avec laquelle elle accueille Rieux et Françoise de Laval, et fait comprendre à d'Albret que sa présence est indésirable, confirme cette hypothèse. La Borderie a par ailleurs fait remarquer que deux jours plus tard, le 11 août, dans une lettre par laquelle elle récompense un de ses fidèles soutiens, Gilles de Condest, Anne qualifie de rébellion les actions passées de Rieux. La duchesse fait l'apprentissage de la duplicité nécessaire à tout politicien. Elle aura toujours du mal à se plier à ce devoir de mensonge qui fait les grands hommes. Malhabile, par tempérament, à dissimuler ses vrais sentiments, elle sera une médiocre politicienne.

La réconciliation avec Rieux ne résolvait qu'une partie du problème. Anne reste une duchesse contestée, dont le titre n'est pas reconnu par le roi de France. Les troupes du Valois sont toujours là, contrôlant plusieurs villes et menaçant la frontière. Les mercenaires anglais, espagnols et allemands sont eux aussi présents. En dépit du traité de Francfort, qui reste inappliqué, chacun sent que le dénouement viendra de la force. En cet été 1490, à la tête d'une Bretagne exsangue, Anne sait bien que son salut reste suspendu à l'intervention des souverains étrangers, Henri VII, Ferdinand et Maximilien. Mais leur méfiance mutuelle les a jusque-là paralysés. Les négociations, secrètes et publiques, ont-elles désormais plus de chance d'aboutir ?

CHAPITRE VIII

Du mariage de prestige au mariage de raison (1490-1491)

L'activité diplomatique est intense au cours de l'été et de l'automne 1490, entre les partenaires habituels, Charles VIII, Henri VII, Maximilien, Ferdinand et Anne de Bretagne. Dans ce ballet, Anne est la partie la plus faible : elle est sous la menace directe du roi de France, qui ne relâche pas sa pression et revendique toujours le duché, où ses troupes contrôlent cinq villes importantes. La cour vient s'établir pour l'été près de la frontière, aux Ponts-de-Cé, et ne dissimule pas ses préparatifs militaires. Pour la duchesse, le seul espoir réside dans une intervention des trois autres partenaires, dont aucun n'a intérêt à voir le puissant royaume de France absorber la Bretagne. Mais ces partenaires sont méfiants et prudents.

Des négociations tronquées

Du point de vue d'Anne, l'objectif est double : retarder l'affrontement avec le roi de France et conclure une alliance suffisamment solide avec un ou plusieurs souverains pour faire reculer Charles VIII. Une fois de plus, il est impossible d'estimer l'importance du rôle personnel d'Anne. À treize ans et demi, se contente-t-elle de suivre passivement les avis de ses conseillers, hommes habiles et expérimentés, ou intervient-elle de façon décisive pour orienter la politique ? Les documents officiels sont évidemment rédigés en son nom et signés de sa main, mais cela ne veut rien dire. À l'encontre de ses précédents biographes, nous sommes enclins à penser qu'Anne n'est pas maîtresse de ses décisions. Depuis le début, elle suit, tributaire de ses conseillers : Philippe de Montauban, Dunois et surtout Jean de Chalon, qui connaît toutes les cours européennes, où il a des intelligences. Cet homme habile a su se rendre indispensable à la duchesse, et à son conseil. Il est l'un des principaux agents des négociations, traités et mariages des années 1490-1491.

Négociations publiques d'une part, toutes en faux-semblants, pour la galerie, car personne n'est décidé à en tenir compte. Elles ont lieu pendant l'été aux Ponts-de-Cé, où Anne envoie vers le roi ses ambassadeurs : le sire de Guéméné, escorté par Coëtquen, Coëtlogon, Bruslon, Thierry et Marie. Là, au cours du mois de juillet, ce ne sont que récriminations mutuelles, chacun accusant l'autre de ne pas respecter le traité de Francfort : les députés bretons font valoir que les troupes françaises occupent toujours des villes bretonnes, qu'elles commettent des dégâts dans les environs, que le roi continue à lever de nouvelles troupes.

La réplique est narquoise : pourquoi Anne n'a-t-elle pas renvoyé les troupes étrangères ? Pourquoi des bandes de Bretons viennent-elles piller en Anjou et dans le Poitou ? Que manigance le chancelier de Montauban en Angleterre ? Réponses : Montauban n'est là que pour discuter des sommes dues à Henri VII ; la présence des Anglais à Concarneau et à Morlaix était prévue jusqu'au remboursement des frais par Anne. Quant aux incursions bretonnes, chacun sait qu'elles sont le fait des troupes de Rieux.

Aux Ponts-de-Cé se trouvent aussi des envoyés de Maximilien, qui sont chargés de trouver un terrain d'entente entre Charles VIII et leur maître. Celui-ci, toujours empêtré dans le guêpier flamand, a besoin d'une prolongation de la trêve de Francfort. C'est ce qu'il vient d'ailleurs d'obtenir à Ulm : sept mois de trêve supplémentaires. Le gouvernement d'Anne y souscrira en octobre. Mais personne n'est dupe : chacun cherche simplement à gagner un peu de temps pour affiner ses préparatifs.

Car les vraies négociations se déroulent en secret. Les contacts qu'ont pris les envoyés de Maximilien et ceux d'Anne à l'insu de Charles VIII et dans sa propre cour se poursuivent à l'automne et sont étendus à Henri VII et à Ferdinand. Ils débouchent en octobre sur la conclusion d'une véritable ligue contre le roi de France, à laquelle Anne adhère le 27 de ce mois. Il était prévu une action concertée contre Charles VIII, à moins que ce dernier ne consentît à restituer Cerdagne et Roussillon à Ferdinand, Guyenne et Normandie à Henri VII, et les places qu'il détenait en Bretagne à Anne. Les partenaires sont-ils sérieux ? Probablement pas. Aucun d'entre eux n'a vraiment l'intention de mener une action de grande envergure contre le roi de France, qu'ils veulent surtout intimider. Publiquement, les souverains sont liés par une paix qu'ils n'ont pas l'intention de respecter, et secrètement par la préparation d'une guerre qu'ils n'ont pas l'intention de faire !

Reine des Romains (19 décembre 1490)

À cela s'ajoute bientôt un événement théâtral : le mariage d'Anne de Bretagne et de Maximilien. L'affaire est en gestation depuis le début de l'année 1490. Le roi des Romains, veuf de trente-trois ans, a eu pour première femme une orpheline éplorée dont l'héritage était déjà convoité par le roi de France : Marie de Bourgogne. Pour Maximilien, l'histoire se répète. Contrôler la Bretagne serait certainement un moyen efficace de peser sur Charles VIII, qui ne cesse de lui créer des ennuis en Flandre. La question d'un mariage avec Anne avait déjà été évoquée du temps de François II, et elle est réactivée par Jean de Chalon. Le prince d'Orange connaît bien Maximilien, et c'est lui qui le persuade des avantages d'une alliance bretonne.

De plus – cela compte tout de même – la fille est fraîche et mignonne, à défaut d'être jolie.

Dès le début de 1490, Maximilien envoie donc son grand écuyer, Philibert de Vaire, à Rennes, pour préparer le terrain. La tâche est aisée : les conseillers d'Anne sont convaincus de la nécessité d'un mariage afin de procurer à la duchesse une alliance indispensable pour équilibrer la menace française. Maximilien semble le candidat idéal : c'est un des plus puissants souverains de l'époque, appelé à devenir empereur, titre le plus prestigieux de la Chrétienté ; l'éloignement géographique de ses États permettra au duché de rester indépendant, du moins l'espère-t-on. Chalon, Dunois, Rieux lui-même sont favorables à l'idée ; Montauban est un peu plus réticent, mais il s'y rallie en constatant que Ferdinand et Henri VII ne semblent pas faire d'objection. Quant à Anne, débarrassée de la menace d'Albret, comment serait-elle insensible au prestige d'un prince à la renommée chevaleresque, si puissant déjà et qui peut faire d'elle une impératrice ? Ne serait-ce que par les pensions et les cadeaux dont elle gratifie Philibert de Vaire, tout porte à croire qu'Anne est la plus enthousiaste pour le projet.

Celui-ci ayant donc fait un rapport favorable, Maximilien, le 20 mars 1490, à Innsbrück, charge trois envoyés de conclure l'affaire : Wolfgang de Polham, maréchal de l'Empire, ami intime du roi, Engilbert de Nassau, son propre cousin, et Jacques de Gondebaud. Nassau reste d'abord aux Pays-Bas, mais les deux autres arrivent en juillet à Rennes. Fort bien reçus, ils sont porteurs d'une procuration par laquelle Maximilien demande Anne « pour femme et pour épouse ». Les deux ambassadeurs ont d'excellents arguments pour convaincre les Bretons qui seraient encore un peu réticents : 10 000 livres payables en cinq annuités pour le chambellan Olivier de Coëtmen, par exemple.

Dans ces conditions, les difficultés sont vite aplanies. Reste à fixer les termes politiques du mariage. C'est le travail des états, réunis à cet effet à Vannes en décembre 1490. Le 16, l'assemblée ratifie le contrat, minutieusement préparé au cours de quatre mois de discussions : Maximilien s'engage à respecter l'indépendance du duché, les droits, les libertés et la sécurité des habitants, l'autonomie financière. Les offices seront attribués uniquement à des Bretons.

On peut donc procéder au mariage, qui se déroule de façon inhabituelle. C'est un mariage par procuration, ce qui, canoniquement, est valide car le fiancé a de bonnes raisons de ne pas faire le déplacement : il est retenu par des affaires politiques qui exigent sa présence, et il est séparé de sa fiancée par un royaume hostile. Son procureur est Wolfgang de Polham. La situation exige d'autre part une célébration immédiate : Anne et ses conseillers sont pressés d'obtenir l'aide du roi des Romains, puisque l'offensive de Charles VIII se précise : ce dernier osera-t-il s'en prendre à l'épouse du Habsbourg ?

C'est du côté civil que résident les obstacles. Un tel mariage contredit le traité du Verger, qui spécifiait qu'Anne ne pourrait se marier qu'avec le consentement du roi de France. En outre, selon le droit féodal, l'héritière mineure est sous la tutelle de son suzerain, qui décide de son mariage ; enfin, la question des droits d'Anne au duché n'a toujours pas été tranchée. Tout cela se discute, bien entendu, mais on peut faire confiance à Charles VIII et à sa sœur pour exploiter au maximum ces arguments. On peut même se demander si un tel mariage, qui prend des allures de provocation, n'a pas contribué à accélérer la chute de la Bretagne dans le domaine royal. Car Charles VIII, qui tergiversait, n'a plus le choix : s'il ne veut pas laisser échapper le duché, il ne lui reste désormais que le recours à la force, auquel le poussent tous les autres prétendants frustrés : Rohan, d'Albret, Orléans.

Le mariage lui-même est expédié discrètement, au point qu'il n'en subsiste pas de trace écrite. Au XVIIIe siècle encore, on en ignorait la date. L'érudit dom Charles Taillandier, bénédictin, continuateur de l'*Histoire ecclésiastique et civile de Bretagne* de dom Morice, écrivait en 1756 : « Ce mariage se fit avec tant de secret, qu'aucun historien n'a marqué le jour de cette cérémonie, et il paroît que les rois de France et d'Angleterre n'en furent pas informés. » D'Argentré, lui, le situait au début de l'année 1490. Une des causes de ce silence est que

Charles VIII fera plus tard disparaître les documents relatifs à cet événement.

Ce sont les historiens du XIXe siècle qui ont résolu l'énigme, en particulier grâce au procès verbal d'une contestation anodine survenue pendant la cérémonie. Polham, suivant la coutume, avait remis à l'offrande de la messe une obole de treize pièces d'or au chanoine de la cathédrale de Rennes Jehan Le Veyer d'Utrecht. Contrairement à l'habitude, le chanoine l'avait gardée pour lui au lieu de la remettre à l'évêque, d'où la procédure, exhumée en 1862 par l'érudit de La Bigne-Villeneuve, qui nous permet de savoir que la cérémonie eut lieu le 19 décembre 1490 : messe solennelle, célébrée en la cathédrale par l'évêque Michel Guibé, et suivie par la bénédiction nuptiale.

Le soir a lieu la fameuse cérémonie symbolique qui a tant fait pour rendre ce mariage célèbre, et le ridiculiser en même temps : Maximilien, absent, représenté par son procureur et le parchemin de la procuration, prend possession de son épouse. Anne est dans un lit ; les grands officiers et membres du Conseil assistent à la scène, en essayant de ne pas rire ; arrive le beau Wolfgang, accompagné par le secrétaire et le maître d'hôtel de Maximilien. Parvenu auprès du lit d'Anne, il dénude une de ses jambes, qu'il glisse sous la couverture près de celles de la duchesse, l'autre pied restant à terre ; on lui donne alors la procuration, qu'il montre à tous en la brandissant. Après quoi, sans un mot, il se retire.

La réaction de Charles VIII

Cette procédure, conforme à la législation de l'époque, était pourtant exceptionnelle et déjà désuète. Elle provoque sarcasmes et grivoiseries un peu partout. Charles VIII, prévenu, n'est pas vraiment surpris : tout le monde savait que ce mariage se préparait depuis des mois, et la ratification publique du contrat par les états de Bretagne ne pouvait évidemment pas passer inaperçue. Ironie supplémentaire : le roi de France est engagé depuis plusieurs années à épouser la petite Marguerite, fille du premier mariage de Maximilien : du coup, Anne de Bretagne, qui a sept ans de moins que lui, devient sa belle-mère !

N'appréciant guère cette situation cocasse, le roi envoie immédiatement deux ambassades : l'une, dirigée par Christophe de Carmone, à Rennes, et l'autre vers Maximilien. Il s'agit de faire savoir aux deux jeunes mariés que leur union est nulle, car contraire au traité du Verger et au droit féodal. En même temps, le baron d'Avaugour, demi-frère d'Anne, qui est lui aussi à la cour de France, déclare que puisque sa demi-sœur a épousé un étranger, le duché lui revient. Personne ne le prend au sérieux, mais Charles VIII, bien décidé à en finir, réunit une formidable armée, qu'il va confier à nouveau à La Trémoille.

À la fin de décembre 1490, alors qu'il est chez sa sœur Anne de Beaujeu, maintenant duchesse de Bourbon, à Moulins, le roi reçoit la visite d'Alain d'Albret. Ce dernier cherche vengeance. Anne de Bretagne vient de lui retirer le commandement du château de Nantes. Laissant là sa garnison de Gascons, il a pris le chemin du Bourbonnais et vient offrir au roi de lui livrer le château, clé de la ville de Nantes, et une des portes du duché. Mais il a ses exigences : le tiers du duché ! Demande exagérée, trouve l'entourage de Charles VIII. Finalement, on se met d'accord, le 2 janvier 1491, sur les conditions suivantes : le roi pardonne à d'Albret tous ses torts, lui restitue tous ses biens confisqués, lui donne 110 000 écus d'or pour régler ses dettes, une pension annuelle de 16 000 livres, une autre de 50 000 livres pour ses fils et ses serviteurs.

La contrepartie ne tarde pas. À la mi-mars, d'Albret s'approche de Nantes avec un détachement français. C'est Rieux qui commande la place, mais il est parti à la chasse, et le dicton populaire va se vérifier : qui part à la chasse... Dans le château se trouvent toujours des soldats gascons, très mal vus depuis le départ de leur maître, et trop heureux de favoriser son retour. Dans la nuit du 19 au 20 mars, ils ouvrent les portes à un groupe de soldats français déguisés. La forteresse est investie. Lorsque Rieux revient le lendemain, il est trop tard. Il ne peut que signer un accord avec d'Albret, qui lui permet de sortir de la ville avec ses biens et de rejoindre Anne à Rennes.

Nantes est définitivement perdue. D'Albret s'y installe et s'empare de ce qui restait des joyaux au château, où « les huis furent brisés et rompus par gros marteaux, tenailles et ciseaux ». La Trémoille et d'Albon de Saint-André arrivent avec des renforts, et le roi lui-même suit quelques jours plus tard. Accompagné du duc de Bourbon, il fait une entrée solennelle le 4 avril, puis assiste à la grand-messe dans la cathédrale le jour de Pâques, 11 avril. Il reçoit un accueil très favorable de la part des habitants, dont il confirme les privilèges et qui lui prêtent serment. Les Nantais, comme les autres Bretons, ne souhaitent qu'une chose : la fin de ces troubles, et pour cela une solution s'impose avec évidence : l'union de la Bretagne et de la France. « Dieu veuille unir Bretagne et France », proclame un petit poème écrit le 20 mars dans un cahier de comptes conservé aux archives municipales de Nantes :

« Gens de diverses nacions
La terre occupent les Bretons
Espaigneux, Flamens et Anglois
Qui pour combattre les Françoys
Sont venuz de leurs régions
Et plusieurs oppressions
À pauvres veufves et pepilles
À marchans et jeunes filles
Dieu qui a par sus eulx puissances
Veille unir Bretaigne et France,
Et ces gens conduire en leur terre
Et de tous païs outer la guerre. »

Habilement, le roi prend des mesures qui renforcent sa popularité. Agissant en seigneur légitime de « nostre pays et duché de Bretagne », il accorde la remise des fouages encore dus et fait dresser l'inventaire des biens du château de Nantes, auxquels il entend ostensiblement ne pas toucher. C'est que le duché ne saurait maintenant lui échapper. Il contrôle toutes les portes : Brest à l'ouest, Saint-Malo, Fougères, Dinan au nord-est, Nantes au sud-est. Son armée est formidable : plus de 15 000 hommes, une excellente artillerie, deux chefs remarquables, La Trémoille et Albon de Saint-André. La conquête peut commencer.

En face, Anne de Bretagne et ses conseillers, toujours à Rennes, rassemblent ce qui leur reste de forces et font appel aux alliés traditionnels. Henri VII n'envoie qu'un maigre secours, au mois de mai. Quant à Maximilien, Anne mesure à quel point la parodie de mariage a été vaine. Les actes officiels bretons ont beau être signés désormais avec la formule : « Maximilien et Anne, par la grâce de Dieu roy et royne des Romains, duc et duchesse de Bretaigne », son mariage reste théorique. Anne a beau envoyer une forte délégation à son mari, composée d'Olivier de Coëtlogon, procureur général, Prégent Kerhviri, vicaire de l'évêque de Léon, Jean Gibon, Rolland Le Blanc, François Guillemet, Gracien Mathils et Laurent Maczaut, Maximilien est bien incapable d'aider son épouse. La Diète d'Empire lui accorde pourtant 12 000 lansquenets, qui se rassemblent en août sous la conduite de Georges de Terreplaine, mais qui ne pourront jamais partir.

Le siège de Rennes (été 1491)

L'avancée de l'armée française est inexorable. Elle commence vers la fin du mois de mai. La Trémoille s'approche de Rennes, puis tourne vers l'ouest. Son avant-garde, dirigée par Adrien de l'Hospital, s'empare de Guingamp, une nouvelle fois pillée. On se demande ce qu'il pouvait encore rester à prendre, mais les enquêtes qui seront faites par la suite révéleront l'ampleur des dévastations. Excédée, la population s'enhardit, devient plus agressive. Quelques soldats sont tués. La progression n'est pas ralentie pour autant. Peu à peu, Rennes se trouve coupée du reste du duché, et dès le mois de juillet, écrit Commynes, « Charles VIII possédait la duché de Bretagne presque toute, fors la ville de Rennes et la fille qui estoit dedans ».

En l'occurrence, la fille, qui va sur ses quinze ans, et qui est théoriquement la reine des Romains, est réduite à la dernière extrémité. Les envoyés anglais lui proposent de la convoyer par mer jusqu'en Flandre, pour y retrouver son mari, proposition rejetée après discussion en conseil. Refus d'une fuite ignominieuse ? Volonté de marquer son attachement au duché dont elle revendique toujours la possession légitime ? Cela est probable. Peut-être Anne compte-t-elle encore sur l'arrivée des lansquenets de son époux. Chaque jour, elle accable le pauvre Polham, qui se trouve lui aussi pris au piège rennais, de questions sur les raisons de l'inaction de Maximilien.

Car la situation, une fois de plus, n'est pas brillante. Certes, les défenses de Rennes sont en état ; près de 200 canons de tous calibres sont sur les remparts ; la garnison, les milices, les mercenaires anglais et allemands sont suffisamment nombreux ; il y a là tous les fidèles, de la première et de la dernière heure : Montauban, Dunois, Orange, Lornay, Rieux, les ambassadeurs allemands. L'échec du siège de Nantes avait montré que la prise d'une ville majeure assiégée n'était pas inéluctable.

Mais les conditions, cette fois, sont très différentes. La Trémoille a tout son temps. Il investit systématiquement les environs et instaure un blocus qui se resserre inexorablement au fil des semaines. Visiblement, il compte davantage sur l'épuisement progressif des assiégés que sur une prise d'assaut. On prend même le temps de s'amuser et d'organiser des joutes entre Français et Bretons au pied des murailles. La duchesse assiste au spectacle du haut d'une tribune construite à cet effet, et y prend un visible plaisir. Le même genre de récréation avait déjà été organisé pendant les sièges précédents, à l'époque de Du Guesclin. On s'échange quelques otages au début, par simple précaution, et on termine en partageant des rafraîchissements. Étonnante scène que celle de ces guerriers qui se délassent des vrais combats en se livrant de faux combats, avant de reprendre la vraie guerre. Le chroniqueur Jean Molinet en a laissé une description vivante :

« Le bastard de Foix, tenant le party du roy de France, monté comme un saint Georges, s'approcha de Resnes, requérant à courre ung fer de lance devant les dames. Response luy fut donnée qu'il seroit reçeu, et lors un noble homme du party des Bretons, fort bien accoustré, vint sur les rengs. La ducesse fist dresser ung hourd sur les fossés de la ville, où elle vint notablement accompaignée. Les Franchois, d'aultre part, se tindrent en certain lieu qui leur fut ordonné. Hostaiges donnez d'un quartier et d'autre, les champions se trouvèrent au parcq, coururent quatre ou cinq cops, puis vindrent aux espées, se batirent très bien l'ung l'autre. L'esbattement fini, la ducesse fit donner hypocras et espices aux Franchois, puis chascun se retira en ses limitez. »

Ces distractions ne peuvent faire oublier l'essentiel : Anne, qui réside au « logis des ducs », dans la vieille ville, a de plus en plus de mal à contrôler la situation. La pénurie alimentaire sévit car, écrit Molinet, « il y avoit grand nombre de gens refugiez en la ville, chierté de vin et faulte d'argent s'y estoient logiez ». On manque d'argent pour payer les mercenaires anglais et allemands, qui se mutinent et commencent à piller. « Les Allemans, écrit Molinet, selon leur mode accoustumée, sonnèrent leurs gros tamburs et voloyent estre payez pour un mois avant ; les Anglés et autres gens de guerre voloyent semblable. » Il faut leur donner un mois d'avance de solde, en mauvaise monnaie. De plus, les assauts se font pressants. Une fois, raconte encore Molinet, alors que les assiégés avaient tenté une sortie, les Français « poursuivirent tant rudement Allemans et Bretons que nécessité leur fut habandonner leur proye et tuer leurs prisonniers, car à très grand dangier rentrèrent en Resnes et ne tint à guaires que la ville ne fust prinse ».

Les agents d'un mariage français : Louis d'Orléans et François de Paule

Le découragement guette, et par la force des choses les conseillers d'Anne se rallient un à un à la seule solution désormais envisageable : un mariage avec le roi. L'idée n'est pas vraiment neuve. On en parle depuis un certain temps, mais elle reçoit une impulsion nouvelle avec l'arrivée inopinée à Rennes, vers la mi-juillet, d'un revenant que l'on avait oublié et qui surgit comme un diable de sa boîte : le duc Louis d'Orléans.

Les conditions de sa réapparition sont curieuses et, pour tout dire, suspectes. Louis croupissait dans sa prison de Bourges depuis trois ans lorsque, le 27 juin 1491, le roi lui-même, profitant, semble-t-il, de l'absence de sa sœur Anne, partie accoucher à Moulins, se rend de Tours à Vierzon, d'où il envoie son homme de confiance, Beraud Stuart d'Aubigny, avec ordre de libérer le duc et de le lui ramener. Retrouvailles chaleureuses entre les deux beaux-frères, qui couchent ensemble pour l'occasion et fraternisent joyeusement. Louis d'Orléans sort de prison affaibli physiquement, mais assagi, plus cultivé, et surtout disposé à servir le roi. Ce dernier, qui a maintenant vingt et un ans, est bien décidé à se passer de la tutelle de sa sœur et à n'en faire qu'à sa tête, en dépit de ses insuffisances intellectuelles : homme « de peu de sens, plein de son vouloir et non accompaigné de sages gens », nous dit Commynes, et « non seulement sans aucune connaissance des bonnes sciences, mais à grand'peine connaissant les caractères des lettres », ajoute Guichardin.

Charles VIII a cependant assez de bon sens pour se rendre compte que son beau-frère, qui a presque trente ans maintenant, peut lui être très utile dans la situation présente. Il peut compter sur sa reconnaissance, d'autant plus que sa libération est suivie d'une pluie de bienfaits : levée du séquestre de ses biens, restitution de son apanage d'Orléans, pension de 10 000 livres, bientôt gouvernement de la Normandie. En échange, Louis devra conserver son épouse difforme, ce qui l'élimine du marché matrimonial ; il devra servir loyalement le roi et le conseiller. Et d'abord dans l'affaire bretonne. Il est très bien vu à la cour de Rennes, et peut donc là-bas servir utilement les intérêts du souverain.

A-t-il dès le début la mission de convaincre Anne et son entourage de la nécessité d'un mariage entre la duchesse et le roi ? C'est improbable. En fait, toute l'histoire qui conduit à ce célèbre mariage est des plus obscures. Qui en a eu l'idée ?

Quand ? Comment et pourquoi a-t-elle été finalement acceptée ? Autant de questions auxquelles les chroniqueurs, historiens et biographes ont fourni des réponses variées, confuses, voire contradictoires et incohérentes. Il s'agit en particulier de savoir si cette union résulte d'un plan mûrement concerté entre deux parties consentantes, ou si elle est une solution pragmatique imposée au dernier moment à deux adversaires comme seule issue honorable au conflit.

L'idée elle-même avait été envisagée dès 1485 ou 1486 dans un mémoire anonyme adressé à Anne de Beaujeu. Cette union pouvait même sembler l'une des plus naturelles : à peine sept ans de différence d'âge et de nombreux avantages politiques à la clé. En octobre 1488, Louis de Laval-Châtillon la suggérait directement au roi : « Votre conscience sera mieux déchargée ainsi, et le royaume en paix. » De plus, ce projet de mariage était soutenu par un personnage respecté de tous, considéré déjà comme un saint et écouté comme un oracle : François de Paule, le fondateur des Minimes, installé en ermite dans une cellule à Plessis-lez-Tours.

C'est Louis XI qui avait fait venir ce Calabrais dont il espérait des miracles pour le sauver de la maladie et de la mort. Après la mort du roi, l'ermite était resté, vénéré de tous pour sa vie austère. On le consultait fréquemment et on lui attribuait certains pouvoirs, en particulier celui de rendre les femmes fertiles : Anne de Beaujeu sera convaincue que la venue de ses deux enfants aura été le résultat de ses prières, et Anne de Bretagne le consultera souvent à propos de ses problèmes de maternité. On lui attribue aussi des pouvoirs de guérisseur, ainsi qu'un rôle décisif dans les affaires politiques et militaires : Charles VIII sera persuadé que sa victoire de Fornoue est due à son intercession. Les compagnons de François de Paule, les premiers frères minimes, ne manquent d'ailleurs aucune occasion de faire connaître ses dons : peu après la bataille de Saint-Aubin-du-Cormier, ils font savoir à Charles VIII que François est resté vingt-deux jours dans le jeûne et la prière, enfermé dans sa cellule, au mois de juillet, juste avant la rencontre : manifestement, c'est à lui qu'on doit la victoire. Reconnaissant, le roi fait don de plusieurs maisons d'Amboise à la communauté.

On prête aussi à François de Paule des dons de prophétie. Peu avant la mort de François II, il avait envoyé au duc deux frères minimes pour lui dire que la solution au problème breton était le mariage d'Anne et du roi. Le même message avait été envoyé à Charles VIII, au château du Verger. On y ajoutait une prophétie du vénérable « bonhomme », comme on l'appelait familièrement : le mariage se ferait de toute façon, mais « trop tard », c'est-à-dire après une période de guerre, qui causerait beaucoup de malheurs et de morts. C'est pourquoi il vaudrait mieux s'y résoudre tout de suite. Ambiguïté permanente de ces prophéties inventées après coup : soit le roi suit le conseil, et du coup la prédiction est fausse ; soit la réalisation de la prédiction est inéluctable, et dans ce cas elle est parfaitement inutile.

Pendant longtemps l'idée du mariage est écartée car d'autres projets sont jugés plus intéressants de part et d'autre. Du côté d'Anne, nous l'avons vu, on préfère s'orienter vers d'autres prétendants. Charles VIII, quant à lui, est engagé envers une autre fiancée : Marguerite d'Autriche, et ce lien présente des avantages trop substantiels pour qu'on envisage de le rompre. Le roi a hérité là d'une combinaison de son père Louis XI, qui, par le traité d'Arras, en décembre 1482, s'était mis d'accord avec Maximilien : la petite Marguerite, âgée de trois ans, fille du Habsbourg, épouserait le petit Charles, fils du Valois, âgé de douze ans, et lui apporterait en dot l'Artois et la Franche-Comté. Marguerite serait élevée à la cour de France en attendant les noces. Les fiançailles ont d'ailleurs été célébrées dès le 22 juin 1483, et depuis ce moment, Marguerite, surnommée « la petite reine », grandit auprès de Charles VIII. La fillette, à l'intelligence très vive, deviendra une des femmes les plus brillantes de son temps. Pour le moment, elle développe un attachement sincère pour son futur mari. Élevée à ses côtés, elle le suit partout et souffre d'en être séparée, même si Charles fait figure de grand nigaud près de cette enfant sensible et douée.

Très tôt, Marguerite a compris que son futur mariage avec le roi peut être compromis par les affaires de Bretagne, et qu'elle a en la personne d'Anne une rivale dangereuse. En 1488 – elle a huit ans –, elle fond en pleurs en apprenant que Charles VIII la quitte pour aller s'occuper des affaires du duché. Le chroniqueur Foulquart de Reims écrit : « Après l'avoir embrassé et baisé en pleurant, elle lui avait dit [qu'elle savait] qu'il s'en allait en Bretaigne espouser une autre femme. À quoy le roy lui respondit que feu son père la lui avoit baillée pour femme et qu'elle fut seure que tant qu'elle vyve il n'en aura point d'aultre. » Marguerite demande alors au roi de l'emmener avec lui, ce qu'il accepte de faire jusqu'à Plessis-lez-Tours, et là, « par l'advis de son conseil il l'y laissa sans la mener plus avant ».

Il est possible que Charles VIII ait lui aussi conçu un certain attachement pour la fillette. De toute façon, il est convaincu d'avoir à appliquer la volonté de son père, et son entourage est là pour s'en assurer, à commencer par sa sœur Anne et par le sire de Graville, qui pense qu'il ne faut lâcher « ne fille ne fillette, ne ville ne villette ». Le 13 septembre 1490, le roi emmène Marguerite avec lui au château du Verger, puis chez sa sœur Anne à Moulins. Si l'idée d'épouser Anne de Bretagne existe bien, rien n'indique alors du côté royal la moindre volonté de la mettre à exécution.

Mariage et calcul politique

La question bretonne revient au premier plan l'année suivante. La guerre s'accélère, sous les yeux des observateurs étrangers. Les nonces pontificaux sont particulièrement intéressés. Le 12 avril, ils sont à Nantes avec Charles VIII et rendent compte au pape des progrès de la campagne ; ils lui font part de la prise de Redon ; le 19, de celle de Vannes ; le 6 juin, de celle de Concarneau ; le 18 juillet, ils l'informent d'un débarquement anglais, puis du siège de Rennes.

C'est là que tout se précipite. Anne de Bretagne est la première responsable de l'issue redoutée, par sa décision – ou plutôt son indécision – de ne pas rejoindre Maximilien, une première fois lorsque les Anglais lui ont proposé leurs services pour la convoyer, et une seconde fois lorsque le roi lui-même lui offre un sauf-conduit et une escorte. En restant bloquée dans Rennes, Anne sait qu'elle se livre à la volonté du roi, au moment même où des voix de plus en plus nombreuses commencent à suggérer le mariage avec ce dernier.

Elle le sait, d'autant plus que, depuis Pâques, les conditions politiques admises comme validation de son mariage avec Maximilien sont caduques. D'après l'ambassadeur milanais Érasme Brasca, personne n'ignorait qu'Anne retrouverait sa liberté si elle ne recevait pas de secours du roi des Romains avant Pâques : les gens de la cour, écrit-il, « disent encore que cette fille de Bretagne avait été mariée sous cette condition qu'elle conserverait sa liberté si elle n'avait pas reçu de secours du roi des Romains avant la fête de la Résurrection, celle qui vient d'avoir lieu ; et de cette façon ils ont pu tout faire sans avoir besoin de dispense ». Cette condition avait déjà été posée par François II lorsqu'il avait promis sa fille à Maximilien en 1487. Il était prévu que ce dernier « se transporte en sa personne en cestui nostre païs et duché de Bretagne avec bon nombre de gens de guerre... moyennant toutevoies que ce soit en dedans le temps qui sur ce sera prins et advisé ». Pâques était passé depuis longtemps, et il n'y avait toujours pas un lansquenet à l'horizon, en dépit des ambassades bretonnes. Anne sait donc que sur le plan civil et politique elle est libre.

Pourtant, pendant encore des semaines, elle se refuse à envisager un autre mariage, prétextant que le roi et elle-même sont déjà pris. Cela est vrai, mais Anne n'est pas sans savoir qu'en matière de dispenses et d'annulations, le pape peut faire des miracles. Ce que Dieu a uni, le souverain pontife peut le défaire par un recours à une habile exégèse du droit canonique. Après tout, les engagements pris à l'égard d'Alain d'Albret n'avaient pas pesé lourd lorsqu'on avait voulu les rompre. Certes, dans une bulle adressée à l'évêque de Rennes, en 1485, Innocent VIII se plaignait de la fréquence des mariages contractés sans dispense dans les provinces de Tours et de Sens, et sous Sixte IV les membres de la Chambre apostolique demandaient d'être plus sévère pour l'octroi des dispenses de mariage. Mais le but était surtout d'augmenter les ressources de la papauté en multipliant les demandes de dispense. À qui peut payer, rien d'impossible. Annuler le mariage d'Anne et les fiançailles de Charles et obtenir les dispenses pour leur union ne serait qu'une formalité. Encore faut-il qu'il y ait volonté de le faire de part et d'autre. Jusqu'à la fin octobre 1491, cette volonté n'existe pas. Or le mariage est célébré le 6 décembre. C'est donc au cours du mois de novembre que les deux parties se sont ralliées – à contrecœur – à une idée qu'elles avaient jusque-là repoussée. C'est à regret qu'Anne va abandonner son prestigieux mari de trente-trois ans et Charles sa « petite reine » de douze ans ; ou, en d'autres termes, Anne laisse le père, Charles laisse la fille, et le gendre de vingt et un ans épouse la belle-mère de quinze ans, avec une bénédiction pontificale à retardement.

Pour suivre les étapes de ce retournement, les lettres de l'ambassadeur Érasme Brasca au duc de Milan, étudiées par Yvonne Labande-Mailfert, sont une source précieuse. Arrivé à Lyon le 29 avril 1491 et chargé d'une délicate mission diplomatique, il suit la cour de France pendant un an, et expédie soixante-seize missives détaillées à Ludovic le More, commentant tous les événements de la politique française.

C'est ainsi que le 15 septembre, il écrit de Tours que les ambassadeurs de France auprès du pape sont à Lyon, attendant des instructions précises, qui auraient pour but de « faire rompre le mariage de la duchesse de Bretagne avec le roi des Romains pour ce motif qu'elle-même a fait une promesse à Monseigneur d'Albret ». Dès ce moment, on cherche donc à faire casser le mariage avec le Habsbourg. En fait, les instructions, qui sont données dès le lendemain à l'ambassadeur, Jean de Bilhères-Lagraulas, visent surtout à faire valoir les droits du roi sur la Bretagne et à justifier la guerre qu'il mène. Charles VIII fait savoir à Innocent VIII qu'il « a toujours désiré que les droits prétendus par qui que ce soit, fussent vus, offrant montrer les siens, et, s'il estoit trouvé que ladite duché ne lui appartienne, il ne la vouloit point avoir, mais pour ce que ses droits sont tous évidents et que, sans difficulté, ladite duché lui appartient, jamais l'autre partie n'a voulu que lesdits droits fussent veüs, ains a toujours fui la raison et refusé toutes bonnes offres ». Le roi fait savoir au pape que son plus cher désir est de retrouver la paix afin de pouvoir organiser une croisade : rien ne pouvait faire davantage plaisir au souverain pontife.

Le 19 septembre, Brasca écrit que la cause de Maximilien semble entendue : « Quant au roi des Romains, je pense que vous savez que son affaire est déjà ruinée, tranchée. » Le roi, installé à Laval, suit les opérations du siège de Rennes, et on commence à parler sérieusement d'un mariage. Brasca écrit le 5 octobre : « On murmure beaucoup que la Majesté Royale serait diposée à épouser la duchesse de Bretagne. Mais si ceux de Rennes veulent tenir, je crois que le roi ne l'aura pas cette année. »

Mais justement, « ceux de Rennes » commencent à leur tour à changer d'avis. Le duc d'Orléans y est sans doute pour beaucoup, mais aussi le prince d'Orange, qui, dès la fin septembre, a demandé un sauf-conduit pour venir discuter avec le roi. Ce pêcheur en eau trouble, qui avait travaillé jusque-là pour Maximilien, a senti le vent tourner. Qu'il ait joué un rôle actif dans les négociations aboutissant au mariage, on n'en veut pour indice que les récompenses considérables que va bientôt lui attribuer Charles VIII : les seigneuries de Suscinio, de Rhuys, du Touffou, les revenus des impôts levés sur les entrées et sorties des ports entre Couesnon et Arguenon, avec comme motif officiel les services rendus pour la conclusion de la paix précédente entre Anne et Charles VIII. Dès le lendemain du mariage, le roi le nommera lieutenant général en Bretagne, puis, quelques mois plus tard, premier gouverneur royal de Brest. Anne continuera la liste des bienfaits après la mort de son mari, en lui conférant les titres d'amiral de Bretagne et de gouverneur de Saint-Malo. Tout cela indique que Jean de Chalon a su se rendre utile au moment opportun. Les autres conseillers d'Anne sont en train d'évoluer dans le même sens au cours du mois d'octobre : Dunois, Philippe de Montauban, Rieux, la comtesse de Laval, Jean de Coëtquen, et aussi Gilles Rivault, ancien maître d'hôtel de François II, passé au service de Charles VIII, et qui sert d'intermédiaire. Tous se rallient à l'idée d'un mariage avec le roi. Chez ce dernier, seul le sire de Graville tient encore pour Marguerite, l'Artois et la Franche-Comté.

Les deux principaux intéressés sont cependant réticents. Une lettre de Brasca datée du 17 octobre montre que le roi est très hésitant. Dans les négociations qui se poursuivent à Laval à propos du sort de Rennes, il se montre disposé à laisser à Anne la possibilité de rejoindre Maximilien, tout en se réservant le droit de l'épouser si elle lui plaît : « Le prince d'Orange est encore revenu et en sa compagnie est arrivé le chancelier de Bretagne, et on espère que l'accord se fera, c'est-à-dire que Rennes se mettra dans la main des ducs d'Orléans et de Bourbon et du prince d'Orange jusqu'à ce qu'un jugement détermine si elle appartient au roi selon le droit ou non. Mais on ne sait pas encore qui seront les juges, bien que l'on dise que la duchesse en pourrait choisir douze et la majesté royale six. Entre-temps, chacun des trois susdits tiendra 40 ou 50 lances dans la ville, et la duchesse pourra aller vers le roi des Romains ou rester dans la ville, comme il lui plaira, mais le roi donnera dès maintenant pour sa dépense – soit pour son voyage, soit pour demeurer – 100 000 francs et il paiera les étrangers qui sont dans Rennes pour trois mois, mais ils seront tenus de s'en aller immédiatement. Ceci, cependant, n'est pas encore conclu, mais on dit que cela se fera. Et c'est aussi l'opinion de beaucoup que, si la duchesse plaît au roi, il l'épousera. »

Anne est plus indécise encore. Lorsque les ambassadeurs allemands, apprenant qu'on lui laisserait la possibilité d'aller en Flandre, lui proposent de la faire convoyer par Saint-Malo, elle ne parvient pas à se décider. Le temps presse pourtant. Le 27 octobre, Charles VIII, agissant déjà en maître du duché, convoque les états de Bretagne à Vannes pour leur demander de lever un fouage de 6 livres 6 sols. En même temps, il fait proposer à Anne d'épouser un grand seigneur français, ce qui semblerait confirmer qu'à cette date encore il se refuse à la prendre pour lui-même : « Le roi songe si peu à un tel mariage, qu'il n'a pas prévu la question », déclarent ses ambassadeurs à

Henri VII. Trois noms auraient été avancés : le comte d'Angoulême, mais il est déjà marié, le comte de Nemours, le comte de Ligny, un des favoris du roi, à la recherche d'une riche héritière, n'importe laquelle. D'après le chroniqueur Molinet, Anne aurait repoussé avec hauteur ces offres, déclarant qu'elle n'épouserait que « roy ou fils de roy ».

Anne se résigne à épouser le roi

Pendant ce temps, les états de Bretagne se sont réunis à Vannes, en présence des représentants du roi, et le 8 novembre ils envoient un message à la duchesse, la suppliant, pour restaurer la paix, d'épouser le roi. Cette demande leur est-elle suggérée ? et par qui ? Aucun élément ne permet de répondre à ces questions. Mais Anne est maintenant au pied du mur. L'unanimité s'est faite autour d'elle et dans le duché pour la pousser dans les bras à demi ouverts du roi. Seul Rohan continue à offrir son fils Jean, dont Anne ne veut pas. Il y a bien encore Juan d'Aragon, fils de Ferdinand, mais jamais Charles VIII n'accepterait cette solution.

Anne se dit, désespérée : « Fault-il que je soye infortunée d'estre amenée à prendre mariage d'un homme qui m'a si maltraittée ! Fault-il que je sois contrainte me despartir de ce que j'ay promis et passé ! » Ces paroles que lui prête d'Argentré n'ont aucune garantie d'authenticité. Tout au plus traduisent-elles la résignation d'une adolescente qui cherche à être rassurée sur la légitimité de son futur mariage. Le rôle de son confesseur et directeur de conscience est ici déterminant.

Il s'agit d'un dominicain, Yves Mahyeuc, alors âgé de vingt-neuf ans. Originaire du Léon, de la paroisse de Plouvorn, près de Morlaix. Issu d'une famille de marchands aisés, il a étudié à l'école épiscopale de Saint-Pol-de-Léon, puis a été précepteur à Morlaix. À vingt et un ans il est entré au couvent des Jacobins de Morlaix puis, distingué pour sa piété et son intelligence, on l'a envoyé étudier la théologie pendant quatre ans chez les Dominicains de Nantes, où il a eu pour maîtres Hervé Cam et

Yves Scotus. En 1489, il a été nommé au couvent dominicain de Bonne-Nouvelle à Rennes, avec la fonction particulière de confesseur. Il est en effet spécialisé dans la casuistique et la direction de conscience, où il acquiert une certaine réputation. D'après Albert le Grand, c'est en 1491 qu'Anne l'aurait choisi comme confesseur. Établie à Rennes en 1488, la duchesse connaissait certainement Yves Mahyeuc depuis un certain temps, et, très pieuse, elle a pu apprécier ses talents de directeur de conscience. Elle lui accordera sa confiance jusqu'à sa mort, et un lien spirituel très fort unira le dominicain et sa pénitente. Devenu confesseur et aumônier attitré de la reine Anne, il la suit en France, résidant quelque temps au couvent Saint-Jacques à Paris, où il fait distribuer le produit des aumônes royales. En 1505 il accompagnera la reine dans son voyage autour de la Bretagne, et en 1507 Anne le fera nommer évêque de Rennes en dépit de ses protestations. Il restera dans ce poste jusqu'en 1541, se distinguant par une vie exemplaire, pratiquant la charité, prêchant, confessant, conservant toujours l'habit de son ordre et se retirant fréquemment dans une cellule de son couvent ou dans son manoir épiscopal de Bruz. Il pourchassera impitoyablement les protestants, et un siècle après sa mort, les états de Bretagne demanderont sa canonisation.

Au-delà des formules pieuses stéréotypées dont se servent ses hagiographes, on devine un homme plein de ressources. C'est lui qui apaise les scrupules de conscience de la duchesse à propos de son mariage avec Maximilien : ce mariage par procuration, lui assure-t-il, n'a pas de valeur ; il est équivalent à un engagement « par paroles de futur » *(per verba de fururo)*, qui, contrairement à un accord par « paroles de présent », ne constitue pas un obstacle majeur à la rupture ; de plus, un mariage par procuration prévoit que ladite procuration soit établie en faveur d'une seule personne ; or celle de Maximilien a prévu plusieurs procureurs : elle n'a donc pas de valeur. Ajoutons que le mariage n'a évidemment pas été consommé, donc Anne est libre d'épouser le roi. Pour certains historiens, c'est cet habile homme qui aurait suggéré toute la mise en scène précédant le mariage destinée à prouver qu'Anne était libre de sa décision, cela afin de couper court à d'éventuelles rumeurs de rapt et de contrainte, qui auraient pu être plus tard des causes d'invalidation.

La conscience rassurée par les avis de son confesseur, la duchesse cède enfin aux sollicitations de son entourage politique et se soumet, le 12 novembre, à la formalité d'usage : elle est examinée totalement nue par les envoyés du roi : trois hommes et une femme, devant lesquels elle doit faire quelques pas. C'est encore à Érasme Brasca que l'on doit la connaissance de ce fait. Il écrit le 24 novembre : « Deux jours avant qu'il [le roi] ne parte de Laval, il envoya pour la voir les ducs d'Orléans et de Bourbon et Madame de Bourbon, et avec eux y alla monseigneur d'Aubigny, qui a été très utile dans cette pratique, et il revint faire relation de sa condition, parce qu'ils l'avaient vue nue, et en effet elle est un peu boiteuse. Le roi est ensuite venu à Baugé, où il avait envoyé la fille du roi des Romains à son départ de Laval pour aller à Rennes. Et avec elle il n'a fait aucune démonstration de ce mariage. »

Le but de l'examen est bien entendu de rassurer le roi. Il sait qu'Anne est boiteuse, et il veut être sûr qu'elle n'a pas d'autre malformation cachée qui pourrait l'empêcher d'avoir des enfants. Il ne tient pas à se trouver dans la même situation que son beau-frère Louis d'Orléans. Une telle exigence, sans être systématique, était fréquente : la même année, Charlotte d'Aragon, destinée au roi d'Écosse, doit s'y soumettre.

L'événement prouve au moins qu'à cette date le principe du mariage est accepté des deux côtés. Pourtant Charles VIII reste méfiant et attaché à sa « petite reine », qu'il va voir à Baugé. Il ne donnera pas de réponse définitive avant d'avoir vu lui-même la Bretonne. Quittant Laval le 10 novembre, il arrive dans les faubourgs de Rennes le 14, et le lendemain une entrevue est arrangée avec Anne, à la chapelle de Notre-Dame-de-Bonne-Nouvelle.

C'est la première rencontre entre la duchesse et le roi, et si l'on en croit les rapports autorisés, l'une et l'autre furent plutôt déçus. On est surtout renseigné sur la réaction du roi, par le compte rendu de Pierre d'Urfé, et par Anne de Beaujeu, qui accompagne son frère, et qui s'est ensuite confiée à l'inévitable Brasca. Celui-ci écrit le 5 décembre :

« J'ai eu ce jour un long entretien avec Madame à propos des affaires de Bretagne. Cette illustre Madame m'en a parlé très familièrement en m'exposant par le menu les procédés observés par le roi dans ce mariage de la reine des Romains, ce qui serait long à écrire. En effet elle m'affirma que, dans la conclusion de l'accord passé à Laval avec le prince d'Orange, lequel elle loue beaucoup pour sa prudence et sa grande loyauté, il n'y avait aucune obligation de la prendre, mais l'appointement conclu, comme je l'ai écrit à Votre Seigneurie, spécifiait que l'on remettait la ville de Rennes aux mains de tierces personnes ; que, parce qu'on avait fait comprendre au roi qu'il ne pourrait se marier avec aucune qui apportât davantage de pacification à son royaume que cette fille de Bretagne, il y inclinait grandement. Et, pour cette raison, il décida d'aller voir. Et lorsqu'il l'eut vue, de prime abord elle ne lui plut guère ; ensuite elle lui plut beaucoup. Jusqu'à cette heure il n'a aucune obligation indissoluble ; il lui a seulement dit qu'il est absolument résolu à l'épouser, mais que, pour ne pas paraître avoir pris cette décision à la légère, il ne voulait en avoir aucune obligation ferme jusques à quelques jours de là. »

Un prince peu charmant

Le manque d'enthousiasme est patent. Le visage ingrat de la petite Bretonne claudicante ne transporte pas le roi : « elle ne lui plut guère ». La « petite reine » Marguerite est indéniablement plus attractive. Il faudra donc se faire une raison, mais le roi tient à marquer son peu d'empressement, même si Brasca se hâte de corriger : « ensuite, elle lui plut beaucoup ».

De la réaction d'Anne face à son futur mari nous ne savons rien de précis, mais le physique et la personnalité du roi n'ont rien de très attirant. Qu'il n'ait rien d'un Apollon, tous les portraits le confirment : petit, le torse large et court, d'où partent des bras et des jambes exagérément longs et grêles, un visage disgracieux encombré d'un nez fortement aquilin, il est certes musclé et habile combattant. Mais il vaut mieux le voir à cheval, ce qui n'est pas le cas lors de cette entrevue. Le sire de Jaligny écrit de lui : « Il faisoit très beau voir le roy, qui estoit bel homme d'armes, bien adroit à cheval, et qui avoit fort bonne contenance »... une fois dans son armure.

Cet « avorton couronné », suivant le mot du récent biographe de Louis XII, Bernard Quilliet, est d'après le même auteur encore plus désavantagé intellectuellement : « débile de première grandeur », « diplomate souvent berné », « administrateur médiocre », « financier lamentable », ce grand enfant de vingt et un ans ne semble guère en mesure d'enflammer le cœur d'une princesse. Sa culture est limitée : son père ne voulait pas qu'on en fasse un lettré, et il n'apprit jamais le latin, mais il comprenait l'italien. C'est ainsi qu'en 1492 l'ambassadeur milanais Agostino Calco écrit à Ludovic le More qu'il faut envoyer au roi une lettre en langue vulgaire (italien) : « Le grand chancelier m'a fait dire que, si elle était en latin, elle ne plairait pas à la majesté royale, laquelle veut lire, ou se fait lire, les lettres d'importance, comme l'est celle-ci et, si elles sont en langue vulgaire, il les comprend bien et prend plaisir à les lire ; si elles sont en latin, il ne les comprend pas sans interprète. » Pour son éducation, Louis XI lui a fait lire les *Grandes Chroniques de France* et a fait composer à son usage par le médecin et astrologue Pierre Choisnet le *Rosier des guerres*, petit volume regroupant, suivant ses instructions, « plusieurs bons, notables enseignements servans à la garde et deffense et gouvernement d'un royaume », de même que *Le Livre des trois eages*. Bref, le minimum vital concernant l'histoire du royaume. Charles VIII complète cette culture rudimentaire par trois livres qui l'accompagnent dans ses déplacements depuis au moins 1488 : le *Roman de la rose*, le *Roman de la violette* et le *Songe du vieil pèlerin*, ouvrages allégoriques dans le goût de cette fin du Moyen Âge, développant de chimériques et fumeuses idées sur l'idéal chevaleresque. Le *Songe*, en particulier, appelle à la grande réconciliation des princes chrétiens dans le but de reprendre la croisade, utopie que cultivera Charles VIII pendant tout son règne.

Le roi partage aussi avec beaucoup de ses contemporains une grande crédulité à l'égard de l'astrologie. À Lyon, en mars 1490, il a assisté à un spectacle sur le thème du zodiaque, et à l'automne, il y a rencontré le célèbre Simon de Phares, qui lui a montré ses instruments et lui a donné une consultation. En butte à de fréquentes tracasseries de la part des autorités religieuses et civiles, Simon de Phares sera toujours soutenu par le roi. Le 10 novembre 1491, en plein milieu de ses affaires de mariage, Charles VIII intervient en faveur de celui qu'il appelle « notre cher et bien amé astrologue Simon de Phares », qui, de 1494 à 1498, composera un *Recueil des plus célèbres astrologues* pour la défense de sa corporation. Le roi n'est d'ailleurs pas regardant sur l'origine des prédictions, et fréquente aussi bien les voyantes louches, comme la « Sibille de Lyon ».

Ce prince peu éclairé a pourtant, au début de son règne, donné l'impression d'une maturité précoce, qui a fait croire aux états généraux de 1484 qu'une régence officielle n'était pas nécessaire, « en raison de la prudence, sagesse, discrétion et bonne inclination du roi ». Nous avons vu par ailleurs que sa correspondance avec La Trémoille révélait un jeune homme non dénué d'esprit. Élevé par des femmes – sa mère et sa sœur –, il est d'abord plutôt doux et bienveillant, et tout le monde s'accorde sur son affabilité. Mais il reste un personnage égoïste, puéril, avec une forte tendance à la débauche, et qui peut être fréquemment odieux sans même s'en rendre compte. Anne ne va pas tarder à comprendre qu'elle a épousé un goujat, mais un goujat royal, ce qui est pis.

Entre le 15 et le 17 novembre, Charles VIII et la duchesse ont plusieurs entrevues. Brasca a même cru un moment que le mariage avait été célébré à cette occasion. Il écrit le 24 : « La Majesté Royale est allée à Rennes pendant trois jours, et sans aucun doute le roi a épousé secrètement la duchesse. » En fait, on a célébré rapidement des fiançailles. Mais il y avait bien d'autres problèmes à régler. Le roi a demandé à Anne si elle était engagée envers Maximilien par « paroles de présent », ce qu'elle nie. Des conditions très généreuses lui sont offertes dans l'acte de capitulation de Rennes, signé le 15 : on lui versera 120 000 livres pour son entretien et pour payer ses troupes, qui devront être immédiatement renvoyées ; les libertés, franchises et privilèges de la Bretagne seront respectés ; la question des droits d'Anne et de Charles sur le duché sera étudiée par une commission d'arbitrage qui tranchera d'ici un an ; en attendant, Rennes sera neutralisée sous la direction des ducs d'Orléans et de Bourbon, tandis que le prince d'Orange devient lieutenant général en Bretagne. Enfin, le plus étrange : le roi offre à Anne la possibilité de rejoindre Maximilien par terre ou par mer ; il propose même, pour garantir sa sécurité, d'envoyer des otages dans une ville tenue par le roi des Romains.

La plupart des historiens s'accordent pour penser que cette proposition n'est qu'un subterfuge destiné à contrer à l'avance toute tentative de Maximilien pour faire invalider le futur mariage en prétextant l'usage de la contrainte par le roi de France et l'absence de liberté d'Anne, c'est-à-dire accuser Charles de rapt. À ce moment en effet, le principe de mariage entre le roi et la duchesse ne fait plus de doute.

Préliminaires d'un mariage politique

Il reste pourtant deux formalités à accomplir : renvoyer la petite Marguerite à son père et demander les dispenses pontificales. La première est la plus délicate. Pour une raison humaine d'abord : on sait que la « petite reine » va avoir le cœur brisé, et pour une raison politique ensuite : Maximilien essuie un double affront difficile à accepter : il est rejeté par sa femme, son gendre rejette sa fille, et épouse son ex-femme. On peut se demander quelle va être sa réaction, et de toute façon on peut dire adieu à l'Artois et à la Franche-Comté. Le roi en a évidemment parlé avec sa sœur, comme le raconte Érasme Brasca dans sa lettre du 5 décembre : « Madame [Anne de Beaujeu-Bourbon] m'a dit de plus que pour ce mariage aucune absolution n'était nécessaire parce que, dans les chapitres conclus avec les Flamands pour cette fille du roi des Romains, il est inclus que le roi peut s'en séparer avant qu'elle ait douze ans, lesquels ne seront accomplis que dans six mois, mais non sans [rendre] les pays de Picardie et de Bourgogne. Et pour ceci, elle ne peut nier qu'ils ne soient tenus de rendre lesdits pays avec la fille, et elle n'est pas sans crainte de ce côté. Elle dit aussi que le roi prétend, pour sa part, que le duché de Bourgogne a été dévolu à la couronne par cessation de la lignée masculine du duc Charles, mais de la Franche-Comté, laquelle est sujette à l'Empire, elle ne parla pas. »

Le 18 novembre, le roi quitte Rennes, se dirige vers Vitré, puis vers Baugé, en Anjou, où il arrive le 22. C'est là que, le 25, il annonce à Marguerite qu'elle ne sera pas reine de France et qu'elle peut retourner chez son père. Version courte de la scène, par Érasme Brasca, dans une lettre du 28 : « À Baugé, la Majesté Royale a pris congé de la fille du sérénissime roi des Romains, laquelle en cette occasion a employé des expressions très dignes de pitié et a fait preuve d'intelligence ; elle a dit aussi qu'elle ne voulait plus jamais se marier. »

Version longue et larmoyante, celle de Lemaire de Belges, dans un ouvrage de 1503 dédié à Marguerite, la *Couronne Margariticque*, qui met évidemment en valeur sa patronne : « Car, quant le feu roy Charles VIII, acompaigné de ducz et de duchesses et maintz grantz personnaiges, vint prendre le triste congié de la dicte jeune royalle adolescente, luy mesme ayant les yeulx chargés de larmes et le cœur tout plain de parfond regret pour ce que, par legier advis et dommaigeable conseil, il estoit constrainct de brisier et anichiller les convenances de mariaige faictes d'entre luy et elle, et comme en faisant la dicte très lamentable séparation et piteux divorse iceluy roy, qui de soi mesme estoit tout noble de couraige et tout débonnaire, demourast assez longuement avec la très désolée princesse sa bien aymée, ledit seigneur de Dunois, attendant le roy hors la porte de sa chambre, en lieu de ce que tous les aultres princes et princesses, seigneurs et dames assistens gectoient pleurs et soupirs innumérables de pitié et compassion en voyant une si dolente départée de deux amans, lui seul, par sa cruelle arrogance, et damnable mocquerie, importunoit le roy de haster son partement, et accusoit sa trop longue demeurée avecques la dicte très desconfortée princesse. Disant qu'il se morfondait de tant plourer avec les dames. »

Lemaire de Belges prête à cette occasion à sa jeune patronne un fier discours fustigeant l'attitude de Charles VIII : « À quoy elle respondit constantement et d'un hault couraige virille qu'elle entendoit assez ce propos n'estre raisonnable, attendu que plaisir aucun ne povoit redunder d'un faict par lequel d'autre costé despit et honte se pourchassoient. Insinuant par ces parolles que de nulle volupté ne povoit tourner ou roy son père le retour d'elle, veu que d'autre part le roy franczoys prenoit à femme Anne duchesse de Bretaigne desjà espousée par procureur audit roy Maximilien. Or, doit estre tout plaisir franc et délivré. Disant en oultre audit roy Charles, par très prudente audace, non féminine, que le seul bien qu'elle congnoissoit en ce cas estoit que, pour la petitesse de son eaige, tous ceulx qui orroient compter sa fortune jamais ne porroient dire ou suspeçonner que par sa faute, ou pour lui avoir en riens despleu, cecy fust avenu à venir à elle. Mais que sur lui seul en tomberoit le reproche. »

Que penser de cette affaire ? La méfiance est de mise. Maximilien est-il vraiment victime, ou au contraire tout cela fait-il partie de ses propres plans ? L'hypothèse est plausible, comme l'a montré Yvonne Labande-Mailfert en s'appuyant sur des instructions royales du 8 décembre. Le roi des Romains n'aurait suscité le mariage breton que « pour veoir si, par ce, le roy se désisteroit de son emprinse ou dict pays de Bretaigne... Et aussi il le faisoit pour ce que le dict bruit servoit à sa guerre et espéroit par telles inventions donner au roy entendement de luy renvoyer sa dicte fille, laquelle il a toujours désiré recouvrer, doubtant que au moyen d'elle le roy n'eust les pays desquelz elle est capable pour y succéder ». Donc, pour lui, l'essentiel est de récupérer l'Artois et la Franche-Comté. Il va, bien entendu, essayer d'exploiter au maximum l'idée de nullité du mariage entre Charles et Anne, mais simplement dans le but d'en retirer des compensations.

Car il y a là une carte à jouer. Ce n'est en effet que le 18 novembre 1491 qu'un courrier est envoyé par le roi de France au pape pour obtenir les dispenses nécessaires à son mariage, qui va être célébré sans attendre la réponse, dès le 6 décembre. Des dispenses pour quoi ? Canoniquement, quatre points peuvent poser problème si on y met suffisamment de mauvaise volonté : la rupture du mariage entre Anne et Maximilien, celle des engagements entre Charles et Marguerite, la parenté au quatrième degré entre Marguerite et Anne, et entre Charles et Anne. Rien de tout cela ne constitue un obstacle majeur, à condition que le pape soit bien disposé. Et on pouvait compter sur les ennemis du roi pour créer des difficultés. En tout état de cause, il eût été prudent d'attendre l'accord pontifical. Or l'entrevue des envoyés français avec Innocent VIII à Rome n'a lieu que le 5 décembre 1491, alors que le mariage est célébré le lendemain à Langeais, sans dispenses. C'était prendre un gros risque.

Le caractère précipité et discret du mariage semble dû à la crainte d'une action de la part des Allemands. Comme il faut éviter de donner la moindre justification à la thèse d'un rapt ou d'un mariage forcé, aucune escorte française n'accompagne Anne lorsqu'elle quitte Rennes le 23 novembre, vers une destination inconnue. Le cortège ne peut pourtant pas passer inaperçu : il y a là de nombreuses dames, dont Françoise de Bretagne, demi-sœur de la duchesse, et Anne de Plumaugat ; des grands seigneurs : Philippe de Montauban, Olivier de Coëtmen, le sire de Guéméné. Les bagages indiquent que l'on ne sort pas pour un simple pique-nique : plusieurs chariots et chevaux chargés de tentures, draps et étoffes précieuses, dont la description a fait les délices des amateurs de chiffons. Les largesses royales ont permis de faire assurer par son général des monnaies, Jean Hagomar, de généreuses distributions : 4 000 livres au prince d'Orange, 3 000 livres à Montauban, et des sommes moindres aux officiers de la Maison ainsi qu'au précieux Yves Mahyeuc. Chacun a donc pu s'équiper pour être à la hauteur de l'événement. Déjà 1 674 livres ont été dépensées en draps d'or, de soie, de satin et en fourrures pour la duchesse et les dames.

Le cortège arrive bientôt à La Flèche, où Anne, qui n'est jamais sortie de Bretagne, reçoit un accueil digne d'une reine. On peut ici, en passant, admirer l'efficacité de l'administration royale qui, en si peu de temps – le mariage n'est vraiment décidé que depuis le 17 novembre –, a été capable d'improviser les étapes, choisir les lieux, les équiper, fixer à chacun son rôle et sa place, préparer les cérémonies, les vêtements et les décorations, le tout dans le plus grand secret.

Ainsi, à La Flèche, un chambellan du roi, Philippe des Bordes, vient au-devant d'Anne, accompagné de Jean de Foix et du comte de Vendôme. Anne de Bourbon, sœur du roi, Claire de Gonzague, la comtesse de Montpensier sont en ville, et on présente à la duchesse les cadeaux du roi : lit de camp avec « drap d'or cramoisi et violet à ciel doublé de satin bleu et frangé de satin noir », œuvre du tapissier Lancelot Platel ; d'autres lits de camp, des coussins, des couvertures, des draps, des robes, des fourrures, dont la description détaillée et fastidieuse se trouve dans les comptes du garde-robier Michel Le Doux. Il y en a pour toutes les dames de la suite. Tout cela représente des sommes considérables : la seule robe de velours noir doublée de 139 peaux de martres zibelines, qu'Anne portera à son entrée à Tours, vaut plus de 1 000 écus.

C'est à cette occasion que la duchesse reçoit sa robe de mariée, dont l'origine a donné lieu à tant de futiles supputations de la part de biographes. Elle est faite de drap d'or parsemé, en relief, d'insignes de l'ordre de Saint-Michel, ce qui est étonnant puisque celui-ci ne peut être conféré à une femme. Sans doute devant l'urgence a-t-on utilisé une draperie destinée à une cérémonie de cet ordre de chevalerie, que les couturiers ont transformée en un temps record en une somptueuse robe de mariée. La Borderie en estime le coût à 4 200 livres. Est-il vraiment déplacé d'évoquer ici la misère populaire et les taxes accablantes levées par le fisc ? Le problème est de tout temps.

Anne, quant à elle, apprécie. Elle a le goût des beaux vêtements et des bijoux, et la couronne de France lui offre infiniment plus que la Bretagne en ce domaine. Le voyage continue, par Baugé. Vers où ? Même Érasme Brasca en est réduit à rapporter les rumeurs et conjectures : ses lettres du 24 novembre au 5 décembre évoquent Chinon, Langeais, ou encore un autre château de la région. Finalement, ce sera Langeais. L'endroit est austère, mais la forteresse, impressionnante, offre des garanties de sécurité contre un éventuel coup de main des agents de Maximilien. Et n'oublions pas que nous sommes toujours au Moyen Âge : les élégantes constructions Renaissance qui orneront le Val de Loire ne sont pas encore sorties de terre.

Anne arrive la première à Langeais. Le roi, lui, est à Tours, qu'il quitte par bateau le 6 décembre, vers quatre heures du matin, descendant la Loire, en faisant boucler toutes les portes de la ville pour éviter qu'on le suive. Tous les accès à Langeais sont sévèrement gardés, comme le raconte Érasme Brasca : « Le roi, le 6 de ce mois, partit des Montils trois heures avant le jour avec messeigneurs d'Orléans et de Bourbon, Madame de Bourbon et tous les autres seigneurs de sang royal qui se trouvaient ici, ainsi que le chancelier, avec peu d'autres personnes ; il alla par eau audit Langeais, en faisant fermer les portes de cette ville et garder les passages, dc façon que personne d'autre que ceux qu'il avait désignés pour aller avec lui ne puisse le suivre. Et aussitôt arrivé à Langeais, c'est-à-dire à l'aurore, il l'épousa solennellement ; et la nuit suivante ils dormirent ensemble. »

Les précautions peuvent paraître exagérées. Y a-t-il vraiment menace d'enlèvement de la duchesse par un commando allemand en plein cœur de la France ? On fait semblant de le croire, moyen peut-être de justifier certaines mesures autoritaires à l'égard de la Bretagne, dont nous aurons à reparler.

Mariage à l'aube : Langeais, 6 décembre 1491

Mariage à l'aube donc. Dans la chapelle du château, c'est Jean de Rely, confesseur du roi, récemment nommé évêque d'Angers par décision royale, qui reçoit les consentements. Du côté du roi, les témoins sont le duc Louis d'Orléans, le duc Pierre de Bourbon, le comte Charles d'Angoulême, le comte Jean de Foix, le comte François de Vendôme, le chancelier Guy de Rochefort ; du côté de la reine, le prince d'Orange, le chancelier Philippe de Montauban, le grand maître du duché, sire de Coëtquen, le sire de Guéméné. Un absent de marque : Dunois, décédé dix jours plus tôt, le 25 novembre, près de Baugé, d'un accident de cheval ou d'une attaque d'apoplexie.

La messe est célébrée par l'évêque d'Albi, Louis d'Amboise. Suivent quelques réjouissances, puis on va se coucher. Alors doit avoir lieu un acte essentiel pour la validité de l'union : la consommation. Ce point délicat pouvait en effet être cause de complications aux conséquences incalculables en cas de doute : la non-consommation du mariage pouvait justifier plus tard une annulation, comme allaient l'illustrer peu après deux affaires retentissantes : celle de Louis d'Orléans et de Jeanne de France, et celle d'Henri VIII et de Catherine d'Aragon ; l'impossibilité de prouver la consommation du mariage entre Catherine et le frère aîné d'Henri, le prince Arthur, est une des origines directes de la rupture entre le roi d'Angleterre et Rome, et donc de l'anglicanisme.

Ici, l'enjeu est connu d'avance : c'est le sort du duché de Bretagne et, par conséquent, la fin ou la poursuite de la guerre. Nul plus que les Bretons n'a donc intérêt à la validation de ce mariage. C'est pourquoi les bourgeois de Rennes ont délégué six des leurs, avec le procureur Yves Bruslon, pour s'assurer de la réalité de l'union. Ils ont fait le voyage avec Anne depuis le 23 novembre, ont assisté à la cérémonie du 6 décembre, et vont assister au dépucelage de la jeune reine. Le 8 décembre, ils écrivent aux Rennais qu'ils peuvent se réjouir, car tout s'est bien déroulé :

« Chers frères, de si bon cueur comme faire le povons nous recommandons à vous. Mardi dernier à Langeois furent faictes les espousailles du roy et de la royne, nostre souveraine Dame, et la nuyt d'iceluy jour aud. Langeois couschèrent ensemble et là lessa la royne son pucellage. Hier à heure de disgner arriva au Plesseix le roy, et au soir la royne et y fait om bonne et grande chère. Nous avons bien voulu vous en advertir affin que faictes faire processions généralles, feuz et toutes choses pieuses en regraciant Dieu. Autres nouvelles pour le présent ne vous povons escripre, pour que la seigneurie est fort occupée, et encores ne avons rien besongné touchant nos charges, mais en toute diligence y besongnons, et en brief vous en ferons savoir. »

Les six bourgeois ne furent apparemment pas les seuls témoins. Le lendemain, 9 décembre, le prince d'Orange écrit lui aussi aux Rennais : « Mardi dernier le roy épousa la reine votre souveraine dame. Et soyez sûrs que la nuit même, elle fut dépucelée... Et parce que je sais que vous en serez bien joyeux, j'ai voulu vous en avertir afin que vous fassiez faire des processions solennelles. » De telles processions sont ordonnées dans toutes les villes de Bretagne. Pour l'occasion, Rennes obtient une dispense du service militaire. Quant au prince d'Orange, dont la conduite est décidément bien obscure, il s'empresse de déclarer devant notaire, secrètement, que le consentement qu'il a donné au mariage n'a aucune valeur. Peut-être ménage-t-il une future porte de sortie vers Maximilien.

Le lendemain de cette nuit de noces décidément bien peu intime, la cour quitte Langeais pour Tours, où le roi, qui a laissé le reste derrière, arrive à la mi-journée. Ce n'est que le soir que la jeune reine arrive au château de Montils-les-Tours (Le Plessis), où elle fait une entrée plus que discrète : de nuit, personne pour l'accueillir, entrée par une poterne et logement dans une chambre vide. La mise en scène se poursuit. Érasme Brasca, qui était présent, a décrit cette mémorable arrivée dans une lettre du 11 décembre :

« La matinée suivante, il [le roi] vint dîner en cette ville-ci, quittant la reine, qui était en compagnie de Madame de Bourbon, entre Langeais et Tours. Le soir, vers les vingt-trois heures, elle arriva aux Montils-les-Tours où je me trouvais pour voir son entrée. Cette entrée fut, non seulement dépourvue de toute pompe ou solennité, mais bien humble et sans signes de joie, car le roi ne voulut pas se trouver aux Montils à son arrivée et n'envoya personne à sa rencontre ; et elle entra par une porte secrète, accompagnée seulement de Madame et de ses filles d'honneur. Elle était toute vêtue de velours noir. C'est par un portique étroit qu'elle parvint à sa chambre où il n'y avait encore personne pour l'accueillir. Jusqu'à cette heure nulles autres fêtes ni cérémonies n'ont suivi ces noces. Il est vrai, cependant, que Madame de Bourbon, qui ne la quitte jamais d'un pas, ce qu'elle n'avait pas l'habitude de faire avec l'autre [Marguerite], l'accompagna hier en signe de joie à l'église avec un luxe de vêtements et un nombre de filles d'honneur tel qu'on ne l'avait jamais vu ici, non seulement pour elle, mais même pour la reine d'hier. Mais la reine jusqu'à présent n'a déployé aucun faste. »

Anne de Bretagne va célébrer ses quinze ans un mois plus tard. En l'espace d'un an, de duchesse contestée, elle est devenue d'abord reine des Romains, puis reine de France. Son statut s'est brutalement amélioré dans l'Europe princière. Elle est maintenant souveraine du plus puissant royaume de la Chrétienté. Pourtant, son entrée aux Montils-les-Tours, le lendemain de son mariage, est plutôt celle d'une fugitive qui cherche à échapper à un enlèvement. Début modeste dans la carrière royale. L'épisode est à l'image de sa vie entière : jamais, sauf peut-être en 1492, Anne ne sera une femme parfaitement heureuse, même au comble des honneurs.

Son mariage fait d'elle la reine de France, certes. Mais d'abord, le pape n'a pas encore donné son accord ; Maximilien reste menaçant, même s'il s'agit surtout d'une gesticulation peu dangereuse ; la situation de son royaume, endetté, est précaire ; le duché de Bretagne est dans un état lamentable, et le roi n'a pas l'intention de lui faire de cadeaux, en dépit de ses promesses. En se mariant, Anne a perdu tout pouvoir sur son héritage : elle est reine, c'est-à-dire femme du roi, avec pour seule tâche désormais de produire des enfants, mâles de préférence ; d'indépendance et de pouvoir politique, il n'est plus question. Et de plus, même si cela n'est pas très original, il n'y a entre elle et son mari aucun amour. Le mariage a été purement de raison, et ni l'un ni l'autre n'en éprouve une joie quelconque : « Aucune démonstration de joie de ce mariage n'a été faite, ni de la part du roi, ni de qui que ce soit d'autre », écrit Brasca le 4 janvier 1492. Certes, le roi fait des cadeaux, de beaux cadeaux qui coûtent cher à ses sujets, comme cette « grande table de diamant enchassée d'or, assise sur une fleur d'or esmaillée de blanc et de bleu », fin décembre 1491, mais cela ne prouve qu'une chose : c'est qu'Anne est maintenant dans une cage dorée. L'année 1492 va lui apporter d'éphémères satisfactions, bien vite dissipées.

CHAPITRE IX

1492, *annus mirabilis*

En 1492, Anne de Bretagne a quinze ans. Sans doute n'a-t-elle pas conscience de vivre l'une des années les plus remarquables de l'histoire occidentale. En janvier, la prise de Grenade par Ferdinand met fin à plusieurs siècles de *reconquista*. Le royaume d'Espagne, d'où les Juifs sont expulsés en mars, unifié sous Ferdinand et Isabelle, devient le grand bastion catholique de l'Europe, et bientôt la tête d'un colossal empire. Le 12 octobre, en effet, Christophe Colomb, au service d'Isabelle la Catholique, aborde les côtes américaines, rendant caduc le globe terrestre que réalise la même année le géographe Martin Behaim. Alexandre VI Borgia est élu dans la nuit du 10 au 11 août, digne héraut de l'âge nouveau, tandis qu'à Florence disparaît l'incarnation de la splendeur du *Quattrocento*, Laurent le Magnifique.

Le couronnement et le sacre

La conjonction de ces événements explique que, rétrospectivement, les historiens aient fait de 1492 une *annus mirabilis*, un repère de l'histoire européenne, marquant le passage du Moyen Âge à l'époque moderne. Pour Anne de Bretagne, 1492 est aussi une année exceptionnelle, peut-être la plus belle de sa courte vie. C'est sa première année comme reine de France. Elle s'installe sans complexe dans son nouveau rôle, profite, avec la spontanéité de sa jeunesse, des avantages de son nouveau cadre de vie, à Paris, Amboise, Tours. Elle jouit sans restriction des honneurs dus à son rang. Les problèmes liés à la succession de Bretagne et aux embrouillaminis de ses mariages se résolvent, et le 10 octobre elle donnera naissance à un dauphin bien portant, justification suprême de son titre de reine et manifestation, à ses yeux, de l'approbation divine.

L'année a commencé triomphalement. Le 8 février, Anne de Bretagne est solennellement couronnée et sacrée en la basilique Saint-Denis. Si le roi est traditionnellement sacré à Reims, il est très rare que la reine bénéficie du même honneur, qui lui confère un statut quasi religieux grâce à l'onction d'huile sainte sur la tête, la poitrine et entre les épaules. La décision a sans doute été prise dans le but de rendre le mariage irréversible. En effet, les dispenses pontificales ne sont toujours pas arrivées, ce qui laisse planer un certain doute sur la validité de l'union. Qui désormais oserait remettre en question le statut d'une reine sacrée ?

La cérémonie a donc lieu avec tout le faste possible. La jeune reine, en robe de satin blanc, arrive au bras de Louis d'Orléans, premier prince du sang. Sa traîne est portée par la sœur du roi. Sans doute Anne de Beaujeu-Bourbon n'apprécie-t-elle guère ce rôle qui souligne son infériorité par rapport à celle qu'elle considère comme une rivale auprès de son frère. De son côté, Anne de Bretagne ne doit guère estimer la personne du célébrant, André d'Espinay, cardinal-archevêque de Bordeaux, membre de cette famille bretonne qu'elle déteste. De l'avis de tous, la petite reine est bien frêle, et le duc d'Orléans doit tenir à deux mains la couronne au-dessus de sa tête pendant toute la messe. On lui met le sceptre dans la main droite, la main de justice dans la gauche. « Il faisait bon voir, écrit le chroniqueur Saint-Gelais, car elle étoit belle, jeune et pleine de si bonne grâce qu'on prenoit plaisir à la regarder. »

Le lendemain, 9 février, c'est l'entrée solennelle à Paris, dans un long cortège comprenant tous les officiels de la monarchie en grand costume, membres du Parlement, de la chambre des Comptes, échevins. On a préparé, sur des estrades, des mimes allégoriques dans le goût de l'époque, montrant Franc-Vouloir (la France), et Seure Alliance (la Bretagne), séparés par Guerre, provoquant les lamentations d'Église, Noblesse, Marchandise, Labour, jusqu'au moment où Paix descend du ciel pour foudroyer Guerre. Anne est cette fois vêtue de drap d'or, et assise, nous dit Saint-Gelais, « sur une litière portée par deux hacquenées couvertes de velours cramoysi semées de lettres d'or, c'est assavoir de ung C et de ung A entrelacées ensemble, au son des trompettes, clerons et aultres instruments démenant grant bruyt. » Lorsqu'elle entre à Notre-Dame de Paris, Justice déclame ces vers :

« Resiouys-toi, bon peuple, soirs et matins,
Car il est temps que tu ty détermynes
En rendant grâces à Dieu et à ses saincts
De veoir le lys acompaigné d'ermynes. »

Le « bon peuple » allait par ailleurs avoir rapidement une raison de se réjouir : Anne est déjà enceinte, depuis son quinzième anniversaire environ (mi-janvier). Il est vrai qu'elle a fait ce qu'il fallait pour cela, au point que l'ambassadeur vénitien Zaccaria Contarini trouve qu'elle fait preuve d'un désir excessif de faire l'amour avec le roi : « La reine est désireuse du roi outre mesure, écrit-il, au point que, depuis qu'elle est sa femme, il s'est passé très peu de nuits qu'elle n'ait dormi avec lui. » Rien d'anormal pour une jeune épouse de quinze ans, pensera-t-on. Cependant, ce zèle s'explique surtout par le désir d'Anne de devenir mère : pour elle, c'est un moyen supplémentaire d'assurer sa position, toujours incertaine en raison de l'absence de dispenses pontificales. Ajoutons que, en tant que femme, Anne sait très bien à quoi s'en tenir avec son mari, qu'elle tente de satisfaire dans la mesure de ses moyens : « Elle est jalouse, écrit Contarini. Somme toute, en cela elle a bien agi. » Elle va vite se rendre compte que la fidélité conjugale ne fait pas partie des rares qualités de Charles VIII. Au moins est-elle enceinte. C'est, pour le moment, l'essentiel.

Le problème des dispenses est résolu

Car les dispenses tardent. À Rome, le pape Innocent VIII est bien embarrassé. D'un côté, on se doit de ménager le roi de France : fort de l'appui que lui apporte un clergé gallican, il est capable de limiter sérieusement l'autorité pontificale dans le royaume, comme l'avait amplement montré l'adoption de la Pragmatique Sanction sous Charles VII. L'application de ce texte, qui restreignait les droits du pape en matières bénéficiale, fiscale, judiciaire sur l'Église de France, dépendait des circonstances, mais la monarchie française disposait là d'un épouvantail qu'elle n'hésitait pas à brandir lorsque Rome ne se montrait pas assez complaisant. Louis XI en avait fait un usage constant. Refuser à Charles VIII les dispenses pour son mariage est donc risqué.

Mais d'un autre côté, en les accordant, le pape mécontente Henri VII et surtout Maximilien, dont l'influence est considérable. Le roi d'Angleterre, dans une lettre du 8 décembre 1491, lui déclarait que si on laissait Charles VIII mettre la main sur la Bretagne, il allait aussitôt y étendre la Pragmatique Sanction. Innocent VIII est d'autant plus porté à le croire qu'aux états de Vannes, en novembre 1491, des députés bretons avaient abordé le sujet. Prenant les devants, le pape, le 9 mars 1492, proclame qu'une telle extension de la Pragmatique serait contraire à l'obédience traditionnelle de la Bretagne.

Maximilien, lui, clame sa colère contre le roi de France. Ses juristes développent la thèse du rapt qui, en droit canonique, annule *ipso facto* un mariage : Anne a été enlevée de force et épousée contre sa volonté, par un roi arrivé à Rennes à la tête d'une armée. Le portrait du « roi félon » est placardé sur les portes des églises impériales ; des poèmes de circonstance diffusent cette version des faits, grâce à l'imprimerie ; récits et chansons populaires brodent sur le thème. Lorsqu'en février

1492 l'humaniste Robert Gaguin se rend à Heidelberg pour expliquer à l'Électeur palatin la position du roi de France, il est invectivé en vers par un érudit local, futur recteur de l'université de Heidelberg, Jacques Wimpheling, qui accuse Charles VIII de rapt. Rentré en France, Gaguin raconte sa mésaventure au roi le 29 mars : « Le roi, qui venait de se lever, parlait sur un ton léger avec ses chambellans lorsque je formulai ma demande ; il se tut en m'écoutant et son visage s'attrista un peu. Il ne répondit aucun mot, mais bientôt, prosterné à terre, il pria, selon son habitude, et se rendit hâtivement aux Célestins. » Le roi est visiblement affecté par cette affaire. Il sait à ce moment qu'Anne est enceinte, et que leur enfant risque donc d'être déclaré illégitime. La campagne d'opinion se poursuivra longtemps en Allemagne, relayée par des chroniqueurs et des pamphlétaires. En 1508, Hans Schneider en développe encore l'idée.

Les ambassadeurs de Maximilien à Rome ne cessent de protester auprès du pape, et le Sacré Collège leur est en grande majorité favorable, la seule exception notable étant Laurent Cibo, cardinal de Bénévent, neveu du pape et évêque de Vannes. En France même, les esprits sont troublés, à l'image du chroniqueur Philippe de Commynes, qui suggère que les déboires maternels consécutifs d'Anne de Bretagne et de Marguerite d'Autriche pourraient bien être le résultat d'une punition divine en raison de ces mariages illégitimes. Dieu, comme il se doit, punit les femmes pour les fautes de leurs maris :

« Si lesdits mariages furent ainsi changés selon l'ordonnance de l'Église ou non, je m'en rapporte à ce qui en est : mais plusieurs docteurs en théologie m'ont dit que non, et plusieurs m'ont dit que ouy. Mais, quelque chose qu'il en soit, toutes ces dames ont eu quelque malheur en leurs enfans. La nostre a eu trois fils de reng et en quatre années. L'un a vescu près de trois ans et puis mourut, et les autres deux aussi sont morts. Madame Marguerite d'Austriche a esté mariée au prince de Castille, fils seul des roy et royne de Castille et de plusieurs autres royaumes, lequel prince mourut au premier an qu'il fut marié, qui fut l'an mil quatre cens quatre vingt dix sept. Ladite dame demoura grosse, laquelle s'acoucha d'un fils tout mort incontinent après la mort du mary, qui a mis en grand'douleur les roy et royne de Castille et tout leur royaume. »

Sur le fond, le cas d'Anne et de Charles VIII ne pose pas de problème insurmontable. Anne de Bourbon se montrait d'ailleurs optimiste quant à l'annulation du mariage d'Anne et de Maximilien. Elle recherche pourtant des appuis, comme celui de Laurent de Médicis. Elle a en décembre 1491 des conversations avec l'ambassadeur florentin, Cosimo Sasseti, qui écrit le 12 à son maître :

« Je vous ai parlé dans ma dernière lettre de ce que m'avait dit Madame de Bourbon, qu'il n'y avait pas besoin de dispense pour la reine en ce qui concernait la promesse faite au roi des Romains et des raisons qu'elle m'avait allégué sur ce point ; je vous ai dit aussi qu'elle m'avait dit de vous écrire à ce sujet pour savoir quelle était votre opinion sur cette question.

« Depuis, elle m'a fait mander l'autre jour et, nous étant retirés en un lieu secret, elle me montra l'original de la procuration, et elle me dit qu'elle aimerait avoir votre opinion sur ce document. Je sais que ceux d'ici redoutent d'être blâmés pour avoir enlevé cette femme à d'autres et, parce qu'ils pensent qu'on en parlera de diverses façons par-delà, ils s'adressent à vous comme à celui en qui ils ont le plus confiance par-delà, afin que, la vérité étant connue de vous, vous purifiiez la renommée. »

À Rome, l'ambassadeur français est l'abbé de Saint-Denis, évêque de Lombez. Lors d'une entrevue avec le pape, le 17 février 1492, il lui montre le double de la procuration qui a servi pour le mariage de Maximilien et d'Anne. Innocent VIII reconnaît immédiatement que ce document n'a aucune valeur, qu'il est « de nul effet », puisqu'il a été fait au nom de quatre personnes au lieu d'une seule. En conséquence, il promet d'envoyer une dispense antidatée, portant la date du 5 décembre 1491, veille du mariage. L'ambassadeur, fort satisfait, écrit au roi : « Sire, touchant votre dispensation, le pape, comme vous ay escript, vous en a envoyé par moi sa bénédiction, et depuis l'a réitérée par deux foiz, délibéré vous bailler la dispense plombée de la date que je luy en feiz la requeste, qui fut le lundi cinquième décembre, ung jour avant la solempnisation de vostre mariage. » Cependant, poursuit l'ambassadeur, il faut rester prudent et ne rien révéler pour le moment, « car l'empereur et le roi des Romains ont déjà envoié plusieurs messagés qui, avec grant nombre de messeigneurs les cardinaulx, font continuellement très grant instance pour y donner empeschement. Touttefoiz, il m'a dit qu'il tiendra pour vous et que vous en povez tenir tout certain ».

Le temps passe, mais aucune dispense n'arrive. Le 31 mars, Innocent VIII fait part de ses hésitations aux ambassadeurs florentins : « C'est une question de grande importance parce que le roi de France et le roi des Romains sont deux des premiers princes chrétiens. Je dois agir en cela avec une grande circonspection. Le roi de France demande instamment cette dispense. Le roi des Romains demande le contraire. À chacun j'ai répondu jusqu'à présent que mon intention est de leur faire droit, espérant qu'en faisant traîner l'affaire on trouvera quelque moyen de composition. »

Enfin, le saint-père se décide, déclarant aux mêmes interlocuteurs : « Finalement, je donnerai satisfaction au roi de France, je ferai plus de cas de lui que du roi des Romains, non seulement parce que la France est plus puissante, mais aussi parce que cette maison a toujours été amie et défenseur de la Sainte Église. » On appréciera le motif de la décision : derrière toutes les arguties canoniques qui seront données dans le document, le seul argument réel est la raison du plus fort : « La France est plus puissante. » Candide aveu du réalisme de l'âge nouveau par le pape lui-même. Où sont les grands principes du droit canon ?

Pourtant, une ultime concession est faite aux envoyés de Maximilien par Innocent VIII, affaibli par la maladie (il meurt le 25 juillet) : la bulle de dispense ne sera pas antidatée du 5, mais du 15 décembre 1491, c'est-à-dire après la date effective du mariage, ce qui lui donne moins de valeur.

Mais l'essentiel y est : la dispense est accordée pour lien de parenté au quatrième degré entre Charles et Anne ; les époux, précise le texte, ne seront pas excommuniés, et leurs enfants seront légitimes. Il est précisé que la raison de ce mariage est louable, puisqu'il s'agit de « mettre fin aux guerres ». Le mariage d'Anne et de Maximilien n'est pas même mentionné.

Rivalité des deux Anne

Au printemps de 1492, Anne est donc soulagée. Sa grossesse se poursuit sans encombre. Elle est toujours à Paris, où on la voit assez fréquemment assister à des tournois. D'autres sujets de préoccupation apparaissent, mais ils restent pour le moment secondaires. D'abord, toutes ces ambassades italiennes, qui, à partir du mois de mars, pressent le roi d'intervenir dans les affaires de la Péninsule, du moins de faire connaître ses intentions. Vénitiens, Napolitains, Florentins, Milanais sont en permanence à la cour, promettant monts et merveilles à Charles VIII : « Ces pratiques, écrit Commynes, allées et venues, durèrent sept ou huit mois, ou environ, et se parloit de ladite entreprise, entre ceux qui la sçavoient, en plusieurs façons ; mais nul ne croyoit que le roy y dust aller en personne. » Mais combien de temps pourra-t-il résister aux sirènes italiennes, lui dont le cerveau est déjà encombré de chimériques projets orientaux ?

À la cour, la jeune reine est bien acceptée, sauf par sa belle-sœur, Anne de Beaujeu, maintenant Anne de Bourbon ou de France, depuis que son mari est devenu duc de Bourbon. Encore jeune – trente et un ans –, elle a d'abord mal supporté de voir son petit frère s'émanciper de sa tutelle. Intelligente et autoritaire, elle prétend toujours jouer un rôle politique de premier plan. Dans ce domaine, elle n'a pas grand-chose à craindre de la jeune reine, à qui on ne laisse aucune initiative. C'est plutôt sur le plan des honneurs, de la vanité mondaine que les deux femmes se jalousent. Anne de Bourbon n'est plus que la deuxième dame de la cour, où elle doit céder le pas à une gamine, Anne de Bretagne, la reine. Et comme cette dernière n'a pas un tempérament à se laisser marcher sur les pieds, on devine que leur rivalité constante devait donner lieu à une multitude d'incidents, comme le laisse entendre Brantôme : « Elle [la duchesse de Bourbon] voulut user un peu de prérogative et authorité à son endroit ; mais elle trouva bien chaussure à son pied, comme l'on dit ; car la reine estoit une fine Bretonne, fort superbe et altière à l'endroit de ses égaux ; de sorte qu'il fallut à Madame de Bourbon caler, et laisser à la reine, sa belle-sœur, tenir son rang. »

La situation se détériore à tel point que les ministres et le duc d'Orléans estiment nécessaire d'intervenir. Le 5 juillet a lieu une petite réunion de famille pour mettre les choses au point. On fait appel aux sentiments chrétiens des deux femmes, et on n'hésite pas à utiliser les grands moyens : devant un morceau de la Vraie Croix, l'archevêque Georges d'Amboise, principal ministre, fait prêter serment aux deux Anne de « se prêter mutuellement aide, secours, avec bon amour, union et intelligence dans le but de sauvegarder le roi et de faire cesser le grand désordre qui estoit en sa maison ».

Un dauphin au nom étrange

Après ces broutilles qui ont occupé l'été, Anne se rend au début de l'automne au château de Plessis-lez-Tours, où devait se faire l'accouchement. Édifié récemment, de 1462 à 1472, ce monument de brique et de pierre est une des plus belles réalisations de la fin du Moyen Âge français, au style gothique flamboyant, très orné, composé d'un corps de logis principal flanqué d'une tourelle d'escalier en saillie, avec une cour d'honneur entourée d'une galerie à arcades richement sculptée. L'endroit est spacieux, et on l'aménage pour l'événement : meubles, linge, vaisselle. On a même demandé à l'orfèvre Arnoul de Viviers de ciseler de la vaisselle d'or et d'argent pour l'occasion. Cela faisait plus de vingt ans qu'il n'y avait pas eu de naissance royale dans la Maison de France !

L'accouchement se déroule sans problème, à quatre heures du matin, le 10 octobre 1492. Succès complet : c'est un garçon, parfaitement normal à première vue. Beaucoup plus délicat est le choix du prénom du dauphin, au point qu'on ne baptisera l'enfant que trois jours après sa naissance, le 13, ce qui est exceptionnel. L'affaire dépasse l'anecdotique, car elle est chargée de symbole. Le problème vient, semble-t-il, de l'intervention sollicitée de François de Paule.

Le roi, qui a une confiance aveugle dans l'ermite, lui envoie un messager alors qu'Anne ressent les premières douleurs, lui demandant « qu'il priât Dieu pour la libération de la reine et pour que lui naquît un fils ». Le saint homme, après avoir prié un instant, délivre un oracle : ce sera un fils, il va naître à l'aube, et il faudra le nommer *Orlandus*. Nous tenons ces précisions d'un Allemand, Jérôme Münzer, qui voyage alors en France, et qui a lui-même obtenu le renseignement, deux ans plus tard, du médecin du dauphin, Jean Michel. Passons sur la prédiction, rajoutée après coup comme toujours, et arrêtons-nous sur le prénom suggéré, fort étrange. Orlando, ou Orland, est la forme italianisée de Roland. Pourquoi ce nom inédit pour un roi de France, et pourquoi la forme italienne ?

Tout cela est à replacer dans le contexte des rêves de croisade et de conquêtes italiennes, dans lesquels François de Paule semble jouer un rôle essentiel, celui de relais officieux entre le pape et le roi. L'ermite vient du royaume de Naples, où il a été un temps persécuté par le roi Ferrant. Il fréquente en France des exilés napolitains et serait très favorable à une expédition française dans ce royaume. De plus, il redoute la menace turque, qui se précise. En 1480, il a « prédit » la chute d'Otrante, ce qui a d'ailleurs contribué à son prestige. Il sait que tous les établissements qu'il a fondés en Sicile et en Italie du Sud sont en danger. Il importe donc de ressusciter l'esprit de croisade, reprendre la guerre sainte contre le musulman, récupérer Jérusalem. Rome lance de vains appels en ce sens depuis plusieurs années. Le moment semble favorable : Ferdinand ne vient-il pas de chasser les Maures d'Espagne ?

Charles VIII ne pourrait-il pas être l'agent de cette entreprise ? Nourri des *Grandes Chroniques de France* et du *Songe du vieil pèlerin*, le roi partage les rêves chevaleresques de la jeune génération noble. Familier des exploits de Charlemagne contre les musulmans, il admire les légendaires prouesses de son neveu Roland, qui a alors la réputation d'un saint. Parmi les exploits qui lui sont attribués, il y a justement un épisode qui se situe en Calabre, patrie de François de Paule, dans le massif de l'Aspromonte, et il est troublant de constater qu'un des pages du dauphin portera ce surnom d'Aspremont. Jérôme Münzer confirme ce lien : « L'enfant fut désigné ainsi à cause de cet Orlando, prince catholique et victorieux qui, autrefois, en Calabre et en Pouille, conduicit tous ses faits avec bonheur et succès. »

Dès lors, le choix de la forme italienne de Roland comme prénom par François de Paule apparaît comme un appel du ciel en faveur d'une intervention du roi de France dans le royaume de Naples. Il n'en reste pas moins que ce nom contraste avec la tradition des Charles, Louis et Philippe qui monopolisaient jusque-là la dynastie capétienne. Scandalisés à la perspective d'un Orlando Ier sur le trône, les parrains, qui sont les ducs d'Orléans et de Bourbon, s'opposent avec véhémence à ce choix. Par contre, la marraine, Jeanne de Laval, veuve de René d'Anjou, ancien roi de Naples et de Jérusalem, qui rêve d'une reconquête de son ex-royaume, est favorable. Le roi et la reine, qui ont une confiance absolue et superstitieuse en François de Paule, tiennent également pour Orland. Après de longs palabres, on arrive à un compromis : ce sera un prénom double. Ce choix n'est peut-être pas du meilleur goût, mais il permet de sortir de l'impasse : Charles-Orland (ou Orlant, si on préfère la forme française).

Ayant résolu cette grave question, on peut passer au baptême, le 13 octobre. Cérémonie exceptionnelle, présidée par François de Paule en personne, qui tient la main du roi, comme le précise un compte rendu officiel : « Et le dit saint homme, que le roi pendant le baptême tenait par la main, le nomma Charles-

Orland. Et furent dites plusieurs bénédictions et grâces à Dieu que l'on n'a point accoustumé de dire. »

C'est un franciscain de l'Observance, Jean Bourgeois, qui officie. Le prince d'Orange, en robe de drap d'or, porte le dauphin. Tout ce que la cour compte d'important est là, qui portant un cierge, qui le bassin, qui la serviette. La difforme Jeanne de France elle-même est présente. Négligeons la fastidieuse énumération des comtes, comtesses et seigneurs variés, ainsi que la description de leurs costumes, pour préciser seulement que les deux parrains, autrefois ennemis, trouvent ici l'occasion de resserrer leur alliance contre le sire de Graville.

Nul doute qu'Anne de Bretagne soit alors heureuse. La jeune mère de quinze ans et demi est fière de son enfant. Charles-Orland est en bonne santé, et elle veille attentivement sur lui. Les comptes précisent qu'elle lui donne de nombreux jouets, comme un « petit sifflet d'argent à coquilles ». L'enfant pousse bien. Nous en avons un portrait, au musée du Louvre, sans doute réalisé par le Maître de Moulins, en tous points semblable à celui du fils d'Anne de Bourbon. C'est l'un des tout premiers portraits individualisés de tout jeunes enfants, marquant l'entrée dans une sensibilité nouvelle. Un peu plus tard, Commynes confirmera la bonne impression que fait le dauphin, « bel enfant et audacieux en parole, et ne craignoit point les choses que les autres enfans ont acoustumé de craindre ».

Pour l'heure, Anne est satisfaite. Et pourtant, précaution supplémentaire, lors de ses relevailles, le 13 novembre, elle se soumet à la procédure de « purgation canonique », jurant une fois de plus, devant l'archevêque de Tours Robert de Lenoncourt, qu'elle n'a pas été enlevée, et qu'elle s'est mariée librement. Avec le roi, elle affirme aussi qu'ils ont reçu avant leur mariage d'autres lettres de dispense du pape. L'affaire traîne encore.

La reconnaissance du mariage par les cours européennes

Les souverains européens, en dépit du fait accompli, cherchent en effet à vendre le plus cher possible leur désistement. Charles aura Anne de Bretagne, soit, puisque le pape lui-même l'admet, mais il devra y mettre le prix. Henri VII sera le premier servi, au traité d'Étaples, le 3 novembre 1492. Depuis le 2 octobre, une armée anglaise a débarqué à Calais, dans le but de faire pression sur les négociations. Par l'accord conclu, Charles VIII s'engage à payer à son voisin la somme de 745 000 couronnes d'or, dont 620 000 pour les « dépenses faites par le roy Henry pour la défense de Madame Anne de Bretagne, maintenant reine de France, et le pays de Bretagne ». Comme à cette époque Anne combattait le roi, ce dernier a donc financé à la fois son armée et celle de ses ennemis.

Un autre souverain réclame lui aussi l'argent que lui a coûté la participation à la défense d'Anne : Ferdinand d'Aragon. La question est réglée le 19 janvier 1493 à Barcelone par un traité général, complété par des clauses ultérieures. Le roi d'Espagne accepte d'annuler la dette d'Anne ; en échange, le roi de France considère que le prêt de 300 000 écus d'or qui avait été consenti par Louis XI à Jean d'Aragon est remboursé. Comme ce prêt était gagé sur l'hypothèque de la Cerdagne et du Roussillon, ces provinces reviennent donc à l'Espagne. De plus, une alliance est conclue : il est prévu que les deux royaumes mettront ce traité au-dessus de tous les autres traités qu'ils ont signés avec des pays tiers, que les infants et infantes d'Espagne ne pourront pas épouser des membres de la famille de Maximilien ou d'Henri VII, ni de celle de Ferrant ou du duc de Calabre, sans l'accord du roi de France. Enfin, Ferdinand et Isabelle, le 25 août, s'engagent « à ne pas accorder d'aide au roi de Naples en ce qui concerne le recouvrement de quelque droit que ce soit qui lui appartiendrait sur ce royaume ».

Anne de Bretagne ne joue aucun rôle politique. Cependant, ses relations étroites avec Ferdinand et Isabelle ont certainement favorisé la conclusion de ces accords. Anne, depuis sa tendre enfance, a toujours été hispanophile, et le restera. Sa mère, petite-fille de Jean d'Aragon et fille d'Éléonore de Navarre, se disait espagnole. Cette même Éléonore avait offert à la petite Anne de Bretagne un oranger, auquel elle tenait beaucoup, et qu'elle emporta avec elle en France. Anne a été aidée dans ses moments difficiles par les troupes espagnoles du comte de Salinas, en qui elle avait toute confiance. Elle a fréquenté la colonie espagnole de Nantes, et dans son entourage on compte de nombreux Castillans et Aragonais : le médecin Gabriel Miro, qui s'occupe de sa grossesse de 1492, Jean-François de Cardonne, qui devient la même année général des finances en Bretagne, et surtout les membres de la famille Dicastillo : en 1492, Nicolas de Dicastillo est son premier aumônier, Lope de Dicastillo son maître d'hôtel ordinaire, Jean de Dicastillo son premier écuyer tranchant, Alienor de Dicastillo sa demoiselle d'atour, Louis de Dicastillo remplit des fonctions variées. Elle leur confie des missions importantes : elle enverra Lope de Dicastillo prendre des nouvelles de Charles VIII en Italie, le chargera de distribuer ses aumônes à Amboise en 1497, de réclamer à Louis XII les 20 000 livres de son deuil de 1498. Elle écrit fréquemment aux souverains espagnols, leur envoie le marchand Jean Pigeon en 1492, fait parvenir des cadeaux à Isabelle en 1493. Il avait même été question de la marier à l'infant don Juan. Anne choisira aussi des Espagnoles, comme Gratienne de Valence, parmi les femmes de service qui accompagneront Charles VIII en Italie, et c'est grâce à elle que sera établie la « bourse et estappe d'Espaigne » à Nantes en 1493. Le goût d'Anne pour les modes espagnoles est bien connu dans les cours européennes, aussi Ludovic le More lui offre-t-il en 1494 « un habit très riche à l'espagnole ». Elle monte sa mule « à la castillanne », demande en 1496 à avoir « une petite Espagnole » comme naine de cour, autre mode venue de la péninsule. Jusqu'à ses deuils qu'elle porte à l'espagnole, tout en noir, alors qu'en France le deuil des reines se portait traditionnellement en blanc. Les expressions théâtrales de douleur, au décès de Charles VIII, qu'elle n'a jamais aimé, lorsqu'elle reste prostrée dans un coin de sa chambre, demandant la mort, refusant de se nourrir pendant quarante-huit heures, sont également toutes méditerranéennes. Elle n'apprendra jamais l'espagnol, mais, pendant toute sa vie de reine, elle œuvrera, dans la faible mesure de ses moyens, en faveur de bons rapports avec l'Espagne.

Anne, en revanche, ne manifeste aucun regret pour Maximilien, qui en 1493 fait une dernière tentative pour s'emparer de la Bourgogne, qu'il considère comme faisant partie de l'héritage de sa première femme. Cette tentative aboutit le 23 mai à la signature du traité de Senlis, qui, entre autres, règle enfin définitivement la question des mariages conclus et rompus. Maximilien y reconnaît implicitement le nouvel état de choses, puisque Charles-Orland est mentionné dans le texte comme dauphin, dans l'article premier, qui déclare que « la paix, union, alliance et amitié à toujours a été faite, promise et jurée entre le roi de France, monseigneur le dauphin, leurs royaumes d'une part et le roi des Romains et monseigneur l'archiduc son fils, tant en leur nom que au nom de Madame Marguerite, etc. par laquelle [paix] toute rancune, haine et malveillance des uns envers les autres sont abolies et éteintes ».

Plus important peut-être, parce que plus explicite, un article secret, qui sera confirmé par Maximilien le 28 décembre, par lequel il renonce au titre de duc de Bretagne, aux « prétendus pourparlers de mariage » avec Anne, et à ceux entre Marguerite et Charles VIII, et délie les Bretons de tout serment de fidélité à son égard :

« Savoir faisons que nous, voullans entretenir de tout notre pouvoir ledit traictié de paix et éviter touttes occasions dont elle se pourroit enfraindre ou nouvelle inimité se pourroit sourdre, avons, pour ces causes et autres a ce nous mouvans, et ratiffiant approbant et confermant ce que par nos dits ambassadeurs a esté passé et proumis, renuncié et renuncions par cesdites presentes audit tiltre du duc de Bretaingne, et à tous lesdits pretendus pourparlez de mariage, ensemble a tou tel droit que pourrions avoir ou pretendre oudit duché de Bretaingne, et en tant que mestier est, absolvons, deschargeons et quitons tous les vassaulx et subgetz dudit duché de tous seremens qu'ilz nous pourroient avoir fait à ceste cause. Et avons en oultre pour et ou nom de notredite fille renuncié aux pretendus pourparlez de mariage d'entre notredit cousin le roy de France et icelle notre fille, sans que nous ne notredite fille puissions jamais es choses dessusdites aucune chose quereller ou demander. »

Voilà qui pour une fois est clair et net. Autre garantie : Maximilien vient de se remarier, avec Bianca Maria, nièce de Ludovic le More. Quant à sa fille Marguerite, son sort est officiellement réglé : elle est remise à son père. Charles VIII lui fera parvenir en cadeau d'adieu une chaîne d'or de 500 écus, et Anne une parure de tête. La « petite reine », qui dira plus tard avoir « regret au roi Charles », éprouvera toujours une forte animosité envers sa rivale heureuse, Anne de Bretagne.

La reine s'amuse

Anne a donc vu les nuages se dissiper progressivement au cours de l'année 1492 et du printemps 1493. Elle profite de son nouveau rôle de reine, qui lui permet de satisfaire ses goûts d'adolescente pour les parures, les bijoux, le luxe, les spectacles. Sa garde-robe ne cesse de s'agrandir, comme en témoignent les comptes. L'inventaire de son trousseau énumère en 1492, outre six douzaines et demie de mouchoirs, une douzaine de chemises, sept douzaines de capes, une douzaine et demie de brassières, des habits d'apparat : sept, comprenant jupe, corsage, cape bretonne couvrant tête et épaules, dont deux de velours violet, deux de satin cramoisi, deux de damas tanné ou de damas noir, un de drap d'or. Elle aime beaucoup les fourrures, d'agneau blanc pour sa robe de chambre, et surtout d'hermine : elle fait coudre 700 peaux sur un habit complet de velours cramoisi. Au mois de mai, elle fait changer les manches de ses habits pour du damas blanc. Elle achète des draps de soie à Jean de Poncher, marchand du roi, et possède de nombreuses paires de bas de fine écarlate, des souliers de cuir à semelles de liège, des brodequins de maroquin.

Elle dépense sans compter lorsqu'il s'agit de bijoux : pour leur premier anniversaire de mariage, elle offre à Charles VIII un camaïeu en trois compartiments, où figurent la Vierge, saint Michel et Louis XI, commandé à Jean Barbedor, joaillier à Paris ; la chaîne d'or torse auquel il est suspendu est l'œuvre d'Arnoul de Viviers, orfèvre de la duchesse de Bourbon. La même année, elle fait réaliser des chaînes et des bagues sur les dessins de François Robertet, treize pièces de vaisselle d'or pour son accouchement. Elle porte souvent une pointe de diamant, dont le nettoyage seul coûtera 52 livres en 1496, et une étoile de diamant, avec un petit miroir au centre duquel se trouve un autre diamant taillé en facettes. Elle possède beaucoup de bijoux en or et en rubis.

Dès le mois de janvier 1492, elle est entourée de trente-quatre dames et demoiselles d'honneur, envers lesquelles elle est très généreuse : ainsi, au cours de cette année, elle donne 300 livres à Jeanne de Daillon pour s'acheter du velours et du satin dont on fera deux robes, afin, peut-on lire dans les comptes, « qu'elle soit plus honnestement à son service où elle est continuellement employée ». Cette Jeanne de Daillon sera la grand-mère de Brantôme, qui tiendra d'elle un certain nombre d'anecdotes sur Anne. En 1492, la reine donne également de l'argent à Jeanne de Masle, qui a perdu sa mère ; elle s'occupe d'Anne de Foix, qui est malade. En novembre, elle fait verser 50 livres à Jean Bourdichon qui a enluminé pour elle des histoires. Elle fait aussi réaliser de grandes tapisseries historiées par Antoine Boutet, Jehan Dol, Jehan Lefèvre, Baudichon Duhamel. On y voit les travaux d'Hercule, les neuf preux, l'histoire des Sibylles, Moïse, Nabuchodonosor, des scènes du *Roman de la Rose*, du siège de Troie, de la bataille de Formigny. Ces œuvres, d'une taille considérable, seront déployées dans les cours du château d'Amboise lors de la visite du duc et de la duchesse de Bourbon en octobre 1494.

Car c'est Amboise qui, à partir de la fin de 1492, sera la résidence habituelle d'Anne. Son mari y a passé toute sa jeunesse, et il y a aussi logé la « petite reine ». Il vient de décider des agrandissements, la vieille forteresse devenant trop étroite pour une cour en pleine expansion. Là, Anne s'amuse, écoute de la musique. En 1492, elle fait venir un bateleur florentin. Elle joue aux cartes aussi et gaspille sans compter. Le jeu à la mode est le flux : elle a perdu 50 livres en janvier pendant le voyage en bateau de Melun à Paris, sur le chemin du sacre.

Le contrat de mariage

Bref, la reine s'amuse. Elle a quinze ans, et 1492 est décidément une belle année. Pas pour tout le monde cependant. En venant en France, Anne semble bien avoir abandonné les Bretons à leur sort. Sans doute n'y peut-elle pas grand-chose, et ses nouvelles fonctions l'accaparent. Pendant qu'elle s'amuse, le duché, incorporé brutalement au domaine royal par un contrat rigoureux, panse ses plaies. Loin du luxe de Paris et d'Amboise, ruines et misère sont partout. Le duché paie cher le couronnement de sa duchesse.

Le contrat de mariage est strict. Il reflète l'équilibre des forces au moment de sa signature, c'est-à-dire que le roi de France a imposé sa volonté. L'acte a été rédigé par deux notaires de Tours, en français et en latin, et signé le jour du mariage, le 6 décembre 1491. Il est relativement bref et prévoit l'union personnelle de la Bretagne et de la France. Anne cède à son époux tous ses droits sur le duché, et s'interdit de révoquer cette donation par testament au cas où elle mourrait avant le roi. La formule est sans ambiguïté : elle « donne, cède, quitte, transporte et délaisse à toujoursmais, perpétuellement, irrévocablement à héritage au dit seigneur, ses successeurs Roys de France, par titre de donnaison faite pour cause et raison dudit mariage et en faveur d'icelui, sans jamais la révoquer par testament ne autrement au cas qu'elle ira de vie à trespas paravant ledit seigneur sans aucuns hoirs nés et procréés d'eux légitimement en leur dit mariage tous et chacuns les droits, propriétés, possessions, noms, raisons, actions et obligations competans ladite dame ès duché et principauté de Bretaigne, comté de Nantes et leurs appartenances, et généralement en toute et chacune ses autres terres, seigneuries et biens immeubles présens et advenir, où qu'ils soient et puissent estre trouvés et appréhendés ».

De son côté, le roi cède à Anne tous ses droits sur la Bretagne. Si Anne meurt la première, Charles VIII restera donc seul duc et l'union sera définitive. Si le roi meurt le premier, Anne restera la seule duchesse ; s'il y a un fils, il héritera de la France et de la Bretagne ; s'il n'y a pas de fils au moment du décès de Charles VIII, il est prévu, « pour éviter les incommodités de guerre et autres sinistres fortunes vraisemblablement à ensuivre entre lesdits païs, que ladite dame ne convolera à autres nopces, fors avec le roy futur, s'il lui plaist et faire se peut, ou autre plus prochain presumptif futur successeur à la couronne ; et lequel prochain héritier est tenu en iceluy cas faire et exhiber au roi les reconnoissances et redevances féodales, tant honnorables que proffitables deues par cy-devant pour raison desdits duché, comté et leursdites appartenances ».

Ainsi, le futur matrimonial d'Anne semble réglé. Cette jeune fille n'a pas choisi son premier mari, et on lui impose déjà le second en cas de veuvage. La chose peut paraître arbitraire, mais est cependant conforme aux pratiques de l'époque. L'obligation n'est pourtant pas absolue, car le texte laisse à Anne une échappatoire qui n'est pas assez relevée par les historiens : il est bien dit qu'elle épousera le futur roi « s'il lui plaist et faire se peut », ce qui laisse la porte ouverte à toutes les interprétations. Lorsque Anne épousera Louis XII, il s'agira bien d'une décision volontaire, car la duchesse avait la possibilité de refuser ce mariage. Le texte ne dit rien non plus sur le cas où Charles VIII mourrait avant Anne en ne laissant que des filles de leur mariage. Appliquerait-on alors le droit successoral breton, qui admet le droit des filles, ou français, qui ne l'admet pas ? Et dans ce cas, que deviendraient les autres prétendants ? Rien n'est dit à leur sujet, sauf pour un seul, le prince d'Orange, qui abandonne tous ses droits, geste pour lequel il recevra 100 000 livres et la lieutenance générale de Bretagne. Enfin il est prévu qu'en cas de veuvage Anne recevra le même douaire que celui de la mère de Charles VIII, Charlotte de Savoie, et pourra garder ses joyaux et ses meubles.

Ce texte, visiblement rédigé à la hâte, n'a donc pas prévu tous les cas de figure. Le hasard, en faisant mourir Charles VIII le premier et sans enfant, se chargera de simplifier les choses. Mais Anne aurait très bien pu les compliquer à nouveau en jouant sur la formule restrictive : « s'il lui plaist et faire se peut ». C'est à elle que reviendra la responsabilité d'une deuxième union personnelle de la Bretagne à la France.

Une Bretagne exsangue

Cette Bretagne, qu'elle apporte ainsi au domaine royal, est dans un bien triste état. Tous les pays du duché ont été, précise le contrat, « molestés et travaillés de guerres et divisions ». Les traces du conflit sont multiples. Pendant trois ans, le chaos et l'anarchie ont effacé toute trace de légalité. Le brigandage s'est généralisé ; bandits de grands chemins et mercenaires sans solde ont mis le pays en coupe réglée. En 1490, par exemple, on signale que des bandes de voleurs « se mettent en habits estranges et dissimulez, et prennent petiz chaperons avec lesquelz ils couvrent leurs visaiges, en manière que l'on ne les peut congnoestre et gardent les boais et chemins, robent et detroussent les passans ». Près de Nantes, nous disent les archives, les Anglais « ne poyèrent riens de leurs vivres, et les prenoient où ilz les trouvoient, oultre le gré et volonté de ceux à qui ilz estoient... Et après que lesdits Angloys s'en furent allez... y vinsdrent les Françoys courir... ils font grandes courses et pilleries ». Ailleurs, ce sont les Allemands ou les Espagnols. Les villes ont été pillées, les faubourgs détruits par les sièges ou pour les travaux de défense. À Rennes, la municipalité écrit à Anne en 1493 pour lui faire part de la grande misère d'une population qui lui a pourtant été très fidèle : quatre mille miséreux traînent dans les rues, beaucoup ont été expropriés ; les hôpitaux sont pleins et sans ressources. Sur mer, la piraterie redouble, et les Bretons ne sont pas les derniers à piller les biens de leurs compatriotes, comme en témoignent une masse d'affaires qui traînent vainement devant les tribunaux.

Détroussés par les brigands, les Bretons sont d'un autre côté volés légalement par des gouvernants qui devraient les protéger. Les ponctions fiscales atteignent un niveau intolérable : fouages, emprunts forcés, contributions diverses exigées par les différents pouvoirs rivaux. Les prix se sont envolés. Dès la fin mars 1489, on lit dans les archives municipales de Nantes que « les maistres, maczons, charpentiers, couvreurs, perréeux et servans vouloient laisser les œuvres de ladite ville, pour deffault de salaire compétant, et qu'ilz ne sauroient vivre du pris que on leur baille à présent, veu les monnoyes qui sont foibles, les vivres qui sont chiers et autres marchandises ». À Rennes en 1491, Jean Molinet constate que « cherté de vin et faute d'argent s'y étoient logés ». Il n'est pas rare de voir les prix tripler et quadrupler. D'autant plus que la monnaie se déprécie rapidement. Nantes a un sujet de plainte supplémentaire : le mariage d'Anne entraîne la disparition définitive de la cour bretonne, qui faisait vivre de nombreux commerces de luxe. La famille ducale, les courtisans, les officiers, les ambassadeurs étaient de gros consommateurs, dont le départ fait baisser les recettes individuelles et municipales.

Parallèlement, les revenus ducaux se sont effondrés. Le dépeçage du domaine ducal s'est poursuivi pour faire face aux dépenses de guerre : châtellenie de Touffou concédée à Odet d'Aydie en 1489 ; châtellenie de l'Isle au maréchal de Rieux ; villes de Châteaulin, Huelgoat, Landeleau, Châteauneuf à l'amiral de Quellenec en 1490 pour paiement des 8 000 livres qu'il réclame pour les opérations de ses navires ; la ville de Jugon à Jean Le Bouteiller, maître de l'artillerie, qui réclame 6 000 livres pour ses frais en 1491 ; châtellenies de Bazouges, Rimoux, Saint-Aubin-du-Cormier, Marcillé-Raoul à Philippe de Montauban, qui a avancé 20 000 écus. Les produits des fouages sont mal rentrés, ont été volés ou détournés pendant la guerre : Rieux, avant sa réconciliation, a interdit au receveur Pierre Francheville de lever l'impôt dans l'évêché de Vannes, comme le précise le registre des comptes : « Le sire de Rieux, maréchal de Bretaigne, accompaigné de gens de guerre, qui pour lors ténoint par guerre et hostilité la ville de Reddon, luy fist des menaces et deffances sur payne de luy faire rompre la teste de non toucher ne biter aux deniers du fouaige. » D'autres font de même sur leurs terres, comme les seigneurs de Molac et de Sourdéac, et surtout le vicomte de Rohan. Un mémoire de 1493, exploité par Jean Kerhervé, montre qu'avec la complicité royale, et en utilisant ses propres receveurs comme ceux de la duchesse, Jean de Rohan a détourné plus de 30 000 livres d'impôts vers ses propres caisses, pour financer l'effort de guerre entre 1487 et 1491. Ce chiffre est très inférieur à la réalité, car il ne tient pas compte des « gens de guerre » auxquels le vicomte a délégué des pouvoirs fiscaux. Le contribuable a ainsi été mis en coupe réglée par trois pouvoirs différents, les impôts payés pour défendre la duchesse servant en fait à financer ses ennemis.

Divers financiers ont évidemment bien profité de cette situation : les Thomas, Thierry, de Gennes, Champion, Bourgneuff, Pares et bien d'autres, qui ont avancé de l'argent et ont reçu en échange des rentes lucratives : rentes de 294 livres sur la boulangerie rennaise pour Julien Thierry en février 1489, de 310 livres en mars 1489, de 200 livres sur les moulins en 1491 pour un prêt de 4 000 livres. Ses créances totales se montent à 11 150 livres de bonne monnaie. À Nantes, Gilles Thomas a également avancé de grosses sommes. La carrière de ce personnage, retracée par Jean Kerhervé, correspond à l'apogée, à la quatrième génération, d'une famille dont l'ascension avait débuté avec Jean, maître des monnaies de Nantes en 1406. Gilles Thomas fait une belle carrière : garde de la monnaie de Nantes jusqu'en 1486, membre du conseil des bourgeois et auditeur des Comptes de cette ville de 1474 à 1503, maître de l'artillerie de 1488 à 1492, député aux états de 1476 à 1480, ambassadeur de Nantes auprès du duc, receveur particulier du fouage en Bretagne de 1467 à 1473, receveur général de l'aide des villes de 1469 à 1471, trésorier de l'Épargne de 1474 à 1491 et de 1498 à 1506, trésorier et garde des chartes de Bretagne de 1495 à 1506, auditeur des Comptes de 1503 à

1506. Pendant quinze mois, du 1er octobre 1485 au 17 janvier 1487, il est aussi trésorier général, et au cours de cette période il avance plus de 50 000 livres à l'état, somme qu'il n'a pas encore récupérée en 1500. En 1489, c'est lui le plus riche habitant de Nantes, d'après les rôles de l'emprunt forcé. Il achète des rentes nobles, des seigneuries, épouse une noble, Jeanne du Celier, ce qui permet à son fils, François-Thomas, d'accéder à la noblesse sous le nom de Thomas d'Orson, en raison, disent les lettres de Louis XII, des « bons et agréables services qu'il et ses prédécesseurs ont fait à nous et aux autres roys, ducs et princes de ce pays ». À côté de ces financiers avisés, les communautés ont également profité des besoins financiers du gouvernement : Rennes voit convertir en 1503 en rente perpétuelle de 1 856 livres 9 sols 8 deniers un prêt de 31 810 livres 2 sols 8 deniers, opération très avantageuse.

Le complot breton de 1492

Ruinée, endettée, la Bretagne de 1492 n'aspire qu'à une chose : la paix, et elle accueille avec enthousiasme le mariage d'Anne et de Charles, qui doit marquer la fin des troubles. Pourtant, au printemps, un petit groupe de mécontents se préparent à mettre le feu aux poudres. Ce sont les déçus de l'union, des nobles qui ont lutté au côté du roi, et qui s'estiment mal récompensés de leurs efforts et de leurs frais, constatant que le couple royal attribue l'essentiel des postes à des gens qui sont restés fidèles à Anne. Le plus amer est le vicomte Jean II de Rohan, qui va de déception en déception : Anne a échappé à lui-même et à ses fils ; on n'a tenu aucun compte de ses droits sur le duché ; il s'est dépensé pour le roi, et maintenant celui-ci lui retire la lieutenance générale du duché pour la confier au prince d'Orange. Autour de lui, d'autres frustrés, comme Olivier de Coëtmen, Yvon de Coëtcongar, Nicolas Coëtanlem, et même l'amiral de Bretagne Louis de Rohan-Guéméné, seigneur de Rainefort, que la guerre a beaucoup appauvri.

Le plan du petit groupe consiste à faire appel une fois de plus à l'aide anglaise, en exploitant le mécontentement d'Henri VII face au mariage d'Anne. Le roi d'Angleterre enverrait une flotte et des troupes qui envahiraient la Bretagne et proclameraient duc le vicomte de Rohan. Les conjurés se proposent d'ouvrir aux Anglais deux des principaux ports : Brest et Morlaix, dont les forces sont dirigées par deux hommes acquis à la cause : Guillaume Carreau, un capitaine poitevin, gouverneur de Brest depuis 1489, inquiet pour son poste en raison de sa fidélité au roi pendant la guerre, et à qui on promet 5 000 écus pour sa trahison, et Maurice du Méné, originaire de Plourach, capitaine de Morlaix, qui sait qu'Anne veut le remplacer par Hector de Mériadec.

Le personnage central de ce qu'on appelle, à la suite de La Borderie, le « complot breton », est Pierre Le Pennec, ancien conseiller et maître des requêtes de François II, et fils ou frère d'un maître d'hôtel de la duchesse Marguerite de Foix. Il avait pris d'abord le parti du maréchal de Rieux, puis avait été un des ambassadeurs envoyés par Anne en Angleterre, où il s'était fait beaucoup d'amis. C'est à l'un d'eux, Champagne, valet de chambre d'Henri VII, qu'il fait part du mécontentement que lui cause le mariage d'Anne. Ce personnage, peut-être tonsuré, puisqu'on l'appelle parfois « monsieur l'aumônier », s'estime capable, avec de l'argent, de faire « bander » 10 000 hommes, c'est-à-dire de lever une bande, comme il l'écrit à un correspondant anglais le 30 mars 1492 : « Si j'avois quelque argent, j'eusse déjà assez bandé pour embesoigner moi seul dix mille Francs des meilleurs de France en Bretagne. » À cette troupe devaient s'ajouter 6 000 Anglais qui débarqueraient le 8 juin.

Des rumeurs du chimérique complot parviennent aux oreilles de Philippe de Montauban, qui demande des secours au roi. Ce dernier écrit aux villes et aux principaux seigneurs pour leur demander de résister aux Anglais. Il fait notamment appel – sincèrement ou pour le mettre dans l'embarras ? – au vicomte de Rohan. Ce dernier lui envoie une cinglante réponse : puisque vous avez nommé le prince d'Orange lieutenant général à ma place, demandez-lui donc de faire le travail ; pour ma part, j'ai fait tant de fois des promesses en votre nom que vous n'avez jamais honorées, que personne ne voudra plus me croire :

« Aussi, sire, je croy que vous avez si bien pourveu de Monsr le Prince à la garde du pays qu'il le saura mieulx faire que moy et qu'il ne vous en aviendra point de inconvénient, s'il plaist à Dieu, sire, au regard de faire savoir à ceulx de ma congnoissance qu'ilz vous y servent et que vous en aurez bonne souvenance, je le feray très voulentiers, mais je leur ay porté, le temps passé, tant de mensonges pour les induyre à vous servir que à grant payne vouldront plus ajouster foy à chose que je leur die. [...] Dernièrement, sire, qu'il vous plut m'envoyer en Bretagne comme votre lieutenant général, vous m'écrivites que je vous envoyasse, pour rôle, ceux qui seroient gens pour vous y servir et les sommes qu'il me sembleroit que devriez donner à chacun, et que les appointeriez en façon qu'ilz devroient estre contents. Sire, en ensuivant ce qu'il vous avoit plu m'escrire, je leur en tins paroles et vous envoyai ledit rôle : mais de tous ceux que je vous envoyai n'en appointâtes pas un seul. Pour quoy, Sire, je n'oserois me vanter d'en finer [trouver] si bien que je voudrois. »

Vaine bravade. Henri VII n'a jamais eu l'intention de reprendre la guerre sur une grande échelle, et se contente d'envoyer quelques hommes à Port-Blanc, près de Tréguier, et d'autres à Barfleur, facilement repoussés. Nicolas Coëtanlem est arrêté, puis enfermé au Louvre, d'où il s'évadera bientôt ; Yvon de Coëtcongar, enfermé à la Bastille, sera libéré dès le mois de novembre ; Le Pennec se réfugie en Angleterre ; Carreau est pardonné après avoir livré toute la correspondance des conjurés au prince d'Orange, qui l'emporte avec lui sur ses terres de l'Est, ce qui explique que La Borderie l'ait retrouvée aux archives du Doubs.

Quant au protagoniste le plus dangereux, Rohan, il s'en sort une fois de plus sans dommage. Son procès après une telle période aurait pu se révéler fort embarrassant. Charles VIII préfère passer l'éponge. Dès le 10 juillet il lui fait remise des « levées, fouages, impôts, billots, autres deniers ordinaires et extraordinaires dudit pays durant le temps desdites guerres et divisions auparavant et jusqu'au jour du traité et alliance de mariage de nous et de notre dite compagne ». Le cadeau est d'importance. Le roi va même proposer au vicomte de Rohan de marier son fils Jean avec la fille de Gaston de Foix, ce qu'il refuse. Le 3 août, ils sont ensemble à La Ferté-Alais.

Sans doute Anne n'apprécie-t-elle pas de voir son vieil ennemi si rapidement rentré en grâce. Pour elle, l'année 1492 a été la plus belle de sa jeune vie. Mais elle ne peut plus espérer jouer le moindre rôle politique. Reine de France, mère du dauphin, elle est confinée au gynécée dans la cage dorée d'Amboise. Les choses sérieuses se décident sans elle, y compris en Bretagne. Et à cette impuissance politique vont vite s'ajouter des déboires domestiques. Les six dernières années du règne de Charles VIII seront pour elle bien pénibles.

CHAPITRE X

Humiliations et déceptions

(1493-1498)

Mariée par devoir à un personnage qui n'éprouve pour elle aucune considération, reléguée dans un simple rôle de reproductrice et de figurante dans le rituel monarchique, Anne de Bretagne mène sous le règne de Charles VIII une existence morne, ponctuée d'échecs, de frustrations et de déceptions dans sa vie privée aussi bien que dans sa vie publique. Elle subit, obéit, se tait ; elle fait son devoir, d'épouse, de mère, de reine, stoïquement. Son caractère s'aigrit. Entre seize et vingt et un ans, privée de toute liberté, elle perd sa vivacité et sombre dans la bigoterie. À vingt et un ans, elle a déjà eu cinq enfants, et les a vus mourir tous les cinq. Elle est trompée sans vergogne par un mari à la fois odieux et stupide, qui la prive également de toute initiative dans son propre duché. Réduite à la dévotion et à la conversation avec les dames de sa suite, Anne devient une femme austère.

Anne perd le contrôle de la Bretagne

Dans tous les domaines, Anne en est réduite à subir. D'abord, l'administration de la Bretagne lui est retirée, et elle n'a presque plus aucun contact avec « son » duché, où on ne la revoit plus qu'épisodiquement, comme en 1497 où elle fait une courte apparition à Rennes. À cette occasion, on organise les festivités d'usage : distribution de vin aux carrefours, érection d'un arc de triomphe portant l'inscription : « Paix eureuse et bon temps ». Les merciers ont décoré une estrade devant le manoir épiscopal avec une tapisserie louée au prieuré de Saint-Cyr. Mais rien ne permet de dire qu'Anne ait éprouvé le désir de revenir en Bretagne à cette époque.

C'est le roi – c'est-à-dire son administration – qui règle désormais les affaires bretonnes. Certes, il s'est engagé dès le début de 1492 à maintenir en fonction les officiers nommés précédemment par Anne, et il leur envoie à chacun des lettres de confirmation. Jean de Lespinay, par exemple, garde sans interruption son poste de trésorier receveur général de 1490 à 1513. Cette décision provoque un fort mécontentement dans l'entourage royal, où l'on attendait une distribution des dépouilles. De même, dans sa déclaration de juillet 1492, Charles VIII s'engage à respecter les coutumes et libertés bretonnes pour la levée des impôts et l'exercice de la justice, c'est-à-dire que les Bretons ne pourront pas être contraints de plaider devant d'autres que leurs juges naturels. En octobre, les états de Vannes ayant protesté contre un certain nombre d'abus, un édit en treize articles interdit aux capitaines de francs archers de passer des revues de leur propre autorité, et accorde une remise des taxes impayées avant mai 1491, en application du droit de joyeuse entrée. Le roi promet que les offices de justice ne seront plus confiés à des ignorants et que les bénéfices ecclésiastiques seront attribués selon les règles canoniques.

Mais Anne n'a plus son mot à dire. Jusqu'à la mort de Charles VIII, son nom n'apparaît plus en bas des documents officiels, signés seulement du roi : c'est lui qui nomme les conseillers au parlement et à la chambre des Comptes, approuve les statuts des corporations, règle tous les problèmes. La chancellerie de Bretagne est remaniée par un règlement daté du 9 décembre 1493 à Lyon. Le titre de chancelier est supprimé, sous prétexte qu'il ne peut y avoir deux chanceliers dans le royaume. Philippe de Montauban, contre qui la mesure est dirigée, avait été le plus habile soutien d'Anne. Il devient « gouverneur et garde du scel et chef du conseil », titre purement honorifique, car le sceau est entre les mains du vice-gouverneur ou de Jean du Bouchet, « qui eut de grandes contencions avec ledit Montauban », écrit d'Argentré, qui ajoute : « On se vouloit défaire de luy peu à peu. » La nouvelle chancellerie est en fait un conseil, qui siège six mois à Rennes et six mois à Nantes ; quatre conseillers, membres du parlement, auront pour tâche de « rapporter et examiner » les lettres : Jean Calloët, qui détiendra parfois le sceau, Jean du Bouchet, Amaury de Quenechquivilly, Rolland Scliczon, dirigés par Guillaume Guéguen, abbé de Redon et évêque de Mirepoix. En mai 1494, le roi ajoute deux autres conseillers, René Dupont et Guillaume Le Bigot, et décide que le conseil se tiendra désormais en permanence à Rennes.

Charles VIII intervient également dans le fonctionnement de la justice. Dès 1492, le parlement de Bretagne, qui siège à Vannes, est qualifié de « Grands Jours ». Y a-t-il là une volonté délibérée de rabaisser le statut de cette institution par rapport au Parlement de Paris ? Ce n'est pas certain, car la formule utilisée par l'ordonnance du 7 juillet 1492, parlant « des Grands Jours, qu'on dit estre Parlement en nostre pays et duché de Bretaigne », ne fait que reprendre celle que François II avait lui-même utilisée en 1477 : les « Grands Jours que l'on dit le Parlement de Bretagne ». Mais les conseillers s'offusquent de ce terme, et le mot de « parlement » est conservé dans tous ses actes.

Ce qui est certain, par contre, c'est que Charles VIII cherche à noyauter cette institution avec des conseillers français. Laissant en place les huit conseillers clercs et les douze conseillers laïcs, il renouvelle les membres des commissions, en y introduisant des membres du Parlement de Paris. Pour doubler le président Roland du Breil, il en nomme un second, Jean de Granay, déjà président au Parlement de Paris. Jusqu'en 1495, les présidents sont nommés pour chaque session et n'ont pas d'office en titre.

Dans l'ordonnance du 7 juillet, le roi promet de réunir régulièrement le parlement de Bretagne. La promesse est tenue, mais les sessions, qui ne durent que quatre à six semaines, sont insuffisantes pour régler toutes les affaires. D'où des mécontentements et des frictions avec le conseil, qui évoque fréquemment les procès devant lui. La première session se tient du premier jeudi de carême au samedi de Pâques 1493. Les conseillers décident d'envoyer des « grands et notables personnages » au roi pour exposer les abus commis dans l'exercice de la justice. Charles VIII nomme alors une commission, dirigée par Jean de Ganay et le maréchal de Gié, et interdit aux « personnages de robe courte, ni clercs, ni lettrés, ni expérimentez en fait de justice » l'accès aux offices de justice. La décision vise probablement Jean Scliczon, officier de robe courte, qu'Anne avait nommé président de Bretagne.

L'ingérence française dans la justice bretonne a certains aspects positifs, surtout en ce qui concerne les délais, extraordinairement longs, de la procédure. Un document de 1510 exprime la surprise des magistrats français devant « la longueur et prolixité des querelles et procès... par les dissimulations, subtilités et cavillations des parties et des avocats, tellement que lesd. procès sont de grande et ennuyeuse longueur et demeurent indéfinis et comme immortels au grant deshonneur et scandale de justice, foule, oppression et dommaige de nosd. subgetz ». Dès 1494, des mesures sont prises pour accélérer la procédure. Ainsi, les avocats n'ont plus que trois jours pour corriger leur « pledoyé et addit », c'est-à-dire le procès verbal des plaidoieries, que l'on faisait traîner pendant des mois à coups de renvois, de contestations et de corrections. Pour les litiges ne dépassant pas dix livres, on introduit la procédure sommaire, on réduit le recours aux garants, eux aussi source de retards.

En septembre-octobre 1495, lors de la troisième session du parlement de Bretagne, celui-ci, dans une sentence du 24 octobre, s'élève contre une nouvelle ingérence de la justice française : des officiers comptables, qui avaient été condamnés par la cour des Comptes, puis en appel par le parlement, avaient fait appel devant le Parlement de Paris. Le procureur général proteste « que jamais de la cour de parlement [de Bretagne] n'estoit ressorti par appel ne autrement à la cour de parlement de Paris, quelque obéissance que depuis aucun temps l'on y ait accoustumé faire par appel dudit parlement de Bretagne en matière de commune justice, singulièrement de trois cas, sçavoir : de sentence donnée par ladite chambre des Comptes entre le prince et ses sujets... ; des cas et matières de crimes... ; et aussi des possessions et bénéfices de Bretagne ». Après enquête, cette protestation s'avère justifiée, et une ordonnance, datée de Lyon le 27 novembre, décide que désormais la tradition sera respectée, que les sessions auront lieu, chaque année, du 1er septembre au 8 octobre, sans qu'il y ait besoin d'obtenir des lettres royales, que le personnel sera maintenu en fonction jusqu'à nouvel ordre, et non plus nommé pour une seule session, que l'on veillera à réduire les frais et les délais.

Cette ordonnance a été mise au point par un conseil royal dans lequel ne siégeait aucun Breton. Il y avait là Guillaume Briçonnet, évêque de Saint-Malo mais qui n'a rien à voir avec la Bretagne, l'amiral de Graville, le maréchal de Baudricourt, Thibaud Baillet, président au Parlement de Paris, qui sera choisi comme arbitre entre Anne et le vicomte de Rohan, Charles Guillart, conseiller aux parlements de Paris et de Bretagne. À aucun moment Anne n'intervient dans ces affaires. Le 30 mai 1496, c'est encore un mandement de Charles VIII qui décide que les sentences de la chambre des Comptes concernant le Domaine devront être jugées en dernier ressort par le parlement de Bretagne. En 1510, une ordonnance royale abrège la durée des enquêtes et facilite la prestation des serments.

L'intégration du duché dans le royaume

Visiblement, le roi tient à garder la haute main sur toutes les affaires bretonnes et se méfie un peu des réactions de cette nouvelle province. C'est une des raisons pour lesquelles il décide de se rendre à Nantes en décembre 1493 avant de quitter le royaume pour l'Italie. Il veut s'assurer lui-même de la fidélité des Bretons, et il écrit à l'ambassadeur milanais Carlo di Belgiojoso, qui tente de l'en dissuader afin de gagner du temps : « Je dois y aller pour donner ordre à la justice du pays et recevoir l'hommage de mes sujets ; mais je m'en retournerai avec une extrême rapidité, sans perdre de temps, car je veux pourvoir sans interruption aux affaires de ce voyage. Je ne regarderai plus en arrière ensuite. Et ceci parce que, avant tout, j'ai décidé de ne pas revenir en ce pays sans avoir été contre les Infidèles ; et il est possible que je ne revienne pas de cette expédition. Il m'est donc nécessaire de mettre en ordre mes affaires en ce pays ; ce qui ne se pourrait bien faire sans ma personne. » Lors de ce bref séjour, Charles VIII rétablit l'université de Nantes, il transfère dans cette ville la foire franche de Lyon et permet aux Espagnols « d'y tenir bourse », afin de reconstituer la colonie ibérique si favorable à la prospérité du port.

Mais Anne ne l'accompagne pas, ce qui montre à quel point le gouvernement de la Bretagne lui échappe. D'ailleurs, les actes de la chancellerie ne mentionnent plus son titre ducal, et nomment simplement « la très noble princesse, Madame Anne, fille et héritière seule et unique de feu, de très noble mémoire, Franczois duc de Bretaigne ». L'ex-duchesse doit même accepter de voir l'une des principales villes du duché, Saint-Malo, réunie au Domaine royal, par ordonnance du 13 octobre 1493. Ce transfert est effectué à la demande des Malouins eux-mêmes, qui obtiennent d'être exemptés des juridictions du duché et rattachés au Parlement de Paris. Le document royal rappelle que la ville avait été incorporée au Domaine royal par une donation de Clément VII, et que c'est à tort que les ducs s'étaient « par plusieurs fois parforcés de les faire [les Malouins] contribuer à aucuns impôts et aydes ».

D'une façon générale, le roi réduit les privilèges des villes bretonnes : en 1498, il retire à Nantes le bénéfice du droit de billot. Les taxes qu'il lève sur les municipalités exaspèrent les bourgeois : en 1495, la ville de Nantes boude la victoire de Fornoue en refusant d'organiser les habituelles réjouissances. Pourtant, les institutions urbaines semblent profiter du nouveau contexte. Pendant la guerre, les assemblées municipales se sont réunies plus souvent ; le duc, puis la duchesse, de même que les grands barons, qui ont besoin de la coopération urbaine, se montrent déférents envers « Messieurs les bourgeois et habitants », ou, comme ils les appellent encore, « nos bien amés et féaulx les bourgeois » ; une active correspondance est échangée entre les autorités ducales et les conseils municipaux.

Les habitudes prises sont conservées par le nouveau maître, qui confirme les constitutions municipales, les taxes, les privilèges. Les institutions se rodent ; les procès-verbaux des réunions sont maintenant réguliers et détaillés. Les registres conservés commencent souvent sous la monarchie : celui de Tréguier en 1505, celui de Rennes en 1512. Les séances des conseils, au nombre d'une ou deux par mois en moyenne, sont encore irrégulières, au rythme des affaires à traiter. Les plus importants bourgeois ont tendance à monopoliser la parole : à Rennes, les plus assidus sont Vincent Le Vallays et Pierre Champion, présents à 22 réunions sur 32 de décembre 1512 à décembre 1516. Les sujets de discussion concernent essentiellement les travaux de défense, d'urbanisme, l'organisation des fêtes, les demandes d'exemption fiscale, bref tout ce qui concerne la marche normale de villes dotées d'une administration régulière. Le lieutenant général du roi, le prince d'Orange, entretient de bonnes relations avec les communautés.

La tutelle royale se révèle le plus souvent bénéfique pour les villes, avec la remise des arriérés d'impôts dus à l'État en 1491, la baisse de la pression fiscale, même si parfois un effort exceptionnel est exigé, comme la levée de 14 418 livres à Morlaix pour la construction de navires de guerre en 1495. La remise en ordre monétaire permet d'améliorer les finances urbaines. L'écu de Bretagne, monté à 105 sous en 1489, redescend à 29 sous 2 deniers en 1492, et à 28 sous 4 deniers en 1497. Il y a bien un moment de flottement lorsque le roi tente d'imposer le système français de la monnaie tournois, mais devant les plaintes il y renonce dès le 11 mai 1492. Les budgets municipaux, très déséquilibrés pendant la guerre, ne tardent pas à se redresser : à Rennes, où les recettes étaient de 12 391 livres et les dépenses de 12 993 livres en 1491-1492, les chiffres tombent respectivement à 3 762 livres et 2 268 livres en 1494-1495. Les salaires reviennent à un niveau normal, passant pour un maçon de Nantes de 12 sous 6 deniers à 3 sous. La création de foires franches, comme celles de Fougères et de Nantes, stimule le commerce.

La remise en ordre de la gestion du Domaine a aussi des effets très positifs, et là encore il faut une intervention directe et autoritaire du pouvoir royal français. Charles VIII envoie une commission d'enquête de six membres, dirigée par Olivier Le Roux, qui épluche les comptes de la période précédente, accorde des allègements fiscaux, rectifie les erreurs et malversations, réduit les dépenses et corrige certaines amputations.

Le roi apporte aussi des modifications dans le domaine fiscal. Dès le 6 mai 1491, il donne l'ordre à Jean-François de Cardonne, général des finances, de remettre tous les arriérés de fouage. Habile opération politique, bien entendu, destinée, dit un document, à « mieulx amener les paouvres à luy donner leur amour et prière », et même si la portée de cette mesure est réduite en 1493 aux arriérés des deux derniers fouages, il est certain qu'elle permet à Charles VIII de devenir populaire en Bretagne. D'ailleurs, la pression fiscale reste modérée par rapport à la période précédente jusqu'à la fin du règne : les taux de fouage oscillent de 6 livres 6 sous à 5 livres 5 sous, environ 70 % de leur niveau des années 1487-1491. Cette modération se poursuivra sous le règne de Louis XII, le taux descendant parfois à 4 livres, avec dégrèvement de 2 000 feux. Les Bretons peuvent se féliciter de l'union avec le royaume.

Conformément à la promesse faite en 1491 de ne « lever doresnavant aucune fouage, aides ou subsides sur les subjets dudit pays et duché de Bretaigne, sinon ainsi et par la forme et manière que les ducs de Bretaigne ont accoustumé de faire le temps passé », les modalités de la répartition et de la perception des impôts ne changent pas. L'aide des villes subit aussi une baisse sensible, n'atteignant plus que 3 800 livres en moyenne à la fin du siècle, ce qui permet aux municipalités de reprendre des travaux. À Nantes, on reconstruit et on agrandit la maison de la prévôté, on achète un terrain pour y construire un nouvel hôpital, qui sort de terre en 1503. Il est malheureusement très insalubre et tout de suite trop petit.

La reprise des activités

Un peu partout, les travaux civils, religieux et militaires, interrompus pendant la guerre, reprennent. À Nantes toujours, Jehan Mestre et Jacques Drouet dirigent l'achèvement de la cathédrale ; à Dinan, on rebâtit l'église Saint-Malo, dont le chœur est achevé en 1509, la même année que le bas-côté de l'église Saint-Sauveur, tandis que des églises et chapelles sont édifiées ou réparées à Saint-Brieuc, Morlaix, Vitré. Des palais épiscopaux sont agrandis ou renouvelés suivant les goûts nouveaux à Quimper, Vannes, Dol. Des seigneurs obtiennent du roi l'autorisation de reconstruire, réparer, agrandir leurs châteaux, ou même d'en créer de nouveaux. Les constructions du vicomte de Rohan, réconcilié avec la monarchie, sont les plus spectaculaires. À Pontivy, il fait élever une massive forteresse, adaptée aux besoins de l'artillerie, et dont les travaux sont dirigés en 1505 par un certain Jehan Le Roux.

En même temps, à Josselin, le vicomte Jean II fait réaliser, entre 1490 et 1505, un somptueux corps de logis qui est certainement l'un des plus remarquables chefs-d'œuvre du gothique flamboyant, dépassant en somptuosité décorative tous les châteaux ducaux. Sur les travaux, on ne dispose que de peu de documents : quatre lettres et six quittances, échelonnées de 1503 à 1506. Dans les motifs décoratifs, on remarque d'étranges combinaisons qui sont comme une provocation permanente inscrite dans le granite, à moins qu'elles ne reflètent l'ambiguïté foncière de ce grand féodal : le A de la duchesse, avec les hermines et la cordelière, voisine avec le lys de France et le A PLUS de la fière devise des Rohan, dont on connaît l'autre version : « Roi ne puis, prince ne daigne, Rohan suis ». De son côté, Guy de Laval agrandit son château de Vitré, tandis que des travaux importants sont aussi effectués à Rieux, Rochefort, Châteaubriant.

À Saint-Malo, on achève le château par la construction de la massive tour dite « Qui qu'en groigne », dans un climat troublé par les querelles et le procès entre les bourgeois et le chapitre, coseigneur de la ville avec l'évêque. Les premiers accusent le second d'augmenter indûment les taxes et de dilapider les « deniers communs » ; les chanoines se défendent en rappelant leurs droits, et les deux parties en appellent à l'arbitrage d'Anne, qui demande aux uns et aux autres plus de « conscience et raison ». C'est probablement à l'adresse des autorités ecclésiastiques et des bourgeois qu'Anne fait placer l'inscription « Qui qu'en groigne sera, tel est mon plaisir » sur la nouvelle tour du château. Mais cet acte d'autorité date du second règne d'Anne, après son remariage avec Louis XII, période pendant laquelle elle recouvre davantage d'indépendance.

Car d'indépendance il n'est pas question sous Charles VIII. La Bretagne est sous l'autorité du lieutenant général, Jean de Chalon, auquel succédera Jean de Rieux en 1502. Les finances sont dirigées par un général des finances, installé à Nantes, et qui est à partir de 1491 Jean-François de Cardonne. C'est aussi à Nantes que Charles VIII décide d'installer la chambre des Comptes, qui siégeait traditionnellement jusque-là à Vannes. Ce transfert est l'une des manifestations les plus flagrantes de la méfiance de la monarchie à l'égard de la Bretagne et de la volonté royale de surveiller étroitement tout ce qui s'y passe. Les archives de la chambre des Comptes sont essentielles pour prendre en main l'administration du duché, et pour cette raison le roi estime qu'il vaut mieux les mettre en sûreté dans une ville proche de la frontière et largement conquise aux intérêts français. Le 7 mai 1492, Oliver Le Roux, conseiller et maître des Comptes de Charles VIII, arrive à Vannes à la tête de la commission chargée de réformer les finances. Il se fait ouvrir les archives de la chambre des Comptes, et décide le transfert à Nantes, sous prétexte de sécurité, la ville de Vannes étant « fort foible de murailles, portaulx et fossés, à l'occasion des batteries et démolicions qui y ont esté faictes durant les sièges, tant d'un party que d'aultres, et que s'il venoit quelque descente d'ennemys – que Dieu ne veuille ! – ils y pourroient faire quelque effort grandement préjudiciable par feu, transport ou autrement ». Les archives, poursuit Le Roux dans sa lettre au roi, seront mieux, « pour plus grande seureté, en vostre ville de nantes et iceulx mettre en vostre chastel illecques, où il y a lieu propre de toute ancienneté, nommé le Trésor des Chartes, qui est bon et seur ».

Comme l'a prouvé Jean Kerhervé, à qui nous empruntons ces citations, le transfert a bien été effectué, dès 1493, et la chambre des Comptes travaille d'abord au couvent des Cordeliers, puis à l'hôtel de Montfort à Nantes. Elle reviendra un moment à Vannes à la mort de Charles VIII, ce qui montre bien que le déménagement avait été ressenti comme une perte d'autonomie, mais Louis XII la rappellera à Nantes en décembre 1500. Les officiers seront réticents à obtempérer, puisqu'il faudra renouveler l'ordre en février 1501.

Le transfert, l'examen par des autorités impartiales, mais surtout le retour de la paix permettent de restaurer un peu d'ordre dans les comptes et dans le fonctionnement de la chambre, perturbé pendant la période précédente : listes de receveurs interrompues, impossibilité de faire rentrer les taxes, « à l'occasion des guerres et divisions » ; les sergents ne pouvaient « s'avancer à iceulx lever pour ce que n'y a poiement que en halebardes » ; usurpations de terres domaniales, destruction et disparition de documents, effondrement du montant des fermes, destruction des bois et forêts, « pillez et robez par les gens d'armes tant par les Franczois, Angloys, Bretons et Alemantz ». La remise en ordre des comptes sous Charles VIII ne met évidemment pas fin à tous les abus, mais elle freine la dégradation des revenus du Domaine, qui, en tout état de cause, ne représentent même plus 4 % du revenu total du duché.

L'assimilation financière et monétaire

Anne a donc perdu tout droit de regard sur l'administration du duché. De même, elle n'a plus aucun contrôle sur l'utilisation des fonds qui en proviennent. Le seul compte général des recettes et dépenses de Bretagne qui subsiste pour le règne de Charles VIII, celui des années 1495-1496, montre que le roi se sert largement de l'argent breton pour des dépenses n'ayant rien à voir avec la Bretagne, puisqu'on y trouve par exemple 15 000 livres attribuées à messire Jean du Bois de Fontaines, « à présent commis à tenir le compte et faire le payement des deniers ordonnez pour les menuz plaisirs et autres secretz affaires du Roy nostredit Seigneur ».

Charles VIII puise également dans le produit des taxes sur le duché pour verser des « pensions, gaiges et entretenemens » à des personnages divers : 18 000 livres au sire d'Albret, 4 000 à son fils naturel, le comte d'Avesnes, 20 000 à monseigneur de Bresse, 10 000 à monseigneur de Laval, 20 000 à monseigneur de Rohan, 20 000 au maréchal de Rieux, 5 200 à Louis de Rohan, 5 000 au vidame de Chartres, 2 400 à l'amiral de Graville, 2 000 à Françoise de Dinan, 6 000 à messire Jehan Françoys, « maistre dostel du roy, en le temps de son jeune aage », 100 à Michelle Allaire, nourrice du roi, 50 à sa sœur naturelle Catherine de France, sans compter les 4 092 livres versées à l'orfèvre Jehan Gallant, qui a fourni des pièces d'orfèvrerie pour le château d'Amboise.

Ainsi, l'argent des contribuables bretons est-il en partie utilisé pour arrondir les fins de mois des amis du roi, grands nobles qui ont déjà extorqué des sommes considérables à ces mêmes contribuables pendant la guerre. Parmi eux, bien des personnages sont des ennemis personnels ou politiques d'Anne. 10 160 livres sont aussi consacrées au paiement des 40 lances de cette dernière, des 200 archers de la garde, dirigés par Monsieur de Crussol, des 100 albalétriers de Monsieur de Myolaus, et des 100 autres du vidame de Chartres.

Ajoutons que les Bretons paient aussi pour les aumônes et bonnes œuvres de la duchesse : on a alourdi le fouage de 10 sols par feu pour financer les fondations pieuses d'Anne de Bretagne, qui dans ces conditions peut se montrer généreuse et entretenir sa réputation de « bonne duchesse ». Pour cet exercice, portant sur deux ans, les recettes ont été de 661 620 livres bretonnes, et les dépenses de 671 420 livres (827 030 et 839 335 en monnaie tournois). En 1500-1501, les recettes tombent à 702 888 livres tournois, avec un fouage à 4 livres par feu qui en fournit presque la moitié : 348 354 livres, le complément provenant des droits sur les boissons (168 084 livres), les ports et havres (56 000 livres), la prévôté de Nantes (49 600 livres), les brefs de mer (11 200 livres), l'aide des villes (7 600 livres), les sécheries de Cornouaille (4 000 livres), la traite des bêtes vives (2 400 livres), le sceau de la chancellerie (1 600 livres).

Dans le domaine monétaire, Charles VIII tente, dès 1491, de substituer le système tournois au système breton. Mais la résistance est vive. Les monétaires eux-mêmes refusent d'être payés de leurs « ouvraige, brassaige et déchié à monnoye tournois, qu'estoit faire oultre la forme ancienne et accoustumée ». Le roi cède dès le 11 mai 1492, et le système breton subsistera jusqu'à la fin du XVIe siècle. Dans la pratique, la monnaie bretonne s'aligne sur la monnaie française. Toutes les pièces d'or émises en Bretagne à partir de 1492, comme les écus cantonnés d'hermine, ont la valeur et les caractéristiques de l'écu soleil français. Pour les monnaies d'argent, la différence est minime, et la monnaie bretonne cesse d'avoir une vie particulière. Elle suit les fluctuations de la monnaie royale. Tous ceux qui brassent des sommes importantes comptent en tournois, comme Jean de Gennes dans sa comptabilité privée, ou comme les miseurs nantais dans la présentation de leur bilan. C'est en vain que les états de 1503 « remontrent que de tout temps ès temps passez y a eu oudit pays ung seul cours de monnoie comme principaulté séparée ; touteffoiz puix les derrenières guerres en aucuns lieux a cessé les cours de ladite monnoie et use-t-on de monnoie tournoys, que seroit par longueur de temps faire séparacion des parties dudit pays ».

Les états de Bretagne restent sans doute l'institution la plus marquante de l'identité bretonne. Mais là encore, le lien avec Anne a été rompu. C'est le roi qui les convoque, et ceci dès avant le mariage, puisque les premières lettres patentes de Charles VIII à cet effet sont datées du 27 octobre 1491 à Laval. Cette année-là, les états se réunissent le 8 novembre à Vannes. Le rythme annuel des réunions est ensuite maintenu, puisque les états votent les fouages. En 1492, par lettres du 10 octobre aux Montils-les-Tours, le roi les convoque pour le 8 novembre à Nantes. Ceux de 1493 se réunissent le 8 octobre à Vannes ; ceux de 1494 et 1495 en octobre, respectivement à Dinan et Redon ; ceux de 1496 et 1497 en novembre, à Rennes et Vannes. Anne s'y fait représenter, mais ce sont les gens du roi qui sont les interlocuteurs des députés ; ceux-ci ne manifestent d'ailleurs aucune réticence, sauf en 1493, à propos de quelques abus de l'administration.

Les chimères du roi : Italie et croisade

Anne est donc écartée de l'administration du duché. Pendant ces six années, elle séjourne à Amboise, Tours, Lyon, Moulins, Grenoble. Sa place dans la politique française est évidemment encore plus mince. Réduite à un rôle domestique, la seule autorité qui lui soit laissée s'exerce sur les quelques dizaines de femmes de sa suite. Pour le reste, ce ne sont qu'échecs et malheurs privés, avec la mort de ses enfants et les débauches répétées de son mari.

L'inconscience de ce dernier est responsable de la naissance prématurée et du décès de leur second fils, en juillet 1493. Au cours de cet été très chaud, Anne reste d'abord à Paris, pendant que le roi, en juin, va faire un pèlerinage à Notre-Dame de Boulogne et visite le Ponthieu. À son retour, il emmène la reine, enceinte de cinq mois, à la chasse en forêt de Courcelles. C'est évidemment l'accident, qui affaiblit durablement la santé d'Anne.

À l'automne, la décision d'aller faire la guerre en Italie est prise. Anne n'a pas son mot à dire et devra se contenter de suivre de loin, par courriers interposés, les vains exploits de son mari. Rappelons-en brièvement les motifs, afin de mieux situer la position de la reine dans cette affaire. Depuis 1458 règne sur le royaume de Naples le roi Ferrante, fils bâtard d'Alphonse d'Aragon. Impitoyable, il dirige d'une main de fer le sud de la Péninsule et la Sicile, écrasant les tentatives de révolte de la noblesse, dont quelques représentants s'exilent à la cour de France et pressent Charles VIII d'intervenir, en lui rappelant ses droits à la couronne de Naples : la Maison d'Anjou avait autrefois régné sur cette région, et on pouvait prétendre que les droits de René d'Anjou, hérités par son neveu le comte de Maine, étaient passés à Louis XI et ensuite à son fils. Le pape Sixte IV, en très mauvais termes avec Ferrante, tient le même raisonnement, qui est aussi appuyé par la république de Venise, à la recherche d'un puissant allié dans ses démêlés avec ses voisins italiens.

Au mirage napolitain s'ajoute le mirage milanais. Là règne Ludovic Sforza, qui a pris le pouvoir en 1479 et dirige le duché au nom de son neveu Gian Galeazzo, époux de la petite-fille de Ferrante de Naples, Isabelle, qu'il retient prisonnier. Or, la famille Sforza avait en 1450 évincé du pouvoir la famille ducale légitime, celle des Visconti, et au début du siècle Valentine Visconti avait été l'épouse du duc Louis d'Orléans. Le contrat de mariage faisait de ses enfants les héritiers de Milan, et donc l'actuel duc d'Orléans se trouvait en position de réclamer son héritage. Héritage considérable, comprenant toute la Lombardie et la république de Gênes, et censé rapporter 700 000 ducats par an, autant que le royaume de Naples. Là encore, Venise, rivale de Milan, presse la cour de France d'intervenir. Il y a toutefois un problème : Ludovic Sforza, qui devait céder la place à Louis d'Orléans, est allié de Charles VIII, qui a besoin de l'aide génoise contre Naples. Il faudra donc choisir l'objectif : Naples ou Milan, et comme c'est Charles qui est roi, ce sera Naples.

D'autant plus qu'un autre puissant motif intervient : la reprise de l'idée de croisade. En 1480, les Turcs s'étaient emparé d'Otrante. La marée musulmane avançait. Le pape était inquiet : les Infidèles avaient pris pied en Italie. Depuis plusieurs années, il presse le roi de France de mettre fin à ses querelles avec ses voisins pour reprendre le flambeau de la croisade. En 1488, le légat d'Innocent VIII, Chieregato, avait plaidé la cause de la guerre sainte, que le roi, tout à ses chimères de gloire, était d'autant plus disposé à écouter que son oracle, François de Paule, travaillait dans le même sens. L'ermite calabrais était en contact avec les exilés napolitains : conquérir Naples et continuer vers Jérusalem, tel était le plan grandiose qu'il suggérait à Charles VIII.

Anne et la guerre d'Italie

Longtemps retardé par les affaires bretonnes, le projet mûrit peu à peu, entretenu par les Italiens de la cour. En juin 1493, Charles VIII désigne les membres de la commission d'Italie, chargée de préparer l'expédition. On y trouve le prince de Salerne, Philippe de Commynes, le maréchal d'Esquerdes, Jean de Baudricourt, Étienne de Vesc, Guillaume Briçonnet. Ce dernier occupe un poste clé, puisqu'il est responsable des finances, domaine dans lequel le roi reconnaît sa propre incompétence. Ayant su se rendre indispensable, récompensé par l'évêché de Saint-Malo, bientôt cardinal, il est le premier de ces grands cardinaux ministres qui, de Wolsey à Mazarin, en passant par le cardinal d'Amboise et Richelieu, vont jouer un rôle fondamental dans l'essor de l'absolutisme. D'humble origine, ambitieux, avide d'honneurs et d'argent, il pratique un népotisme éhonté, qui lui permet de contrôler les places essentielles : son beau-frère, Jacques de Beaune, sire de Semblançay, est trésorier de la reine, et bientôt général des finances ; son frère, Robert, est archevêque de Reims et deviendra en 1495 chancelier. Comme l'a bien vu Guichardin, le roi est à la merci de son puissant ministre, qui peut favoriser ou ruiner l'expédition en accélérant ou en retardant les envois de fonds :

« La volonté du roi, bien qu'elle fût en vérité très ardente, ne suffisait pas à mettre à exécution ce qu'il avait décidé alors que, surtout, son propre honneur et les périls du royaume de Naples réclamaient une très prompte réalisation. Car le cardinal de Saint-Malo, qui avait en mains, outre le maniement des finances, tout le gouvernement des affaires, bien qu'il ne contredît pas ouvertement, mettait tant de délai à toutes les expéditions par ses retards dans les paiements nécessaires qu'aucune provision n'était menée à conclusion. Il était amené à cela, ou parce qu'il lui semblait que le meilleur moyen pour se maintenir en sa grandeur – en ne faisant aucune dépense qui ne se rapportât pas à l'"ordinaire" ou aux plaisirs du roi – était de n'avoir pas de motif de présenter chaque jour des difficultés matérielles et des besoins d'argent, ou bien parce que – comme beaucoup le pressentaient –, corrompu par des cadeaux et des espérances, il eut de secrètes intelligences, soit avec le pape, soit avec le duc de Milan.

« Ni les encouragements, ni les ordres du roi, où ne manquaient parfois ni l'indignation, ni les paroles accusatrices, n'y portaient remède, parce que, connaissant la nature du souverain, le cardinal le satisfaisait par des promesses, contraires au but. »

Anne est en contact permanent avec Briçonnet. Pendant toute l'expédition d'Italie, c'est lui qui la tient au courant par de fréquentes lettres. Le contenu de ces missives est révélateur de l'insignifiance de la reine dans les affaires de la grande politique. De quoi lui parle Briçonnet ? De la santé du roi, qui a une insolation en mars 1495 ; de ses loisirs, du moins de ses loisirs décents, comme la visite touristique qu'il effectue à Rome du 12 au 15 janvier 1495 : « Le roy est allé aujourd'huy par la ville, où il n'avoit point encore esté, où il y a eu une merveilleuse presse de Rommains à le veoir : il est aymé et volontiers veu, plus en partie que celluy qui en est seigneur. » Il lui parle de l'indiscipline qui règne dans l'armée : « Si justice régnait mieux qu'elle ne fait, on serait bienvenu partout et adoré ; mais les pilleries et rançonneries qu'on fait, dont pugnicion ou réparation n'est point faicte, donnent un mauvais bruyt, et ceulx qui le font sont soutenus ; quoy que ce soit, chacun n'y fait pas ce qu'il doit. »

Briçonnet entretient aussi la reine des pieuses dispositions du roi, qui voudrait réformer l'Église : « Le roy désire bien la réformacion, mais ne veult point entreprendre de sa depposicion, quelque mal qu'il lui fasse. » Il lui fait part de quelques péripéties, comme des discussions entre le pape et le roi sur le sort de Djem, frère du sultan Bayezid II, que Charles VIII veut emmener en otage dans l'expédition de Naples. Mais les nouvelles que l'on veut bien communiquer à Anne s'en tiennent à l'aspect anecdotique des choses.

Pieuse et dévouée au pape, Anne ne peut qu'être favorable à l'idée de croisade, d'autant que plusieurs pseudo-prophéties, notamment celle de Guilloche de Bordeaux, présentaient le roi comme le futur restaurateur de la grandeur chrétienne : un certain roi Charles, disait le texte inspiré, couronné à quatorze ans, détruirait Florence, restaurerait la pureté dans le clergé romain, battrait les Turcs en Grèce, reprendrait Jérusalem ; il disposerait des trois couronnes de France, d'Italie et de Byzance, qu'il abandonnerait vers trente-cinq ans. Stimulé par François de Paule, poussé par les prières d'une partie du clergé, Charles VIII se persuade qu'il est l'agent d'une mission divine à accomplir. La reine semble accepter cette version et même l'encourager. Elle « a parlé de ce voyage avec des paroles beaucoup plus élégantes que ce que l'on aurait pu attendre », écrit le comte Carlo. Lorsque l'argent vient à manquer, elle participe à l'effort général en mettant ses bijoux en dépôt à la banque Sauli de Gênes, suivant les sollicitations du confesseur du roi, Jean de Rely, qui avait donné en exemple la conduite de Marc Aurèle, qui « vendit sa vaisselle d'or et d'argent, engagea les joyaulx de l'emperière sa femme et espouse et emprunta de l'argent de ses secretz et bons amis ». Il est vrai qu'Anne avait déjà expérimenté ce genre de procédé en Bretagne. Bon gré, mal gré, ministres et courtisans doivent suivre.

Anne ira même jusqu'à proposer au roi, en 1495, de le rejoindre en Italie à la tête de 10 000 hommes, des Bretons. Peut-être Charles VIII sera-t-il touché de cette bonne intention : « Vous y avez été souhaitée par le roi », lui écrit Briçonnet. Des Bretons, il y en avait dans l'expédition : le maréchal de Rieux, avec deux mille d'entre eux, était descendu en Italie, mais il reviendra dès le mois de mars 1495. Avant de quitter Naples, le roi déclarera à ceux qu'il laisse en place qu'il sera de retour dans un an avec la reine. Autant de signes de l'approbation que cette dernière donne à l'expédition, partageant les illusions de son mari.

Anne séparée de son fils

Anne a accepté d'être séparée de son fils pour accompagner le roi jusqu'à Lyon et Grenoble. C'est au cours des mois de janvier et de février qu'ont été réglés les détails de l'organisation du royaume pendant l'absence de Charles VIII. À aucun moment il n'a été question de laisser la régence à Anne de Bretagne. C'est encore vers sa sœur et son beau-frère que s'est tourné le roi : Pierre de Bourbon, avec le titre de lieutenant général du royaume, dirigera la France depuis sa capitale, Moulins. Quant au dauphin, qui à cette époque est âgé d'un an et demi, on l'installera à Amboise, près du « bonhomme » François de Paule et sous la garde de ses gouverneurs, les sires de Boisy et de La Celle-Guénant, ainsi que de sa gouvernante, Madame de Bussières. L'enfant est alors en excellente santé et grandit de façon satisfaisante, comme en témoigne Galeazzo Visconti, qui écrit le 13 décembre 1493 : « En vérité, il ne serait pas possible de faire un plus bel enfant, il est gros et très grand pour son âge ; il a de grands yeux, noirs ; il est blanc comme neige. Et il a un très beau comportement. » Plus tard, le médecin de Charles-Orland, Jean Michel, confirmera : « Il est très fort pour son âge [...], d'une excellente nature, bien fait de tous ses membres, et il se comporte admirablement lorsqu'on le montre en public. »

Le roi est très fier de son fils, « Monsieur l'Escuier », comme il l'appelle familièrement. Lorsqu'en janvier 1494 il a un petit ennui de santé, il fait dire des prières et célébrer des messes dans les églises de Tours et dans un sanctuaire de Bourbon-l'Archambault. Charles-Orland est pour le moment l'unique héritier de la couronne. La vie du dauphin est donc précieuse, ce qui explique les consignes méticuleuses données par Charles VIII et Anne de Bretagne dans un document daté du 27 août 1494 à Grenoble, deux jours avant que le roi passe en Italie.

Avec un luxe de détails étonnant, les souverains organisent un véritable cordon sanitaire et de sécurité autour de leur fils. Cent archers écossais seront stationnés aux portes du château d'Amboise et aux quatre portes principales de la ville, les autres devant être murées. Des soldats patrouilleront dans la forêt de Varennes, où la chasse sera interdite. Toute la région d'Amboise sera bouclée et les voyageurs détournés. Si un étranger se présente, son hôte devra en avertir les chambellans du château, c'est-à-dire Guy Pot, le sire du Bouchage, Jean Guérin, le sire de Boisy, le seigneur de La Celle-Guénant, qui de plus devront garder à tour de rôle la porte du donjon. Pour les promenades, le dauphin doit être accompagné d'un grand nombre d'archers avec armes défensives et offensives. Si un personnage important arrive au château, il devra attendre à la porte, jusqu'à ce qu'un chambellan vienne parlementer avec lui. Quand François de Paule viendra visiter Charles-Orland, il ne devra être accompagné que d'un seul religieux, français, et qui n'ait aucune relation avec les affaires napolitaines. Si des renforts sont nécessaires, il faut faire appel aux francs archers et nobles du Berry et de Touraine, qui ont l'ordre de se tenir prêts. On surveillera les environs pour voir « s'il est quelque nouvelle d'une assemblée de gens préjudiciable au roi ». En cas d'épidémie, « on ne laissera entrer personne dedans ladite ville, ains on les fera passer par-dehors et ne souffrera-t-on qu'ilz soient logez esdits faubourgs s'ils viennent de quelque lieu suspect ». Ainsi s'expriment les *Instructions de l'ordre qui est à donner et à faire à Amboise pour la garde et sûreté de Monseigneur le Dauphin.* Au cas où il faudrait transférer Charles-Orland hors d'Amboise, on choisira l'un des plus sûrs châteaux de Touraine. Enfin, les gouverneurs devront donner des nouvelles au moins tous les quinze jours.

Le roi se tient régulièrement au courant de la santé de son fils. Dès le 13 février 1494, alors qu'il vient à peine de le quitter, il écrit à Madame l'Amirale, lui demandant d'aller souvent le voir. À Naples, il attend les nouvelles de la poste spéciale d'Amboise, et lorsque le dauphin est malade, il se montre soucieux. Anne, la très jeune mère, est plus anxieuse encore, comme en témoignent les lettres qu'elle écrit de Moulins pour se tenir au courant des progrès de son enfant, qu'elle ne verra pas pendant plus de seize mois. Même dans une famille royale, une aussi longue séparation – le père en Italie, la mère à Moulins, l'enfant à Amboise – est exceptionnelle. Ces circonstances ne peuvent que contribuer à accentuer le caractère mélancolique et aigre de la reine Anne.

Humiliations lyonnaises

D'autant plus que la reine est confrontée à bien des déboires et humiliations pendant cette période. En février 1494, c'est le voyage vers Lyon, où Charles VIII entend mettre la dernière main à ses préparatifs. Anne l'accompagne. Elle est enceinte et descend lentement vers le Rhône, tantôt en litière, tantôt par la voie d'eau. Le roi la précède dans la capitale rhodanienne, où il fait son entrée le 6 mars. Le 15, c'est l'entrée solennelle de la reine, au milieu des fêtes et cérémonies habituelles. Anne, en robe de drap d'or garnie d'hermines, avec boutons de diamants, cape bretonne en soie et or parsemée de pierreries, manteau de velours rouge, est sur un chariot couvert de velours cramoisi, orné de la lettre A cousue en fils d'or. Elle est précédée de six pages et suivie de ses dames sur un autre chariot. Sa mule, vêtue comme un pape, avec drap d'or et de soie blanche, est derrière, de même que sa litière. On donne un simulacre de combat naval sur la Saône, on représente des jeux et des mystères. Une médaille a été frappée pour l'occasion, par Niccolo Fiorentino, représentant le roi à l'avers, et la reine au revers.

Lyon est à cette époque en plein essor, grâce à son artisanat et surtout à ses foires, qui ont largement profité du déclin de la Champagne. La proximité de l'Italie lui confère un intérêt géographique essentiel : pendant plusieurs mois et à plusieurs reprises, elle va devenir la capitale du royaume, la résidence de la cour, vers où convergent ambassadeurs, solliciteurs, représentants, gens d'Église. C'est là que Charles VIII a donné rendez-vous, pour le 17 mars, aux grands seigneurs et bourgeois des bonnes villes pour leur exposer ses projets et ses besoins financiers. La présence de tous ces riches personnages est une aubaine pour cette cité dont l'Italien Antonio de Beatis écrira en 1517 : « Je la considère comme la plus belle ville de France. »

Dès le 18 mars, le roi, ayant appris la mort de Ferrante de Naples et refusant de reconnaître son fils Alphonse de Calabre, s'intitule « roi de Sicile et de Jérusalem ». Il affiche sa piété, fait élever et reconnaître les restes de saint Bonaventure, dans l'église des Cordeliers. Anne offre des tissus de soie et de drap d'or pour les envelopper. Puis le souverain fait annoncer au pape qu'il arrive, qu'il va chasser les Turcs : « Dieu seul pourrait m'en détourner », assure-t-il.

En fait, il pense d'abord à s'amuser. Pendant cinq mois, il va de débauche en débauche, et le séjour lyonnais devient vite un humiliant cauchemar pour Anne, qui vient d'accoucher d'une fille mort-née. Délaissée – pas complètement, puisqu'elle devient à nouveau enceinte pendant cette période –, la reine ne cesse de pleurer tandis que son mari culbute prostituées, servantes, bourgeoises et grandes dames, en compagnie du duc d'Orléans, qui est là pour préparer l'expédition navale, et de l'ambassadeur du duc de Milan, Galeazzo San Severino. Cet Italien raffiné séduit le grossier et fruste Charles VIII. Jour et nuit, ils sont inséparables, dans les jeux violents aussi bien que dans les orgies. Digne champion de la Chrétienté, grand défenseur de la réforme religieuse et de l'honneur de l'Église, héros annoncé de la grande croisade, roi de France, « Charles VIII passait ses journées à table et ses nuits en débauches, jusqu'à ce qu'il roulât par terre au petit matin, ivre mort, dans ses vomissures ou celles de ses compagnons », écrit Bernard Quilliet, biographe du compagnon de débauche de Charles, le duc d'Orléans. Le roi en vient même à résider chez une astrologue-prostituée, qui retient le superstitieux monarque par d'alléchantes prédictions. Est-elle payée par le groupe de courtisans hostiles à l'expédition italienne, pour retarder le roi le plus longtemps possible à Lyon, comme certains l'ont prétendu ? Les indices sérieux manquent pour confirmer cette hypothèse.

En tout cas, le roi n'est pas le seul à s'amuser, comme le rapporte de façon très édulcorée le chroniqueur Guillaume de Jaligny : « Il se fit dans ce temps, à Lyon, plus fréquemment des joutes, tournois, combats à la barrière, et autres entreprises d'armes à plaisance, qu'il ne s'estoit fait longtemps au paravant. Monseigneur d'Orléans étoit des uns et des autres, et toujours des premiers entrepreneurs, comme celuy qui de tout son pouvoir désiroit donner du passe-temps au roi, autant et plus qu'aucuns qui fût en sa compagnie. Ces *behourdis* se faisoient par les rues de la ville, et il y avoit aux carrefours des perrons. Le plus souvent les grandes chevaleries se faisoient dans la rue de la Juiverie, parce que là, les chevaliers de la queste trouvoient les plus belles et bonnes aventures, selon ce qu'ils désiroient. »

Anne, jeune reine de dix-huit ans, enceinte pour la quatrième fois, fait donc à Lyon l'amère expérience de découvrir la véritable nature de son royal mari, débauché de bas étage. Elle ne se fait pas d'illusion : s'il se conduit de la sorte en sa présence, pourquoi montrerait-il plus de retenue en Italie, après l'avoir laissée ? Effectivement, derrière les communiqués relatant les épisodes heureux et malheureux de la grande politique, l'expédition d'Italie est jalonnée par les frasques du souverain, de sa suite et de ses soudards. L'armée française d'Italie, c'est le cortège de Bacchus, qui arrive précédé d'une solide réputation, et glisse vers Naples en laissant derrière lui une traînée de syphilis et d'innombrables bâtards. Le « mal italien », que les Italiens appellent le « mal français », sera, avec les tableaux des artistes du *Quattrocento*, l'un des impérissables souvenirs ramenés des guerres d'Italie par l'armée royale.

Le roi s'amuse, la reine s'ennuie

Plusieurs centaines de filles suivent la troupe, prostituées et servantes. Mais sur place, les soldats trouvent à profusion des beautés exotiques : des marranes, Juives espagnoles, des Arabes, des Noires, de brunes Italiennes, qu'ils qualifient de « gorgiasses », c'est-à-dire somptueuses. Du bas en haut de la hiérarchie, on est conquis. L'écuyer Peroton prétend que les ébats avec une Moresque sont bons pour sa sciatique, et il écrit donc qu'on demande à sa femme « qu'elle se hâte de lui envoyer une dispense, car, pour sa siatique, on luy a ordonné avoir à bessongner avecques une more. Toutefois, elle est chrétienne, et ne sera pas brulé pour avoir affaire à elle ». Plus haut dans la hiérarchie, Pierre de La Guiche écrit de Naples à

Baudricourt qu'il y a « tant de belles dames que c'est merveille, et vous adverty que l'on treuve les dames de ce pays très belles et bien guorgiasses et que s'habylle le mieu. Les dames de Fransse devroyent volloyr qu'on ne les fut jamès venus veoir, elles leur font mauvayse feuille ; mès l'on ne peut pas parler à elles bien à l'ayse qombien qu'i comansse à se mettre à fransseze ». Princes et grands nobles en ramèneront des épouses : Eleonora de Guevara pour Louis de Luxembourg ; le maréchal de Gié ramène la sœur cadette pour son fils.

Quant au roi, il collectionne les femmes. À Turin, à Asti, à Lucques, on lui offre des beautés. Dans cette dernière ville, il s'attache à une fille magnifique, de la famille de Gonzague, originaire de Guastalla. Il la fera même venir à Naples, pendant la semaine sainte, et elle fera figure de maîtresse officielle. À Rome, il rencontre un expert, le pape, Alexandre VI Borgia en personne. À Naples, il est séduit, entre autres, par les exploits acrobatiques d'une jeune amazone, Eleonora de Marzano, qui obtient de lui de nombreuses faveurs, et qu'il fera même venir à Grenoble l'année suivante.

Pendant ce temps, Anne, à Moulins, multiplie les actes de dévotion et de piété pour le succès de l'expédition. Elle est bien entendu au courant de toutes ces aventures, colportées par la rumeur, mais aucun document ne nous permet de dire ce qu'elle ressent. Les conséquences psychologiques sont probablement importantes. Nous ne pouvons qu'enregistrer ses actes, et ces derniers montrent une seule chose : Anne de Bretagne fait son métier de reine. Femme de devoir, elle accomplit la tâche que l'on attend d'elle. Que pouvait-elle faire d'autre ? Pendant les longs mois d'attente à Lyon, de mars à juillet 1494, on la voit choisir elle-même les lavandières et lingères qui s'occuperont de son mari. Elle charge l'ambassadeur milanais Belgiojoso de dire à Ludovic Sforza qu'elle compte sur le duc de Bari pour veiller à la sécurité du roi, et cela, rapporte l'ambassadeur, en termes « si élégants et si appropriés » qu'il en est admiratif.

C'est pourtant au même moment que Charles VIII continue à l'humilier par sa conduite et par ses décisions : il nomme Guy de Laval, personnage qui déplaît à Anne, gouverneur de Bretagne. Non seulement Anne ne sera pas régente, mais elle n'aura aucun pouvoir sur son duché. Elle devra résider pendant l'absence du roi chez sa belle-sœur et rivale, Anne de Bourbon, à Moulins, sans pouvoir voir son fils. Le roi, il est vrai, lui donne trois diamants, le 13 juin, qu'il reprend aussitôt pour les mettre en gage et financer l'expédition. Il lui donne aussi le domaine de Mehun-sur-Yèvre, mais cela ne fait que compenser la perte de Châtillon-sur-Indre, qu'il venait de lui reprendre. Anne subit.

En juin, Charles fait une courte apparition en Bourgogne, puis revient à Lyon. Les Italiens s'impatientent. Mais l'argent tarde : Briçonnet, soudoyé par le pape, fait traîner les choses. Enfin, tout semble prêt. Le 29 juillet, le bateau du roi et celui de la reine descendent le Rhône jusqu'à Vienne. Anne, épouse dévouée en dépit de tout, obtient le droit d'accompagner son époux jusqu'à Grenoble, où ils vont passer une semaine, du 23 au 29 août. Là, c'est la séparation : Charles part pour l'Italie, et Anne pour Moulins. Pendant la campagne, il ne lui écrira presque jamais, laissant cette tâche à Briçonnet, comme nous l'avons vu.

Pendant ses quatorze mois de confinement à Moulins, de septembre 1494 à octobre 1495, Anne de Bretagne s'occupe l'esprit à des futilités. Elle dirige les dames de sa Maison, s'occupe de chiffons, des chiens de chasse, du mariage de ses demoiselles d'honneur, comme en témoigne sa correspondance. Presque chaque jour elle envoie des messagers jusqu'à l'autre bout du royaume pour régler ses petites affaires. À l'aide des documents publiés au siècle dernier par Le Roux de Lincy, en particulier ceux des gages versés aux messagers, on peut, à titre d'exemple, énumérer les missives envoyées par Anne en octobre-novembre 1495 de Moulins. Suite monotone à travers laquelle il est possible d'imaginer les préoccupations d'une reine de dix-huit ans qui s'ennuie.

Le 1er octobre, elle envoie deux messagers : l'un à Lyon pour demander à Jacques de Beaune, qui revient d'Asti, des nouvelles du roi, et l'autre à Vannes, aux états de Bretagne,

« leur porter lettres de ladite dame pour aucun ses affaires, dont elle n'a voulu autre déclaracions estre faicte cy ». Le lendemain, deux autres messagers quittent Moulins : l'un va à Montbrison pour ramener un des chiens favoris d'Anne, appelé Grenoble, l'autre à Capdorat, près de Grenoble, pour avoir des nouvelles de la santé d'Antoine de Sanbuz. Encore deux messagers le 3 octobre : le premier vers Vannes, aux états, pour les mêmes affaires privées – on ne regarde pas à la dépense ; le second va à Saint-Pourçain pour en ramener la veuve et la fille de maître Nicolle Millet, « pour traicter du mariage de ladite fille avec messire François de La Salle, chevalier eschançon de lad. dame ». Le 13 octobre, un messager, en l'occurrence Jean Blandin, garde des lévriers, part vers Asti pour apporter au roi cinq de ces bêtes. Le 15, autre messager, qui va porter une pièce de drap d'or à la princesse d'Orange, à Nozeray, en Bourgogne. Le 16, un messager est envoyé « en dilligence à chevaulx de poste » à Verceil, en Italie, pour savoir quand le roi va revenir. Le 17, le page Louis Longueval s'en va en Touraine pour demander à Antoine et Joachim Sanbuz de venir rejoindre Anne pour qu'ils aillent ensuite à Lyon au-devant du roi. Le même jour, Anne envoie d'urgence François Quillet, « chevaucheur d'escurie », à Poissy pour une affaire d'importance : ramener Greffier, un chien de chasse qu'elle veut apporter au roi. Cette petite commission prend à elle seule seize jours pour l'aller-retour, et coûte 11 livres, l'équivalent de plusieurs mois de salaire d'un artisan. Le 19 octobre, un messager quitte Moulins à bride abattue : il va en basse Bretagne porter des lettres aux parents d'Isabeau de Saisac, une des demoiselles d'Anne, pour traiter du mariage qui vient d'être arrangé avec Jean de Paucaire : vingt-quatre jours de voyage aller-retour, coûtant 16 livres 10 sols. Le 24 octobre, un autre messager est envoyé à Poissy, toujours à propos du fameux chien qui n'arrive pas ; 10 livres 6 sols 3 deniers pour quinze jours de voyage, qui s'ajoutent aux 11 livres précédentes : voilà un animal qui coûte cher.

C'est à ce moment qu'Anne quitte Moulins pour rejoindre Lyon. Mais elle a oublié une garniture de vêtement en drap d'or : le 28 octobre, elle envoie Florentin du Gar la chercher. Le 31, un messager part vers Grenoble pour avoir des nouvelles de la santé du roi. Le 16 novembre, un palefrenier est envoyé à Vic, en Auvergne, pour demander un cheval de croupe à Madame de Boullongne. Le 26 novembre, un messager se rend à Courcelles pour traiter le mariage de la fille du seigneur dudit lieu, qui est au service d'Anne. Le 30 novembre, autre messager, chargé du même genre de mission, vers Guingamp. Le même jour, Robert Joston va accompagner en Touraine Mademoiselle de Guéméné, qui fait partie de la Maison d'Anne, pour la marier. L'escorte comprend douze personnes et le voyage coûte 250 livres.

Ce sont ces futilités qui meublent la vie d'Anne de Bretagne pendant que son héros de mari conquiert et perd Naples au cours de sa ruineuse expédition, que nous n'avons pas à raconter ici. La reine, à Moulins, suit évidemment les principaux épisodes, en même temps que les bulletins de santé du roi, qui connaît plusieurs alertes. Elle prie, distribue des aumônes, fait brûler des cierges à Saint-Denis après la victoire de Fornoue. Au printemps de 1495, elle accouche d'une fille mort-née. Les nouvelles d'Italie sont d'abord favorables : le duc d'Orléans remporte une victoire navale à Rapallo, à la tête de la flotte génoise. Le roi arrive à Asti, où il est accueilli par les ducs de Bari et de Ferrare. Laissant Louis d'Orléans en charge de cette place, il avance sur Florence, où il entre le 17 novembre. Poursuivant vers Rome, où le pape Alexandre VI, méfiant, le laisse entrer, il obtient de ce dernier une approbation pour la poursuite de l'expédition, emmenant avec lui en otage le prince Djem. À Naples, Alphonse abdique le 21 janvier en faveur de son fils Ferrantino, ce qui n'empêche pas Charles de pénétrer sans effort dans la ville le 22 février.

C'est alors que les choses se gâtent. Une ligue regroupant le pape, Venise, Maximilien, Milan, Ferdinand et Isabelle se forme contre le roi de France, qui se retrouve piégé au sud de la Péninsule. Des problèmes d'argent, de santé et de femmes retardent son départ, tandis qu'au nord Louis d'Orléans s'empare de Novare. Remontant enfin vers la France, Charles VIII force le passage le 6 juillet 1495 à la bataille de Fornoue, puis il négocie avec les membres de la ligue italienne. Le 10 octobre, il signe une paix séparée avec Ludovic le More, mais Naples est perdue : Ferrantino y revient avec sa flotte et bientôt la garnison française devra capituler. Il ne reste plus qu'à rentrer. Après une courte alerte, peut-être d'origine cardiaque, le roi repasse les Alpes et arrive le 7 novembre à Lyon, où la reine est venue à sa rencontre, avec Greffier le chien de chasse. Ce sont à nouveau fêtes, joutes, tournois, bals, célébrations, banquets, comme si la campagne avait été victorieuse.

La mort du dauphin (16 décembre 1495)

Les réjouissances se prolongent jusqu'au début de décembre, bien que des nouvelles alarmantes proviennent d'Amboise, où une épidémie de rougeole sévit depuis le mois d'août. Déjà, en mai, le dauphin était tombé malade, mais ses trois médecins, Olivier Laurens, Bernard Chaussade et Jean Michel avaient réussi à le guérir. En août, l'affaire est plus sérieuse. L'épidémie touche toute la région ; des courriers sont envoyés auprès de la reine et du roi qui, en pleine campagne militaire, réunit ses propres médecins pour leur demander conseil. Il fait ensuite écrire aux chambellans d'Amboise, leur ordonnant de consulter les médecins de Charles-Orland pour savoir si d'après eux la maladie progresse « par contagion ou par influence du mauvais air ». Dans le second cas, il faudra transférer le dauphin à Montrichard, ou Moncontour, ou Chissay. Dans le premier cas, on se contentera d'isoler la ville et le château. C'est cette décision qui est prise. La correspondance du roi montre combien ce dernier est attentif à la santé de son fils, demandant fréquemment des nouvelles, exprimant le 19 septembre son mécontentement à cause d'un changement de régime alimentaire : « Messieurs, j'ay esté adverty que l'en fait fournir la cuisine de Monsieur l'Escuier de sucres et d'espiceries par autre que par Bourgalle, mon appoticaire, dont je ne suis pas content, car j'ay ordonné que le dit Bourgalle le fera et non autre, et pour ceste cause je l'ay fait demourer. »

La situation semble un moment se stabiliser. Anne écrit à Madame de Bussières, gouvernante du dauphin, pour la remercier des soins qu'elle prodigue à son fils, qu'elle ne peut toujours pas aller voir, en raison des interdictions royales. Mais sur place la situation ne s'améliore pas. Charles-Orland est très malade, et les prières sont aussi impuissantes que la médecine à le sauver : en dépit de pèlerinages à Sainte-Néomaye, près de Niort, à Notre-Dame de Recouvrance, à Orléans, en dépit des prières de François de Paule et de ses minimes, le dauphin meurt le 16 décembre au soir.

La nouvelle parvient à ses parents à Lyon, au milieu de leurs réjouissances, le 20 décembre. Si l'on en croit Commynes, le premier choc passé, le roi se console assez vite. Anne, elle, est accablée par cette épreuve, qu'elle ne parvient pas à surmonter. « Le dit seigneur en eut deuil, comme la raison le veult, et poy luy dura ; mais la mère, royne de France et duchesse de Bretaigne, appelée Anne, en eut le plus grand deuil qu'il est possible que femme puisse faire ; et longuement luy dura. » Et comme une mauvaise nouvelle vient rarement seule, le lendemain, 21 décembre, on apprend au roi la chute définitive de Naples, qu'il semble déplorer au moins autant que la mort de son fils, écrivant peu après : « Je consentirais plutôt à perdre tous les biens reçus de mon père au royaume de France que ce royaume de Sicile. »

Pour Anne de Bretagne, la perte du Castel Nuovo n'est rien à côté de celle de Charles-Orland. Sa détresse est telle que les médecins lui conseillent un traitement « psychothérapique » : pour chasser la mélancolie, il faut « se réjouir », c'est-à-dire se distraire, assister à des fêtes, danser, jouer. Bon gré, mal gré, la reine va donc participer à des réjouissances, jusqu'à son retour à Amboise. Mais le cœur n'y est pas, ce qui va provoquer un incident avec le duc d'Orléans. Ce dernier en effet est le grand bénéficiaire de la mort du dauphin, qui fait de lui à nouveau l'héritier du royaume. Du même coup, les regards se portent sur lui, et on épie sa conduite. Se montre-t-il triste ? C'est de l'hypocrisie ; est-il joyeux ? C'est une manifestation indécente de sa satisfaction. Or, au cours de l'une des fêtes données à Amboise, le duc se laisse aller à de telles manifestations de joie qu'Anne en est choquée, comme le raconte Commynes : « Au roy son mary dura poy ce deul, comme dit est, et la vouloit reconforter de faire dancer devant elle ; et y vindrent aulcuns jeunes seigneurs et gentilzhommes, que le roy y fit venir, en pourpoint, pour dancer, et entre les aultres y estoit le duc d'Orléans, qui povait bien avoir trente-quatre ans, dont la dite dame fut merveilleusement dolente ; car il luy sembloit bien qu'il avoit joye de la dite mort, à cause qu'il estoit le plus prouchain de la couronne après le roy. Et furent long temps après sans parler enemble, pour ceste cause. » Un froid persistant s'installe entre Anne et son futur mari, qui préfère se retirer prudemment dans son château de Blois.

Rohan à nouveau

1495, année noire pour la reine, qui doit subir l'affront d'un nouveau procès que lui intente le vicomte Jean de Rohan. Ce dernier a participé à l'expédition italienne ; il s'est bien battu à Fornoue, avec Jean de Rieux, le comte de Laval, Pierre de Rohan-Gié. Revenu en France, il n'a pas oublié ses vieux griefs contre Anne de Bretagne, et, sans aucune considération pour son deuil, entame une procédure contre elle à la fin de l'année, à propos de la succession de la duchesse Isabeau d'Écosse, sa belle-mère, femme du duc François Ier. Ses filles Marguerite, maintenant décédée, et Marie, épouse du vicomte, ayant renoncé à leurs droits à la couronne ducale contre une somme de 100 000 écus qui n'a jamais été réglée, Jean de Rohan demande des compensations qui s'ajoutent aux biens privés que possédaient les ducs Pierre II et Arthur III avant leur avènement et qu'il considère comme lui revenant par héritage. « C'est pourquoi, écrit dom Taillandier, le vicomte demanda à la reine la restitution des terres et seigneuries de Montfort-l'Amaury, de Houdan, de Neaufle-le-Châtel, de Fougères, de

Chantocé, d'Ingrande, de Plaisance, de Lestrenic et de Minibriac ; les fruits et revenus de ces terres qui montaient à la somme de plus de cent mille écus ; la moitié des meubles et joyaux des ducs François Ier, Pierre II et Arthur III, estimés deux millions ; et enfin la moitié des meubles et joyaux de la duchesse Marguerite sa belle-sœur. »

Exigence démesurée : on a calculé que cela représentait plus de sept tonnes d'or, ou 3,8 millions de livres tournois, soit plus que toutes les recettes annuelles de la monarchie française. Le vicomte, en plaçant la barre très haut, espère obtenir au moins de substantiels dédommagements qui lui permettraient de faire face aux frais de construction de ses châteaux. Le procès, comme il fallait s'y attendre, va traîner, ce qui n'empêchera pas la reine et le vicomte d'entretenir des relations amicales. En 1499, Jean fera cadeau à Anne d'un beau lévrier, ce dont elle le remerciera dans une lettre du 23 décembre, ajoutant : « quant à aucune chose que je pourray employer pour vous, le feray de bon cœur ». Elle l'informe qu'elle a nommé de nouveaux notables pour remplacer ceux qui sont morts au cours de l'interminable procédure de leur affaire.

La reine et le vicomte finissent d'ailleurs par se mettre d'accord pour soumettre leur différend à une sentence arbitrale : rendue le 11 septembre 1501, elle condamne Anne à donner à Rohan « la moitié de tous les meubles qui étaient communs entre le duc François II et la duchesse Marguerite, sa première femme, s'ils étaient en nature ou en leur juste valeur ». En fait, les dettes de François II au moment de la mort de la duchesse Marguerite se montant à plus de deux millions d'écus, la reine ne versera rien. Par contre, Rohan recevra les 52 000 écus qui restaient à régler sur la somme de 100 000 promise pour la dot de Marie. En dernier ressort, ce sont évidemment les contribuables bretons qui vont payer la note. Rien qu'en 1501, le trésorier général de Bretagne verse 8 337 livres « pour païer les conseillers, tant de Paris que de Bretagne qui sont allez à Lion pour vider le procès ».

Et ce n'est que deux mois avant la mort d'Anne que l'affaire se termine vraiment, par un acte du 14 novembre 1513 signé à

Blois : Jean II renonce enfin à toute succession de sa belle-sœur Marguerite, et Anne lui remet en échange le montant d'un prêt non remboursé et d'une rente annuelle avec tous les arrérages. Ainsi Jean de Rohan aura-t-il réussi à empoisonner toute l'existence d'Anne de Bretagne, en revendiquant le duché, en cherchant à épouser la duchesse, en intriguant ensuite pour lui donner en mariage son fils aîné, puis son fils cadet, en combattant contre elle du côté du roi, en soutenant le complot de 1492, en lui intentant des procès interminables pour lui arracher le maximum d'avantages. Tout cela ne l'empêche pas de lui faire de grands sourires et de l'accueillir dans ses châteaux lorsqu'elle passe en Bretagne.

Naissance et mort d'un deuxième dauphin (1496)

L'année 1496 est une année d'attente, où la politique française et italienne est suspendue aux nouvelles du ventre d'Anne de Bretagne. En effet, dans le royaume de France un consensus s'est dégagé entre toutes les autorités politiques et morales, parlements, universités, haut clergé, une bonne partie de la cour, pour implorer le roi de ne pas repartir en Italie tant qu'il n'y aura pas de dauphin.

À la mi-janvier, alors que le couple royal est toujours à Lyon, Charles VIII, fermement décidé à reprendre Naples, fait demander aux Parisiens une aide financière pour équiper un navire de guerre qui escorterait les troupes. Il se heurte à un refus de la part du prévôt des marchands et des échevins. Furieux, il décide d'aller lui-même les persuader du bien-fondé de sa cause, emmenant avec lui le condotière Trivulzio et une petite escorte. Il laisse Anne à Lyon, à la mi-février. On commence à murmurer qu'elle est à nouveau enceinte, mais à la suite des deux échecs précédents, la prudence s'impose. La reine est d'ailleurs maintenant opposée à une nouvelle expédition, et ses rapports avec Briçonnet se tendent, car on soupçonne ce dernier de pousser le roi à intervenir en Italie, pour se faire élire pape.

Toujours est-il que le roi quitte Lyon. Il fait une halte à Amboise pour voir l'avancement des travaux de rénovation du château. À Tours, le 23 février, on donne quelques fêtes. Puis il arrive à Paris, où il se heurte à un nouveau refus des bourgeois : pas de fils, pas d'argent.

Tout roi qu'il est, il ne lui reste qu'à repartir, les mains vides. Il repasse par Amboise, remercie François de Paule pour ses services : ne devait-on pas la victoire de Fornoue au saint ermite qui avait récité une prière au moment exact du début de la bataille ? Alors, ne pourrait-il pas obtenir du ciel une autre faveur pour le roi : un fils ? Pour mieux montrer sa piété et sa bonne volonté, Charles VIII remonte à Saint-Denis le 12 mars, alors qu'il a quitté Paris à peine dix jours auparavant, et là, le 18, assiste à la cérémonie de remise au tombeau des reliques de saint Denis, qui avaient été exposées pendant plus de deux ans dans le but de favoriser les entreprises françaises en Italie. Reparti dès le 19, par Sens, Moulins, Roanne, il rejoint la reine à Lyon le 29 mars.

La grossesse d'Anne se confirme. Mais son opposition à une nouvelle campagne d'Italie est maintenant connue de tous. Quelles peuvent en être les raisons ? La réponse n'est pas facile à trouver, et nous en sommes réduits aux conjectures. Excluons la vision romantique de l'épouse éplorée qui craint une nouvelle séparation d'avec son mari. Elle n'aime pas Charles VIII, et les humiliations que celui-ci lui a fait subir n'ont pu les rapprocher. Mais au moins, quand le roi est là, elle est vraiment la reine ; en son absence, elle est sous la tutelle des Bourbon. Surtout, si le roi est tué, que deviendra-t-elle ? Après tout, elle n'a que dix-neuf ans et compte beaucoup d'adversaires à la cour. Si elle a un fils, quel sera son sort, à elle, pendant la longue minorité ? Si elle a une fille, ou un enfant mort-né, le contrat de mariage l'oblige plus ou moins à épouser Orléans, qui n'a pas ses faveurs pour le moment. L'incertitude concernant son sort en cas de décès de Charles est sans doute le motif principal de son opposition.

Mais elle ne peut combattre ouvertement la volonté bornée de Charles, qui confirme les préparatifs, et fait même équiper des navires en Bretagne, chez Anne. Le 4 mai, le roi a décidé de la renvoyer au Plessis. Il l'escorte jusqu'à Roanne, où elle s'embarque et descend la Loire jusqu'à Tours. Le 16 mai, lors d'un conseil tenu à Lyon, Charles VIII réaffirme avec vigueur sa volonté de reprendre la guerre, et déclare que ceux qui y sont opposés sont des « couards et ennemis de sa personne comme de la couronne ». À la fin juin, il rejoint Anne au Plessis, et l'été se passe paisiblement.

Le 8 septembre, Anne accouche d'un fils. Cette fois, pas de tergiversation sur le prénom du nouveau dauphin : ce sera Charles, comme son père. Ce dernier peut avertir les Italiens de son retour imminent, et il s'achète même deux harnais de guerre pour l'occasion. La joie est de courte durée. L'enfant, prématuré, meurt le 2 octobre, au Plessis. Nouvelle épreuve pour Anne, dont aucune source ne nous signale la réaction. Quant au roi, sa douleur fait peine à voir : envolée, la belle expédition en Italie ! Envolés, les rêves de conquête, de gloire, de vie facile avec les belles Italiennes. De dépit, et en guise de consolation, il quitte Anne pour se rendre à Lyon, où, d'après le Vénitien Marin Sanudo, il se livre aux plaisirs avec certaines dames de la ville, et passe ensuite à Grenoble, où il fait venir sa maîtresse italienne de Guastalla, qu'il installe dans un domaine dont il lui fait cadeau.

Anne doit essayer d'oublier seule. Jamais Charles VIII ne lui a témoigné la moindre affection. Ses cadeaux, comme celui qu'il lui adresse le 24 novembre par un prélèvement sur les recettes de l'impôt du sel, sont plutôt des remboursements de dettes. Le manque total de considération pour son épouse atteint l'inadmissible en cet automne 1496. Mais Anne ne peut que subir. Comme les travaux à Amboise rendent la vie difficile, elle va s'installer à Moulins, où les Bourbon mettent une aile du château à sa disposition. Pendant plusieurs mois, tantôt séparés, tantôt ensemble, le roi et la reine résident dans le sud-est du royaume, à Moulins, à Roanne, à Lyon surtout. La reine s'occupe comme elle peut. Le roi poursuit ses chimères diplomatiques.

La conversion du roi (1497)

Pourtant, sa volonté commence à fléchir. Il prend ses distances à l'égard de Guillaume Briçonnet à partir du début de 1497, reprochant à celui-ci d'être en partie responsable de la chute de Gaète. En juin meurt le chancelier Robert Briçonnet ; il est remplacé par Guy de Rochefort, ce qui enlève au cardinal un soutien d'importance. Et puis, le roi est l'objet de sollicitations pressantes venant surtout du clergé, qui lui fait un devoir de rester en France. Pendant le carême, à Lyon, une scène étonnante se déroule, rapportée par un témoin italien anonyme : le carme Laurent Bruneau, prédicateur réputé, apostrophe le roi : « Que Votre Majesté fasse la paix ! Qu'elle conclue un accord ! Qu'elle fasse pénitence pour sa convoitise des choses d'Italie et du Royaume ! » Charles aurait alors éclaté en sanglots, reconnaissant « ses erreurs passées et la conduite passionnée des siens », tandis que les fidèles criaient : « Paix ! Paix ! » Anne eut droit à la même mise en scène dans une autre église de Lyon, avec un prédicateur dominicain. Nul ne sait qui est responsable de ces appels concertés qui, dans l'esprit des clercs, étaient destinés à favoriser la paix européenne dans le but de regrouper les forces dans une grande croisade contre les Turcs : « Quand on aura obtenu la paix, on pourra s'attacher à réaliser ensemble quelque expédition où l'on puisse faire de bonnes choses contre les Infidèles », écrit l'Italien anonyme.

Et Charles semble s'orienter dans cette voie. Dès le 25 février, il a accepté de conclure avec Ferdinand une trêve de six mois dans le royaume de Naples, et le 10 mars il prend la décision de ne pas ravitailler les châteaux que tiennent encore là-bas ses garnisons, ce qui équivaut à un abandon de fait. Il cherche à se rapprocher du roi d'Espagne, déclarant qu'« on pourrait alors préparer en commun la guerre contre les Infidèles et travailler à la réforme de l'Église ».

Anne est plutôt satisfaite de cette évolution et le printemps 1497 se déroule bien, toujours à Lyon, redevenue pendant toute cette période la véritable capitale des Gaules. Au mois de mai, on y organise un gigantesque tournoi, avec simulations de combats à travers toute la ville. Anne préside, dans une tribune érigée à l'entrée d'un château fort décoratif. Sa manche de taffetas blanc parsemée d'hermines est le prix de la victoire. Elle a vingt ans et connaît un certain répit dans ses malheurs, en dépit des frasques répétées du roi. Pour l'été, la cour se transporte à Moulins, chez le duc de Bourbon. Les fêtes et les tournois continuent. Charles tente bien d'aller revoir ses amies lyonnaises, mais il doit y renoncer à cause d'une épidémie qui sévit dans la ville.

Et voici qu'au mois d'août Anne est à nouveau enceinte. Immédiatement, le roi, encouragé par l'amiral de Graville, recommence à parler d'une expédition italienne. Mais il tombe malade et son comportement privé change si brutalement qu'on a pu parler de sa « conversion ». Le terme est sans doute exagéré. Pourtant, Commynes écrit qu'« avoit le roy mys de nouveau son ymagination de vouloir bien vivre et selon les commendemens de Dieu et de mettre la justice en bonne ordre et l'Église et aussi de renger ses finances. [...] Il mettoit grand peyne à refformer les abuz de Sainct Benoist et aultres religions ; [...] Il avoit bon vouloir, s'il eust peû, que nul evesque n'eust tenu que son eveschie, [...] mais il eust eu bien à faire à ranger les gens d'Église. Il fist de grands aulmosnes aux mendians. Il avoit mis sus une audience publicque où il escoutoit tout le monde et par especial les pouvres, et s'y faisoit de bonnes expéditions ».

Voilà donc Charles VIII qui se conduit en nouveau Saint Louis. N'exagérons rien ! On a seulement retrouvé les traces de deux scéances de justice présidées par le roi, le 26 janvier et le 14 mars 1498. Pour le reste, on en est au niveau des bonnes intentions : en matière financière, il renvoie quelques officiers prévaricateurs et se sépare du cardinal Briçonnet, mais aucune réforme des impôts n'est entreprise, et les dépenses somptuaires continuent à progresser : fêtes, pensions, constructions, train de vie luxueux engloutissent des sommes considérables, les effectifs de la Maison du roi et de celle de la reine ayant presque doublé depuis le début du règne.

En revanche, le roi manifeste un nouvel intérêt pour la réforme de l'Église. En décembre 1497, il adresse cinq questions à la faculté de théologie de Paris, dont les réponses, fournies le 11 janvier 1498, l'encouragent dans sa volonté affichée de pousser le pape à réunir un concile pour mettre fin aux abus qui touchent le monde clérical. Ce n'est là que feu de paille. Très vite, les discours de réforme religieuse cèdent la place à de nouvelles combinaisons politiques avec Alexandre VI et même le roi d'Aragon pour une nouvelle descente sur Naples.

C'est donc surtout dans le domaine de la vie privée que la « conversion » du roi se manifeste, ce qui ne peut que réjouir Anne. En septembre 1497, à Moulins, il renvoie les prostituées, et mène dès lors une vie conjugale régulière. Comme c'est souvent le cas, le nouveau converti devient même intolérant à l'égard des pauvres pécheurs qui ne suivent pas son exemple. C'est le duc d'Orléans qui va faire les frais de ce zèle de néophyte. Le roi lui reproche de négliger son épouse et de poursuivre ses débauches à Blois, ce qui est tout de même un comble de la part de Charles. Pendant le carême 1498, au cours d'une halte dans un voyage d'Amboise à Moulins, il fait la lecture à voix haute d'un traité sur la confession, et après le passage sur la luxure, il s'adresse au duc : « Mon frère, ce livre s'adresse bien à vous. » Orléans n'apprécie pas, ct répond qu'il mènerait une autre vie si on ne l'avait pas obligé à épouser un monstre, en l'occurrence Jeanne de France, sœur du roi. Ce dernier a du mal à contenir sa colère.

Quelques années plus tard, le duc d'Orléans, devenu Louis XII, témoignera des pressions exercées sur lui par Charles VIII pour qu'il reprenne avec lui Jeanne de France, « qui lui disait ces paroles ou de semblables : "mon frère, allez voir ma sœur", ce qui était assez commander. Ce à quoi il n'oserait désobéir, attendu le mauvais traitement qu'on lui avait fait subir par le temps passé, au commencement du règne dudit feu roi Charles, frère d'icelle défenderesse, et aussitôt après le décès dudit feu roi Louis [XI], et la longue détention de prison où il avait été, redoutant de souffrir autant à l'avenir et d'encourir l'indignation dudit feu roi. Étant considéré aussi que plusieurs, étant dans l'entourage dudit seigneur roi, donnaient à entendre audit seigneur et lui faisaient plusieurs sinistres rapports, pour toujours le mettre en soupçon et défiance sur celui dont on lui parlait, et tellement que, à la fin des jours dudit feu roi, et audit temps qu'il arriva audit lieu de Montilz sous Blois, mentionné audit article, il [le duc d'Orléans]... était en voie d'être contraint de déguerpir et de s'absenter du royaume à l'occasion de la défiance que ledit feu roi avait prise sur lui à tort et sans cause, au moyen desdits rapports ».

Les relations entre les deux beaux-frères sont en effet tendues. Charles, dont la santé se détériore et qui n'a toujours pas d'héritier, voit d'un assez mauvais œil Louis guetter la couronne et obtenir en 1496 la garde des enfants orphelins de Charles d'Angoulême, Marguerite et François, futur François Ier. En janvier 1498, Louis manifeste son refus de participer à une nouvelle expédition italienne. Cela veut-il dire qu'il veut être en France au cas où il arriverait un accident au roi ? Louis préfère s'éclipser en Normandie, dont il est gouverneur. Il y soutient une demande de réduction des tailles de la part des représentants de la bourgeoisie locale, demande fort mal vue également à la cour, où, semble-t-il, Anne exprime une certaine animosité contre lui.

Louis revient alors près du roi pour se défendre, mais l'entente n'est plus possible avec un Charles devenu un parangon de vertu. En outre, ils sont plus opposés que jamais à propos de l'Italie : Louis convoite le Milanais, qui est tenu par Ludovic Sforza, allié de Charles. En mars 1498, les deux hommes et leur suite se rendent d'Amboise à Moulins. C'est au cours de ce voyage que se déroule l'épisode de la lecture raconté ci-dessus, à l'issue duquel, tous deux malades, ils retournent chacun chez soi : Charles à Amboise et Louis à Tours.

La dégradation de la santé du roi est certainement une des causes de son changement de vie. Pendant la campagne d'Italie, il a eu plusieurs alertes sérieuses, et il en est revenu avec un teint bilieux. Depuis, les crises se suivent : au printemps, puis à l'automne 1497, où l'on organise des prières dans le royaume pour « la convalescence du roi ». Il est probable que

François de Paule en a profité pour l'inciter à réviser sa conduite. La mort successive de tous ses enfants lui fait également craindre d'être victime de la vengeance divine, peut-être à cause de son mariage douteux.

Anne cernée par la mort : sa fille (mars 1498), et son mari (avril 1498)

Anne de Bretagne, elle-même, ne va pas très bien. Sa grossesse est difficile. En décembre, elle est au Plessis, et doit renoncer à un voyage en Bretagne en compagnie du roi à cause d'« un grand mal d'yeux ». Elle va alors s'installer à Amboise, où les travaux sont presque terminés et où on a entassé les richesses rapportées d'Italie par Charles VIII. Elle loge dans les tout nouveaux appartements du sud, appelés « grand corps de logis neuf des Sept Vertus ». Les murs et les verrières de sa chambre et de la galerie adjacente sont parsemés de A, tandis que sur la façade figure l'épée palmée, nouvel emblème royal. Les grandes tours avec rampes d'accès pour les chevaux sont loin d'être terminées. De nombreux artistes italiens travaillent encore à la décoration : le jardinier Pacello da Mercogliano, l'ingénieur Luca Vigeno, auteur d'une curiosité : un four capable de couver 1 200 œufs, le sculpteur Solobrino da Forli. Il y a aussi des facteurs d'orgue, des tailleurs d'habits et des parfumeurs. Des célébrités comme Fra Giocondo, Domenico da Cortona, Guido Mazzoni s'affairent toujours, fournissant à Anne un environnement culturel exceptionnel. Et, dans les anciens bâtiments, on a entassé tableaux, mosaïques, albâtres, reliquaires d'or et d'argent, lits de camp, 39 tentures de cuir, 130 tapisseries, 172 tapis de soie, 1 140 volumes précieux en français, latin, grec, hébreu, italien, venant de la bibliothèque des rois de Naples, fruits du pillage de la première guerre d'Italie. La reine ordonnera à son trésorier Jacques de Beaune d'en faire l'inventaire en 1498, preuve qu'elle porte un certain intérêt à ces objets précieux.

Pour les fêtes de Noël, elle assiste au château, en compagnie du roi, à la représentation du mystère de la Nativité et à un feu d'artifice. Le 19 janvier, elle a un malaise, et on craint encore un accouchement prématuré. Le médecin Jean Bourgeois, appelé d'urgence, arrange les choses, et Anne se rend alors en bateau au Plessis, tandis que le roi va à Moulins, en dépit de sa mauvaise santé, pour les joutes du carnaval. Il est de retour à Amboise le 14 mars. Quelques jours plus tard, le 20, la reine accouche au Plessis. Nouvelle et double déception : ce n'est qu'une fille, à qui on donne le prénom de sa mère, et qui quitte immédiatement ce monde à peine entrevu. Le décès a dû avoir lieu au bout de quelques heures.

C'est le cinquième échec des maternités d'Anne de Bretagne. Cinq enfants, tous morts. Cela ne peut que renforcer pour le couple royal l'idée d'une punition divine pour s'être marié sans avoir attendu les dispenses. Anne est très abattue. En femme de devoir, elle a conscience de n'avoir pas rempli son rôle de reine, qui est de produire un héritier. En outre, ses cinq grossesses à intervalles rapprochés ont affaibli sa santé, et la dernière la laisse dans un état inquiétant. Les médecins signalent des pertes de sang continues pendant plusieurs semaines après la naissance.

Moments de détresse sans doute, pour ce roi qui n'a pas encore vingt-huit ans et cette reine de vingt et un ans, prématurément vieillis et malades, sans enfants, confrontés à des échecs répétés. De quoi alimenter les amères réflexions de Commynes sur la misère des grands : « Et si ay vu maintes fois leurs desplaisirs et douleurs... et s'en abrège tant la vie, qu'à grand'peine s'est vu nul roy de France, depuis Charlemagne, avoir passé soixante ans. »

Charles VIII ne va même pas atteindre ses vingt-huit ans. Après avoir passé cinq jours au Plessis avec Anne, il rentre à Amboise le 31 mars. La reine le rejoint, par bateau, quelques jours plus tard, toujours très faible. Le 7 avril, le roi chasse toute la matinée. Il dîne vers treize heures puis va trouver la reine dans ses appartements pour lui proposer de l'accompagner jusqu'à une galerie dominant un fossé où se déroule une partie de jeu de paume. Anne le suit, avec un petit groupe de courtisans et Jean de Rely, le confesseur. Il faut suivre tout un parcours d'escaliers à vis et de couloirs étroits, où on progresse en file indienne. À l'entrée de la galerie, une porte basse, dans laquelle Charles, qui monte rapidement, se heurte la tête. Il est un peu étourdi, mais ne prête pas attention à l'incident. On pénètre dans la galerie, d'où on regarde la partie de jeu de paume. L'endroit est infect : excréments humains, odeur d'urine, déjections d'oiseaux, débris de toutes sortes : « Et estoit le plus déshonneste lieu de léans, écrit Commynes, car tout le monde y pissoit et estoit rompue à l'entrée. »

Tout en regardant la partie, le roi converse avec son confesseur, Jean de Rely. Soudain, il s'écroule, à la renverse. Panique. On l'étend sur une paillasse au milieu des immondices. Anne s'est précipitée sur lui en criant ; il faut l'entraîner dans sa chambre. Pendant neuf heures, les médecins vont faire de leur mieux, dans ce lieu dégoûtant, pour tenter de ranimer le roi, qui, à trois reprises, retrouve l'usage de la parole pour dire : « Mon Dieu et la glorieuse Vierge Marie, monseigneur saint Claude et monseigneur saint Blaise me soient en aide. » Il meurt vers onze heures du soir.

Yvonne Labande-Mailfert, son dernier biographe, après avoir analysé les différentes hypothèses sur les causes réelles de sa mort, de l'empoisonnement à l'apoplexie, conclut : « La première hypothèse, l'hémorragie interne causée par le choc frontal contre la porte innocente, demeure la plus vraisemblable. »

Commynes tire la leçon : « Ainsi despartit de ce monde si puissant et si grand roy, et en si misérable lieu, qui tant avoit de belles maisons et en faisoit une si belle : et si ne sçut à ce besoin finer une povre chambre. Et combien peut-on, par ces deux exemples ci dessus couchés, connoistre la puisance de Dieu estre grande, et que c'est peu de chose que de nostre misérable vie, qui tant nous donne de peine pour les choses du monde, et que les roys n'y peuvent résister non plus que les laboureurs. »

CHAPITRE XI

D'un mari à l'autre

(1498-1503)

La mort de Charles VIII est sans doute le grand tournant dans la vie d'Anne de Bretagne. À vingt et un ans, pour la première fois, elle se retrouve maîtresse de son existence. Mais dans les moments qui suivent le décès de son mari, les chroniqueurs nous la présentent effondrée, prostrée pendant vingt-quatre heures dans un coin de sa chambre, dans la pénombre, refusant toute nourriture, se tordant les mains, « ne respondant autre chose à ceux qui parloient à elle, sinon qu'elle avoit résolu de suivre le chemin de son mary ». « La royne continue toujours en son deuil, et l'on ne peut l'appaiser », écrit le 11 avril le seigneur du Bouchage.

Un chagrin de courte durée

Le soir du 8, le cardinal Briçonnet et l'évêque de Condom, Jean de Lamarre, sont venus trouver la reine pour la réconforter. Le cardinal semble trop ému pour parler, et c'est Lamarre qui réussit à lui faire un petit sermon pieux, à la suite duquel Anne accepte de prendre un peu de nourriture. Ces marques excessives de douleur peuvent surprendre, pour la perte d'un mari qu'elle a épousé contrainte et forcée, qu'elle n'a jamais aimé et qui lui a fait subir les pires avanies.

Mais ce qui est surprenant, c'est que dès le lendemain, 9 avril, cette femme brisée, qui se disait prête à mourir, affirme sans faille son autorité de duchesse de Bretagne. Retrouvant brusquement son énergie, elle rétablit la chancellerie de Bretagne au bénéfice de Philippe de Montauban, dans une lettre qui affirme la plénitude de son pouvoir : « Anne, par la grâce de Dieu, royne de France, duchesse de Bretagne, comtesse de Montfort, de Richemont, d'Étampes et de Vertus, savoir faisons [qu'il] soit requis mettre et donner ordre et provision au fait et gouvernement de notre principauté, seigneurie, pays et duché de Bretagne [...]. Et pour ce que entr'autres choses, y a de tout temps accoustumé avoir chancellerie, vice-chancellerie, maistres des requêtes, conseillers ordinaires, secrétaires et greffiers, avons en continuant et entretenant les bonnes et louables usances de nos prédécesseurs roys, ducs et princes dudit pays, mesmement par advis et délibération de notre conseil, ordonné et ordonnons lesdites chancellerie et conseil y estre de cy-en-avant ordinairement tenus. »

Par le même document, Anne nomme Guillaume Guéguen, abbé de Redon, vice-chancelier avec 600 livres de gages ; elle désigne comme maîtres des requêtes et conseillers Jean Calloët, Jean du Boucher, René du Pont, Maurice de Quenechquivillic, Roland Scliczon, Guillaume Le Bigot ; comme secrétaires Guillaume de Forest, Laurent Maczault, Jean Le Minec, Jean Mauhugeon, Julien Ermar, Crespin Normant, Bonabes Blanchart, Jean Gibon, Guillaume Salmon, Henri Derien. Peu après, elle attribue à Philippe de Montauban 2 000 livres de gages et les « seigneuries de Saint-Aubin-du-Cormier, Bazoges, Marcillé et Rimo, pour en jouir lui et ses hoirs ; le tout en reconnaissance des grands et importants services qu'il lui avait rendus, surtout en empêchant son mariage avec le sire d'Albret ».

C'est dire que moins de quarante-huit heures après la mort de Charles VIII, Anne prend le contre-pied de sa politique en Bretagne. Sa décision de porter le deuil en noir, à la mode bretonne, plutôt qu'en blanc, suivant la tradition française, confirme cette volonté délibérée de briser les liens qui l'entravaient depuis six ans. Sans aller jusqu'à parler de simulation, il faut sans doute attribuer ses marques excessives de chagrin à l'imitation des modes espagnoles qu'elle apprécie tant. Car une telle présence d'esprit, une telle activité et une telle clairvoyance sont peu compatibles avec l'état d'effondrement qu'elle affecte alors.

Pendant un mois et demi, jusqu'aux environs du 20 mai, Anne reste à Amboise, où elle prend des initiatives dans de nombreux domaines afin de préparer son avenir immédiat. Elle manifeste son indépendance, sans même consulter le nouveau roi, Louis d'Orléans, devenu Louis XII, qui de son côté a eu quelques sanglots – de joie ou de tristesse, nul ne saurait le dire – dans son château de Blois, en apprenant la mort de son beau-frère. Le 10 avril, il vient rendre une brève visite à la veuve, avec les quelques mots de consolation d'usage. Anne, alors plutôt en froid avec lui, le charge d'organiser les obsèques, auxquelles elle n'assistera même pas. Elle fera verser le 21 avril 20 000 livres pour les dépenses de vêtements de deuil des membres de sa Maison.

Pendant plusieurs jours, le corps de Charles VIII reste à Amboise. Jean Bourdichon fait un moulage du visage. Le cadavre est exposé dans la collégiale Saint-Florentin, et ce n'est que le 28 avril qu'on l'emporte vers Saint-Denis, en laissant au passage le cœur à Notre-Dame-de-Cléry. Un cortège de 7 000 personnes, dont 400 pauvres portant des torches, l'accompagnent à la basilique, suivant un cérémonial mis au point par le grand écuyer Pierre d'Urfé. Le 1er mai, le service funèbre est célébré par le cardinal de Luxembourg. C'est l'Italien Guido Mazzoni qui réalisera le tombeau dans le nouveau style, montrant le roi agenouillé en adoration.

Anne de Bretagne, dès le 9 avril, est absorbée par son nouveau rôle. Comme étourdie par la liberté soudaine dont elle bénéficie, elle multiplie les décisions, avec une précipitation qui suggère un profond sentiment de délivrance. Chaque jour, des messagers partent d'Amboise vers toute la France, mais plus particulièrement vers l'Ouest. Anne tient à affirmer son droit de duchesse, qui ne souffre maintenant aucune contestation en vertu du contrat de mariage de 1491.

La valse de sa correspondance donne le vertige. Le 10 avril, elle envoie chercher à Blois le prince d'Orange, qui est gouverneur de Bretagne. Le 13, elle informe le vicomte de Rohan, lieutenant général du roi : « J'ai en vous ma parfaicte et entière seurté et fiance », écrit-elle, affirmant son « intention, grant et singulier voulloir et désyr que mon povre peuple soye soulaigé et favorablement traicté en toute bonne justice et tranquilité ». Le 14, elle expédie des lettres dans le duché « à plusieurs prelatz, gens d'Église, nobles et aultres, pour ses affaires » ; le 17, elle écrit à Monsieur de Laval ; le 18, un messager va prévenir le seigneur de Vendel, en Bretagne, afin qu'il assure le remboursement du receveur de Dol ; le 21, des lettres sont acheminées à Rennes par Jacques Guibé, d'autres à Orléans pour le roi, afin de régler les dépenses du deuil ; le 23, nouvelles lettres pour le capitaine de Rennes Jacques Guibé ; le 27, une missive pour le prince d'Orange, à Orléans, et une autre pour le roi ; le 5 mai, lettre à l'abbé de Beaulieu, pour lui demander de venir assister à un service pour le repos de l'âme du roi ; le 9 mai, des lettres sont adressées dans le même but aux évêques de Chartres, d'Orléans, et à l'abbé de Vendôme ; le même jour, des messagers sont envoyés aux nobles, bourgeois, évêques et gens d'Église des diocèses bretons afin qu'ils choisissent des délégués qui accompagneront la reine d'Amboise à Paris. Le 12 mai, Anne écrit à son conseiller et maître d'hôtel Florent de Molitard pour qu'il se hâte d'aménager le logement qu'elle occupera à Paris. Le 13, elle écrit à Louis XII, et le 15 elle convoque de vieilles connaissances : Rieux, Avaugour et Rohan, pour mettre au point avec eux l'organisation de la Bretagne, suivant un plan qu'elle va soumettre au roi. Le 16, préparant son voyage à Paris, elle envoie un messager à Tours pour se procurer des chevaux. En chemin, de Bonneval, un messager se rend à Chartres « devers Jehan Thoumas, taillieur des abillemens d'icelle dame, pour le faire venir devers elle et lui porter un abillement de teste ». Arrivée à Chartres le 4 juin, Anne envoie à nouveau chercher Rohan et Rieux, « qui estoient sur les champs ».

À partir du début juin, la duchesse est à Paris. Elle réside à l'Hôtel d'Étampes, sur le quai Saint-Paul, qu'elle vient de faire remettre en état pour l'occasion, comme en témoigne un paiement de 1 010 livres à Jehan Marchant le Jeune, charpentier, « pour tous ouvrages de masconnerie, charpenterie, menuiserie, ferrure, serrure, couverture et voierie par luy faiz et faiz faire par le commandement de ladicte dame ». Visiblement, Anne revit. Elle décide, ordonne, commande, jouant à la fois de son statut de duchesse et de celui de reine douairière.

Comment envisage-t-elle son avenir ? Sans doute n'a-t-elle pas de plan préconçu, mais le plus urgent pour elle est de clarifier la situation à l'égard du nouveau roi, son ancien complice, qu'elle connaît bien et dont elle se méfie, Louis XII. Celui-ci est revenu la voir à Amboise vers la fin avril. Des deux côtés, on se montre très prudent. Il est trop tôt pour s'engager. Anne et Louis savent qu'ils ont la possibilité, d'après le contrat de Langeais de 1491, de se marier, et que cela serait sans doute la solution la plus souhaitable. Mais l'un et l'autre ont fait l'expérience des mariages forcés, et Louis est toujours officiellement l'époux de Jeanne de France. Ni l'un ni l'autre ne sont opposés à une éventuelle union, mais chacun veut d'abord assurer sa nouvelle situation, afin d'aborder le contrat en position de force. Le roi va donc aller se faire sacrer à Reims, le 26 mai, tandis que la duchesse s'affaire pour établir son contrôle sur la Bretagne. À Jean de Chalon, prince d'Orange, qu'elle confirme à la tête du duché, elle recommande la fermeté à l'égard des gens du roi : il doit veiller à éviter tout empiétement de leur part. Elle charge Rieux, Rohan, d'Aigremont, son demi-frère le baron d'Avaugour, de prendre en charge les principales villes ; elle s'attache à mettre de son côté le maréchal de Gié et le duc de Bourbon ; elle fait rechercher les documents établissant ses droits.

Que vient-elle faire à Paris pendant plus de deux mois, de juin à août 1498 ? L'examen de sa correspondance fournit en partie la réponse : on la voit acheter des meubles, des vêtements, des bijoux, recruter des musiciens, faire frapper des médailles, et récupérer l'essentiel des meubles et joyaux qui lui appartenaient personnellement. Mais elle profite aussi de son séjour pour rencontrer le roi à plusieurs reprises, discrètement, et parler avec lui de l'avenir.

Le ballet des messagers continue. La duchesse trouve le temps de faire acheter du tissu d'écarlate pour Mademoiselle de Montpensier, qui est malade (17 juillet), de s'occuper du mariage de son échanson François de La Salle avec la nièce du seigneur de Tymadeuc (17 août), d'envoyer son panetier Robert Joston à Blois pour tenir sur les fonts baptismaux le nouveau-né de maître Théodore, médecin du roi (12 juillet). Le 9 août, elle envoie un messager à Concressault, dans le Berry, « devers le seigneur dudit lieu, lui porter lectres de ladite dame pour recouvrer certaines pièces de vesselle d'argent qui lui feust baillée incontinent après la mort du feu roy pour le service de ceulx qui accompaignèrent le corps ». Bref, la duchesse récupère son bien. Elle prépare en même temps son retour en Bretagne : le 14 août, elle envoie un messager à Langres et à Dijon pour demander au secrétaire de la Guerre, Coupcoul, de lui recruter une centaine de bons archers qui constitueront son escorte. Elle semble y tenir, car le 24, un deuxième messager se rend cette fois en Picardie et en Bourgogne dans le même but.

Avant de quitter la région parisienne, Anne tient à obtenir du roi des garanties concernant la libre disposition de son duché. Des négociations ont lieu, dans lesquelles un rôle essentiel est joué par l'homme de confiance de Louis XII, Georges d'Amboise. Cet homme de trente-huit ans, originaire de Chaumont-sur-Loire, est le confident et l'ami du duc d'Orléans, à qui il a rendu d'immenses services pendant les années difficiles du règne précédent ; il aura pendant des années le rôle d'intermédiaire entre le roi et la reine. Cet ecclésiastique habile, ambitieux, intrigant, va remplir à peu près le même rôle auprès de Louis XII que Guillaume Briçonnet auprès de Charles VIII. Archevêque de Narbonne en 1492, de Rouen en 1493, cardinal en 1498, c'était, écrit Bernard Quilliet, « un homme gros et gras dont l'ample bedaine, le cou épais, les lèvres charnues, le nez violacé, les joues pendantes et le triple menton passaient pour exprimer calme, prudence et droiture. Seuls de grands yeux noirs, vifs et expressifs animaient cette face lourde d'un éclair où se reflétaient, à en croire les flatteurs stipendiés, l'intelligence, l'énergie, la sagacité, l'ambition supérieure ». Son rôle auprès du roi est précisé par un contemporain anonyme : « Le roy, qui le connaissoit estre homme très excellent et accompli de sens, d'expérience, de loyauté et de bonne vie, le tenoit fort proche de sa personne, soit qu'il traictast d'affaires sérieuses, ou qu'il vaquast à récréer son esprit, toujours seul avec luy en sa chambre, et compaignon perpétuel de ses voyages. » Georges d'Amboise semble avoir été en bons termes avec Anne de Bretagne, qui perdra en lui un précieux auxiliaire en 1510. Ajoutons, dans l'entourage du nouveau souverain, la présence d'Étienne Poncher, chanoine de Tours, évêque de Paris en 1503, et de Florimond Robertet, originaire de Montbrison. Le personnel politique est de plus en plus issu de la vallée de la Loire et du centre du royaume. Le centre de gravité de la politique royale se situe nettement autour d'Orléans, sur le cours de ce fleuve qu'Anne a emprunté maintes fois, et dont le débouché est Nantes.

Entre Anne et Louis, complicité plus que passion

De la série d'entrevues qui ont lieu à Paris entre Anne et Louis nous savons peu de chose, sinon qu'il y est question de deux points essentiels : la Bretagne et le mariage, les deux étant d'ailleurs liés. Les deux parties s'avancent à pas comptés, guidés à la fois par la méfiance et la complicité. Car tous deux sentent confusément qu'il n'y a guère d'autre issue que leur mariage. Ils n'y répugnent pas. Anne a vingt et un ans, ce qui est tout de même un peu jeune pour se condamner au veuvage pour le reste de ses jours, et après avoir été reine, ce serait pour elle déchoir que d'épouser moins qu'un roi. Le duc d'Orléans avait autrefois fait partie de ses nombreux prétendants, et certains chroniqueurs suggèrent qu'elle éprouvait pour lui, en dépit de brouilles passagères, une réelle attirance. Brantôme, qui prétend tenir ses informations de source sûre, affirme : « Et ainsy que ses plus privées dames, comme je tiens de bon lieu, la plaignoient de la voir vefve d'un si grand roy, et malaisément pouvoir retourner en un si haut estat, car le roy Louis estoit marié avec Jeanne de France, elle respondoit qu'elle demeureroit plustost toute sa vie vefve d'un roy que de se rabaisser à un moindre que luy ; toutesfois qu'elle ne désespéroit tant de son bonheur, qu'elle ne pensast encor estre un jour reyne de France regnante, comme elle avoit esté, si elle vouloit. Ses anciennes amours luy faisoient dire ce mot, et qu'elle vouloit rallumer en sa poitrine eschauffée encore un peu. »

Les lettres qu'Anne écrit à cette époque à Louis suggèrent effectivement des dispositions favorables, derrière une réserve prudente. Elle lui écrit par exemple : « Monsieur mon bon frère, j'ai reçu par Monsieur de La Pommeraye vos lettres et avec sa charge entendu la singulière bénévolence et amitié que vous me portez dont je suis très consolée, et vous en remercie de tout mon cœur, vous priant de tousiours ainsi continuer comme c'est la ferme confiance de celle qui est et à tousiours sera votre bonne sœur, cousine et alliée. Anne. »

Ce n'est pas la grande passion. Un vague amour réchauffé peut-être, ce qui est toujours mieux que ce qu'elle éprouvait pour Charles. De toute façon, Anne sait bien à quel genre de débauché elle a affaire. De son côté, le roi a en face de lui une femme pas très jolie, et qui en dépit de son jeune âge a déjà connu cinq maternités. Mais ils ont beaucoup de souvenirs communs, et si on en croit à nouveau Brantôme, il l'a toujours aimée : le roi, écrit-il, « ne se put jamais engarder de l'aymer toute mariée qu'elle estoit ; et la regardoit de bon œil, tousjours estant M. d'Orléans ; car malaisément se peut-on défaire d'un grand feu quand il a une fois saisi l'âme ».

Cette opinion est confirmée par un observateur inattendu et impartial : Nicolas Machiavel en personne, qui a fait quatre séjours de courte durée à la cour de France, où il a certainement rencontré Anne de Bretagne : en 1499, d'après Émile Gabory, il serait venu à Blois pour demander l'aide de Louis XII en faveur de Palerme, et aurait même poussé à cette occasion jusqu'à Nantes pour y rencontrer Georges d'Amboise ; en 1500, il accompagne l'envoyé de Florence, Francesco della

Casa ; en 1504, il vient à Lyon, et on signale à cette occasion son efficacité de diplomate ; il est à nouveau en France du 2 juin au 15 octobre 1510, obtenant de Louis XII l'envoi de 200 lances en Italie ; enfin, il passe quelques jours à Blois en 1511. Il écrit, dans le livre IX des *Histoires florentines* : « Charles mort, le roi Louis monta sur le trône et tout soudain se mit à penser à se séparer d'avec sa femme pour épouser la dernière reine, qu'il aimait, et à laquelle appartenait la Bretagne. »

Admettons donc qu'une certaine attirance existe entre Anne et Louis. Cela est plutôt rare chez les couples princiers, mais ne change rien à la vie politique. Quel genre d'homme est alors le roi ? « Il estoit fort beau prince, et fort aimable, et pour ce elle [Anne] ne l'hayssoit pas. » Pour ce qui est du « fort beau prince », Brantôme est mal renseigné, et la description laissée par un contemporain de Louis XII, pour être peu flatteuse, n'en est pas moins plus proche de la vérité si on la compare aux quelques portraits dont on dispose par ailleurs : « La tête est petite, pointue, le front étroit, les yeux gros et saillants, la figure maigre, les narines larges et relevées, les lèvres épaisses, le menton aigu, le cou mince et court, les épaules étroites, les bras menus et longs, la glotte ressortie, la poitrine sans développement... le roi est plutôt petit que grand. »

D'après son dernier biographe, Bernard Quilliet, cette enveloppe rebutante cache une « médiocre personnalité ». Tempérament plutôt fruste, ce qui alimente les rumeurs sur ses origines douteuses, qui font de lui le fils de la duchesse d'Orléans et d'un palefrenier, il a « le gros bon sens des médiocres, ce qui vaut parfois mieux que les programmes trop ambitieux des intelligences exceptionnelles ». Vieilli prématurément par une vie de débauche, d'une santé délabrée, il n'a pas brillé jusque-là par son intelligence politique : « On le savait trop honnête, trop franc, trop primesautier, trop naïf pour voir en lui un grand politique... Les uns vantent son humanité, sa générosité, sa bonté, mises en valeur par des paroles aimables, une voix douce, une éloquence naturelle ; les autres insistent sur une cruauté bestiale quand, au plus fort des engagements guerriers, la vue du sang qui coule tout alentour suscite en lui de nouvelles ardeurs sauvages. »

De caractère plutôt facile, il aime rire, avec une prédilection pour les grosses plaisanteries. Sincèrement pieux, il peut être doux et indulgent comme se laisser aller à des actes d'une épouvantable cruauté, « à l'incomparable ivresse de l'hémoglobine répandue à flots », écrit Bernard Quilliet, qui apporte tout de même quelques retouches à ce portrait-repoussoir : « C'est que les médiocres peuvent avoir aussi certaines qualités, parfois même éminentes, comme ce fut le cas pour notre Louis XII : un certain courage physique non dénué de panache ; une intrépidité qui confinait à la plus sotte inconscience ; une jovialité d'humeur, une gaillardise facile, une simplicité de manières qui pouvait passer pour une attitude délibérée, voire pour un moyen de gouvernement ; un goût certain pour les belles-lettres, les livres, les objets précieux qui lui font prendre place parmi les souverains éclairés de son temps ; et même – pourquoi pas ? – ce tissu de contradictions apparentes qui peut passer pour de la richesse personnelle : Louis est chevaleresque, honnête, loyal, naïf, mais, quand il le faut absolument, il n'hésite jamais à prêter un faux serment sur les Évangiles, voire sur la sainte hostie ! »

À trente-six ans, il en paraît soixante, et si quelques actes de générosité lui ont valu le titre flatteur de « Père du peuple », on sait ce que peut parfois recouvrir cette étiquette. Le personnage ne soulève donc guère l'enthousiasme, et on a du mal à partager l'attirance d'Anne pour ce grand nigaud, qui, pour reprendre les formules de Bernard Quilliet, est toujours apparu comme le « dindon de la farce ». La pauvre duchesse, veuve d'« un débile de première grandeur », se prépare à épouser « une médiocre personnalité ».

Une veuve très active

Mais pas à n'importe quel prix. Elle est maintenant reine douairière, duchesse incontestée, libre de ses mouvements, alors que Louis est toujours l'époux de Jeanne de France, et qu'il ne peut garantir l'issue du procès d'annulation de son mariage, qui commence au mois d'août. Anne est cette fois en position de marchander, et elle fait monter les enchères, exigeant en particulier l'évacuation immédiate des villes bretonnes tenues par des garnisons françaises, à l'exception de Nantes et Fougères. Le roi accepte, mais les capitaines des garnisons royales refusent de céder la place, mettant en doute l'authenticité des lettres du souverain. Devant les protestations du prince d'Orange et d'Anne, Louis XII finit par exiger formellement cette évacuation.

La cour s'étant alors rendue à Étampes, c'est là que sont signés, le 19 août, deux accords entre le roi et la duchesse. Anne s'engage à épouser Louis, « incontinent que faire se pourra », c'est-à-dire dès l'annulation du mariage avec Jeanne, en considération des « biens, utilité et profit qui, au moyen de cette union, peuvent advenir ». De son côté, Louis XII a « aresté, promis et juré » sur les Évangiles et le canon de la messe de remettre les villes de Brest, Conches et Saint-Malo, et de ne garder que les châteaux de Nantes et de Fougères « pour seureté et accomplissement du mariage qu'il déclare vouloir faire ». Ces deux places seront restituées à Anne au cas où le mariage n'aurait pas lieu dans un délai d'un an.

La duchesse pouvait croire qu'elle avait renforcé sa position. D'une certaine façon, elle est maîtresse de la situation : Louis est tenu de l'épouser, mais si elle change d'avis, elle saura toujours trouver moyen de repousser le mariage au-delà du délai d'un an, ce qui rendrait le traité caduc. De plus, elle récupère Brest et Saint-Malo. C'est du moins ce qu'elle croit, car quelques heures à peine après avoir juré sur les Évangiles de restituer ces places, Louis XII envoie secrètement à ses capitaines l'ordre de n'en rien faire...

Trois jours plus tard, Anne de Bretagne quitte Étampes avec un imposant cortège pour se diriger enfin vers la Bretagne et y attendre en souveraine l'issue du procès en annulation du mariage entre Louis et Jeanne de France. Elle fait étape pendant quelques jours à Chartres, d'où, le 24 août, elle expédie « en grant et extreme diligence » des lettres dans les neuf évêchés bretons, convoquant les délégués des trois ordres pour la tenue des états de Bretagne, à Rennes : « De par la royne et duchesse. Nos amez et féaulx, nous prenons présentement nostre chemin pour nous en aller en notre pays et duché de Bretaigne, et pour ce que nous désirons congnoistre et entendre des faiz et choses de notre dict païs, aussi vous communiquer et déclairer de nos affaires, avons avisé assembler et tenir nos Etatz à nostre arrivée en nostre ville de Rennes au XVe jour de septembre prouchain. » En même temps, elle continue à s'occuper de récupérer ses biens, envoyant à Amboise un clerc « pour recouvrer la vaisselle d'argent du feu roy lui appartenant », et un messager à nouveau en Bourgogne pour lui ramener d'autre vaisselle qui avait servi pour le service de deuil de Charles VIII. Elle reste aussi en correspondance avec le roi, pour fixer en particulier le montant de son douaire.

Puis Anne reprend la route vers l'ouest, lentement. Elle ne semble pas pressée de rejoindre la Bretagne : la voilà qui s'arrête maintenant un mois à Laval, chez Jeanne, reine douairière de Sicile. Elle continue à expédier des lettres et à préparer son futur. Elle semble accorder une importance toute particulière à la création d'un corps de cent archers, qui constituerait sa garde privée et lui permettrait de mieux affirmer son rang. Curieusement, c'est en Bourgogne qu'elle entend recruter ces soldats. L'affaire semble urgente, puisque c'est « en grant dilligence extreme sur les chevaulx des postes tirant le droit chemin de Paris et de Bourgongne » qu'elle adresse, le 15 septembre, un courrier à son maître d'hôtel Louis Harpin pour qu'il achemine rapidement lesdits archers. Sans doute veut-elle les avoir avec elle pour son entrée en Bretagne.

Le 24 septembre, Anne est toujours à Laval, d'où elle écrit à Françoise de Dinan, son ancienne gouvernante, et à des seigneurs bretons. Le 27, elle est à Vitré, d'où elle envoie un messager au prince d'Orange. De là, par Rennes, elle arrive enfin à Nantes, où elle fait une entrée solennelle le 3 octobre, par la porte Sauvetout, décorée de tapisseries. Avançant sous un dais de velours noir, précédée d'étendards de satin blanc ornés de ses armes, et suivie de croix et de bannières noires, elle se rend à la cathédrale où elle assiste à une messe de requiem et écoute un sermon de condoléances de l'évêque.

À partir de ce moment, elle se consacre à l'administration de la Bretagne, toujours flanquée de son vieil ennemi, le vicomte de Rohan, qui est tout sourire et qui l'invite même dans son château de Blain le 8 octobre. Une de ses nouvelles tâches est de faire frapper une nouvelle monnaie, signe tangible de souveraineté : un écu d'or, sur lequel elle est représentée, couronnée, assise sur un trône, tenant le sceptre et la main de justice, vêtue d'un manteau où se mêlent fleurs de lys et hermines. La légende souligne son double titre : *Anna Dei gratia Francorum regina et Britonum ducissa*, tandis qu'au revers figurent la couronne ducale et la devise des monnaies royales : *Sit nomen Domini benedictum.* Jusque-là rabaissée, humiliée et soumise, Anne affirme maintenant son rang par tous les moyens. La formule « par la grâce de Dieu », en principe réservée aux rois, avait déjà été utilisée par la chancellerie bretonne en 1489 pour le premier sceau en majesté d'Anne, dont la légende, au lieu de commencer comme autrefois par le mot *sigillum*, adoptait aussi la formule royale, commençant par le prénom *Anna.* L'adoption de ce nouveau style signifiait que le pouvoir ducal s'attribuait tous les signes de la souveraineté, qu'Anne a maintenant une raison supplémentaire de conserver en raison de son titre de reine.

Installée au château de Nantes, entourée de Philippe de Montauban, son chancelier, d'Orange, de Rieux, d'Avaugour, de Rohan, assemblage hétéroclite d'anciens ennemis plus ou moins réconciliés, elle dirige personnellement les affaires. Elle a aussi retrouvé son trésorier général, Jean de Lespinay, qui avait été destitué par Charles VIII en 1491. Sa nomination à la trésorerie dès le mois d'avril 1498 est de la part d'Anne une décision éminemment politique, qui illustre sa volonté d'affirmer son indépendance. Lespinay prend en effet la place du trésorier nommé par Charles VIII, Olivier Barraud. C'est aussi une reconnaissance de dette : Anne lui doit 68 000 livres qu'il avait avancées pendant la guerre. Le changement touche d'ailleurs toute l'administration des finances, où l'on peut presque parler d'une chasse aux sorcières : sur les neuf receveurs des fouages, huit sont remplacés, le seul qui conserve son poste étant Martin Ayrolde, à Nantes. Des changements de même ampleur ont lieu dans les services de la recette ordinaire, où Anne place des fidèles. Jusqu'à sa mort, Lespinay va conserver la haute main sur le personnel, puisque c'est lui qui reçoit la caution des receveurs à leur entrée en charge. Il confie d'ailleurs la recette de Nantes à son propre fils, Guillaume, et place des gens à lui dans tous les services.

Jean de Lespinay est un auxiliaire précieux pour Anne, dont les exigences financières sont considérables. Grosse dépensière, elle dépend beaucoup des capacités de son trésorier à lui fournir rapidement des liquidités. Aussi voit-on ce dernier se rendre fréquemment près de la reine, qui n'est jamais en Bretagne : en 1500 et 1501, il va la rejoindre à Blois, à Paris, à Lyon, à Grenoble, en 1502 et 1503 encore à Blois, Lyon, Orléans. L'homme est habile et efficace, et n'oublie pas de remplir sa propre bourse en même temps que le Trésor ducal : les enquêtes menées après sa mort, en 1524, révéleront de colossales malversations et un débit de plus de 80 000 livres à l'égard du roi.

Cependant, Anne ne détruit pas systématiquement les innovations de Charles VIII en Bretagne. Lorsqu'elles lui semblent utiles au bon fonctionnement de son gouvernement, elle les conserve. Ainsi le poste de général des finances, créé par le roi dès 1491 pour aligner la Bretagne sur les autres provinces, et dont le rôle est de diriger l'ordonnancement des dépenses, est-il conservé. Anne ne cherche pas un retour systématique à la situation d'avant 1491, mais bien la mise en place d'un système plus efficace, qui lui permette de mieux gérer les affaires afin de peser davantage face au nouveau roi. À travers la direction de la Bretagne, c'est son propre rôle qu'elle cherche à développer, car une Bretagne forte, c'est tout simplement l'instrument de ce rôle. Le duché n'est qu'un moyen au service de son influence politique : l'exaltation de sa personne sur la nouvelle monnaie en est le symbole.

De même, elle ne touche pas aux réformes judiciaires accomplies pendant le règne de Charles VIII. Elle se contente de prendre des mesures pour en accroître l'efficacité, comme l'ordonnance du 21 décembre qui limite les pouvoirs des justices ecclésiastiques en leur interdisant de connaître les causes et actions réelles d'héritage. Dans tous les domaines, à la tête d'un conseil ducal reconstitué, elle reprend les choses en main, réforme, confirme des titulaires, comme Hélène de Laval, dame de Châteaugiron, qui est son premier chambellan, le 9 octobre. En même temps, elle augmente considérablement ses revenus personnels grâce au douaire que lui accordait le contrat de mariage de 1491, que Louis XII applique sans discuter : Anne reçoit tout ce qui avait jadis constitué le douaire de Charlotte de Savoie : La Rochelle, Saint-Jean-d'Angély, Rochefort, l'Aunis, une partie de la Saintonge, Loudun. Le roi y ajoute généreusement Beaucaire et Narbonne, en dépit des protestations de ses gens de finances. Visiblement, il tient à récupérer sa duchesse.

L'annulation du mariage de Louis et de Jeanne

Pour cela, il est nécessaire de faire annuler son mariagc avec Jeanne de France. Politiquement, ce mariage, célébré sous la contrainte, n'avait aucune valeur. De plus, la raison d'État, dans le cadre de la monarchie héréditaire, exigeait que le roi procréât des fils. Toutes les bonnes raisons se conjuguaient pour rendre ce mariage odieux, et l'annulation ne devait pas poser de problème, à condition que Jeanne y mît un peu de bonne volonté. Or la reine – puisque officiellement c'est son titre – refuse de collaborer.

Dans cette déplorable affaire, l'unanimité s'est faite chez les historiens pour plaindre la malheureuse Jeanne de France. Il convient cependant de rappeler que la décision de Louis XI, sur qui repose toute la responsabilité, avait ruiné la jeunesse du duc d'Orléans. Fou de rage et de dépit d'avoir été forcé d'épouser cette créature difforme, il s'était jeté dans la débauche. Certes,

Jeanne s'était montrée attentionnée, soumise, et avait été traitée avec un mépris indigne. Mais elle savait que Louis n'était pas responsable de ce mariage ; elle savait qu'en tant que roi il lui fallait des enfants, qu'elle ne pouvait pas concevoir. Plutôt que de s'accrocher vainement à une situation sans issue, qui devait la conduire à des humiliations supplémentaires, n'aurait-elle pas dû accepter la porte de sortie honorable que lui ouvrait le roi dès le mois de juin 1498 ? En effet, comme le raconte le chroniqueur Jean Bouchet, « le roy, après son sacre et couronnement, se déclaira audict seigneur de la Trémoille pour en avoir son conseil et aussy en porter la parolle à ladicte dame [Jeanne]... Par le commandement du roy, ung jour alla vers elle et luy dist : "Madame, le roy se recommande très fort à vous, et m'a chargé de vous dire que la Dame de ce monde qu'il ame plus est vous, sa proche parente... pour les graaces et vertuz qui en vous resplendent, et est fort... courroussé que voz n'estes disposée à avoir lignée, car il se sentiroit curieux de finir ses jours en si saincte compaignie que la vostre. Mais vous sçavez que le sang royal de France se commance à perdre et diminuer, et si ainsy advient au roy qui à présent est, le royaume changera de lignée et par succession pourra tomber en mains extranges... Pour laquelle considération... a esté conseillé au roy... prendre aultre espouse, s'il vous plaist y donner consentement, jaçoit... ce que droict n'y ayt vray mariage entre vous deux, parce qu'il dict n'y avoir donné aulcun consentement, mais l'avoir faict par force et pour la crainte qu'il avoit que feu Monseigneur vostre père, par furieux courroux, actemptast en sa personne." »

Louis XII offre à Jeanne de reconnaître que leur mariage n'a jamais été consommé, et qu'il est donc nul. En échange de quoi on lui attribuera une situation confortable. Mais Jeanne ne l'entend pas de cette oreille. À l'hypocrisie du roi qui prétend que le sort de la monarchie est en jeu s'il n'y a pas de fils, ce qui est faux puisque François d'Angoulême est prêt à prendre le relais, elle répond par une autre hypocrisie : tout ce que je souhaite, répond-elle, c'est « vivre en perpétuelle chasteté ; car la chose que plus je désire est, les mondains honneurs contemnez et délices charnelles oubliées, vivre spirituellement avec l'éternel roy et éternel empereur, duquel, en ce faisant et suyvant la vie contemplative, je pourrois estre espouse et avoir sa graace ». Je serais trop heureuse de me retirer dans un couvent, mais je ne le peux pas, parce que mon mariage est légitime.

Que signifie cette réponse ? Jeanne ne vit-elle pas déjà, par force, en « perpétuelle chasteté » ? Quelles « délices charnelles » peut-elle bien avoir à oublier, elle qui a toujours inspiré à son mari le plus profond dégoût ? Quant aux « mondains honneurs », elle qui vit dans la retraite et à qui le roi n'a même pas fait part de son couronnement, auquel elle n'a évidemment pas été invitée, elle n'en a jamais eu le moindre soupçon. En refusant obstinément de s'écarter, alors qu'elle est déjà de fait à l'écart, ne cherche-t-elle pas à se venger, sous cette pieuse apparence, d'un mari qui l'a si longtemps humiliée ? Son but n'est-il pas de lui empoisonner l'existence, en l'empêchant de se remarier ? Et la charité chrétienne, qu'elle invoque si volontiers, ne consisterait-elle pas plutôt à céder la place ? Qu'il soit au moins permis de poser ces questions.

Il va donc falloir procédurer. Et dans cette matière, c'est au pape que l'on doit s'adresser. Il ne devrait pas y avoir de problème, car Alexandre VI Borgia, qui se vautre dans des débauches à côté desquelles celles de Charles VIII et de Louis XII sont des enfantillages, a justement un marchandage à proposer. Son fils, le cardinal César Borgia, qui a déjà assassiné une partie de la famille, souhaiterait épouser Charlotte d'Aragon, fille de l'ex-roi de Naples. Et cette dernière est une des demoiselles d'honneur d'Anne de Bretagne. Il y a donc moyen de s'entendre.

Dès le 29 juillet, le pape montre ses bonnes dispositions en signant un bref énumérant les motifs de nullité de mariage entre Louis XII et Jeanne : Louis XII était filleul du père de Jeanne, ce qui crée une affinité spirituelle : ils sont parents au quatrième degré ; le duc d'Orléans était mineur à l'époque des fiançailles ; le mariage a été effectué sous la contrainte, contrainte qui a persisté sous le règne de Charles VIII ; le duc n'a jamais consenti à cette union avec une femme « tellement viciée et maléficiée de son corps qu'elle est incapable des actions du mariage et sans espoir possible de maternité » ; l'emprisonnement du duc pendant trois ans l'a empêché de demander l'annulation, mais il l'a fait aussitôt qu'il a pu le faire sans danger, c'est-à-dire dès la mort de Charles VIII.

On a dissout des mariages pour bien moins que cela. En reconnaissance à l'égard des bons sentiments du pape, le roi fait cadeau à César Borgia du comté de Valentinois et de Diois, et lui promet d'arranger son mariage avec Charlotte. Dans les lettres patentes, le royal cadeau est adressé à notre « très chier et très amé cousin Damp César Borgia, en faveur de nostre sainct Père, duquel il est prouchain parent, par considération des bons services que le seigneur Damp César Borgia luy a faicts et fera, pour cause de certain mariage que le roy entend faire de la personne dudict Borgia ».

Tout s'engage donc bien. Le pape nomme trois juges complaisants qui devront ensuite recruter les membres du tribunal chargé en France de se prononcer sur l'annulation : Louis d'Amboise, frère du cardinal Georges, le nonce portugais Francisco d'Almeida, évêque de Ceuta, et le cardinal Philippe de Luxembourg, évêque du Mans. Le procès s'ouvre le 10 août dans l'église Saint-Gatien de Tours. Les péripéties en ont été racontées maintes fois, toujours en faveur de la pauvre Jeanne, contrainte de fournir des explications d'ordre intime très humiliantes. Mais de son côté, n'a-t-elle pas certains torts ? Pourquoi, le 13 septembre, par exemple, déclare-t-elle que son mari l'a épousée sans contrainte, ce qui est manifestement faux ? Quel être sain d'esprit aurait épousé Jeanne de son plein gré ? Elle va même jusqu'à affirmer que son père n'aurait jamais maltraité Louis d'Orléans s'il avait refusé le mariage, car il n'a jamais maltraité un seul de ses sujets (il s'agit de Louis XI !). Lorsqu'il est question de la faire examiner par des femmes « prudes et sages » pour savoir enfin si, physiquement, elle est apte à la copulation, elle recule. Cet examen, certes désagréable, n'aura jamais lieu. À la place, le défenseur de Jeanne, François Béthoulas, fait un plaidoyer dans lequel il rappelle toutes les occasions où Louis et Jeanne avaient couché ensemble, « seul à seule, nus tous les deux, afin de rendre le devoir conjugal par union charnelle... avec rires, baisers, étreintes et autres signes de désir ». Le duc aurait même déclaré plusieurs fois le matin : « J'ay bien gagné à boire parce que j'ay chevauché ma femme ceste nuyt trois ou quatre fois. »

Qu'en dit le roi ? Interrogé une première fois en petit comité le 29 octobre, près de Montils-les-Blois, il déclare qu'il n'a jamais eu de relations sexuelles avec sa femme, car il en serait devenu fou (« aultrement il eust esté afollé »). Le 5 décembre, cette fois devant tout le tribunal, il jure sur les Évangiles que « jamais... ne fut... avecques elle... comme avecques sa femme, ni ne s'efforça icelle congnoistre par affection maritalle ; et si ne la congnut réalement et que, plus est, ne coucha jamais avec elle nu à nu ». On sait ce que valent les serments du roi, même si de nombreux témoins à sa solde viennent confirmer ses dires.

Le tribunal, qui s'était transféré à Amboise dès le 22 septembre en raison d'une épidémie qui frappait Tours, rend sa sentence le lundi 17 décembre en l'église Saint-Denis : le mariage entre Louis et Jeanne est annulé. Personne n'est surpris, mais les réactions sont hostiles, si l'on en croit les chroniqueurs, qui déclarent que la foule conspue les juges, les qualifiant de Caïphe, Anne, Hérode et Pilate. Certains prédicateurs, comme le principal du collège de Montaigu à Paris, Jean Standonck, et comme le franciscain breton Olivier Maillard, établi à Meung-sur-Loire, osent même s'élever contre la sentence, en dépit des menaces dont ils sont l'objet. Mais Louis XII préfère l'apaisement. Généreux, il attribue à Jeanne le duché de Berry, une pension de 30 000 livres et le droit de nommer à certains offices royaux. L'ex-reine, qui subit elle aussi l'influence de François de Paule, confie à ce dernier son intention de fonder un ordre religieux féminin, l'Annonciade, dont le saint pape Borgia approuvera la règle en 1501. Elle y prononcera ses vœux en 1503, et mènera alors la vie ascétique dont elle rêvait : se fouetter jusqu'au sang tous les jours, porter un cilice, une chaîne de fer à même la peau, et un éclat de bois en forme de croix avec cinq clous qui lui entrent dans la chair. L'Église, bien sûr, canonisera cette sainte femme.

Pendant toute la durée du procès, Louis XII écrit régulièrement à Anne, pour la tenir au courant. La duchesse suit de près le déroulement, dont dépend son propre sort. Elle se fera même remettre une copie des procès-verbaux. Le sort de Jeanne de France ne l'émeut visiblement pas. Il est évident qu'elle souhaite redevenir reine et qu'elle cherche à mettre tous les atouts de son côté pour être en mesure de dicter ses conditions.

L'annulation du mariage était décidée d'avance. Dès le mois de septembre, Alexandre VI avait fait rédiger les dispenses pontificales nécessaires à l'union de Louis et d'Anne de Bretagne, qui étaient cousins. Il les avaient confiées à son fils le cardinal César Borgia, qui s'était alors rendu en France avec une escorte imposante. Il avait tout de même attendu que le tribunal ait rendu sa sentence pour se rendre auprès du roi, le 18 décembre, à Chinon. L'arrivée du cortège fut un événement : 60 mulets portant les bagages, 16 chevaux conduits chacun par un page précédant les deux mignons du cardinal bâtard du pape ; viennent ensuite 16 pages à cheval, 8 mules portant des cassettes pleines de bijoux, 30 seigneurs, des troubadours, des musiciens, 80 laquais ; derrière, César en personne, avec une robe de drap d'or et de satin cramoisi, surchargée de pierres précieuses, portant une couronne à deux rangs d'énormes rubis, montant un cheval à caparaçon de feuilles d'or, précédant sa mule ornée de roses d'or, 24 mulets et des chariots.

Les effets de l'orgueilleux César sont cependant coupés, car le nonce Fernand d'Almeida a déjà prévenu le roi qu'il apporte les dispenses, qui sont donc immédiatement remises au souverain. Lc pape y déclare que « désirant entretenir et accroître les douceurs de la paix parmi les fidèles du Christ et éviter la naissance des scandales et discordes, avec l'aide de Dieu,... accordait au roi des chrétiens et à la reine Anne, par un don de sa grâce spéciale et au cas où le mariage du roi et de sa première femme serait annulé, la permission de convoler librement en secondes noces et de vivre désormais dans cette union licite qui leur promettait des fruits légitimes ». On ne recommencera donc pas l'erreur de 1491, où Anne et Charles s'étaient mariés sans attendre les dispenses pontificales. Cette fois, elles arrivent avant même qu'on les ait demandées !

Un contrat très favorable

Rien ne s'oppose donc plus au mariage entre Anne et Louis, en application du traité d'Étampes. Pour Anne, c'est un peu une revanche. Elle est maintenant en position de force, et c'est le roi qui est demandeur. Elle le lui fait sentir : d'abord en exigeant, et en obtenant, l'évacuation de Brest et de Saint-Malo par les troupes françaises. Ensuite en organisant le mariage en terre bretonne, à Nantes. Enfin et surtout en arrachant un contrat de mariage beaucoup plus favorable que celui de 1491.

Le texte, mis au point par des négociateurs pendant plusieurs semaines, est signé au château de Nantes le 7 janvier 1499 par les deux souverains, et en présence de nombreux témoins, dont Georges d'Amboise, le prince d'Orange, le vicomte de Rohan, les comtes de Guise, de Ligny, le marquis de Rothelin, les évêques d'Albi, de Saint-Brieuc, de Luçon, de Léon, de Sète, de Quimper, de Bayeux, le sénéchal de Rennes, le gouverneur de la chancellerie de Bourgogne, Robert Scliczon, Amaury de Quenechquivilly, maîtres des requêtes et conseillers ordinaires. Le contrat prend soin de sauvegarder l'entité bretonne, en séparant la succession ducale de la succession royale : afin « que le nom de la Principauté de Bretaigne ne soit et demeure aboli pour le temps avenir, et que le peuple d'iceluy pays soit secouru et soulagé de leurs nécessitez et affaires, a esté accordé que le second enfant masle, ou fille au deffaut de masle, venant de leurdit mariage, et aussi ceux qui ystront respectivement et par ordre, seront et demeureront princes dudit pays, pour en jouir et user comme ont de coustume faire les ducs ses précédesseurs, en faisant par eux au roy les redevances accoustumées ; et s'il advenoit que d'eux deux de leurdit mariage n'yssit ou vint qu'un seul enfant masle, et que d'iceluy masle cy-après y yssissent ou vinssent deux ou plusieurs enfans masles, ou filles, audit cas, ils succéderont pareillement audit duché, comme dit est ».

Même si Anne meurt la première sans enfants, le roi ne gardera le duché que sa vie durant, et celui-ci passera ensuite aux héritiers d'Anne : « Si icelle dame alloit de vie à trespas avant le roy très chrétien sans enfans d'eux, ou que la lignée d'eux procréée audit mariage défaudroit, en ce cas ledit roy très chrestien jouira [sa vie durant seulement] desdits duché de Bretaigne, et autres pays et seigneuries que ladite dame tient à présent ; et après le deceds du roy tres chrestien, les prochains vrais héritiers de ladite dame succederont auxdites duché et seigneuries, sans que les autres roys ne successeurs en puissent quereller, ne aucune chose demander. » Par le même contrat, Louis garantit à Anne la jouissance de son douaire et promet de lui en constituer un autre pour le cas où il mourrait le premier.

En outre, quelques jours plus tard, Louis XII confirme les privilèges et droits des Bretons, à la requête d'une délégation des trois ordres, venue à Nantes pour le solliciter. La démarche a bien entendu été organisée par la duchesse, et se solde par un texte royal solennel, deux fois plus long que le contrat de mariage, et qui garantit pour le duché le maintien d'un statut autonome. Le roi s'engage à ce « que aucune nouvelle loi ou constitution n'y soit faite, fors en la manière accoustumée par les roys et ducs prédécesseurs de nostredite cousine la duchesse de Bretaigne ». Il confirme toutes les nominations d'officiers qui ont été faites par Anne et garantit « que quant vaccation d'iceux offices adviendra par mort, forfaiture ou autrement, qu'il soit sur ce pourveu auxdits offices à la nomination de nostredite cousine, et que lesdites lettres en soient scellées en Bretaigne ». Les impôts seront décidés par les états. La justice sera rendue en Bretagne. En cas de guerre « que pourrions cy après faire hors dud. pays de Bretagne, que les nobles d'iceluy pays ne soient subgets à nous servir hors dud. pays, fors en cas d'extreme nécessité, ou qu'il y ait sur ce consentement de nostredite cousine et des États dud. pays : nous sur ce voulons et entendons ne tirer lesd. nobles hors dud. pays sans grande et extreme nécessité ».

En ce qui concerne les bénéfices ecclésiastiques, le roi accorde qu'ils « soient baillez aux gens d'icellui pays de Bretaigne, et que autres n'y soient receus à les avoir par lettres de nationalité ou autrement, fors par la nomination de nostredite cousine ». Les différends sur les questions frontalières, dans les marches, seront réglés par des commissions mixtes franco-bretonnes. La duchesse obtient même de faire régler par ce texte un vieux compte qui lui tient à cœur : la nomination de l'évêque de Nantes. On y rappelle que c'est contre sa volonté que l'évêché avait été attribué par le pape d'abord à Robert d'Espinay, puis à Jean d'Espinay son frère, alors qu'Anne voulait y nommer son secrétaire Guillaume Guéguen, abbé commendataire de Saint-Sauveur de Redon, prieur de Léon, chanoine et archidiacre de Nantes ; la duchesse déteste la famille d'Espinay, en particulier les deux frères, « lesquels nostredite cousine disoit avoir été et estre tous deux lors en party à elle contraire, et avoir par indus et sinistres moyens, et contre le vouloir et plaisir d'elle s'efforcé de occuper et tenir ledit evesché de Nantes et lesquels toujours elle eust et a à présent pour suspects et non agréables ». Elle a fait confisquer le temporel de l'évêché, ce que le roi approuve et confirme, s'engageant par ailleurs à écrire au pape en faveur de Guéguen, qui effectivement obtiendra l'évêché l'année suivante.

Ainsi, Anne obtient quasiment tout ce qu'elle veut. Elle reste pleinement souveraine de son duché, où elle contrôle toutes les nominations et dispose de tous les revenus. Par cet acte, la Bretagne est associée au royaume, plutôt qu'absorbée en son sein, par une union strictement personnelle des deux souverains. Sorte d'État dans l'État, le duché va bénéficier des avantages d'une ouverture économique sur le royaume, tout en évitant, espère-t-on, les abus de l'« absolutisme » à la française.

Le mariage de Nantes (janvier 1499)

Le lendemain de la signature du contrat, le 8 janvier 1499, le mariage est célébré, assez discrètement, comme le premier, et là encore dans la chapelle d'un château, à Nantes. Les deux conjoints sont de vieux routiers des affaires matrimoniales. Ce n'est pas leur première expérience. Tous deux ont connu l'annulation de précédentes unions et savent combien il est facile de défaire, au gré des convenances politiques, les liens les plus solennels. C'est sans doute pourquoi Louis XII, dès le surlendemain, le 10 janvier, écrit une lettre à la chambre des Comptes de Paris, qui est un véritable manifeste à l'adresse de ses sujets, leur confirmant que son précédent mariage a bien été annulé et affirmant haut et fort, afin que nul n'en doute, qu'il vient de consommer le présent mariage avec Anne :

« Voulant pour le bien, seureté et repos de notre royaume avoir lignée et postérité vanant de Nous pour succéder à iceluy, avons par l'avis et conseil des princes et seigneurs de Notre sang et lignaige et moyennant dispence sur ce obtenue par le Sainct Siège apostolique, traicté mariage et iceluy consommé selon l'ordre et institution de Notre Sainte Mère Église, avec Nostre très chère et très aimée cousine la reine vefve du roy Charles dessus dict, à présent nostre compagne et épouse ; et pour ce que les choses dites concernent non seulement l'estat et l'honneur de Nous, mais aussi la seureté, conservation, bien et tranquillité de Nostre dict royaume et de tous Nos subjets, terres et seigneuries qui ne doivent estre ignorées, mais à chacun et en tous lieux connues et manifestées. Nous avons bien voulu vous en advertir, sçachant certainement que, comme Nos bons et loyaux subjets et qui aimez et désirez Nostre prospérité, les choses dessus dites vous viendront à consolation et plaisir. »

Quelques réjouissances populaires accompagnent la célébration du mariage. Anne, qui ne peut s'empêcher de penser que sa précédente union avait été un échec à cause de l'affaire des dispenses, et que son incapacité de produire et d'élever un héritier était le résultat de la vengeance divine, cherche cette fois à mettre le ciel de son côté. Elle multiplie les dons aux églises et lieux de pèlerinage, en particulier là où on honore Notre-Dame-de-la-Conception. Les églises Saint-Nicolas et Saint-Vincent de Nantes, Sainte-Anne de La Roche-Bernard, Saint-Sauveur de Redon, Saint-Yves en divers lieux, de la Conception à Vannes, reçoivent de riches cadeaux : ornements de velours, calices et burettes en argent.

Anne va retenir son mari dans son duché pendant un mois. Louis connaît bien les lieux pour les avoir longuement fréquentés pendant sa jeunesse. Il y organise des chasses interminables, auxquelles Anne participe quelquefois. Ils sont suivis comme leur ombre par une vieille connaissance, le vicomte Jean de Rohan, qui se fait tout mielleux pour l'occasion. À la mi-janvier, il invite les jeunes mariés dans son château de Blain et en profite pour aborder l'embarrassante question du procès qui traîne toujours contre Anne : « Ledit sieur de Rohan, peut-on lire dans un acte officiel, tant en son nom qu'à cause de ladite dame sa compagne, a fait dire et remontrer au roy et à la reyne qu'il avait grand déplaisir d'avoir proceix à eux, par quoy les suppliait qu'ils voulseissent choisir et élire aucuns bons, vertueux et notables personnages auxquels ils donnassent plein pouvoir et authorité, comme aussi il le ferait de sa part. »

Lors de leur séjour à Blain, Anne et Louis acceptent de s'en remettre à une commission d'arbitrage, « afin de connaître, juger et décider de tous et un chacun les différents, questions et proceix dessusdits, promettant par leur sermens et en foy et parole de roy et de reyne et sous l'obligation de tous leurs biens et à peine de vingt mille écuz d'or, d'avoir pour ferme et agréable, et tenir comme Arrest de parlement, tout ce qui sera dit, sententié et déterminé par les dessusdits arbitres dedans le temps et terme de un an prochain venant ». Les arbitres, qui arrivent à un compromis signé à Blois dès le 20 février, sont l'inévitable Georges d'Amboise, son frère Louis, évêque d'Albi, le chancelier Guy de Rochefort, le second président du parlement Thibaut Baillet, le conseiller du roi Philippe Baudot, le sénéchal de Rennes Alain Le Marrec, le sénéchal de

Guérande Guillaume Le Bigot, le chantre de Cornouaille Jean Calloët.

En dépit de leur vieux contentieux, Anne et Jean de Rohan se font bonne figure. Ce dernier est largement pensionné par la duchesse : dans les comptes ducaux de 1501, on relève la somme de 62 600 livres pour Jean II, à côté de 20 000 livres pour Rieux, 12 000 pour Orange, 5 250 pour Louis de Rohan-Guéméné, 2 000 pour le Grand Maître de Bretagne, 2 400 pour Jean, fils de Jean II, et 1 000 pour son frère Jacques. Il est vrai qu'Anne n'a plus grand-chose à craindre du vicomte. Encore que celui-ci puisse toujours nourrir un vague espoir : le contrat de mariage d'Anne prévoit que si elle meurt la première sans enfants le duché ira à ses héritiers après la mort du roi. Mais dans ce cas, qui seraient les héritiers ? Les Rohan ne seraient-ils pas les plus proches ? L'hypothèse n'est pas absurde : jusqu'ici, Anne n'a pas pu garder vivant un seul de ses enfants. Il suffit d'attendre, sans faire de vagues. Assagi, le vicomte se montre pendant le reste du règne un sujet complaisant.

Le couple royal : Louis et sa Bretonne

Les mois d'hiver passés en Bretagne, à Angers et à Blois, de janvier au début d'avril 1499, sont pour Louis XII et Anne une période heureuse de vie commune. Visiblement, ils s'entendent bien, et se donnent des marques d'affection inhabituelles entre souverains. Ils couchent toujours ensemble, et dès la fin février, Anne est enceinte. Les observateurs notent que le roi s'est rangé, qu'il est maintenant un époux fidèle qui, au dire de Claude de Seyssel, a « déposé tous ses plaisirs et toutes ses délices ». Il « n'est autres gens, poursuit-il, qui scussent faire si bonne chière l'un à l'autre qu'ils s'entrefont et font toujours quand ils sont ensemble ».

Et il semble bien que dans leur vie privée, Louis soit aussi le demandeur. Le même auteur assure qu'il n'y eut « jamais dame mieux traictée ni plus aimée de son mari », qui l'appelle dans l'intimité « ma petite Brette », c'est-à-dire Bretonne, et qui ne tolère dans son entourage aucune parole inconvenante ou ironique à son sujet. Jean d'Auton rapporte qu'il réprimanda sévèrement des acteurs qui s'étaient permis des libertés à son égard dans leurs propos. Il semble assez fier d'elle et de son esprit, envoyant régulièrement les ambassadeurs lui présenter leurs respects. Il fait preuve de beaucoup de patience et, de tempérament facile et plutôt enjoué, il accepte d'elle récriminations et doléances, jusqu'à un certain point. Car il sait parfois la remettre à sa place. Louis a l'air d'être heureux d'avoir enfin une femme présentable, pour laquelle il éprouve une réelle affection.

L'attitude d'Anne à son égard paraît plus ambiguë. Elle donne plutôt l'impression de profiter de la situation, en exploitant l'attachement que Louis éprouve pour elle afin d'obtenir satisfaction de ses volontés. Les contemporains ont noté l'obstination dont elle fait preuve lorsqu'elle désire quelque chose, revenant sans cesse à la charge jusqu'à ce que le roi capitule, de guerre lasse. C'est ainsi que lors du procès du maréchal de Gié, note dom Morice, il finit par céder « pour ne la pas courroucer et pour se défaire de ses importunités ». Mais elle sait aussi utiliser d'autres armes : la coquetterie, les larmes, les reproches, la froideur, la séduction, voire le chantage. Certains chroniqueurs insinuent que lors de la crise de la fin du règne, lorsque le roi, en conflit avec le pape, est sous la menace d'une excommunication, elle aurait menacé de ne plus coucher avec lui.

Quoi qu'il en soit de ces rumeurs, il est certain qu'Anne de Bretagne sait utiliser toutes les ressources de la féminité, ce qui apporte une sympathique touche d'humanité que l'on a souvent du mal à imaginer derrière les portraits convenus ou les descriptions hagiographiques. Anne est une duchesse, une reine, mais surtout une jeune femme qui a du caractère, des qualités et beaucoup de défauts. Elle semble très jalouse, non sans raison si on se souvient du passé turbulent de Louis. Mais le roi, usé, n'est plus ce qu'il était. Anne suffit à l'occuper, et elle s'y entend, écrit Bernard Quilliet : « Il suffisait de ne jamais relâcher l'insistance avec laquelle une femme déterminée sait solliciter, susciter et réveiller les ardeurs assoupies de son conjoint. »

Dans ce couple presque bourgeois, il ne manque pas même les querelles de ménage et les bouderies passagères. Après la naissance de leur fille Claude, le grand sujet de discussion sera le choix d'un gendre. Là encore, le sujet serait banal, si ce n'était la personnalité des candidats : Louis en tient pour François d'Angoulême, futur François Ier, et Anne pour Charles de Habsbourg, futur Charles Quint. En somme, c'est la répétition du dilemme qu'avait connu Anne elle-même : sa fille sera-t-elle reine de France ou impératrice du Saint Empire ? Nous reviendrons sur l'affaire, qui occasionne plusieurs querelles entre les époux. Au cours de l'une d'elles, Anne lance à Louis : « Vraiment ! à vous entendre, l'on croirait que toutes les mères conspirent le malheur de leurs filles ! » Agacé, Louis répond qu'après tout c'est lui le patron : « Sachez, Madame, qu'à la création du monde, Dieu avoit donné des cornes aux biches aussy bien qu'aux cerfs ; mais que, comme elles se virent un si beau boys sur la teste, elles entreprindrent de leur faire la loy ; dont le souverain créateur étant indigné, leur osta cet ornement, pour les punir de leur arrogance. » Anne, avec son obstination habituelle, multipliera les obstacles ; elle vivante, jamais Claude n'épousera François. Et quand elle apprend que le roi s'est prononcé en faveur de ce dernier, elle s'en va toute seule faire un tour de Bretagne, et il faudra que le roi se fâche presque pour la faire revenir.

Une relative indépendance

En dehors de ces brouilles passagères, les deux époux sont complices. Anne jouit d'une liberté beaucoup plus grande qu'avec Charles VIII. Le roi lui laisse prendre des initiatives. Non seulement elle préside aux cérémonies et aux fêtes, comme celles qui seront données à Blois pour le mariage de Guillaume Paléologue, marquis de Montferrat, avec Anne d'Alençon, mais elle intervient de son propre chef dans les affaires politiques, au point que les conseillers royaux s'en émeuvent : « On rapportoit quelquefois au roy Loys, écrit d'Argentré, que telle et telle chose avoit esté faite, et divisée par la royne, le conseil ne trouvoit pas tousjours tout bon, qu'on le passast au non-sçeu du roy : lors il leur respondoit : mes amis, il faut avoir patience, c'est force qu'on alloue beaucoup de choses à une femme preude, sans le vouloir rétracter. »

Elle reçoit les ambassadeurs ; les doges et les papes lui écrivent personnellement. Quand Louis est en Italie, c'est elle qui prend les choses en main, faisant passer, de Lyon, des troupes et de l'artillerie dans le Milanais, assistant à la fonte des gros canons. Elle écrit à Marguerite d'Autriche et à son neveu Charles pour leur demander d'intervenir auprès de Maximilien en faveur de la paix. Mais c'est surtout en faveur de ses amis qu'elle se montre active, pour leur obtenir des postes, des emplois, des récompenses. Dans une lettre autographe du 24 mai 1510 adressée au chancelier, elle lui promet d'intervenir en sa faveur pour qu'il hérite de toutes les fonctions du cardinal d'Amboise, alors mourant : « Je vous prie, comme celuy que je tiens envers moy estre loial serviteur, que metés poine à prendre et vous faire tomber le tout entre les mains ; quar je vous hy désire et nul autre non, et de moy vous hy porterai tant que sera en ma puissance et vous le connaistrés. Je suis d'avis que devés atirer à vous ceux que pensés vous estre bons, et m'avertir quy hy sont. Metez horde en cet affaire de sy bonne que nul autre ne vous coupe le chemin. Entendés bien cete letre et me la renvoiés aveques la reponsse d'icelle bien tost. »

Elle n'hésite pas à intervenir fréquemment auprès de Ferdinand d'Aragon en faveur de ses protégés espagnols, comme par exemple son aumônier Nicolas de Dicastillo, pour demander au pape qu'il lui accorde l'évêché de Pampelune, ou comme Michel Ruiz, jurisconsulte napolitain, pour que Ferdinand lui restitue ses biens saisis dans le royaume de Naples. Le 21 avril 1505, Anne écrit encore au roi d'Espagne, cette fois en faveur de son demi-frère, le seigneur d'Avaugour, qui avait lui aussi perdu des biens dans ce même royaume. À l'inverse, c'est à Anne qu'écrivent Ferdinand et Isabelle le 18 septembre 1503 pour se plaindre d'un acte de piraterie commis sur des navires espagnols par des Français, et la reine répond que « justice sera faite, ainsi qu'à ce cas il appartient ».

C'est dans ses rapports avec Rome qu'Anne manifeste le plus clairement son indépendance, jouant sur sa position de duchesse. En décembre 1498, elle a envoyé au pape une ambassade solennelle pour lui prêter obédience, comme le faisaient traditionnellement les ducs, et pour lui demander confirmation des privilèges de la Bretagne. Ses ambassadeurs, dirigés par l'évêque de Tréguier Robert Guibé, se présentent comme les envoyés de la duchesse, sans aucune mention du titre de reine. Alexandre VI est un peu embarrassé, puis accepte, le 12 mars 1499. Il confirmera les privilèges de la duchesse pour la nomination des évêques bretons le 15 décembre 1504. C'est par une lettre personnelle que Jules II notifiera à Anne son élection, le 24 décembre 1505 ; de même, c'est à elle que sont adressées les lettres de créance des nonces en Bretagne. Jusqu'à sa mort, Anne sera une alliée fidèle du pape, au risque même d'entrer en conflit avec le roi, comme pendant la crise de 1513.

À la fin de l'hiver 1499, le roi, la reine, revenus de Nantes après une longue étape à Angers, passent à Amboise, où des fêtes sont données en l'honneur d'Anne. Puis ils s'installent, en avril, au château de Blois, résidence principale de Louis lorsqu'il était duc d'Orléans. Séjour interrompu très vite par une épidémie qui touche la ville. On se replie alors en toute hâte sur les solitudes giboyeuses de la Sologne, à Romorantin, où le roi a une vaste demeure. Anne est enceinte de presque trois mois, et elle constate que son deuxième mari est atteint du même virus que le premier : l'Italie.

Louis XII prépare son expédition depuis l'été 1498. Son but est de récupérer ce qu'il considère être son légitime héritage par sa grand-mère Valentine Visconti : le duché de Milan. Pendant le règne de Charles VIII, il en a été empêché par ce dernier, qui considérait Ludovic Sforza, l'usurpateur du Milanais, comme son allié. L'obstacle est maintenant levé, et Louis est d'autant plus enthousiaste pour une descente en Italie qu'il est poussé et manœuvré par César Borgia et les Vénitiens, qui espèrent bien profiter de l'opération.

Pour se concilier les faveurs du pape, Louis XII a accepté de satisfaire les exigences matrimoniales de César Borgia, avec l'accord d'Anne de Bretagne, qui montre ici l'un des côtés mesquins de sa personnalité. César exigeait au départ la belle Charlotte de Savoie, une des dames de compagnie de la reine. Épouvantée à la perspective d'épouser ce monstre, Charlotte obtient la protection d'Anne, qui s'oppose catégoriquement à une telle union. À la place de Charlotte de Savoie, la reine offre une autre proie à César, une autre Charlotte, jeune, belle et pieuse, mais fille d'Alain d'Albret, vieil ennemi de la duchesse de Bretagne. Basse vengeance contre une famille détestée. Le roi et la reine ont même l'audace d'écrire que « ledit duc de Valentinois [César Borgia] estoit ung très-honneste et bon personnaige, seur et discret » ! Alain d'Albret accepte d'autant plus facilement de sacrifier sa fille qu'on lui promet le chapeau de cardinal pour son fils Amanieu. Le mariage est célébré à Blois en mai 1499.

Le pape et son fils seront donc du côté du roi de France, en partie grâce à Anne. Les autres partenaires européens sont neutralisés, par des traités et quelques concessions. Les Suisses concluent une ligue avec Louis XII en mars, et Venise un traité de partition du Milanais en février. La campagne peut donc commencer contre un Sforza isolé.

Anne ne peut empêcher son époux de descendre à Lyon le 10 juillet, en compagnie de César Borgia et de Georges d'Amboise, pour passer en revue les troupes, mais il revient à Romorantin. Puis, à la fin août, il apprend que son armée, commandée par Trivulzio, a mené une campagne éclair et s'est emparée du Milanais. Il n'y tient plus : il repart et fait une entrée triomphale à Milan, à la fin septembre.

Quelques jours plus tard, le 13 octobre, Anne accouche à Romorantin, d'une fille. Ce n'est donc qu'un demi-succès, d'autant que l'enfant a quelques défauts morphologiques. Mais au moins, elle vit, et comme le dit Louis XII, « c'est un bon espoir d'avoir des fils, depuis qu'on a eu des filles ». Le nouveau-né est un coup d'essai, en somme, une ébauche en attendant mieux. L'enfant est nommée Claude, en raison d'un vœu fait par Anne à ce saint pendant sa grossesse.

Louise de Savoie et les grossesses de la reine Anne

Fin novembre 1499, le roi quitte Milan, et rejoint Anne à Romorantin. Le répit sera de courte durée, mais la famille royale entre paisiblement dans le XVIe siècle, du moins si l'on suit le nouveau style, qui fait désormais commencer l'année le 1er janvier.

Anne a déjà une sérieuse ennemie à la cour : Louise de Savoie. Veuve de Charles d'Angoulême, un arrière-petit-fils de Charles V, cette jeune femme nourrit l'ambition de voir son fils François d'Angoulême, qu'elle appelle fièrement son « César », alors âgé de cinq ans, devenir roi de France. Il est en effet pour le moment le plus proche parent mâle de Louis XII. Pour arriver à ce but, un seul impératif : qu'Anne ne mette pas au monde un garçon, ou que celui-ci ne vive pas. On imagine le climat qui s'instaure : Louise épie chaque signe de grossesse de la reine, elle en guette anxieusement le déroulement dans l'espoir d'un accident, et prie pour que ce soit une fille ou un garçon mort-né. En cette fin d'année 1499, Louise est donc momentanément soulagée par la naissance de Claude : son César reste l'héritier potentiel. Mais le suspense risque d'être long, puisque la reine n'a encore que vingt-trois ans !

De ce point de vue, l'année 1500 n'apporte rien de nouveau. Le 18 juillet, l'ambassadeur vénitien disait pourtant avoir appris du roi, très peu discret sur ces questions, que la reine était enceinte. Fausse nouvelle, qui met d'ailleurs le souverain de fort mauvaise humeur. En 1501, nouvelle rumeur, tout aussi dénuée de fondement, à moins que la reine ait fait une fausse couche dès les premiers mois de sa grossesse. Au siècle dernier, l'historien de Maulde a affirmé qu'en août Anne était enceinte, car François de Paule avait envoyé à Louis XII douze cierges au pouvoir miraculeux d'aider les femmes en couches. Mais aucun chroniqueur, courtisan, ambassadeur ne parle d'une grossesse, et quand, en décembre, l'archiduc Philippe et sa femme Jeanne sont reçus à Blois, le Bourguignon Antoine de Lalaing, qui donne une description détaillée des personnages et de leurs costumes lors de la réception, n'aurait pas manqué de mentionner le fait.

Rien ne se passe non plus en 1502, bien que les historiens aient longtemps cru que la reine avait donné naissance le 21 janvier 1503 à un garçon mort-né et qu'à cette occasion Louise de Savoie se serait montrée odieuse, notant dans son journal intime : « Anne, reine de France, le jour de la sainte Agnès, 21 janvier, eut un fils. Mais il ne pouvait retarder l'exaltation de mon César, car il y avait faute de vie en lui. »

En réalité, comme l'a montré P. Matarasso en 1997, il n'y eut ni grossesse ni accouchement cette année-là. Le passage ci-dessus se rapporte en réalité à l'année 1512, où Anne donna naissance le 21 janvier à un garçon mort-né. L'emploi du temps de la reine, scrupuleusement reconstitué, ne laisse aucune possibilité de grossesse en 1502-1503 : en septembre, elle va attendre le roi, qui revient d'Italie, près de Grenoble ; ils se rendent ensemble à Lyon. Le 23 octobre, la reine est toujours dans cette ville ; elle souffre de coliques. Le 30, les époux royaux partent pour Loches, où ils passent Noël. Le 2 janvier 1503, le roi se rend à Montrichard, puis à Blois ; la reine reste à Loches, où il vient la voir en février. Ils se rendent à Blois, et à la mi-mars repartent pour Lyon. Pendant tout l'hiver, les ambassadeurs, toujours à l'affût d'une grossesse, n'en disent pas un mot. L'erreur serait imputable à l'historien Le Roux de Lincy qui, dans sa *Vie de la reine Anne de Bretagne*, aurait mal interprété le journal de Louise de Savoie.

Rien non plus en 1504, contrairement à ce qu'avait cru un moment le Vénitien Trivixan, qui rectifie en décembre : « la reine n'est pas enceinte », et en janvier 1505 : « la reine n'est certainement pas enceinte, et le parlement veut que le roi reste en France, n'ayant pas de fils ». Il faut attendre octobre 1507 pour qu'Anne accouche à nouveau, un mois avant terme, d'une fille mort-née. Il y a donc eu huit ans entre la naissance de Claude (octobre 1499) et celle de cette petite fille, intervalle exceptionnel dans la vie d'Anne de Bretagne, et qui ne peut s'expliquer que par les hasards biologiques, les fréquentes absences du roi, et sa santé de plus en plus mauvaise. Cette grossesse de 1507, la septième avérée, est rapportée par Jean d'Auton, qui écrit que, Louis XII étant à Savone, « nouvelles vindrent... au roy que la royne estoit grosse ; lesquelles nouvelles apporta ung... des gentilshommes de la royne, auquel le roy fist très joyeuse chère, et fist publier les nouvelles par tous ses pays et dela les monts ; dont furent faictz partout les feuz de joie ». En juillet, l'ambassadeur de Venise, qui rend visite à Anne, confirme la chose, et c'est une dépêche de Lyon, en octobre, qui apprend au roi le nouvel échec.

Il faut ensuite attendre encore trois ans pour la huitième tentative. Le 20 mars 1510, le roi montre au Florentin Nasi une lettre autographe d'Anne, qui lui écrit qu'elle a tout lieu de croire qu'elle est enceinte. Comme à chaque fois, Louis clame la nouvelle. C'est encore en octobre, le 20, qu'a lieu la naissance, et c'est encore une fille, Renée, qui survit. L'année suivante, nouvelle alarme pour Louise de Savoie : en juillet, la rumeur d'une neuvième grossesse se répand. L'ambassadeur autrichien, Andrea da Borgo, veut en avoir le cœur net : il questionne Anne, qui refuse de confirmer, comme à son habitude : « Sa coustume aussi est à non dire jamays jusques l'on le voit », note-t-il. Le roi, plus bavard, déclare que la grossesse est probable. La grossesse devient bientôt évidente, et la reine, par précaution, garde la chambre pendant quelque temps. Le 21 janvier 1512, elle accouche d'un garçon mort-né. C'est à cette occasion que Louise de Savoie exulte et fait sa cruelle remarque dans son journal. Désormais, sauf accident, l'avènement de son fils paraît inéluctable : la reine a maintenant trente-cinq ans, sa santé se détériore rapidement, et il y a peu de chance qu'elle puisse mener à bien une dixième grossesse.

L'incapacité à mettre au monde un fils est la grande déception et le grand échec d'Anne de Bretagne. Elle accroît son animosité contre Louise de Savoie, comme le remarque Brantôme : « Elle hayssoit mortellement Madame d'Angoulesme, depuis Madame la régente, n'estans leurs humeurs guières semblables, et peu accordantes ensemble ; aussy qu'elle vouloit colloquer sa dicte fille avec Charles d'Austrie, lors jeune, et le plus grand seigneur de la chrestienté, qui despuis fut empereur, encore qu'elle vist bien M. d'Angoulesme s'approcher fort de la couronne ; mais elle ne songeoit pas en cela, ny n'y vouloit songer, se fiant d'avoir encore des enfans ; car lorsqu'elle mourut elle n'avoit que trente-sept ans. »

La croisade de 1501 et l'Italie encore

En dépit de son échec à produire un héritier, Anne de Bretagne connaît quelques années favorables au début du règne de Louis XII. Pour la première fois depuis bien longtemps l'interruption dans la série de ses grossesses lui laisse davantage de capacités physiques de déplacement, et elle est associée de façon plus étroite aux entreprises de son mari. En 1500, elle est plusieurs mois à Lyon avec lui pendant que la guerre se poursuit dans le Milanais. Ludovic le More ayant repris Milan le 5 février, Louis XII réorganise une armée, qui passe en Italie en mars, et qui bat et capture Ludovic à Novare le 8 avril. Le 2 mai, le prisonnier est amené à Lyon, où se trouve toujours le couple royal, qui refuse de lui accorder une entrevue. Le 21 juillet, Anne, Louis et Georges d'Amboise quittent Lyon pour un long périple dans l'ouest du royaume, en Bretagne, Poitou, Touraine, revenant à Blois début décembre pour y passer l'hiver.

L'année 1501 est marquée par un grand événement dans lequel Anne joue un rôle important : l'organisation d'une croisade en Orient. L'idée traînait toujours dans les cours européennes et reprenait un peu de vigueur à chaque période de répit dans les rivalités entre souverains chrétiens. Au début de 1501, soulagé en Italie, Louis XII se laisse séduire par le projet que lui présente Maximilien de prendre la tête d'une entreprise pour « le bien, honneur et prouffit de toute la chrestienté ». Sans doute le Habsbourg espère-t-il voir le Valois s'empêtrer dans une lointaine et coûteuse affaire, qui le rendra plus vulnérable en Europe. Comme d'habitude, Louis XII ne flaire pas la duplicité ; une préparation diplomatique aboutit à un traité d'alliance avec les rois de Hongrie et de Pologne, des assurances de la part de Maximilien, de Venise, de l'Espagne, et de bonnes paroles du côté de l'Angleterre.

Louis est d'autant plus porté à l'entreprise que les forces spirituelles l'encouragent : miracles, apparitions, prodiges sont signalés un peu partout ; François de Paule manifeste son soutien. Et la reine participe avec enthousiasme. Son rôle semble même décisif, comme l'écrit le chroniqueur Jean d'Auton : « La reine aussi, Madame Anne de Bretagne, comme très catholique, à l'affaire de ce voyage, n'eut le voulloir amolli, ni la main close ; mais voulant employer le possible de sa force pour exaucer la foi chrétienne, déploya ses trésors et iceux élargit pour soudoyer grand nombre de gens d'armes et équiper force navires ; entre autres voulut que sa grosse carraque nommée *la Cordelière* et plusieurs autres fissent le voyage. » Des préparatifs sont activement menés dans les ports bretons, financés sur les deniers personnels d'Anne. L'armement de la seule *Cordelière* (l'un des plus gros navires de l'époque, commandé par Jacques Guibé) nécessite 1 200 hommes d'équipage et 200 canons. Au total, la Bretagne fournit une douzaine de bateaux qui rejoignent l'expédition en Méditerranée.

Anne joue ici un rôle central, car elle est en même temps en train de mettre sur pied le mariage de sa fille Claude, âgée de deux ans, avec le petit Charles de Habsbourg, dix-huit mois, fils de Philippe le Beau et de Jeanne la Folle. Au mois d'août, à Lyon, elle reçoit les ambassadeurs de ces derniers pour conclure les fiançailles, qui resserreraient l'alliance entre les princes chrétiens. Elle fait représenter devant eux un mime d'actualité, sous forme de danse, allusion directe à la croisade : on y voit cinq couples, en costumes des principaux pays chrétiens d'Europe ; un archer turc tente de débaucher la femme de chacun d'eux ; il est repoussé, et « mécontent des susdites alyences que contre luy voyait toutes bendées », jette alors son arc et s'enfuit.

La réalité sera toute différente. Le but de l'expédition, entièrement maritime, est de débarquer dans un premier temps sur l'île de Mytilène. Elle est conduite par Philippe de Ravenstein, oncle de Louis XII. Tempêtes, épidémies, retard des alliés vénitiens, mauvaise organisation expliquent l'échec lamentable de l'assaut, mené à la fin d'octobre. Ravenstein n'insiste pas : au bout de vingt jours, il donne l'ordre de retraite. Une nouvelle tempête au large du cap Matapan disperse ce qui restait de la flotte. *La Cordelière*, beaucoup trop lourde et difficilement manœuvrable, est sérieusement avariée. La page de la croisade est tournée.

Le 13 septembre, la reine a quitté Lyon pour Blois, tandis que le roi va chasser en Dauphiné. Il la rejoint sur la Loire à l'automne. Début décembre, le couple royal reçoit l'archiduc Philippe et sa femme Jeanne. De grandes fêtes sont données, occasion de préciser le projet de mariage entre Claude et Charles. La petite Claude est présentée à ses futurs beaux-parents, mais elle pleure tant qu'il faut vite la faire sortir.

1502 sera encore une année lyonnaise. Car Louis a maintenant en tête un autre projet italien : reprendre le royaume de Naples, qu'il estime lui revenir en tant qu'héritier de Charles VIII. Georges d'Amboise, qui rêve de son côté de devenir pape, soutient activement la politique de son maître dans la Péninsule : une présence française à Milan et à Naples serait un argument de poids en faveur de l'élection d'un pape français. Dès 1500, Louis s'était entendu avec Ferdinand d'Aragon pour une reconquête conjointe et un partage du royaume de Naples par le traité de Grenade. Mais les désaccords avaient surgi depuis, et en 1502 le roi se décide pour une conquête unilatérale.

Anne, cette fois, n'est pas très favorable. Elle suit tout de même le roi à Lyon le 8 juin. Là, on leur présente un illuminé italien du nom de Mercurius, prophète, astrologue, alchimiste et, surtout, authentique charlatan, que Louis XII et Anne de Bretagne, aussi superstitieux et naïfs l'un que l'autre, comblent de somptueux cadeaux. Le mystérieux personnage est examiné par une assemblée de savants juristes, clercs, médecins, et est l'objet de très sérieuses conversations au conseil. Il s'éclipse discrètement, laissant le roi et la reine subjugués.

À la fin du mois de juin, Louis passe en Lombardie, où il reste jusqu'au mois de septembre, trompant sa femme avec une belle Génoise de vingt-trois ans, Tommasina Spinola. Et pendant qu'Anne s'ennuie à Lyon, que le roi s'amuse à Gênes, une armée française dirigée par La Palice se bat contre les Espagnols dans le royaume de Naples. L'issue des combats est plutôt favorable en 1502, mais en 1503, après leur défaite à Cérignoles puis au Garigliano, les Français sont définitivement chassés du sud de l'Italie. Prenant acte de la défaite, Louis fera « cadeau » du royaume de Naples à Germaine de Foix, comme dot lors de son mariage avec Ferdinand d'Aragon.

En septembre 1502, Anne se rend à Grenoble pour y rencontrer Louis qui revient enfin du Milanais. Retour à Lyon, puis, vers la mi-octobre, à Loches, où la reine souffre de coliques. On y passe les fêtes de Noël, avant de revenir à Blois. Anne est plusieurs fois malade au cours de l'hiver ; à la mi-mars 1503 elle se rend à nouveau à Lyon, en litière, avec Louis.

Le temps passe. Anne a maintenant vingt-six ans. Les vieux amis commencent à disparaître : le prince d'Orange est mort le 8 avril 1502. L'héritier tant attendu n'arrive pas. Pourtant, la reine jouit alors d'un prestige et d'une autorité incontestables. Son influence sur le roi est importante. Sûre d'elle, autoritaire et exigeante en ce qui concerne le respect dû à son rang, elle est à bien des égards le personnage central de la cour de France, de cette cour nomade et éclatée, fréquemment privée de son maître. Les absences du roi contribuent à renforcer le rôle d'Anne de Bretagne, beaucoup plus reine qu'avec son premier mari.

CHAPITRE XII

Une femme, une duchesse, une reine

« La reine est petite ; elle est aussi maigre de sa personne, boiteuse d'un pied et d'une façon sensible, bien qu'elle s'aide de chaussures à talon élevé, brunette et fort jolie de visage et pour son âge fort rusée, de sorte que ce qu'elle s'est mis une fois dans l'esprit, elle veut l'obtenir de toute manière, qu'il faille rire ou pleurer pour cela. » C'est le portrait que trace l'ambassadeur vénitien Zaccaria Contarini en 1492 : une petite femme assez jolie et qui a du caractère.

Un physique quelconque et une santé fragile

À la charnière du Moyen Âge et de la Renaissance, sous l'effet de la montée de l'individualisme bourgeois, les écrivains comme les peintres s'intéressent de plus en plus au portrait : les stéréotypes idéaux reculent, les traits s'individualisent et se précisent lorsqu'il s'agit de personnages importants. Ainsi possédons-nous d'assez nombreux portraits peints d'Anne de Bretagne, réalisés de son vivant, qui ont des traits communs et que l'on peut raisonnablement qualifier de ressemblants.

Le plus célèbre se trouve dans les miniatures de son fameux livre d'heures, réalisé par Jean Bourdichon. La reine a à peu près trente-deux ans. Son visage, un peu empâté, est assez quelconque : petit menton, petit nez un peu aplati, front très haut ; la chevelure, tirée en arrière, est cachée par l'éternelle coiffe dont Anne est sans cesse affublée et qu'elle contribue à mettre à la mode ; le regard est droit, assez dur, volontaire, l'esprit est concentré dans la prière. Les formes du corps disparaissent sous les plis de l'ample et lourde robe, dont le décolleté, très chaste, est orné d'un collier de pierreries. Sans être jolie, la reine ne manque ni de charme ni de distinction, et l'on sent qu'elle pourrait être agréable à regarder si seulement elle voulait sourire.

En fait, Bourdichon a corrigé le portrait. Son premier essai, sans doute plus fidèle à la réalité, montrait un visage aux traits plus grossiers, avec une grande bouche, un nez large et aplati. La correction est peut-être due à la volonté d'Anne, mais aussi à Bourdichon lui-même. Émile Mâle écrivit à propos du peintre : « La laideur lui est si antipathique qu'il faut qu'il embellisse ses modèles, comme on peut en juger sur le portrait d'Anne de Bretagne. Il eut l'art de transformer le pauvre Charles VIII en un jeune héros de la Table ronde et de réaliser ainsi son rêve secret. On s'explique sa faveur. »

Pour connaître les canons de la beauté féminine à l'époque d'Anne, il faut nous reporter aux tableaux représentant la Vierge, qui incarne la beauté idéale, censée correspondre, suivant la conception platonicienne, à la beauté morale. Elle est, écrit André Rochon, « ramenée à quelques notations toujours identiques : un corps élancé, des épaules étroites, des seins menus, des mains déliées, un teint blanc et rose, des cheveux blonds, des yeux resplendissants, une bouche vermeille ». Anne ne correspond guère à cette description. Plutôt du genre « boulotte », elle compense sa petite taille et sa petite infirmité par un port altier et une démarche fière. Brantôme suggère même de façon coquine que sa légère claudication produit un mouvement de hanches et de fesses qui ne devait pas manquer d'attraits : « Il est vray qu'elle avoit un pied plus court que l'autre, le moins du monde ; car on s'en appercevoit peu, et malaisement le cognoissoit-on : dont pour cela sa beauté n'en estoit point gastée ; car j'ay veu beaucoup de très belles femmes avoir ceste légère défectuosité, qui estoient extresmes en beauté, comme madame la princesse de Condé, de la maison de Longueville. Encore dit-on que l'habitation de telles femmes en est fort délicieuse, pour quelque certain mouvement et agitation qui ne se rencontre pas aux autres. Voylà la beauté du corps de ceste reyne. »

D'après Brantôme, qui ne l'a jamais vue, Anne avait la réputation d'être une belle femme : « Elle estoit belle et agréable, ainsy que j'ay ouy dire aux anciens qui l'ont veue, et selon son portraict que j'ay veu au vif ; et ressembloit au visage à la belle damoiselle de Chasteauneuf, qui a esté à la cour tant renommée en beauté, ainsy que je l'ay veue figurer à la reyne mère. Sa taille estoit belle et médiocre. » C'est aussi l'avis de Jean de Saint-Gelais, qui la dit « belle et bien conditionnée ». Ces jugements flatteurs ont été repris par des biographes modernes, tous masculins : « On oubliait son duché quand on voyait ses yeux », écrit même l'un d'entre eux.

La sévérité de Bernard Quilliet tranche avec ces louanges. Le biographe de Louis XII, « ce roi qui semblait voué aux boiteuses et aux bancales », voit en Anne de Bretagne une « fin de race », fille d'un homme « atteint d'une sorte de ramollissement cérébral », une femme aux « traits plutôt épais », avec une « poitrine appauvrie », un « ventre flasque », « assez petite, noiraude, d'apparence fragile », avec « une jambe plus courte que l'autre », usée et déformée par de multiples grossesses. La reine de 1513, âgée de trente-six ans et neuf fois mère, n'est plus aussi appétissante que la jeune femme de vingt-deux ans que Louis avait épousée en 1499.

D'autant qu'Anne a une santé fragile qui altère ses traits. Outre ses grossesses et fausses couches continuelles, les chroniqueurs parlent de malaises qui l'obligent à rester couchée, ou à se déplacer en litière. Elle a de fréquentes coliques, des troubles de la vue. Surtout, elle souffre de la gravelle, ou lithiase rénale, affection très douloureuse due à la présence de petits calculs dans la vessie. Elle a une grave attaque en mars 1511, qui fait écrire à De Burgo, ambassadeur de Marguerite d'Autriche : « La royne, comme j'advertis dernièrement Madame, estoit quasy garie ; mais, hier à la nuit, luy survint bien fort la fièvre et autre accident, tellement qu'elle fut en grand dangé de sa vie. Aujourd'huy elle s'est trouvée assez bien ; mais ce soir de rechief, la maladye lui est aggravée, de manière qu'elle estoit en péril de mort. » Anne en perd la parole, et on désespère de la sauver. Dès le 4 avril cependant, elle est convalescente, mais une autre attaque l'emportera, le 9 janvier 1514. Peut-être y a-t-il un aspect héréditaire dans cette faiblesse physique : fille d'un débauché de constitution assez débile, elle voit mourir tous ses enfants en bas âge ; sa fille Claude, laide et boiteuse, meurt à vingt-cinq ans ; seule Renée atteindra soixante-cinq ans.

Par ailleurs, Anne mène une vie que l'on pourrait qualifier de saine pour l'époque. Elle prend des bains fréquents, dans une cuve que l'on apporte dans sa chambre ; elle aime sentir bon, comme son père : des sachets de senteur remplis de pétales de rose ou de poudre de violette musquée sont disposés dans son linge. Elle mange bien, apprécie les huîtres, dont elle régale à Blois en 1508 Jean Coulier, secrétaire de Marguerite d'Autriche, et l'évêque de Gurce ; elle apprécie le pain, et le vin de Beaune.

Sa tenue vestimentaire est soignée, d'une discrète élégance et d'un luxe sans tapage : robe ample de velours noir, avec une cordelière d'or descendant jusqu'à terre, large collier plat, et la fameuse cape, ce chaperon cerné sur le devant par un bourrelet blanc, qu'elle porte sur tous les portraits, et qui dissimule sa chevelure, en lui donnant une allure sage et un peu trop sévère. Les ambassadeurs en parlent à leurs maîtres, et en 1493 Ludovic Sforza demande au sien, Agostino Calco, de lui en faire un dessin afin qu'il répande la mode dans le Milanais. La garde-robe d'Anne est extrêmement fournie, et pour les jours de cérémonies et d'entrées solennelles, qu'elle affectionne, elle arbore des toilettes somptueuses, aux couleurs voyantes, en soie, en velours. Elle aime aussi les fourrures, en particulier l'hermine : un de ses habits d'apparat a nécessité 820 peaux. Nous avons signalé son goût pour les modes espagnoles : au début de 1494, lors de son entrée à Lyon, Anne monte une mule équipée d'un drap d'or frisé, avec pommettes de laiton doré, suivant la coutume ibérique. Son goût des bijoux est bien connu, ce qui permet à Louis XII de lui faire des cadeaux : il lui donne une fois 2 400 écus d'or pour acheter des bagues à la foire du Lendit ; le bénitier de sa chambre à coucher est orné de sept gros diamants, sept rubis et dix grosses perles.

La personnalité : des jugements contrastés

La personnalité d'Anne a donné lieu à des jugements plus contrastés encore que son apparence physique. Ses contemporains sont plutôt portés sur la flatterie. Son secrétaire, André de La Vigne, écrit qu'elle fut « la plus vertueuse, libéralle, aymée, désirée, plaincte et regrettée qui jamais sera, pour la grant magnificence d'elle non sans cause, car elle eult troys dons de grâce singulière qui furent uncques : scavoir, povoir et vouloir. Pour parler de son savoir, oncques royne ne l'approcha ; du povoir, jamais royne n'en eult aultant ne qui mieulx l'employast. Elle avoit la disposicion de sa duché de Bretaigne entièrement sans rien réserver, et son douayre qui se montait de quatre-vingt à cent mil frans. Du vouloir tant et tant en avoit pour bien faire et advancer ses serviteurs et ceulx qui l'avoyent mérité, que oncques homme ne femme de quelque estat qu'il fust ne s'en alla mescontent d'elle ».

Ces louanges trouvent leur écho au-delà des Alpes, où Balthazar Castiglione, dans son *Livre du courtisan*, en fait une femme modèle : « Souvenez-vous qu'à notre époque nous avons vu la reine Anne de France, une très grande dame par la vertu et par le rang, et qui ne fut en rien inférieure aux rois Charles et Louis, qui furent ses maris. » Brantôme est à peu près d'accord. Anne, écrit-il, était « la plus digne et honnorable reyne qui ait esté depuis la reyne Blanche, mère du roy saint-Louis ;... elle estoit très vertueuse, sage, honneste, bien disante, et de fort gentil et subtil esprit ». L'auteur des *Dames illustres* introduit cependant quelques nuances, sur lesquelles nous reviendrons.

S'il y a peu de notes discordantes au XVIe siècle, les jugements sont ensuite moins unanimes. Les historiens bretons s'accordent pour louer la petite duchesse, « sauf, remarque ironiquement Bernard Quilliet, quelques érudits très nationalistes qui lui reprochent aujourd'hui de ne pas avoir assez défendu les intérêts ou même l'indépendance du duché ; laissons-les discuter à en perdre haleine avec d'autres Bretons qui, eux, auraient plutôt tendance à verser dans l'hagiographie ». D'Émile Gabory à Jean Markale, en passant par Hervé Le Boterf, Michel de Mauny et d'autres, on est pour le moins très indulgent à l'égard d'Anne. Même un excellent universitaire comme Durtelle de Saint-Sauveur se laissait attendrir au point d'écrire dans son *Histoire de la Bretagne* qu'Anne « laissait le souvenir d'une princesse de haute intelligence et de très grande vertu. Esprit très cultivé, s'intéressant aux lettres et aux arts, accordant sa protection aux poètes et aux historiens, aux sculpteurs et aux peintres, elle réalise le type le plus élevé des princesses de la Renaissance. Alors que chez d'autres le souffle de la Renaissance a marqué l'effacement du vieil idéal chrétien et le retour vers le paganisme, elle a cru au contraire qu'humanisme et christianisme pouvaient se concilier de façon harmonieuse ».

Michelet s'est montré moins complaisant, qui a dressé contre Anne de Bretagne un véritable réquisitoire : « Femme âpre, hautaine, solitaire, qui était tout orgueil et n'aimait rien ni personne », protégée par ses gardes bretons, qui, à Blois, « restaient sournoisement en groupe sur un coin isolé de la terrasse, comme un nuage noir, ou comme un bataillon de sauvages oiseaux de mer ». Le mobile de l'attaque est patent : pour l'historien romantique, Anne est une mauvaise Française, qui influence le roi dans le seul intérêt de son duché breton :

« Celle-ci, tout entourée de dames graves, de demoiselles austères, filant ou brodant tout le jour, tenait école de sagesse. Toujours mal mariée, et par la raison politique qui unissait son duché à la France, elle vivait d'orgueil et de domination.

Maximilien, son fiancé, qu'elle ne vit jamais, mais qu'elle aima, eut son cœur, et, depuis, nul autre. Louis XII, que les romanciers lui donnent pour amant du vivant de Charles VIII, fut au contraire persécuté par elle pour avoir montré de la joie de la mort du dauphin. Quand il fallut, au terme du traité qui réunissait la Bretagne, qu'Anne épousât le successeur quelconque du roi de France, Louis XII prit grande peine pour apaiser la reine et se réconcilier avec elle. Elle fut dure et haute ; elle exigea que son duché désormais ne dépendît que d'elle, qu'elle le gouvernât, y nommât à tous les emplois. Elle tint en personne les états de Bretagne. Mais elle ne se mêlait pas moins des affaires de France. Tout le monde le savait. Les ambassadeurs étrangers songeaient à s'assurer d'abord des deux vrais rois, du roi femelle et du roi cardinal. Sûrs de la reine et de Georges d'Amboise, ils n'avaient guère à craindre l'opposition de Louis XII.

« Le gouvernement de famille commence ici, et la régularité des mœurs du prince, son asservissement à une seule femme, vont influer sur les affaires... La reine a son duché, son trésor et sa cour bretonne. »

Emporté par sa haine à l'égard d'Anne, « roi femelle », Michelet tombe ici dans la caricature. Mais dans la grande *Histoire de France* de Lavisse, Henry Lemonnier approuve : « Cette excellente Bretonne et mauvaise Française ne mérite pas les éloges qu'on a répétés sur son compte. »

Aujourd'hui, on ne cherche plus à mesurer Anne de Bretagne à l'aune d'un patriotisme celtique ou cocardier, mais plutôt à cerner les traits de sa personnalité. Ce qui n'exclut pas des points de vue très tranchés. Nous citerons encore une fois celui de Bernard Quilliet, qui visiblement n'aime pas la Bretonne. Il lui concède un « sens du devoir », un « esprit vif, fort avisé », et reconnaît qu'elle « savait à l'occasion faire preuve d'une grande finesse », mais il lui attribue un « cœur sec et [une] tête froide », un « goût des intrigues tortueuses, des rancunes tenaces, du faste le plus opulent et de la dévotion la plus affichée », une « jalousie féroce » ; elle était « vindicative », « égoïste et altière », « monomane », « haineuse », sujette à la « bouderie », et même, pis, à la « bouderie bretonne », « étroitement bigote, confite en petites dévotions sécurisantes mais quasiment païennes ».

Une femme autoritaire, dure, rancunière et sans humour

Le jugement est dur, mais il contient, à notre sens, une grande part de vérité. Certains traits font l'unanimité, même chez les partisans de la duchesse. Son caractère autoritaire, dur et rancunier, ressort d'autant plus sous le règne de Louis XII qu'il n'a pu s'exprimer pendant son premier mariage. Elle affirme alors son rang avec hauteur, face à Anne de Beaujeu comme face à Louise de Savoie. Elle poursuit ses ennemis d'une rancune tenace, et se montre impitoyable envers ceux qui la contrarient.

La façon dont elle s'acharne sur Pierre de Rohan, maréchal de Gié, est révélatrice. À force d'importuner Louis XII, elle le force à faire traduire le maréchal en jugement pour lèse-majesté, et utilise tous les moyens pour intimider les témoins, dont le chroniqueur Alain Bouchart, un proche de Gié, qui n'ose déposer au procès par crainte des représailles. D'autres sont dans la même situation, comme Amaury de Quenechquivilly, ancien collaborateur de Gié, d'abord chargé d'ouvrir l'information, et qui se dérobe. Sous la pression d'Anne, le procureur attaque violemment le maréchal : « Rohan, qui ressemble et est conforme à pourceau, lequel au commencement de sa jeunesse se nourrit sous l'arbre du gland que l'arbre produit et s'en engraisse tellement qu'il déprise l'arbre et emploie toute sa force et puissance à fouger et déraciner l'arbre qui l'a nourri et engraissé. » Après le procès, lorsque Pierre de Rohan se retire dans son château du Verger, Anne laisse courir, et peut-être encourage, des écrits qui l'humilient. À Paris, on représente une farce écrite par un littérateur courtisan, où l'on voit un maréchal (ferrant), qui a voulu faire ferrer son âne (Anne), et qui en a reçu un coup de pied qui l'a fait passer hors de la cour (royale), jusque dans le verger (château de Rohan).

Brantôme lui-même admet qu'Anne « estoit fort prompte à la vengeance, et pardonnoit malaisément quand on l'avoit offensée de malice ». Il prétend qu'elle s'oppose à une exécution du maréchal parce que « la mort est le vray remède de tous maux et douleurs, et qu'estant mort il seroit trop heureux ; mais elle voulut qu'il vécust bas et ravalé ainsy qu'il avoit esté paravant grand, afin que, par sa fortune changée de grande et haute où il s'estoit veu, en un misérable estat bas, il vescust en marissons, douleurs et tristesses, qui luy feroient plus de mal cent fois que la mort mesme ; car la mort ne luy dureroit qu'un jour, voire qu'une heure, et ses langueurs qu'il auroit le feroient mourir tous les jours. Voyla la vengeance de ceste brave reyne ». Brantôme rappelle aussi comment Anne s'était vengée du duc d'Orléans qui semblait se réjouir de la mort de son fils.

Sa rancune contre les Rohan se lit encore dans la malheureuse affaire d'Anne de Rohan, fille du vicomte et une des demoiselles d'honneur de la reine. Cette dernière, apprenant que sa demoiselle d'honneur a conclu, à presque trente ans, un mariage clandestin avec un bâtard de la maison de Bourbon, l'accable de reproches. Anne de Rohan lui répond qu'elle sait bien qu'elle ne l'aime pas à cause de son père, et que c'est pour cela qu'elle l'a empêchée de se marier. La reine menace de la faire enfermer et dresse Louis XII contre le bâtard de Bourbon. Anne de Rohan est renvoyée chez son père, qui la tiendra enfermée plusieurs années. Ce n'est qu'en 1515, après la mort de la reine, qu'elle sortira, âgée de quarante ans, et se remariera... avec Pierre de Rohan, maréchal de Gié, fils de la victime d'Anne de Bretagne.

Autre cible de sa rancune tenace : la famille d'Albret. Anne s'oppose à toute alliance avec elle et soutient la maison rivale de Foix, favorisant le mariage de Germaine de Foix avec Ferdinand d'Aragon, alors qu'elle sacrifie Charlotte d'Albret, livrée en pâture à César Borgia.

D'Argentré affirme qu'Anne était consciente de son caractère vindicatif et qu'elle demandait à son confesseur de ne pas lui donner l'absolution tant qu'elle ne s'était pas réconciliée avec son ennemi : « Aucuns des Françoys escrivains l'ont picquée de vindication et cholère : c'estoit de ne vouloir endurer d'homme que ce fust, indignité ny mespris ; et de vray, si quelqu'un s'avançoit de se rendre au devant de ses volontez, en ce qui touchoit sa grandeur, c'estoit sans remède qu'il failloit qu'il recogneust sa faute : depuis revenüe à elle, se repentoit fort de s'estre courroucée, ou d'avoir offensé quelqu'un, et le récompensoit abondamment en bien-faits, commandant à son confesseur de la blasmer aigrement, et ne vouloit estre absoute à sa confession, qu'elle n'eust satisfait, et contenté l'offensé. »

Hautaine, cassante, antipathique, Anne est d'un abord rébarbatif, même si elle sait se montrer agréable. Le chroniqueur Saint-Gelais en a fait l'expérience : « À voir son port, sa dignité, il semble que tout le monde soit sien et lui appartienne, tellement que de primeface on a crainte de parler à elle ; mais, quand on y a quelque affaire et qu'on trouve moyen de le lui dire, il n'est aucune personne si douce, si humaine, si abordable ; ceux qui la voyent se départent de sa présence tout réjouis, tout consolés et aussi contents que possible. »

Avec les serviteurs, elle peut être odieuse : François de Bourdeille, père de Brantôme, qui a été huit ans au service de la reine comme page ou « enfant d'honneur », en témoigne : elle fait fouetter ceux qui conduisent les mules de sa litière si elle est trop secouée. Ses pages, qui portent sa livrée personnelle de velours jaune et rouge garni d'hermine, sont soumis à une stricte discipline et ne reçoivent d'étrennes qu'à condition d'avoir été se confesser. Cela ne l'empêche pas d'avoir des accès de générosité à leur égard, donnant par exemple 35 livres à Guillaume de Saint-Foyeul pour qu'il puisse s'équiper en vue d'un tournoi.

Une chose manque terriblement à Anne : l'humour. Elle n'apprécie pas du tout la plaisanterie, à la différence de Louis XII, qui aime bien rire. En avril 1500, lorsque le roi apprend en Dauphiné que La Trémoille a capturé Sforza, il vient, hilare, annoncer la nouvelle à la reine, qui le reçoit froidement en lui rappelant que La Trémoille est l'ancien vainqueur de Saint-Aubin-du-Cormier, douze ans auparavant : la reine a décidément la rancune tenace ! Mon cœur n'est pas « encore pacifié », dit-elle au roi, qui était bien placé pour se souvenir de cette bataille qui lui avait valu trois ans de prison. Plus généreux que sa femme, il lui réplique doucement : « Je vous assure que jamais roi de France n'eut un serviteur plus loyal et plus heureux dans ses entreprises ; je le récompenserai de telle sorte que les autres capitaines auront bon vouloir de me servir. »

La reine n'est certainement pas gracieuse. Pas le moindre sourire sur ce visage austère, un peu crispé dans une dignité défensive. « *We are not amused !* » semble-t-elle dire, quatre siècles avant la revêche reine Victoria, qui a beaucoup de points communs avec elle. Une autre anecdote a été racontée par Brantôme, qui tient ces détails de sa grand-mère. Les ambassadeurs avaient l'habitude de venir voir Anne en sortant de chez le roi. Ils étaient introduits par le prince de Chalais, seigneur de Grignaux, son premier chambellan, qui était un peu polyglotte. La reine lui demandait de lui apprendre quelques mots aimables dans la langue des ambassadeurs, afin qu'elle puisse les utiliser en compliment. Chalais, qui est un farceur, lui apprend une fois des grossièretés, et il en rit avec le roi. Anne, avertie à temps de cette petite « salauderie », comme dit Brantôme, se met dans une colère épouvantable :

« Sur quoy un jour la reyne luy ayant demandé quelques mots en espaignol pour les dire à l'ambassadeur d'Espaigne, et luy ayant dit quelque petite salauderie en riant, elle l'apprit aussy tost : et le lendemain, attendant l'ambassadeur, M. de Grignaux en fit le conte au roy, qui le trouva bon, cognoissant son humeur gaye et plaisante ; mais, pourtant, il alla trouver la reyne, et luy descouvrit le tout, avec l'advertissement de se garder de ne prononcer ces mots. Elle en fut en si grande colère, quelque risée qu'en fit le roy, qu'elle cuida chasser M. de Grignaux ; et luy en fit la mine, sans le veoir pour quelques jours, mais M. de Grignaux luy en fit ses humbles excuses, disant ce qu'il en avoit faict n'estoit que pour faire rire le roy et luy faire passer le temps, et qu'il n'eust pas esté si mal advisé de ne l'en advertir, ou le roy, comme il avoit faict, lorsque l'ambassadeur eust voulu venir : et ainsy, par les prières du roy, elle s'appaisa. »

Une piété superstitieuse

La compagnie d'Anne ne devait donc pas être drôle tous les jours. Et cela d'autant moins que la dame est fort bigote, superstitieuse et crédule. Sa piété ne s'élève guère au-dessus du niveau de celle des simples fidèles de son époque, et se mêle aux croyances les plus superstitieuses. Elle a avec elle un coffret plein d'amulettes – un morceau de cire noire dans une bourse de drap d'or, six langues de serpent, un écu de Guyenne dans du papier, un chapelet de jaspe – dont elle se sert pour protéger ses enfants. Elle fait confiance aux astrologues, comme tous les grands de son époque. L'un des écrivains de son entourage, qui devient son historiographe, Jean Lemaire de Belges, compose en 1511 un *Traité des schismes et des conciles de l'Église*. Il y explique le conflit entre le roi et le pape par l'astrologie et annonce un schisme et la venue de l'Antéchrist : « Ceci désigne et prenosticque le futur très grand XXIIIIe scisme en l'Église catholique et universelle, dont les vaticinations des prophètes et sibilles et les prenosticques d'astrologie ont tant parlé. »

La vénération d'Anne pour François de Paule tourne elle aussi à la superstition : malade, elle envoie consulter le « bonhomme », qui lui fait parvenir trois pommes, alors que ses médecins pensent que ces fruits vont lui être fatals : elle en mange une, et, bien entendu, guérit. Trois semaines après la mort de François de Paule, en mai 1507, Claude étant tombée malade, Anne, qui est alors au château de Montbonnot, en Dauphiné, fait un vœu pour l'intercession de l'ermite, et Claude est sauvée.

Son action en faveur de la croisade s'explique en grande partie par le climat apocalyptique dans lequel vit une partie de son entourage, surtout sous Charles VIII, à qui son médecin,

Jean Michel, attribue un rôle eschatalogique dans un livre intitulé *Prophetia, vision et révélation.*

Anne multiplie les offrandes et dons aux églises, sanctuaires et communautés, à commencer par les Minimes : en 1496, elle achète pour 674 livres à Jean de Cérisy un parc de six arpents à Paris pour y construire un couvent : Notre-Dame-de-Toutes-Grâces, dont elle pose la première pierre. En Bretagne, elle offre une jambe d'argent de dix marcs, d'une valeur de 135 livres, aux Carmes de Rennes ; elle exempte de toute contribution les Dominicains de Bonne-Nouvelle à Rennes et les chanoines de Saint-Malo ; elle donne une maison et un terrain aux Minimes de Nantes ; elle confirme les droits des religieuses de Saint-Sulpice-la-Forêt ; elle fonde à Saint-Malo une messe chaque vendredi, tout cela pour le salut de son âme. Elle donne une cloche au couvent de Notre-Dame-des-Anges, à Lyon, en remerciement pour son aide ; elle envoie des cierges à Saint-Denis ; en 1510, elle fait don de sa couronne ducale et de trois ornements complets, dont l'un a été fait avec sa robe de mariée, aux Jacobins de Rennes. Le compte du trésorier général de Bretagne pour 1501-1502 mentionne une pluie de dons aux couvents : 120 livres à l'hôpital des ladres de Nantes, 200 livres aux Clarisses de Nantes, 60 livres à celles de Dinan, 300 livres aux Jacobins de Nantes, 100 livres à ceux de Guérande, mais ce sont surtout les Cordeliers qui bénéficient de ses largesses : 100 livres à ceux de Fougères, 50 livres à ceux de Cézembre, 120 livres à ceux d'Ancenis, 50 livres à ceux du Tillay, 50 livres à ceux de Boudeliou et 50 livres à ceux de Bernon.

Anne semble en effet avoir une préférence pour les Franciscains, que l'on retrouve en force dans les autres comptes. Le port de la cordelière, que l'on voit sur tous ses portraits, n'est sans doute pas étranger à cette prédilection pour l'ordre de saint François. Elle veille parfois aux besoins personnels des frères : en 1493, à Amboise, elle verse trente sols à deux « pouvres cordelliers de l'Observance et pour une paire de souliers à eulx donnés » pour s'en retourner à leur couvent de Tours. Carmes et Dominicains, auxquels appartient son confesseur Yves Mahyeuc, ne sont pas oubliés. Chez les femmes, son ordre préféré est celui des Clarisses : les couvents de Grenoble, Moulins, Le Puy, Dinan, Nantes sont généreusement dotés. Ces maisons de prière sont pour la reine de puissants intercesseurs auprès de Dieu, et c'est pourquoi il faut que ces maisons soient en bon ordre : Anne soutient la bulle d'Alexandre VI qui demande aux évêques de Saint-Brieuc, Tréguier et Rennes de veiller à la bonne tenue des réguliers.

Les actes de charité à des personnes privées sont légion : 70 sols à une pauvre Bretonne qui va faire un pèlerinage en Allemagne, 10 livres à un ancien poursuivant d'armes, aumônes à des mendiants, lavement des pieds de treize jeunes filles pauvres, qui reçoivent chacune une pièce d'or, le vendredi saint, et ainsi de suite. La liste de ses dévotions est interminable. Son voyage en Bretagne en 1505 est une véritable tournée des sanctuaires, marquée par une guérison miraculeuse de son affection des yeux à Saint-Jean-du-Doigt. Dans la région lyonnaise, où elle réside fréquemment, elle fréquente tous les lieux de pèlerinage, remonte jusqu'à Saint-Claude, et va contempler le saint-suaire, exposé à Chambéry.

Anne assiste à la messe chaque jour, jeûne régulièrement. Piété peu éclairée, alimentée par des lectures de livres de prière, et qui est peu en accord avec la dureté de sa conduite. Son dévouement à l'Église et au pape est de caractère tout médiéval, tout comme son antisémitisme, dont lui ont fait gloire certains de ses panégyristes. En Bretagne, d'où les Juifs ont été expulsés en 1240 par le duc Jean Le Roux, la tradition antisémite est forte : « Personne ne sera accusé ni mis en jugement pour avoir tué un juif », disait l'ordonnance ducale. Anne a été élevée dans cet esprit : à la cour de son père, on jouait des pièces à caractère antisémite, comme le *Mystère du Juif de Paris*, représenté à Nantes en 1473. Lorsque en 1498, Anne revient en Bretagne, la ville de Nantes fait jouer devant elle des « feintes » de même esprit, comme le *Mystère de la vérité*, ou *Fortune*. Sous le règne de Charles VIII, Anne se glorifie d'avoir obtenu la conversion et le baptême d'un Juif de Creil, dont elle est la marraine ; elle lui donne les prénoms de Charles et de Trinité, et demande qu'on lui enseigne un métier.

Il est un trait de conduite unanimement reconnu chez Anne : sa vertu, c'est-à-dire sa fidélité dans le mariage, d'autant plus méritoire que ses maris ont été très volages, soit avant, soit pendant la vie conjugale. Ses panégyristes lui en font gloire. Mais avait-elle le choix ? La moindre inconduite aurait eu pour elle des conséquences draconiennes : dans le royaume voisin, Anne Boleyn serait bientôt décapitée sous l'accusation d'infidélité. En raison de l'importance accordée à l'hérédité, la reine ne doit se faire engrosser que par le roi, qui, lui, multiplie les bâtards.

Une autorité tyrannique sur ses dames

Anne semble pousser la vertu jusqu'à la pruderie, comme le montre son attitude à l'égard de ses dames et demoiselles d'honneur, tenues à la plus grande austérité de vie. L'une de ses innovations les plus originales est en effet la création d'une sorte de gynécée, sur lequel elle exerce une autorité tyrannique. Constitué d'une centaine de dames et demoiselles de la meilleure noblesse, c'est un vivier de filles à marier, dans lequel Anne puise librement pour arranger des alliances, nationales et internationales. En 1498, cette troupe féminine se compose de 59 dames et 41 demoiselles, qui reçoivent entre 100 et 1 300 livres chacune pour leur train de vie. On y trouve des personnes de très haut rang, comme Charlotte d'Aragon, princesse de Tarente, Anne de Bourbon, dame de Montpensier, Catherine de Barres, Jeanne de Jambes, dame de Beaumont, les demoiselles de Tournon et de Graville, Anne de Rohan-Guéméné, Anne de La Grange, Marie d'Escart, Isabeau de Parthenay. Certaines sont parmi les plus belles femmes de leur temps, comme Jeanne Chabot, dame de Montsoreau, Blanche de Montberon, Anne de Graville.

La reine occupe tout ce monde à des travaux de tapisserie et à des lectures pieuses. Elle exige de ses demoiselles une vie très austère, à l'écart des hommes, bannissant toute conversation légère, et les formant aux bonnes manières. Charles de Sainte-

Marthe rapporte qu'elle « faisait venir en sa chambre toutes ses demoiselles et, après les avoir regardées l'une après l'autre, elle reprenait celle qui lui semblait faire contenance et maintien rustiques... Elle prenait l'ouvrage de chacune s'il y avait faute, l'amendait ; si le peu d'avancement portait témoignage de négligence et paresse, la tançait. Elle ne permettait pas qu'elles eussent aucuns propos à des gentilshommes en secret et ne souffrait pas qu'on eût avec elles autres choses que de vertueux et honnêtes propos ; que si quelques-uns voulaient leur parler d'amour, il fallait que ce fût d'amour permis ; je dis d'amour chaste et pudique tendant au mariage et que en quelques mots seulement cette volonté fût exprimée... La sage princesse ne voulait pas que sa maison fût ouverte à de dangereuses personnes qui ne savent entretenir les dames que de propos obscènes et lascifs ».

Anne, qui prospecte elle-même les familles de la noblesse pour recruter ses demoiselles d'honneur, enrôla une tante de Brantôme, comme le raconte le mémorialiste : « Ce fut la première qui commença à dresser la grande cour des dames, que nous avons veue depuis elle jusqu'à ceste heure ; car elle en avoit une très grande suitte, et de dames et de filles, et n'en refusa jamais aucune ; tant s'en faut, qu'elle s'enquerroit des gentilshommes leurs pères qui estoient à la cour, s'ils avoient des filles, et quelles elles estoient, et les leur demandoit. J'ay eu une tante de Bourdeille, qui eut cest honneur d'estre nourrie d'elle ; mais elle mourut en sa cour en l'aage de quinze ans. »

Faire partie du sérail de la reine est un honneur. Anne veille jalousement sur ses filles, subvient à leurs besoins, s'occupe d'elles dans leurs maladies, leur fait des cadeaux. Mais elle est impitoyable sur le chapitre de la vertu : nous avons vu le traitement infligé à Anne de Rohan. Le sort d'Anne de Graville, troisième fille de l'amiral, est similaire. Très belle, elle aime en secret un jeune homme sans fortune, Pierre de Balzac, et se laisse enlever par lui. Anne de Bretagne est furieuse. Les amants se réfugient chez les moines de Marcoussis, qui ont bien du mal à obtenir leur pardon.

Car la reine entend disposer en toute liberté de ses filles pour les marier à qui bon lui semble. Elle a même obtenu à cet effet une bulle pontificale de 1506, l'autorisant à marier ses demoiselles d'honneur sans publication préalable et en quelque lieu où elle se trouverait. Elle décide les mariages sans consulter les intéressées, en fonction des seuls intérêts politiques ou financiers des familles. Les objections d'âge ou d'affinité ne sont pas de mise : elle donne par exemple sa cousine Germaine de Foix, dix-huit ans, à Ferdinand d'Aragon, cinquante-quatre ans, veuf d'Isabelle. Une autre parente, Anne de Foix, est également casée de force : en 1500, le roi de Hongrie Ladislas, veuf de quarante-cinq ans, cherche une autre épouse. Il s'adresse à l'agence matrimoniale d'Anne de Bretagne, qui lui envoie les portraits d'Anne et de Germaine de Foix. Le roi se décide pour Anne, mais celle-ci veut d'autant moins s'exiler en Hongrie qu'elle aime Dunois. Pleurs et supplications laissent Anne de Bretagne de marbre. Il faut partir. On adjoint à la fiancée une majestueuse escorte, avec Louis Herpin, maître d'hôtel du roi, Jean de La Guerche, écuyer de la reine, et le roi d'armes de cette dernière, Pierre Choque, chargé de faire un récit du voyage et de décrire les pays traversés, ce qui nous vaut un curieux manuscrit, actuellement à la Bibliothèque nationale de France, le *Discours des cérémonies du sacre et mariage d'Anne de Foueix avec Ladislau, roy de Hongrie, Poloigne, Bohême.* On passe par Asti, Venise. Anne de Foix est bien accueillie, mais elle se languit dans ce lointain pays dont elle ne comprend pas la langue ; elle dépérit, et meurt au bout de dix mois, le 15 août 1501, après avoir accouché. Anne de Bretagne, peut-être travaillée par un vague remords, avait écrit pour demander de ses nouvelles et avait reçu une lettre rassurante de Ladislas, en latin.

A-t-elle oublié qu'elle-même s'était opposée farouchement et avec la plus grande indignation à ce qu'on lui fît épouser Alain d'Albret ? Ou au contraire ne s'en souvient-elle que trop, comme de son propre mariage forcé avec Charles VIII ? Ne cherche-t-elle pas inconsciemment, en imposant ces unions de façon impitoyable, à se venger de ses frustrations d'adolescente, à compenser sa propre soumission en exigeant la soumission des autres ?

Et elle multiplie les épousailles de ses filles : Françoise de Foix est donnée à Jean de Laval, Charlotte d'Aragon à Guy de Laval en 1500. Elle dote généreusement ses « protégées » : 3 000 livres en deux versements à Anne Lucas qui en janvier 1497 épouse Claude de Puisieux, seigneur de Villethierry ; 2 000 livres la même année à Isabeau de Bussueil ; elle va jusqu'à engager une pointe de diamants à facettes auprès de banquiers lyonnais afin d'emprunter 3 000 livres pour doter Isabeau de Saffré, Nicole de Tournon et Marie de Saint-Amadour. En 1496, elle fait accompagner Jeanne de Guéméné, qui va épouser un seigneur de Touraine, par dix personnes, dont le chanteur breton Aymon Lebrun, sous la direction de Robert Joston, son premier écuyer de cuisine. Véritable entremetteuse, il lui arrive d'arranger elle-même les détails matériels entre les familles : elle écrit à M. de Montmorency que sa fille conviendrait bien à son maître d'hôtel, Brunet, qui apporterait en argent comptant et biens meubles entre 18 000 et 20 000 livres.

Tout cela est assez surprenant, et certains vont jusqu'à attribuer à Anne le mérite d'avoir contribué à favoriser le progrès de la condition féminine en augmentant le rôle de la femme à la cour, et en protégeant son petit groupe de demoiselles d'honneur. Son intérêt pour le rôle des femmes dans l'histoire est indéniable. Elle possède dans sa bibliothèque une copie du livre de Boccace, *Des nobles et célèbres femmes*, et commande à son confesseur, le jacobin Antoine Dufour, une *Vie des femmes illustres*. Ce prédicateur d'Orléans, docteur en théologie, avait déjà traduit pour elle l'Ancien Testament ; devenu inquisiteur en 1507, puis évêque de Marseille, il meurt de la peste dans cette ville en 1509. Son ouvrage consiste en 91 notices hétéroclites sur des femmes aussi différentes qu'Ève et Jeanne d'Arc, la Vierge Marie et Jeanne de Naples, Esther et Grisélidis, Pénélope et Amalasonthe, Sapho et Théodelinde, Athalie et Hélène, Diane et Baptiste Malatesta, Didon et Niobé. Une miniature du manuscrit montre Dufour offrant son livre à Anne de Bretagne.

De son côté, Jean Marot lui dédie son *Vray disant advocate des dames*, que l'on attribue aussi à Jean d'Auton ; Octavien de Saint-Gelais, érudit de cour, mort en 1502, écrit pour elle *Vingt et une epistres des dames illustres*, et Symphorien Champier *La Nef des dames vertueuses*. Il y a là visiblement un courant nouveau, que Brantôme cultivera avec ses *Vies des dames illustres* et *Vies des dames galantes*. Anne de Bretagne a encouragé ce mouvement, mais la qualifier de « féministe » serait un grossier anachronisme.

Un sens maternel développé

À l'égard de ses enfants, elle est une mère attentive. Les deuils répétés lui ont fait éprouver la fragilité de ces petits êtres, et elle veille soigneusement sur ceux qui survivent. Le nomadisme de la vie de cour et les fréquentes excursions de ses maris en Italie l'obligent à se séparer de ses enfants pendant de longues périodes mais la correspondance régulière qu'elle entretient avec les nourrices et gouvernantes atteste de ses sentiments maternels. Brantôme a rapporté combien elle était fière de ses filles : « Jamais elle ne les appeloit que par leur nom : "ma fille Claude" et "ma fille Renée". »

La première, née en 1499, est laide et boiteuse, on l'a dit. La reine s'inquiète de sa santé fragile et exprime sa joie lorsqu'on lui annonce qu'elle est remise d'une maladie : « J'ai reçu les lettres que vous m'avez écrites et les bonnes nouvelles de ma petite fille, dont je suis bien aise. Je vous prie toujours de m'en faire savoir. » Une autre fois, elle écrit sa satisfaction de ce que Claude « se fait bonne chère et se fait bien nourrir ». Sa gouvernante est Madame de Tournon, mais Michelle de Saubonne s'en occupe également.

Cette femme remarquable est à la fois confidente et dame de confiance d'Anne, qui la prend à son service après la mort de Françoise de Dinan en janvier 1499. Chargée au début de la lingerie, des vêtements, des bagues et des joyaux de la reine, elle vit dans son intimité. Fille de Denis de Saubonne, seigneur de Fresne-Coudray, dans la région parisienne, elle semble avoir exercé un réel ascendant sur Anne, dont elle soutient les intérêts, en particulier dans l'affaire du mariage de Claude : elle est, avec Georges d'Amboise et Jacques de Beaune, dans le groupe qui favorise l'union avec Charles de Habsbourg, contre le groupe de Louise de Savoie, de Pierre de Rohan et de l'amiral de Graville, qui sont pour le mariage avec François d'Angoulême. Michelle de Saubonne s'occupe de près de toutes les affaires ralatives aux demoiselles d'honneur et accompagne Anne dans son voyage en Bretagne en 1505. Elle épouse en 1507 Jean de Parthenay, baron de Soubise, grand seigneur du Poitou.

Une autre femme joue un rôle essentiel auprès des filles de la reine : Madame du Bouchage, marraine de Renée, née en octobre 1510. Épouse d'Ymbert de Batarnay, sire du Bouchage, elle avait déjà été chargée de s'occuper de Charles-Orland à Amboise en 1494-1495, pendant que Madame de Bussières était gouvernante. C'est à elle qu'Anne adresse une série de lettres en 1510-1511 à propos de la santé de Renée, lettres que l'on avait longtemps crues relatives à Claude, depuis Le Roux de Lincy, jusqu'à ce que P. Matarasso rétablisse récemment la vérité. On y voit qu'Anne ne fait pas confiance au médecin, demandant à Madame du Bouchage de baigner elle-même les yeux de sa fille : « Inutile de dire à Maître Albert de venir ; je n'ai que faire des médecins. »

Dans une lettre du 18 juin 1511, consacrée aux petits ennuis de santé de sa fille Renée, Anne révèle une réelle tendresse maternelle :

« Ma commère, j'ay été très aise des nouvelles que m'avez mandé de ma fille, et que le peu de mal qu'elle a eu que se n'est que des petites dens, ainsi que m'escripvez. Et croy que si la nourrice estoit ung peu malade que ne le me celleriez, non plus que de ma fille. Je n'entens pas aussi que faciez le contraire. Toutesfoys j'ay esté en payne par la lectre que m'escript maistre Albert, qu'il a trouvé ma fille ung peu chaulde ; et que si c'estoit à luy à fayre, il bailleroit quelque casse à ladicte nourrice, ce que je trouve bien estrange de bailler médecine s'il veust trouver ladicte nourrice esmeue ou en fièvre ; par quoy, ma commère, je vous prye que incontinant envoyez quérir Cateryne, et voyez de son laict si elle est en fièvre, ou s'il y a mutacion. Et luy dictes qu'elle la voye la nuyt si elle est chaulde ou aultant qu'elle a accoustumé. Ne lui changez poinct ses viandes, car je vous envoie maistre Millon qui vous dira ce qu'il sera bon de faire, lequel partit samedi, et vous prye que incontinant despeschez le porteur et m'escripvez bien au long de ma dicte fille et de ma nourrice. Et n'oubliez pas à me mander des vostres. Escript à Grenoble, le XVIIIe jour de juing. Anne »

Avant de mourir, Anne confiera à Michelle de Saubonne le soin de s'occuper de Renée, qui n'a qu'un peu plus de trois ans : « Je vous donne ma fille Renée et n'entends point seulement que vous lui serviez de gouvernante, mais je vous la donne et veux que vous lui soyez comme mère, remettant en elle l'amitié que vous m'avez portée. »

Renée, qui vivra jusqu'en 1575, sera une femme remarquable. Épouse d'Hercule d'Este en 1528, devenu duc de Ferrare en 1534. Michelle de Saubonne fera son éducation, traduira pour elle les psaumes. Renée évoluera en faveur de la Réforme ; appréciant Lefèvre d'Étaples, fréquentant Marguerite de Navarre, elle accueillera à Ferrare Rabelais, Marot, Calvin. Refusant d'assister à la messe et de se confesser à partir de 1540, elle est emprisonnée par son mari en 1554. Devenue veuve en 1558, elle est alors persécutée par son fils Alphonse II. Elle revient en France et se retire au château de Montargis en 1560. Nous avons d'elle un beau portrait par Corneille de Lyon, réalisé vers 1548. Sans doute sa mère n'aurait-elle pas apprécié son goût pour la Réforme, mais Renée fut certainement son enfant la plus remarquable. Quant à Claude, mariée à François Ier qui lui fera sept enfants en dix ans, elle mourra épuisée à vingt-cinq ans.

Les sentiments maternels d'Anne se manifestent aussi dans le soin qu'elle prend de faire sculpter un tombeau pour ses enfants morts, ce qui est une nouveauté. À Tours, elle fait réaliser l'effigie de ses deux fils par le Tourangeau Jean Juste, en collaboration avec l'Italien Jérôme de Fiesole. Elle a le même souci pour ses parents, dont le magnifique tombeau, à Nantes, nécessite cinq ans de travail. Anne a le sens de la famille : contrairement à son habitude, elle a toujours pardonné à son demi-frère, le baron d'Avaugour, et elle garde avec elle sa demi-sœur, Françoise, tandis qu'elle fait légitimer les trois sœurs bâtardes du duc Pierre de Bretagne.

Sens du devoir, distractions et goût des honneurs

Anne a le sens du devoir, avec tout ce que cela comporte de grand et d'inhumain. Elle accomplit sans faille et sans amour son devoir d'épouse ; elle remplit parfaitement son devoir de mère, de duchesse et de reine ; elle se conforme à l'idée traditionnelle qu'elle se fait du devoir religieux. Le tout de façon rigide, sans se poser de questions.

Elle a quelques distractions cependant. Elle aime la chasse, surtout au faucon, et possède un « équipage de volerie », mais elle s'intéresse aussi à la chasse au chevreuil, avec des léopards. Elle est toujours accompagnée d'animaux : 24 chiens, dont 9 grands lévriers de Bretagne avec leur collier de velours noir et d'hermine, qui font du vacarme et des saletés dans les couloirs et les appartements ; dans sa chambre, elle a une petite linotte en cage, et elle aime les animaux exotiques : elle fait entretenir la ménagerie de son père, à Nantes, où l'on trouve des ours, des lions, des loups, et elle achète des « petits oiseaulx estranges » à Louis des Sauvages, un Languedocien. Les animaux se retrouvent dans toutes les décorations de ses appartements et fourmillent dans les miniatures de son livre d'heures, décoré par Jean Bourdichon. Une exception notable : les chats, trop indépendants sans doute pour son esprit dominateur. Aimant peu les hommes, qui ne lui obéissent pas, elle exerce son autorité sur les bêtes, transfert fréquent chez les « amis des animaux ».

Elle apprécie aussi les joutes et les tournois, qui lui donnent l'occasion de se mettre en valeur, en présidant la remise des prix, comme elle eut plusieurs fois l'occasion de le faire à Lyon. Elle sait distinguer le courage guerrier, reconnaître la valeur de ceux qui font leur devoir, à la guerre comme ailleurs. D'une façon générale, elle aime présider les cérémonies, comme toutes les occasions qui lui permettent d'afficher son rang, sa place de première dame de France : réceptions d'ambassadeurs, mariages princiers, fêtes de cour, entrées solennelles. Elle multiplie à plaisir ces dernières : à Nantes, à Lyon, à Rouen, deux fois à Paris, dans chaque grande ville où elle arrive pour la première fois, elle triomphe, étale ses bijoux et vêtements d'apparat. Son tempérament autoritaire, trop souvent bridé, trouve là un autre exutoire : elle règne sur les bourgeois et sur le peuple comme sur les chiens et sur ses demoiselles d'honneur. Elle adore qu'on l'entoure, qu'on la regarde, qu'on lui cède le pas. De ce point de vue, le double couronnement et le sacre, cérémonies inhabituelles dans la monarchie pour une reine, sont révélateurs de sa volonté de paraître, volonté qui s'enracine probablement dans les humiliations de son enfance et de son adolescence.

Anne voyage beaucoup, et l'on a bien du mal à reconstituer ses itinéraires. La cour de l'époque est nomade, et n'a pas vraiment de capitale. Si le point d'attache est Amboise sous Charles VIII et Blois sous Louis XII, pendant les mois d'hiver, Lyon, en raison de sa proximité avec l'Italie, est le lieu de séjour le plus courant en été. Mais on la voit aussi à Moulins, Romorantin, Tours, Paris, Grenoble, Le Mans, Bourges, Laval, Angers, Nantes, Rennes. Le tour de Bretagne de 1505 est pour Anne l'occasion, non pas d'aller voir ses Bretons, comme ceux-ci se plaisent à le croire, mais d'aller se faire voir d'eux. Fêtes, réceptions, cadeaux, éloges, louanges, pendant deux mois, débarrassée de son seigneur et maître, elle est pleinement reine et souveraine.

Elle utilise souvent la voie d'eau pour ses déplacements, en raison de ses grossesses et de ses ennuis de santé. Mais quand elle le peut, elle préfère circuler de façon plus voyante, sur un « chariot branlant », c'est-à-dire suspendu, porté par des mules, entourée par des valets et des pages portant sa livrée, et suivie

Les résidences et déplacements d'Anne de Bretagne

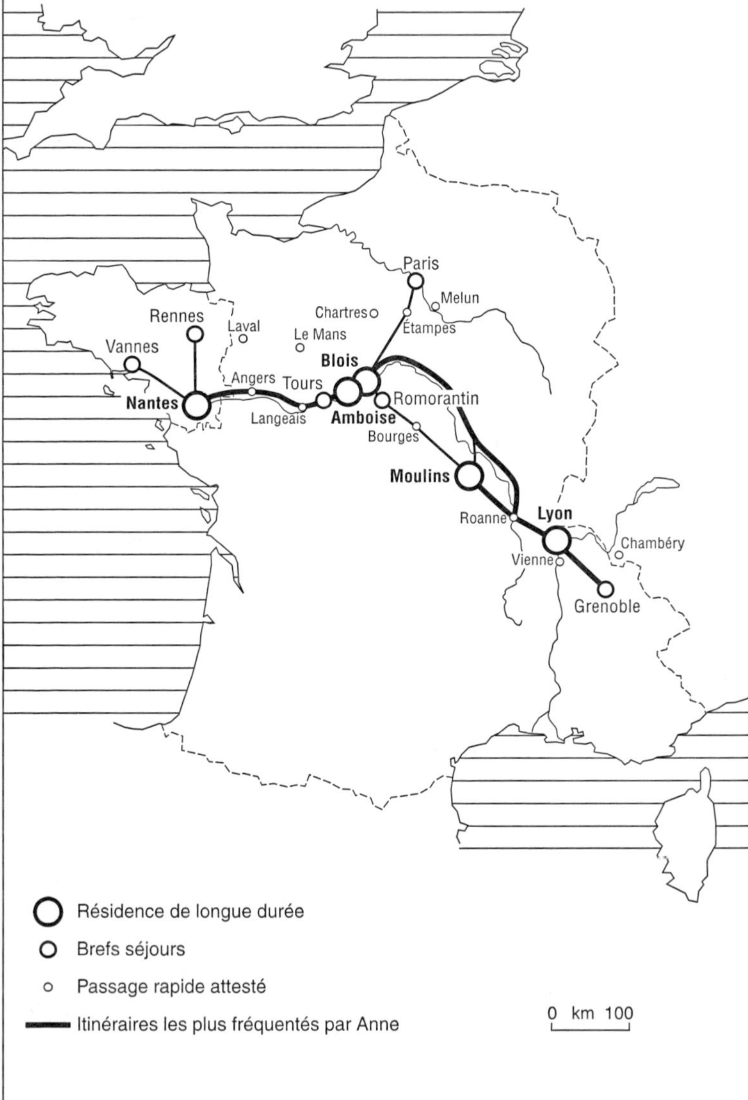

de tout un cortège. Ainsi en 1500, elle se rend à Saint-Claude, dans le Jura, car elle semble avoir une dévotion particulière pour ce bienheureux, dont sa fille porte le nom, puis de là elle passe à Lons-le-Saulnier, pour assister au baptême d'un fils du prince d'Orange ; elle est accompagnée de plusieurs hommes d'armes et de nombreux seigneurs. Ses écuries sont fort bien équipées pour les voyages : en 1498, on y trouve 50 mules et 50 chevaux, dont 16 haquenées pour la monture, 16 chevaux de chariot, 6 chevaux de litière, 6 courtauds pour les pages, 6 autres pour les gens de service.

Une princesse très dépensière

Tout cela coûte fort cher, mais Anne ne regarde pas à la dépense. Les chroniqueurs, repris par les biographes, lui font un mérite de sa « libéralité », c'est-à-dire de son gaspillage, vertu aristocratique qui consiste à dilapider l'argent des autres. Nous l'avons vu, tout en compatissant verbalement aux malheurs du contribuable breton, Anne n'hésite pas à le pressurer, pour distribuer généreusement dons, aumônes, pensions, cadeaux et effectuer des dépenses somptuaires.

L'état de sa Maison, tel que nous le présentent les budgets, est éloquent. En 1498-1499, par exemple, elle a à son service 24 maîtres d'hôtel, qui touchent chacun 300 à 1 000 livres de pension, 5 écuyers tranchants, 8 écuyers, 2 « écuyers de cuisine de bouche », 5 « sommeliers de panneterie de bouche », 5 « sommeliers et eschanczonniers de bouche », 7 « sommeliers de panneterie de commun », 6 « sommeliers et eschanczonnerie de commun », 12 commis de cuisine de bouche, dont « deux galopins mis par les maistres d'hostel, dont ils répondront », 13 commis de cuisine de commun, 4 clercs d'office, 4 commis de fruitterie, 3 garde-vaisselle, 5 huissiers de chambre, 12 valets de chambre, dont 1 « faiseur de senteurs », 1 tailleur pour fourrer les robes des demoiselles, 5 valets de fourrerie, dont 1 a la charge des lévriers, 3 tapissiers, 5 huissiers de salle, 6 portiers, 5 médecins, qui sont Olivier Laurent,

Gabriel Miron, Maistre Gonzale, Michel Carré, apothicaire, Jean Malaisé, chirurgien, 2 conseillers, 4 aumôniers, dont le confesseur, Yves Mahyeuc, 5 chapelains, 4 clercs de la chapelle, 5 chantres, 5 fourriers, 6 secrétaires, 8 « soumatiers », 9 charretiers, 2 femmes de chambre, 6 lavandières, 5 officiers pour Madame la Princesse, 5 servantes, 48 valets et serviteurs divers, s'occupant des chariots, de l'écurie, des messages. Il faut ajouter 25 « pensionnaires », 16 dames et demoiselles, 12 filles d'honneur. Tout ce petit monde coûte la bagatelle de 75 796 livres tournois.

Le compte de 1501-1502 table sur un fouage à 4 livres par feu, qui permettrait de lever 711 838 livres et de payer les énormes pensions que verse la reine : 24 000 livres au prince d'Orange, 20 000 livres au vicomte de Rohan, 30 000 livres à Monsieur de Laval, 20 000 livres à Rieux, et ainsi de suite. Il faut y ajouter 37 900 livres versées à Denis Hurault, commis au paiement des 50 gentilshommes de la Maison de la reine. Cette dernière n'hésite pas à prendre à son service des fils de la noblesse, qu'elle fait élever à ses frais dans sa Maison, comme mesure de faveur. Elle a également dans sa suite des Espagnols, comme le médecin Gonzales de Tolède, ou comme Diego de Soace, payé 400 livres à ne rien faire, « en attendant quelque office ».

Anne de Bretagne sait gagner les cœurs par des largesses, des générosités fort coûteuses pour le budget : en août 1498, avant de quitter Paris, elle fait donner 1 600 livres à Jacques de Tournon, son premier chevalier d'honneur, pour services rendus dans le gouvernement de son hôtel, 300 livres à Loppe de Dicastillo, son conseiller et maître d'hôtel ordinaire, qu'elle avait envoyé en Italie près du roi et qui avait perdu tous ses bagages à Fournoue, 800 livres à Jean de Plouer, un de ses maîtres d'hôtel, qui avait emprunté cette somme pour défendre sa cause en 1490. Elle aide ses serviteurs dans la maladie et la vieillesse. En 1498 toujours, elle fait verser 250 livres à Jean de Cerisy, qui avait été contrôleur des finances, « par manière de pension pour l'aider à vivre et à soy entretenir, en son hôtel, durant sa vieillesse ». Elle paiera aussi une partie des frais d'enterrement. Elle continue à rétribuer par une demi-pension un portier, Gilles Rivière, « qui ne peut plus servir pour sa vieillesse ». Elle intervient pour faciliter les mariages, comme celui du fils de M. de Menou, un autre de ses maîtres d'hôtel, avec la fille de M. de Saint-Bonnet, en accordant une aide financière.

Anne a donc la réputation d'une princesse très libérale, dont l'attitude contraste avec celle de son époux Louis XII, pingre par amour du peuple, qu'il se refuse à oppresser. Du point de vue du courtisan, qui reçoit les pensions, la méthode de redistribution de la reine – prendre aux pauvres pour donner aux riches – est évidemment bien supérieure, comme l'explique Brantôme : « Elle estoit très liberalle. Et d'autant que le roy ne faisoit des dons immenses, pour lesquels entretenir il eust fallu qu'il foulast son peuple, ce qu'il fuyoit comme la peste, elle suppléoit à son desfaut : car il n'y avoit grand capitaine de son royaume à qui elle ne donnast des pensions, et fist des présens extraordinaires, ou d'argent ou de grosses chaisnes d'or, quand ils alloient en quelque voyage, ou en retournoient ; et mesmes en faisoit des petits, selon leurs qualités aussy ; tous couroient à elle, et peu en sortoient avec elle mal contens. Surtout elle a eu ceste resputation d'avoir aymé ses serviteurs domestiques, et à eux faict de bons biens. »

C'est également l'opinion d'Hilarion de La Coste, qui écrit en 1647 à props d'Anne de Bretagne : « Les curieux n'ignorent pas que cette très libérale princesse avoit un cabinet et une galerie pleins de diamants, de perles, de rubis, d'émeraudes et autres pierres précieuses, dont elle faisoit des présents aux femmes et capitaines des héros qui avoient acquis de l'honneur et de la gloire dans les armées, et fidèlement servi au roi Louis XII, son mari, lequel n'étoit pas beaucoup libéral, par la crainte qu'il avoit de fouler son pauvre peuple, dont il étoit le père. » Ainsi, il y a complémentarité, à moins que ce ne soit contradiction, entre le roi et la reine : il économise et elle dépense.

En fait, il faudrait plutôt dire que chacun des deux dépense dans son secteur : le roi pour la guerre, la reine pour sa Maison. Très révélatrice à cet égard est la lettre de convocation des états de Bretagne que Louis XII rédige en septembre 1504. Expliquant aux Bretons qu'il ne pourra venir en personne, « comme bien le désirerions », il déclare qu'Anne et lui-même sont très conscients des difficultés financières du peuple, et qu'il voudrait bien soulager, « pour le singulier désir et affection que tousjours nous et notre très chère et très amée compagne la royne avons au soulagement de noz bons et loyaulx subjectz de notre pays et duché de Bretaigne ». Mais, poursuit-il, il y a de grosses dépenses, alors il va falloir payer, et tout de suite, « nonobstant oposicions, appellacions, criz de force et plegemens quelzconques, pour lesquelz ne voulons estre différés ». Autant pour le mythe du Père du peuple !

Huit ans plus tard, en 1512, toujours dans sa lettre de convocation des états, Louis XII explique aux contribuables qu'il est encore obligé de lever un fouage très lourd, et cette fois il en attribue indirectement la responsabilité à Anne : votre duchesse me coûte cher, dit-il en substance : ses frais d'accouchement, les soins médicaux, car elle est toujours malade, les frais de sa Maison, et la centaine de gentilshommes qui la gardent, les pensions qu'elle verse, sans compter ce que je dois dépenser pour vous protéger, par exemple pour lutter contre le pirate espagnol d'Arbolanche ; il est normal que vous payiez la note. Ce document est assez étrange pour être cité.

Le roi déclare que, « eu égart aux grans charges et affaires que notredite compaigne a eues à porter et soustenir en ceste présente année tant pour les affaires dudit pays que pour la despence qu'il a convenu de faire pour sa couche et gésine que pour la grande maladie qu'elle a eue dont graces à Dieu elle est revenue en toute convallessance en manière que de présent elle se porte très bien, que aussi pour le despence, estat et train ordinaire de sa maison, les souldes et entretenemens des mortes payes, l'advitaillement et municions mises es places fortes d'iceluy pays, aussy l'adoub, équippaige et avitaillement de la grant nef nommée la Cordelière, et autres navires et barques qu'elle a faict mectre sus pour acompaigner notre dite armée de mer, pensions, dons et récompenses des barons, s^rs et gentilshommes, souldes et entretenemenz de cent gentilzhommes et cent archers de sa maison, acquit de debtes, gaiges d'officiers, entretenement de la justice tant du parlement que du conseille, voaiges et ambassades, aussi le paiement et soulde de deux cens hommes d'armes qu'elle a faict mectre de nouveau sus des nobles dudit pays oultre lesd. cent gentilzhommes et cent archers, laquelle chose redonde grandement à la grande force, sureté et deffence de notre dit pays et duché, et de l'esbahissement et espoventement de noz ennemys et ne vient en aucune manière au désavantaige ne detirement de la chose publicque, actendu que lesd. gentilzhommes d'armes y font residence et qu'ilz y despendent leurs souldes et entretenemens, aussi pour abollir et mectre à néant la marque que Jehan d'Arbolanche, marchant des parties d'Espaigne, avoit sur les marchans et subgectz de notre dit pays et duché dont par cy devant les gens desd. Estaz nous ont supplié l'abolir et mectre à néant, remontrement et acoustrement de l'artillerie dud. pays, achapt de harnoys, artillerie, salpestres et toutes autres municions de guerre dont il a convenu faire provision pour fortiffier notre dit pays et obvier et résister à l'encontre de noz ennemis qui desjà ont faict descente en aucuns endroitz d'iceluy ».

L'année suivante, en 1513, le roi revient à la charge, en insistant sur les nécessités de la guerre : j'ai été attaqué « sans aucunes causes, querelles, raisons ou actions », bien entendu, par le roi d'Angleterre, et par l'empereur, qui « conspirent, machinent allencontre de nous et de nosd. subjectz pluseurs mauvaises et dampnables entreprinses ». Il faut donc que je vous défende, et pour cela il me faut de l'argent. Ces lettres témoignent au moins d'une chose, Louis XII a le souci de la communication !

Un cadre de vie somptueux

Anne de Bretagne aime le luxe. Son cadre de vie est somptueux. Elle consacre de grosses sommes à l'embellir et de ce point de vue, elle est déjà une princesse de la Renaissance. À Amboise, sous Charles VIII, la liste du mobilier, des tapisseries, de l'argenterie de ses appartements est interminable. Elle collectionne la vaisselle d'or et d'argent, sur laquelle elle place sa marque, et qu'elle engage en cas de besoin. Ses trésors s'enrichissent à bon compte des tableaux, vases, statues, plats ciselés que ses maris lui rapportent à chaque campagne d'Italie. Toujours à Amboise, elle a des milliers d'aunes de tapisseries, venues de Turquie, de Flandre ou de France ; dans une chambre, une tapisserie de soie de Mesnagier couvre 347 aunes en huit pièces racontant l'histoire de Moïse. André Denisot et Guillaume Mesnagier, artistes tourangeaux, ont réalisé la plupart de ses meubles, dressoirs, tables de chêne, lits. La décoration comprend également une collection d'armes et d'armures prestigieuses : les haches de Clovis, de Saint Louis, de Du Guesclin, les épées de Dagobert, de Philippe le Bel, de Jean le Bon, de Charles VII, de Louis XI, la dague de Charlemagne, l'armure de Jeanne d'Arc. Dans son oratoire, des reliquaires d'or et d'argent.

Ses deux maris ont fait agrandir ou refaire pour elle leurs châteaux : Amboise et Blois, en grande partie par des architectes et artistes italiens : c'est Fra Giovanni Giocondo (Jean Joconde) que Louis XII fait venir en 1499, qui réalise la façade orientale de Blois. Les deux rois, qui ont vu surtout le côté superficiel de l'art italien, ont ramené avant tout des décorateurs, plus que des architectes, alors que Georges d'Amboise et Pierre de Rohan font preuve de plus de discernement dans leurs châteaux de Gaillon et du Verger. Le goût français prédomine encore. On prétend même qu'Anne est opposée à l'art italien, mais elle emploie Jean Joconde, Dominique de Courtonne, le peintre Guido Mazzoni et fait réaliser des jardins à l'italienne à Blois, à partir de 1510, par Pacello, qui reçoit 400 livres de gages et un canonicat, et Marcoliano, rétribué par 200 livres de pension et une cure.

Il est vrai qu'elle préfère le style français. Là comme ailleurs, ses goûts sont très traditionnels et encore médiévaux. Le gothique flamboyant a ses préférences. C'est à Jean Perreal qu'elle confie le soin d'achever le château de Nantes. Cet artiste, qu'on appelle aussi Jean de Paris, à la fois peintre et architecte, passait pour le maître de l'école française, surnommé dès 1506 le « second Zeuxis ou Appelles en peinture ». Auteur d'un beau portrait de Louis XII, il fera l'effigie de la reine à sa mort. Anne lui commande soixante-seize miniatures pour la *Vie des femmes illustres*, et c'est lui qui dote la tour de la Couronne d'or, au château de Nantes, de deux étages de loggias. C'est également à un Français, le Tourangeau Michel Colombe, qu'Anne a commandé le tombeau de ses parents.

En peinture, la prédilection de la reine va à la miniature. Anne est l'un des derniers souverains à avoir commandé un livre d'heures, manuscrit et historié, genre qui passait déjà pour archaïque à une époque où l'imprimerie se développait. Elle s'adresse pour cela à Jean Bourdichon, valet de chambre de Charles VIII puis de Louis XII, né en 1457, peintre en titre d'office du souverain. Entre 1500 et 1508, il réalise un chef-d'œuvre sur 238 feuillets de vélin, comprenant 63 grandes peintures de pleine page représentant des scènes de l'Ancien et du Nouveau Testament, des vies de saints et de saintes, et douze pages de calendrier. Sainte Anne figure en bonne place, apprenant à lire à la Vierge. L'une de ces peintures est le célèbre portrait d'Anne de Bretagne en prière, avec derrière elle sainte Anne, sainte Hélène et sainte Ursule ou sainte Marguerite. Jean Poyet et Jean Riveron réalisent une bonne partie des miniatures, où foisonnent les fleurs, les fruits, les plantes, les insectes, les petits animaux. Le tout est d'une facture très traditionnelle, et Anne est enchantée du résultat, qui lui coûte une petite fortune. Le 14 mars 1508, elle verse « à notre cher et bien amé Jehan Bourdichon, peinstre et valet de chambre de Monseigneur, la somme de mil cinquante livres tournois, en six cens escuz d'or,... tant pour le récompencer de ce qu'il nous a richement et somptueusement historié et enluminé unes grans Heures pour nostre usaige et service, où il a mis grant temps, que aussy en faveur d'autres services ».

Outre ces *Grandes Heures*, Anne a fait décorer un livre de *Petites Heures*, entre 1499 et 1514, par des peintres de l'école de Rouen, une traduction des *Épîtres* de saint Jérôme, par l'atelier de Jean Bourdichon, dont on retrouve également la trace dans un *Antiphonaire*.

Anne de Bretagne aime la musique, le chant et la danse. En 1492, elle a avec elle toute une troupe de musiciens bretons : Guillaume Leclerc, Jean Josse, Hervé, et Riou, qui sont qualifiés de ménestrels, Prégent Jagu et Yvon Lebrun, chantres, Jacques Lorignier, joueur de manicorde, Jehannot du Bois, joueur de rebec, Petit-Jean, joueur de tambourin. La même année, elle entretient des danseurs et danseuses, dont une certaine Lucrèce, de Florence. Elle partage avec Louis XII un goût pour les chansons d'Antoine de Févin, et les compositions de Jean Mouton. Elle recrute à prix d'or les belles voix : en 1510 à Chartres, elle demande qu'on lui cède un enfant de chœur, Le Fèvre, en échange d'une cloche de 3 000 livres. Elle apprécie, depuis son enfance, le théâtre populaire : en janvier 1492, elle fait donner vingt écus d'or à la troupe des Galants-sans-Soucy, qui a joué devant elle des moralités, farces et ébattements. À Blois, elle aime voir jouer les ménestrels de la reine de Sicile.

Anne et la littérature de son temps

Anne a la plume facile. Sa correspondance est abondante et touche de nombreux domaines. Dans les époques cruciales de sa vie, comme en 1498, elle multiplie les lettres : on en a conservé plus de 220, écrites en trois ans, dont certaines manuscritcs. Ces lettres, sans être élégantes ou raffinées, sont brèves, et vont droit au but. Son tempérament tranchant et autoritaire s'y révèle sans fard, comme dans cette missive à Tristan de Carné, un des cinquante gentilshommes de sa Maison, en 1513 : « Carné. Pour ce que je désire avoir vostre fils en mon service, à ceste cause vueillez le m'envoyer au plustost que faire se pourra, et je le feray bien traiter, et pour ce n'y faillez, et soyez persuadé de mon amitié. Escript à Bourges le 2 jour de mars. Anne. »

Le ton est toujours incisif et l'expression, précise. Les liens de parenté sont différenciés : « ma sœur » pour la duchesse de Bourbon, « mon frère » pour le duc, « mon cousin » pour le vicomte de Rohan et le maréchal de Rieux, « ma bonne nièce » pour Germaine de Foix, « mon frère, oncle et allyé » pour Ferdinand d'Aragon. Les lettres officielles, comme pour la convocation des états, sont sur un ton qui ne tolère pas de réplique : « Touz autres affaires et excusacions cessans, et gardez qu'il n'y ait faulte. » Les affaires sont expliquées clairement. Voici, par exemple, comment elle réclame à Ferdinand et Isabelle l'évêché de Pampelune pour son aumônier Nicolas de Dicastillo :

« Veuillez savoir que paravant ces heures nous vous avons escript que pour l'amour de nous, voulsissiez donner charge à voz ambassadeurs de tenir la main et favoriser touchant l'evesché de Pempelune, maistre Nicolas de Dicastillo archidiacre de Valdouseille, nostre conseillier et grant aumosnier, et aussi Monseigneur, et nous de nostre part l'avons fait, et continuellement escripvons en faveur de nostre dict aumosnier, en court de Romme, touchant ladicte matière. Et pour ce que nous avons sceu que nouvellement nostre Sainct Père a pourveu dudict evesché de Pempelune le cardinal de saincte Anastasie, lequel ainsi que nous entendons est fort vostre grant amy et serviteur ; si vous prions de tout nostre cueur que, non obstant ce, veuillez estre aydens à ce que nostre dict aumosnier puisse obtenir et avoir ledict evesché de Pempelune par quelque bon moyen, et ne consentir aucunement que ledict cardinal preigne nulle possession en quelque chose qui touche ledict evesché ; car ce faisant serez cause de la passification du dict evesché, et bien dicelluy pays où elle est située. Et aussi les roys et roynes de Navarre, noz cousins, le feront de leur costé ; en vous priant de rechief que veuillez faire en façon avec ledict cardinal de saincte Anastasie, veu qu'il est aussi vostre grant amy, qui desiste le dict evesché et le laisse ès mains de nostre dict aumosnier, en considérant que c'est une seulle église cathédralle ou royoume de Navarre, et qu'il est besoing que leur preslat demeure continuellement sur les lieux ; et ce faisant, nous ferez si très grant et singulier plaisir que plus ne pourriez. En priant Dieu, trèshaulx, tresexcellans, et trèspuissans prince et princesse, trèschers et trèsamez oncle et tante, qui vous ait en sa tréssaincte garde. Donné à Orléans, le XVIIIe jour de septembre. Anne. »

L'activité épistolaire d'Anne nous amène à nous interroger sur son rôle dans la littérature. En tant que reine de France à l'aube de la Renaissance, a-t-elle encouragé les hommes de lettres ? Montre-t-elle de l'intérêt pour les œuvres de son époque ? Excerce-t-elle un quelconque mécénat ? Et d'abord, apprécie-t-elle les travaux de l'esprit ? Certains traits témoignent d'une indéniable curiosité intellectuelle. Ainsi, elle envoie son héraut d'armes, Pierre Choque, avec la croisade de 1501, en le chargeant de faire une description des pays traversés et des événements. Le même Pierre Choque accompagne Anne de Foix dans la lointaine Hongrie, avec une mission similaire.

La liste des livres ayant appartenu à la bibliothèque d'Anne de Bretagne touche des domaines très variés, mais il est impossible de savoir si ces livres, offerts par les auteurs, ont été lus. Cette liste est fort longue. En effet, Anne a hérité de quelques livres de sa famille, en a reçu d'autres lors de son premier mariage ; elle en a commandé ; d'autres lui ont été offerts et puis, d'un seul coup, à la fin de 1495, arrivent à Amboise 1 140 volumes, « en latin, françoys, italien, grec et esbrieu », butin de Charles qui a pillé la bibliothèque des rois de Naples. Avec le complément rapporté par Louis XII de Milan, ce sont plus de 1 500 volumes qui sont à sa disposition. Ils sont identifiables à la présence des devises de la reine, « À ma vie », ou *« Non mudera »* (je ne changerai pas), ou de la lettre A, ou de la cordelière. Les livres de piété dominent : heures, psaumes, prières diverses, poèmes religieux comme celui qui est composé en 1493 par Robert du Herlin, ancien secrétaire de Louis XI : *Cy s'ensuit ung petit traitié qui se intitulera et appellera l'Acort des mesdisans et bien disans.*

Parmi les manuscrits offerts, des allégories politiques, des aventures, des histoires fabuleuses, comme l'*Histoire de la*

Toison d'Or de Guillaume Fillastre, *La Prophétie du roi Charles VIII, ensemble l'exercice d'icelle*, de Guilloche de Bourdeaux, le *Roman de Jehan de Paris, La Ressource de la Chrestienté*, d'André de La Vigne. Ce dernier, natif de la Saintonge, devient probablement le secrétaire d'Anne vers 1500. Poète d'un niveau honorable, il était connu par une œuvre allégorique dans le goût de l'époque, *Le Vergier d'honneur*, qui rapporte des épisodes de la campagne de Naples par Charles VIII. Il avait aussi composé un mystère sur la vie de saint Martin, joué en 1496. Dès lors, ses écrits sont dédiés à la reine Anne. C'est le cas de son œuvre la plus célèbre, *Le Roman de Jehan de Paris*, sans doute écrit pour divertir la reine, qui séjourne à Lyon pendant l'absence du roi. Ce livre met en scène des personnages derrière lesquels on reconnaît Anne, Charles, Maximilien, le duc d'Orléans et d'autres, c'est-à-dire tous les protagonistes historiques dont nous avons parlé. Il flatte également le goût d'Anne pour tout ce qui est espagnol. Le récit est alerte et divertissant, sans doute une des meilleures œuvres du temps.

Poète de cour, André de La Vigne avait commencé sa carrière par une œuvre hostile aux Bretons, *La Prinse de Fougières*, dans laquelle, évoquant la prise de la ville en 1488, il leur souhaitait « fièvres cartaines ». Passé au service de la reine, il la flatte, transformant par exemple l'accueil peu enthousiaste des Parisiens en 1504 en un véritable triomphe, et composant des *Épitaphes en rondeaux* à son sujet, après 1514. En collaboration avec Pierre Choque, il composera la *Commemoracion et advertissement de la mort de Madame Anne, deux foys royne de France, duchesse de Bretaigne.*

Égocentrisme, rhétorique et pièces de circonstance

Cette pièce de circonstance illustre une nouvelle mode qu'Anne encourage. Il s'agit de célébrer les événements de la vie de la cour pour encenser les souverains, dans un style grandiloquent qui peut aujourd'hui nous paraître grotesque. Ce culte de la personnalité, qui va se développer sous la monarchie absolue, est révélateur du caractère égocentrique d'Anne et de son besoin d'être obéie, respectée, adulée. Dans cette littérature artificielle et éphémère, on remarque les pièces de son héraut Pierre Choque, qui en 1513 a aussi traduit le *Chordigerae navis conflagratio* de Germain de Brie, poème dédié à Anne, relatant le combat héroïque de *La Cordelière* et de son capitaine Portzmoguer.

Les imprimeurs s'empressent d'offrir à la reine leurs dernières réalisations en exemplaires de luxe : les *Fables* d'Ésope, une édition *Des nobles et célèbres femmes* de Boccace, en 1493, *Le Trésor de l'âme*, de Robert, en 1497, la *Légende dorée*, les *Épîtres* de saint Paul. Antoine Vérard, le célèbre libraire parisien, lui dédie des livres sur vélin, avec une miniature le représentant devant elle, à genoux, avec un compliment en lettres d'or. Le rythme des dédicaces s'accélère nettement à partir de son second mariage, ce qui confirme l'accroissement de son rôle à la cour. Sous Louis XII, les poètes se bousculent à ses pieds pour lui offrir des œuvres de pure flagornerie, qu'elle accepte bien volontiers : Faustus Andrelinus, Quintianus, Lemaire de Belges, Jean Marot écrivent pour elle, en français et en latin. On lui dédie aussi bien *Le Passetemps de tout homme et de toute femme* (1503) que *Le Jeu des échecs moralisé* (1504) ou le *Modus et Ratio de divina contemplatione* (1506), le *Voyage de Gennes* de Marot, les *Epistolae* d'Andrelinus, le *Paternoster des Genevoys* de De La Vigne (1507). Pendant que Louis XII est en Italie, les poètes de cour imaginent une correspondance en latin entre le roi et la reine, qui s'écrivent leur amour dans une forme ampoulée. Ces lettres imaginaires, que certains historiens du XIXe siècle ont prises pour d'authentiques missives, ont été reproduites sur vélin et ornées de miniatures dont l'une représente Anne, vêtue de noir, avec un gros volume devant elle, entourée de ses dames assises par terre.

Cette littérature n'est qu'un simple jeu de l'esprit, caractéristique de l'époque d'Anne, celle des rhétoriqueurs, auteurs creux et artificiels. Les Octavien de Saint-Gelais, Jean d'Auton,

Jean Marot, Antoine Dufour, Lemaire de Belges, Jean de Paris, André de La Vigne, Faustus Andrelinus et autres Jean Meschinot ne sont pas des génies littéraires. On ne peut reprocher à Anne de n'avoir pas su discerner les talents. Il faudra attendre la génération suivante, avec le fils de Jean Marot, Clément, ou François Rabelais.

Mais eût-elle apprécié ce dernier ? Malgré sa piété austère, André de La Vigne, Jean Marot, Jean d'Auton, Jean Lemaire de Belges lui dédient des œuvres passablement polissonnes. Dans le *Roman de Jehan de Paris*, certains passages contiennent des allusions fort lestes, comme ce dialogue à double sens entre Jehan de Paris et la pucelle, devant toute la cour :

« La pucelle dit à Jehan de Paris : "Sire, vous avez amené une moult belle armée, la mieulx en point que jamais l'on vit en ces contrées."

« "Ma mye", dit Jehan de Paris, "je l'ai fait pour l'amour de vous."

« "Et comment ?", dit la pucelle en rogissant, "pour l'amour de moy ?"

« "Je vous le diray", respondit-il ; "J'ay ouy dire que l'on vous devoit combattre demain, et pource que je vous viens offrir si vous avez point à faire de mes gens d'armes, qui ont de bonnes lances et roiddes." Au mot fut moult grant le bruit parmi la salle de rire, car tous escoutoient diligemment. "Sire", dit la pucelle, toute honteuse, "je vous mercie de vostre offre, car il n'y fault pas si grande assemblée."

« "Saint Jehan !", dit-il, "il est vray, car ce sera corps à corps en champ de bataille estroit." Jamais vous ne veistes tant rire comme ces seigneurs et dames rirrent des questions qu'il luy faisoit. Si le roy de Navarre au roy d'Espagne : "Oyez vous pas cest homme que mon cosin vostre beau fils blasmoit, en disant que parfoiz il dit les motz d'ung follastre ?" »

Le passage est d'autant plus osé que la pucelle représente Anne elle-même, et Jehan, le roi Charles, ce que la reine ne pouvait manquer de comprendre. À la fin, le roi « à la lance roidde » va se coucher avec la pucelle : « Grant joye s'entrefirent les deux amans, et firent de beaux passetemps durant la nuyt, comme vos aultres, jeunes gens que bien aymez quelque belle jeune fille, quant la povez tenir entre voz bras : Dieu scet le plaisir et la joye que vous avez. Si l'engrossa celle nuyt le roy d'un beau filz, que despuis fut roy de France. »

Jean Marot, secrétaire dans la Maison de la reine, qui s'intitule « poète de la magnanime Anne de Bretagne », lui a dédié une apologie de la femme, le *Vray disant advocate des dames*, et rédige pour elle le *Voyage de Gennes* en 1507, le *Voyage de Venise* en 1509, des *Prières pour la restauration de la santé de Madame Anne de Bretagne*, à la suite d'une maladie de cette dernière en 1512. Mais l'essentiel de son œuvre est marqué par un érotisme latent, comme l'*Épistre des dames de France aux courtisans de France*, dans laquelle les Françaises, inquiètes de voir leurs maris partir pendant des mois en Italie, tâchent de déprécier la beauté et les capacités amoureuses des Italiennes :

« Tetons avons, elles, tetasses
Pendant comme vieilles besaces
Dessus leurs jambes de hérons. »

Alors que nous, les Françaises, nous avons, disent-elles,

« Tetins aiguz, membres blancs et charnuz,
Puys ces gros culz, pour l'amoureux affaire
Si bien troussez qu'il n'y a que reffaire. »

Voilà qui nous rappelle que l'époque d'Anne de Bretagne se situe entre Villon et Rabelais, avec des mœurs encore empreintes d'une familiarité toute médiévale, même chez les poètes de cour. Ne soyons donc pas surpris que les chastes oreilles de la reine puissent supporter de tels propos, soigneusement occultés par ses biographes romantiques.

La même constatation peut être faite à propos de l'œuvre de Jean Lemaire de Belges, qui a été successivement au service de deux femmes remarquables : Marguerite d'Autriche, l'ex-fiancée de Charles VIII – la « petite reine » – et Anne de Bretagne. Né en 1473 dans le Hainaut, à Bavai, il a passé sa vie à chercher des patronages et des pensions, prêt à flatter n'importe qui et à pratiquer tous les genres pour plaire aux puissants. D'abord clerc de finance au service du roi, puis de Pierre de Bourbon, puis de Louis de Ligne, il devient historiographe de Marguerite d'Autriche, fille de Maximilien. Il compose pour elle la *Couronne Margaritique*, en 1504, dans laquelle il flatte bassement sa patronne, qu'il juge très supérieure en beauté à Anne de Bretagne, qui, « touchant hautesse d'extraction ni de formosité corporelle ni de rectitude, perfection et intégrité des membres n'était en rien à elle [Marguerite d'Autriche] comparable, et, qui plus est, se pouvait dire sa belle-mère » (puisque Anne avait été mariée à Maximilien). Voilà qui n'est pas très gentil !

Mais en novembre 1511, accusé de malversations à propos des travaux d'un monument à la gloire de la Maison de Bourgogne, dont il est chargé, à Brou, Lemaire des Belges passe à la cour de France, où Anne, qui ignore le passage précédent, resté manuscrit jusqu'en 1549, le prend à son service comme « secrétaire et indiciaire », c'est-à-dire historiographe. Il dédie à sa nouvelle patronne, comparée à Junon, la déesse mère, le troisième manuscrit des *Illustrations et singularitez de France orientale et occidentale, c'est-à-dire de Gaule et de Troye*, tandis que le second manuscrit est dédié à Claude de France, comparée à Vénus en dépit de sa laideur. La dédicace à Anne de Bretagne illustre le style ampoulé des rhétoriqueurs de l'époque : « Tu doncques sacrée majesté réginalle en laquelle toutes ces démonstrations déificques conviennent par comparation telle que l'en peut faire des choses terrestres aux célestes mérites icy à bon droit obtenir le lieu de la déesse Juno quant à la consécration de ce troisiesme livre des Illustrations comme celle qui es couronnée et dyadémée du grant trésor d'honneur et de bonne fortune, compaigne de vertu sur toutes les déesses c'est-à-dire princesses du monde (laquelle chose soit dicte sans l'injure des autres) car à nulle autre n'advint oncques de porter deux fois légitimement sur son chief la couronne reginalle de France. »

Voilà de quoi justifier le jugement de Gustave Lanson : « Jamais décadence littéraire n'a produit de plus misérables, de plus baroques pauvretés, [ni]... en telle abondance toutes sortes de fruits monstrueux et grotesques, le plus étonnant fouillis de poésie niaise, aristocratique, pédantesque, amphigourique, allégorique, mythologique, métaphysique, un laborieux et prétentieux fatras où les subtilités creuses et les ineptes jeux de mots tenaient lieu d'inspiration et d'idées. » La mode étant aux réhabilitations, certains ont courageusement tenté de trouver du mérite aux rhétoriqueurs du début du XVIe siècle, entreprise désespérée.

Lemaire de Belges aurait bien voulu que la reine lui commande un quatrième livre de la série des *Illustrations*, dans lequel il aurait parlé des Grecs et des Turcs et où il se serait fait l'apôtre de la croisade. Mais Anne n'est pas dénuée de goût à ce point, et en 1512 les entreprises chimériques du genre de la croisade ont perdu pour elle tout attrait. La commande ne viendra pas. En revanche, la reine apprécie beaucoup la *Première Épistre de l'Amant Vert*, dont elle connaît des passages par cœur. Ce badinage avait été composé pour Marguerite : l'Amant Vert est son perroquet favori qui lui écrit une lettre en lui expliquant qu'il va se laisser mourir parce qu'il se languit de son absence. En 1511, Lemaire de Belges remanie son texte pour plaire à Anne qui apprécie ces fadaises.

L'auteur a de nombreuses cordes à son arc. Pour plaire au roi, il compose en 1509 la *Légende des Vénitiens* et en 1511 le *Traité des schismes et des conciles de l'Église*, où il s'improvise prophète, prédisant qu'« avant que l'Antechrist viegne sera le grand et merveilleux scisme de l'Église par lequel les princes séculiers seront constrainctz mettre la main à la refformation des ecclésiastiques, comme ces choses ont preveu par inspiration divine et révélation du Sainct Esperit plusieurs prophètes, sibilles, sainctes personnes, astrologues et mathématiciens ». Louis XII, sans être un humaniste, témoigne un certain intérêt pour la littérature. Il pensionne quelques érudits et artistes, et à l'instar de son prédécesseur continue de piller les bibliothèques italiennes, transférant à Blois la *libreria* ducale de Milan.

Lemaire de Belges dédie aussi à la reine le *Dyalogue de vertu militaire et de jeunesse françoyse*, et compose vingt-quatre couplets pour sa convalescence en 1512. L'année suivante, Anne de Bretagne lui confie un grand projet qui lui tient à cœur. Elle m'a chargé, dit l'écrivain, de composer « les croniques de sa maison de Bretaigne et pour ce faire m'envoye expressément par tout le pays de Bretaigne, affin que je m'enquière par les vieilles abbayes et maisons antiques de toute l'histoire britannique, laquelle encoires n'a esté mise en lumière entièrement jusques à ores que je l'ay entreprinse ».

Anne de Bretagne et le genre historique

L'histoire est le véritable goût d'Anne de Bretagne. Mais en encourageant la « science historique », Anne poursuit un but : enraciner l'indépendance de fait de son duché dans une tradition antique, développer le particularisme culturel de la Bretagne en l'expliquant par un passé autonome et glorieux, affirmer le statut d'état à part entière de son duché afin de se poser en partenaire égal face à la monarchie française. À travers l'histoire, c'est sa propre position qu'Anne tend à exalter.

En cela, elle accentue un mouvement qui a commencé un siècle auparavant. C'est la propagande ducale qui, à partir de la fin du XIVe siècle, introduit l'interprétation « patriotique », afin de développer l'attachement des Bretons à la personne du duc. Comme l'a bien montré J. Kerhervé, le sentiment national breton est une création des clercs de la cour, qui, à la fin du XIVe siècle et pendant le XVe siècle, cherchent à enraciner le prestige ducal dans les anciens mythes et à répandre une lecture de type nationaliste des événements récents, tout comme les clercs royaux travaillent à la même époque à l'édification de la mythologie royale.

Le premier témoignage de cette histoire propagande est le *Libvre du bon Jehan, duc de Bretaigne*, écrit vers 1400 par un conseiller du duc, Guillaume de Saint-André. Contemporain des événements, il présente les Bretons et les Français de 1379 comme deux peuples différents, l'un efféminé, l'autre rude. Le livre, commandé pour l'instruction du nouveau duc, vise à susciter la solidarité bretonne en créant un sentiment d'hostilité à l'égard des Français, qui sont un peuple servile, dominé par le roi, alors que la Bretagne est le pays de la liberté. On retrouve le même point de vue dans une chronique en latin, la *Chronique de Saint-Brieuc*, dont l'auteur est sans doute Hervé Le Grant, secrétaire de Jean IV. Composée entre 1389 et 1416, cette œuvre très partiale, antifrançaise, développe les deux objections majeures contre la confiscation du duché : la Bretagne n'est pas un membre du royaume, et en cas de félonie du duc elle doit revenir aux Penthièvre.

Plus tard, Jean de Saint-Paul, chambellan de François II, écrit vers 1470 une *Chronique de Bretagne*, qui est un des piliers du sentiment national breton. À propos de l'affaire de la confiscation du duché par le roi Charles V, il fustige la « convoitise » et la « malice » du roi, « l'orgueil et l'avarice démesurés » des Français. D'après lui, les Bretons, qui sont libres, heureux et en paix sous leur duc, verraient leurs conditions se dégrader s'ils étaient intégrés dans le domaine royal, car les Français sont toujours en guerre, et ils sont soumis à un régime de servitude intolérable sous la monarchie.

La nouveauté, c'est qu'Anne est la première à *commander* des histoires de Bretagne, donc à être consciente du rôle que joue l'histoire dans l'affirmation d'une entité nationale. C'est par là sans doute qu'elle mérite le plus son appellation d'Anne *de Bretagne*. En ouvrant à ses « historiens » les dépôts d'archives, elle fait preuve d'un certain professionnalisme, encore que le terme soit exagéré pour ces écrivains, qui sont des officiers formés dans les facultés des arts ou de décret d'Angers ou d'Orléans. Laïcs, sauf Pierre Le Baud, ils écrivent en prose française et non plus en latin, ce qui montre une volonté de diffusion de leur œuvre. Ce sont des amateurs qui s'intéressent à l'histoire dans leurs temps libres, « en les temps et saisons disposez à repos, écrit Alain Bouchart, pour éviter ociosité qui est marâtre de vertu ». Aucun d'eux n'a le titre d'historiographe officiel, que Lemaire de Belges sera le premier à porter. Bouchart se dit *chroniqueur*, car pour lui la chronique rapporte les faits passés, tandis que « histoire est la recollection par escript des faits presens en l'escripvant ». Le Baud, quant à lui, ne prend pas parti, et intitule son livre *Chronique et Ystoire des Bretons*. En fait, tous deux ne traitent pas l'histoire récente : Le Baud s'arrête à Arthur III (1458) et Bouchart à la mort de François II (1488). L'un et l'autre se préoccupent de leur style : Bouchart s'excuse de ses maladresses en alléguant ses origines bretonnantes, et Le Baud demande qu'on lui pardonne « la rudesse de son gros et confus langage », et son « stille impolli et mal ourné ».

S'ils se soucient de consulter les archives, ils font d'abord œuvre de compilation, Le Baud n'hésitant pas à recopier parfois mot à mot des passages de la *Guerre des Gaules*. Mais surtout ils ont bien conscience de faire une histoire morale, providentielle et « nationaliste », visant à exalter « toute la nation de Bretaigne », comme dit Le Baud. Leur esprit critique est donc à sens unique. Ils acceptent les yeux fermés tous les mythes d'origine puisés dans Geoffroy de Monmouth, qui fait remonter les Bretons à Brutus, arrière-petit-fils d'Énée, et la langue bretonne à la langue troyenne. Bouchart écrit : « Ne desplaise au cronicqueur moderne qui a escript en l'hystoire Charlemaine disant qu'il attribue à fable la descente d'Arthur es Gaulles et fonde sa raison pour ce qui n'en trouve riens en l'hystoire des Françoys, ceste raison n'est valable ne suffisante, car lors les Françoys n'estoient habitans en ce royaulme. » Le but est de montrer qu'il y avait des rois en Bretagne avant qu'il n'y en eût en France, afin de soutenir le refus d'hommage lige ; le duché n'est pas un fief, et la duchesse ne doit reconnaître « souverain ne créateur qui l'ait créé roy ou duc fors Dieu tout-puissant », écrit Bouchart, qui n'hésite pas à consacrer quarante chapitres de son ouvrage au roi Arthur.

La dépendance servile à l'égard de Geoffroy de Monmouth est admise par Le Baud : « Qui desdittz Bretons voudra veoir les faiz, les trouveront en ung particulier livre que en composa Geffroy Artur de Monmutense en poursuivant sa matere des Bretons insullaires, laquelle j'ay ensuivy jusques en cest endroit. » En voici une illustration. Geoffroy fait ainsi parler un certain Audren : « Il y eut un temps où je n'aurais pas refusé l'île de Bretagne si quelqu'un me l'avait donnée. Tant que la paix et la tranquillité y régnèrent, je ne pense pas qu'il y avait de pays plus fertile. » Chez Le Baud, en 1505, cela devient : « Il fut autre foiz que je n'eusse pas denye prendre l'isle de Bretaigne, si aucuns la m'eust baillée, car je n'estime pas qu'il fust autre païs plus fertil qu'elle estoit quant elle usoit de paix et de transquillité. » Enfin, chez Alain Bouchart, en 1514 : « J'ay bien veu le temps que si on m'eust offert bailler le royaulme de la grant Bretaigne, je l'eusse bien voluntiers accepté, car je n'ay point sceu qu'il y ayt pays plus fertil en temps de paix. »

Alain Bouchart, qui rejette comme invraisemblable l'histoire des onze mille vierges, accepte toutes les fables sur Conan Mériadec, Merlin et ses prophéties. Se situant dans une perspective d'histoire universelle, il commence ses *Grandes Chroniques de Bretaigne* à Ninive et Babylone, et montre ensuite comment les Bretons descendent des Troyens : « Les Troyens qui lors estoient la plus noble génération de la terre furent espars par le monde en divers lieux et voirrons cy après à laide de Dieu que de ce peuple de Troye sont yssus les Bretons de nostre Bretaigne Armoricque, aussi leur langage breton est le vray et ancien langage de Troye comme iay leu en aulcunes histoires. » Puis il raconte comment Brutus, fuyant Troie, est arrivé avec ses navires dans l'estuaire de la Loire, sur le site de Saint-Nazaire.

D'autres auteurs, moins connus, font également remonter la dynastie bretonne aux Troyens. C'est le cas de Jean de Penguern, dit *Dizarvoez* (« le gaillard »), qui compose en 1510 une chronique rimée de 1 920 décasyllabes pour célébrer la généalogie d'Anne de Bretagne. Né à Lopérec, il est un des rares bas Bretons au service de la duchesse, et son ouvrage est intitulé *Généalogie de très haulte, très puissante, très excellante princesse et nostre souveraine dame Anne, très illustre royne de France et duchesse de Bretaigne, et les noms des roys et princes ses prédécesseurs en droite ligne depuis la création d'Adam jusqu'à présent.*

Ses historiens propagandistes : Le Baud et Bouchart

Qu'Anne de Bretagne suive elle-même la réalisation de ces travaux sur l'histoire de son duché, nous en avons la preuve. Pierre Le Baud est originaire d'une petite famille du Maine et suit une carrière ecclésiastique. Jouissant de bénéfices confortables, dont la trésorerie de la collégiale de la Madeleine de Vitré, il se consacre à des travaux d'histoire sur commande. Dès 1480, il réalise une première version de ses *Chroniques et Ystoires* pour Jean de Malestroit, seigneur de Derval. Il est ensuite employé par la duchesse Marguerite, mère d'Anne, qui lui demande de réaliser une *Généalogie des roys, ducz et princes royaulx de Bretaigne*, dans le but de prouver qu'Anne pouvait succéder à François II, comme cela avait été le cas pour d'autres femmes dans le passé.

Anne connaissait donc ses talents et appréciait son érudition. C'est en 1498, après la mort de Charles VIII, qu'elle lui commande une histoire de Bretagne. J'ai écrit, dit-il dans son prologue, « au comendement par Vous à moy fait de compiller, concorder et assembler les généalogies, les noms, les temps et les faitz notables de Vos très nobles progéniteurs et prédécesseurs les Roys, Ducs et Princes royaulx de Vostre région, duché et principaulté de Bretaigne armoricane ». Anne lui fait ouvrir les archives ducales par lettres patentes du 4 octobre 1498 : louable souci d'authenticité, dont il se montre digne, travaillant avec toute une équipe qui recopie les titres originaux jusque dans les abbayes. Il cite abondamment ses sources, note les différences, relève les erreurs, fait preuve d'esprit critique. Il indique modestement qu'il a dû souvent se contenter de notices chronologiques.

Commençant par Conan Mériadec, premier roi mythique de Bretagne, Le Baud indique qu'il n'a pas voulu raconter les événements du règne de François II, « pource qu'ilz sont de fresche et récente mémoire et que plusieurs sont encores en vie ousquelz ils touchent de bien près ». Mais il doit se conformer aux souhaits de la duchesse, et accepter les écrits de Geoffroy de Monmouth, tout en élaguant dans les épisodes légendaires de la matière de Bretagne. Son *Histoire de Bretagne*, présentée à Anne le 19 septembre 1505, s'inspire des méthodes de l'historiographie de la Renaissance italienne et témoigne de connaissances humanistes. Il cite sept auteurs italiens, dont Pétrarque, Boccace, Leonardo Bruni, mais aussi Vincent de Beauvais et Jacques de Voragine. Son manuscrit ne sera imprimé qu'en 1638, mais sera utilisé par Alain Bouchart.

Ce dernier, né à Batz, a fait des études de droit, est devenu notaire, avocat à Rennes, puis secrétaire du Conseil et de la chancellerie en 1485, et maître des requêtes. Mêlé à la vie politique, il s'est opposé à Landais et est intervenu comme témoin dans l'affaire entre Anne de Bretagne et le maréchal de Gié en 1505. C'est un partisan de la duchesse dès la première heure : on le trouve dans son entourage à Guérande en 1489, et il fait partie de l'ambassade qu'elle envoie au roi. Très favorable au mariage avec Charles VIII, il devient son conseiller et se fixe à Paris comme avocat. Il est possible qu'il soit retourné à Nantes en 1498 avec Anne, mais pour peu de temps.

C'est la reine qui lui a passé commande, comme il le rappelle lui-même dans son *Épistole* placé à la tête de l'ouvrage. Au fur et à mesure de la rédaction, il lui en lisait des passages : il s'agit bien d'un ouvrage de propagande. D'après lui, d'ailleurs, nul n'est en droit d'entreprendre un livre d'histoire s'il n'en a reçu l'ordre de l'État : « Il n'est permis à personne compose cronique sil ny a este ordonné et député, laquelle charge ne nous auroit du commencement de ceste œuvre esté commise : touteffoys depuis que nous avons ce présent ouvrage entrepris et iceluy poursuyvi, iusques au temps du premier duc Jehan de Bretaigne, la dessusdicte dame royne de France et duchesse de Bretaigne a veu et fait lire en se présence ce qui ia en avions fait et puis après nous a expressément enchargé et commandé tant de bouche que par ses lettres missives, iceluy ouvrage parfaire en toute diligence. »

Bouchart affirme qu'il est le premier à réaliser une histoire de Bretagne ; or, nous savons qu'il s'est largement servi de l'œuvre de La Baud. Il a lui aussi consulté les dépôts d'archives et affiche fièrement son titre de Breton : « Je qui suis Breton natif du pays de Bretaigne ay bien voulu examiner plus avant les anciennes histoires et croniques et les vieulx volumes et registres involuer : que iay quis et serchez es lieux où lon a coustume de garder lettres de perpétuelle mémoire : et ce que ien ay peu trouver et extraire iay par escript redigé succinctement et en brief, car brieveté est amye de mémoire. »

Anne de Bretagne a donc donné une impulsion décisive à la recherche historique dans le duché. Les ouvrages qu'elle a commandés, et dont elle a surveillé la rédaction, serviront au XVIe siècle à l'essor de l'historiographie bretonne. D'Argentré, petit-neveu de Pierre Le Baud, utilisera largement ses manuscrits. Il affirme d'ailleurs que la reine avait elle-même composé des petits récits sur la bataille de Saint-Aubin-du-Cormier, qui l'avait traumatisée dans sa jeunesse.

Un mécénat sélectif

C'est donc en histoire qu'Anne a su se montrer mécène. Dans les autres domaines, son rôle de protectrice des lettres est assez limité, mais toujours elle exige la soumission à ses vues. Jean d'Auton, qui avait commencé une histoire de France et rédigé des récits sur la conquête du Milanais, se trouve écarté de l'entourage de la reine à partir de 1507, en raison de ses vues divergentes sur la politique royale et sur la papauté. Il se consacre alors à la poésie, et Anne possède dans sa bibliothèque l'*Epître élégiaque par l'Eglise millitante transmise au roy treschrestien Loys douzième composé par frère Jehan d'Auton, hystoriographe d'iceluy seigneur,* et son *Epistre faite aux Champs Elysées par le preux Hector de Troye le Grant et transmise au treschrestien roy Louis douzième de ce nom.*

Les autres noms un peu connus de la littérature de l'époque n'ont que des liens très ténus avec Anne. Jean Meschinot a été son maître d'hôtel, mais, on l'a dit, elle n'avait que quatorze ans lorsqu'il est mort. Elle prendra cependant son fils Gilles comme page, et il lui restera des souvenirs des *Lunettes des princes*, qui évoquent l'omniprésence de la mort.

« Je suis devant ; il vient après ;
Nous sommes égaux à peu près. »

La condition humaine est ainsi résumée :

« Hommes ont doncques tous ensemble
Povre entrée et dolente yssue,
Combien qu'aucuns sont à qui semble
Que la terre est pour eulx tissue. »

Le franciscain nantais Olivier Maillard, prédicateur célèbre dans tout le royaume, est lui aussi en disgrâce pour avoir protesté contre la répudiation de Jeanne de France. Octavien de Saint-Gelais n'a plus l'heur de plaire à la reine : il gravite autour de son ennemie Louise de Savoie et vante les perfections d'une autre Anne, Anne de Graville. Macé de Villebresme, Faustus Andrelinus, François Robertet sont plutôt des gens du roi. Andrelinus, né à Forli, enseigne les lettres et les mathématiques à Paris ; il est malgré tout secrétaire d'Anne, pour qui il compose des épîtres latines. On trouve dans son entourage d'autres Italiens, comme le géomètre David d'Italie, Conti, dit Quinzano, qui lui offre un exemplaire sur vélin de son poème latin sur Paris. Il composera une élégie sur sa mort et un recueil d'épitaphes.

Les événements marquants du règne, ceux qui concernent directement la reine, sont l'occasion pour les poètes de lui adresser des œuvres de circonstance qui témoignent tout de même d'un prestige certain acquis par Anne de Bretagne dans le cercle des littérateurs de son époque. Ainsi le fameux combat de la nef *La Cordelière*, dirigée par Hervé de Portzmoguer, coulée avec son équipage au large de Brest le 10 aût 1512, inspire-t-il à Germain de Brie, d'Auxerre (*Germanus Brixius Altissiodirensis*), un poème latin de 350 hexamètres, le *Chordigerae navis conflagratio*, suivi de cinq distiques élégiaques, l'*Hervei Cenotaphium*. Le tout est imprimé par Josse Bade le 15 janvier 1513, avec une épître dédicatoire en latin à Anne de Bretagne, « *Augustissimae Francorum Reginae, Britonumque Duci Annae* », la remerciant de l'avoir pris parmi ses secrétaires.

L'œuvre est assez célèbre pour avoir été mentionnée par Rabelais dans le *Quart Livre*, où il parle de « quelque magnifique cénotaphe, comme feist... Germain de Brie, à Hervé le nauchier Breton ». Elle n'est pas du goût de Thomas More, qui défend le point de vue anglais et attaque Germain de Brie dans des épigrammes auxquelles répond le Français, ce qui pousse More à répliquer par un traité, dont il avise son ami Érasme... Nous dirions que tout cela fait une publicité indirecte pour le dédicataire de l'œuvre, Anne de Bretagne. En même temps, Pierre Choque traduit le poème en français, et Humbert de Montmoret en compose un de son cru sur le même événement.

Il est difficile de porter un jugement d'ensemble sur le mécénat d'Anne. A. P. Ségalen a plutôt tendance à le minimiser : « Globalement, dans le domaine des lettres, le mécénat ducal a été très limité [...] les écrivains qui bénéficieront de la protection d'Anne de Bretagne ne sont pas très nombreux, et certains n'en jouirent que peu de temps. » Mais pour Michael Jones, « de toutes les reines de France, Anne semble la première à avoir été une protectrice très recherchée ». La prolifération spontanée d'épitaphes à sa gloire, au lendemain de sa mort, en 1514, alors que la flatterie ne pouvait plus payer, tendrait à montrer que la duchesse reine, à l'instar de Marguerite d'Autriche, avait acquis la réputation de protectrice des arts et de la littérature, avec toutefois quelques nuances : ce n'est qu'à partir de 1500, sous le règne de Louis XII, qu'elle peut jouer ce rôle, qui s'accroît au fil des années. Un mécénat qui a un but primordial : rehausser sa position et son prestige pour compenser les humiliations qui lui ont été infligées dans sa jeunesse et son adolescence. Privée de pouvoir politique réel, Anne de Bretagne manifeste son tempérament autoritaire, son besoin de commander, dans ses rapports avec ses animaux, ses serviteurs, ses dames et demoiselles d'honneur, et ses écrivains.

Cette volonté de s'affirmer, on la retrouve dans la devise et le mot d'Anne de Bretagne : l'hermine et le petit collier d'or avec, en banderole, À MA VIE, expression énigmatique, qui pourrait signifier le caractère irrévocable de ses décisions, l'intention de ne jamais changer. L'autre mot, qui apparaît dans ses dernières années, l'expression espagnole NON MUDERA (« je ne changerai pas »), affirme, elle, un refus obstiné de changer d'avis et de conduite, qui, dans certains cas, peut être qualifié d'entêtement. Quant à l'hermine, Anne l'a héritée de ses ancêtres les ducs, mais on ignore quand et pour quelles raisons elle fut adoptée comme devise de la Bretagne. En 1381, le duc Jean IV, en créant l'ordre des chevaliers de l'hermine, l'avait en quelque sorte officialisée.

Enfin, le nom d'Anne est souvent associé à la cordelière, qui apparaît régulièrement dans son blason. Mais là encore, il s'agit d'un héritage : c'est le duc François Ier qui, en l'honneur de son saint patron, avait fait entourer ses armes d'une cordelière de franciscain. François II l'avait reprise, et c'est probablement sous son règne qu'apparaît l'ordre de la cordelière, dont l'existence est attestée en 1486. Anne le développera en le conférant à plusieurs de ses dames et demoiselles d'honneur : il n'est pas impossible qu'elle ait voulu créer un ordre féminin, en parallèle à celui de l'hermine, qui eût conféré à la duchesse une sorte de statut de grand maître, lui permettant d'attacher à sa personne des fidélités.

À travers les épreuves des dix dernières années de son règne, de 1504 à 1514, Anne de Bretagne confirme cette volonté d'être maîtresse de son destin. Plus que jamais se concrétise sa devise : NON MUDERA.

CHAPITRE XIII

Derniers combats, dernières frustrations (1504-1514)

Les dix dernières années d'Anne de Bretagne sont occupées par quelques grandes affaires qui confirment l'importance de son rôle mais dont les issues ne lui sont pas toujours favorables. Elle mène et perd un grand combat pour le mariage de sa fille Claude, elle se venge de son vieil ennemi Pierre de Rohan, elle effectue une tournée triomphale en Bretagne, puis se désespère des mauvaises relations entre son mari et le pape.

Projets matrimoniaux pour Claude

Au mois d'août 1501 était arrivée à Lyon, où se trouvaient Louis et Anne, une ambassade envoyée par l'archiduc Philippe le Beau, fils de Maximilien et de Marie de Bourgogne. Ce prince, futur roi de Castille, avait un fils de deux ans, Charles de Luxembourg, le futur Charles Quint. Le but de l'ambassade était de proposer au roi de France un mariage entre Charles et Claude de France, âgée de presque trois ans. L'accord s'était fait rapidement, car il arrangeait les intérêts passagers des trois parties : Philippe craignait que Louis ne lui oppose des difficultés dans les Flandres ; Louis espérait obtenir du père de Philippe, Maximilien, l'investiture du duché de Milan, terre d'Empire ; enfin, Anne de Bretagne se réjouissait du projet pour deux raisons : marier sa fille au petit-fils de son ex-mari, c'était reprendre le rêve impérial brisé en 1491 : Claude pourrait un jour devenir impératrice. Le mariage était aussi un moyen d'éviter que la Bretagne tombât dans le domaine royal. Le contrat de mariage avec Louis n'avait en effet pas prévu le cas où les deux époux n'auraient que des filles.

C'est donc sans récitences qu'avait été signé le traité de Lyon, qui stipulait les accordailles ou paroles de futur entre Charles et Claude ; le mariage serait célébré dès que les enfants auraient atteint la puberté ; si Louis et Anne n'avaient pas de fils, Claude hériterait de la Bretagne ; s'ils en avaient un, elle recevrait 200 000 livres de son père et 100 000 livres de sa mère ; si le mariage n'avait pas lieu à cause de Louis, d'Anne ou de Claude, la dot de cette dernière resterait à Charles.

Pour célébrer cet accord, Louis et Anne, « tous deux également moult réjouis », écrit Jean d'Auton, avaient donné de grandes fêtes à Lyon, avec bals costumés. Anne avait prévenu les Bretons, et le pape s'était publiquement réjoui. En fait, seule Anne prenait ces fiançailles au sérieux. Louis et Philippe savaient que bien des choses pouvaient changer avant la puberté de Charles et de Claude. Surtout, Louis XII n'avait aucune intention d'honorer sa signature, car il avait, le 30 avril précédent, scellé une déclaration secrète dans laquelle il déclarait nul à l'avance tout engagement de sa fille avec un autre que François d'Angoulême, fils de Louise de Savoie. Toutes les avances faites à Philippe le Beau n'étaient donc que des manœuvres destinées à favoriser d'autres objectifs politiques.

Louis XII ne craint pas de s'enfoncer dans le parjure. Au début du mois de décembre, alors que l'archiduc Philippe et sa femme Jeanne la Folle, fille de Ferdinand d'Aragon et d'Isabelle de Castille, traversent la France, il les invite à faire un détour par Blois, où ils arrivent le 7 au soir, avec un cortège de 600 chevaux. Louis se fait flatteur : « Que voilà un beau prince ! », s'exclame-t-il, tandis qu'Anne de Bretagne réserve le meilleur accueil à l'archiduchesse. Celle-ci, de son côté, fait semblant d'admirer sa future belle-fille, la petite Claude, véritable laideron. Et les chroniqueurs de nous décrire les robes, les costumes, les plats, et même les indigestions et purgations de l'archiduchesse. Pendant cinq jours, froids et pluvieux, on s'amuse et on discute. Philippe promet à Louis que Maximilien va bientôt lui donner l'investiture de Milan, comme il l'avait promis en octobre à Georges d'Amboise, lors d'une entrevue à Trente. Le roi de France, lui, refuse de libérer Ludovic Sforza. Le 11 décembre, Louis, Anne, Philippe et Jeanne jurent tranquillement sur le saint sacrement d'unir leurs enfants. Charles de Luxembourg est le plus beau parti dont Anne puisse rêver pour sa fille : à cet enfant de deux ans étaient promis par héritage paternel la Haute et la Basse-Autriche, la Carinthie, la Carniole, le Tyrol, la Styrie, l'Artois, la Flandre, les Pays-Bas, la Franche-Comté, et par héritage maternel l'Espagne, la Sicile et les colonies toutes récentes d'Amérique, avec en prime, probablement, une élection impériale.

Un homme cependant est absolument opposé à ce mariage, et c'est encore un Rohan : Pierre de Rohan, maréchal de Gié. Né en 1451 au château de Mortiercrolles, près de Craon, il a été élevé en France à partir de l'âge de dix ans. Son grand-père, Jean de Montauban, l'avait emmené avec lui à la cour, car sa mère avait assassiné son père. Devenu sire de Gié, en Champagne, il montre de précoces dispositions pour le métier des armes et une fidélité à toute épreuve pour le roi, ce qui lui vaut le titre de maréchal de France à vingt-cinq ans, en 1476. La même année, il épouse une riche héritière bretonne, Françoise de Penhoët, et ses 300 000 livres de rente. Comme il est en même temps cousin du vicomte Jean de Rohan, et d'Alain d'Albret, mais aussi arrière-petit-fils de Bonne Visconti par sa mère, et donc parent de Louis XII, c'est l'un des plus grands personnages de la cour de France.

Pierre de Rohan s'est distingué dans les campagnes d'Italie, à Fornoue en particulier, et le roi a toute confiance en lui. Propriétaire depuis 1482 du domaine du Verger, près de la frontière bretonne, il y a fait édifier un somptueux château. Sa fortune est colossale, et ses appétits également. En 1502, le roi lui confirme la possession de nombreuses seigneuries napolitaines et lui donne, dans le Milanais, celles de Castellargue, Florensolo, Torchero, et une partie de celle de Verse, qu'il revend pour 29 000 ducats. Grâce à l'appui du souverain, il a fait attribuer l'archevêché de Lyon à son fils, François de Rohan, en 1500, à la mort d'André d'Espinay. En 1503, devenu veuf, il épouse à cinquante-deux ans Marguerite, la jeune héritière du duché de Nemours, dont il portera le titre, même si la propriété lui sera contestée puis retirée. Ce mariage lui vaut l'inimitié d'un autre vieux coureur de dots, Alain d'Albret, qui aurait bien voulu Marguerite pour lui ou pour son fils. La jeune femme mourra cinq mois plus tard, mais elle avait une sœur cadette, Charlotte d'Armagnac, que Pierre de Rohan fait épouser à son fils Charles.

Tout cela lui suscite évidemment des ennemis et des envieux, comme d'Albret, d'Orval, Commynes, Graville, et deux femmes redoutables : Louise de Savoie et Anne de Bretagne, qui se retrouvent étrangement dans le même camp. Rohan-Gié est en effet chargé de l'éducation de François d'Angoulême, le fils de Louise de Savoie, qui réside le plus souvent à Amboise. Il exerce sur lui une forte influence, ce qui provoque la jalousie de Louise, qui s'est d'abord montrée réticente lorsque Gié, envoyé par le roi, est venu négocier avec elle un possible mariage entre François et Claude. Claude, laide et fragile, était-elle un bon parti pour son « César » ? Les fausses couches successives d'Anne l'ayant finalement persuadée qu'elle n'aurait pas de fils, Louise était devenue favorable à l'union de son fils avec la fille unique du roi. Gié était lui aussi un farouche partisan de ce mariage, qui éviterait à la Bretagne d'aller aux Habsbourg.

Quant aux relations entre Pierre de Rohan et Anne de Bretagne, elles sont détestables. Rohan-Gié, dévoué corps et âme à la monarchie, considère Anne comme une mauvaise Française, qui ne songe qu'à utiliser sa position de reine pour favoriser son duché breton. Il la soupçonne, en cas de mort du roi, de vouloir se retirer en Bretagne avec sa fille, qui est au château de Loches, et de vouloir la marier à un étranger – Habsbourg ou autre – pour sauvegarder l'indépendance du duché.

Gié est donc opposé au mariage avec Charles de Luxembourg, ce dont lui en veut Anne, qui déjà se défie de lui.

Sur cette animosité réciproque, nous avons le curieux témoignage d'Alain d'Albret, qui sera amené à déposer au procès de Gié, déclarant qu'un jour il « se déshabillait pour s'aller coucher lorsqu'il tira son écuyer Sermet à une fenêtre et lui dist : Monsieur de Sermet, je trouve le fait de ceste cour bien changé ; le mareschal de Gié m'a dit que quand il va devers le roy, aucunes fois estant en son lict avec la reyne ou ailleurs, la reyne présente, ledict mareschal parle au roy d'une sorte, et quand la reine est absente, d'une autre. Et m'a dict ledit mareschal qu'il sçayt bien que la reyne ne l'aime point ; et qu'aussy ne faisait-il ladite dame ; que si le cas advenait que le roy en feust moins et que la reyne s'en voulsist aller en Bretaigne, cela pouvait faire beaucoup de dommage au royaume ; mais qu'il avait Angiers et Amboyse dont il estoit capitaine et qu'il garderoit bien que ladicte dame s'en iroit pas aussi promptement qu'elle cuyderoit ».

Or, au printemps dc l'année 1502, Louis XII se prépare à descendre en Italie, avec le maréchal de Gié. Ce dernier, envisageant l'éventualité d'un décès du souverain au cours de la campagne, donne des ordres précis à ses fidèles, et surtout à Pierre de Pontbriand, gouverneur particulier de François d'Angoulême à Amboise, et dont le frère, François de Pontbriand, est capitaine du château de Loches, où réside le plus souvent la petite Claude de France. Dès qu'on apprendrait la mort du roi, il faudrait s'emparer de François et de Claude, et les conduire sous bonne escorte au château d'Angers, dont Gié est le gouverneur. Les affaires de Gié et le mariage de Claude sont dès lors inextricablement liés.

En avril 1503, Anne de Bretagne marque un point dans la question du mariage. Au début du mois, l'archiduc Philippe et sa femme Jeanne sont à nouveau reçus par le roi et la reine de France, cette fois à Lyon. Louis, qui tient de plus en plus à obtenir l'investiture de Milan et un rapprochement avec l'Espagne, se montre d'une grande amabilité. La réception est grandiose, on multiplie les prévenances ; Anne passe des heures à jouer aux alluettes avec Philippe, qui est un peu fatigué. Tous ces efforts portent leurs fruits : le 5 avril est signé un second traité qui confirme le futur mariage et règle en même temps la question napolitaine, puisqu'il prévoit « que le roi, pour le bien de la paix, se désaisissoit de la part du royaume de Naples qui luy appartenoit, au prouffict de Madame Claude, sa fille ; que leurs Majestés Catholiques en feroient de même de leur portion, en faveur de Charles de Luxembourg, futur espoux de la dicte dame Claude ; que sa Majesté Très Chrestienne seroit dégagé de la promesse qu'il avoit faicte de céder à Madame Claude le duché de Milan pour sa dot ; qu'enfin il y auroit une amnistie de bonne forme et qu'on cesseroit de part et d'autre tout acte d'hostilité ». Cette fois, c'est sur l'Évangile que les deux couples jurent solennellement de respecter cet accord ; ils n'ont toujours aucune intention de l'appliquer, sauf Anne.

La reine ne semble pas se rendre compte que dans l'esprit de Louis, cette promesse de mariage n'est qu'un moyen d'atteindre ses objectifs italiens. Aussi peu clairvoyant qu'on ait pu le décrire, le souverain n'est tout de même pas aveugle au point de ne pas mesurer les conséquences catastrophiques pour le royaume d'une union entre Claude et Charles. Car, outre la Bretagne, on promettait en dot la Bourgogne, le comté de Blois et Naples, c'est-à-dire de quoi anéantir tous les résultats de la politique capétienne depuis Louis XI. En fait, en dépit de quelques hésitations, Louis a toujours souhaité, comme il dit, « unir les souris et les chats du royaume ».

Anne a pourtant un allié de poids : Georges d'Amboise, dont les ambitions personnelles – ni plus ni moins que la tiare pontificale – passent plutôt par un accord avec Maximilien, Philippe et Ferdinand. Il fait figure, avec Anne, de chef du clan favorable au mariage Habsbourg, face à Pierre de Rohan et Louise de Savoie, qui sont pour le mariage avec François d'Angoulême.

1504 : un éphémère triomphe

L'année 1504, fertile en rebondissements, est celle de l'illusoire triomphe d'Anne de Bretagne. En février, le roi tombe gravement malade, à Lyon, au point que ses médecins désespèrent de le sauver. Le maréchal de Gié en profite pour lui faire signer, le 20, une confirmation de l'engagement secret de 1501 de marier Claude à François d'Angoulême. Puis, comme en 1502, Gié donne des instructions pour faire surveiller les routes conduisant vers la Bretagne, et en particulier la Loire. Aurait-il l'intention de faire arrêter la reine au cas où celle-ci chercherait à gagner Nantes avec sa fille ? Rien ne permet de l'affirmer, mais ces instructions vont causer la perte du maréchal.

Le roi, en effet, guérit tout doucement. Pendant plusieurs mois, il restera fragile, ne se déplaçant qu'en litière. C'est le moment que choisissent les ennemis du maréchal pour agir. À la fin du mois de mars, Pierre de Pontbriand demande une entrevue au roi pour lui faire des révélations au sujet des agissements de Pierre de Rohan. Pontbriand, jusque-là un des fidèles de Rohan, est sans doute manipulé par Louise de Savoie, à qui il est très attaché, mais aussi par Georges d'Amboise, qui s'oppose alors à un projet de réforme militaire du maréchal, et peut-être aussi par Anne de Bretagne, qui saisit l'occasion de se débarrasser de cet adversaire.

Louis XII ne semble pas très ému par les révélations de Pontbriand. Il se contente d'en parler à Gié, qui proteste violemment et s'éloigne de la cour pour s'installer quelque temps à Paris. Georges d'Amboise prend alors le relais, encouragé par Anne et Louise. Il fait dresser un acte d'accusation, en durcissant la déposition de Pontbriand : Gié aurait donné l'ordre d'arrêter Anne de Bretagne en cas de mort du roi. Puis le cardinal charge le chancelier Guy de Rochefort de procéder à des interrogatoires. Les deux magistrats qui enquêtent sont des ennemis de Gié : Jean Nicolaÿ, un homme du cardinal, et Amaury de Quenechquivilly, un Breton du parti de la reine. On fait arrêter Olivier de Coëtmen, fidèle ami de Gié.

L'enquête est très orientée : on doit demander aux « témoins » si Gié avait l'intention de faire un « mauvais parti » à la reine et à Claude, s'il voulait s'emparer de la Bretagne, s'il voulait séquestrer François d'Angoulême et semer la discorde entre le roi et Louise de Savoie. Cette dernière se prête bien volontiers à l'interrogatoire, rapportant des paroles très compromettantes de Gié, qui aurait dit qu'il savait qu'Anne de Bretagne ne l'aimait pas, mais qu'il « ne s'en soucioit guère et à elle ne craignoit rien et se tenoit sûr du roi son maître » ; il aurait également dit qu'en cas de mort du roi « la royne penseroit bien s'en aller et emmener avec elle Madame sa fille, mais on l'en garderoit bien ».

Le 26 juillet, le roi accepte de créer une commission d'enquête, composée de magistrats très influençables : Jean Pavie et Jean de Selve, conseillers à Toulouse, Antoine de Louviers et Étienne de Carmone, conseillers à Paris, Pierre de Saint-André, juge à Carcassonne, Antoine Duprat, maître des requêtes ordinaires de l'Hôtel. Pendant tout l'été et l'automne, ils interrogent de nombreux personnages, comme Robert de Ploret, commandant du château d'Amboise, Pierre de Pontbriand, Louise de Savoie, Alain d'Albret. Ce dernier est très réticent : il feint d'abord d'être malade pour ne pas aller déposer à Nérac, puis à Montignac, puis à Montrichard. Sa confrontation, à Dreux, avec Gié, qu'il aurait traité de façon odieuse en laissant son singe lui tirer la barbe, est un récit fort suspect de Jean d'Auton. Les témoins demandés par Gié se récusent, car ils ont peur de se mettre mal avec la reine. Alain Bouchart, par exemple, se cache dans un placard. D'autres témoignent à charge sous la pression d'Anne de Bretagne, comme Amaury de Quenechquivilly. Pontbriand, effrayé par les proportions que prend l'affaire, se rétracte et s'embrouille ; même Louise de Savoie revient sur certaines de ses affirmations. Quant à Pierre de Rohan, interrogé du 15 au 23 octobre, il nie en bloc toutes les accusations, les mettant sur le compte de la rumeur et des malveillances.

Anne de Bretagne ne ménage ni sa peine ni son argent pour que le procès se déroule suivant ses désirs. L'automne 1504 voit son triomphe à la cour. Pendant que son ennemi est empêtré dans un procès compromettant, le 22 septembre, un nouveau traité solennel vient confirmer le projet de mariage entre Claude et Charles. C'est Maximilien lui-même, peut-être relancé par Anne, qui avait proposé de reprendre les négociations, qui aboutissent à un triple accord. Le premier est une alliance entre Maximilien, Philippe et Louis, à laquelle Ferdinand est invité à se joindre, après avoir remis le royaume de Naples à Philippe jusqu'au mariage de son fils Charles ; Louis XII recevra 900 000 florins pour le dédommager de la perte de Naples ; il recevra également l'investiture de Milan contre 120 000 florins et une paire d'éperons d'or chaque année. Le deuxième, secret, prévoit une alliance contre les Vénitiens. Le troisième réaffirme le projet de mariage entre Claude et Charles, et prévoit que si Louis et Anne meurent sans héritier mâle, Claude de France et son époux Habsbourg recevront la Bretagne, la Bourgogne, les comtés d'Asti et de Blois, l'Auxerrois, le Mâconnais, Bar-sur-Seine, la vicomté d'Auxonne, le duché de Milan et Gênes. Cet ensemble hétéroclite s'ajouterait à tous les autres héritages du futur Charles Quint.

Anne a de quoi être satisfaite. Sa fille ne sera pas dans le besoin. Car la reine – faut-il le rappeler – poursuit avant tout un but personnel et familial. Les questions territoriales ne sont qu'un moyen d'assurer sa position personnelle et celle de sa fille. Deux mois après le traité de Blois, le 20 novembre 1504, c'est la consécration : pour la deuxième fois de sa vie, Anne de Bretagne fait son entrée solennelle à Paris et est à nouveau couronnée, événement unique dans l'histoire de France. Cette formalité coûteuse n'était nullement nécessaire : un couronnement, un sacre et une entrée gardent leur valeur pendant toute l'existence de la souveraine. Alors, pourquoi recommencer, douze ans après ? Sans doute Louis XII tient-il à distinguer son règne de celui de son prédécesseur ; ils ont partagé la même reine, mais au moins celle-ci portera-t-elle deux couronnes différentes. Et puis, le roi veut faire plaisir à Anne : il lui a proposé plusieurs fois de la faire couronner, et jusque-là elle a refusé par crainte des réactions parisiennes. Elle sait qu'elle n'est pas très populaire dans la grande ville turbulente, et les projets de mariage avec le Habsbourg y sont même franchement mal vus. Elle redoute l'affront d'un accueil froid, mais elle meurt d'envie d'être célébrée une fois de plus.

Alors, en octobre, Louis XII, de Fontainebleau, écrit au prévôt des marchands de Paris pour ordonner un accueil enthousiaste : il faut que sa « très chière et aimée compagne » soit « recueillie le plus joyeusement et honorablement » possible. Il faudra décorer, acclamer, donner des représentations et un grand repas. Tout se déroule bien. Le 18, Anne de Bretagne est couronnée dans la basilique Saint-Denis par le cardinal Georges d'Amboise. Le 20, c'est l'entrée à Paris par la porte Saint-Denis. On n'a pas lésiné sur les costumes et la décoration, et le stipendié Jean d'Auton en est moult joyeux : « Au-devant d'elle, écrit-il, fut toute la cour de parlement, en triumphant arroy. Le prévost et tous les seigneurs de la ville avecques tous les collieges de l'Église la furent recueillir, et chascun d'eulx à son rang luy fist harangue et oraison. Les rues estoient de riches tappisseryes tendues et parées ; à toutes les portes et aux quarroys par où elle passoit, se jouèrent nouvelles comédyes et divers personnages, en louant très haultement la magnificence du lys et l'excellence de l'ermyne. Tous les princes qui lors estoyent en court, les gentilshommes du roy et grande baronnye de France et de Bretaigne estoyent avec la royne, laquelle fut ainsy conduite en la ville de Paris, où fist là des serments acostumez, et fut receue honnorablement avecques joyeulx accueil et dons d'inestimables richesses. » Le soir, banquet, pesantes harangues en latin et français, distribution de cadeaux : Anne reçoit une nef en or, pesant soixante marcs. Cette journée est son triomphe.

Pendant ce temps, le procès de son adversaire, le maréchal de Gié, continue. On en vient au réquisitoire du procureur du roi, très agressif et qui remplace le manque de preuves par l'invective. Visiblement, l'homme sert la cause de la reine lorsqu'il fustige l'« exécrabilité du crime de Rohan », qui « s'est tellement engraissé et trouvé environné d'honneurs et richesses qu'il est entré en superbité, comme fit Lucifer en Paradis ; a esté aveuglé d'ignorance et d'ingratitude ; a oublié le bas degré d'où il estoit procédé jusqu'à monter si haut, et par malice s'est découvert, pensant se faire roy lui-mesme, plus orgueilleux et superbe que ne fut onc Lucifer ».

Le ridicule de ce discours débouche sur l'accusation principale : Rohan est coupable de lèse-majesté divine et humaine. En effet, « les roys sont les ministres du ciel sur la terre ; le roy de France, qui est au-dessus de tous les roys, représente un Dieu faict homme, *tanquam corporalis Deus* ; la royne sa compaigne participe à la mesme nature, *vir et uxor, eadem caro* ; *uxor est pars corporis mariti sui* ; la fille joit du privilège de ses parents et peut estre nommée royne du vivant de sa mère : donc quiconque attente à la personne de la fille ou de la femme du roy est coupable de lèse majesté divine et humaine ». En conséquence, le procureur réclame la mise à la torture du maréchal, sa décapitation, la confiscation de tous ses biens, l'infamie sur ses enfants.

Même pour une cour aussi partiale que celle qui juge Rohan la requête dépasse les bornes de l'acceptable. Aussi, le 30 septembre 1504, le Grand Conseil décide-t-il d'ajourner le procès en le renvoyant au 1er avril suivant et en demandant à Rohan d'apporter les preuves de ses récusations. Pour Anne, cette décision est un camouflet.

1505 : la revanche de Louise de Savoie

L'année 1505 commence, comme l'année précédente, par une maladie du roi : « À la fin du moys de feuvrier, écrit Jean d'Auton, le roy se trouva dedans Paris, tout altéré et mal de sa personne, pour la froideur et humidité dudit lieu, qui par temps d'iver est moult froid et moiste ; par quoy ses médecins luy dirent que le changement d'air et l'esloing de ce lieu où il estoit luy allègeroyent son mal et que, pour le myeulx de sa santé, besoing estoit de s'en aller autre part ; ce qu'il fist, car incontinent deslogea de Paris et s'en alla par eau jusques au pont de

Saint-Cloud et oultre... De là, s'en alla par terre jusques à Chartres, à Chasteaudung, à Bonneval et à Bloys, la royne tousjours avecques luy. Audict lieu de Bloys, se trouva, par ung temps, assez bien, et fist très bonne chère, et là, avec la royne et madame Claude, leur fille, fist joyeusement sa feste de Pasques. »

Mais au début d'avril l'état de Louis XII s'aggrave brusquement. Son entourage le voit déjà mort. Anne de Bretagne, elle-même, semble émue : elle veille son époux et fait prier pour lui dans tous les sanctuaires bretons. Le pape Jules II accorde des indulgences à ceux qui prieront pour le roi. Dans la France entière, on processionne, on brûle des cierges, on fait monter vers le ciel des flots de prières.

Le roi n'a plus que quelques moments de lucidité et se confesse à son nouveau confesseur, le dominicain Jean Clérée. Persuadé de sa mort prochaine, il profite d'un moment de répit et fait venir Amboise et Robertet pour dicter son testament, le 10 mai. Face à sa dernière échéance, Louis révèle ses véritables intentions. Balayés, tous les serments de Lyon et de Blois, prêtés sur l'Évangile. Il s'en fait relever sans problème par le cardinal d'Amboise, et stipule que sa fille Claude épousera François d'Angoulême dès qu'elle en aura l'âge. Il lui interdit de quitter le royaume sous aucun prétexte et institue un conseil de régence chargé d'aider sa veuve à gouverner. On y trouve Louise de Savoie, mère du futur roi, Amboise, le comte de Nevers, La Trémoille, Florimond Robertet, le chancelier Rochefort.

Le roi fait venir à son chevet le petit François, qui a maintenant onze ans. Puis il annonce sa décision à la reine. Comment résister à la dernière volonté d'un mari à l'agonie, et d'un mari qui est roi de France ? Anne doit donc pour le moment ravaler sa colère et sa déception. Lorsque la santé du roi s'améliore, quelques jours plus tard, elle revient à la charge, vainement. Amboise ne la soutient plus, car on sait que la volonté du roi est cette fois inébranlable. Et cette volonté est scellée sur lettres patentes du 31 mai 1505.

En même temps, Louis XII fait prêter serment sur l'Évangile – espérant sans doute qu'ils y accordent plus de valeur que lui-même – aux capitaines de sa garde, au commandant de ses Suisses et au chef de ses archers écossais de servir et protéger François et Claude, et de s'opposer à tout enlèvement de cette dernière. Enfin, dernière précaution, il fait jurer à Anne et à Louise sur le canon de la messe et sur la relique de la Vraie Croix de faire célébrer dès que possible le mariage de leurs enfants. Visiblement, il accorde plus de foi aux serments des autres qu'aux siens. Anne a maintenant les mains liées. Elle quitte brusquement la cour, après la rédaction des lettres patentes prévoyant le mariage de Claude et de François, à la fin juin. Direction : la Bretagne.

La brutalité de ce départ a surpris les contemporains. La raison officielle qu'en donne la cour est rapportée par l'ambassadeur florentin dans une lettre : « On dit que c'est pour accomplir certains vœux faicts pendant la maladie du roy. » Anne a effectivement promis de se rendre en pèlerinage à Notre-Dame-du-Folgoët si son mari guérit. La reine peut difficilement se permettre un coup de tête. Même sous le débonnaire Louis XII, elle est toujours en liberté surveillée et ne peut prendre seule une telle initiative. Reste que le pèlerinage tombe à point : nul ne peut l'empêcher de remplir une obligation de piété. Elle n'est certainement pas fâchée de s'éloigner d'une cour où elle vient de subir un grave revers.

La reine retourne donc dans son duché, rappelant par là sa position de semi-indépendance. Son voyage ressemble à une longue bouderie. Car au lieu de se limiter à un pèlerinage aller-retour au Folgoët, elle entreprend un tour complet de la Bretagne, qui dure plus de trois mois. Cette volonté affirmée d'indépendance finit par devenir suspecte, et il faut que le roi se fâche pour la faire revenir. Anne avait-elle fait le vœu d'un *Tro Breiz*, c'est-à-dire d'un tour de Bretagne passant par les sept plus anciens évêchés où l'on gardait les reliques des saints fondateurs, à Vannes, Quimper, Saint-Pol, Tréguier, Saint-Brieuc, Saint-Malo et Dol ? Ce n'est pas impossible, la lenteur du voyage montre suffisamment qu'Anne tenait à montrer qu'elle était chez elle, et qu'elle avait des sujets sur lesquels elle pouvait au besoin s'appuyer.

Anne et l'exotisme breton

En dépit de la fragilité de ses attaches avec une province qu'elle avait quittée à quatorze ans, Anne était considérée dans le royaume et à la cour comme « la Bretonne ». Cette réputation, elle la cultivait comme un moyen d'affirmer sa différence, son importance et son indépendance. Elle s'était constituée une sorte de garde personnelle d'une centaine de gentilshommes bretons qui la suivaient partout. Ces fidèles, au dire de Brantôme, « jamais ne failloient, quand elle sortoit de sa chambre, fûst pour aller à la messe, ou s'aller promener, de l'attendre sur ceste petite terrasse de Blois, que l'on appelle encore "la perche aux Bretons", elle-mesme l'ayant ainsy nommée. Quant elle les y voyoit "Voylà mes Bretons, disoit-elle, sur la perche qui m'attendent" ».

Encourageant une littérature qui exaltait le passé breton, Anne contribua à développer en Bretagne comme en France le sentiment de l'existence d'une certaine identité bretonne. Ce sentiment, à vrai dire, n'était pas nouveau. Depuis le XIVe siècle, des textes ont fait allusion à la réputation des Bretons. Ils nous aident à comprendre comment la Bretagne pouvait être perçue par la population française de 1500.

Un caractère exotique s'attache à la langue rugueuse, qui choque l'oreille. Les troubadours y font allusion dès le XIIIe siècle, et au début du XVe, Gilles Le Bouvier, dit Berry, déclare qu'en Bretagne on « parle un langaige que nul que eux n'entent s'il ne l'aprant ». En 1557, Jean de Léry, revenant du Brésil, débarque dans le duché et s'y déclare aussi dépaysé qu'en Amérique : « Nous aussi nous désirions nous éloigner de ces Bretons bretonnants dont nous entendions moins le langage que celui des sauvages américains d'avec lesquels nous venions. » Dans certaines régions d'ailleurs, « breton » signifie « qui balbutie », on dit « bret » pour « bègue », et en provençal, *bretonejar* veut dire « parler à tort et à travers ». Pour certains, cette langue vient du gaulois, pour d'autres, de l'hébreu, et pour la majorité, du troyen. Ainsi, lorsque le duc François III fait son entrée à Rennes en 1532, un tableau montre Brutus, « accoustré à la turcque d'une robe de toille d'argent semée d'hermines », avec, en lettres d'or, une inscription en « vray langaige de Troye », c'est-à-dire en breton. Mais déjà la plupart font la différence entre « Bretons bretonnants », ou « Bretons tonnants », et « gallous », c'est-à-dire les Bretons de l'est, parlant des dialectes français.

Les Bretons ont plutôt mauvaise réputation. Leur présence massive dans les troupes mercenaires de la guerre de Cent Ans, à l'époque de Du Guesclin, les a fait considérer comme des pillards. Des proverbes du XVe siècle en témoignent : « un Breton point larron, miracle ! », « un Breton, c'est un larron » ; « qui fit Breton, fit larron ». On raconte alors que le Christ en croix devait parler breton puisqu'il était entre deux larrons, et les *Lamentations* de Matheolus déclarent qu'il faut se méfier des nonnes, car elles trompent les gens mieux « que les voleurs ou les Bretons ». Les Bretons sont aussi de grands buveurs : « boire à la bretesque », ou « à la mode de Bretagne », dit Rabelais, et Du Bellay parle de gens qui « boivent nuict et jour en Bretons et Suysses ». Ils sont un peu fous ou mélancoliques : avoir un « sens de Breton » signifie, dès la fin du XIIIe siècle, avoir une forme de folie. Ils ont le sang chaud : « le Breton menace quand il a feru », dit un proverbe du XVe siècle, c'est-à-dire qu'il frappe d'abord et menace ensuite. Mais ce sont de bons chanteurs, de bons danseurs et de bons lutteurs. La lutte bretonne est très renommée au XVe siècle : on en donne des spectacles à Rome lors du carnaval, et Ambroise Paré assistera à un combat.

De leur côté, les Bretons s'affirment face aux Français, jugés efféminés et servilement soumis au roi : « Ils ont la fleur de lys au cul », dit-on au XVe siècle. Dès 1357, un scribe léonard écrivait en latin : « Petite Bretagne, sois joyeuse, ta gloire grandit. N'aie pas peur parce que la France ne sait pas conduire les combats. » Ces quelques notations montrent l'apparition d'une prise de conscience de l'originalité bretonne au niveau populaire. Prise de conscience que l'on trouve aussi chez les lettrés, dans le milieu des étudiants bretons à Paris notamment. Sous le règne d'Anne, par exemple, un licencié bas breton du collège de Cornouaille, Yves Cavellat, recherche dans les bibliothèques parisiennes les manuscrits de Geoffroy de Monmouth et publie en 1508 un récit des origines bretonnes précédé d'une préface à la gloire de la Bretagne.

Anne, porte-parole des Bretons ?

Anne cultive ce sentiment de différence afin d'attirer sur elle l'attention, l'intérêt mêlé de curiosité qui se porte sur l'étranger. En même temps, en Bretagne, on la considère comme la représentante des intérêts locaux à la cour. Les marchands du commerce maritime se tournent vers elle pour lui demander des mesures destinées à combattre la concurrence étrangère. Confrontés à la fermeture des marchés étrangers, à la formation de nouveaux ensembles nationaux qui cherchent à se réserver le commerce local, aux transformations techniques qui exigent plus de moyens financiers, au déclin de l'axe ligérien au profit de celui de la Seine, ils regrettent le bon vieux temps où, comme le dit Bouchart, le peuple « estoit riche et plein de biens, tellement qu'on n'eût trouvé si petit village où il n'y eût foison de vaisselle d'argent ». Habitués à un marché très réglementé, dans lequel chacun pouvait faire de petites affaires avec de petits moyens, ils sont souvent déroutés par l'élargissement des horizons, l'apparition de nouveaux concurrents et d'un capitalisme aux moyens puissants qui draine une part croissante du trafic. Le pessimisme, le malaise des marchands bretons se reflètent dans ces quelques mots écrits par Nicolas Coëtanlem dans un registre :

> « Chascun doit craindre sa fortune
> Car nul ne sait son adventure. »

Le redressement des affaires a été, il est vrai, rapide, depuis la fin des guerres de 1487-1491. Le trafic, le niveau des prix et des salaires ont vite rattrapé le niveau des années 1480, comme l'a montré le livre classique d'H. Touchard. Mais, comme l'a aussi prouvé cet historien, les faiblesses structurelles de l'économie bretonne subsistent : « Le malaise breton à la fin du XVe siècle, écrit-il, dépasse le seul secteur commercial ; la paix ne le fait pas disparaître, et, plus que la guerre, il met en cause les structures mêmes de l'économie bretonne. » L'activité de Nantes, révélatrice de la situation générale, stagne ; la population semble même légèrement régresser. Intégrée à l'ensemble français, la Bretagne subit le contrecoup de la politique extérieure royale : conflits avec l'Espagne, guerre avec l'Angleterre de 1511 à 1514 frappent directement les marchands bretons : en 1503, Isabelle a fait saisir les marchandises bretonnes en Andalousie et les états se plaignent de l'interruption des relations commerciales ; à partir de 1511, le trafic avec l'Angleterre est bloqué, la course et la piraterie reprennent de plus belle.

En même temps, les Bretons sont peu présents dans les nouvelles terres d'Amérique récemment découvertes, sauf à titre individuel comme marins dans les équipages de bateaux normands, ou comme pêcheurs de morue à Terre-Neuve. La précocité des liens avec cette région est attestée par plusieurs documents de l'époque d'Anne de Bretagne : une lettre de rémission du roi à un marin de Pléneuf, qui fréquentait Terre-Neuve, en 1510 ; un procès de 1514 intenté par les moines de Beauport aux habitants de Bréhat, qui pêchent « tant en la coste de Bretaigne, la terre Neuffve, Islandre que ailleurs » ; un curieux manuscrit du chapitre de Tréguier rapportant le baptême d'un « Indien » dans la cathédrale, en février 1512 : « Le dimanche XXIIe jour de feubvrier l'an mill cinq cents unze fut baptizé ungn homme de la Terre Neuffve envyron l'aige de XXX ans sur ung chaffault ou miieu de l'églie. »

Mais au-delà de ces curiosités, les marchands bretons, se sentant dépourvus face aux transformations du commerce, se tournent vers Anne, et réclament des mesures de protection qui permettraient un retour au monde d'autrefois. Ils rédigent un mémorandum en 1500 pour se plaindre : le roi d'Espagne, par les ordonnances de 1490, 1494, 1496, 1498, 1499, interdit d'affréter un navire étranger tant qu'il restera des bateaux espagnols inemployés ; le roi du Portugal réserve à ses nationaux le commerce du sucre ; un armateur de Bilbao, Jean d'Arbolanche, a reçu des lettres de marque et s'attaque à des bateaux bretons ; « supplient très humblement les subjetz du Roy en Bretaigne d'y donner tant à la dicte marcque qu'ès aultres choses en manière que le fait de marchandise se puisse entretenir et que les subjetz dudit seigneur puissent vivre soubz luy ».

En cette période de guerre, ils s'inquiètent, car l'Espagne met l'embargo sur les marchandises à destination de la France et les Espagnols ne fréquentent plus leurs ports. Pour eux, avancer le chiffre de deux mille navires bretons « est parler bien au large ; il s'en fault beaucoup qu'il y en ayt autant de navegans ne sejournans c'est-à-dire navires qui puissent passer la mer en pays longtain ».

En 1507, les marchands bretons confient une liste de dix-huit plaintes à un messager envoyé à Anne de Bretagne qui se rendait en Angleterre : on nous empêche de transporter et de vendre en Angleterre ce que nous voulons, en particulier le vin, le pastel, l'alun ; on nous empêche de charger en Angleterre sans licence royale la laine, les peaux, l'étain, les fromages, les chevaux ; on nous emprisonne arbitrairement ; on nous surveille sans cesse et on nous oblige à trouver des hôtes « de bonne naissance et possédant au moins cent livres de revenu annuel », responsables de notre bonne conduite ; on nous impose des taxes excessives, payables immédiatement ; on nous interdit d'exporter des espèces et des métaux précieux ; on multiplie les tracasseries. « Cette longue plainte de 1507, écrit H. Touchard, traduit le désarroi des marins et des marchands qui ont le sentiment de perdre pied sur leur fidèle marché anglais. »

Anne de Bretagne ne semble pas s'intéresser beaucoup à ces questions, et son mari guère plus. Quelques mesures partielles sont prises au gré des réclamations et des hasards de la vie politique. Les marchands souhaitent des mesures de rétorsion dans le but d'obliger les étrangers à renoncer au monopole de pavillon. Ce n'est qu'en 1512 qu'une déclaration royale interdit « d'affréter [et] de charger aucun navire étranger, et aux étrangers de charger en leurs navires d'autres marchandises que celles de leurs pays », mais l'effet est très limité. La seule motivation qui guide Anne et Louis XII dans le domaine économique, c'est le revenu fiscal. Tout ce qui peut augmenter les recettes immédiates est bienvenu ; en 1512, la traite domaniale reprend exactement les droits d'issue du xve siècle, mais elle ne supprime pas les anciennes et nouvelles coutumes, perçues comme auparavant.

C'est également à Anne que l'on s'adresse pour obtenir des réductions d'impôt en période difficile. Ainsi, en septembre 1503, les états de Vannes lui adressent une requête :

« Remonstrances que font à la royne et duchesse notre souveraine dame les gens et suppotz des Estaz de son pays et duché de Bretaigne.

« Premier, en supposant la pouvreté du peuple dud. païs par les guerres qui ont eu cours en icelui dont n'ont encores peu avoir resource, tant pour la pénurité et stérilité des fruitz de la terre dont il a souffert et souffre grant nécessité, que du dommaige entrevenu par les Espaignelx sur les marchans dud. pays et entrecours de marchandise qui cesse à present des marchans d'Espaigne qui estoient coustumier de faire grant profit et advantaige ou pays par les denrées et marchandises qu'ilz y prenoient,... par quoy les gens desd. Estaz supplient à ladite dame d'avoir pitié de ses pouvres subgetz et encores leur confermer, modérer et rabatre le tout desd. feuz pour quelque bon et loing temps qu'ilz puissent se ressourdre de leurd. nécessité et pouvreté. »

Ils demandent aussi à la duchesse de leur rembourser les frais d'envoi des messagers et protestent contre l'introduction du système monétaire français. Là encore, il n'y a guère de réponse du côté d'Anne de Bretagne qui, en dépit de sa réputation de « bonne » duchesse, ne semble pas très émue par les plaintes de ses sujets. Jamais elle ne cherchera, contrairement à Louis, à réduire, ne serait-ce que symboliquement, le faste de son train de vie. En revanche, elle continue à récupérer des bijoux engagés pendant la guerre de 1487-1491. Le 18 août 1499, Philippe de Montauban lui écrit pour exprimer son amertume ; certains, comme Gilles Thomas, l'accusent d'avoir détourné les bijoux de la duchesse Marguerite de Foix, alors que lui-même se démenait, au péril de sa vie, pour sauver Anne : « Ceulx qui pour le temps n'avaient pas grant soucy, à présent réforment ceulx qui pour lors avoient et portoient le danger et la peyne. » Il rappelle qu'en conseil plusieurs personnages « armez les espez aux costez pour me devoir faire oultrage pour le desplaisir qu'ils avoient de certaines intimacions dont vous m'aviez donné charge » le menaçaient d'un mauvais sort.

La Bretagne : un outil pour renforcer le rôle personnel d'Anne

Si elle se soucie peu d'économie et du sort du contribuable breton, Anne de Bretagne tient à exercer ses pouvoirs politiques et à faire respecter son rang. Ce faisant, elle renforce ses liens avec le duché, mais celui-ci n'est pour elle qu'un levier lui permettant de peser plus lourd à la cour de France. Louis XII d'ailleurs, contrairement à Charles VIII, lui laisse bien volontiers le soin de l'administration courante de la Bretagne, comme elle le reconnaît dans un acte du 17 février 1506, commençant ainsi : « Anne, par la grâce de Dieu royne de France, duchesse de Bretagne, etc. Comme le bon plaisir de Monseigneur ait esté nous octroyer, delaisser et accorder la totalle disposition de toutes les affaires de nostre pays et duché de Bretaigne, et soit ainsy que noz bien amez les nobles bourgeois de nostre ville et cité de Rennes... »

C'est donc Anne qui convoque les états, au même titre que le roi. La formule utilisée, comme ici dans une lettre qu'elle envoie le 25 juin 1507 à l'évêque de Tréguier, est la suivante : « Monseigneur et Nous avons délibéré faire assembler les gens des troys Estatz de noz pays et duché de Bretaigne en notre ville de Rennes, au XXe jour d'aoust prochain venant, pour aucunes choses qui grandement touchent le bien de la chose publique de nos ditz pays et duché. Auxquelz lieu et jour seront, et là vous dirons et ferons dire et remonstrer les causes de cette assemblée et du vouloir et intenction de mondit seigneur et de Nous. Si vous prions et néanlmoins mandons que à iceulx lieu et jour vous envoiez pour avoir votre avis et oppinion sur ce que sera à y délibérer et conclure, et n'y faictes faulte, toutes excusations et autres affaires cessans. Donné à Nantes, le XXVe jour de juing. Anne. »

Les états se tiennent très régulièrement pendant le règne de Louis XII, le plus souvent à Vannes (dix fois). Les exceptions sont ceux de 1500 (Redon), 1504 (Nantes), 1505 (Rennes), 1510 (Redon). Le roi laisse Anne procéder à la plupart des nominations, de nombreux actes portant la mention : « à la nomination de la reyne ». Le 8 novembre 1512, par lettres données à Blois, la duchesse double le nombre des maîtres des requêtes, membres du conseil. Ce sont tous des Bretons, dont les noms nous sont déjà connus : Amaury de Quenechquivilly, Président de Bretagne, Guillaume Macé, Raoul Grimaud, Hervé Le Quellenec, Olivier Kerguren, Guillaume Le Bascle, Pierre de Kerguz, Louis Le Désers, sénéchal de Vannes, Jean du Cellier, sénéchal de Nantes, Guillaume Le Bigot, sénéchal de Cornouaille, Guillaume Le Rouge, sénéchal de Ploërmel, Alain Macé, sénéchal de Rennes.

Louis XII a confirmé les privilèges de la Bretagne, dans le domaine judiciaire en particulier : l'ordonnance de Melun, du 12 septembre 1500, fixe à nouveau la résidence du parlement à Vannes, et il n'y aura plus d'appel au Parlement de Paris, sauf pour déni de justice et faux jugement. En matière judiciaire, le parlement a maintenant la supériorité sur le conseil, et on avertit les membres de ce dernier que « doresnavant ilz ne facent aucune chose » contre le parlement, qui en outre est autorisé à prolonger ses sessions et ne s'appellera plus « Grands Jours ». Mais sa composition accorde la moitié des places, plus celle de premier président, à des Français. L'autorité des prévôts des maréchaux ne concernera plus que les gens de guerre. Par une décision de septembre 1510, le gouvernement tente de remédier à l'éternelle plaie de la justice : la lenteur ; il faut accélérer les procédures et les procès, qui « sont par cy devant demourez indéfinis et comme immortels, au grand déshonneur et esclandre de justice ».

Anne de Bretagne tient aussi à affirmer ses droits sur l'Église bretonne. Avec le pape, elle entretient de très bonnes relations, mais tient aussi à être considérée comme souveraine à part entière. Révélateur est le fait que deux mois après son mariage, en mars 1499, elle ait envoyé à Rome deux ambassadeurs, l'évêque de Tréguier et Jean de Bosquet, en son nom propre, comme duchesse de Bretagne, sans mentionner son titre de reine. Le pape a été fort embarrassé, d'autant plus que le roi lui a demandé d'« expédier » les ambassadeurs le plus vite possible pour leur éviter des frais de séjour, tout en protestant de son respect pour les privilèges bretons. Ce n'est qu'après plusieurs jours de négociations, sous la médiation du cardinal de Saint-Denys, que le pape a fini par accorder l'audience, dans la forme exigée par les Bretons, le 12 mars.

La fidélité d'Anne envers le Saint-Siège est inébranlable. Dans le conflit des années 1510-1512 entre le roi et le pape, elle prend délibérément le parti de Rome, et lorsque les évêques bretons refusent de s'associer à leurs confrères français au synode d'Orléans-Tours, en 1510, on se demande dans quelle mesure ils agissent sur ordre d'Anne. D'ailleurs, lorsque Jules II met la France en interdit, il en excepte la Bretagne.

Anne tient à garder l'entière disposition des nominations épiscopales, avertissant à plusieurs reprises les chapitres de chanoines de ne pas procéder à des élections avant qu'elle ait présenté un candidat (à élire obligatoirement), sous peine de bannissement et de saisie du temporel. Elle se fait confirmer par Alexandre VI le droit de présentation aux bénéfices ecclésiastiques. Elle y tient tellement que l'on a retrouvé après son décès, comme le précise un inventaire de ses coffres et archives, « ung sac de toille auquel y avoit plusieurs vidimus et brefs des feuz papes faisant mention de la faculté qu'ilz donnoient de nommer aux eveschez des pays et duché de Bretaigne ».

Dès le lendemain de la mort de Charles VIII, Anne a nommé Guillaume Guéguen évêque de Nantes, d'où est chassé Jean d'Espinay, qui sera transféré au siège moins intéressant de Léon. À Rennes, en 1506, le chapitre élit Guy Le Lionnais, un Bas-Breton ; Anne est furieuse : elle voulait nommer évêque son aumônier Pierre Le Baud. Alors, écrit le chanoine Peyron, « Sa Majesté voulut que ledit chapitre luy donnast acte signé par notaires, de déclaration que telle élection estoit contre sa volonté, parce que les ducs de Bretagne avoient un indult et privilège à eux accordé par les papes de nommer et présenter aux eveschés de leur pays, lequel étant maritime et sujet aux incursions des estrangers, les papes s'estoient obligez de ne conférer telles dignitez qu'à personnes agréables aux ducs leurs princes et seigneurs souverains ». Ce que voyant, Le Lionnais démissionne. Mais Pierre Le Baud étant mort avant de recevoir ses lettres de provision, Anne fait élire son propre confesseur Yves Mahyeuc. À cette occasion, elle avait écrit au pape pour lui demander de ne pas faire de provisions avant qu'elle eût nommé quelqu'un de « sûr, féable et agréable ».

À Tréguier, en 1505, apprenant le décès de l'évêque Jean Calloët, Anne de Bretagne écrit immédiatement au chapitre, le 5 avril : « Nous avons esté advertis du trepas de feu vostre évesque et pasteur. Et pour ce que nous désirons qu'il y soit pourveu de quelque bon et notable personnage à nous sûr et féable nous voulons et vous mandons que trois ou quatre de vous venez devers nous affin que vous en déclarons nostre vouloir et intention. Et cependant ne procédez à faire aucune élection en postulation que premier ne soyez advertis par ceux de vous qui viendront devers nous, de nostredit vouloir. Et si n'y faites faute. » Son choix n'est d'ailleurs pas très heureux, et montre bien que ce ne sont pas les intérêts bretons qui la guident : elle fait élire un Périgourdin, Jean de Grigneaux, pour un diocèse bretonnant. L'élu démissionne au bout de quelques semaines, en faveur de son frère Antoine ; celui-ci ne fera sa première apparition dans sa ville épiscopale que huit ans plus tard, et sera toujours en conflit avec son clergé. Les choix d'Anne sont politiques et n'ont rien à voir avec les qualités religieuses.

À Saint-Malo, Denis Briçonnet succède tout simplement à son père Guillaume, en 1513. À Vannes, en 1504, Anne ordonne au chapitre d'élire comme évêque un jeune homme de dix-neuf ans, Jacques de Beaulne, fils du seigneur de Semblançay. Robert Guibé avait fait mieux dans le scandaleux : évêque de Tréguier à dix-huit ans, cardinal, à la demande d'Anne, puis évêque de Rennes, puis de Nantes en 1506, tout en étant administrateur du diocèse de Vannes, conseiller du roi, ambassadeur près du pape ; il n'était arrivé dans son diocèse de Tréguier que neuf ans après sa nomination.

Ainsi, Anne de Bretagne ne cherche pas à favoriser les Bretons ou à améliorer la qualité spirituelle du clergé : elle fait des nominations politiques, qui sont des récompenses ou des faveurs accordées à des familles dont elle veut s'assurer la fidélité. La même constatation est valable dans tous les domaines : Anne veille jalousement, par exemple, à ce qu'aucune famille que la sienne ne porte le nom et les armes de Bretagne : elle les interdit à Jean de Brosse, fils de Nicole de Blois-Penthièvre, qui doit faire enlever ses armes des églises, maisons et vitres ; Jean de Rieux et les Rostrenen doivent enlever les hermines de leurs armes. En Bretagne, Anne est la première, la souveraine. Et c'est bien pour se montrer en tant que telle qu'elle vient visiter le duché au début de juin 1505.

La tournée bretonne de 1505 : un succès personnel

Car ce n'est pas un voyage discret. Elle emmène avec elle une suite impressionnante, véritablement royale, composée de dizaines de grands seigneurs et gentilshommes. Elle voyage en litière, ou quelquefois sur sa haquenée favorite, Châtillonne.

« Elle fut tant honorablement receue que ce fut ung merveilleux triumphe », assure Jean d'Auton, avec raison, semble-t-il.

Les villes, dûment prévenues, lui organisent fêtes et réceptions, comme lors de tout déplacement princier.

Les Bretons sont flattés de ce que leur duchesse se déplace pour venir les voir, pensent-ils. Et ils lui sont reconnaissants d'avoir, par ses mariages, permis l'union de la Bretagne et de la France qui a mis fin à des guerres stériles. Pour d'Argentré, Anne revient en Bretagne par simple plaisir, « car à la vérité elle ne s'aymoit en autre lieu, n'ayant l'air de France aggréable, et tendoit toujours à s'en retourner ». Pourtant, en vingt-trois ans de règne, elle n'a pas même passé six mois dans le duché.

C'est un voyage politique. Jean d'Auton et Alain Bouchart ont tous deux noté, outre l'indéniable succès populaire, le fait qu'Anne, toujours accompagnée de son chancelier et du vicomte de Rohan, profite de son passage pour remettre de l'ordre, écouter des plaintes et réformer. C'est bien la tournée d'un souverain en ses états. Jean d'Auton écrit : « Toutes les villes où elle passoit lui furent tendues, et les chemins netoyés. Les seigneurs de l'Église et les gentilshommes du pays, avec les marchands et tout le peuple lui furent au-devant et l'accueillirent de vouloir cordial et joyeuse chère. À Nantes et à Rennes et ès autres principales villes de son pays se tint l'espace de cinq mois, où presque durant lequel temps, tint ses États et mit ordre en toutes les affaires de ses terres de Bretagne. » De son côté, Alain Bouchart note que la reine « fut honorablement accompagnée et receue de ville en ville, ainsi qu'à telle dame appartenoit, qu'estoit quasi chose miraculeuse de veoir par les champs, chemins et boys si grant multitude d'hommes et femmes et petits enfans, qui accouroyent pour veoir leur dame et maistresse, regraciant et merciant Dieu de quoi il lui avoit pleut envoyer ladite dame pour visiter sa contrée et duché, pour ce qu'ilz n'avoyent pas accoustumé de la veoir ; qu'elle fist, à plus grante diligence qu'elle peut, à mettre ordre et police en tous les lieux ou elle passoit, que son chancelier estoit toujours avecques elle ».

Le voyage commence par une lente descente de la Loire, de Blois à Nantes, où elle arrive le 8 juillet. Les autorités lui ont préparé une réception digne d'elle, dont les moindres détails

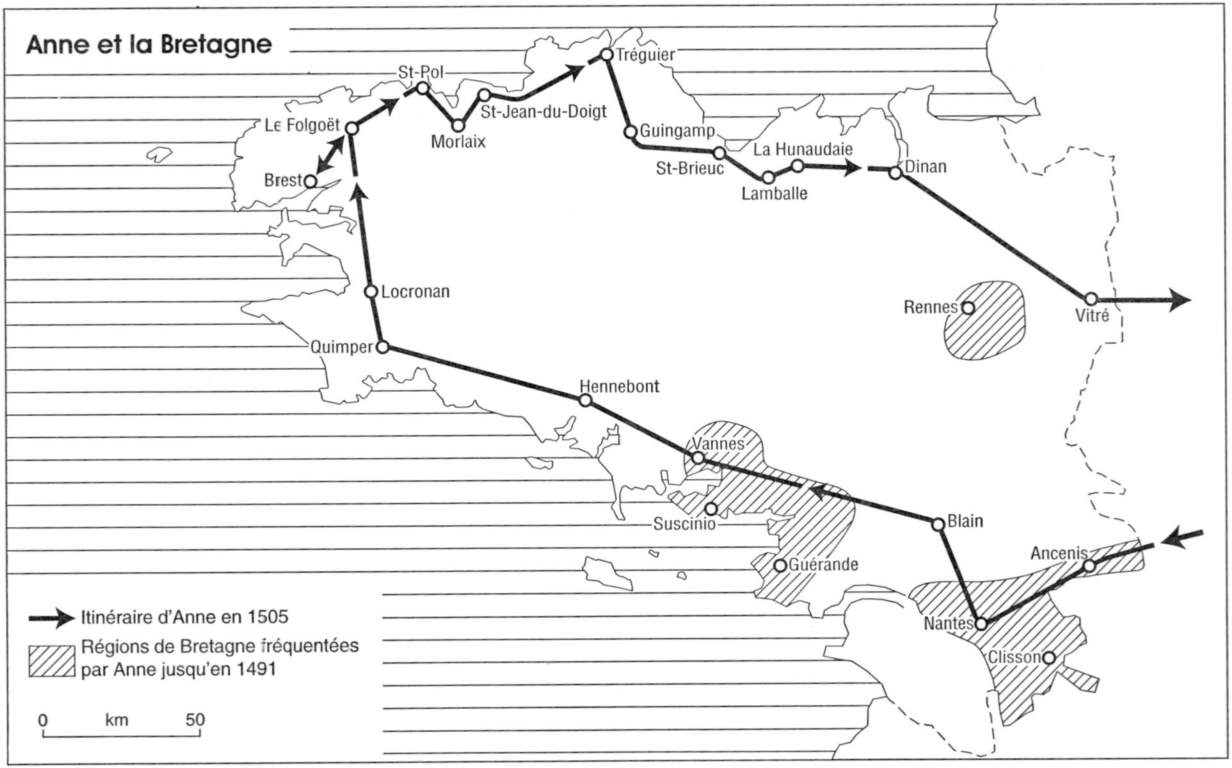

Anne et la Bretagne
St-Pol
Tréguier
Le Folgoët
Morlaix
St-Jean-du-Doigt
Guingamp
La Hunaudaie
St-Brieuc
Dinan
Lamballe
Brest
Locronan
Rennes
Vitré
Quimper
Hennebont
Vannes
Blain
Suscinio
Ancenis
Guérande
Itinéraire d'Anne en 1505
Régions de Bretagne fréquentées par Anne jusqu'en 1491
Nantes
Clisson
0 km 50

sont consignés dans le registre du miseur de l'œuvre des ponts. Deux sentines, bateaux à fond plat, décorées et transformées en chaloupes à rames, montées par dix-neuf et trente-trois hommes, sont préparées pour aller la chercher à Ancenis le dimanche. Sur les deux bateaux, on a embarqué six ménestriers et pour 15 livres 2 sols 8 deniers de victuailles. Mais, sans prévenir, Sa Majesté a décidé de ne pas venir ce jour-là. Il faut donc tout recommencer le lendemain. Un rameur perd son aviron : 6 sols ; un autre casse le sien en passant la poterne du château : 5 sols. La reine, escortée par dix-huit soldats, va d'abord loger à l'abbaye des Couëts, où repose son aïeule, la bienheureuse Françoise d'Amboise. Elle revoit les lieux fréquentés dans sa petite enfance. Le 11, elle assiste à la procession du Saint-Sacrement. Pour le banquet, la ville a même payé un certain Bitus, de Châteaubriant, afin qu'il aille chercher là-bas son cheval, son arbalète et son chien pour aller chasser dans la région de Retz des bêtes fauves et des oiseaux ; on a fait venir du gibier d'Angers. Ce petit séjour coûte à la ville 55 livres 6 sols 2 deniers.

Le vicomte Jean de Rohan, qui va escorter la reine pendant tout le voyage, l'invite quelques jours dans son château de Blain. De là, avec Philippe de Montauban, son chancelier, Guillaume Guéguen, son secrétaire enfin évêque de Nantes, Yves Mahyeuc, son confesseur, elle se rend à Vannes. Nouvelles réceptions. Puis à Hennebont, puis à Quimper, où elle se trouve le 15 août. La progression est lente : un mois et demi s'est déjà écoulé depuis son départ.

C'est ensuite Locronan, où Anne va prier au tombeau de saint Ronan, qui a la réputation de rendre les femmes fécondes et de favoriser la naissance de garçons. On arrive enfin le 19 août au but théorique du voyage : le sanctuaire de Notre-Dame-du-Folgoët, « auquel lieu elle fist dévotement son oraison et oblacion, et fist beaucoup de biens à ladite église et chapelle », écrit Bouchart. La magnifique église vient tout juste d'être achevée, chef-d'œuvre du gothique flamboyant breton. Le règne d'Anne est l'apogée de ce style médiéval et voit la Bretagne se couvrir d'églises et de chapelles, en particulier dans ce secteur occidental, de Morlaix (Saint-Melaine, 1489), à Penmarc'h (Saint-Nona, 1508). Les premiers enclos paroissiaux font leur apparition, les calvaires se multiplient, les croix et crucifix prolifèrent : on en recense encore aujourd'hui 158 datant du XVe siècle en Léon et en Cornouaille. La Bretagne que parcourt la pieuse Anne se hérisse de monuments religieux qui l'enracinent dans la fin du Moyen Âge. La chapelle du Faouët, dont la construction coïncide avec le règne d'Anne, de 1489 à 1512, est comme le symbole de l'accord profond entre la piété toute médiévale de la duchesse et la culture populaire bretonne. La reine fait don au sanctuaire du Folgoët de ses robes de mariée, fonde des rentes pour entretenir le sacristain et trois enfants de chœur, et célébrer une grand-messe chaque 15 août à la mémoire des membres décédés de la famille ducale.

Mais Anne veut aussi voir les instruments de sa force maritime. Du Folgoët, elle passe à Brest, où elle visite à deux reprises *La Cordelière*, enfin réparée des avaries subies en 1501, « et estoit esmerveillée de veoir ung tel vaisseau », écrit Bouchart. La reine désire en rencontrer le commandant, Hervé de Portzmoguer, qui est en mer. Celui-ci est apparemment peu enthousiaste, mais il lui faut s'exécuter : la rencontre aura lieu à Morlaix.

De Brest, retour au Folgoët, et de là, une étape à Saint-Pol-de-Léon, où Rohan, qui est vicomte de Léon, a le droit de faire une entrée solennelle ; il déclare qu'en raison de la présence de la reine il fera cela une autre fois. Puis Anne arrive à Morlaix, « auquel lieu elle fut receue en grant reverence. Si vous eussiez veu, écrit Bouchart, les joyes, esbatemens et dances pour l'honneur de ladite dame, c'estoit merveille et sembloit estre ung petit paradis ». La ville en effet n'a pas lésiné sur les moyens : on offre à la reine un bateau miniature en or et pierreries et une hermine apprivoisée ; on lui a préparé un tableau vivant figurant son arbre généalogique, avec des personnages costumés représentant ses ancêtres, et une belle fille, au sommet, qui figure Anne.

Là se déroule un épisode révélateur de la piété superstitieuse d'Anne, qui a fait les délices des chroniqueurs. Anne souffre d'une fluxion à l'œil. Or, à quelques kilomètres de Morlaix se trouve le sanctuaire de Saint-Jean-du-Doigt, où on conserve dans un reliquaire précieux un reste supposé d'un doigt de Jean-Baptiste, qui a le pouvoir de guérir les ophtalmies. Anne envoie son maître d'hôtel Meriadec de Guicaznou, avec son frère Guillaume de Guicaznou et deux aumôniers, chercher la relique. Le clergé local organise une procession pour l'amener à Morlaix, portée sur un brancard par deux hommes. À peine sont-ils sortis du cimetière que le brancard casse. La relique disparaît du même coup. Mais après force lamentations et prières, elle revient miraculeusement par ses propres moyens dans son armoire. Anne, prévenue, est très impressionnée ; à genoux, elle demande pardon à Jean-Baptiste : c'est à elle de faire le déplacement. Si la relique ne vient pas à Anne, Anne ira à la relique. Elle fera même un bout de chemin à pied, et on a religieusement marqué d'une croix l'endroit précis où elle est descendue de cheval. La suite est racontée par le dominicain Albert le Grand : « La reyne fit ses dévotions ce soir et fit chanter les vespres expresses de saint Jean, et le lendemain les matines, où elle assista ; puis se confessa à son aumônier, frère Yves Mahyeuc, religieux de l'ordre des frères prédicateurs du convent de Morlaix, communia à la grand-messe, de la main de R.P. en Dieu Mre. Guillaume Guéguen, évesque de Nantes, et après la messe contempla la sainte relique que ledit evesque lui fit voir à nud, l'appliqua sur son œil et la monstra à tout le peuple. »

Les tensions du couple royal

Pendant ce temps, Louis XII s'impatiente. Il n'était pas très heureux de voir la reine partir, et la prolongation de son séjour l'irrite chaque jour davantage. On peut reconstituer l'évolution des rapports entre le roi et la reine pendant ce voyage à l'aide de la correspondance entre Jacques de Beaune, qui est à la cour, et Michelle de Saubonne, qui accompagne la reine.

Dès le 17 juillet, alors que le périple commence à peine, le roi trouve que les étapes sont bien longues. Il faut chercher des excuses. Jacques de Beaune écrit : « Je l'ai avisé qu'elle [Anne] avait un peu de rhume et qu'elle pourrait bien demeurer deux ou trois jours audit lieu de Vannes, afin qu'il ne s'ébahisse du séjour qu'elle pourra y faire. Il a un merveilleux désir de son retour et le plus grand plaisir qu'elle lui peut à présent donner c'est de souvent lui écrire. » Le 23 juillet, nouvelle lettre : il faut qu'Anne écrive au roi, et qu'elle ne dépasse pas la mi-septembre ; à la cour, on complote contre ses intérêts, l'amiral en particulier ; il faut qu'Anne écrive à Louise de Savoie. 24 juillet : mêmes recommandations ; il faut aussi qu'Anne manifeste qu'elle désapprouve le roi de Castille. 27 juillet : Louise de Savoie se scandalise de n'avoir pas reçu une lettre d'Anne, et le roi désire son retour. 10 août : enfin une lettre pour Louise. 15 août, alors qu'Anne n'est encore qu'à Quimper : l'amiral complote de plus belle pour arranger le procès de Gié ; il faut rentrer, car il y a plusieurs mariages à régler. 20 août : « le roi a très mal pris la demeure de la reine à Quimper-Corentin », et l'amiral poursuit ses manœuvres. 1er septembre : « Vous ne sauriez penser le grand désir que le roi a du retour de la reine. Il n'est jour qu'il n'en parle. » 10 septembre : « Oncques la reine ne fut tant désirée. »

Alors que la reine est à Morlaix, les injonctions se font plus pressantes. La fluxion à l'œil est encore un prétexte pour traîner. Après Saint-Jean-du-Doigt, Anne se rend à Tréguier, pour prier saint Tugdual et saint Yves. Elle redescend doucement par Guingamp, Saint-Brieuc, Lamballe. Près de là, elle s'attarde au château de La Hunaudaye, l'imposante forteresse de Georges de Tournemine, qui organise en son honneur des sorties en forêt, des visites guidées des environs et un banquet de trente-six plats, copieusement arrosé, à la fin duquel « chascun était bien respeu », écrit le chapelain local, qui a laissé une description des moindres détails de l'événement. Anne s'amuse. Deux jours plus tard, elle est à Dinan, et elle a encore l'intention de passer à Saint-Malo, Dol, Rennes, où on lui prépare une grandiose réception. Cette fois, le roi se fâche ;

cette tournée est indécente. Georges d'Amboise lui-même le fait savoir à la reine dans une lettre du 13 septembre :

« Madame, à ceste après disner le roy m'a envoyé quérir soy plaignant d'une nouvelle que quelqu'un luy avoit dist que veniés à Rennes, en espérant de n'en partir de ce moys, et que là on devoit faire tout plain de jouxtes.

« Madame, je ne le vis jamais si corrossé, ainsi que porrés entendre par Gaspar auquel il a parlé en ma présence, pour vous en déclarer son intention. A ceste cause, Madame, je vous supplie si trèshumblement que je puis, que toutes choses laissées vous en venés. À vostre arrivée sarez les causes dont suis seur que ne le voudriés avoir fet aultrement ; car si je pensés que ne fussiés bien ensemble je aymerois mieulx estre ung povre prestre en mon églize.

« Madame, vous entendez bien que telles choses vallent et ne me appartient à vous conseiller, bien vous supplie à ceste heure que le veillés contenter, et ne fusse que pour l'honneur de l'une part et de l'aultre et que les estrangers n'en fassent leurs comptes. »

C'est qu'en effet les ambassadeurs commencent à spéculer : Le roi et la reine auraient-ils rompu ? Le cardinal s'inquiète : « Madame. Il n'y a cher que la première pinte ; pour Dieu ne tombés le roy et vous en ses petites défiances de l'ung à l'aultre, car s'il duroit n'aryés jamès ne fiance ne amour l'ung à l'austre, oultre le mal qui en peust venir à vos personnes et la moquerie de toute la crestienté. Je espère mès que soiés ici ; par vostre bon sens tout se rabillera si bien qu'il ne sera novelle que de fere bonne chière. » Prudent, il ajoute : « s'il vous plest brullés ces lettres ».

Mieux vaut ne plus insister. Les étapes de Saint-Malo et Dol sont annulées, mais non celle de Rennes. Cependant, Anne apprend en chemin qu'une épidémie s'est déclarée dans la ville. On ira donc directement à Vitré. Georges d'Amboise reste inquiet, car la reine n'a toujours pas annoncé la date précise de son retour. Il lui écrit le 17 septembre :

« Madame, combien que je soie merveilleusement joyeus de ce que dittes que ferés la plus grant dilligence que porrés à venir, toutefois, Madame, je suis mary que ne escrivés le temps pour plus ou moins que porrés estre de par ça, car je ne sçay que en respondre au roy qui en est en grant perplexité, veu ce que on en dist en beaucoup de lieux, que plust à Dieu que je fusse auprès de vous pour vous en avertir. Et je suis seur que diriés que ceux qui vous ayment ne vous hastent pas tant sans cause. Je demande audit Seigneur si vous volouet fere respondre à ce que luy escrivés. Il m'a respondu tout mal content qu'il ne vous sçauroit que respondre jusques à ce que Gaspard luy eust escript ce que luy avés respondu à ce que vous avoit fait sçavoir par ledit Gaspard. [...] Madame, je ne vous sçay aultre chose que vous dire si non qu'il me desplet de tout mon cuer que le roy et vous ne parlés plus franchement les ungs aux aultres, car mauvaises gens se mettront par my dont pourront estre trestous vos serviteurs marys, et ce que je en dis, Madame, je le prands sur mon ame, c'est pour mon acquit. Madame, le roy s'en retourne à Bloys et mene quant et luy Madame vostre fille, et sçay qu'il menera Madame d'Angoulesme jusques là. Il s'en reviennent par eau à Amboise. »

Cela risque de devenir dangereux. Ne va-t-on pas marier Claude et François en son absence ? Mais à Vitré, Anne apprend que le roi serait à nouveau malade. Bien loin de presser le pas, elle s'arrête : si le roi meurt, elle restera en Bretagne, résolue, dit Jean d'Auton, à ne « jamais partir ny marcher ung pas, avant qu'elle n'entendist qu'il estoit revenu en convalescence, estant bien résolue à ne mettre les pieds en France, s'il fust mort ». Ce n'était que fausse rumeur. Le convoi reprend sa route, et Anne rentre à Tours à la fin septembre, après trois mois d'absence. Elle ne reverra la Bretagne que pour quelques jours, en juin 1507 et mars 1509.

Son escapade n'a évidemment pas résolu ses problèmes, au contraire, et ses rapports avec le roi se sont dégradés. Louis XII est maintenant moins enclin à l'indulgence et à la douceur à son égard. Les deux sujets auxquels elle attache le plus d'importance – le jugement de Gié et le sort de Claude – trouvent en 1506 un épilogue qui ne lui est pas favorable.

Le procès de Gié avait repris en avril 1505. Non pas devant le Grand Conseil, ni devant le Parlement de Paris, mais devant celui de Toulouse. C'est qu'à Paris les magistrats, qui craignent de se compromettre dans une affaire visiblement politique où ils risquent de mécontenter le pouvoir, s'esquivent : le président Baillet tombe malade ; le commissaire Carmonne reste sur ses terres ; d'autres ne sont pas sûrs. C'est Anne, semble-t-il, qui insiste pour le transfert à Toulouse, où elle recrute de nombreux procureurs, chargés d'éplucher les papiers et les comptes de Gié. Elle envoie même consulter des juristes de Pavie et dépense de grosses sommes pour corrompre les proches des magistrats toulousains. Son acharnement contre un homme qui manifestement n'est coupable que de fidélité envers la couronne étonne. Il s'agit pour Anne d'une vengeance personnelle. Gié s'est mis en travers de sa route, s'est opposé au mariage de Claude et de Charles, s'est placé entre elle et le roi. Éliminer Gié, c'est montrer qu'elle est bien la reine, que c'est elle qui commande, après le roi.

Mais Gié se défend bien. Il cite même le roi à comparaître L'examen de ses comptes ne révèle aucune malversation grave Il aurait simplement utilisé une somme minime de fonds publics destinée à entretenir quinze soldats pour faire des travaux dans son château de Fronsac. Une broutille, en comparaison des détournements massifs dont les hommes politiques sont coutumiers. Le procès traîne. Les témoins cités par Gié n'osent comparaître pour ne pas mécontenter la reine. Il faut en finir, la cour rend son arrêt le 6 février 1506.

L'embarras des juges est patent et se traduit par une sanction ambiguë. La charge de lèse-majesté est abandonnée. Pierre de Rohan est jugé coupable « d'aulcuns excès et faultes, desquels a apparu à la court, et pour certaines grandes causes à cela mouvans ». Traduction : il est innocent, mais il faut bien un motif pour le sanctionner, puisque le pouvoir le veut ainsi. Il est donc condamné à verser 18 800 livres au roi ; il perd son titre de maréchal de France pour cinq ans, période pendant laquelle il ne doit pas paraître à moins de dix lieues de la cour ; il perd aussi le commandement d'Amboise et d'Angers, ainsi que la garde de François d'Angoulême. Gié signe un recours en grâce. Anne s'oppose farouchement à la clémence royale, et le 25 mars le roi exige l'exécution immédiate de la sentence, avec proclamations officielles. Gié se retire alors dans son château du Verger, où il mourra peu de temps avant Anne. Celle-ci est donc débarrassée d'un adversaire, mais par une sentence qui laisse un goût douteux, et après un procès qui coûte 35 905 livres. Les Bretons paieront.

Un nouvel échec : les fiançailles de Claude

La « bonne duchesse » ne peut rien contre l'inéluctable mariage de sa fille avec François d'Angoulême. De ce côté, la partie est jouée.

Louis XII, on s'en souvient, avait fait venir François auprès de lui, à Tours, en mai 1505, et avait fait jurer aux capitaines de forteresses de respecter les clauses de son testament. Anne, à son retour de Bretagne, utilise tous les moyens pour essayer de le faire changer d'avis. Derrière les allusions discrètes des chroniqueurs, on devine le jeu serré du charme, des pleurs, de la séduction, de la colère, la reine allant jusqu'à lancer au roi : « Il semblerait à vous ouïr que toutes les mères eussent conspiré d'être mauvaises à leurs filles. » À quoi Louis réplique : « Estimez-vous qu'il n'y ait point de différence que votre fille commande à la Petite-Bretagne, sous l'autorité des rois de France, ou qu'étant femme d'un très puissant roi, elle jouisse avec lui des commodités d'un très-noble et très-florissant royaume ? Voulez-vous préférer le bât d'un âne à la selle d'un cheval ? »

La querelle va être réglée au mois de mai 1506 par une procédure inhabituelle, montée de toutes pièces par le roi, dans le but de se prémunir contre d'éventuelles réactions du Habsbourg évincé, et de faire taire les récriminations d'Anne. Il s'agit de l'une des premières tentatives de manipulation de l'opinion publique par un pouvoir royal en pleine possession de ses moyens. Dès le début de l'année, des agents ont circulé en province, propageant des rumeurs favorables au mariage de Claude et de François, et hostiles à un mariage avec le Habsbourg. Le roi, devant l'ampleur du mouvement suscité, ordonne de « faire venir vers luy, de chascun lieu, gens saiges et hommes consultez ». Soigneusement triés, ces « délégués », bourgeois et nobles, se réunissent à Tours au début du mois de mai, et demandent audience au roi. La séance a lieu le 14 mai à Plessis-lez-Tours, en présence de Louis XII, de Georges d'Amboise, du chancelier, des ministres, d'évêques et d'archevêques, du premier président du Parlement. Une relation contemporaine anonyme, le *Récit de ce qui s'est passé lors de la remonstrance faicte au roy Louis XII par les États du royaume, pour l'engager à consentir au mariage de Madame Claude de France avec Monseigneur François, duc de Valois*, raconte que le porte-parole de l'assemblée, le chanoine de Paris Thomas Bricot, après avoir couvert d'éloges le « Père du peuple », lui déclare : « "Sire, nous sommes icy venus sous vostre bon plaisir pour vous faire une requeste pour le général bien de vostre royaume, qui est telle que vos très humbles sujets vous supplient qu'il vous plaise de donner Madame Claude de France, vostre fille unicque, en mariage à Monsieur François, duc de Valois, icy présent, qui est tout françois", disant oultre plusieurs belles parolles qui esmeurent le roy et les assistans à pleurer. »

Le roi consulte son entourage, remercie pour les bonnes paroles et déclare qu'« au regard de la requeste touchant ledit mariage, qu'il n'en avoit jamais oy parler », ce qui est pousser un peu loin la mise en scène puisque depuis des années on ne parle que de cela à la cour. Toujours est-il qu'il promet d'en discuter avec sa famille. Le lundi suivant, il consulte formellement le légat, l'évêque de Paris, les présidents des parlements de Paris et de Bordeaux, qui tous sont favorables au mariage. Le lendemain, Louis réunit à nouveau l'assemblée, et lui fait dire par le chancelier :

« Messieurs, le roy, nostre souverain seigneur, a parfundement penssé à la requeste que luy fistes jeudi dernier passé. Sur quoy il vous fait dire que ainsy qu'il a accoustumé de faire ses affaires, mesmement en ce qui touche le bien et utilité de son royaume et de ses subgets, lesquelz il a fort à cuer, tellement que bien souvent il veille quant les autres dorment, parquoy l'avez justement baptisé *Père du peuple* ; et combien qu'il ne se deffie point de vous et est bien asseuré que ne luy voudriez faire requeste qui ne fust bonne et deuëment fondée, touttesfois a-t-il bien voulu mander et convocquer tous les princes de son sang, les seigneurs, barons et principaulx conseillers de son royaume, aussy de la Duché de Bretaigne, pour leur communiquer la requeste que vous ensemble luy avez faicte pour, sur ce, avoir leur opinion et conseil. [...]

« Et pour ce que le roy, nostre souverain seigneur, a tousjours désiré et désire sur toutes choses le bien et utilité de sesdits royaume et subjets, et de faire chose qui soit agréable à Dieu et à la Chrétienneté, après meure délibération s'est libéralement condescendu et condescendent à vostre dite demande et requeste, et veut que le mariage se face de Madame Claude, sa fille, et de Monsieur de Valois icy présent, et afin que cognoissiez que le roy nostre souverain seigneur, ne veut longuement différer la chose, il veut et ordonne que les fiançailles de maditte dame, sa fille, et de mondit sieur de Valois se facent jeudi prochain venant, pour, après qu'ils seront en âge, consommer ledit mariage.

« Et combien que par cy-devant a esté pourparlé du mariage de madite dame Claude avec autre, toutesfois il n'y a eu chose traitée que puisse nuire ou empescher ledit mariage, car il n'y a eu que paroles. » Il y a eu aussi serments réitérés sur l'Évangile et sur la Vraie Croix, mais manifestement, cela ne pèse pas lourd.

Tout, dans cette affaire, indique un scénario soigneusement préparé. Le peuple français n'a pas pour habitude de se mêler du choix des époux des princesses ; le choix des membres de cette assemblée est très particulier, ce ne sont pas des états généraux à proprement parler, qui, eux, se réunissent pour une durée plus longue et abordent des questions diverses. Ici, les délégués ont été en fait nommés, dans le seul but de traiter du mariage, et dès le mardi, après avoir accepté leur requête, le roi les renvoie. Enfin, signe décisif d'une affaire préparée d'avance : le roi déclare, le 14, contre l'évidence, qu'il n'avait jamais pensé à ce mariage ; le 19, il accepte la requête, et fixe les fiançailles au 21 : une telle précipitation est inconcevable si tout n'était pas déjà prêt, en particulier le contrat, que l'on aurait donc conclu et rédigé en une journée !

Car le jeudi 21 mai, le contrat est prêt : le roi donne à Claude les comtés de Blois, d'Asti, de Soissons, la seigneurie de Coucy et tout ce qui constitue l'apanage d'Orléans ; si lui-même a un fils, ce dernier pourra retirer ces dons en échange de 20 000 livres de rente ; Anne donne à sa fille 100 000 écus d'or, en deux termes. Elle a en outre obtenu la modification suivante : « Item, plus a esté traité et accordé que s'il advenoit que la reyne ait enfant masle, elle pourra disposer de la duché de Bretaigne au profit de sondit fils et lui délaisser et, se bon lui semble et faire le veut, nonobstant le contenu ou contrat de mariage du roy et de ladite dame [Louis et Anne], auquel quant à ce yceulx seigneur et dame ont expressément dérogé et dérogent par ces présentes. » Là encore, c'est une pure vengeance contre Louise de Savoie : si Anne a un fils, la Bretagne échappera à François d'Angoulême, mais elle n'échappera pas, de toute façon, à la couronne de France.

Ce n'est donc qu'une maigre consolation. Anne est furieuse, « moult déplaisante de ce qui se faisoit ». On constate à cette occasion une nouvelle fois combien les intérêts bretons lui tiennent peu à cœur, car les représentants bretons, qui ne veulent pas voir la Bretagne une fois de plus séparée du royaume, ont été parmi les plus ardents à réclamer le mariage de Claude et François.

Le jeudi 21 mai donc, Georges d'Amboise, lui aussi rallié à ce mariage, célèbre les fiançailles de Claude, âgée de sept ans, et de François d'Angoulême, douze ans, au Plessis-lez-Tours, en présence du roi, de la reine, toujours aussi furieuse, de Louise de Savoie, triomphante, et d'« autres princesses, et tant de suittes de dames et damoiselles, qu'il sembloit que le royaume de femynie y fust arrivé ». Toute la semaine ont lieu joutes et tournois. Enfin, Louis XII fait prêter serment aux princes et barons du royaume d'être fidèles à François et à Claude.

Les années suivantes sont à nouveau dominées par les questions italiennes. Anne, déçue dans ses espoirs maternels, se replie sur son petit groupe de dames et demoiselles d'honneur, et intervient moins dans les affaires. En avril-mai 1507, Louis XII dirige la reprise de Gênes qui s'était soulevée contre le parti aristocratique allié des Français. Il rencontre Ferdinand au mois de juin à Savone. L'année 1508 se passe en tractations et négociations diverses, aboutissant en décembre à la conclusion de la ligue de Cambrai contre Venise. Louis XII s'y retrouve allié du pape et de Maximilien contre la Sérénissime, et en avril 1509 le voilà reparti en Italie à la tête de son armée. Il est mal en point : outre ses ennuis habituels de santé, il a été blessé à la jambe par une chute de son cheval, et voyage en litière. Le gros cardinal d'Amboise est avec lui, perclus de goutte. Le 14 mai, Louis remporte sur les Vénitiens la victoire d'Agnadel, célébrée en France par une véritable campagne d'opinion orchestrée par les écrivains de l'époque.

Pendant ce temps, Anne de Bretagne réside, comme d'habitude lorsque le roi est en Italie, à Lyon. Opposée à ces expéditions, elle a dû malgré tout s'y résigner. Habillée de noir, elle passe son temps à visiter les sanctuaires locaux, priant pour le succès des armées françaises. À la nouvelle d'Agnadel, elle fait organiser processions et fêtes. En août, elle se rend à Grenoble pour accueillir son mari, dont le retour a été à nouveau retardé par la maladie. Puis c'est le départ pour Blois, où l'on passe l'hiver.

1510 est encore une année difficile. Anne est à nouveau enceinte. On multiplie les messes et les prières, en particulier au couvent des Célestins de Paris, pour que ce soit un fils. Anne invoque saint René, évêque d'Angers, dans ce but. Mais en même temps les affaires d'Italie s'enveniment. En avril, par Paris, la Champagne, la Bourgogne, le roi rejoint une fois de plus Lyon, où il reçoit plus rapidement les nouvelles de la Péninsule. C'est là que meurt son fidèle ministre, Georges d'Amboise, le 25 mai. La perte est sans doute plus sensible pour Anne, dont il était l'allié, que pour le roi, qui n'interrompt même pas sa partie de chasse lorsqu'il apprend la nouvelle.

Entre le roi et le pape (1511)

Cependant, une autre menace se précise, qui vient cette fois du pape. Jules II, tout à son grand dessein politique d'éliminer les étrangers de la Péninsule, cherche à exploiter la détérioration des rapports entre Louis XII et les Suisses pour susciter une coalition contre le roi de France, dont les interventions dans les affaires italiennes sont de plus en plus mal ressenties.

La riposte de Louis XII est vigoureuse : puisque le pape choisit d'attaquer sur le plan temporel, il contre-attaque sur le terrain du pape, le spirituel. En septembre, il convoque à Tours un synode des évêques français afin d'obtenir leur appui contre Rome. La manœuvre est un succès, tant les sentiments gallicans sont forts dans le clergé. Une exception toutefois : les évêques bretons déclarent qu'ils ne s'associent pas à cette démarche qui, disent-ils, ne les concerne pas. Les travaux de l'assemblée révèlent l'ampleur de la contestation : on y dénonce les « erreurs », « crimes » et « trahisons » de Jules II, on proclame le droit du souverain d'engager une action, même militaire, contre le pape, si les négociations n'aboutissent pas, on lui accorde un don de 240 000 livres pour ses frais, on déclare à l'avance irrecevable toute sentence d'excommunication contre eux-mêmes et contre le roi, et, menace suprême, on prévoit d'en appeler à un concile général. On se donne rendez-vous pour le 11 mars 1511 afin de faire le point.

Anne de Bretagne semble affolée. Cette affaire est le dernier grand combat de sa vie, pour le pape, contre son mari. Son attitude est conforme à ses objectifs généraux : s'appuyer sur Rome pour peser davantage dans la politique française. Anne a toujours été l'alliée fidèle du pape ; c'est pour elle le moyen d'obtenir une reconnaissance supplémentaire sur le plan diplomatique. Rome correspond avec elle en tant que souveraine, duchesse de Bretagne, fonction distincte de celle de reine de

France, qui la place sous la tutelle du roi. De plus, elle est très pieuse. Rompre avec le pape est dans son esprit une abomination qui met en danger le salut des âmes, de la sienne en particulier. Que les papes de son époque soient coupables de toutes les turpitudes, comme Alexandre VI Borgia et Jules II, ne la choque nullement ; provoquer un schisme, même face à de tels hommes, est un péché mortel. Car le pape a les clés du paradis ; il a aussi beaucoup de pouvoir sur les choses de ce monde, comme celui de favoriser la naissance d'un héritier. Or, en octobre 1510, Anne accouche, mais c'est encore une fille, née le 25, et baptisée Renée. La reine a maintenant trente-quatre ans, et le temps passe. Ce n'est pas le moment de risquer l'excommunication. Anne a du mal à se relever de ses couches. Pendant tout l'hiver 1510-1511, elle est faible et déprimée. Mais le roi reste inébranlable dans sa volonté de contrer le pape.

En mars, Louis XII repart à Lyon, plus résolu que jamais. Le deuxième synode, réuni comme prévu dans cette ville, constate que le pape poursuit ses menées hostiles, qu'il se conduit en souverain temporel et ne mérite plus d'être chef spirituel de la Chrétienté. On lui dénie toute autorité, et on en appelle à un concile pour le déposer et réformer l'Église. Le roi réunit des troupes et se prépare à passer en Italie.

Anne était restée à Blois, n'hésitant pas à correspondre avec les ennemis potentiels du souverain, et surtout à intervenir auprès de Jules II par l'intermédiaire d'évêques bretons à Rome. Le pape tente d'utiliser cette précieuse alliée par une sorte de chantage : si la reine réussit à détourner le roi de ses projets, elle aura un fils ; sinon, elle peut renoncer définitivement à cet espoir. Elle rejoint alors Louis à Lyon, mais le roi a quitté la ville pour Grenoble, le 18 mai. C'est là qu'elle le rattrape enfin. Déployant toutes ses ressources, elle entreprend de le détourner de son expédition. Les discussions sont vives ; elle demande au roi de veiller à son salut éternel ; surtout, elle voudrait éviter la réunion d'un concile schismatique. Le roi lui rappelle alors brutalement que pour l'Église les femmes sont des inférieures qui n'ont pas droit au chapitre : « Cuydez-vous estre plus docte et mieulx aprinse que tant de célèbres universités qui ont ce concile approuvé ? Vos confesseurs ne vous ont-ils donc point dict que les femmes n'avaient point de voix dans les choses de l'Église ? »

Pourtant, il faut croire qu'Anne réussit à faire passer le message pontifical : Louis renonce pour cette fois à se rendre en Italie, et la reine est à nouveau enceinte ; ce sera bien un fils. Mais le pape n'avait pas garanti qu'il serait vivant... Anne multiplie les pèlerinages autour de Grenoble ; elle va prier devant le saint suaire à Chambéry, et le couple royal regagne Blois.

Mais ce n'est que partie remise. Louis XII est bien décidé à réunir un concile antipontifical, et des convocations sont lancées dans toute la Chrétienté, invitant les évêques à se réunir à Pise, en septembre. Une fois de plus, le roi fait appel à son service de propagande afin de mettre l'opinion publique de son côté. Les écrivains sont mobilisés. Jean Lemaire de Belges publie à Lyon un traité de circonstance, *De la différence des schismes et des conciles de l'Église universelle, et de la prééminence et utilité des conciles de l'Église gallicane*. Il y attaque avec virulence Jules II, qui se dit « souverain de l'Église, à la sienne très grande confusion, scandalisacion et murmures du peuple chrestien ». Pour lui, la rivalité entre le pape et le roi annonce le vingt-quatrième schisme, précurseur de la venue de l'Antéchrist, et les schismes « sont tousjours venus du costé des papes, et les conciles, de la part des princes ».

Louis XII a aussi recours au poète Pierre Gringoire, qui fait représenter le 24 février 1512 aux Halles de Paris une « moralité », le *Jeu du prince des sots*. Parmi les personnages allégoriques de la pièce, « Homme obstiné » représente le pape, qui tient des propos odieux devant ses confidents, « Hypocrisie » et « Simonie », tandis que « Peuple français » et « Peuple italien » se lamentent des mauvais traitements qu'il leur inflige, jusqu'au moment où « Punition divine » oblige les méchants à se repentir. Dans le même esprit, Gringoire donne la *Chasse du cerf des cerfs*, allusion au titre faussement humble de *Servus servorum Dei*, dont se pare le pape.

Le royaume en interdit (1512)

Le pape, de son côté, complète ses préparatifs : menace d'excommunication du roi, convocation d'un contre-concile au Latran, et, sur le plan politique, conclusion, en octobre, d'une sainte ligue contre le roi de France, regroupant l'Espagne, Venise, les cantons suisses, le Saint-Siège. La ligue est ouverte à tous ceux qui souhaitent y adhérer. Henri VIII d'Angleterre la rejoint dès le 13 novembre. Le jeune souverain anglais brûle en effet de rouvrir la guerre de Cent Ans afin de récupérer les provinces françaises perdues. Il annonce son intention de débarquer au nord du royaume, pour mener une action concertée avec l'Espagne, qui attaquerait par le sud.

La situation de Louis XII devient précaire, d'autant plus que son concile est un échec : le 1er novembre 1511, seuls quatre cardinaux, deux archevêques, quatorze évêques et cinq abbés, plus quelques théologiens, se présentent à Pise. C'est un peu maigre pour représenter la Chrétienté. Presque tous sont français. On leur refuse l'accès à la cathédrale, et le 12, devant l'hostilité populaire, la minuscule assemblée doit se replier sur Milan, sous la protection des troupes française de Gaston de Foix.

Le roi pourtant ne fléchit pas. Il ordonne la confiscation de tous les biens familiaux de Jules II dans les territoires italiens qu'il contrôle et prépare une nouvelle intervention militaire. Ses relations avec Anne se tendent. Le roi fait saisir le temporel de l'évêché de Nantes, dont l'évêque, Robert Guibé, est l'agent de la reine à Rome et a pris le parti de Jules II.

Au début de l'année 1512, alors que la situation diplomatique est très tendue, le ventre d'Anne de Bretagne est à nouveau le centre du monde. Les cours européennes attendent nerveusement l'accouchement. Beaucoup d'intérêts sont en jeu, à une époque où la politique dépend largement des événements dynastiques. Le 12 janvier, Jean Leveau écrit à Marguerite d'Autriche : « La royne est fort pleinne, et estime l'on qu'elle fera son enfant à la fin de ce mois ou principe de l'autre. L'on n'en mainne pas grant bruit icy comme l'on faisait autrefois ; et monstrent ceux de par deça qu'ils ne voudroient jà qu'elle fît un fils. » Louise de Savoie est anxieuse : c'est la couronne royale qui est en jeu pour son François, son « César ». Le 21 janvier, Anne de Bretagne donne naissance à un garçon, qui meurt immédiatement. Louise exulte. C'est à cette occasion qu'elle écrit dans son carnet : « Anne reyne de France à Blois le jour de sainte Agnès 21 de janvier eut un filz, mais il ne pouvait retarder l'exaltation de mon César, car il avoit faute de vie, en ce temps j'estois à Amboise dans ma chambre, et le pauvre M. qui a servy mon filz et moy en très-humble et loyale perseverance m'en apporta les nouvelles. »

Pour Louis XII, c'est un nouveau coup ; « le roy fut bien dolent ; toutefois icy l'on en fait autre semblant, puisque Dieu le veut ainsi », écrit Leveau à Marguerite d'Autriche. La plus affectée est évidemment Anne de Bretagne. D'abord, ce nouvel échec peut être interprété comme une punition divine en raison du conflit avec le pape. Ensuite, c'est un échec personnel : elle a maintenant le sentiment que jamais elle ne donnera naissance à un héritier. Elle a trente-cinq ans, c'était son neuvième accouchement, peut-être le dixième, sans compter les probables fausses couches. Le bilan n'est pas brillant : sept ou huit enfants morts, deux filles vivantes, plutôt laides et boiteuses, dont l'une est fiancée au fils de son ennemie.

Atteinte moralement autant que physiquement, Anne ne se relève pas. Pendant cinq mois, elle garde le lit, souffrant de fortes fièvres. Le 19 mai, Burgo écrit qu'elle ne reçoit toujours personne, mais qu'il a pu exceptionnellement aller la voir pour lui communiquer un message de l'empereur. Elle est couchée, « toutefois avec bon visage et assez bien amandée ». Processions et prières sont organisées dans tout le royaume. En juin, la reine se sent mieux, et les poètes célèbrent sa guérison avec grandiloquence. C'est là le signe que son mécénat était bien réel : « Grand Dieu, si la reine succombe, que deviendrai-je, moi, povret, mes enfants et ma femme ? » se demandait ingénument Jean Marot.

Pendant la maladie de la reine, la situation diplomatique et militaire a évolué. Le 11 avril 1512, Gaston de Foix a remporté à Ravenne une magnifique victoire qui lui a coûté la vie. Mais le succès n'a pas été exploité. En mai, Maximilien se joint à la sainte ligue, les troupes françaises évacuent le Milanais, et pendant l'été Louis et Anne vont accueillir à Grenoble les restes de leur armée. En octobre, il faut aussi faire face à une opération conjointe des Anglais et des Espagnols au Pays basque.

De plus, au mois de mai s'est ouvert le concile du Latran, qui a eu plus de succès que celui de Pise : une centaine d'évêques se sont présentés, venus de différents pays. Les participants condamnent le contre-concile de Pise et surtout soutiennent la décision du pape de jeter l'interdit sur le royaume de France, convoquant le roi à comparaître dans un délai de soixante jours à partir du 10 décembre.

L'interdit : la menace frappe Anne de panique. Dans l'arsenal des sanctions canoniques, c'est l'arme absolue : il s'agit, en toute rigueur, de suspendre, dans l'étendue d'un territoire, ici le royaume de France, la vie religieuse ; plus d'offices, plus de sacrements, avec, à la clé, la damnation éternelle pour tous ceux qui meurent en état de péché mortel parce qu'ils n'ont pas pu recourir au sacrement de pénitence. Le but est de faire pression sur le souverain, en paralysant la vie religieuse, en le rendant responsable des éventuelles damnations, et en rendant la situation tellement intolérable pour le peuple chrétien qu'il finisse par se révolter. Le moyen est extrême, et n'est donc employé que rarement, avec une efficacité toute relative, car bien souvent une partie de l'épiscopat n'applique pas la sanction. Ainsi, en 1200, le royaume de France avait été placé en interdit, de janvier à septembre, pour obliger Philippe Auguste à reprendre son épouse, et il avait dû se soumettre. En 1212, Innocent III avait aussi jeté l'interdit sur l'Angleterre, et Jean sans Terre avait été contraint de céder. On se souvenait aussi qu'en 1141 Louis VII avait dû capituler devant l'interdit lancé par Innocent II.

Ces précédents n'étaient pas rassurants. Cependant, pour que la mesure soit efficace, il faut qu'elle puisse être appliquée, ce qui implique une collaboration générale du clergé. La force des sentiments gallicans rendait fort douteuse cette collaboration en 1512-1513. Pourtant, Anne est affolée. Un envoyé de Marguerite d'Autriche écrit le 21 février qu'elle est en larmes et qu'elle a supplié le cardinal de Luxembourg d'écrire au pape pour le fléchir. Certains chroniqueurs sous-entendent même qu'elle refuse alors de coucher avec le roi, ce qui, la connaissant, n'aurait rien d'invraisemblable.

Mais le ciel lui vient en aide : dans la nuit du 20 au 21 février 1513, Jules II meurt. Dès le 11 mars, un nouveau pontife est élu, un esthète de trente-huit ans, aussi affable et accommodant que Jules II avait été terrible. Tonsuré à sept ans, cardinal à treize ans, Giovanni de Medicis, qui devient le pape Léon X, aime l'art et la littérature. La religion n'est pas son souci majeur. D'ailleurs, il n'est même pas prêtre : il se fait ordonner quatre jours après son élection. On voit mal l'homme qui n'allait pas même réagir aux attaques de Luther se fâcher avec le Très Chrétien roi de France ! Dès son élection, il assure Anne que l'interdit et l'excommunication ne seront pas appliqués. Claude de Seyssel, évêque de Marseille, et son coadjuteur Claude de Forbin promettent au nom du roi que les décisions de Pise seront abrogées. Cette dernière assemblée, d'abord transférée à Milan, puis à Lyon, envoie deux de ses membres demander pardon au pape ; pardon accordé immédiatement. Anne est au moins soulagée de ce côté.

La dernière année

L'année 1513 n'est pas brillante. Militairement parlant, elle est même désastreuse sur tous les fronts. En Italie, les Suisses infligent une grave défaite à l'armée française, le 6 juin, à Novare. Au nord, le nouveau roi d'Angleterre, Henri VIII, organise un débarquement dans la tradition de la guerre de Cent Ans. Déjà, l'année précédente, le remarquable Edouard Howard avait brûlé Le Conquet, réussi quelques coups de main sur les côtes bretonnes, normandes et picardes, et surtout, le 10 août, avait remporté une victoire navale importante au large de Brest. Ses vingt-cinq navires, dont les magnifiques *Regent* et *Sovereign*, avaient rencontré les vingt-deux unités d'Hervé de Portzmoguer, qui commandait *La Cordelière*, avec 200 canons et 1 200 hommes d'équipage ; la flotte française avait viré pour rejoindre Brest, mais quelques-uns de ses bateaux avaient été accrochés, et un abordage spectaculaire et acharné avait eu lieu entre le *Regent* et *La Cordelière*, peut-être les deux plus puissants vaisseaux de l'époque. Le navire français avait explosé, entraînant le *Regent* avec lui par le fond, ainsi que les deux capitaines et la presque totalité des équipages. Mais les Anglais étaient restés maîtres de la mer, en dépit d'un beau succès de Prégent de Bidoux sur Howard le 25 avril 1513, au large de Brest.

Henri VIII est d'autant plus enthousiaste à l'idée de reprendre les hostilités contre Louis XII que le pape lui a fait miroiter la couronne de France comme récompense de sa future victoire. Feignant de se croire à l'époque des Grégoire VII et Innocent III, Jules II avait en effet, dans un bref du 20 mars 1512, privé Louis de son titre de roi Très Chrétien et de son royaume, et les avait conférés à Henri VIII. Ce dernier était investi « du nom, de la gloire et de l'autorité » de roi de France, « pour aussi longtemps qu'il restera[it] dans la foi, la dévotion et obéissance de la Sainte Église romaine et du Siège Apostolique ». Le couronnement était même prévu à Paris des mains du pape lui-même. Mais, car il y avait un mais, ce bref ne serait appliqué qu'après la conquête du royaume de France par Henri VIII. En attendant, le document resterait secret, entre les mains de deux cardinaux dont les noms n'étaient pas révélés. De toute évidence, ce n'était là qu'un appât destiné à s'assurer la collaboration active d'Henri, qui, tout à ses rêves de conquête, ne demandait qu'à se laisser prendre à ces chimères.

Grâce au cardinal Wolsey, une expédition est préparée, avec de puissants moyens : 25 000 hommes et une artillerie considérable. Débarqué le 7 juin, Henri VIII a la satisfaction, après avoir perdu du temps, d'apprendre que ses troupes ont remporté un succès le 16 août, à Guinegate : c'est la « bataille des éperons », qui se traduit par une fuite éperdue de la cavalerie française. Les Anglais s'emparent de Thérouanne, puis de Tournai, et le 21 octobre Henri VIII retourne en Angleterre, avec la ferme intention de revenir l'année suivante, en compagnie de son allié Maximilien, avec lequel il met au point des projets de mariage : Charles de Luxembourg, petit-fils de Maximilien, qui n'a pas pu obtenir la main de Claude, épouserait Marie, sœur du roi d'Angleterre.

Ironie de l'histoire, ou plutôt nouvelle illustration des tortueuses négociations matrimoniales de l'époque : cette jeune et ardente Marie, au lieu d'épouser Charles, succédera à Anne de Bretagne dans le lit du roi de France, quelques mois après le décès de cette dernière, le 9 octobre 1514. Il lui suffira de trois mois pour épuiser les dernières forces de Louis XII, qui s'éteindra le 1er janvier 1515, âgé de cinquante-deux ans. La belle Marie, dira-t-on en France, avait été envoyée par Henri VIII au roi de France comme « une haquenée pour le porter plus vite et plus doucement en enfer ou au paradis ».

Anne de Bretagne a précédé d'un an son mari dans la tombe. Au cours de l'année 1513, la dernière année d'Anne, elle participe à l'effort militaire contre son ancien allié anglais. Nous avons d'elle une lettre du 10 février, rédigée à Blois, par laquelle elle ordonne à Monsieur de Boiséon de mobiliser cinq cents hommes pour la défense de la Bretagne :

« Anne, par la grâce de Dieu, royne de France, duchesse de Bretaigne, à nostre bien amé et féal le sieur de Boyseon, comme pour les fortifications et deffenses de nostre pays et duché de Bretaigne, et résister aux mauvaises, iniques et damnables entreprinses que vouldroient faire les Anglois et aultre ennemis et adversaires de Monseigneur et de nous sur nostredit pays et duché et autres nos pays, terres et seigneuries, avons advisé et ordonné faire levée et mettre sus en armes quelque nombre de gens de pié dudit pays, et pour ce faire, soit besoin commettre, députer et ordonner ung bon personnage, en ce expert et cognoissant, à nous seur, féable et agréable [...] Vous avons commis, ordonné et député, commettons, ordonnons et députons, et donnons pouvoir de lever et mettre sus desdits gens de pié en nostredit pays et duché jusques au nombre de cinq cents, desquels aurez la cherge et conduite, si besoin en est, et nous y servir aux gaiges et pension, telz que par nous vous ferons pour ce ordonnez. »

Mais le dernier grand souci d'Anne est encore une affaire de mariage : il lui faut placer sa deuxième fille, Renée, qui a déjà dépassé son deuxième anniversaire. Et c'est encore du côté des Habsbourg que se tourne la reine. Après avoir été elle-même mariée par procuration à Maximilien ; après avoir épousé l'ex-fiancé de la fille de Maximilien ; après avoir tenté de marier sa fille Claude avec le petit-fils de Maximilien, Charles, elle forme le projet de faire épouser par ce dernier sa deuxième fille. Mais, nous venons de le voir, il y a déjà un arrangement entre Charles et la sœur du roi d'Angleterre, Marie Tudor. Qu'à cela ne tienne ! Charles a un frère cadet, Ferdinand d'Autriche, et c'est dans cette direction qu'œuvre Anne jusque sur son lit de mort. Sans doute a-t-elle alors l'intention de faire appliquer la clause de son contrat de mariage avec Louis XII prévoyant que la Bretagne irait au second de ses enfants, à savoir Renée. Pour la troisième fois, on se retrouve donc devant l'éventualité de voir le duché échapper *in extremis* à la couronne de France. La première fois, c'était avec le projet Anne-Maximilien ; la deuxième, avec le projet Claude-Charles ; voici maintenant le projet Renée-Ferdinand ; il n'aboutira pas plus que les autres.

Louis XII, pourtant, ne semble pas hostile : le 16 novembre 1513, il cède ses droits sur Asti, Gênes et Milan à Renée, qui pourra les apporter en dot à Ferdinand. Rien n'est dit sur la Bretagne. De toute évidence, il ne s'agit là, une fois de plus, que d'une manœuvre, destinée à détacher le roi d'Espagne, grand-père de Ferdinand, de ses alliés anti-Français. Signalons encore que Charles, frère aîné de Ferdinand, après avoir été promis à Claude, puis à Renée, sera en 1516 considéré comme un candidat possible pour épouser la fille de Claude, née cette année-là !

Pour l'heure, Anne de Bretagne songe sérieusement à son projet de mariage entre Renée et Ferdinand. Le 2 janvier 1514, à Blois, elle a une entrevue à ce sujet avec Robert de La Marck, seigneur de Fleuranges. Entrevue brusquement interrompue par une défaillance de la reine, qui doit s'aliter.

Pendant une semaine encore, Anne traverse des souffrances extrêmes. Elle a trente-sept ans, ce qui, même à l'époque, est considéré comme encore relativement jeune, mais elle est usée prématurément par les maternités. Elle a des fièvres, des problèmes d'yeux, et, surtout, cette terrible gravelle, qui la fait terriblement souffrir (coliques, maux de reins, urines sanguinolentes). Elle sait qu'elle est arrivée au bout. Elle dicte son testament : son corps ira à Saint-Denis, son cœur à Nantes, près de ses parents. Elle fait venir Louise de Savoie pour se réconcilier avec elle, et lui confie l'éducation de ses filles et la gestion de leurs biens. Elle se confesse, reçoit l'extrême-onction, et meurt le 9 janvier 1514, vers six heures du matin.

ÉPILOGUE

Quels qu'aient été ses défauts, la reine est regrettée de tous. C'est du moins ce que rapportent les chroniqueurs : « Ce fut dommaige non pareil pour le royaulme de France et dueil perpétuel pour les Bretons ; la noblesse des deux pays y fit perte inestimable, car, de plus magnanime, plus vertueuse, plus saige, plus liberalle, ni plus accomplie princesse n'avoit porté couronne en France depuis qu'[il] y a eu titre de royne. Les François et les Bretons ne plaignirent pas seulement son trespas, mais, en Allemagne, Espagne, Angleterre, Escosse et en tout le reste de l'Europe, [elle] fut plaincte et pleurée. » Ainsi s'exprime la chronique dite du « Chevallier Bayard », tandis que Pierre Choque, dit *Bretagne*, héraut d'armes de la reine, chargé d'organiser la cérémonie des funérailles, affirme que « chascun joignoit les mains, disant prières et oraisons, et... crois que de mémoire d'homme l'on ne vit, pour ung jour, plus grand pitié, car non seullement les princes et les princesses, mais les gens de tous estatz, qui là estoient sembloient que aultre mestier n'eussent appris que pleurer, tordre les mains et prier ».

L'incompétence des médecins est mise en cause, toujours d'après Pierre Choque : « Plusieurs seigneurs et dames et autres officiers qui là demouroient, entour la personne du roy et de Mesdames, non contens de plourer et larmoyer, mais à hault cry plein de désolacion, raisonnant contre fortune et accident qui leur souverayne dame et maistresse leur avoit ostée en si briefs jours et en son jeune aage, disant qu'elle estoit morte sayne, et que mesdecins avoient faict de leur royne et souveraine dame faulx jugement ; et estoit de chascun l'oppinion que chassés devoient estre. »

Quant au roi, il est « si affligé, écrit Pierre Choque, que huit jours durant ne faisoit que larmoyer, souhaitant à toute heure que le plaisir Notre Seigneur fust luy aller tenir compagnie ». Il se consolera vite, cependant, avec la jeune Marie Tudor.

Quatre jours après le décès, les chirurgiens viennent ouvrir la cage thoracique du cadavre et en retirent le cœur que l'on place dans un réceptacle d'or, puis le reste du cadavre est embaumé et refermé. Jean Pérreal vient faire un moule du visage ; il est aussi chargé de dessiner les trophées, écussons et armoiries pour le char funèbre. Le corps, revêtu d'un manteau de velours doublé d'hermine, est exposé dans la grande salle du château, avec le sceptre et la main de justice. Toute la cour vient défiler devant la dépouille, mise dans un cercueil le 17 janvier. Le 3 février, elle est transférée dans l'église Saint-Sauveur, et le lendemain un service solennel est célébré par l'évêque de Limoges, celui de Paris, et le cardinal archevêque de Bayeux. Guillaume Parvi, un des confesseurs de la reine, prononce la première partie de l'oraison funèbre qu'il a composée. Dans cet exercice pompeux et artificiel, il arrive à décerner à la reine trente-sept épithètes vertueuses : une pour chacune de ses années.

Commence alors le long voyage vers Paris : huit jours, à raison d'une vingtaine de kilomètres par jour, par Saint-Dyé, Cléry, Orléans, Arthenay, Janville, Angerville, Étampes et Montléry. Le chariot est escorté par quatre cents porteurs de flambeaux. Le convoi arrive le 12 février au soir dans la capitale, et les archevêques de Sens et de Dol célèbrent l'office des morts au prieuré Notre-Dame-des-Champs. Le 14, un immense cortège escorte le cercueil à Notre-Dame de Paris, où le 15 a lieu un autre service solennel, présidé par le cardinal Jean de Luxembourg. Les auditeurs doivent écouter la deuxième partie de l'éloge funèbre de Guillaume Parvi, qui souligne les vertus de la reine, en particulier son zèle antijudaïque. Dans l'après-midi, vingt-quatre hommes d'armes vont crier aux carrefours de Paris : « Honorables et dévotes personnes, priez Dieu pour l'âme de très haute, très puissante, très excellente, magnanime et très débonnaire princesse Anne, par la grâce de Dieu en son vivant royne de France, duchesse de Bretaigne, laquelle trespassa au château de Bloys, le neuvième jour de janvier, et est à présent en l'église Notre-Dame, dictes en vos patenôtres que Dieu bonne merci lui fasse. » Le soir, le cortège funèbre reprend ses pérégrinations et arrive enfin à la basilique Saint-Denis. Une nouvelle cérémonie a lieu le lendemain. C'est le troisième volet de l'éloge funèbre, consacré cette fois à la généalogie de la reine, qui commence à Imoge, femme de Brutus et fille de l'empereur de Grèce Pindarus le Troyen ! Guillaume Parvi, en tant que confesseur d'Anne, annonce qu'elle est digne d'être canonisée.

Puis vient l'acte final : alors que le cercueil est descendu dans le caveau, le héraut du roi, *Champagne*, crie au héraut *Bretagne* : « Roi d'armes des Bretons, faites votre devoir ! » Pierre Choque s'avance et déclare : « La royne très chrestienne, duchesse, notre souveraine dame et maîtresse est morte ! La royne est morte ! ma royne est morte ! » Pendant deux jours encore, la foule continue à défiler devant la tombe.

La tâche de Pierre Choque n'est pas terminée. Il doit maintenant retourner à Blois, prendre le cœur de la reine, le transporter à Nantes, où il arrive le 13 mars, et le déposer sur le tombeau d'Arthur III, oncle d'Anne, dans l'église des Chartreux du faubourg Saint-Clément. Les autorités municipales et religieuses organisent des cérémonies, dont nous connaissons le fastidieux détail par les comptes. Le 19 mars, le cortège quitte les Chartreux, derrière un crieur, qui s'arrête à chaque carrefour, agite sa sonnette et annonce : « Dictes vos patenostres à Dieu, c'est pour l'âme de la très crestienne royne et duchese nostre souveraine dame et maistresse, de laquelle on porte le cueur aux Carmes, priez Dieu pour son âme. » Tous les officiers du duché sont là, les corporations, le clergé, et cent pauvres vêtus de noir. Une grand-messe est célébrée aux

Carmes, où un frère lit l'oraison funèbre. Le cœur est déposé dans la crypte, entre les tombeaux de François II et de Marguerite de Foix, tandis que *Bretagne* dit « à haulte voix et piteux cry ce qui ensuyt : la très crestienne royne et duchesse, nostre souveraine dame et maistresse, son corps gist à Sainct-Denys en France et son cueur repose soubz cette lame : Noblesse, Église, Universel monde, priez Dieu qui ayt mercy de lame ».

Le 20 mars, nouvelle procession, organisée par les notables de la ville, qui offrent deux cents messes basses pour le repos de l'âme d'Anne. Le 21, un service est organisé par la confrérie Sainte-Véronique, puis d'autres encore, pendant plusieurs jours. Note finale pour la municipalité : 704 livres. Anne continue à coûter cher aux Bretons. Mais tous les soins mis à conserver ses pauvres restes ne résisteront ni au temps ni à la fureur révolutionnaire. À Saint-Denis, les ossements seront exhumés et dispersés en même temps que ceux des rois. Quant au cœur, le reliquaire le contenant sera envoyé sous la Révolution à l'Hôtel des Monnaies, afin de le fondre pour en faire des pièces. Mais personne n'osera l'ouvrir. On l'enverra donc à Paris ; même réticence. Puis la précieuse boîte disparaîtra, avant de réapparaître quelques années plus tard dans la bibliothèque royale, vide.

Le mythe de la bonne duchesse se forme très vite. Le premier artisan en est Pierre Choque, dont le *Récit des funérailles d'Anne de Bretagne, précédé d'une complainte sur la mort de cette princesse et de sa généalogie le tout composé par Bretaigne son héraut d'armes* est un véritable panégyrique à la gloire de la duchesse. Le maniérisme de l'œuvre est dans le goût des rhétoriqueurs de l'époque.

> « ... tant belle, plaisante et savante,
> qu'il n'y avoit en nul lieu mencion
> Qu'oncques dame fust plus prudente,
> Magnifique, vaillante, triumphante,
> Excellante sur toutes les mondaines :
> car de vertuz, est vérité patente,
> elle excède toutes les humaines. »

Reprenant la légende de l'origine troyenne des Bretons, Pierre Choque invente une généalogie d'Anne, faisant d'elle une descendante d'Énée. D'autres brodent sur le même thème, comme Jean Mauhugeon, qui rédige en vers latins une *Généalogie de Madame Anne de Bretagne, reyne de France.* De nombreuses épitaphes, en français et en latin, exaltent avec grandiloquence les qualités de la reine. Citons les *Épitaphes en rondeaux en l'honneur de la reine*, d'André de La Vigne, le *Trépas de l'hermine regrettée*, une œuvre de Faustus Andrelinus, d'autres de Jean Marot, ainsi que toute une série d'épitaphes en latin, conservée en deux cahiers à la Bibliothèque nationale, par Germain de Brie, traduites en français sous le titre d'*Epytaphes de Anne de Bretaigne royne de France et duchesse de Bretaigne composées par maistre Germain de Brixi, et translatées de latin en françoys par L. D.* – ces initiales sont celles de Laurent Desmoulins, prêtre de Chartres.

Les épitaphes de Germain de Brie témoignent de l'affection des milieux littéraires pour la défunte reine, affection que l'on retrouve dans les inscriptions sur le reliquaire contenant son cœur :

« Cueur digne entre tous
De couronne céleste
Ore est ton cler esprit
Hord de paine et moleste. »

Parallèlement se répandent dans le peuple des légendes relatives à la duchesse, dont la mort aurait été accompagnée par des phénomènes cosmiques miraculeux : cercles dans le ciel, plusieurs lunes, plusieurs soleils. Elle aurait eu des pouvoirs magiques, qui lui auraient permis de faire mourir Charles VIII en jetant une pièce de 12 sols sur la table parce qu'il voulait établir la gabelle en Bretagne. On raconte qu'elle aurait accouché d'un fils à Pipriac, et que celui-ci aurait été élevé en Bretagne, qu'elle aurait fait construire la chaussée romaine de Nantes à Vannes, qu'elle serait née dans une petite maison près de Fégréac, dans l'actuelle Loire-Atlantique. Une multitude de lieux conservent son souvenir, comme l'empreinte de son pied à Saint-Jean-du-Doigt. Sa grande piété la fait assimiler par certains à sainte Anne. Médailles, portraits, anecdotes prolifèrent et façonnent rapidement l'image de la bonne duchesse, favorisant ses Bretons. C'est dans le milieu des Bretons de Paris que naîtra, par adaptation d'*En passant par la Lorraine*, la chanson : *C'était Anne de Bretagne, duchesse en sabots.*

Au XVIIe siècle, sa vie sentimentale inspire des romans et des tragédies. A. P. Ségalen en a retrouvé au moins quatre. En 1671, dans *Anne de Bretagne, ou l'Amour sans foiblesse*, l'abbé de Villars, prétendant se fonder sur les Mémoires de Jaligny, brode un roman léger sur les amours d'Anne et de sa sœur avec le duc d'Orléans. En 1678, le Provençal Louis Ferrier fait jouer à l'Hôtel de Bourgogne sa tragédie, *Anne de Bretagne, reine de France*, qui ne remporte qu'un succès médiocre. L'intrigue tourne également autour de l'amour des deux sœurs pour Louis d'Orléans. Dans cette pièce, plus psychologique que politique, Anne incarne une femme passionnée et fatale : « Il suffit de m'aimer pour être malheureux. » En 1683, Fontenelle, dans ses *Dialogues des morts*, inclut une discussion entre Anne de Bretagne et Marie d'Angleterre, la première, orgueilleuse et jalouse, reprochant à la seconde d'avoir consolé trop vite le roi Louis XII. Enfin, en 1697, le Breton Henri de Lesconvel publie une médiocre nouvelle historique, *Histoire du prince de Longueville et d'Anne de Bretagne.*

Ces œuvres montrent la dérive que subit l'image littéraire d'Anne de Bretagne. Son rôle politique disparaît derrière sa vie sentimentale, les deux ou trois mariages, les prétendants. Parallèlement se développe la tradition populaire de « la bonne duchesse », dont le nom est associé à un mythique âge d'or breton d'avant la réunion au domaine royal, de la frêle demoiselle de quinze ans qui se sacrifie en épousant le roi. Associées au célèbre portrait de Bourdichon montrant la duchesse en prière, ces images empreintes de mièvrerie ont déformé la réalité historique du personnage ; elle en ont fait une sorte de princesse de conte de fées, aimant ses Bretons et leur consacrant toute son énergie. Des anecdotes puériles, répétées par tous les biographes, ajoutent une touche de niaiserie au portrait, qui confine à l'hagiographie. On s'émerveille devant le spectacle des foules qui se pressent pour la voir pendant sa tournée de 1505 ; on s'apesantit sur sa toilette, son équipage, sa gentillesse supposée, sa spontanéité. On raconte pour la centième fois comment, à Morlaix, on lui a offert une hermine vivante, qui s'est réfugiée sur son sein, et comment Rohan l'a rassurée en lui disant : « Que craignez-vous, Madame ? Ce sont vos armes. » Scène charmante, mais inutile et qui renforce le mythe. Un respect quasi superstitieux pour des rois et des reines, qui dissimule leurs limites derrière un langage feutré, n'osant pas dire que Charles VIII fut un niais et Louis XII un naïf. Portraits officiels convenus, flatteurs, et souvent bien suspects.

Anne de Bretagne, par exemple, fut bien autre chose qu'un mièvre personnage de conte pour enfants. Autoritaire, dure, impitoyable, elle a été formée depuis son enfance aux réalités de la politique et aux violences des combats de factions et des guerres. Traumatisée par l'image d'un père faible et humilié, c'est une femme qui a la passion du pouvoir. Frustrée de ce dernier pendant son premier mariage, elle cherche des compensations en imposant son autorité tyrannique sur son entourage, en particulier sur ses dames et demoiselles d'honneur ; tenace dans ses inimitiés, elle s'acharne sur ses adversaires ; elle est intraitable sur les honneurs dus à son rang. Deux fois reine, cas unique dans l'histoire de France, elle sait exploiter sa position puisqu'elle obtient un double couronnement et profite de l'ascendant qu'elle exerce sur Louis XII pour obtenir ce qu'elle veut. Tout ce qu'elle fait est dicté par son désir d'être la première. C'est dans cette optique qu'il faut comprendre ses relations avec la Bretagne.

Car Anne « de Bretagne » est peu bretonne. Sentimentalement et familialement, elle se sent plus proche de l'Espagne ; il y a peu de sang breton – qui est d'ailleurs fort semblable au sang français ! – dans ses veines. Elle n'a vécu dans la région de Nantes que jusqu'à quatorze ans et ne reverra l'Armorique que six mois en vingt-trois ans de règne. Lyon, Amboise et

Blois forment son cadre de vie. Si elle s'occupe beaucoup de l'administration de la Bretagne, c'est d'abord parce qu'elle lui permet d'affirmer sa position à la cour où, en tant que reine, elle n'a que le second rang ; en sa qualité de duchesse de Bretagne, elle s'affirme comme souveraine indépendante. Anne est égocentrique ; elle a aussi le sens de la famille et œuvre pour la grandeur de ses filles, en essayant de leur réserver la Bretagne.

Anne est un esprit encore médiéval. Vivant à l'aube des Temps modernes, elle n'a pas conscience des mutations en cours. Sa piété étroite et superstitieuse lui dicte une stricte soumission à la papauté, que même les abominations des Borgia n'ébranlent pas. Ses relations privilégiées avec Rome sont aussi pour elle un moyen d'affirmer une certaine indépendance à l'égard du roi. Ajoutons qu'elle a su discerner l'importance de la propagande par l'histoire : son rôle de mécène se limite, on l'a vu, à encourager les recherches qui renforcent sa position personnelle en glorifiant le passé de l'État breton.

Anne de Bretagne a certainement connu beaucoup plus d'échecs que de succès. Les projets qui lui tenaient le plus à cœur ont échoué. Souvent humiliée, elle a beaucoup souffert ; elle a cru en certaines valeurs à un moment où elles commençaient à être contestées par l'esprit humaniste. Par ses contradictions – sa piété formelle à laquelle se mêle une grande dureté de cœur dictée par des intérêts égoïstes et familiaux –, elle est un peu en décalage par rapport à son temps. Elle ne fut pas la « bonne duchesse », ni l'espèce de Bécassine du XVe siècle dont plusieurs biographes, en voulant l'encenser, ont esquissé le portrait. Elle a fait ce qu'elle a pu, d'une façon que l'on peut contester, avec toute son énergie, dans le cadre qui lui était imparti. Elle a fait son devoir, avec des moyens limités, sans doute. Si elle ne fut pas grande, elle fut sincère. Ce fut sans doute la dernière souveraine médiévale.

CHRONOLOGIE

25 janvier 1477 : naissance d'Anne de Bretagne à Nantes.

20 février 1480 : Louis XI rachète les droits des Penthièvre à la succession de Bretagne.

1481 : Anne promise en mariage au prince de Galles par un traité entre François II et Édouard IV.

1483 : mort de Louis XI.

Avril-mai 1484 : séjour du duc d'Orléans à Nantes.

Janvier-septembre 1485 : « Guerre folle » contre Anne de Beaujeu.

25 juin 1485 : arrestation de Pierre Landais.

8 février 1486 : les états de Bretagne font serment de reconnaître Anne pour duchesse.

15 mai 1486 : mort de Marguerite de Foix, mère d'Anne.

Mars 1487 : alliance entre Anne de Beaujeu et les barons révoltés.

Mai-juin 1487 : une armée française envahit la Bretagne.

Juin-août 1487 : siège de Nantes par les Français.

28 juillet 1488 : bataille de Saint-Aubin-du-Cormier.

19 août 1488 : traité du Verger.

9 septembre 1488 : mort de François II. Anne duchesse de Bretagne.

Janvier 1489 : rupture entre Anne et le maréchal de Rieux.

10 février 1489 : couronnement d'Anne à Rennes.

22 juillet 1489 : traité de Francfort entre Charles VIII et Maximilien d'Autriche.

Août 1490 : réconciliation d'Anne et de Rieux.

19 décembre 1490 : mariage par procuration d'Anne et de Maximilien.

4 avril 1491 : Charles VIII entre à Nantes.

6 décembre 1491 : mariage d'Anne et de Charles VIII à Langeais.

8 février 1492 : couronnement d'Anne à Saint-Denis.

Mars-juin 1492 : le complot breton.

10 octobre 1492 : naissance du dauphin Charles-Orland.

9 décembre 1493 : Charles VIII supprime la chancellerie de Bretagne.

6 décembre 1495 : mort du dauphin Charles-Orland.

Septembre-octobre 1496 : naissance et mort du dauphin Charles.

7 avril 1498 : mort de Charles VIII.

9 avril 1498 : Anne rétablit la chancellerie de Bretagne.

Août 1498 : Anne repart en Bretagne.

Décembre 1498 : annulation du mariage de Louis XII et de Jeanne de France.

8 janvier 1499 : mariage d'Anne et de Louis XII à Nantes.

15 octobre 1499 : naissance de Claude de France à Romorantin.

1501 : croisade à Mytilène.

Juillet 1504 : début du procès du maréchal de Gié.

Septembre 1504 : projet de mariage entre Claude et Charles de Luxembourg.

18 novembre 1504 : deuxième couronnement d'Anne à Saint-Denis.

Mai 1505 : le testament du roi stipule le mariage de Claude et de François d'Angoulême.

Juin-septembre 1505 : séjour d'Anne en Bretagne.

Mars 1511 : l'assemblée des évêques français lance un appel au concile contre le pape.

Octobre 1511 : création de la Sainte Ligue contre le roi de France.

10 décembre 1512 : menace d'interdit contre le royaume de France par Jules II.

20 février 1513 : mort de Jules II.

10 août 1513 : combat de *La Cordelière* et du *Regent*.

9 janvier 1514 : mort d'Anne de Bretagne à Blois.

BIBLIOGRAPHIE

Nous ne mentionnerons pas les sources manuscrites originales, dont les fonds principaux se trouvent aux archives départementales de Loire-Atlantique (Nantes), d'Ille-et-Vilaine (Rennes), aux Archives nationales, à la Bibliothèque nationale de France, mais aussi au Public Record Office de Londres.

De même, pour l'histoire de la France et des règnes de Charles VIII et de Louis XII, on se reportera aux biographies de ces derniers, et pour les questions de civilisation et de mentalité on utilisera les ouvrages spécialisés.

Nous limiterons donc la bibliographie aux travaux ayant un rapport direct avec Anne de Bretagne et concernant le duché pendant cette période, en quatre rubriques :

1. Sources imprimées ;
2. La Bretagne à l'époque d'Anne ;
3. La vie, le personnage et l'œuvre d'Anne de Bretagne ;
4. Son entourage et son époque.

Abréviations :

AB : *Annales de Bretagne.*
Ass. B. : *Association bretonne.*
ABPO : *Annales de Bretagne et des pays de l'Ouest.*
BAAB : *Bulletin archéologique de l'Association bretonne.*
BSAB : *Bulletin de la Société archéologique de Bretagne.*
MSAF : *Mémoires de la Société archéologique du Finistère.*

MSAIV : *Mémoires de la Société archéologique d'Ille-et-Vilaine.*
MSHAB : *Mémoires de la Société d'histoire et d'archéologie de Bretagne*
NRB : *Nouvelle Revue de Bretagne.*

1. Sources imprimées

AUTON (J. d'), *Chronique de Louis XII*, éd. Maulde La Clavière, Paris, 1889-1895.

BOUCHART (A.), *Grandes Chroniques de Bretaigne*, éd. du CNRS, Paris, 1986, 2 vol.

BRANTÔME (Pierre de Bourdeille, abbé de), *Vies des dames illustres, françoises et étrangères*, t. II, éd. J. A. C. Buchon, 1842.

CHARLES VIII, *Lettres*, éd. P. Pélicier, Paris, 1898-1905, 5 vol.

COMMYNES (P. de), *Mémoires*, éd. A. Pauphilet, dans *Historiens et Chroniqueurs du Moyen Âge*, éd. de la Pléiade, Paris, 1952.

GAULTIER DU MOTTAY (J.), « Lettres inédites de la duchesse Anne », *Mémoires de la Société d'histoire et d'archéologie des Côtes-du-Nord*, t. III, 1857.

GODEFROY (J.), *Lettres du roi Louis XII et du cardinal d'Amboise*, Bruxelles, 1712.

JALIGNY (G. de), *Histoire de Charles VIII, roi de France, et des choses mémorables advenues en son royaume*, éd. T. Godefroy, Paris, 1684.

LA BORDERIE (A. de), *Choix de documents inédits sur le règne de la duchesse Anne*, Rennes, 1902.

LA TRÉMOILLE (L. de), *Correspondance de Charles VIII et de ses conseillers avec Louis XI de La Trémoille pendant la guerre de Bretagne*, Paris, 1875.

MORICE (Dom H.), *Mémoires pour servir de preuves à l'histoire ecclésiastique et civile de Bretagne*, t. III, Paris, 1746.

RAISON DU CLEUZIOU (A.), « Deux actes inédits de la duchesse Anne de Bretagne et de Maximilien d'Autriche », *BAAB*, t. XIX, 1900.

SAINT-GELAIS (J. de), *Histoire de Louis XII*, éd. T. Godefroy, Paris, 1622.

SEYSSEL (C. de), *Histoire de Louis XII*, Paris, 1615.

TAILLANDIER (Dom C.), *Histoire ecclésiastique et civile de Bretagne composée sur les auteurs et les titres originaux*, t. II, Paris, 1756.

2. *La Bretagne à l'époque d'Anne*

BALCOU (J.) et LE GALLO (Y.) (dir.), *Histoire littéraire et culturelle de la Bretagne*, t. I, Paris-Genève, 1987.

Bretagne au temps des ducs (La), catalogue de l'exposition, Daoulas, 1991.

BODRAIS (S.), *L'Église et le pouvoir ducal (1213-1488)*, mémoire de maîtrise, université de Rennes-II, 1993.

CAILLET (L.), « Lettres de Pierre de Rohan, maréchal de Gié, aux Lyonnais (1500) », *AB*, t. XXIV, 1909.

CASSARD (J.-C.), « Un historien au travail : Pierre Le Baud », *MSHAB*, t. LXII, 1985.

CHOFFEL (J.), *Le Dernier Duc de Bretagne, François II*, Paris, 1977.

CINTRÉ (R.), *Les Marches de Bretagne au XVe siècle*, mémoire de maîtrise, université de Rennes-II, 1972.

–, « Activités économiques dans les marches de Bretagne aux XIVe et XVe siècles », *ABPO*, t. CI, n° 4, 1994.

CROIX (A.), *La Bretagne aux XVIe et XVIIe siècles. La vie, la mort, la foi*, Paris, 1981, 2 vol.

–, *Nantes et le Pays nantais au XVIe siècle*, Paris, 1974.

DELUMEAU (J.) (dir.), *Histoire de la Bretagne*, Toulouse, 1969.

DUPUY (A.), *Histoire de la réunion de la Bretagne à la France*, Paris, 1880, 2 vol.

–, « Les Coëtanlem », *BSAB*, n° 5, 1877-1878.

DURTELLE DE SAINT-SAUVEUR (E.), *Histoire de Bretagne*, t. I, Paris, 1935.

DUVAL (M.), « Le livre et sa diffusion en Bretagne dans la première moitié du XVIe siècle », *MSHAB*, t. XXXII, 1952.

GICQUEL (Y.), *Jean II de Rohan, ou l'Indépendance brisée de la Bretagne*, Spezet-Paris, 1994.

GOUZIEN (G.), *Les Princesses de Bretagne*, mémoire de maîtrise, Brest, 1994.

HALGOUËT (H. du), *La Vicomté de Rohan et ses seigneurs*, Paris, 1921.

JONES (M.), « L'histoire du bas Moyen Âge breton (1200-1500). Publications et directions de recherche depuis quinze ans », *MSHAB*, t. LVI, 1979.

–, « L'aptitude à lire et à écrire des ducs de Bretagne à la fin du Moyen Âge et un usage précoce de l'imprimerie », *MSHAB*, t. LXII, 1985.

–, « L'enseignement en Bretagne à la fin du Moyen Âge », *MSHAB*, t. LIII, 1975.

KERHERVÉ (J.), « Le sentiment national breton à la fin du Moyen Âge », *BSAF*, t. CVIII, 1980.

–, *L'État breton aux XIVe et XV siècles. Les ducs, l'argent et les hommes*, Paris, 1987, 2 vol.

–, « Une famille d'officiers de finances bretons au XVe siècle », *ABPO*, t. LXXXIII, n° 1, 1976.

KOZERAWSKI (A.), *La Mort du prince en Bretagne du Xe au XVe siècle*, mémoire de maîtrise, Brest, 1992.

LA BORDERIE (A. de), *Le Complot breton de 1492*, Nantes, 1884.

–, *L'Imprimerie au XVe siècle en Bretagne*, rééd., Rennes, 1978.

LA LANDE DE CALAN (C. de), *Documents relatifs aux états de Bretagne de 1491 à 1589*, Nantes, 1908.

LA MARTINIÈRE (J. de), « Le parlement sous les rois de France (1491-1554) », *AB*, t. XXXVI, 1924.

LANGLOIS (M.), « Les seigneurs de Quintin au temps d'Anne de Bretagne, d'après les comptes seigneuriaux », *MSHAB*, t. LV, 1978.

LE BOURHIS (R.), *Transcription et étude du registre des lettres scellées à la chancellerie de Bretagne en 1489-1490*, mémoire de maîtrise, Brest, 1992.

LEGUAY (J.-P.) et MARTIN (H.), *Fastes et malheurs de la Bretagne ducale, 1213-1532*, Rennes, 1982.

LEGUAY (J.-P.), *Un réseau urbain au Moyen Âge : les villes du duché de Bretagne aux XIVe et XVe siècles*, Paris, 1981.

LEJEUNE (A.), « Les conseillers du duc François II », *MSHAB*, t. LXVIII, 1991.

LE MENN (G.), « Les Bretons bretonnants d'après quelques textes et récits de voyages », *MSHAB*, t. LXI, 1984.

LE PAGE (D.), « Jean de Lespinay, trésorier et receveur général de Bretagne, 1448-1524 », dans *Bretagnes, art, négoce et société de l'Antiquité à nos jours*, Mélanges offerts au professeur Jean Tanguy, Brest, 1996.

LESCOUZIÈRES (A.), *Les Activités de la chancellerie du duché de Bretagne en 1477*, mémoire de maîtrise, Nantes, 1968.

MAÎTRE (L.), « Le gouvernement de la Bretagne sous la duchesse Anne, d'après les mandements de sa chancellerie. 1489-1513 », *AB*, t. XXXII, 1917.

MARTIN (H.), « Les Bretons et leurs prédicateurs à la fin du Moyen Âge », *MSHAB*, t. LXVII, 1990.

–, *Les Ordres mendiants en Bretagne, vers 1230-vers 1530*, Paris, 1975.

MINOIS (G.), *Nouvelle Histoire de la Bretagne*, Paris, Fayard, 1992.

–, *L'Évêché de Tréguier au XVe siècle*, thèse dactylographiée, université de Rennes-II, 1974.

–, *Un échec de la réforme catholique en basse Bretagne : le Trégor du XVIe au XVIIIe siècle*, thèse dactylographiée, université de Rennes-II, 1984.

PÉLISSIER (L. G.), « Louis XII et les privilèges de la Bretagne en cour de Rome », *AB*, t. VII, 1892.

PHILIPPE (D.), « L'élaboration d'une méthode historique : la chronique bretonne aux XIVe et XVe siècles », *AB*, t. CIV, n° 2, 1997.

–, *L'Histoire en Bretagne du XIVe au XVIe siècle, ou la Défense de l'identité*, thèse dactylographiée, Brest, 1988.

PLANIOL (M.), *Histoire des institutions de la Bretagne*, rééd., Mayenne, 1981, 5 vol.

POCQUET (B.), *Histoire de Bretagne*, t. IV, Rennes, 1906.

POCQUET DU HAUT-JUSSÉ (B. A.), « Les débuts du gouvernement de Charles VIII en Bretagne », *Bibliothèque de l'École des chartes*, t. CXV, 1957.

–, *Les Papes et les Ducs de Bretagne*, t. II, Paris, 1928.

–, « François II, duc de Bretagne, et l'Angleterre », *MSHAB*, t. IX, 1928.

POISSON (C.), *Les Gens de la justice bretonne sous François II*, mémoire de maîtrise, Brest, 1992.

PORT (E.), « Alain Bouchart, chroniqueur breton », *AB*, t. XXXVI, 1924.

PRIGENT (M.), *Pouvoir ducal, religion et production artistique en basse Bretagne, 1350-1575*, Paris, 1992.

QUELLEC (B.), *La Grande Chronique de Bretagne d'Alain Bouchart. Étude d'un auteur témoin d'une époque entre Moyen Âge et modernité*, mémoire de maîtrise, Brest, 1993.

ROZEC (G.), *Fêtes et cérémonies à la cour de Bretagne aux* XIVe *et* XVe *siècles*, mémoire de maîtrise, Brest,1992.

SÉE (H.), « Les comptes de recettes et dépenses pour la Bretagne en 1495 et 1496 », *AB*, t. IX, 1894.

TEMPIER, « Les Bretons en Amérique avant Christophe Colomb », *AB*, t. IX, 1894.

TOUCHARD (H.), *Le Commerce maritime breton à la fin du Moyen Âge*, Paris, 1967.

Toute l'histoire de la Bretagne, collectif, Skol-Vreizh, 1996.

3. *La vie, le personnage et l'œuvre d'Anne de Bretagne*

BABELON (J.), « Monnaies et médailles d'Anne de Bretagne », Actes du 91e congrès national des sociétés savantes, Rennes, 1966, Paris, 1968.

BAILLY (A.), *Anne de Bretagne, femme de Charles VIII et de Louis XII*, Monaco, 1943.

BARRIER (M.-F.), *L'Hermine de lumière. Mémoires d'Anne de Bretagne*, s.l., 1992.

BOUCHOT (H.), « Les portraits peints d'Anne de Bretagne », *Bibliothèque de l'École des chartes*, t. XLVIII.

BREJON DE LAVERGNÉE (J.), « L'emblématique d'Anne de Bretagne », *MSHAB*, t. LV, 1978.

CHEVALIER (B.), « Guillaume Briçonnet et les financiers tourangeaux au service de la reine Anne de Bretagne », dans

Mondes de l'Ouest et villes du monde. Regards sur les sociétés médiévales, Mélanges offerts au professeur André Chédeville, Presses universitaires de Rennes, 1998.

DELISLE (L.), *Les Grandes Heures d'Anne de Bretagne*, Paris, 1913.

DUJARDIN, « Quand naquit, quand mourut Anne de Bretagne ? », *MSAF*, t. LXXXVIII, 1962.

GABORY (E.), *L'Union de la Bretagne à la France. Anne de Bretagne, duchesse et reine*, Paris, 1941.

GESLIN (O.), « Anne de Bretagne », *Ass. B.*, t. CXXVII, 1977.

GIRAUD-MANGIN (M.), « Michelle de Saubonne, dame d'atour d'Anne de Bretagne », *MSHAB*, t. XXVI, 1946.

HERRY (F.), « Anne de Bretagne et la Flandre », *Ass. B.*, t. CXLI, 1991.

JONES (M.), « Les manuscrits d'Anne de Bretagne », *MSHAB*, t. LV, 1978.

JOUON DES LONGRAIS, « Le siège de Rennes de 1491 », *Bulletin archéologique d'Ille-et-Vilaine*, t. XL.

LABANDE-MAILFERT (Y.), « Le mariage d'Anne et de Charles VIII », *MSHAB*, t. XL, 1978.

–, « Anne de Bretagne espagnole », *MSHAB*, t. XXXIV, 1954.

LA BORDERIE (A. de), « Choix de documents inédits sur le règne de la duchesse Anne en Bretagne, 1488-1491 », *MSAIV*, 1868.

LACROIX (P.), *Louis XII et Anne de Bretagne*, Paris, 1882.

LA GARANDERIE (M. M. de), « Les épitaphes latines d'Anne de Bretagne par Germain de Brie », *AB*, t. LXXIV, n° 3, 1967.

LA NICOLLIÈRE-TEIJEIRO (M. S. de), « Une visite de la reine Anne à Nantes (1505) », *Revue de Bretagne et de Vendée*, 1875.

LE BOTERF (H.), *Anne de Bretagne*, Paris, 1976.

LE FUR (D.), *Anne de Bretagne. Miroir d'une reine et Historiographie d'un mythe*, mémoire de DEA, université de Caen, 1991.

LE MEUR (L.), « Les mariages d'Anne de Bretagne », *NRB*, t. XVIII, 1949.

LE ROUX DE LINCY, *Vie de la reine Anne de Bretagne*, Paris, 1860, 4 vol.

MARKALE (J.), *Anne de Bretagne*, Paris, 1980.

MATARASSO (P.), « Le jour de la Sainte-Agnès et les couches d'Anne de Bretagne », *MSHAB*, t. LXXV, 1997.

MAUNY (M. de), « Le véritable portrait d'Anne de Bretagne peint par Jean Bourdichon », *Mémoires de la Société d'émulation des Côtes-du-Nord*, t. CXXIV, 1995.

–, *Anne de Bretagne*, Paris, 1976.

MERLET (L.) et GOMBERT (M. de) (éd.), *Récit des funérailles d'Anne de Bretagne, précédé d'une complainte sur la mort de cette princesse et de sa généalogie, le tout composé par Bretaigne son héraut d'armes*, Paris, 1858.

POCQUET DU HAUT-JUSSÉ (B. A.), « La politique d'Anne de Bretagne. Inspirateurs et intentions », *MSHAB*, t. XXVII, 1947.

–, « Anne de Bretagne », *MSHAB*, t. LV, 1978.

ROBERT (C.), « Une charte inédite d'Anne de Bretagne », *MSAIV*, t. XXII, 1893.

SAGAZAN (R. de), « Il y a 500 ans, le mariage de Charles VIII et d'Anne de Bretagne », *Ass. B.*, t. CXLI, 1991.

SÉGALEN (A. P.), « Anne de Bretagne et la littérature de son temps », *MSHAB*, t. LV, 1978.

–, « Anne de Bretagne dans les lettres françaises au XVIIe siècle », *ABPO*, t. LXXXIV, n° 3, 1977.

TANGUY (M.), *Anne de Bretagne*, Paris, 1994.

TOUDOUZE (G. G.), *Anne, duchesse de Bretagne, reine de France*, Paris, 1959.

TOURAULT (P.), *Anne de Bretagne*, Paris, 1990.

TRÉVÉDY (J.), *Jehan Meschinot, poète d'Anne de Bretagne*, Vannes, 1890.

4. Son entourage et son époque

BERGEVIN (L.) et DUPRÉ (A.), *Histoire de Blois*, Blois, 1846-1847.

BRACHET (A.), *Pathologie mentale des rois de France*, Paris, 1903.

CHEVALIER (B.), *Saint François de Paule à Tours d'après le procès de canonisation*, dans *S. Francesco di Paola. Chiesa e società*, Rome, 1984.

DUNOYER (A.), « Un conseiller de Charles VIII : Guillaume Briçonnet, évêque de Saint-Malo, 1445-1514 », *Position des thèses de l'École des chartes*, 1894.

GÉBELIN (F.), *Les Châteaux de la Renaissance*, Paris, 1927.

GONON (P.M.), *Séjours de Charles VIII et Louis XII à Lyon sur le Rhône*, Lyon, 1841.

GRIMAL (P.) (dir.), *Histoire mondiale de la femme*, t. II, Paris, 1974.

HARSGOR (M.), *Recherches sur le personnel du Conseil du roi sous Charles VIII et Louis XII*, Lille, 1981.

LABANDE-MAILFERT (Y.), *Charles VIII et son milieu, 1470-1498. La jeunesse au pouvoir*, Paris, 1975.

–, *Charles VIII*, Paris, 1986.

LUCHAIRE (A.), *Alain le Grand, sire d'Albret. 1440-1522*, Paris, 1877.

MARTIN (H.), *Mentalités médiévales*, Paris, 1997.

MAULDE LA CLAVIÈRE (R.), *Pierre de Rohan, duc de Nemours, dit le maréchal de Gié*, Paris, 1885.

–, *Histoire de Louis XII*, Paris, 1885.

QUILLIET (B.), *Louis XII*, Paris, 1986.

–, *La France du beau XVI*e *siècle*, Paris, 1998.

WADSWORTH (J. B.), *Lyons; the Beginning of Cosmopolitanism (1473-1503)*, Cambridge, Mass., 1962.

WIESFLECKER (H.), *Kaiser Maximilian I*, Munich, 1971-1980.

INDEX DES NOMS DE PERSONNES.

A

Acigné (Amaury d') : 30, 130, 182.
Acigné (Jean d') : 76.
Aigremont (d') : 381.
Alain VIII : 35.
Alain IX de Rohan, fils d'Alain VIII et de Béatrice de Clisson : 35, 36, 37, 40, 70, 71, 108.
Alava (Pero de) : 223.
Albert le Grand : 54, 293, 493.
Albon (Guichard d') : 140.
Albret (Alain d') : 35, 36, 48, 60, 84, 98, 107-111, 135, 146-148, 154, 243-245, 247, 251, 252, 253, 255, 257, 258, 268, 270, 271, 276, 277, 279, 280, 288, 289, 346, 378, 423, 431, 467, 468, 469, 472.
Albret (Amanieu d'), fils d'Alain d'Albret : 407.
Albret (Charlotte d'), fille d'Alain d'Albret : 109, 407, 423.
Albret (Gabriel d'), fils d'Alain d'Albret : 270.
Albret (Jean d') : 35, 36, 37, 109.
Albret (Louis d'), cardinal : 35, 109.
Alençon (Anne d') : 404.
Alençon (Françoise d') : 47.
Alençon, duc d' : 40, 81, 82, 85, 91, 94.
Alexandre (Jean) : 232.
Alexandre VI Borgia, pape : 57, 161, 181, 309, 358, 361, 371, 393, 395, 396, 406, 428, 486, 504, 522.
Alix : 27.
Allaire (Michelle) : 346.

Allemaigne (Pietre d') : 133.
Almeida (Francisco d') : 394, 396.
Alphonse II, fils de Renée de France : 435.
Alphonse V, dit « l'Africain », roi du Portugal : 26, 482.
Amboise (Françoise d'), veuve de Pierre II : 52, 54, 58, 163, 491.
Amboise (Georges d'), cardinal : 91, 106, 317, 350, 382-384, 394, 397, 401, 405, 407, 411, 413, 421, 434, 444, 467, 470, 471, 474, 476, 495, 499, 501, 502.
Amboise (Louis d') : 304, 394, 401.
Amirale, madame l' : 354.
Andrelinus (Faustus) : 59, 450, 451, 462, 519.
Angleterre (Marie d'), 3e épouse de Louis d'Orléans, sœur d'Henri VIII : 43, 90, 511, 512, 516, 520.
Angoulême (Charles d'), arrière-petit-fils de Charles V, comte : 20, 35, 36, 38, 98, 107, 139, 292, 304, 372, 408.
Angoulême (François d'), fils de Charles d'Angoulême et de Louise de Savoie : 20, 372, 392, 404, 408, 434, 435, 466, 468-472, 476, 477, 498-502, 507.
Angoulême (Jean d') : 20, 36.
Angoulême (Marguerite d'), fille de Charles d'Angoulême : 372.
Anjorrant (Martin) : 177.
Anjou (Marguerite d') : 42.
Anjou (René d') : 26, 28, 48, 349.
Anne, fille d'Alain IX et de Péronnelle de Maillé : 35.
Anthoine (Pierre) : 169.
Aquitaine (Aliénor d') : 42.
Aragon (Alphonse d') : 348.
Aragon (Catherine d') : 61, 304.
Aragon (Charlotte d') : 294, 393, 394, 429, 432.
Aragon (Ferdinand d') : 26, 97, 139, 146, 254, 256, 258, 260, 261, 268, 272, 273, 275, 276, 292, 309, 318, 321, 361, 369, 371, 405, 413, 414, 423, 431, 447, 466, 470, 482, 494, 502.
Aragon (Jean), arrière-grand-père maternel d'Anne de Bretagne : 321, 322.
Aragon (Juan d'), fils de Ferdinand d'Aragon : 60, 292.
Aragon (Yolande d'), belle-mère de Charles VII : 42.
Arande (Martin d') : 210.
Arbolanche (Jean d') : 442, 443, 482.

Argentré (Bertrand d') : 19, 21, 23, 64, 110, 134, 247, 277, 292, 337, 404, 423, 461, 489.
Armagnac (Charles d') : 26, 40, 82, 109.
Armagnac (Charlotte d') : 178, 468.
Armoises (Jeanne des) : 42.
Arthur III, fils d'Henri VII, frère cadet de Jean V, oncle d'Anne de Bretagne : 19, 27, 29, 30, 61, 71, 163, 304, 364, 365, 457, 517.
Arundel (Thomas) : 79.
Astudillo (les) : 223.
Attavante : 184.
Aubigny (Beraud Stuart d') : 284, 294.
Auchier (Jean) : 72.
Aumale, comte d' : 107.
Auton (Jean d') : 403, 410, 412, 433, 450, 451, 461, 466, 472, 474, 475, 488, 489, 496.
Autriche (Ferdinand d'), frère de Charles de Habsbourg : 512.
Autriche (Marguerite d'), fille de Maximilien d'Autriche : 44, 61, 102, 104, 105, 109, 279, 286, 287, 289, 291, 294, 295, 298, 299, 301, 306, 313, 323, 324, 405, 417, 418, 452, 453, 454, 463, 506, 507, 509.
Autriche (Maximilien d') : 27, 61, 62, 83, 97, 101-105, 107-109, 115, 135, 139, 146, 150, 230, 243, 245, 253, 254, 258-262, 272-279, 281, 282, 286-291, 293, 297, 298, 300, 301, 303, 305, 306, 312-316, 321, 323, 324, 361, 405, 411, 412, 421, 449, 453, 465, 467, 470, 473, 502, 508, 511, 512.
Autriche (Philippe d'), fils de Maximilien d'Autriche : 61, 261.
Aux (Pierre d') : 248.
Avalleuc (René) : 177.
Avaugour (François d'), fils naturel de François II : 19, 95, 99, 100, 114, 119, 163, 209, 279, 380, 381, 389, 405, 436, 496.
Avesnes, comte d' : 346.
Aydie (Odet d'), sire de Lescun : voir Comminges, comte de.
Ayrolde (Martin) : 390.

B

Babur : 25.
Bade (Josse) : 462.
Baillet (Thibaut) : 261, 339, 401, 497.
Balsac (Robert de) : 140.
Balue, cardinal : 261.
Balzac (Pierre de) : 430.

Bardebor (Jean) : 325.
Baron (Alexis) : 159.
Barraud (Olivier) : 389.
Barres (Catherine de) : 429.
Bartholy (Thomas) : 169.
Batarnay (Imbert de), sire du Bouchage : 112, 354, 377, 434.
Baud (Guillaume) : 212.
Baudot (Philippe) : 401.
Baudricourt (Jean de) : 339, 350, 358.
Bavière (Ysabeau de) : 42.
Bayezid II, sultan : 351.
Bayonne, palefrenier de Marie de Clèves : 85.
Beatis (Antonio de) : 355.
Béatrix, fille d'Alain IX : 35.
Beaujeu (Anne de), fille de Louis XI, duchesse de Bourbon : voir Bourbon (Anne de).
Beaujeu (Pierre de), duc de Bourbon : voir Bourbon (Pierre de).
Beaune (Jacques de), sire de Semblançay : 185, 250, 359, 373, 434, 488, 493, 494.
Beaunc (Robert de) : 350.
Beauvais (Vincent de) : 460.
Becdelièvre (Pierre) : 119, 253, 264.
Behaim (Martin) : 309.
Belgioioso (Carlo di) : 339, 358.
Bellay (Joachim du) : 479.
Bellec (Rolland) : 198.
Bellesculée (Pierre) : 231.
Belouan (Benoît de) : 71.
Belouan (Louis de) : 82.
Berckley (William) : 79.
Bérenger (Jean) : 103.
Bernardais (les) : 211.
Berry (Charles de) : 48, 88.
Bertrand (Gilbert) : 145.
Bétane (Martin de) : 210.
Béthoulas (François) : 394.
Beuvres, sire de : 76.
Bidoux (Prégent de) : 510.
Bihan (Alain) : 227.
Bilhères-Lagraulas (Jean de) : 289.
Billy (G. de) : 126.
Blanchart (Bonabes) : 378.
Blanchet (Pierre) : 167, 210.
Blandin (Jean) : 360.
Blois (Charles de), époux de Jeanne de Penthièvre : 27, 28, 74, 217.
Blois-Penthièvre (Françoise de), fille de Guillaume de Blois-Penthièvre :108.
Blois-Penthièvre (Guillaume de) : 74.
Blois-Penthièvre (Nicole de), petite-fille de Jean de Penthièvre, épouse Brosse : 30, 74, 75, 76, 92, 151, 488.
Blondel (Robert) : 30.
Bodard (Jacques) : 18.
Bodéan : 170.
Boèce : 149.
Bogrès (Guillaume de) : 84.

Bohier (François) : 185.
Bois de Fontaines (Jean du) : 346.
Boisy, sire de : 353, 354.
Boleyn (Anne) : 429.
Bonamy : 170.
Bonnet (Honoré) : 49.
Bordeaux (Guilloche de) : 351, 449.
Bordes (Philippe des) : 302.
Borgia (César), fils d'Alexandre VI Borgia, cardinal : 35, 51, 109, 393, 394, 396, 406, 407, 423.
Borgia (Lucrèce) : 44.
Borgo (Andrea da) : 410.
Bosquet (Jean de) : 486.
Botloi (Rolland de) : 256.
Bouchage, madame du : 434.
Bouchart (Alain) : 17, 21, 23, 33, 34, 46, 50, 83, 96, 97, 105, 109, 113, 132, 133, 134, 135, 138, 148, 152, 196, 202, 219, 233, 422, 456, 457, 458, 460, 472, 480, 489, 491, 492.
Bouchet (Jean du) : 337, 378.
Bouchet (Jean), chroniqueur : 392.
Boudet (Jean) : 145, 264.
Boull (Jean de) : 177.
Bourbon (Anne de) : 24, 44, 75, 81, 82, 84, 90-95, 98, 103, 104, 105, 107, 111-113, 136, 138, 149, 151, 253, 259, 279, 285, 294, 298, 302, 303, 305, 306, 310, 314, 316, 317, 320, 325, 359, 367, 368, 422, 429, 447.
Bourbon (Pierre de) : 80, 82, 98, 107, 149, 245, 260, 280, 294, 298, 303, 304, 316, 319, 325, 353, 367, 368, 370, 381, 453.
Bourbon (Suzanne de) : 45, 46.
Bourbon, duc de, frère aîné de Pierre de Bourbon : 26, 80, 81, 82, 107, 139, 249.
Bourchier (John) : 79.
Bourdeille (François de), père de Brantôme : 424, 430.
Bourdichon (Jean) : 59, 325, 379, 415, 416, 436, 445, 446, 520.
Bourdieu (Pierre) : 11.
Bourgeois (Jean) : 320, 374.
Bourgogne (Jeanne de), épouse de Philippe VI : 42.
Bourgogne (Marie de) : 27, 44, 61, 83, 102, 275, 465.
Boutet (Antoine) : 325.
Boys (François du) : 138.
Brantôme : 43, 80, 317, 325, 383, 384, 385, 410, 416, 417, 419, 423-425, 430, 433, 441, 478.
Bras (Yvon) : 227.
Brasca (Érasme) : 288, 289, 290, 291, 294, 295, 297-299, 303, 305, 307, 463.
Brégilles (Enguerrand de) : 177.

Breil (Roland du) : 337.
Brekilien (Yann) : 59.
Bretagne (Antoine de), dit Dolus, fils naturel de François II : 19, 163.
Bretagne (Catherine de), sœur de François II et mère de Jean de Chalon : 82.
Bretagne (Françoise de), demi-sœur d'Anne de Bretagne : 301, 436.
Bretagne (Gilles de), 3e fils de Jean V : 47, 269.
Bretagne (Marguerite de), fille de François Ier et d'Isabeau d'Écosse : 18, 20, 21, 36, 37, 38, 49, 364, 366.
Bretagne (Marguerite de), fille de Jean IV : 35.
Bretagne (Marie de), fille de François Ier et d'Isabeau d'Écosse, épouse de Jean II de Rohan : 20, 21, 36, 37, 38, 39, 40, 72, 267, 364, 365.
Bretagne (Pierre de), duc : 436.
Bretagne (Richard de), comte d'Étampes, père de François II : 20.
Bretagne (Richard de), fils du duc Jean IV : 18, 20, 23.
Briçonnet (Denis), fils de Guillaume Briçonnet : 185, 488.
Briçonnet (Guillaume) : 185, 339, 350, 351, 352, 359, 366, 369, 370, 377, 382, 488.
Briçonnet (Jean), frère de Guillaume Briçonnet : 185.
Briçonnet (Michel), frère de Guillaume Briçonnet : 185.
Briçonnet (Robert) : 185, 369.
Bricot (Thomas) : 499.
Briczon (Amaury) : 164.
Brie (Germain de) : 450, 462, 463, 519.
Broons (Olivier de) : 266.
Brosse (Jean de) : 30, 74, 75, 488.
Brucelles (Jehan de) : 133.
Bruneau (Laurent) : 369.
Bruni (Leonardo) : 460.
Bruslon (Yves) : 274, 304.
Buckingham, duc de : 111, 135.
Budes (Sylvestre) : 66.
Bussières, madame de : 353, 363, 434.
Bussueil (Isabeau de) : 432.

C

Cailler (Robin) : 226.
Calabre (Alphonse de) : 355, 361.
Calapart (Olivier) : 133.
Calco (Agostino) : 296, 418.
Calloët (Jean) : 337, 378, 402, 487.
Calvez (Jean) : 232.
Calvin : 435.
Cam (Hervé) : 292.

Cardonne (Jean-François de) : 322, 342, 344.
Carillo d'Albornoz (Pedro don) : 256.
Carmone (Christophe de) : 279.
Carmone (Étienne de) : 472, 497.
Carné (Tristan de) : 170, 446.
Carré (Michel) : 440.
Carreau (Guillaume) : 332, 333.
Cartier (Jacques) : 219.
Casa (Francesco della) : 384.
Castiglione (Balthazar) : 419.
Castille (Blanche de) : 42.
Castille (Isabelle de), épouse de Ferdinand d'Aragon : 26, 44, 309, 321, 322, 361, 405, 431, 447, 466, 481.
Catherine, héritière du comté de Foix : 109.
Cavellat (Yves) : 480.
Celier (Jeanne du) : 331.
Cellier (Jean du), sénéchal de Nantes : 485.
Cerisy (Jean de) : 157, 427, 440.
Cervantes : 220.
Chabannes (Antoine de) : 86.
Chabannes (Geoffroy de) : 140.
Chabot (Jeanne), dame de Montsoreau : 429.
Chaffaut (Pierre du) : 114.
Chalais, prince de : 425.
Challet (Lesnart de) : 226.
Chalon (Jean de), prince d'Orange, fils de Guillaume VII et de Catherine de Bretagne : 82, 83, 84, 92, 97, 105, 107, 108, 111, 113, 127, 137, 144, 147-149, 177, 245, 252, 253, 260, 264, 268, 271, 274-276, 282, 290, 291, 295, 298, 301, 304, 305, 320, 327, 331-333, 341, 344, 380, 381, 387-389, 397, 402, 414, 439, 440.
Champeigne (Pierre) : 18.
Champier (Symphorien) : 433.
Champion (Pierre) : 237, 330, 341.
Charles II d'Albret : 108.
Charles le Mauvais, roi de Navarre : 24, 107.
Charles le Téméraire, duc de Bourgogne : 17, 25, 26, 41, 48, 51, 61, 83, 102, 115, 117, 151.
Charles V, roi de France : 20, 28, 80, 104, 408, 456.
Charles VI : 20, 28, 80, 85.
Charles VII : 19, 20, 30, 34, 42, 115, 116, 312, 444.
Charles VIII : 20, 22, 23, 31, 40, 61, 75, 76, 80, 81, 88, 90-92, 97, 101, 102, 104, 109, 114, 133, 135-137, 139-141, 143, 146, 148, 152, 168, 178, 179, 183, 185, 214, 218, 223, 243,

244, 246, 247, 248, 249, 250, 252, 253, 254, 256, 258-261, 263, 266-268, 273-275, 277-279, 281, 284, 285-287, 289- 292, 294, 296-299, 300-302, 307, 312-316, 318, 319, 321-324, 326-328, 331, 333-340, 342, 344-356, 358, 359, 361, 363, 366-374, 377-379, 382, 384, 388-391, 393, 394, 400, 404, 406, 413, 416, 419, 421, 426, 428, 431, 437, 443, 445, 448, 449, 451, 452, 459, 460, 484, 487, 519, 521.
Charles-Orland, dauphin, fils d'Anne de Bretagne et de Charles VIII : 46, 102, 318, 319, 320, 323, 353, 362, 363, 368, 434.
Charlotte, petite-fille d'Alain IX : 35.
Chartreux (Jean le) : 43.
Chastel (Christophe du) : 95, 184, 257.
Chastel (Tanguy du) : 34, 144.
Chastellain : 30, 31.
Châteaubriand (René de) : 112, 147, 202, 237.
Chaumart (Guillaume) : 90.
Chaussade (Bernard) : 362.
Chauvin (Guillaume) : 33, 50, 73, 83, 96, 178, 210.
Cheyney (John) : 79.
Chieregato : 259, 349.
Choisnet (Pierre) : 296.
Choque (Pierre) : 431, 448, 449, 450, 463, 515-519.
Chrestien (François), chancelier : 95, 96.
Chrestien de Pommorio, chancelier : 99.
Cibo (Laurent) : 266, 313.
Clate (Jacques) : 235.
Clech (Ernault) : 198
Clément VII, pape : 340.
Clérée (Jean) : 476.
Clèves (Marie de), épouse de Charles d'Orléans, mère de Louis d'Orléans : 85, 86, 89, 385.
Clisson (Béatrice de) : 35.
Clisson (Marguerite de) : 30.
Clisson (Olivier de) : 28, 33.
Cochet (Gérard) : 88.
Coëtanlem (Nicolas) : 69, 79, 122, 196, 217, 221, 237, 238, 331, 333, 480.
Coëtcongar (Yvon de) : 331, 333.
Coëtgoureden (Alain de) : 258.
Coëtivy (Olivier de) : 34.
Coëtlogon (Olivier de) : 247, 254, 274, 281.
Coëtlogon (Robert de) : 237.
Coëtmen (Jean de) : 76, 84.
Coëtmen (Olivier de) : 141, 143, 151, 254, 257, 274, 276, 301, 304, 331, 471.

Coëtquen (Jean de) : 95, 114, 160, 247, 290.
Coëtquis (Jean de) : 182.
Cœur (Jacques) : 33.
Colomb (Christophe) : 26, 309.
Colombe (Michel) : 240, 445.
Comminges, comte de : 22, 23, 24, 40, 95, 97, 105, 107, 108, 109, 111, 113, 137, 141, 151, 154, 244, 245, 247, 248, 268, 329.
Commynes (Philippe de) : 12, 23, 40, 41, 51, 117, 281, 284, 313, 316, 320, 350, 363, 364, 370, 374, 375, 468.
Compludo (Gonzalo de) : 210, 223.
Condé, princesse de : 417.
Condest (Gilles de) : 271.
Contamine (Philippe) : 117.
Contarini (Zaccaria) : 311, 415.
Conti, dit Quinzano : 462.
Cornouaille (Olivier de) : 167.
Corson (Guillotin de) : 195.
Cortona (Domenico da) : 373.
Corvin (Mathias) : 259.
Coulier (Jean) : 418.
Courtney (Édouard), frère de Piers Courtney : 79.
Courtney (Piers), évêque d'Exeter : 79.
Courtonne (Dominique de) : 444.
Crès (Jean) : 49, 230, 232.
Croaser (Guillaume le), seigneur de Kerennès : 68, 69.
Cuvelier : 12.

D

Daillon (Jeanne de) : 325.
Dallier (Nicolas) : 262.
Daniel (Jehan) : 198.
Daniel (Thomas) : 241.
Daoulas, abbé de : 186.
Daubeney (Giles) : 79.
Delaunay (les) : 210.
Denisot (André) : 444.
Derich (Barnabé) : 133.
Derien (Henri) : 378.
Desmoulins (Laurent) : 519.
Dicastillo (Aliénor de) : 14, 209, 322.
Dicastillo (Jean de) : 322.
Dicastillo (Loppe de) : 179, 209, 322, 440.
Dicastillo (Louis de) : 322.
Dicastillo (Nicolas de) : 245, 322, 405, 447.
Diego Perez Sarmiento (don), comte de Salinas : 256, 263, 322.
Diest (Jean de) : 215.
Dinan (Bertrand de) : 47.
Dinan (Françoise de), comtesse de Laval, fille de Jacques de Dinan : 35, 36, 47, 52, 60, 77, 92 , 107, 108, 111, 112, 134, 136, 153, 239, 245, 247, 248,

269, 271, 290, 346, 388, 433.
Dinan (Jacques de) : 35, 36, 47.
Djem, prince, frère de Bayezid II : 351, 361.
Dol (Jehan) : 325.
Dollo (Payen) : 54.
Dommanget (M.) : 98.
Dorset (Thomas de), fils du marquis de Dorset : 79.
Dorset, marquis de : 79.
Drake (Francis) : 230.
Dreux (Pierre de), dit Pierre Mauclerc : 27.
Drouet (Jacques) : 343.
Dru (Gérard) : 215.
Du Guesclin (Bertrand) : 28, 33, 66, 282, 444, 479.
Du Pou : 254.
Duby (Georges) : 12.
Dufour (Antoine) : 43, 432, 451.
Duhamel (Baudichon) : 325.
Dumesnil (les) : 211.
Dupé (Guillaume) : 185.
Duplessis : 60.
Dupont (François) : 236.
Dupont (Jean), sire de Pont-l'Abbé : 112, 135, 148, 264.
Dupont (Mathurin) : 128.
Dupont (René) : 337.
Duprat (Antoine) : 472.
Dyonis (Guillaume) : 158.

E

Édouard III Plantagenêt, roi d'Angleterre : 28, 104, 115.
Édouard IV d'York, roi d'Angleterre : 26, 40, 77, 78.
Édouard, prince de Galles : 60, 77, 78.
Édouard V : 101.
Engelberg, E. : 11.
Eon (Jean) : 24.
Eon, dame : 46.
Érasme : 59.
Ermar (Julien) : 378.
Escart (Marie d') : 429.
Espinay (André d') : 112, 113, 142, 257, 310, 468.
Espinay (Françoise d') : 113.
Espinay (Guillaume d') : 113.
Espinay (Jacques d') : 113, 181, 182.
Espinay (Jean d'), évêque de Valence : 113.
Espinay (Jean d'), frère de Robert d'Espinay, évêque de Nantes : 113, 185, 399, 487.
Espinay (Robert d') : 113, 183, 184, 185, 266, 399.
Espinel (Denis d') : 50.
Espinoze (Bernardin d') : 210, 223.
Esprit de Montauban, capitaine d' : 137.
Esquerdes, maréchal d' : 350.
Este (Hercule d'), duc de Ferrare, époux de Renée de France : 435.

Este (Isabelle d') : 44.
Estienne (Olivier) : 258.
Estouteville, cardinal d' : 227.
Etaples (Lefèvre d') : 435.
Eulbacant (Thomas) : 77.
Evain (Guillaume) : 128.
Evesque (Jean l') : 257.

F

Faouët, sire du : 95.
Ferdinand Ier, roi de Naples : 321, 348, 349, 355.
Ferrante : voir Ferdinand Ier.
Ferrantino : 361, 362.
Ferré (Olivier) : 262.
Ferrier (Louis) : 520.
Ferrier (Vincent) : 52, 54, 57, 194.
Ferron (Michel) : 159.
Févin (Antoine de) : 446.
Fiesole (Jérôme de) : 436.
Fillastre (Guillaume) : 449.
Fiorentino (Niccolo) : 355.
Flandre (Jeanne de), dite Jeanne la Boiteuse, épouse de Jean de Montfort : 27.
Foix (Anne de) : 24, 325, 431, 448.
Foix (Françoise de) : 432.
Foix (Germaine de) : 414, 423, 431, 447.
Foix (Jean de) : 82, 95, 107, 111, 302, 304.
Foix (Marguerite de), mère d'Anne de Bretagne : 17, 20, 22, 23, 46, 50, 53, 58, 159, 209, 332, 459, 484, 518.
Foix (Pierre de), évêque de Vannes, puis cardinal : 23, 53, 60, 95, 107, 111, 183, 184, 187, 266.
Fontenelle (Bernard Le Bovier de) : 520.
Forbin (Claude de) : 509.
Forest (Guillaume de) : 378.
Forget (les) : 217.
Forli (Solobrino da) : 373.
Fou (Yvon du) : 34.
Foucquet (Robin) : 49, 230.
Foulquart (Jehan) : 91, 287.
France (Catherine de) : 346.
France (Charlotte de) : 86.
France (Claude de), fille d'Anne de Bretagne et de Louis XII : 20, 61, 404, 407-409, 412, 413, 418, 426, 433-435, 453, 465, 466, 468-473, 476, 477, 496, 497, 499-502, 511, 512.
France (Jeanne de), 1re épouse du duc Louis d'Orléans : 54, 86-90, 101, 105, 106, 149, 304, 320, 371, 381, 384, 387, 391-396, 462.
France (Marie de) : 42.
France (Renée de), fille d'Anne de Bretagne et de Louis XII : 20, 410, 418, 434, 435, 504, 512.
Francheville (Pierre) : 177, 329.

François Ier, roi de France : voir Angoulême (François d').
François Ier, duc de Bretagne, père de Jean II de Rohan : 18, 20, 21, 29, 35, 36, 37, 38, 74, 105, 163, 267, 364, 365, 372, 464.
François II, duc de Bretagne, père d'Anne de Bretagne : 17-23, 26, 27, 29, 30- 34, 37, 38, 40, 41, 44, 46, 49, 50, 52-56, 58, 62-64, 67, 68 , 71-73, 75- 79, 82, 84, 85, 90, 92-102, 105, 107, 111-114, 121-125, 130-132, 134, 136-139, 141, 143-146, 150-154, 157, 160, 161, 163, 165, 166, 172, 177, 181- 183, 192, 199, 206, 207, 209, 213, 217, 218, 223, 226, 229, 232, 234, 240, 244, 245, 248, 254, 264, 269, 275, 286, 288, 290, 332, 337, 365, 456, 457, 459, 464, 518.
François III, duc de Bretagne : 479.
Françoise, fille d'Antoinette de Maignelais et de François II : 19.
Françoys (Jehan) : 346.
Frédéric III : 26, 61, 101.
Frescobaldi (Bartholome) : 169.
Froissart (Jean) : 66.
Fumé (Antoine) : 235.
Fumée (Adam) : 104.

G

Gabory (Émile) : 384, 420.
Gaguin (Robert) : 87, 313.
Galeazzo (Gian) : 349.
Galeotta (Jacopo) : 141, 148.
Gallant (Jehan) : 346.
Gallet (J.) : 201.
Gar (Florentin du) : 361.
Gareau (Yvonet) : 208.
Gaston IV, comte de Foix : 22, 23, 24, 334, 506, 507.
Gavre, sire de : 47.
Gay (les) : 211.
Gennes (Guillaume de) : 226, 330.
Gennes (Jean de) : 225, 231, 234, 235, 330, 347.
Gennes (Pierre de) : 221, 226, 330.
Geoffroy, comte : 67, 69.
Georgio Martini (Francesco di) : 116.
Gerraud (les) : 210.
Gibon (Jean) : 281, 378.
Gié, maréchal de : voir Rohan-Guéméné (Pierre de).
Giocondo (Fra Giovanni ou Jean Joconde) : 373, 444.
Goesbriant (Hervé de) : 167.
Goesbriant (Jean) : 123, 167.
Goesbriant (Vincent) : 123, 167.

Gondebaud (Jacques de) : 276.
Gonneville (Paulmier de) : 224.
Gonzague (Claire de) : 302, 358.
Gonzale (maître) : 440.
Gourdel (Jean) : 119.
Gourvinec, seigneur du : 112.
Granay (Jean de) : 337, 338.
Grant (Hervé le) : 29.
Grassay (Gilbert de) : 139, 248, 250.
Graville (Anne de) : 24, 429, 430, 462.
Graville, amiral de : 142, 150, 250, 259, 287, 291, 320, 339, 346, 434, 468.
Grégoire VII, pape : 510.
Grigneaux (Antoine de) : 487.
Grigneaux (Jean de) : 487.
Grimaud (Raoul) : 485.
Gringoire (Pierre) : 505.
Guéguen (Guillaume), évêque de Nantes : 46, 142, 151, 157, 170, 179, 183-185, 266, 337, 378, 399, 487, 491, 493.
Gueldre, duc de : 61.
Guéméné (Jeanne de) : 361, 432.
Guéméné, sire de : 274, 301, 304.
Guérin (Jean) : 354.
Guevara (Eleonora de) : 358.
Guibé (Jacques), amiral de Bretagne : 32, 33, 380, 412.
Guibé (Jean), capitaine de Fougères : 32, 33.
Guibé (Michel), évêque : 32, 182, 184, 185, 278.
Guibé (Robert), cardinal, puis évêque : 32, 33, 182, 183, 185, 187, 406, 484, 486, 488, 506.
Guicaznou (Guillaume de) : 493.
Guicaznou (Meriadec de) : 493.
Guichardin : 284, 350.
Guilford (Richard) : 79.
Guillart (Charles) : 339.
Guillaume (Pierre), procureur général : 71.
Guillaume VII, prince d'Orange : 82.
Guillemet (Jean) : 78.
Guillemet (François) : 281.
Guinclaff : 233.
Guy XIII, comte de Laval et baron de Vitré : 47, 70.
Guy XIV de Laval : 49, 70.
Guy XVI, comte de Laval, fils de Françoise de Dinan : 68, 112, 136, 137, 138, 343, 346, 358, 364, 380, 432, 440.
Guyenne (Charles de), duc : 26, 51.
Guyngan (les) : 217.

H

Habsbourg (Charles de) : voir Luxembourg (Charles de).

Hachette (Jeanne) : 42.
Hagomar (Jean) : 178, 301.
Haliwell (John) : 79.
Hamon (François) : 185.
Hardouin VIII de Maillé : 35.
Harff (Arnold von) : 233.
Harpin (Louis), 388, 431.
Harrouys (les) : 223.
Henri II, roi de France : 19, 27.
Henri V, roi d'Angleterre : 115.
Henri VII, roi d'Angleterre : 61, 80, 103, 135, 139, 142, 150, 161, 183, 222, 254, 255, 257, 258, 260, 261, 268, 272276, 281, 292, 312, 321-333.
Henri VIII, roi d'Angleterre : 61,97, 304, 506, 509, 510, 511.
Heredia (Francisco de) : 210, 223.
Herlin (Robert du) : 448.
Herst de Hollande (Bernard) : 133.
Horst (Albert de) : 215.
Hospital (Adrien de l') : 281.
Houys (Jean) : 209.
Howard (Edouard) : 509, 510.
Huizinga : 63.
Hunaudaye, sire de la : 95.
Hurault (Denis) : 440.
Hux (Jean) : 231.

I

Innocent II, pape : 508.
Innocent III, pape : 508, 510.
Innocent VIII, pape : 188, 266, 288, 289, 301, 312, 314, 315, 349.
Isabeau, épouse de Guy XIV de Laval : 49.
Isabeau, sœur d'Anne de Bretagne, fille de François II : 41, 58, 77, 83, 93, 94, 95, 99, 100, 101, 153, 160, 178, 245, 248, 249, 251, 270, 271.
Isabeau d'Écosse, duchesse douairière : 20, 72, 160, 163, 364.
Isabelle, épouse d'Édouard II : 42.
Italie (David d') : 462.
Ivan III le Grand : 25.

J

Jagu (Prégent) : 446.
Jaligny (Guillaume de), chroniqueur : 22, 136, 251, 296, 356, 520.
Jambes (Jeanne de), dame de Beaumont : 429.
James (Thomas) : 184, 230.
Jean (Robert) : 172.
Jean Ier, fils de Pierre de Dreux : 27.
Jean II de Rohan, vicomte, fils d'Alain IX : 20, 28, 34-36, 38-40, 47, 48, 67, 70-72, 76, 81, 93-95, 97, 107, 108, 112, 125, 135, 136, 139, 141, 144, 147, 149, 177,

185, 243, 248-250, 252, 253, 255-258, 262, 267, 292, 330- 334, 339, 343, 346, 364-366, 380, 381, 389, 397, 401, 402, 440, 447, 467, 489, 491, 492.
Jean II, fils d'Alphonse V : 26.
Jean IV de Montfort, fils de Jean de Montfort et de Jeanne de Flandre : 17, 20, 27, 28, 29, 94, 247, 464.
Jean l'Ancien : 263.
Jean le Borgne : 237.
Jean sans Terre : 508.
Jean V, duc : 18, 20, 29, 30, 121.
Jeanne d'Arc : 42, 444.
Jeanne la Folle, fille de Ferdinand d'Aragon et d'Isabelle de Castille : 408, 412, 413, 466, 467, 469.
Jeanne, reine douairière de Sicile : 388.
Jeulin (Paul) : 48.
Joinville (François Ferdinand Philippe d'Orléans) : 12.
Jolsou (Guillaume) : 199.
Jones (Michaël) : 49, 50, 97, 463.
Josse (Jean) : 446.
Joston (Robert) : 361, 382, 432.
Juan (don), infant d'Espagne : 61, 322.
Juanita, épouse de Philippe d'Autriche : 62.
Jules II, pape : 57, 161, 181, 185, 406, 476, 486, 503, 504, 505, 506, 509, 510.
Juste (Antoine) : 230.
Juste (Jean) : 230, 435.
Juzel (Guillaume) : 178.

K

Keradreux (René de) : 72.
Kerguezec (Pierre de) : 112, 257.
Kerguren (Olivier) : 485.
Kerguz (Pierre de) : 485.
Kerhervé (Jean) : 155, 159, 170, 171, 175, 180, 237, 330, 345, 455.
Kerhviri (Prégent), vicaire : 281.
Kermarquer, sire de : 96, 148.
Kermavan, sire de : 95.
Kermené (Louis de) : 78.
Kernechriou (Alain de) : 256.
Kerouzéré, sire de : 95.
Klingenstein, G. :11.

L

La Borderie (Arthur de) : 135, 148, 153, 271, 302, 332, 333.
La Celle-Guénant, sire de : 353, 354.
La Chapelle (Jean de) : 76.
La Chasse (Pierre de) : 49.
La Châtre (Claude de) : 140.
La Coste (Hilarion de) : 441.
La Grange (Anne de) : 429.

La Guerche (Jean de) : 431.
La Guiche (Pierre de) : 357.
La Lande (frères de) : 227.
La Marche (Olivier de) : 30, 64.
La Marck (Robert de) : 512.
La Motte (Guillaume de), seigneur de Vauvert : 68.
La Motte (Jean de) : 172.
La Moussaye (Amaury de) : 159.
La Rivière (Gilles de) : 248.
La Rivière (Odet de) : 187.
La Rivière, vice-chancelier de : 143.
La Roche (Alain de) : 54.
La Roche (Jehan de) : 211, 258.
La Rovère (Julien de) : 260.
La Salle (François de) : 360, 382.
La Salle (Yvon de) : 190.
La Trémoille (Louis de), fils bâtard de Louis d'Orléans : 87, 97, 131, 139, 140, 141, 142, 147, 148, 149, 150, 248, 250, 279-282, 297, 392, 424, 476.
La Vigne (André de) : 419, 449, 450, 451.
La Villéon, chancelier de : 143.
La Vire, demoiselle de : 24.
Labande-Mailfert (Yvonne) : 139, 148, 260, 289, 300, 375.
Ladislas, roi de Hongrie : 431.
Laetus (Pomponius) : 184.
Lagadeuc (Jean) : 231, 233.
Lalaing (Antoine de) : 408.
Lamarre (Jean de) : 377.
Landais (Pierre) : 21, 24, 32, 33, 40, 46, 47, 50, 67, 73, 75, 77, 79, 81-84, 90, 92, 93, 95-98, 112, 113, 119, 134, 157, 164, 180, 182, 184, 196.
Landugen (Raoul de) : 84.
Langlois (Monique) : 67.
Lanson (Gustave) : 453.
Larcher (Étienne) : 232.
Lattes (Bonet de) : 161.
Launay (Guillaume de) : 235.
Launay (Raoul de) : 142.
Laurent (Olivier) : 362, 439.
Laurent le Magnifique : 161, 309.
Laval (André de) : 34.
Laval (François de) : 34, 76, 107, 196.
Laval (Hélène de), dame de Châteaugiron : 391.
Laval (Jean de), 1er époux de Jeanne du Perrier : 67, 432.
Laval (Jeanne de), veuve de René d'Anjou : 319.
Laval (Pierre de), petit-fils de Jean V : 183, 184.
Laval-Châtillon (Louis de) : 285.
Lavisse (Ernest) : 421.
Le Bascle (Guillaume) : 485.
Le Baud (Pierre) : 50, 219, 456-459, 461.

Le Bigot (Guillaume) : 217, 337, 378, 402, 485.
Le Blanc (Rolland) : 281.
Le Blanc (Vincent) : 179.
Le Borgne (Jean) : 237.
Le Borgne (Robert) : 266.
Le Boterf (Hervé) : 420.
Le Bouhier (Jean) : 259.
Le Bouteiller (Jean), sire de Maupertuis : 76, 92, 255, 329.
Le Bouvier (Gilles), dit Berry : 478.
Le Bret (Marc) : 227, 228.
Le Chevy (Yvon) : 230.
Le Désers (Louis), sénéchal de Vannes : 485.
Le Doulx (Michel) : 145, 158, 159, 302.
Le Du (Derien) : 122.
Le Duyou (Eon) : 198.
Le Faucheur (Rolland) : 230.
Le Febvre (Guillaume) : 57.
Le Fégu (Jean) : 223.
Le Floch (Jean) : 159.
Le Forestier (Alain) : 262.
Le Goff (Jacques) :11, 12, 13.
Le Gouidec (Bernard) : 72.
Le Grant (Hervé), secrétaire de Jean IV : 456.
Le Hen (François) : 164.
Le Hen (Jean) : 164.
Le Lagadec (Olivier) : 198, 217.
Le Lionnais (Guy) : 487.
Le Maoult (Alain) : 169.
Le Maout (Pierre) : 184.
Le Marrec (Alain) : 401.
Le Minec (Jean) : 378.
Le Moine (Jacques) : 132.
Le Moyne (Jacques) : 76, 150.
Le Peigne (Raoulet) : 158.
Le Pennec (Pierre) : 332, 333.
Le Preslier (Alain) : 190.
Le Prestre : 254.
Le Quellenec (Hervé) : 485.
Le Rouge (Guillaume), sénéchal de Ploërmel : 485.
Le Roux (Guillaume) : 198.
Le Roux (Jehan) : 343, 428.
Le Roux (Olivier) : 178, 342, 344.
Le Roux de Lincy : 359, 409, 434.
Le Sandevez (Alain) : 167.
Le Tonnelier : 51.
Le Vacon (Eon) : 198.
Le Vallays (Vincent) : 127, 341.
Le Voyer (Pierre) : 172.
Lebrun (Aymon) : 432.
Lebrun (Yvon) : 446.
Leclerc (Guillaume) : 446.
Lefebvre (Pierre) : 128.
Lefèvre (Jehan) : 325.
Leguay (Jean-Pierre) : 69, 98, 123, 136, 151.
Leguen (Jehan) : 199.
Lemaire de Belges (Jean) : 299, 300, 426, 450-454, 456, 505.
Lemmonier (Henry) : 421.
Lenoncourt (Robert de) : 320.

Léon X (Giovanni de Médicis), pape : 161, 185, 509.
Léonard de Vinci : 26.
Léry (Jean de) : 478.
Lesconvel (Henri de) : 520.
Lescouët (Rolland de) : 34.
Lesmeleuc (Maurice de) : 71.
Lespinay (Guillaume de), fils de Jean de Lespinay : 390.
Lespinay (Jean de) : 145, 179, 253, 265, 336, 389, 390.
Lespine (Guillaume de) : 230.
Lespine (Villequin de) : 133.
Leveau (Jean) : 506, 507.
Ligne (Louis de) : 453.
Ligny, comte de : 292, 397.
Lion (Gaston du) : 250.
Locquemeren (Guillaume) : 180.
Longueil (Antoine de) : 183, 184.
Longueval (Louis) : 360.
Lorignier (Jacques) : 446.
Lornay (Louis de) : 143, 264, 282.
Lornay (Raoul de) : 251, 252.
Lorraine (Antoine), comte de Vaudémont : 35.
Lorraine (Marie de), 2e femme d'Alain IX, fille d'Antoine de Lorraine : 35, 36.
Louis Ier de Rohan-Guéméné, cousin germain d'Alain IX : 37.
Louis II de Rohan-Guéméné, fils de Louis Ier de Rohan-Guéméné : 37, 76.
Louis III, amiral de Bretagne, fils de Louise de Rieux et de Louis II de Rohan-Guéméné : 37, 331.
Louis VII : 508.
Louis XI : 19-23, 26, 27, 30, 31, 33, 34, 40, 41, 47, 50, 51, 53, 63, 64, 73- 77, 80, 83, 85, 87, 88, 90, 92, 94, 99, 102, 109, 119, 131, 138, 142, 151, 152, 153, 161, 177, 178, 229, 261, 285, 286, 296, 312, 321, 325, 349, 371, 391, 394, 444, 448, 470.
Louis XII : voir Orléans (Louis d').
Louis, fils d'Alain IX et de Péronnelle de Maillé : 35.
Louviers (Antoine de) : 472.
Lucas (Anne) : 432.
Luchaire (Achille) : 109.
Luxembourg (Catherine de), épouse d'Arthur III : 163.
Luxembourg (Charles de), futur Charles Quint, fils de Philippe le Beau et de Jeanne la Folle : 61, 404, 410, 412, 413, 434, 465, 466, 468, 469, 470, 473, 474, 497-499, 511, 512, 516.
Luxembourg (Louis de) : 358.

Luxembourg (Philippe de), cardinal : 379, 394, 509.
Lyon (Corneille de) : 435.

M

Macé (Alain), sénéchal de Rennes : 485.
Macé (Guillaume) : 485.
Macé (Jean) : 232.
Macé (Robert) : 232.
Machiavel (Nicolas) : 51, 384.
Maczaut (Laurent) : 281, 378.
Madec (Jean) : 199.
Madeleine, fille d'Alain IX et de Péronnelle de Maillé : 35.
Mahyeuc (Yves) : 53, 185, 292, 293, 301, 427, 440, 487, 491, 493.
Maignelais (Antoinette de), dame de Villequier, cousine germaine d'Agnès Sorel : 19, 21, 23, 34, 44, 52, 99, 100.
Maillard (Olivier) : 55, 395, 462.
Maillé (Péronnelle de), 3e femme d'Alain IX, fille d'Hardouin VIII de Maillé : 35.
Malaisé (Jean) : 440.
Mâle (Émile) : 416.
Malestroit (Guillaume de) : 182.
Malestroit (Jean de) : 459.
Malion (Thomas le) : 237.
Marchant (Ythier) : 51, 177.
Marchy (Colinet de) : 177.
Marcoliano : 444.
Mares (Arnoul des), maître : 161.
Maria (Bianca), nièce de Ludovic le More : 324.
Marion (Michel) : 134, 165, 264.
Markale (Jean) : 420.
Marot (Jean) : 433, 435, 450, 451, 452, 507, 519.
Marot (Clément), fils de Jean Clément : 451.
Martin (Hervé) : 43, 53, 54, 62, 238.
Martinez (Pero) : 223.
Marzano (Eleonora de) : 358.
Masle (Jeanne de) : 325.
Matarasso (P.) : 409, 434.
Matharon (Jean) : 261.
Mathils (Gratien) : 281.
Mauhugeon (Jean) : 378, 519.
Maulde de la Clavière (René) : 408.
Mauny (Michel de) : 420.
Maure, sire de : 95.
Maydo : 170.
Maynier (Accurse) : 261.
Mazzoni (Guido) : 373, 379, 444.
Médicis (Catherine de) : 14.
Médicis (Laurent de) : 26, 314.
Médine (Bernardin de) : 210.
Mehaut (Pierre) : 71.

Mehmed II : 25.
Méné (Maurice du) : 119, 132, 144, 257, 332.
Mercogliano (Pacello da) : 373.
Mercurius : 413.
Mériadec (Conan) : 71, 458, 459.
Mériadec (Hector de) : 332.
Meschinot (Gilles) : 461.
Meschinot (Jean) : 49, 50, 169, 182, 232, 240, 451, 461.
Mesnagier (Guillaume) : 444.
Mestre (Jehan) : 343.
Meyer (Jean) : 240.
Mézières (Philippe de) : 25.
Michel (Jean) : 318, 353, 362, 427.
Michelet (Jules) : 420, 421.
Milet (Henri) : 158, 177.
Millet (Nicolle) : 360.
Millon (Robert) : 265, 435.
Millon (Yves) : 158.
Mirande (Alonso de) : 210.
Miro (Gabriel) : 322.
Miron (Gabriel) : 440.
Molac, sire de : 95, 330.
Moldavie (Étienne de) : 25.
Molinet (Jean), chroniqueur : 282, 283, 292, 329.
Molitard (Florent de) : 380.
Monmouth (Geoffroy de) : 457, 459, 480.
Montauban (Guillaume de), vicomte du Bois de la Roche : 84.
Montauban (Jean de) : 467.
Montauban (Philippe de), fils de Guillaume de Montauban : 84, 143, 244, 245, 247, 248, 251-253, 257, 258, 264, 271, 274, 276, 282, 290, 301, 304, 329, 332, 336, 337, 378, 389, 484, 491.
Montberon (Blanche de) : 429.
Montfaucon (Claude de) : 140, 250.
Montfort (Anne de) : 74.
Montfort (Isabeau) : 74.
Montfort (Jean de) : 20, 27, 28, 35, 74.
Montfort (Jeanne de) : 42.
Montmoret (Humbert de) : 463.
Montpensier (Gilbert de), comte : 131, 139.
Montpensier, comtesse de : 302, 382.
More (Ludovic le) : 289, 296, 322, 324, 362, 411.
More (Thomas) : 463.
Morice (dom) : 248, 277, 403.
Morin (Martin) : 232.
Morin (Pierre) : 58, 240.
Morton (Robert) : 77.
Moulins, maître de : 45, 46, 320.
Moulnier (Guillaume) : 159.
Moussy (Jeanne de) : 158.
Mouton (Jean) : 446.
Moutonier (Raoul le) : 123.

Moutonnier (R. de) : 179.
Münzer (Jérôme) : 318, 319.

N

Nassau (Engilbert de) : 276.
Nassiet (N.) : 68.
Navarre (Blanche de) : 42, 43.
Navarre (Éléonore de) : 24, 61, 322.
Navarre (Jeanne de), arrière-grand-mère d'Anne de Bretagne : 24.
Navarre (Marguerite de) : 435.
Navarre (Marie de) : 42.
Nemours (Marguerite de) : 468.
Nemours, comte de : 292.
Nevers, comte de : 107, 476.
Nicolas V : 181.
Nicolas, armateur corsaire : 218.
Nicola (Jean) : 471.
Normant (Crespin) : 378.

O

Orange, princesse d' : 360.
Orléans (Anne d'), abbesse de Fontevrault : 24, 111.
Orléans (Charles d'), fils de Charles V, père de Louis d'Orléans : 81, 85, 86, 88.
Orléans (Charles d'), fils du duc Louis d'Orléans : 20.
Orléans (François d'), comte de Dunois : 61, 80, 81, 85, 91, 93, 97, 98, 106- 108, 110, 111, 113, 114, 134, 135, 136, 137, 139, 142, 151, 154, 244, 245, 249, 251, 252, 257, 258, 268, 271, 274, 276, 282, 290, 304, 431.
Orléans (Louis d'), duc d'Orléans puis Louis XII, roi de France : 20, 38, 43, 48, 59, 60, 80, 81, 85, 86, 87-91, 93-95, 97, 98, 101, 105-108, 111-114, 132, 133, 137, 139, 141, 145-149, 152, 171, 176, 179, 185, 212, 243, 245, 264, 277, 283, 284, 290, 294, 296, 298, 303, 304, 310, 317, 319, 322, 327, 331, 342, 344, 345, 349, 356, 361, 363, 364, 367, 371, 372, 379-387, 391-408, 410, 411, 413, 417, 419, 421-424, 437, 441-446, 448-450, 454, 463, 465, 466, 467, 469, 470, 471, 473, 474, 476, 477, 483-485, 493-507, 510-512, 520, 521.
Orléans (Marguerite d'), fille de Louis d'Orléans : 19, 20, 24, 30.
Orson (Thomas d'), fils de Jeanne du Celier : 331.
Orval (d') : 468.

P

Pacello : 444.
Paléologue (Guillaume), marquis de Montferrat : 404.
Paléologue (Sophie) : 25.
Pallavicini (Antoniotto) : 266.
Pamplicque (François de) : 209.
Paré (Ambroise) : 479.
Pares (Laurent) : 179, 265, 330.
Parthenay (Isabeau de) : 429.
Parthenay (Jean de) : 434.
Parvi (Guillaume) : 516, 517.
Pasquier (Jehan) : 18.
Passeron (Jean-Claude) : 11.
Paucaire (Jean de) : 360.
Paul III : 161.
Paule (François de) : 283, 285, 286, 318, 319, 349, 352-354, 363, 367, 373, 395, 408, 412, 426.
Pavie (Jean) : 472.
Paydenier : 226.
Penguern (Jean de) : 458.
Penhoët (Françoise de), épouse de Pierre de Rohan, maréchal de Gié : 467.
Penmarch (Christophe de) : 184.
Penthièvre (Jean de), fils de Jeanne de Penthièvre : 30, 74, 75, 105.
Penthièvre (Jeanne de) : 27, 30, 42, 58, 74.
Penthièvre (Olivier de), fils de Marguerite de Clisson et de Jean de Penthièvre : 30.
Péraud (Raymond) : 261.
Perceval (Jean) : 257.
Perreal (Jean), dit Jean de Paris : 444, 451, 516.
Perrier (Jean du), sire de Sourdéac : 76, 84, 92, 114, 257, 330.
Perrier (Jeanne du), épouse de Pierre de Rohan (demi-frère de Jean II de Rohan) : 67.
Petit (Jean) : 51.
Pétrarque : 460.
Phares (Simon de) : 296.
Phébus (Gaston) : 49.
Philippe Auguste : 27, 508.
Philippe le Beau, fils de Maximilien et de Marie de Bourgogne : 102, 408, 412, 413, 465, 466, 467, 469, 470, 473.
Philippe VI de Valois : 28, 42.
Pie II, pape : 25, 234.
Pierre II, 2e fils du duc Jean V : 18, 29, 49, 52, 57, 113, 163, 364, 365.
Pierre, fils d'Alain IX et de Péronnelle de Maillé : 35.
Pigeon (Jean) : 322.
Pinart (Yvon) : 165.
Pisan (Christine de) : 42, 43.
Platel (Lancelot) : 302.
Plessix-Anger (François du) : 76.

Ploret (Robert de) : 472.
Plouec, sire de : 95.
Plouer (Jean de) : 254, 440.
Plumaugat (Anne de) : 301.
Plusquellec (Yvon de) : 95, 135, 256.
Pocquet-du-Haut-Jussé (Barthélémy) : 83.
Poitiers (Diane de) : 19.
Polham (Wolfgang de) : 276, 277, 278.
Poncher (Étienne) : 383.
Poncher (Jean de) : 324.
Pons, fils bâtard de Louis d'Orléans : 87.
Pont (Pierre du) : 76.
Pont (René du) : 378.
Pontbriand (François de) : 34, 469.
Pontbriand (Pierre de) : 469, 471, 472.
Porhoët (Françoise de), épouse de Pierre de Rohan-Guéméné : 37.
Portzmoguer (Hervé de) : 450, 462, 492, 510.
Pot (Guy) : 354.
Pot (Guyot) : 87.
Poulaine (Nicolas de) : 161.
Poulglou (Olivier de) : 256.
Poyet (Jean) : 445.
Pratezen (Jehan) : 199.
Prevost (Pregent) : 84.
Proisy (Jean de) : 47.
Puisieux (Claude de), seigneur de Villethierry : 432.

Q

Quédillac (Alain de) : 179.
Quelennec (Jean du) : 122, 256, 329.
Quenechquivillic (Maurice de) : 378.
Quenechquivilly (Amaury de) : 337, 397, 422, 471, 472, 485.
Quengon (Robin), dit Le Bastard : 227.
Queniquevilly (Maure de) : 262.
Quercy (Bastien de) : 133.
Quiéner (Alain) : 198.
Quilliet (Bernard) : 15, 89, 149, 296, 356, 360, 382, 385, 386, 403, 417, 420, 421.
Quintianus : 450.
Quintin, comtesse de : 35, 217.

R

Rabaud (Jacques) : 247.
Rabelais (François) : 435, 451, 452, 463, 479.
Ravenstein (Philippe de), fils bâtard de Louis d'Orléans : 87, 412, 413.
Regnault (Pierre) : 232.
Rely (Jean de) : 303, 352, 375.
Renaire (Haquin) : 128.
Rennes (Jean de) : 159.
Retz, baron de : 268.

Riaga (Ochoa de) : 223.
Riario (Jérôme) : 184.
Riario (Raphaël) : 183.
Richard III, duc de Gloucester : 78, 79.
Richart (Guyon) : 46, 157.
Richemont : 33.
Rieux (François de) : 36, 67.
Rieux (Jean de), maréchal de Bretagne, fils de François de Rieux et de Jeanne de Rohan : 35, 36, 38, 67, 70, 76, 82-84, 92, 94, 95, 97, 107, 108, 111-113, 119, 124, 127, 133, 136-138, 141, 144, 147, 148, 153, 177, 212, 244, 245, 247-249, 251, 252, 254, 255, 257, 258, 262, 265, 266, 268, 271, 272, 274, 276, 279, 282, 290, 329, 332, 344, 346, 352, 364, 380, 381, 389, 402, 440, 447, 488.
Rieux (Jeanne de) : 36.
Rieux (Louise de), épouse de Louis de Rohan-Guéméné : 37.
Rieux (Thibaud de), évêque de Quimper : 35, 40.
Riou (Thomas de) : 145, 159, 177.
Rivault (Gilles) : 290.
Riveron (Jean) : 445.
Rivière (Gilles) : 441.
Rivière (Jehan de la) : 212.
Robertet (Florimonf) : 383, 476.
Robertet (François) : 325, 462.
Robien (Jean de) : 78.
Rochefort (Guillaume de), chancelier : 151.
Rochefort (Guy de), chancelier : 304, 369, 401, 471, 476.
Roche-Jagu, sire de la : 148.
Rochon (André) : 416.
Rodier (Mathurin) : 18.
Rogerie (Richard) : 232.
Rohan (Alain de), fils d'Alain IX : 35, 196.
Rohan (Alain de) : voir aussi Alain IX de Rohan.
Rohan (Anne de), fille de Marie de Bretagne et de Jean II de Rohan : 24, 36, 37, 423, 429, 430.
Rohan (Anne de), sœur du vicomte Jean II : 24.
Rohan (Catherine de), fille d'Alain IX et de Marie de Lorraine, mère de Françoise de Dinan, de Louis et Alain d'Albret : 35, 36, 47, 72, 108.
Rohan (Claude de), fils de Marie de Bretagne et de Jean II de Rohan : 36, 37, 185.
Rohan (François de), fils de Marie de Bretagne et de Jean II de Rohan : 36, 37,

40, 94, 95, 98, 101, 108, 141, 147, 148, 149, 248, 468.
Rohan (Georges de), fils de Marie de Bretagne et de Jean II de Rohan : 36, 37.
Rohan (Jacques de), fils de Marie de Bretagne et de Jean II de Rohan : 36, 37, 248, 249, 402.
Rohan (Jean de), fils de Marie de Bretagne et de Jean II de Rohan : 36 , 37, 40, 61, 82, 94, 95, 108, 230, 243, 248, 249, 277, 292, 330, 334, 402.
Rohan (Jeanne de), fille d'Alain IX, mère de Jean de Rieux : 35, 67.
Rohan (Marie de), fille de Marie de Bretagne et de Jean II de Rohan : 36, 37.
Rohan (Marguerite de), fille d'Alain IX : 35, 36.
Rohan du Gué-de-l'Isle (Catherine de), fille d'Olivier II de Rohan du Gué-de-l'Isle : 37.
Rohan du Gué-de-l'Isle (Jean de), fils d'Olivier II de Rohan du Gué-de-l'Isle : 37, 82, 230.
Rohan du Gué-de-l'Isle (Jeanne de), fille d'Olivier II de Rohan de Gué-de-l'Isle : 37.
Rohan du Gué-de-l'Isle (Marie de), fille d'Olivier II de Rohan du Gué-de-l'Isle : 37.
Rohan du Gué-de-l'Isle (Olivier II de) : 37, 49.
Rohan du Gué-de-l'Isle (Olivier III de) : 37.
Rohan du Gué-de-l'Isle (Yolande de), fille d'Olivier II de Rohan du Gué-de-l'Isle : 37.
Rohan-Guéméné (Charles de), fils de Pierre de Rohan, maréchal de Gié : 468.
Rohan-Guéméné (François de), fils de Françoise de Porhöet et de Pierre de Rohan, maréchal de Gié : 37.
Rohan-Guéméné (Françoise de), épouse de Jacques de Rohan : 37.
Rohan-Guéméné (Louis de) dit M. de Rainefort, époux de Marie de Rohan : 37, 76, 82, 84, 183, 249, 257, 262, 346, 402.
Rohan-Guéméné (Pierre de), maréchal de Gié, fils de Louise de Rieux et de Louis II de Rohan-Guéméné : 34, 37, 76, 141, 338, 358, 364, 381, 403, 422, 423, 460, 467, 468, 469, 470, 471, 472, 474, 475, 494, 496, 497, 498.

Rohan-Guéméné (Pierre de), sire de Quintin, demi-frère de Jean II de Rohan : 34, 67, 68, 69, 71, 96, 107, 112, 135, 147, 201, 217, 434, 444, 465.
Rojas (Francisco de) : 111.
Rome (Gilles de) : 49.
Romillé (Jean de) : 142.
Rosminiven ou Rosnyvinen (Guillaume de) : 82, 137.
Rostrenen (Guillaume de) : 256, 488.
Rostrenen (Jean de), seigneur de La Chesnaie : 71, 488.
Rostrenen, baron de : 112.
Rouillé (Pierre) : 210.
Rousseau (Jehan) : 18.
Rouville (Gougeul de) : 23.
Ruiz (Michel) : 405.
Russon (Marc) : 228.

S

Saffré (Isabeau de) : 432.
Saint-Amadour (Marie de) : 432.
Saint-Andé (Pierre de) : 472.
Saint-André (Albon de) : 131, 256, 280, 281.
Saint-André (Guillaume de) : 28, 455.
Sainte-Marthe (Charles de) : 429.
Saint-Foyeul (Guillaume de) : 424.
Saint-Gelais (Jean de) : 89, 310, 311, 417, 424, 450.
Saint-Gelais (Octavien de) : 433, 462.
Saint-Melaine, abbé de : 101.
Saint-Paul (Jean de) : 29, 456.
Saint-Sauveur (Durtelle de) : 420.
Saisac (Isabeau de) : 360.
Salerne, prince de : 350.
Salmon (Guillaume) : 378.
San Severino (Galeazzo) : 356.
Sanbuz (Antoine de) : 360.
Sanbuz (Joachim) : 360.
Sanudo (Marin) : 368.
Sasseti (Cosimo) : 314.
Satin (Guy) : 203.
Saubonne (Denis de), seigneur de Fresne-Coudray : 433.
Saubonne (Michelle de) : 433, 434, 435, 493.
Sauvages (Louis des) : 436.
Savoie (Charlotte de) : 327, 391, 407.
Savoie (Louise de) : 36, 408, 409, 410, 422, 434, 462, 466, 468, 470, 471, 472, 476, 477, 494, 500, 501, 507, 513.
Savoie (Philippe de) : 61.
Scales, lord : 142, 146, 147, 148.
Schleser, (H.) : 11.
Schneider (Hans) : 313.
Scliczon (Jean) : 338.

Scliczon (Robert) : 397.
Scliczon (Rolland) : 254, 258, 337, 278.
Scotus (Yves) : 293.
Seckendorf : 141.
Secq (Olivier de) : 249.
Ségalen (A.P.) : 463, 520.
Selve (Jean de) : 472.
Sesmaisons (Jacques de) : 185.
Seyssel (Claude de) : 87, 402, 509.
Sforza (Anne) : 24, 26.
Sforza (Bianca Maria), 3e épouse de Maximilien d'Autriche : 62.
Sforza (Ludovic) : 26, 349, 358, 372, 406, 407, 418, 424, 467.
Silly (Jacques de) : 140.
Sixte IV (Francsco della Rovere) : 25, 53, 161, 181, 183, 288, 349.
Soace (Diego de) : 440.
Sorel (Agnès) : 19, 44.
Sorie (François de) : 212.
Soupplainville (Guillaume de) : 23, 247.
Spadine (les) : 210.
Spinola (Tommasina) : 414.
Spinolle (Jean) : 210.
Standonck (Jean) : 395.
Stuart (Isabelle), duchesse et épouse du duc François Ier : 49.

T

Taillandier (Charles) : 99, 185, 252, 277, 364.
Talhouët, seigneur de : 112.
Tartas, vicomte de, père d'Alain d'Albret : 108.
Terreplaine (Georges de) : 281.
Thebaldi (Pierre) : 169.
Thierry (Julien) : 158, 160, 169, 180, 211, 212, 221, 264, 265, 274, 330.
Thierry (Michel), fils de Julien Thierry : 160, 179, 211, 212, 330.
Thomas (Gilles) : 146, 158, 164, 210, 330, 484.
Thomas (Jean) : 87, 330, 380.
Thomas (Julien) : 330.
Thomas (Pierre) : 330.
Tiercent (Guillaume de) : 34.
Tivarlen, sire de : 95.
Todic (Alain) : 198.
Tolède (Gonzales de) : 440.
Toscanelli : 26.
Toublanc (Jehan) : 208.
Touchard (Henri) : 210, 222, 481, 482.
Toulbodou (Jehan de) : 238.
Tournemine (François de) : 84, 237.
Tournemine (Georges de) : 494.
Tournon (Jacques de) : 440.
Tournon (Nicole de) : 429, 432, 433.

Toutes Couleurs, madame, naine de la duchesse Marguerite : 50.
Tréanna (Alain de) : 167.
Trivulzio : 366, 407.
Tual (Raoul), chanoine : 53.
Tudor (Henri) : 61, 78, 79, 80.
Tudor (Marie) : voir Angleterre (Marie d').
Tymadeuc (Jean) : 164, 382.

U V

Urfé (Pierre d') : 142, 294, 379.
Vaire (Philibert de) : 276.
Valence (Gratienne de) : 322.
Valence (Pierre de) : 210.
Vaudemont (René de), duc de Lorraine : 38, 79, 81, 82, 107.
Vendôme (François de), comte : 302, 304.
Vérard (Antoine) : 450.
Vesc (Étienne de) : 350.
Vigeno (Luca) : 373.
Villars, abbé de : 520.
Villeblanche (Pierre de), sire de Broons : 76, 92.
Villebresme (Macé de) : 462.
Villon (François) : 452.
Visconti (Bonne) : 467.
Visconti (Galeazzo) : 353.
Visconti (Valentine) : 349, 406.
Vitrier (Jean) : 43.
Viviers (Arnoul de) : 317, 325.
Voragine (Jacques) : 460.

W Y

Wells, lord : 79.
Willougby (Robert) : 79.
Wimpheling (Jacques) : 313.
Wolsey, cardinal : 350, 510.
Woodville (Édouard) : 79.
Woodville (Lionel) : 79.
York (Élisabeth d'), épouse d'Henri VII : 61, 79.
York (Richard d'), duc : 78.

TABLE DES CARTES ET DES GÉNÉALOGIES

Anne, entre la Bretagne et la France (généalogie) 20
Les Rohan et leurs alliances (généalogie) 36
Le Domaine ducal 162
Les villes bretonnes à la fin du XVe siècle 204
Les résidences et déplacements d'Anne de Bretagne 438
Anne et la Bretagne 490

TABLE DES MATIÈRES

INTRODUCTION 11

CHAPITRE PREMIER : Nantes, 1477. Une fille pour un duché en péril 17

Un père fragile : François II, 18. – *La mère : Marguerite de Foix*, 22. – *Une ascendance peu bretonne*, 23. – *L'état du monde en 1477*, 24. – *Un duché en situation précaire*, 27. – *Le jeu complexe entre Louis XI et François II*, 30. – *Un État dans l'État : la galaxie des Rohan*, 34. – *Des années confuses : 1470-1477*, 40. – *Une fille : atout ou handicap ?*, 42.

CHAPITRE II : Une éducation perturbée 45

Petite enfance et éducation : Anne et sa gouvernante, 46. – *L'entourage : culture et intrigues*, 48. – *Une piété traditionnelle*, 52. – *L'influence des ordres mendiants*, 53. – *Petite fille et future duchesse*, 58 – *Un milieu social en désarroi : la noblesse*, 62. – *Être noble en Bretagne vers 1480*, 67.

CHAPITRE III : Une petite princesse contestée et convoitée (1480-1486) 73

1480 : Louis XI achète les droits à la succession de Bretagne, 73. – *Les rêves anglais de la petite Anne (1481-1483)*, 77. – *Le nouveau contexte français (1483)*, 80. – *Le 7 avril 1484*, 82. – *Un nouveau prétendant : Louis d'Orléans*, 85. – *Le traité de Montargis : Anne déshéritée par les Bretons*, 91. – *La fin de Landais (1485). Qu'est-ce que la « cause bretonne » ?*, 95. – *Les états de Rennes se rallient à Anne (1486)*, 99. – *Deux nouveaux prétendants : Maximilien et Charles VIII*, 101.

CHAPITRE IV : La catastrophe (1486-1488) 107

Un nouveau prince charmant : Alain d'Albret, 108. – *Le traité de Châteaubriant (mars 1487)*, 111. – *La guerre à la fin du Moyen Âge*, 114. – *L'armée et la marine bretonnes*, 118. – *Un bon réseau de forteresses*, 123. – *Une solide artillerie*, 126. – *Mais une population peu motivée pour défendre le duché*, 129. – *Le siège de Nantes (19 juin-6 août 1487)*, 131. – *Confusion et réorganisation*, 136. – *La grande misère de François II*, 141. – *Le désastre de Saint-Aubin-du-Cormier (28 juillet 1488)*, 146. – *Traité du Verger (19 août) et mort de François II (9 septembre 1488)*, 150.

CHAPITRE V : L'héritage : le grand fief breton 155

Le pouvoir ducal et ses officiers, 155. – *L'Hôtel ducal*, 159. – *Les revenus ordinaires*, 161. – *Les revenus extraordinaires et le budget*, 165. – *Monnaie et chambre des Comptes*, 169. – *Les états de Bretagne*, 172. – *Le personnel administratif*, 176. – *L'Église bretonne : les évêques*, 181. – *Clergé régulier et clergé séculier : un besoin de réforme non ressenti*, 187.

CHAPITRE VI : 900 000 sujets 191

Combien de Bretons ?, 191. – *Un monde de paysans*, 196. – *100 000 urbains*, 205. – *Deux capitales : Nantes...*, 208. – *... et Rennes*, 211. – *Les autres villes*, 216. – *Importance et limites du commerce maritime*, 218. – *Échanges intérieurs et notables urbains*, 225. – *L'insécurité*, 226. – *Deux cultures : francophone et bretonnante*, 230. – *De l'école à l'université*, 234. – *Une foi syncrétiste*, 236. – *Anne et la Bretagne : un rapprochement de circonstance*, 242.

CHAPITRE VII : Une succession difficile (1488-1490) 243

Anne, duchesse sans duché, 244. – *Anne, Rieux et d'Albret*, 247. – *Un triste couronnement (10 février 1489)*, 251. – *L'aide étrangère et ses limites*, 254. – *Le traité de Francfort (22 juillet 1489)*, 259. – *Un duché délabré*, 262. – *Une duchesse sans pouvoirs*, 265. – *Le ralliement de Rieux (août 1490)*, 268.

CHAPITRE VIII : Du mariage de prestige au mariage de raison (1490-1491) 273

Des négociations tronquées, 273. – *Reine des Romains (19 décembre 1490)*, 275. – *La réaction de Charles VIII*, 278. – *Le siège de Rennes (été 1491)*, 281. – *Les agents d'un mariage français : Louis d'Orléans et François de Paule*, 283. – *Mariage et calcul politique*, 287. – *Anne se résigne à épouser le roi*, 292. – *Un prince peu charmant*, 295. – *Préliminaires d'un mariage politique*, 298. – *Mariage à l'aube : Langeais, 6 décembre 1491*, 303.

CHAPITRE IX : *1492, annus mirabilis* 309

Le couronnement et le sacre, 309. – *Le problème des dispenses est résolu*, 312. – *Rivalité des deux Anne*, 316. – *Un dauphin au nom étrange*, 317. – *La reconnaissance du mariage par les cours européennes*, 321. – *La reine s'amuse*, 324. – *Le contrat de mariage*, 326. – *Une Bretagne exsangue*, 328. – *Le complot breton de 1492*, 331.

CHAPITRE X : Humiliations et déceptions (1493-1498) 335

Anne perd le contrôle de la Bretagne, 335. – *L'intégration du duché dans le royaume*, 339. – *La reprise des activités*, 343. – *L'assimilation financière et monétaire*, 345. – *Les chimères du roi : Italie et croisade*, 348. – *Anne et la guerre d'Italie*, 350. – *Anne séparée de son fils*, 352. – *Humiliations lyonnaises*, 355. – *Le roi s'amuse, la reine s'ennuie*, 357. – *La mort du dauphin (16 décembre 1495)*, 362. – *Rohan à nouveau*, 364. – *Naissance et mort d'un deuxième dauphin (1496)*,

366. – *La conversion du roi (1497)*, 369. – *Anne cernée par la mort : sa fille (mars 1498) et son mari (avril 1498)*, 373.

CHAPITRE XI : D'un mari à l'autre (1498-1503) 377

Un chagrin de courte durée, 377. – *Entre Anne et Louis, complicité plus que passion*, 383. – *Une veuve très active*, 386. – *L'annulation du mariage de Louis et de Jeanne*, 391. – *Un contrat très favorable*, 397 – *Le mariage de Nantes (janvier 1499)*, 400. – *Le couple royal : Louis et sa Bretonne*, 402. – *Une relative indépendance*, 404. – *Louise de Savoie et les grossesses de la reine Anne*, 408. – *La croisade de 1501 et l'Italie encore*, 411.

CHAPITRE XII : Une femme, une duchesse, une reine 415

Un physique quelconque et une santé fragile, 415. – *La personnalité : des jugements contrastés*, 419. – *Une femme autoritaire, dure, rancunière et sans humour*, 422. – *Une piété superstitieuse*, 426. – *Une autorité tyrannique sur ses dames*, 429. – *Un sens maternel développé*, 433. – *Sens du devoir, distractions et goût des honneurs*, 436. – *Une princesse très dépensière*, 439. – *Un cadre de vie somptueux*, 443. – *Anne et la littérature de son temps*, 446. – *Égocentrisme, rhétorique et pièces de circonstance*, 449. – *Anne de Bretagne et le genre historique*, 455. – *Ses historiens propagandistes : Le Baud et Bouchart*, 459. – *Un mécénat sélectif*, 461.

CHAPITRE XIII : Derniers combats, dernières frustrations (1504-1514) 465

Projets matrimoniaux pour Claude, 465. – *1504 : un éphémère triomphe*, 471. – *1505 : la revanche de Louise de Savoie*, 475. – *Anne et l'exotisme breton*, 478. – *Anne, porte-parole des Bretons ?*, 480. – *La Bretagne : un outil pour renforcer le rôle personnel d'Anne*, 484. – *La tournée bretonne de 1505 : un succès personnel*, 488. – *Les tensions du couple royal*, 493. – *Un nouvel échec : les fiançailles de Claude*, 498. – *Entre le roi et le pape (1511)*, 503. – *Le royaume en interdit (1512)*, 506. – *La dernière année*, 509.

ÉPILOGUE 515

CHRONOLOGIE 523

BIBLIOGRAPHIE 527

INDEX DES NOMS DE PERSONNES 537

TABLE DES CARTES ET DES GÉNÉALOGIES 565

Achevé d'imprimer en août 1999
sur presse Cameron
*par **Bussière Camedan Imprimeries***
à Saint-Amand-Montrond (Cher)

Edition exclusivement réservée
aux adhérents du Club
Le Grand Livre du Mois
15 rue des Sablons
75116 Paris
réalisée avec l'aimable autorisation des éditions Fayard

ISBN : 2-7028-3391-8

N° d'impression : 993486/4.
Dépôt légal : août 1999.

Imprimé en France